经济发展中的收入分配与贫困系列丛书

中国特色社会主义经济建设协同创新中心资助成果

国家社会科学基金重大项目（项目号：19ZD052）的阶段性成果

国家自然科学基金面上项目（项目号：71874089）的阶段性成果

中国居民多维贫困研究

The Research of Multidimensional Poverty of Chinese Residents

周云波　平　萍　侯亚景　尚纹玉　著

中国财经出版传媒集团

经济科学出版社

Economic Science Press

图书在版编目（CIP）数据

中国居民多维贫困研究/周云波等著 . —北京：
经济科学出版社，2020.8
ISBN 978 - 7 - 5218 - 1788 - 1

Ⅰ. ①中… Ⅱ. ①周… Ⅲ. ①居民 - 贫困
问题 - 研究 - 中国 Ⅳ. ①F124.7

中国版本图书馆 CIP 数据核字（2020）第 151552 号

责任编辑：宋 涛
责任校对：靳玉环
责任印制：李 鹏 范 艳

中国居民多维贫困研究

周云波 平 萍 侯亚景 尚纹玉 著
经济科学出版社出版、发行 新华书店经销
社址：北京市海淀区阜成路甲 28 号 邮编：100142
总编部电话：010 - 88191217 发行部电话：010 - 88191522
网址：www. esp. com. cn
电子邮箱：esp@ esp. com. cn
天猫网店：经济科学出版社旗舰店
网址：http：//jjkxcbs. tmall. com
北京季蜂印刷有限公司印装
710 × 1000 16 开 31.25 印张 620000 字
2020 年 11 月第 1 版 2020 年 11 月第 1 次印刷
ISBN 978 - 7 - 5218 - 1788 - 1 定价：94.00 元
（图书出现印装问题，本社负责调换。电话：010 - 88191510）
（版权所有 侵权必究 打击盗版 举报热线：010 - 88191661
QQ：2242791300 营销中心电话：010 - 88191537
电子邮箱：dbts@ esp. com. cn）

丛书总序

经济发展中的收入分配和贫困历来是经济学研究的重点和热点问题，也是政府和社会公众关心的焦点。经济发展涉及的是如何把蛋糕做大，收入分配研究的是如何适当地分配蛋糕，贫困则更多地关注社会弱势群体。

改革开放四十多年来，中国在经济发展方面取得举世瞩目的成就，同时在收入分配与贫困领域也存在一些值得关注的现象：一方面，收入分配差距近年来已经越过最高点，出现了下降的趋势，但总体上差别程度仍然较大，中国目前依然是世界上收入差距较大的国家之一；另一方面，中国在减贫方面取得令世界瞩目的成就，是世界上减贫最成功的国家。但是，如果按国际通行的更高标准，中国仍然存在大量相对贫困人口。因此，未来如何在经济发展中改善收入分配、减少贫困人口、保持经济持续增长是摆在社会各界的重大课题。

国内外学术界近年来就经济发展中的收入分配与贫困问题，进行了大量富有成效的研究。南开大学经济学科也做出了积极的探索和贡献。南开经济学科自20世纪初创立后，就形成了利用现代经济理论分析解决中国现实问题的特色和传统。改革开放以后，南开经济学科持续开展对中国经济理论与现实问题的深入研究，取得了一系列产生重大影响的学术成果，其中关于公有主体混合经济理论、商品经济价值规律理论、按要素贡献分配理论、公有经济收入分配倒 U 理论、经济体制市场化程度测度等，对中国改革开放实践的推进发挥了重要指导作用，提出的很多建议写入了中央文件，变成了指导我国经济发展与体制改革的政策方针。

我们编辑这套《经济发展中的收入分配与贫困系列丛书》，主要目的就是汇集国内外学者关于经济发展中的收入分配及贫困治理方面的重要研究成果，包括最新的理论和研究方法等，呈现给国内同行以供研究借鉴和参考。

陈宗胜

周云波

2019 年 1 月 16 日

前 言 / Preface

　　消除贫困是当今世界面临的最大挑战，更是广大发展中国家在经济发展进程中面临的一项长期任务。中国政府历来都很重视和关心贫困人口的生活现状，尤其是改革开放以来，国家根据不同阶段的发展背景，有针对性地推动了扶贫工作进程，在全国范围内实施了有计划、有组织的扶贫开发工作，并先后制定实施了多项扶贫政策，扶贫标准逐年提高，扶贫内容不断扩展，城乡贫困明显缓解，扶贫事业取得了举世瞩目的成就，联合国千年发展目标在我国基本实现。但是我国地域广阔，区域发展极不平衡，且民族众多，人口结构复杂，因此，新时期我国的扶贫工作仍然面临着扶贫政策效果弱化、致贫原因多元化、贫困人口分布特殊化、异质性贫困群体凸显等多方面的挑战。

　　本书基于多维贫困的视角对我国居民多维贫困状况进行多角度、全方位的系统研究。本书的第一篇为引言部分，在对本书的研究背景与内容进行阐述的基础上，系统梳理多维贫困领域的相关文献，并详细介绍本书的研究方法与数据来源。本书的第二篇主要关注中国农村居民多维贫困状况及影响因素。从动态角度对农村多维贫困家庭人口的致贫机理进行分析，构建中国农村长期多维贫困与平均贫困持续时间指数，并对我国现有农村扶贫政策的瞄准效果进行检验。第三篇主要探讨了中国城镇居民多维贫困状况及影响因素。基于当下我国国情，通过构建城镇多维贫困测度体系来衡量中国城镇居民的多维贫困水平，并通过比较收入贫困与多维贫困两种不同评估方法所得结果，进一步展示多维贫困与收入贫困之间的复杂关系，最后落脚点为中国城镇居民多维贫困状况形成的内在原因与机理，分析影响中国城镇居民陷入贫困的具体因素。本书的第四篇重点研究了儿童、老年人与农民工三个特殊群体多维贫困状况及影响因素。从能力剥夺的视角出发，分别为三个特殊群体构建了各自适用的多维贫困测量体系。在此基础上，有关我国儿童多维贫困状况的研究具体从探索儿童多维贫困致贫机理、测算贫困的代际传递与阶级流动趋势等方面开展；有关我国老年人多维贫困状况的研究则重点考察了居住方式对我国老年人多维贫困的影响；针对农民工群体多维贫困状况的研究主要从微观层面对农民工多维贫困的关键致贫维度和影响因素进行定量分析，深入探究贫困表象下的致贫机理。本书第五篇主要关注我国目前减贫政策的减贫效果，主要是运用多维贫困指标构建起相应的测量与评估体系，对我国当前的反贫困的政策进行绩效评估，直观展示我国扶贫工作取得的成果与不足。本书的第六篇是主要结论与政策建议。本篇从农村多维贫困、城镇多维贫困、儿童多维贫困、老年人多维贫困和农民工多维贫困五个方面对全书的内容进行总结，得出了许多有益的研究结论，并在此基础上提出有针对性的政策建议。

对贫困人口的扶持和帮助，关系到我们党长期执政的群众基础，有助于实现全体人民共享改革发展成果的理念和目标，也是实现2030年可持续发展首要目标的必然要求。本书集合了周云波教授科研团队成员的最新研究成果，旨在为经济新常态下更新贫困理念、转变扶贫思路、改进扶贫战略。团队成员具体分工如下：周云波教授负责了全书整体框架和内容的设计，第一、第二、第三章内容来自平萍、侯亚景、尚纹玉与贺坤的博士论文的部分章节；其中第四、第五、第六、第七章关于农村贫困问题，来自侯亚景博士论文的部分章节；第八、第九、第十章关于城镇贫困问题，来自平萍博士论文；第十一、第十二章关于儿童贫困问题，来自尚纹玉博士论文的部分章节；第十三章关于老年人群的贫困多维贫困问题的内容来自李富达同学的硕士学位论文；第十四章关于农民工贫困问题，来自贺坤博士论文的部分章节；第十五章内容来自侯亚景博士论文的部分章节；第十六章内容来自平萍博士论文的部分章节；第十七章来自团队成员共同的科研成果。本书文字、公式整理校对工作由以下同学完成，第一、第二、第三章由王辉负责整理；第四、第五、第六、第七、第八、第九、第十章由李梦娜负责整理；第十三、第十五和第十六章由黄云负责整理；第十四、第十七章由杨家奇负责整理，参考文献内容由杨家奇、王浩泽与王辉同学共同整理完成。这里我们一并向他们表示感谢。本书为周云波教授主持的国家社会科学基金重大项目"基于多维视角的2020年以后我国相对贫困问题研究"（19ZD052）和国家自然科学基金面上项目"我国城乡居民多维贫困的测量及精准扶贫绩效的评估"（71874089）的阶段性成果，感谢全国哲学社会科学规划办公室和国家自然科学基金委的支持。该书的出版也得到中国特色社会主义经济建设协同创新中心的资助。同时，非常感谢中国财经出版传媒集团副总裁吕萍女士、经济科学出版社宋涛编辑，感谢他们为这部著作的出版所做的努力。

我们在此一并表示衷心的感谢。

周云波　平　萍　侯亚景　尚纹玉
2020年7月30日

目 录 / Contents

第一篇 引　言

第二篇　中国农村居民多维贫困状况及影响因素

第四篇　中国儿童、老年人与农民工多维贫困状况及影响因素

第五篇　中国反贫困政策的绩效评估

第六篇　主要结论与政策建议

第一篇　引　言

解决贫困问题是实现我国社会稳定和国家长治久安的客观要求，也是实现中华民族伟大复兴梦的必要条件。在中央和地方政府投入了前所未有规模的资金和行政资源开展脱贫攻坚的大背景下，我国的扶贫工作取得了显著的成绩。但是我国地域广阔，区域发展极不平衡，且民族众多，人口结构非常复杂，因此，贫困现象必然会呈现出很多特殊性，例如流动人口的贫困问题、留守儿童的贫困问题、老少边穷地区的贫困问题等。因此，本书基于多维视角对我国居民贫困问题进行研究具有重要意义。

本篇作为全书的引言部分。第一章主要介绍本书的研究背景与内容。主要描述了改革开放以来，在中国经济的高速发展的同时在减少贫困方面取得的举世瞩目的成绩。与此同时，新时期中国的扶贫工作面临着巨大的挑战，具体体现在以下五个方面：扶贫政策效果逐渐弱化、城镇贫困问题、致贫原因多元化、贫困人口分布更加趋向特殊类型地区、异质性贫困群体的出现和贫困家庭的人口呈现动态变化趋势。

第二章将从三个方面阐述贫困问题相关理念、理论与经验研究的相关文献。一是贫困的概念及其演变，及多维贫困理论的发展；二是国外有关多维贫困的相关研究；三是国内有关多维贫困的相关研究。本章希望通过对多维贫困的理论及实证研究的相关文献进行详细、系统的梳理，为本书后续的相关研究奠定基础。

第三章主要介绍本书的研究方法与数据来源。其中，本书所采用的研究方法主要是阿尔基尔和福斯特（Alkire and Foster, 2008）基于阿玛蒂亚·森（Amartya Sen, 1979）的能力理论，在公理化测度方法框架下和计数方法基础上，提出的多维贫困的识别和分解方法，简称 AF 方法。AF 方法克服了其他多维贫困测度方法在贫困实证研究中的缺陷，能够多角度精准和清晰地展现贫困的根源和本质，为精准辨识贫困人口提供了强有力的工具，该方法也成为迄今国内外学者测算多维贫困指数的主要方法。本书是一部以实证研究为主的学术著作，实证分析离不开数据的支撑。本书所用的数据主要来自由北京大学中国社会科学调查中心（ISSS）实施的中国家庭追踪调查数据（CFPS）和国家卫生与计划生育委员会（现国家卫生健康委员会）2016 年流动人口动态监测调查数据。

第一章　本书的研究背景与内容

在经济高速发展的同时，中国在减少贫困方面取得了举世瞩目的成就。但是，新时期中国的扶贫工作面临着巨大的挑战。本章将全面分析中国扶贫取得的重大成就和面临的巨大挑战，并在此基础上系统梳理归纳本书的研究内容与特色。

第一节　本书的研究背景

一、中国扶贫取得的巨大成就

消除贫困是当今世界面临的最大挑战，更是广大发展中国家在经济发展进程中面临的一项长期任务。中国政府历来都很重视和关心底层人民群众生活现状，尤其是改革开放以来，国家根据不同阶段的发展背景，有针对性地推动了扶贫工作进程，在全国范围内实施了有计划、有组织的扶贫开发工作，先后制定实施了《国家八七扶贫攻坚计划（1994—2000 年）》、《中国农村扶贫开发纲要（2001—2010 年）》、《中国农村扶贫开发纲要（2011—2020 年）》（简称《新纲要》）、《建立精准扶贫工作机制实施方案》等各项扶贫政策。同时，政府不断提高贫困标准，从 1978～2018 年，中国政府先后制定了 3 个标准，用以测度我国农村贫困的发生情况。第一个贫困标准是 1978 年的标准。该标准分为两类：1978～1999 年被称为农村贫困标准，2000～2007 年被称为农村绝对贫困标准。按照这两个标准，1978 年我国农村贫困人口高达 2.5 亿人，贫困发生率为 30.7%；到 2007 年我国农村贫困人口仅为 1479 万人，贫困发生率为 1.6%。1978～2007 年 30 年，我国农村贫困人口下降了近 2.4 亿人，取得了巨大的成就。第二个贫困标准是 2008 年标准。2008 年标准也被分为两类：2000～2007 年称为农村低收入标准，绝对贫困标准是家庭人均年收入 785 元，低于该标准的即为贫困家庭，家庭中的人口即为贫困人口；2008～2010 年称为农村贫困标准，绝对贫困标准是家庭人均年收入 1067 元，低于该标准的即为贫困家庭，家庭中的人口即为贫困人口。按照这两个标准，2000 年全国农村贫困人口还多达 9422 万人，贫困发生率 10.2%；到 2010 年，全国农村贫困人口降至 2688 万人，贫困发生率只有 2.8%。第三个贫困标准是 2010 年标准。2011 年 12 月，国务院下发了《中国农村扶贫开发纲要（2011—2020 年）》，提出"到 2020 年稳定实现扶贫对象的'两不愁三保障'，即不愁吃、不愁穿，保障其义务教育、基本医疗和住房"。按这个目标制定的现行农村贫困标准是：按 2010 年价格水平人均年纯收入 2300 元。按此标准，2010 年全国农村贫困人口为 16567 万人，贫困发生率为 17.2%；到 2018 年贫困人口下降到 1660 万人，贫困发生率为 1.7%（见图 1 – 1）。

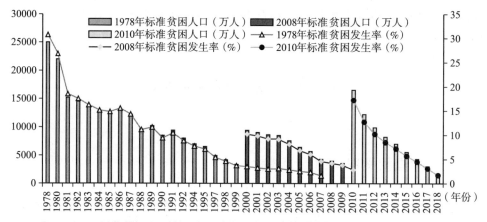

图 1 – 1　不同贫困标准下中国农村贫困人口数量和贫困发生率（1978 ~ 2018 年）

注：1978 年标准：1978 ~ 1999 年称农村贫困标准，2000 ~ 2007 年称农村绝对贫困标准；2008 年标准：2000 ~ 2007 年称为农村低收入标准，2008 ~ 2010 年称农村贫困标准；2010 年标准：新确定的农村扶贫标准。
资料来源：1978 ~ 2015 年数据来自《中国统计年鉴（2016）》；2016 年数据来自《中华人民共和国 2016 年国民经济和社会发展统计公报》。

虽然扶贫标准不断提高，但是我国的扶贫工作还是取得了举世瞩目的成就，得到了世界各国和诸多国际组织的认可。根据现行贫困标准计算，1978 ~ 2017 年中国共计减少农村贫困人口 7.4 亿人，贫困发生率由 97.5% 下降至 3.1%，年均减贫近 2000 万人（见表 1 – 1）。

表 1 – 1　　　　　　　　按现行农村贫困标准衡量的农村贫困状况

年份	当年价贫困标准 （元/年·人）	贫困发生率 （%）	贫困人口规模 （万人）
1978	366	97.5	77039
1980	403	96.2	76542

续表

年份	当年价贫困标准 （元/年·人）	贫困发生率 （%）	贫困人口规模 （万人）
1985	482	78.3	66101
1990	807	73.5	65849
1995	1511	60.5	55463
2000	1528	49.8	46224
2005	1742	30.2	28662
2010	2300	17.2	16567
2011	2536	12.7	12238
2012	2625	10.2	9899
2013	2736	8.5	8249
2014	2800	7.2	7017
2015	2855	5.7	5575
2016	2952	4.5	4335
2017	2952	3.1	3046

资料来源：根据国家统计局农村住户调查和居民收支与生活状况调查数据整理而得。其中，2010 年以前数据是根据历年全国农村住户调查数据、农村物价和人口变化，按现行贫困标准测算取得。

2005～2015 年，中国减贫人口达到 2.03 亿人，减贫人口数量在全球排名中位于第二位仅次于印度（Chandy and Gertz，2011）。以世界银行人均 1.25 美元/天的极端贫困标准度量，中国贫困人口从 1990 年的 6.89 亿人，下降至 2011 年的 8410 万人，20 年间减贫人数达 6.05 亿人，贫困发生率下降了 54.4 个百分点，远远超过了联合国千年发展目标提出的 2015 年"极端贫困人口减半"目标；在此期间，全球极端贫困人口从 19.2 亿人下降到 10.1 亿人，减少了 9.1 亿人，其中中国极端贫困人口减少数量占全球减贫数量的 2/3，中国为人类减贫事业做出了巨大贡献[1]。1996 年 9 月，联合国开发计划署的一份研究报告指出："世界上没有任何一个国家能像中国一样在扶贫工作中取得如此巨大的成功"。

与此同时，贫困地区的收入、健康教育、生活质量、基础设施、社会公共服务、环境保护等方面也有了很大的改善。从收入指标来看，2016 年贫困地区农村居民人均可支配收入扣除价格因素的增速为 8.4%，农村居民人均可支配收入扣除价格因素的增速为 6.2%，农村贫困地区的增速高出全国农村平均水平 2.2

---

[1]　王萍萍、徐鑫、郝彦宏：《中国农村贫困标准问题研究》，载《调研世界》2015 年第 8 期，第 3～8 页。

个百分点；贫困地区农村人均可支配收入 8452 元，全国农村居民人均可支配收入 12363 元，贫困地区农村收入水平相当于全国农村平均水平的 68.37%[①]。农村贫困地区居民收入与农村整体收入水平相比虽然还存在差距，但增速较快，发展势头强劲。可支配收入构成中，2014 年贫困地区农村居民财产净收入较上年的增速最快，达到 29.9%，远高于全国农村 14.1% 的增速[②]。

从医疗健康指标来看，2014 年贫困地区农村居民身体健康人数占比为 89.7%，生病后能及时就医的比重为 94.4%；贫困地区 5 岁以下儿童有 98.8% 都接受了免费计划免疫[③]。2014~2015 年农村地区 5 岁以下儿童和孕产妇死亡率均有显著下降，新生儿死亡率从 6.9‰ 下降到 6.4‰，婴儿死亡率从 10.7‰ 下降到 9.6‰，5 岁以下儿童死亡率从 11.7‰ 下降到 10.7‰，孕产妇死亡率（1/10 万）从 22.2‰ 下降到 20.2%[④]。在新型农村社会养老保险参保率方面，2013 年贫困地区参保率由 2012 年的 45.46% 上升到 48.95%；连片特困地区参保率由 2012 年的 45.16% 上升到 49.71%；扶贫重点县参保率由 2012 年的 45.87% 上升到 48.79%。在新型农村合作医疗保险方面，2013 年贫困地区农村参保率由 2012 年的 89.80% 上升到 90.32%；连片特困地区参保率由 2012 年的 90.43% 上升到 92.13%[⑤]。

从教育指标来看，2014 年贫困地区农村 16 岁以下儿童中途辍学比例为 0.3%；7~12 岁、13~15 岁女童在校率分别为 97.4% 和 97.7%，分别高于同年龄段男童的在校率 97.1% 和 97.5%，女童受教育权益得到了有效保障[⑥]。2016 年九年义务教育巩固率达到 93.4%，高中阶段毛入学率为 87.5%，与 2015 年基本持平（分别为 93.0% 和 87.0%），表明全国义务教育水平、中等以上职业教育或高中教育发展得到稳固发展[⑦]。

从农户生活条件来看，2014 年贫困地区农户的住房条件不断改善，居住竹草土坯房的农户比重较 2012 年下降 1.2 个百分点；饮水困难有所缓解，饮水无困难的农户比重较 2013 年提高了 1.3 个百分点；饮水质量提高，59.2% 的农户使用管道供水；无厕所的农户比重仅 2.8%，比 2012 年下降 2.6 个百分点；柴草

---

①⑦　国家统计局：《中华人民共和国 2016 年国民经济和社会发展统计公报》，2017 年 2 月 28 日。

②　国家统计局住户调查办公室：《中国农村贫困监测报告（2015）》，中国统计出版社 2015 年版，第 27 页。

③　国家统计局住户调查办公室：《中国农村贫困监测报告（2015）》，中国统计出版社 2015 年版，第 32 页。

④　中华人民共和国国家统计局网站年度数据。

⑤　国家统计局住户调查办公室：《中国农村贫困监测报告（2015）》，中国统计出版社 2015 年版，经计算得到。

⑥　国家统计局住户调查办公室：《中国农村贫困监测报告（2015）》，中国统计出版社 2015 年版，第 33 页。

依然是农户的主要炊用燃料，但使用柴草的农户比重下降，耐用消费品拥有情况明显改善①。2016 年全国农村地区建档立卡贫困户危房改造 158 万户②。

从基础设施条件来看，2014 年贫困地区基础设施条件得到明显改善，主干道路经过硬化处理、通客运班车自然村比重分别为 64.7%、42.7%，较 2013 年有显著改善，分别提高 4.8 和 3.9 个百分点；通电、通电话、通有线电视信号、通宽带自然村比重依次为 99.5%、95.2%、75%、48%，行政村中有卫生站的比重为 94.1%，有小学且就学便利的比重为 61.4%，均比 2012 年有显著提升③。

在环境保护方面，2013 年贫困地区农村人均森林面积由 2012 年的 0.36 公顷上升到 0.39 公顷；连片特困地区人均森林面积由 2012 年的 0.37 公顷上升到 0.41 公顷；扶贫重点县人均森林面积由 2012 年的 0.33 公顷上升到 0.36 公顷。2013 年贫困地区农村污水处理厂由 2011 年的 615 座上升到 890 座；连片特困地区污水处理厂由 2011 年 469 座上升到 713 座；扶贫重点县污水处理厂由 2011 年的 503 座上升到 669 座。2013 年贫困地区农村垃圾处理站由 2011 年的 924 个上升到 1139 个；连片特困地区垃圾处理站由 2011 年的 755 个上升到 929 个；扶贫重点县垃圾处理站由 2011 年的 736 个上升到 884 个④。

习近平总书记曾经指出："消除贫困、改善民生、实现共同富裕，是社会主义的本质要求。"⑤ 中国所取得的扶贫成就，归功于政府制定了符合国情的扶贫开发政策，把扶贫开发的重心主要放在解决农村贫困人口上，扶贫工作的着力点也经历了从贫困县瞄准、贫困村瞄准到贫困户瞄准的转变；扶贫内容涉及义务教育、职业培训、医疗保障、基础设施、异地扶贫搬迁、农村电商发展、农村金融等方面；扶贫方针包括坚持改革开放、坚持开发式扶贫、坚持政府主导和动员全社会参与、坚持普惠政策和特惠政策相结合等。中国的扶贫开发"有力促进了贫困地区经济社会发展，有效减缓了区域发展差距，改善了贫困群众生产生活条件，成功走出了一条中国特色扶贫开发之路⑥"。总而言之，中国政府为缓解贫困问题所做出的种种决策和取得的杰出成就得到国际社会的高度赞赏，也为其他国家的扶贫工作做出示范。

---

① 国家统计局住户调查办公室：《中国农村贫困监测报告（2015）》，中国统计出版社 2015 年版，第 30 页。

② 国家统计局：《中华人民共和国 2016 年国民经济和社会发展统计公报》，2017 年 2 月 28 日。

③ 国家统计局住户调查办公室：《中国农村贫困监测报告（2015）》，中国统计出版社 2015 年版，第 31 页。

④ 国家统计局住户调查办公室：《中国农村贫困监测报告（2015）》，中国统计出版社 2015 年版。

⑤ 《习近平：实现共同富裕是社会主义本质要求》，http://finance.qq.com/a/20121230/000723.htm。

⑥ 《扶贫日的意义和背景》，http://www.pincai.com/group/599667.htm。

二、新时代中国扶贫工作面临的巨大挑战

然而，尽管中国在减少贫困方面取得了举世瞩目的成绩，但是，进入新时期后中国的扶贫工作也面临着巨大的挑战，具体表现为：

（1）扶贫政策效果逐渐弱化，扶贫资金边际收益逐渐递减。大量的研究显示，从 20 世纪 90 年代中期以来，我国的扶贫工作逐渐进入了边际收益下降的阶段（李实和古斯塔夫森，1996；魏众，1998；刘冬梅，2001；刘坚，2006；方黎明和张秀兰，2007；汪三贵，2008；李佳路，2010）。图 1－2 显示，改革开放以后，尽管农村贫困人口数量在整体上不断降低，但不难发现减贫速度出现了递减趋势，个别年份甚至出现了贫困人口增加的情况。以 2010 年新贫困线为标准，2012 年相对于 2011 年的农村贫困人口减少近 2339 万人，2016 年较 2015 年的农村贫困人口减少约 1240 万人。但与此同时，国家对扶贫工作的资金投入却不断加大，2016 年中央财政专项扶贫资金增加到 667 亿元，比 2015 年增长 43.4%；省级财政专项扶贫资金预算超过 400 亿元，比 2015 年增长 50% 以上[①]。事实上，相较于国家不断增加的扶贫资金投入，减贫规模递减的趋势可以说是扶贫工作中的一种长期规律。这是农村贫困的情况。

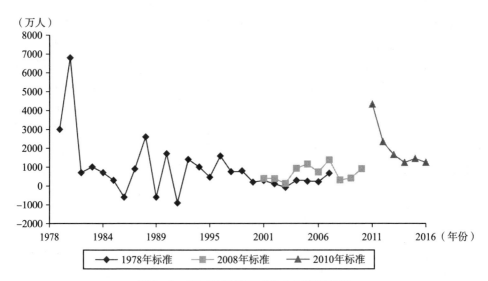

图 1－2　不同贫困线下减贫人口变动情况

资料来源：1978～2015 年数据来自《中国统计年鉴 2016》；2016 年数据来自《中华人民共和国 2016 年国民经济和社会发展统计公报》。

---

① 具体查看链接：http：//www. ce. cn/xwzx/gnsz/gdxw/201610/14/t20161014_16744323. shtml。

城市贫困的状况也不容乐观。从 20 世纪 90 年代中期开始，中国开始对亏损国有企业进行大幅改组，城市中失业、下岗人员日益增多，中国的城市贫困问题逐渐凸显出来。华迎放（2004）认为，截至 1997 年 6 月底，全国城镇登记失业人员 555.17 万人；下岗职工达 1000 万人，其中下岗无业人员 578 万人；国有、集体企业中停发、减发工资的困难职工 1190.13 万人，其中基本生活水平低于当地政府规定的最低生活标准的特困职工 295.15 万人；停发、减发离退休金的离退休人员 191.11 万人，由此推算，1997 年，中国城市贫困人口约有 3240 万人。按照中国社会科学院社会学研究所朱庆芳（2005）估算，2000 年全国城镇贫困人口估计约有 3000 万人，贫困率约为 7%，此后，国家统计局城市调查总队对全国 412 万住户抽样调查结果支持了朱庆芳的观点（李瑞林，2005）。蒋贵凰、宋迎昌（2011）根据国家统计局、民政部和一些地方政府开展的调研结果估计，近年来，城市人口规模在不断扩大，城镇贫困人口是享受低保人数的 2 倍之多，比例大约在 7.5% ~ 8.7%，据此推算 2010 年中国城镇贫困人口大约为 5000 万人。由此可见由于城镇人口数量的快速增加，以及贫困线的不断提高，我国城镇绝对贫困人口的数量也急剧扩张。进入 21 世纪以来，城镇贫困规模增长将近 1 倍，其中还有大量非户籍城镇贫困人口并未统计在内，城镇贫困问题十分严峻。

（2）致贫原因多元化，表现为整体和个性原因并存。从整体来看，贫困人口在安全饮用水、卫生设施、生活燃料、交通条件等方面仍存在很大不足。除此之外，这一群体还面临着失学、疾病、身体残疾、营养不良、失业、遭受自然灾害、住房条件差、缺乏劳动力、无法参与社会活动等诸多个性化困难（方黎明和顾昕，2006；巩前文和张俊飚，2007）。在建档立卡贫困户中，认为因病致贫的占 42.2%，因缺资金致贫的占 35.4%，因缺技术致贫的占 22.3%，因缺劳动力致贫的占 16.8%，因学致贫的占 9.0%，因残致贫的占 5.8%，因灾致贫的占 5.8%[1]。2014 年贫困地区 67.4% 的行政村遭受了自然灾害，主要以旱灾、水灾为主[2]。这些致贫因素有时交织叠加、互为因果，严重阻碍了贫困人口能力提高，使减贫任务更加复杂化，不利于全面建设小康社会目标的实现，同时也对贫困人口的识别标准提出了挑战。

（3）城镇贫困将是我国未来扶贫攻坚的主战场。过去 65 年城乡一体化进程逐步加快，城镇常住人口增加 5.6 亿人，《2012 中国新型城市化报告》指出，中国城市化率突破 50%，这意味着中国城镇人口首次超过农村人口，2014 年，中国的城镇化率达到了 54.77%（牛文元，2012）。然而，被统计为城镇人口的 7.5 亿人中却

---

① 韩俊：《关于打赢脱贫攻坚战的若干问题的分析思考》，http://theory.people.com.cn/n1/2016/0912/c4053 1 - 28708629.html。

② 国家统计局住户调查办公室：《中国农村贫困监测报告（2015）》，中国统计出版社 2015 年版，第 36 页。

有 2.98 亿人是流动人口，占城镇人口的 1/3（汪三贵等，2016）。根据国家统计局抽样调查结果推算，2013 年农民工总量达到 2.69 亿人，空前规模的人口流动改变了城市的人口结构。农村人口向城市流动并最终在城市生活，虽然生活地点、生活方式均发生了改变，收入较在农村劳动时期得到了较大的提升，但其收入的绝对水平依然不高，2012 年农民工平均月收入仅为 2290 元[①]，并且其农村身份并没有完成市民化的转变，无论在衣食住行、就业、社会保障、家庭生计发展等多个维度，都处于普遍的贫困状态（王美艳，2014）。农村流动人口大量涌入城镇，为我国城镇经济发展注入活力的同时，也在一定程度上扩大了城镇贫困人口的规模，增加了城镇贫困问题的复杂性，贫困阶层"内卷化""马太效应"日趋严重，因此，实施有效的城镇反贫困战略已成为我国城镇发展的重要议题之一。

（4）贫困人口分布更加趋向特殊类型地区。大量的研究显示，贫困人口的地域性与点状分布并存，贫困人口的分布呈现碎片化的特点，大部分贫困地区的贫困人口集中分布在自然地理条件恶劣、生产生活条件差、自然灾害多发、基础设施落后、教育卫生医疗等社会事业发展滞后的山区、边境地区、少数民族聚居区、革命老区、连片特困地区[②]和水库移民等特殊类型地区（康晓光，1995；李小云等，2004；石智雷和邹蔚然，2013；杨龙和汪三贵，2015；方迎风等，2015）。《气候变化与贫困——中国案例研究》（2009）指出，95% 的中国绝对贫困人口生活在生态环境极度脆弱的地区[③]。2014 年连片特困地区农村贫困人口 3518 万人，贫困发生率为 17.1%，其中农村贫困人口规模超过 300 万的 6 个连片特困地区中，以滇黔桂石漠化区贫困人口最多，规模最高达 488 万人，而乌蒙山区的贫困发生率最高为 21.5%[④]。2014 年民族自治地方[⑤]和 592 个扶贫重点县[⑥]的贫困发生率分别为 17.8%[⑦]和 17.5%[⑧]，这些地区的贫困程度大大高于全

---

① 国家统计局网站 2013 年数据。

② 《中国农村扶贫开发纲要（2011—2020 年）》明确将六盘山区、秦巴山区、武陵山区、乌蒙山区、滇桂黔石漠化区、滇西边境山区、大兴安岭南麓山区、燕山 - 太行山区、吕梁山区、大别山区、罗霄山区等连片特困地区和已明确实施特殊政策的西藏、四省藏区、新疆南疆三地州作为新时期扶贫攻坚主战场。

③ http://www.ce.cn/ztpd/xwzt/guonei/2009/ditanjingji/yw/200907/01/t20090701_19438517.shtml。

④ 国家统计局住户调查办公室：《中国农村贫困监测报告（2015）》，中国统计出版社 2015 年版，第 39 页。

⑤ 民族自治地方包括 5 个自治区、30 个自治州、120 个自治县。

⑥ 《中国农村扶贫开发纲要（2001—2010 年）》实施期间，592 个国家扶贫开发工作重点县（简称"扶贫重点县"）享受经济扶持政策。2012 年，在保持扶贫重点县总数不变的情况下，调出 38 个县，调入 38 个县，形成新的 592 个扶贫重点县。

⑦ 国家统计局住户调查办公室：《中国农村贫困监测报告（2015）》，中国统计出版社 2015 年版，第 52 页。

⑧ 国家统计局住户调查办公室：《中国农村贫困监测报告（2015）》，中国统计出版社 2015 年版，第 45 页。

国农村 7.2% 的贫困发生率。这些特殊地区不仅生存和生活条件差，而且市场化程度低下，人员流动性不强，使贫困问题愈发严重，呈现区域性贫困陷阱，而新时期扶贫攻坚的任务就是解决这些特殊类型地区贫困人口的脱贫问题。

（5）异质性贫困群体的出现。改革开放以来，国家实施的扶贫战略使农村贫困人口大幅度下降，但当前贫困人口正在向异质性群体集中。老年人、儿童、妇女、农民工、失业人口、残疾人以及严重疾病人群等弱势群体的贫困问题逐渐受到关注（李小云等，2004；王小林，2012；王春超和叶琴，2014；廖娟，2015；解垩，2015；张晓颖等，2016）。这些特殊性群体具有脆弱的社会地位和经济基础，容易遭受外在风险冲击的影响，其致贫因素表现不一，他们的贫困状况能否得到有效缓解，不仅影响家庭社会地位，还关系到社会和谐稳定。

联合国儿童基金会（UNICEF）的研究显示，发展中国家一半以上的儿童生活在贫困中。儿童贫困影响着全世界数百万儿童的生存环境、身心健康甚至生命，无论是发展中国家还是发达国家，这都是一个不容忽视的问题。总的来说，全球在反贫困方面取得了一些成就，很多人摆脱了贫困，但不幸的是，儿童权利剥夺的问题仍然难以克服。贫困儿童的权利剥夺，将会对人们未来的福祉以及自由产生极其重要的影响。

老年人由于丧失劳动能力、缺乏稳定的收入来源，同时健康状况逐渐恶化，缺乏精神慰藉，十分容易陷入贫困状态，而且这种状态可能会一直伴随着他们的晚年。随着我国逐步步入老龄社会，老年贫困人口的绝对规模和占比都会增加。中国健康与养老追踪调查（CHARLS）2013 年数据显示，在我国有超过 1/5 的老年人消费水平处于贫困线以下。而且大多数老年人身体状况不容乐观，女性老年人的健康状况更差，老年人的健康问题也与收入贫困高度相关。此外，老年人口的精神健康也值得关注，目前中国 7400 万人（约占 2013 年老年人口的 40%）存在抑郁症状。随着年龄的增长，老年人的认知水平和能力也急速下降。解决老年人的贫困问题任重道远，需要子女、机构、政府多方发力，持续推进。

（6）贫困家庭人口呈现动态变化趋势。脱贫人口返贫是中国贫困的一个显著特征（王生云，2011；叶初升，2013；方迎风等，2015）。1992 年云南脱贫人口为 120 多万人，而受自然灾害、疾病等因素影响的返贫人口达到 40 多万人（国家计委党校扶贫调查组，1995）。"2008 年的贫困人口中有 66.2% 在 2009 年脱贫，而 2009 年 3597 万贫困人口中，则有 62.3% 是返贫人口[①]"。2010 年西南地区四省区（云、贵、桂、渝）干旱导致至少 218 万人返贫[②]。张立冬等（2009）

---

① 范小建：《2001 年以来中国减贫趋势呈现出明显马鞍形》，在减贫与发展高层论坛上的主旨发言，2010 年 10 月 17 日。

② 西南四省区 218 万人因旱返贫，http://news.xinhuanet.com/politics/2010-05/21/c_12127826.htm，新华网，2010 年 5 月 21 日。

的研究表明，平均约20%的贫困家庭在下一调查年度仍处于贫困，高达80%的贫困家庭在下一调查年度脱贫，但同时还会有10%的非贫困家庭在下一年度进入贫困，另外中国农村家庭脱贫后维持非贫困状态的能力并没有得到巩固，风险冲击使得脆弱的贫困人口出现了脱离贫困与进入贫困并存，暂时性贫困和持久性贫困并存（吴海涛和丁士军，2013）。另外，农村家庭贫困动态变化、多维贫困问题愈发凸显，不仅要求政府关注贫困人口的脱贫能力，同时也对新时期政府制定贫困识别标准和退出机制提出了挑战。

上述这些问题增加了新时期中国扶贫工作的艰巨性和复杂性。可以说，长期以来在扶贫开发过程中，易于处理、显性的问题已经得到妥善解决，剩下的贫困问题解决难度会越来越大。在当前经济新常态下，中国扶贫攻坚形势日益严峻，脱贫任务更加艰巨①。对贫困人口的扶持和帮助，关系到我们党长期执政的群众基础，有助于实现全体人民共享改革发展成果的理念和目标，也是实现2030年可持续发展首要目标的必然要求②。实现这一目标的关键还是要转变扶贫思路，更新贫困理念，改进扶贫战略，从全新的视角审视贫困状况，为建立系统、完整、合理的扶贫体系提供政策建议。

第二节　本书的主要内容和特点

一、本书的结构和主要内容

本书的第一篇为引言部分，一共包含三个章节。第一章主要介绍本书的研究背景、内容和特点。首先，介绍了改革开放以来中国在减少贫困方面取得了举世瞩目的成绩的同时，重点分析了新时期中国的扶贫工作面临的巨大的挑战，具体包括以下几个方面：扶贫政策效果逐渐弱化、城镇贫困问题、致贫原因多元化、贫困人口分布更加趋向特殊类型地区、异质性贫困群体的出现和贫困家庭人口呈现动态变化趋势等等。其次，本章还介绍了全书的篇章结构和主要特点。

第二章是对多维贫困理论、测度方法的相关文献梳理，将从以下三个方面阐述贫困问题相关理念、理论与经验研究的相关文献。一是贫困的概念及其演变，以及多维贫困理论的发展；二是国外有关多维贫困的相关研究；三是国内有关多

---

① 《人民日报》，2015年11月30日01版。

② 《改变我们的世界：2030可持续发展议程》提出了17项2030年可持续发展目标，其首要目标即到2030年在全世界所有人口中消除极端贫穷（每人每天低于1.25美元的状况），增强穷人和弱势群体的抗风险灾害能力，使其享有获取经济资源和基本服务的平等权利。

维贫困的相关研究。本章希望通过对多维贫困的理论和研究方法的相关文献进行梳理，为后续的相关研究奠定基础。

第三章主要介绍本书的研究方法与数据来源。阿尔基尔和福斯特（Alkire and Foster，2008）基于阿玛蒂亚·森（Amartya Sen，1979）的能力理论，在公理化测度方法框架下和计数方法基础上，提出了新的多维贫困的识别和分解方法，简称 AF 方法。AF 方法克服了其他多维贫困测度方法在贫困研究中的缺陷，能够精准和清晰地展现贫困的根源和本质，为精准辨识贫困人口提供了强有力的工具，该方法也成为迄今国内外学者测算多维贫困指数的主要方法。因此，本章将重点介绍该方法。同时本书还主要介绍了全书实证分析所用到的数据。本书所用的数据主要来自由北京大学中国社会科学调查中心（ISSS）实施的中国家庭追踪调查数据（CFPS）和国家卫生与计划生育委员会（现国家卫生健康委员会）2016 年流动人口动态监测调查数据。

本书第四、第五、第六、第七章为第二篇，主要关注中国农村居民多维贫困状况及影响因素。其中，第四章从静态视角，考察了中国农村整体多维贫困与不平等状况。首先，在 UNDP - MPI 多维贫困测量、当前精准扶贫视角下内源性扶贫思想的基础上，构建了适用于中国农村的主客观多维贫困测量框架；其次，在主客观多维贫困状况分析的基础上，对中国农村多维贫困指数变化进行了沙普利分解，将其分解为发生率效应和强度效应；最后，利用多维贫困人口剥夺得分的不同层次对农村多维贫困不平等进行了描述性分析，较为全面地展示了中国农村多维贫困的现状。

第五章从动态角度对中国农村多维贫困家庭人口的影响因素进行分析，有利于从整体上把握动态多维贫困家庭的致贫机理。多维贫困家庭人口不仅受自身禀赋因素的影响，而且还受外在环境影响。在当前精准扶贫背景下，对多维贫困的影响因素进行综合分析，有利于根据不同贫困类型的致贫因素制定差异化的扶贫手段，使得精准扶贫开发工作能够有的放矢，进一步凸显精准扶贫的目的，进而提高扶贫效率，增强扶贫对象的稳定脱贫能力，从而实现"两不愁，三保障"的扶贫目标。

第六章构建了中国农村长期多维贫困与平均贫困持续时间指数，从教育、健康、医疗服务、就业、生活质量和收入等多个维度构建多维贫困指标体系，对长期多维贫困状况进行了测量和分解，并通过回归模型分析了宏微观致贫因素。研究结果表明，长期多维贫困指数不仅反映家庭贫困程度，还能反映贫困家庭平均贫困持续时间，而中国农村长期多维贫困发生率较高，户籍制度、户主特征、社会关系、人口规模和结构等因素对长期多维贫困发生率及不平等程度具有显著影响。因此在对农村地区的扶贫中要注意通过城镇化完善相应的社会保障体系，丰富农村的社会资源，为农村经济整体发展提供支持，注入活力，对于在长期中缓解多维贫困十分重要。

第七章比较了我国农村地区收入贫困和多维贫困群体的覆盖情况和测量结果，通过对比发现两者之间既有重合也有错位，而我国以收入为核心标准的扶贫政策存在精准度不足的问题，部分多维贫困群体的贫困状况一定程度上被忽视了，扶贫政策需要进一步改进和完善。在我国当前精准扶贫的背景下，官方贫困线的标准还是以收入为主，这个标准并不能体现贫困人口在能力维度的不足，不利于国家根据致贫原因对贫困人口进行精准帮扶。扶贫工作不仅要实现农村贫困人口收入的提高，更多的还要关注农村人口在生活质量和公共服务水平等方面的改善。

本书的第三篇主要关注中国城镇居民多维贫困状况及影响因素，包含第八、第九、第十章。其中，第八章根据中国实际情况，构建了相应的城镇多维贫困测度指标体系，用 A－F 方法估算了 2010～2014 年中国城镇居民多维贫困状况，基本结论是：从测度区间来看，我国城镇居民多维贫困状况正在逐年好转。而从区域分布来看，西部、东北地区城镇居民多维贫困程度高于东中部地区。同时从户籍分解来看，我国城镇多维贫困人口中，农村户籍人员多维贫困问题更加严重。通过指标分解可以看出，整体上城镇多维贫困主要还是由于教育资源分配不均与生活保障制度不健全导致的。

第九章根据收入标准、多维标准将城镇贫困人口进一步划分为城镇收入贫困群体和城镇多维贫困群体。从贫困发生率来看，城镇收入贫困与多维贫困的发生率相近，但交叉贫困人口较少，因此仅依靠收入标准进行扶贫时，将难以惠及大量多维贫困人口。从贫困人口的地区分布来看，中西部地区的收入贫困发生率较高，而东部地区的多维贫困人口数量较多。东部较大规模城市，例如北京、天津、上海等多维贫困人口数量多于绝对贫困人口数量，贫困发展方向由收入贫困向多维方向转变；中西部地区大部分省份收入贫困问题更为严重；东北地区处于多维贫困与收入贫困共存的阶段。因此，我国城镇扶贫任务应做到有的放矢，对于经济发展水平相对落后的地区，应该以收入扶贫项目为主，如扩大最低生活保障覆盖范围，预防相对贫困人口跌入绝对贫困人口行列；对于经济较为发达地区，要更加重视多维贫困人口的扶贫工作，除提高此类人口的收入外，从多维角度提高此类贫困人口生产能力和生活水平是扶贫主要目标。

第十章从多个方面探讨了城镇居民多维贫困形成的原因，分别为个人及家庭层面的微观因素、国家政策和经济的宏观因素。具体来看，一方面重点关注微观层面上个人和家庭因素对多维贫困人口的影响。另一方面从宏观方面分析了城镇化率、人均 GDP、失业率、消费者价格指数、基尼系数以及老龄化程度等因素对于各地区城镇多维贫困程度的影响。最后展开了关于多维可行性能力因素对收入贫困影响的讨论。

本书的第四篇主要关注儿童、老年人与农民工等一些特殊群体的多维贫困状况及影响因素，共有四章。其中，前三章致力于从多维的角度对我国儿童贫困问题进行深入研究，构建了儿童多维贫困测量体系，寻找儿童贫困致贫原因，并探索贫困对代际遗传和阶级流动的影响，从而开拓了儿童贫困问题的研究思路。其中，第十一章对我国儿童多维贫困进行基本的测度，并进行了省份和维度的分解。首先，对能力空间理论进行拓展并分析了儿童多维贫困研究的理论基础以及国际国内的相关研究，在吸取国际先进经验的基础上结合我国现状构建了符合我国国情的儿童多维贫困测度指标体系，并利用 AF 方法对我国儿童多维贫困状况进行测算，从理论和实证上分析了我国儿童多维贫困的动态趋势。其次，我们对多维贫困按照省份进行了分解，展示了我国儿童多维贫困的现状以及特征。对每一省份单维剥夺、多维指数、贫困发生率和指标贡献率进行分析。在分析过程中把一般贫困和深度贫困区分开来，更加关注最贫困的儿童的特征。再次，对儿童贫困进行省份和维度的双重分解。把研究的焦点集中在儿童多维贫困致贫原因上，从营养健康、教育成长和环境福利三个维度，对一般和深度贫困儿童进行省份和维度双重分解。最后，探讨了儿童多维贫困的其他特征和特殊年龄段儿童的多维贫困状况进行了测度，包括从性别和城乡差异角度观察儿童贫困的特点并进行讨论。同时，对 0～3 岁的儿童的多维贫困状况进行了测度和分析。

第十二章从短期和长期两个方面分析了我国儿童多维贫困的相关致贫因素，并分情况讨论了家庭、环境和政策对我国儿童静态和动态多维贫困的影响。首先，对儿童长期贫困的研究集中在代际遗传和阶层流动性上，我们从家庭消费倾向和子女学业成绩两个方面讨论了寒门学子摆脱贫困和阶层跃迁的可能性。然后，在对消费测度方法改进的基础上，回答了是否越贫困的家庭越重视子女教育的问题。最后，通过 OLS、差分和多元工具变量回归对子女的学业成绩与家庭收入的关系进行研究，回答了是否越富裕的家庭子女学业成绩越好的问题。

第十三章主要考察老年人口的贫困问题，随着我国逐渐步入老龄化社会，老年人群的贫困应该备受关注。本书将老年人的居住方式分为与子女同住和不与子女同住两种情况，从健康、主观感受和生活三个维度构建了老年人口多维贫困的测度指标体系，并在该体系下测量我国老年人的多维贫困指数、多维贫困发生率以及多维贫困深度，大体勾勒出老年人的多维贫困全貌。其次，为确保测算结果真实可信，本章借助马氏匹配和熵匹配方法最大限度地消除选择性偏差问题。同时，从多维、单维和各指标计算 ATT 效应，以此对测算结果进行了稳健性检验。

目前，关于中国农民工多维贫困状况的研究成果并不丰富，其很大程度上是由于农民工流动性、边缘性和封闭性等特点导致的这部分人群的统计困难与相关数据缺乏。第十四章充分利用国家卫健委发布的全国流动人口动态监测数据，从能力剥夺的视角出发，构建了适用于中国农民工群体的多维贫困测度框架，多角度辨识中国农民工群体的多维贫困问题，并从微观层面对农民工多维贫困的关键致贫维度和影响因素进行定量分析，深入探究贫困表象下的致贫机理。

本书第五篇主要关注我国目前的一些减贫政策的减贫效果，主要是运用多维贫困指标构建起相应的测量与评估体系，对我国当前的反贫困政策进行绩效评估，从而反映这些政策效果与存在的不足。其中，第十五章主要是针对我国农村地区反贫困政策的绩效评估，我们关注的焦点在于可持续发展与绿色减贫。绿色减贫是更加注重以人为本的多维扶贫理念，不单单注重贫困人群收入的提高，更多体现在多维贫困下教育、健康、生活条件、主观福利下各个指标的改善，从而有效提高精准扶贫的瞄准性和效率，以保证脱贫人口能够持续脱贫。因此，对于我们的研究而言，衡量减贫效果所选取的指标也应该涵盖贫困的多重维度，包括健康、教育、生活条件和资产耐用品等，并从绿色发展视角对多维减贫绩效进行评估。通过选取相关绿色发展指标，运用多维贫困分析方法进行测量与计算，本章从经济增长、社会发展、环境保护和多维减贫等多个角度将不同贫困地区的减贫情况进行衡量比较，从而更全面地显示农村地区的整体减贫状况，对未来的扶贫工作开展具有指导和借鉴意义，从而使农村地区的扶贫工作从单一扶贫转向注重贫困地区全面综合发展。

第十六章主要是对我国城镇低保制度的减贫效果进行定量评估。首先，介绍了低保制度的政策演变过程与发展历史，对其目前的普及与覆盖水平进行了综述。然后利用样本中不同省份数据比较低保制度实施所带来的扶贫效应，包括贫困发生率是否下降等。我们发现低保制度对多维贫困减贫效果有限，对收入贫困的减贫存在增大贫困人口间收入差距的弊端。该制度本身也存在责任承担不明晰、瞄准对象有限、保障内容单一以及收入核查不规范和动态调整不及时等方面的问题。因而，我国城镇低保制度应进行较大程度的调整，不仅应该完善低保制度设计，更要从教育、卫生、社会保障、社会救助等各方面对城镇贫困人群进行全面救助，全面建立城镇社会保障制度和社会救助体系。

本书的第六篇是主要结论与政策建议。本篇只有一章，即第十七章，从农村多维贫困、城镇多维贫困、儿童多维贫困、老年人多维贫困和农民工多维贫困五个方面进行总结，得出了许多有益的研究结论，并在此基础上提出了有针对性的政策建议。

二、本书的主要特点

（一）多视角研究中国的贫困问题

本书多视角研究中国的贫困问题，所谓多视角主要体现在两个方面：一是与现有的从收入和消费的角度研究中国贫困问题不同，本书研究的主题是中国居民的多维度的贫困，不仅仅是收入和消费的贫困，还包括居住环境、健康状况、就业情况、教育情况、社会保障等多个维度。同时还将中国居民多维贫困与收入贫困进行了比较分析。

二是对中国居民多维贫困的测度也是多视角的，即分别从静态角度、动态角度、长期角度分别对中国居民多维贫困进行了测量和分析。其中，静态视角下利用截面数据进行多维贫困测量和不平等分解。本书利用 AF 方法，在 UNDP - MPI 多维贫困指数的基础上，联系当前精准扶贫背景下内源性扶贫思想，建立了区别于以往的中国主客观多维贫困测量指标框架，利用该框架对中国居民多维贫困与不平等进行了描述性分析和分解分析。动态视角下利用面板数据进行中国多维贫困测量和分解。包括从动态角度对多维贫困家庭在两两对比的调查区间内的持续贫困、退出贫困、进入贫困的变化特征进行了分解，并估计了各动态子群对多维贫困指数变动的贡献率，考察了脱离多维贫困和进入多维贫困的子群分布特征，重点分析了进入贫困后脱贫和脱贫后返贫两种特殊动态子群分布情况。同时，从数据综合角度将动态多维贫困划分为持续性、暂时性和非多维贫困，并将暂时性多维贫困类型细分为致贫型、波动型、脱贫型多维贫困。最后，对整体多维贫困类型的影响因素进行了分析，研究不同因素对于动态多维贫困子群的致贫机理。长期视角就是在常用的多维贫困测量步骤中，引入多维贫困持续时间临界值，考察在跨期动态变动下，多维贫困家庭或个体的长期多维贫困状况，并利用多层随机截距模型，将微观家庭的个体变量和宏观村庄变量联系起来，实证分析了中国家庭多维贫困和不平等的致贫因素，并特别分析了宏观层次因素对因变量的显著影响。

（二）本书的研究对象比较全面

现有对中国居民多维贫困的研究多集中于某个群体，如城镇居民、农村居民等。本书则全面研究了中国各个层面的群体的多维贫困状况，详细分析了城乡居民的多维贫困状况，而且深入研究了儿童、老年人口、流动人口的多维贫困状况及影响因素。在分析中，针对每个群体的具体情况设计了一套多维贫困的测度指标体系。如在测度儿童多维贫困的时候，专门加入了营养状况、父母的关心和陪伴、生活习惯等；在考察老年人群的多维贫困状况时，考察了居住方式对其多维贫困状况的影响；在研究流动人口的多维贫困状况时，重点关注就业、社会保障和住房的要素。这些维度不仅具有建构性价值，还具有工具性价值。全面、多角度、多维度考察我国居民多维贫困状况，使得我们对中国居民贫困状况的认识更加全面、客观、清晰和深入。

（三）本书定量评估了反贫困政策的绩效

本书运用多维贫困测度指标构建了相应的测量与评估体系，对我国当前的一些反贫困政策的绩效进行评估，从而反映我国扶贫工作取得的成绩与问题。其中，针对农村地区反贫困政策绩效的评估，我们关注的焦点在于可持续发展与绿色减贫。本书通过选取相关绿色发展指标，运用多维贫困分析方法对中国农村多维贫困状况进行了测量与计算，从经济增长、社会发展、环境保护和多维减贫等多个角度将不同贫困地区的减贫情况进行衡量和比较，从而更全面地显示农村地区的整体减贫状况，对未来的扶贫工作开展具有指导和借鉴意义。

城镇地区的反贫困政策绩效评价的重点为低保制度，该制度已经在我国实施了较长时间。就现阶段而言，低保制度依然是我国城镇救助体系中最为重要的一环。为此，本书利用不同省份数据对城镇居民的多维贫困状况进行分析，采用模拟分析方法，比较低保制度实施所带来的扶贫效应，包括贫困发生率是否下降等。结果表明发现低保制度对多维贫困减贫效果有限，对收入贫困的减贫存在增大贫困人口间收入差距的弊端。在此基础上，我们提出不仅应该完善低保制度设计，更要从教育、卫生、社会保障、社会救助等各方面对于城镇贫困人群进行救助，全面建立城镇保障制度和社会救助体系。

第二章 对贫困进行的相关研究评述

贫困一直是经济学家研究的重要问题之一。诸多学者对贫困的内涵、贫困线的设定、贫困人口的特征以及致贫因素等进行了大量的理论分析与实证测算。本章将对贫困内涵的演变、多维贫困理论的发展以及国内外有关多维贫困的相关研究进行综述。

第一节 贫困内涵的演变

一、贫困的基本需求内涵

（一）基本需求与收入贫困

贫困是一个复杂的社会现象，人们对它的认识是一个不断深化的过程。在传统的对贫困概念的界定和认知中，一般是指收入水平在某临界值之下，导致难以满足生活所必需。早在1601年英国伊丽莎白女王颁布了《济贫法》，注意到了贫困这种社会现象，但并没有进行准确定义（尹飞霄，2013）。最早对贫困的界定起始于英国学者西博姆·朗特里（Seebohm Rowntree，1901）在其著作《贫穷：对城市生活的研究》中，最早提出以收入为标准，并按照生存需求将贫困识别的临界值量化为货币量来构建贫困线。根据贫困线的不同，可将贫困分为两种类型：一是初级贫困（primary poverty），指整个家庭获取的货币量不能维持其成员的最低需要；二是次级贫困（secondary poverty），指整个家庭获取的货币量虽然能维持其成员的最低需要，但是由于家庭出现了最低需要之外的其他支出导致最终未能实现对最低需要的满足。这种从收入或消费角度将贫困界定为家庭收入无法满足最基本生存需求，开创了人们认识贫困的视野，并使其成为目前使用最广泛的贫困定义和衡量尺度。很长时间以来，理论界、政府和其他扶贫机构基本上都是根据物质层面衡量的个人或家庭经济情况来开展贫困理论研究和推进减贫实践。这种以物质水平来衡量的贫困实际上就是以收入或消费为标准衡量的单维贫困，其本质的含义是：收入水平在贫困临界值之上代表着个人或家庭能够通过消费满足基本的功能性需求，这类家庭或人口的贫困也称为收入贫困。

（二）收入贫困中的绝对贫困与相对贫困

在收入贫困中，人们根据不同的标准对贫困的类型又做了各种各样的分类。如绝对贫困和相对贫困。在绝对贫困中又分为狭义贫困和广义贫困两种。狭义贫困主要是强调个人的基本生活需要，通常是以最低营养水平和其他方面的最低生理需要作为确定贫困的标准。按照这种标准确定的贫困线，一般是一个相对稳定的数值。在早期有关贫困问题的经验研究和现在对发展中国家贫困问题的研究中所提到的贫困大多指的是狭义的贫困。广义的贫困除了考虑个人的基本生理需要以外，还将个人社会活动方面的基本需要考虑进来，以个人生存和从事正常社会活动所必需的最低消费额作为界定贫困人口的标准。由于这种方法把最低消费额从生理需要的支出扩展到其他消费支出，并且确认最低消费额不是一个相对稳定的常量，而是由经济发展水平、文化传统和风俗习惯等因素决定的一个变量，因而在运用这种标准确定贫困内涵的时候，研究者不可避免地加入一些个人的主观因素。这也是造成这种方法在实际运用中存在一定困难的重要原因（张问敏、李实，1992）。目前，国际减贫项目大都属于绝对贫困的范畴，如美国政府设定的贫困线（the poverty thresholds）和贫困准则（the poverty guide lines），二者均是根据收入水平制定的贫困标准；世界银行（World Bank）设定的国际贫困线，是按照购买力平价不变价格计算得出的 1.9 美元/人·天的收入水平制定的贫困标准。相对贫困的概念是基于绝对贫困提出的，与收入分配状况紧密相关，先后由加尔布雷斯（Galbraith，1958）、朗西曼（Runciman，1966）和汤森德（Townsend，1971）提出和完善，是指与社会平均水平相比其收入水平少到一定程度而维持的一种生活状况（曹洪民，1997）。通常以某群体平均收入的 30% ~50% 作为临界值，收入水平低于该临界值的个体或者家庭，即被辨识为相对贫困。另外一种对相对标准更为宽泛：即相对贫困指与过去或未来某一时点相比较低下的经济状况，或者与其他社会阶层、其他地区居民相比而水平较低下的一种生活状况（周民良，1999）。

在贫困的实证研究中，到底是采用绝对标准还是采用相对标准存在很大的争议。一些学者主张只能采用绝对标准确定贫困线（陈宗胜，1993）。其理由包括：（1）采用绝对贫困标准可以对贫困率的变动作纵向考察，而那些将总人口（或家户）中收入最低的某个百分比（如5%）人口（或家户）划分贫困阶层的方法，导致了贫困阶层的比例不变，不能作纵向时序比较，从而无法对贫困率进行动态的考察；（2）贫困本身是有着绝对的内涵的，如贫困阶层收入水平的低下、营养不良、面对风险的脆弱性等；（3）这种相对贫困线实际上假定贫困线是与收入水平严格同比例变动的，因而违反了贫困线与经济发展水平关系的一般规律，即贫困线总是以低于经济发展水平的速度增加的。

有的学者则主张以相对标准测度和研究贫困的规模和程度（李实、古斯塔夫森，1996）。其理由如下：第一，贫困不仅仅是一个绝对的概念，它有很强的相对性，特别随着社会的发展和进步，人们对它相对性的重视程度会越来越高。第二，根据相同的收入定义，如果用绝对贫困线和相对贫困线划分出来的贫困发生率分别为 P_a 和 P_r，那么 P_a 和 P_r 之间的数量关系（即 $P_a = P_r$，$P_a < P_r$，还是 $P_a > P_r$）在很大程度上取决于收入水平和收入分配。一般情况下，绝对贫困线划分出来的贫困发生率一般要低于相对贫困线划分出来的贫困发生率，即 $P_a < P_r$，这意味着相对贫困线划分出来的贫困人口不仅包含了绝对贫困线划分出来的贫困人口，而且也包含了一部分濒于贫困的人口。第三，即使在绝对贫困线难以确定的情况下，贫困问题仍可以通过确定相对贫困线来进行研究。

事实上，绝对标准与相对标准背后的理论支点是福利经济学的绝对剥夺与相对剥夺理论。持相对标准的学者认为，贫困本身是一个价值判断问题，没有共同的标准。而支持绝对标准的学者认为对贫困的测度是有一定标准的，问题是如何去阐述这些标准。毫无疑问这些标准必须包含许多已经被社会广泛接受的概念。这些标准可能与公共政策有关，或者反映实际政策的目标，或者考察政策应该如何？从现有的关于贫困问题研究的文献看，在界定贫困线时是使用绝对标准还是相对标准，主要取决于被研究地区的经济发展水平和收入分配的均等程度。对于经济发展水平较低而收入分配不均等程度较高的地区，大多采用绝对标准；而对于经济发展水平较高和收入分配不均等程度较低的地区，相对标准则受到研究者更多的偏爱[①]。如英国在基本消除绝对贫困后，在构建现代福利国家制度的过程中，主要以相对贫困标准推进扶贫减贫。对于处于一定发展水平和一定收入分配均等程度的某个地区来说，两种方法划分出来的贫困人口规模会有很大的差异。一般而言，绝对标准划分出来的贫困人口规模与相对标准划分出来的贫困人口规模之间的差异，与地区的收入水平呈负相关，而与地区的收入差距呈正相关（张问敏、李实，1992）。

（三）收入贫困中的暂时性贫困与持久性贫困

在以往的以收入/消费衡量的贫困问题研究中，一些学者还根据弗里德曼的持久性收入假说理论。在弗里德曼思想的基础上，以持久性收入为标准将贫困分

---

① 这一趋势在我国的贫困问题研究文献中得到了很好的体现。例如，学者们对农村贫困问题的研究多采用绝对标准［陈宗胜（1993），卡尔·李思勤（1994），卡恩（1999），魏众、古斯塔夫森（1998）］，而对于城镇贫困问题多采用相对标准［诸建芳（1997），李实、古斯塔夫森（1996），张问敏、李实（1994）］。

为持久性贫困（persistent poverty，在一定的时间段内一直经历贫困的状态）和暂时性贫困（transient poverty，在一定的时间段内只有部分时间经历了贫困的状态）（Jalan and Ravallion，1998）。盖哈和迪奥拉利卡（Gaiha and Deolalikar，1993）将 9 个观察年度内至少存在五个年份的收入贫困状态确定为长期贫困。赫尔姆和谢普德（Hulme and Shepherd，2003）动态地将贫困分为慢性贫困（chronic poverty）、暂时性贫困（transitory poverty）和非贫困（non-poverty），进而细分为五种状态：慢性贫困下的永远贫困（always poor）和经常贫困（usually poor），暂时性贫困下的胶着贫困（churning poor）和偶尔贫困（occasionally poor），以及从未贫困（never poor）。一般而言，发展中国家由于农业人口占据了全国人口的绝大部分，居民或家庭收入主要来自农业部门，而农业生产受天气等季节性因素的影响比较大，再加上农村信用体系和保险制度不发达，使得农户面临的风险比较大，这样暂时性贫困比较多。同时，对于像中国这样经济结构和经济体制转型的国家，由于影响农民收入的因素比较复杂，而且往往变化较多，因此暂时性贫困问题也比较显著。一般区分持久贫困和暂时性贫困的方法是将那些消费和收入水平持续低于贫困线的家庭分离出来，其余的则属于暂时性贫困，但这需要截面时间序列的数据（John Gibson，2001）。

在实证研究中，卡特和梅（Carter and May，2001）在研究南非贫困问题时，从资产视角提出了慢性贫困和暂时性贫困。此后，卡特和巴雷特（Carter and Barrett，2006）又进一步丰富了这种分类，在此基础上，以消费和资产贫困线为标准，将动态贫困类型划分为结构性贫困（structurally poor，消费水平低于消费贫困线，资产水平也低于资产贫困线）和随机性贫困（stochastically poor，消费水平低于消费贫困线，但资产水平高于资产贫困线），其中，资产水平的高低也反映了家户的未来增收能力（章元、万广华和史清华，2013）。万和张（Wan and Zhang，2013）利用中国面板数据将总贫困分解为慢性贫困成分和暂时性贫困成分，认为慢性贫困才是政府应该关注的重点。

由于对待持久性贫困和暂时性贫困的政策是不同的，因此区分这两种贫困有着重要的政策意义。首先，当我们在对贫困的变化进行估计和判断的时候，必须对这两类贫困进行区分；其次，对待两种贫困的政策是不一样的，增加人力资本、物质资本投资或提高其收益对持久性贫困可能是比较有效的措施，而保险、救济制度等收入稳定措施对暂时性贫困可能更加有效；最后当政策的目标是消除持久性贫困的时候，暂时性贫困的存在会增加政策的实施成本。

二、贫困的能力内涵

随着对贫困这一现象认识的深入，学者们认识到贫困不仅是指基本需求层面的贫困，还包括人类自我发展能力的缺乏，而人类发展的理论基础是可行能力，这种可行能力即一个人所拥有的、享受并有理由珍视的那种生活的实质自由。20世纪末，阿玛蒂亚·森（Amartya Sen，1999）在《以自由看待发展》的著作中，从可行能力的角度详细阐述了贫困的内涵，在贫困与发展之间建立了深刻联系，并详细阐明了为何以可行能力而非收入水平作为衡量贫困的尺度，从而提出了能力贫困（capability poverty）的概念，并指出"要用一个人所具有的能力，即一个人所拥有的、享受自己有理由珍视的那种生活的实质自由，来判断其个人的处境。"正如他自己曾经指出"我们关注的焦点是能做什么，不能做什么；能成为什么，不能成为什么"（Sen，1985；1992；1999）。森的理论是贫困理论研究的里程碑，他将贫困的概念从收入贫困扩展到了能力贫困，并将贫困的根源从经济因素扩展到政治、经济、文化、制度等各方面。

基于可行能力视角，联合国开发计划署（UNDP）在《1990 年人类发展报告》中，明确提出了"人类发展"的概念，并推出了人类发展指数。世界银行在《1990 年世界发展报告》中将贫困定义为，贫困不仅指物质资料的匮乏，而且还包括教育和健康水平的低下。贫困被界定为缺乏满足自身基本需要的能力，而贫困的根源是能力的缺乏，这种能力包括使人们免于饥饿、营养不良、疾病的功能，获得基本的教育、住房条件、生活水平的功能，还包括社会交往和享受尊重、政治自由等，不仅有助于消除收入贫困，其本身也代表了人类发展的目标。

三、贫困的权利内涵

法国学者拉诺尔（Lenoir，1971）提出贫困理论的"社会排斥"概念，认为贫困的产生是由于整个社会在劳动就业、社会保障、人口迁徙等方面对于部分群体的排斥造成的。"社会排斥"这一概念的提出为多维贫困理念的发展拓宽了理论路径。阿玛蒂亚·森（1981）在《贫困与饥荒》一书中，曾经提出"权利贫困"的理念，而"权利贫困"这个概念在 1995 年由罗伯特·坎勃提出来，他认为贫困不仅仅是收入和支出水平低下，而且还包括脆弱性、无话语权等，在实质上，这也是一种政治方面能力的缺失。斯特罗贝尔（Strobel，1996）进一步指出，"社会排斥"形成的关键在于社会对部分群体的排挤，从而导致部分群体与整个社会之间出现裂隙，使这些个别群体被迫游走于社会边缘和非主流地带，难以获得本应具有的权利，从而导致贫困发生。此后，联合国开发计划署将"权利贫困"界定为个体缺少本应享有的公民权、政治权、文化权和基本的人权，不能参与主流经济、政治以及公民、文化活动，并在社会交往中处于弱势地位，同时还包括风险和面临风险时的脆弱性，以及不能表达自身的需求和缺乏影响力；即便没有出现收入贫困和能力贫困的情况，在权利方面也依然处于贫困状态，表现

为一种社会排斥现象（UNDP，2000）。2000 年《联合国千年发展宣言》确立了
人类发展愿景，即以减贫为核心的千年发展目标（MDG），不仅包括从人类基本
需求层面消除极端贫穷和饥饿，还包括了提高教育水平、降低儿童死亡率和改善
产妇保健、促进男女平等并赋予妇女权利等能力发展视角的内容，强调了人类发
展的多元性。世界银行在《2000/2001 年的世界发展报告——与贫困作斗争》
中，将贫困定义为：贫困不仅是物质上的匮乏，还包括低水平的教育和健康，包
括面临风险时的脆弱性，以及不能表达自身的需求和影响力（World Bank，
2001）。至此，权利贫困被正式视为贫困的一部分。由此可见，人类对于贫困的
认识在逐步深化，摆脱贫困的根本途径在于自身能力的提高和权利的自由。"权
利贫困"概念的提出进一步丰富了贫困的内涵，强调了人类发展的多元性，完善
了能力视角下的多维贫困理论框架。

四、多维贫困理念的形成

阿玛蒂亚·森的"能力贫困"和"权利贫困"的理念为多维贫困的形成奠
定了基础（Sen，1992；1997；1999；2006）。该理念代表了福利的维度扩展，并
推动了多维贫困研究（Alkire and Foster，2007，2011a；Santos，2008；Alkire and
Santos，2010；Mitra et al.，2013）。所谓多维贫困（multidimensional poverty）是
指个人由于多维可行性能力被剥夺而造成的自由选择权利的缺失。事实上，早在
20 世纪 70 年代，阿玛蒂亚·森就提出人类贫困应当是一个多维的概念，除收入
维度的贫困之外，还应囊括其他客观维度和主观感受维度下的贫困，如用水、卫
生、交通、饮食等（Amartya Sen，1979）。那拉扬等（Narayan et al.，2000）在
《穷人的声音》一书中同样描述了贫困的多维性，不单指缺乏食物，还包括心理
维度、基础设施、教育、健康和疾病、资产脆弱性等方面；贫困人口同样珍视就
业、安全、尊严、选择和行动的自由以及内心的平静。国外关于多维贫困的研究
成果主要集中于联合国发展计划署（UNDP）、世界银行（World Bank）以及牛津
大学贫困与人类发展研究中心（OPHI）三大研究机构。此外，其他学者从不同
角度也阐述了多维贫困概念的重要性（Narayan，2000；Araar and Duclos，2010；
谭崇台，2002；叶普万，2005；Ravallion，2011）。以《2010 年人类发展报告》
为标志，多维贫困概念得以在全球范围内广为传播。

第二节　国外对多维贫困的相关研究

能力视角的多维贫困理念提出后，国外学者对多维贫困和对多维贫困测度指

数的构建和应用进行了大量的研究。

一、多维贫困测度方法和测度指标体系的研究

森（Sen，1976）在《贫困：测量的序数方法》一文中，将贫困度量分为两个步骤，即贫困人口识别和测量，森的观点成为后续多维贫困测量方法研究的基础。国际上从多维视角构建测算多维贫困指数的研究始于哈格纳尔（Hagenaars，1987），他在研究贫困从收入和闲暇两个维度构建了第一个多维度贫困指数（hagenaars multidimensional poverty index，H－M 指数）。凯利和莱米（Cheli and Lemmi，1995）提出了完全模糊和相对的方法（totally fuzzy and Relative，TFR 方法）来构造多维贫困指数。联合国开发计划署（UNDP，1990）在《人类发展报告》中推出了人类发展指数（human development index，HDI），并自 1997 年（UNDP，1997）开始使用宏观数据从剥夺视角测算人类贫困指数（human poverty index，HPI），但是 HPI 指数在指标加总及权重选取方面存在争议。

在上述研究的基础上，很多一些学者利用贫困公理并结合相关福利贫困指数对多维贫困指数的构建进行了有益探索。比如，都井（Tsui，2002）和布吉尼翁和查克拉瓦蒂（Bourguignon and Chakravarty，2003）基于公理化方法提出了 Ch－M 指数（chakravarty multidimensional poverty index）和 F－M 指数（foster multidimensional poverty index）布吉尼翁和查克拉瓦蒂（Bourguignon and Chakravarty，2003）扩展了 FGT 方法，构建了多维贫困的"计数"方法（Atkinson，2003）。洪兴建（2005）提出了 FGT 贫困指数在多维度情况下的简单推广。对于多维贫困人口的识别，传统的多维贫困测量方法使用联合识别法（仅需要满足一个剥夺维度）或交叉识别法（需要满足所有剥夺维度）（Atkinson，2003；Bourguignon and Chakravarty，2003），但阿尔基尔和塞思（Alkire and Seth，2009）在对印度的 10 个贫困维度进行识别时，认为这两种识别方法存在缺陷，无法真正将贫困与非贫困人口区分开。相对于这两个极端的贫困识别标准，阿尔基尔和福斯特（Alkire and Foster，2007；2011a）以计数方法为基础，提出了双临界值法（简称 AF 方法），其中贫困人口识别标准介于联合识别法或交叉识别法之间，加总步骤使用了调整后的 FGT 系列指标，可以用于反映多维贫困的广度、深度和强度；另外以这一方法构建的多维贫困指数可以按照不同维度、不同子群（如城乡、区域、省份等）进行分解，分析各个维度或子群对总体多维贫困的贡献率。因而，AF 方法成为目前应用较广的多维贫困测量方法，本书的多维贫困测量也采用这种方法。

二、多维贫困的测度方法与测度指标体系的国际应用

(一) 多维贫困的国别研究

随着多维贫困的测度方法与指标体系的成熟，大量的学者将其应用于实证研究。桑托斯 (Santos, 2008) 根据不丹生活水平调查数据，使用 AF 法对不丹在 2007 年的多维贫困进行了测算，并区别了城乡维度差异，城乡综合比较时使用了收入、健康、教育、居住空间、电、安全用水五个维度，而农村还单独包括了道路交通、土地所有两个维度，研究结果发现，多维贫困主要发生在农村，收入贫困的政策瞄准并不能同时体现贫困人口在其他维度的剥夺。阿尔基尔和桑托斯 (Alkire and Santos, 2010) 首次使用微观调查数据，在 AF 方法框架的基础上，提出了 104 个国家的多维贫困指数 (MPI)，该指数包括由十个指标构成的与人类发展指数对应的三个维度，即教育、健康和生活水平。研究发现，农村的多维贫困状况严重高于城市，同时，对收入贫困和多维贫困进行的对比表明，二者对贫困人口的识别具有差异性，收入贫困与多维贫困中生活水平维度的剥夺相关性最高。

巴蒂斯顿等 (Battiston et al., 2013) 结合了 AF 方法和布吉尼翁和查克拉瓦蒂 (Bourguignon and Chakravarty, 2003) 的方法，对 1992~2006 年阿根廷、巴西、智利、萨尔瓦多、墨西哥和乌拉圭六个拉美国家的多维贫困进行了估计，研究发现在考察期内萨尔瓦多、巴西、墨西哥和智利多维贫困显著减少，而乌拉圭城市多维贫困降幅较小，阿根廷城市多维贫困变化不大；在国家差异方面，智利城市的多维贫困水平和阿根廷、乌拉圭的城市多维贫困水平类似；在城乡比较方面，萨尔瓦多、墨西哥、巴西农村较城市具有更高的贫困水平；在个体因素方面，这些国家的户主在获得合适的卫生和教育两方面对多维贫困的贡献最高。

阿尔基尔和塞思 (Alkire and Seth, 2013) 使用印度全国家庭和健康调查 (NFHS) 第二、三轮数据，利用 AF 方法来测算了印度 1999~2006 年的多维贫困指数及其变化，并进行了城乡、种姓、宗教、性别、户主教育程度、家庭人口规模等子群分解，研究结果发现，多维贫困水平的下降更主要是由于多维贫困发生率的下降；维度分析说明，多维贫困水平的下降主要是由于用电、住房条件、清洁用水和改进的卫生设施等若干生活条件的改善导致的；同时多维贫困水平的下降在不同子群之间是不一致的，并且这种下降也不属于亲贫困人口的下降；多维贫困程度深的子群变化较慢，子群间多维贫困不平等逐渐扩大。

苏马尔托和席尔瓦 (Sumarto and Silva, 2014) 首次借助 AF 方法，使用印度尼西亚国家社会经济调查数据 (BPS)，研究了 2004~2013 年印度尼西亚的多维

贫困剥夺程度和动态变化，分析了多维贫困和消费贫困在家户和地区层面的不同变化模式，对比了消费贫困与多维贫困的重合程度，以考察多维贫困家庭是否必然是收入贫困家庭，或者收入贫困家庭是否必然是多维贫困家庭。研究结果表明应该扩大贫困瞄准的范围，对不同维度的贫困人群提供多样化的扶助方式，强调了收入贫困与多维贫困综合研究是互补的，二者的综合分析不仅有助于理解贫困的内涵，还有助于更好地消除贫困。

巴德尔等（Bader et al.，2016）使用老挝收入和支出调查数据（2002/2003、2007/2008），应用 AF 方法计算了包括教育、健康和生活条件三个维度在内的多维贫困指数，分析了每个不同维度以及其代表性指标对总体 MPI 的贡献率。研究发现，无论指标如何赋权或者剥夺和贫困的临界值如何设置，在考察期内老挝的多维贫困发生率呈现明显下降，原因主要是基于除燃料和营养之外其他指标的状况改善，但贫困强度没有明显下降；另外，多维贫困率和贫困强度在城乡之间差距显著，农村地区的贫困人口比例是城市的两倍多。

（二）对特殊群体的多维贫困研究

1. 儿童多维贫困研究

关于儿童多维贫困的界定问题，《儿童权利公约》（1989）（以下简称《公约》）提供了一个重要标准，《公约》要求各缔约国尊重儿童的最大利益，确保儿童的各项人权受到法律保护，包括生存权，充分发展权，免受有害影响、虐待和剥削权，充分参与家庭、文化和社会生活权等。联合国儿童基金会曾经指出收入贫困这种衡量方式并不能充分反映儿童是如何经历贫困的，其他方面的问题在收入视角下并未得到充分体现，儿童贫困表现在多方面：生存、发展和成长所需的物质、精神和情感资源被剥夺，不能享受应有的权利和发挥潜能，充分参与社会（Bellamy，2005）。美国基督教儿童福利协会从剥夺、排斥、脆弱性三方面界定了儿童多维贫困：剥夺是指儿童缺乏其发挥潜能所需的物质条件和服务；排斥是指儿童经历了不公正的过程，尊严、话语和权利都被否定，生存受到威胁；脆弱性即儿童在其生活环境中，没有社会能力去应对其生存和威胁（秦睿、乔东平，2012）。英国儿童贫困研究与政策中心对儿童多维贫困的定义是：儿童及青少年在成长过程中无法获得和使用各种类型的资源，这些资源对他们的福祉和潜能的发挥至关重要。

对于儿童多维贫困的测度方法与指标体系很多学者做了探讨、总结和归纳，儿童多维贫困分析常采用福利分析法、剥夺法、社会排斥法。福利分析法虽然不能得出具体的贫困率和贫困人数，但可以用来描述不同时期、不同儿童群体的贫困程度，进而了解儿童贫困情况的变化趋势和差异。如兰德等（Land et al.，2001）构建了涵盖 6 个方面 28 个指标的美国儿童青少年幸福指数，即生活水平：

包括贫困率、父母有保证的就业、年收入中位数、儿童健康保险覆盖率；社交关系：包括单亲家庭的儿童比率、在过去一年搬过家的儿童比率；健康：包括婴儿死亡率、低出生体重率、死亡率（1～19岁）、儿童身体健康、儿童活动、超重；健康行为：包括青少年怀孕率、暴力犯罪受害率、暴力犯罪比率、吸烟、饮酒、吸毒；生产力：包括阅读考试成绩、数学考试成绩；在社区中的地位和受教育情况：包括学龄前儿童入学率、18～24岁获得高中文凭人数、16～19岁辍学比率、25～29岁获得学士学位人数、18～20岁获得总统选举投票率；心理健康：包括自杀率、每周参加宗教活动比率、信仰宗教。类似地，布拉德肖等（Bradshaw et al.，2007）构建了包括物质情况、住房、健康、主观幸福感、教育、儿童之间的关系、参与、风险与安全8个方面的欧盟儿童幸福指数，涉及23个领域、51个指标。不同的福利指数涉及的指标范围广泛，虽然包含的年龄范围较为宽泛，不仅包括婴幼儿还涵盖了青少年群体，但是指数中部分指标依然是可取的。

除了从福利角度构建儿童多维贫困指数，还有学者从剥夺角度构建儿童多维贫困指数，例如戈登（Gordon，2003）基于汤森（Townsend，1987）的相对剥夺理论提出了适用于测量发展中国家儿童贫困的布里斯托尔（Bristol）剥夺方法，该方法通过生存条件被剥夺的程度来反映儿童贫困程度，其中测量儿童重度贫困的指标包括8个方面，分别是：儿童的年龄身高、年龄体重、身高体重低于国家参考标准的3个标准差；用水：儿童只能获取地表水（河流）或距离最近的水源需要15分钟；卫生设施：儿童住所附近没有任何类型的厕所；健康：没有接种任何抵抗疾病的疫苗或者近期腹泻但未接受任何治疗；住房：儿童住在5人以上的房间或者房间的地面没有经过任何装修（泥地）；教育：学龄儿童（7～18岁）从未上过学；信息：3～18岁儿童家里没有收音机、电视、电话或报纸；基本服务：儿童居所离学校20千米以上或距离医疗机构50千米以上。该方法首次将发展中国家儿童的多维贫困状况概念化，使国际比较成为可能。

博伊登（Boyden，2003）从剥夺、排斥和脆弱性三个方面考察儿童多维贫困状况，其中剥夺包括儿童缺乏其发挥潜能所需的物质条件和服务；排斥包括儿童经历了不公正的过程，尊严、话语和权利都被否定，生存受到威胁；脆弱性包括儿童在其生活环境中，没有社会能力去应对其生存威胁。这一类型的多维贫困属于定性描述，虽然可以从整体上刻画儿童贫困但却不能得出关于儿童贫困的具体数字，对评估儿童多维贫困不具可操作性。

除此之外，联合国儿童基金会对儿童多维贫困的指标也进行了细化，把儿童的福利分为生存、教育和保护与社会接纳三个维度。其中儿童生存维度包含了幼儿发展、健康、艾滋病、免疫、营养以及水、环境卫生和个人卫生六项指标。教育维度重点关注儿童教育、教育创新、和平教育、基础教育与性别平等以及辍学儿童等五项指标。儿童保护与社会接纳将青少年发展、儿童保护、残疾儿童、结束暴力以及社会接纳纳入其中。联合国儿童基金会的指标体系把注意力集中在儿童本身，提出了儿童成长过程中需要注意的几乎所有重要指标，这在研究儿童多维贫困上取得了重大进步。但是其缺陷也是显而易见的，一是过于关注儿童自身的发展，忽略了儿童在成长中对家庭的依赖，并没有把儿童从家庭和社会中获取的外部能力作为儿童能力的一种；二是在指标体系面面俱到的同时，数据获取的难度增大，迄今为止能够获取全部数据并形成的完整分析仅存在于各个国家政府的儿童权利报告中，为学术研究构建了较高的门槛。

很多学者利用儿童多维贫困的测算方法和指标体系，利用各国的数据对儿童多维贫困进行了大量实证分析。比如，陈和柯拉克（Chen and Corak，2008）在分析经济合作与发展组织（OECD）中 12 个国家的儿童多维贫困变化情况，并从家庭人口特征、劳动力市场结构、政府转移支付政策方面分析了致贫原因。其中父母特征是降低儿童多维贫困的有效力量，包括父母平均年龄，受教育程度；父母在劳动力市场中的参与情况也是儿童贫困变化的主要原因，母亲在劳动力市场上的参与度、父亲的就业率和收入状况和儿童多维贫困密切相关。罗赫等（Roche et al.，2013）采用 AF 法参考联合国儿童基金会关于儿童贫困和不平等的维度和指标测算了儿童多维贫困指数，从营养状况、饮用水、卫生设施、医疗健康、住房条件、信息媒介六个维度分析了孟加拉国的儿童贫困，并证明了采用 AF 法测算的儿童贫困的优点。勒伦等（Roelen et al.，2012）构建了包括教育、健康、保护、饮用水和卫生情况、劳动、社会包容和保护 6 个维度的多维贫困指数，对比分析了传统货币法和多维贫困指数衡量的儿童贫困结果之间的相关性，研究发现不同测量结果之间的相关性有限，进一步支持了从多维角度分析儿童贫困的价值。特拉尼等（Trani et al.，2013）分析阿富汗儿童多维贫困情况时，设定了 10 个维度指标，其中 5~7 岁儿童包括八大维度：健康（家庭饮用水主要来源）、物质匮乏（拥有资产情况）、食物保障（吃饱饭）、儿童照料、社会包容（儿童受虐待、参加庆典、已经订婚或结婚）、接受教育、免受经济和非经济剥夺且活动自由（每天做家务时间、农忙季劳作时间、户外工作时间）、住房和环境（儿童所居住的房间人数），8~12 岁儿童增加了 2 个维度：日常生活能力（洗澡、穿衣、做饭、上厕所、吃喝、走动）和活动能力（爬楼梯、购物、搬水、野外工作、骑车）。研究发现所有儿童在至少一个维度被剥夺，农村在发生率和强度方面比城市更贫困；女孩比男孩更加贫困，如较低的教育机会、医疗保健，以及流动性和人身自由限制；残疾儿童比非残疾儿童在发生率和强度方面更严重；教育和健康政策改进有助于减少儿童贫困。阿帕拉扎和雅罗尼茨基（Apablaza and Yalonetzky，2013）利用 AF 多维贫困测量方法，从儿童个体和家庭环境方面来构建儿童多维贫困指标体系，实证分析了埃塞俄比亚、印度安得拉邦、秘鲁和越南在不同贫困临界值下的儿童多维贫困变化情况。其中和儿童相关的指标包括雇用童工、接受教育、营养；家庭方面的指标包括用电、做饭燃料、饮用水、厕所类型、地板材料、家庭资产、住房过度拥挤、儿童死亡率。

在最近的研究中，如特古姆和赫维（Tegoum and Hevi，2016）分析了喀麦隆5岁以下儿童的多维贫困状况，具体构建了5个维度19个指标的多维贫困测量体系，包括营养，即母乳喂养、补充食物来源；用水，即饮用水来源、是否可以直接饮用、取水距离；健康，即疫苗接种、食用维生素、睡在蚊帐中、抗疟药物的类型、生病是否及时就医；儿童发展，即玩具类型、是否拥有书籍、参加学前教育项目、在家中进行教育活动；住所，即住所类型、居住环境、住所位置、人口密度、卧室数量。同时还构建了家庭多维贫困测量体系，研究发现儿童多维贫困随家庭规模、居住环境和户主受教育程度的不同而存在显著差异，决定儿童多维贫困的关键因素是家庭贫困状况、儿童母亲或监护人的教育水平和年龄以及儿童的母亲在家中的地位。瓦奥尔泰因和席勒等（Vaaltein and Schiller，2017；参考Noble et al.，2006）构建的8个维度的南非儿童多维贫困指标框架具体分析了南非某省的儿童多维贫困情况，该测量体系包括物质资源，即经济和交通、债务、食物供给、失业、衣物供给；人力资本，即教育、入学率、教育发展、现金；健康；社会资本，即缺乏支持、相互交流能力；人身安全，即日常环境；生活环境，即居住场所、水、电；虐待，即处理孩子的不良行为。

2. 妇女和老人等特殊群体的多维贫困研究

此外，许多学者对妇女、老人等特殊群体的多维贫困也十分关注。其中，巴斯托斯等（Bastos et al.，2009）使用欧洲人权委员会（1995～2001年）的数据，采用横截面和动态分析方法，对葡萄牙妇女的贫困状况进行分析。研究结果指出了导致妇女易受贫困影响的各种因素的重要性，例如与劳动力市场、单身母亲、老龄化和教育有关的问题。巴塔纳（Batana，2013）从资产、健康、教育和权利4个维度考察了14个撒哈拉以南非洲国家的妇女的多维贫困状况，估计了M0、M1，三组国家的多维贫困发生率结果表明，法语国家的妇女50%是贫困的，第二组30%～50%，第三组低于30%；收入贫困和资产贫困在两种贫困测度中，国家排名具有显著差异；妇女在教育方面的剥夺对贫困贡献最大，其次是权利剥夺。此外，他还针对贫困临界值，在国家间进行两两比较的支配关系的统计检验，结果发现根据不同的k值，M0测算中61%的国家具有支配关系，最后他还使用了两套指标剥夺值来进行灵敏度分析。

金等（Kim et al.，2015）利用韩国福利小组调查（2005～2013年），分析了韩国老年人抑郁与收入贫困、住房贫困和健康贫困的关系。结果发现，韩国老年人最容易陷入收入贫困，其次是健康贫困和住房贫困；老年人出现抑郁症状的时间越长，他们经历收入贫困、住房贫困和健康贫困的可能性就越大。此后，金（Kim，2019）使用来自第12届韩国福利小组调查的6361个老年家庭数据

（1561 个婴儿潮出生队列，1793 个经历解放后出生队列，3007 个日本殖民时期出生队列），分析贫困维度与多维贫困之间的相关关系、影响贫困维度数量的变量以及贫困与否的概率来分析贫困发生率。结果发现，婴儿潮出生人群的贫困率最高，经历解放后出生队列和日本殖民时期出生队列的患病率最高；各出生队列的贫困率分别为 20.179%、28.779% 和 50.083%。最后对贫困人口数维度进行多元回归分析，所有队列的显著变量为性别、教育程度、婚姻状况、居住地和人均普通收入。

第三节　国内对多维贫困的相关研究

一、对中国城乡居民多维贫困的相关研究

王小林和阿尔基尔（2009）根据 2006 年"中国健康与营养调查"数据（CHNS），主要利用 AF 方法测量了中国城乡居民多维贫困，结果显示，城乡居民都存在收入维度之外的多维贫困；维度分解结果表明，卫生设施、健康保险和教育对多维贫困指数的贡献最大；地区分解结果显示贵州省多维贫困指数最高；城乡分解结果表明黑龙江和广西的城市多维贫困比较突出，并建议我国在未来阶段的扶贫（2011~2020）中将多维贫困的识别和瞄准作为主要方向。邹薇、方迎风（2011）利用 CHNS 数据，构建了包括收入、教育和生活质量 3 个维度 8 个指标的多维贫困测度指标体系，使用等权重的赋权方法，对 1989~2009 年的中国城乡居民多维贫困进行了测度和分解，并通过固定效应模型开展分析，结果表明，中国居民的多维贫困状况比收入贫困更严重，而且农村多维贫困状况更加严重，城乡之间的差距在不断扩大，其中家庭所处的外部环境是关键影响因素。郭建宇和吴国宝（2012）利用山西省贫困监测数据，从教育、健康、生活水平维度测度了贫困县的居民多维贫困状况，测量结果表明，山西省贫困地区居民的多维贫困状况高于全国平均水平，多维贫困表现为较大的维度差异和区域差异。吴海涛等（2013）基于湖北省孝昌县实地调查得到的数据，利用 AF 多维贫困测量方法，选取教育、收入、消费、闲暇、健康和决策权 6 个维度对农村家庭贫困及其性别差异进行了度量和分析。结果表明，农村家庭女性的贫困程度高于男性，女性在教育、消费和决策权维度的贫困发生率明显高于男性，特别是在决策权上明显处于弱势地位；教育贫困和消费贫困是当前农村贫困缓解最迫切需要解决的问题；男性的健康贫困较女性严重。石智雷和邹蔚然（2013）基于丹江口库区抽样调查数据，从库区农户的当前消费水平、长期资本积累和可持续性发展水平三个

角度分析了库区农户的贫困状况，并进一步探讨不同家庭和外部环境特征对库区农户贫困的影响。研究发现，迁移对库区农户造成了巨大冲击，并且这一冲击的影响对不同搬迁时间的农户存在很大差别，农户对新事物的态度和其社会资本对他们是否陷入贫困有重要影响，政府对外部环境的改造政策和救助式扶贫对农户的经济发展并没有产生明显的积极效果。

张全红（2015）利用"中国健康与营养调查"（CHNS）调查数据，通过设置不同的剥夺和贫困临界值，对1991～2011年中国居民多维贫困进行了测度和分析，研究结果表明中国经济社会发展在2000～2011年表现出较强的益贫性特征，整体多维贫困状况下降显著，其中，极端贫困人口的减贫效应十分明显，未来政策应重点关注中西部和农村地区的极端贫困人口。张庆红等（2016）从能力贫困的视角出发，分析了新疆的南疆三地州（天山以南的和田、喀什、阿克苏三个地区）的少数民族连片特困地区的农村少数民族农户的多维贫困状况，研究结果表明除收入外，南疆农村少数民族农户在教育、健康、生活条件等多个方面均呈现较为严重的多维贫困。张志国和聂荣（2016）基于2004～2011年的"中国健康与营养调查"（CHNS）数据，从资产、健康、教育和生活条件四个维度出发，运用相关系数对维度和指标权重进行设定，测度了中国农村的多维贫困状况，并在此基础上将农村居民的多维贫困划分为暂时性多维贫困和慢性多维贫困。研究结果表明，当前中国农村多维贫困主要是暂时性多维贫困。高帅（2016）使用AF方法从贫困人口的个体角度出发，基于2010年和2012年的平衡面板数据，构建了农村贫困人口的多维贫困测度指标体系，并对农村多维贫困人口进行了分类，具体为持续多维贫困、陷入多维贫困、退出多维贫困和从未多维贫困4类，并对陷入多维贫困和持续多维贫困的农户做了进一步的分析。

张全红等（2017）综合阿尔基尔和福斯特（2011）提出的多维贫困测算方法和福斯特（2009）提出的长期贫困测算方法，构建了长期多维贫困指数和暂时多维贫困指数，实证分析了中国的贫困状况，并根据了城乡、维度和区域进行了分解分析。结果发现：第一，样本家庭在多维视角下的长期贫困比例要高于暂时贫困，这与单一地从收入角度来分析长期贫困和暂时贫困的结论恰好相反；第二，教育年限、医疗保险和健康的贡献度都排在前三位，但健康对于长期贫困人口的贡献度要明显高于暂时贫困；第三，总体看来，农村的多维贫困程度不仅高于城市，而且很多指标的贫困持续时间也要高于城市；第四，从四大区域看，经济发展水平较低的中西部地区，长期多维贫困程度要高于东部和东北部地区。罗玉辉和侯亚景（2019）构建了主客观维度结合的多维贫困测量框架，利用2010年、2012年、2014年三期中国家庭追踪调查（CFPS）面板数据，对农村家庭多维贫困动态子群进行分解，分析多维贫困动态子群的分布特征，并考察多维贫困动态子群的脱贫质量。研究发现，农村多维贫困以暂时性贫困为主；农村存在退出多维贫困和进入多维贫困现象，退出多维贫困子群对多维贫困指数变化的贡献最大；相对于极端多维贫困子群，边缘性多维贫困子群的脱贫质量相对最高。高明（2018）以全国 191 个贫困村 3101 户家庭的调查数据为基础，采用修正的 FGT 多维贫困测量方法测算了不同类型家庭的多维贫困状况，并使用 logit 回归模型，对农户家庭类型与多维贫困发生率的关系进行了验证。结果表明，贫困地区的多维贫困发生率和多维贫困指数较高，当前建档立卡的识别结果存在一定程度的偏差和错漏。从家庭结构的特征来看，家庭结构为单身或夫妇、单亲与孩子、四代同堂的农户更容易陷入多维贫困；不同子女数量的二代家庭的多维贫困差异并不明显，子女数量并不必然导致家庭陷入多维贫困。沈扬扬等（2018）基于中国家庭调查数据（CFPS），依据全球 MPI 标准，测算并分析了中国的多维贫困状况。研究发现，中国的多维贫困程度并不高，并且随着时间的推移呈现下降趋势；区域发展不平衡对多维贫困有着显著的影响；贫困人群普遍在健康、教育等方面遭受了剥夺，但细化到各群组，指标贡献度各有差异；经济贫困与多维贫困的交叠程度呈跨期递减趋势。

冯怡琳（2019）基于全国的住户收支与生活状况调查数据，使用全球多维贫困指数方法构建中国的多维贫困指数体系，测量了 2014 年和 2016 年中国城镇地区的多维贫困现状，并使用 logit 模型进行影响因素分析。结果表明，2016 年中国城镇多维贫困发生率已降至 1.1%，但东北地区、城乡结合区多维贫困发生率相对较高。城镇多维贫困人群呈现"低就业、高负担"特点，以老年户为主。logit 模型回归结果表明，提高户主文化程度、家庭成员参与养老保险、社区基础设施改善均能显著减少多维贫困发生风险。苏华山等（2020）基于 2014 年中国家庭追踪调查（CFPS）的数据并通过 AF 方法对我国人口的多维贫困现状进行了测算，发现我国居民中子女的多维贫困状况较其父辈有所改善；教育和生活条件维度对我国居民的多维贫困贡献率较高。

二、对中国女性多维贫困的研究

作为比较特殊的群体，女性的多维贫困状况一直在学者们关注的视野中。张晓颖等（2016）以收入贫困 FGT 方法和多维贫困测量 AF 方法，测算了在北京市从业的 451 名家政服务业流动妇女的收入贫困、多维贫困指数（MPI－Ⅰ）和包括主观福利的多维贫困指数（MPI－Ⅱ）。测量的维度包括收入、教育、健康、生活水平和社会融入五个维度。分析结果表明，用国家农村贫困标准测量，流动妇女在收入上都已脱贫；用多维贫困指数 MPI－Ⅰ测量结果显示生活水平维度贫困最为严重；用多维贫困指数 MPI－Ⅱ测量测度的结果显示，流动妇女社会融入维度贫困最为严重。郭毅和陈凌（2017）基于中残联 2013～2015 年残疾人调查数据构建了反映广西残疾女性多维贫困状况的指数，并运用该指数分析了残疾女性的贫困状况、致贫原因。柳建平和刘咪咪（2018）依据多维贫困理论和方法，利用甘肃省 14 个贫困村的调查数据，对样本村劳动年龄女性的多维贫困现状进行测算和分解，并对影响因素进行了 logit 回归分析。发现样本女性虽然仍存在着收入上的贫困，但是在消费、教育、健康和交通方面的贫困更为突出，多维贫困发生率较高。王宇和陶涛（2019）基于 AF 贫困测量法，结合 2016 年中国老年社会追踪调查（CLASS）数据，从"老有所养""老有所依""老有所安""老有所乐" 4 个维度出发，将各维度对应指标均匹配到国家关于老年人或妇女的政策和法律法规依据，识别出我国农村老年妇女在非收入层面的多维贫困现状，结果显示医疗服务不足、卫生条件简陋、互联网生活匮乏是当前我国农村老年妇女面临的三大生活困境。黄森慰等（2019）为了解妇女多维贫困度，采用 MPI 指数的 AF 方法，利用 2015 年福建省妇联"巾帼扶贫"五年攻坚计划专项调研数据，从 11 个维度对福建省的妇女进行多维贫困测量，并对多维贫困指数进行了分解。结果表明：福建省贫困妇女最为严重的贫困状况为 9 个维度同时存在贫困现象。社会关系、健康、教育、卫生设施、决策权这些维度对福建省贫困妇女多维贫困的贡献率较高。刘艳华等（2019）在系统梳理国内外文献的基础上，通过对河北贫困地区妇女进行问卷调查，基于 Alkire - Foster 多维贫困测度模型，甄选出了导致妇女多维贫困的主要因素，即教育、就业和健康。并在此基础上提出了解决河北贫困地区妇女贫困的路径。高翔（2019）选取 2014 年中国老年健康影响因素跟踪调查（CLHLS）数据，利用多维贫困度量法，从物质、健康、权利三个维度分析了农村老年女性陷入轻中深度贫困时整体状况、各维度指标具体情况及致贫机制。研究表明，从整体而言，农村老年女性物质生活维度的贫困最为严重；指标的分解分析显示，家庭赋权显著利于摆脱多维贫困。随着贫困程度递增，家庭、社会保障等因素可以帮助农村老年女性摆脱多维贫困。张强（2020）基于"完善社会救助制度研究"课题组对于低保受助者的调查数据，采用 AF 多维贫困计算方法，对女性低保受助者多维贫困现状与致贫原因进行了分析，结果表明，女性低保受助者除收入贫困外，还遭受着多个维度的贫困，并且存在城乡差异。具体来看，农村女性受助者多维贫困状况比城市严重。从各指标贡献率来看，教育、生活质量维度对农村女性受助者多维贫困贡献率较高，而健康、社交维度对城市女性受助者多维贫困贡献率较高。

三、对中国儿童多维贫困的研究

作为弱势群体，我国诸多学者对儿童的多维贫困进行了详细的研究。王小林等（2012）利用"中国儿童福利示范区入户调查"2010 年数据，对中国 5 个省市和自治区的儿童多维贫困从健康、生存、发展、保护、参与 5 个维度进行了测度分析，维度分解结果显示，健康和生存维度对儿童多维贫困的贡献显著，子群分解结果显示不同儿童群体之间的多维贫困水平存在差异，如残疾儿童与正常儿童相比更为贫困。冯贺霞等（2017）使用中国国际扶贫中心 2013 年"集中连片特困地区农户多维贫困调查"数据，运用 AF 方法，从生存、发展、健康、教育、参与 5 个维度 19 个指标构建儿童多维贫困测量体系，包括生存，即吃饭、穿衣、饮用水、住所、收入贫困；健康，即健康行为、医疗保险、距卫生室距离、卫生设施；教育，即入学率、距学校距离、拥有字典；保护，家庭暴力、校园暴力、社会暴力；参与，即户籍、日常生活、学习的决定、业余爱好。旨在分析贫困地区儿童多维贫困状况，以期提高以儿童为中心的减贫政策质量。结果表明，贫困地区儿童存在着收入之外较为严重的多维贫困：在各指标测算显示，72.03%的儿童所在家庭使用粪桶、旱厕、无设施或其他无冲水类型的厕所，57.52%的儿童不能决定自己的业余爱好，46.47%的儿童不能决定自己的日常生活，36.21%的儿童存在校园暴力；参与、健康对儿童多维贫困的贡献率突出，分别是 28.46%、20.29%；留守时间越长，儿童各指标贫困发生率相对较高。张赟（2018）也构建了生存、健康、教育、参与、保护五大维度的测量体系，共涉及 20 个具体指标，具体为生存，即户籍、吃饭、住所、陪伴与照料、家庭情况；健康，即健康状况、饮用水、卫生设施、健康行为、医保；教育，即入学率、学习期望、学校距离、字典拥有；参与，即日常生活、学习决定、业余爱好；保护，即家庭暴力、校园暴力、社会暴力。李晓明、杨文建（2018）基于 AF 法构建了 6 个维度 10 个指标的儿童多维贫困测量体系，探寻了我国儿童多维贫困的程度、特征和致贫机理。具体指标包括营养：BMI；健康：住院次数、是否有残疾；教育：辍学；保障：社会医疗保险；文化贫困：家长希望孩子念完书的程度、对儿童生活和学习关怀；社会交往：是否与同龄群体和睦、是否受同龄人讨厌。研究发现单维的测度已不足以表达儿童贫困问题，儿童贫困具有多维性，而且农村地区儿童多维贫困问题比城市更加严重，欠发达地区的儿童贫困状况最为严重，营养、医疗保障以及文化贫困是导致儿童多维贫困的主要因素。葛岩等（2018）构建了反映儿童贫困发生率、贫困深度、贫困持续时间的长期多维贫困指数，包括 4 个维度 11 个指标，具体为教育水平：家中儿童平均受教育年限；健康状况：医保、及时就医、营养状况；生活条件：卫生设施、干净饮用水、居住环境、家庭用电；个体成长：家庭照顾、时间自由、信息获取。魏乾伟、王晓莉等（2018）采用多重交叠剥夺分析法分析多维贫困，该研究对多维儿童贫困测量维度包括水和卫生设施、营养、健康、早期教育、保护、参与，具体指标：饮用水类型、卫生设施（厕所类型）、营养（生长发育迟缓、低体重）、健康（医疗照顾、疫苗接种）、早期教育（拥有图书、玩具）、保护（照顾不周、暴力管教）、参与（出生证明、上户口）。研究发现，婴幼儿面临严重的多维度贫困，单纯经济导向的扶贫难以改善他们的福利状况；多维贫困测量方法有利于识别和定位儿童贫困，制定特异性策略来改善儿童福利，促进儿童早期发展。

四、对中国老年人口多维贫困的研究

近年来，老年人多维贫困问题也逐渐得到关注，根据对已有文献的梳理，我国老年人多维贫困的研究分为两类：一类是对老年人多维贫困的测度；另一类是分析老年人多维贫困的致贫因素。解垩（2015）根据 CFPS2012 和 CFPS2014 的数据构建了消费、健康和未来信心 3 个维度的多维贫困指标，通过倾向得分匹配方法检验最低生活保障金对老年人多维贫困的影响，结果显示低保等公共转移支付对老年人多维贫困的影响表现出了城乡差别，低保和居民养老保险对城市老年人影响微弱，低保不仅未降低反而使老年人的贫困增加，居民养老保险则显著降低了农村老年人的多维贫困水平。马瑜等（2016）基于中国健康与养老追踪调查（CHARLS），采用 AF 方法从健康、经济保障、生活水准和社会参与 4 个维度构建了老年多维贫困指数（MPI），并分城乡、省份进行了比较，进一步应用比例响应变量回归模型和二值响应变量回归模型分析了老年多维贫困在社区层面和家庭层面的致贫因素。研究发现：老年多维贫困在健康、生活水准和社会参与方面的城乡差异最大；整洁无污染的社区环境、健全的公共活动场所和设施有助于降低老年多维贫困发生率，而教育水平低、无子女或子女众多的老年群体更易陷入多维贫困。刘一伟等（2017）运用中国老年健康影响因素跟踪调查数据发现，社会保障对老年人贫困的影响存在城乡异质性，社会保障缓解了城市老年人的经济贫困，加剧了精神贫困，对健康贫困无显著影响，而对农村老年人而言，社会保障对经济、精神和健康维度的贫困都有缓解作用。孙金明和张国禄（2018）基于 2014 年中国老年健康影响因素跟踪调查（CLHLS）数据，应用多维贫困理论与测量方法，构建了适用于中国失能老人的多维贫困指标体系，并进行了实证分析。研究结果表明，中国失能老人多维贫困存在城乡和失能程度差异，农村失能老人比城市失能老人对多维贫困指数的贡献更大；中、重度失能老人多维贫困程度比轻度失能老人更严峻。中国失能老人多维贫困的主要致贫原因依次为精神孤独、照料满意度低、医疗保障水平低等因素。刘二鹏（2018）运用 2005～2014 年 CLNLS 数据，建立了包含主观贫困、消费贫困和收入贫困 3 个维度的多维贫困指数，发现消费贫困呈现出波动下降的趋势，主观贫困发生率不断降低，而收入贫困不降反增，并发现代际经济支持力度、家庭收入、老年人的家庭经济地位和社会福利（如是否有养老保险、社区提供的养老服务完备程度）等均影响了老年贫困是否发生，但对这 3 个维度的影响各

异。高翔和王三秀（2018）基于 2014 年中国老年健康影响因素跟踪调查数据，将农村老年多维贫困细分为经济贫困、健康贫困、精神贫困与权利贫困四方面，实证分析了劳动力外流对农村老年多维贫困的直接影响及其作用机理，研究发现：相比农村老年的经济、精神、权利贫困，健康贫困现象尤为突出；劳动力外流缓解了农村老年的经济贫困、健康贫困与权利贫困，却未对其精神贫困产生显著影响；渠道检验表明，养老保险在劳动力外流与农村老年多维贫困的关系之中起到了调节作用。

侯斌（2019）使用"完善社会救助制度研究"课题组 2015 年的调查数据，通过二项 logit 模型具体分析了城乡贫困老年人口的经济贫困、健康贫困和精神贫困状况。结果显示，城市贫困老年人口经济贫困、精神贫困的主观剥夺感更强，农村贫困老年人口健康贫困更严重；城乡贫困老年人口中高龄老人居多，受教育程度低，女性贫困和独居老人贫困严重；城乡贫困老年人口家庭支持不足，社会救助水平低，救助依赖凸显。韩振燕和夏林（2019）运用 Alkire - Foster 方法构建老年多维贫困测算模型，依据 2014 年中国城乡老年人生活状况抽样调查数据（CLASS），以 11 个省（区）老年人为研究对象，从经济收入、住房保障、健康程度、养老服务、可行能力、社会参与、精神状态 7 个维度进行测算。结果表明：收入并非导致老年贫困的唯一因素，随着维度增加，老人贫困人群的规模逐步扩大、贫困程度逐渐加深；城乡、区域多维贫困差距增大。胡文睿（2019）基于中国老年健康影响因素跟踪调查（2014）的数据，将老年贫困划分为经济、健康、精神与权利贫困 4 个维度，从性别及城乡双重视角，实证分析了养老保险对老年多维贫困的影响。研究结果表明，养老保险对老年人多维贫困的影响存在显著的性别及城乡差异。徐丽萍等（2019）使用中国家庭追踪调查（CFPS）2010年和 2016 年数据，考察中国老年人的收入贫困、多维贫困状况及其变化。就全国整体情况而言，与非老年人相比，2010 年老年人贫困发生率相对较低，但贫困程度更深；而到 2016 年，两个群体的贫困程度相当。与 2010 年相比，2016 年老年人各缺失维度的贫困发生率和平均缺失份额均大幅下降，贫困发生率平均下降 30% 左右，平均缺失份额下降 10% 左右。农村老年人贫困的降幅要超过城市 10% 左右，农村老年反贫困效果更明显。邓婷鹤等（2019）基于 2015 年中国健康与养老追踪调查（CHARLS）数据，在测算收入贫困的基础上，采用 AF 方法测算了农村老人的客观多维贫困指数（MPI - Ⅰ）和包括主观福利的多维贫困指数（MPI - Ⅱ），涉及收入、教育、健康、生活水平和主观福利 5 个维度。研究发现，MPI - Ⅱ测量的主、客观多维贫困发生率最高且主观福利贡献最大；MPI - Ⅰ测量的客观多维贫困次之，收入贫困发生率最低。进一步，对收入贫困和多维贫困样本进行交叉识别显示，收入贫困的农村老人中有 96% 同时陷入多维贫困，多维贫困样本中一半以上为非收入贫困。这说明虽然收入始终是农村老人多维贫困识别的重要因素，但以主观福利为代表的非收入因素影响更大。

五、对中国流动人口多维贫困的研究

现有研究中对流动人口贫困的测度，经历了由定性描述向定量测度，进而由单维定量测度向多维定量测度的发展（杨帆，2017），选用的贫困测度指标主要包括收入、消费、住房、健康、社会保障、教育、就业、主观感受等多个方面，判断标准主要有绝对贫困标准、相对贫困标准和多维贫困标准等，使用的数据主要来自个人调研数据、官方调查数据、科研机构调查数据等，测度方法主要是贫困人口比、FGT 以及 AF 方法等。具体如王春超和叶琴（2014）利用 2000～2009年 CHNS 数据，运用 AF 方法，从收入、健康、教育和医疗保险四个维度测量了中国省份间劳动力的多维贫困状况，对比分析了农民工和城市劳动者的多维贫困状况，同时对影响劳动者多维贫困的外生因素进行了实证分析。研究发现，农民工的多维贫困问题凸显，其中农民工在收入和教育多维贫困的贡献较高，市场化对农民工多维贫困改善具有重要作用。侯为民（2015）通过对建筑业农民工开展问卷调查并应用多维贫困测度方法对建筑业农民工的多维贫困进行了识别和分解，研究结果表明农民工面临较为严重的多维贫困，应通过进一步推进城镇化来解决农民工的多维贫困问题；孙咏梅（2016）利用 AF 多维贫困测度方法测度了建筑业农民工的福利贫困状况，研究发现我国新农合和新农保的福利保障程度仍然较低，社会保险和看病问题成为农民工福利贫困的主要影响因素，研究指出我国应当以消除福利贫困为重点，积极推进精准扶贫。朱晓和段成荣（2016）通过对 CHIP2008 的流动人口数据进行测算后认为，"离土又离乡"的农民工已经成为城镇贫困人口的重要组成部分，相比于城镇户籍居民，农民工难以分享到城市经济社会发展成果，贫困农民工群体不仅收入增长受限，而且极易因社会保障缺乏导致的外部风险致贫。何宗樾和宋旭光（2018）以 CFPS 家庭数据为样本，借鉴 A－F 多维贫困测算框架，估计了中国 25 个省份流动人口在教育、健康、医保、就业和收入等五个维度的多维贫困。研究发现：户籍制度本身隐含着对流入人口的制度性歧视，在很大程度上限制了农民工群体的自由流动和迁移，降低了个体外出寻求就业机会的可能性，进而加剧了农民工群体的多维贫困和不平等程度。李昊和张昭（2019）采用 AF 多维贫困测度方法，结合中国家庭收入调查数据（CHIP2013）中的流动人口子样本，着重从健康、教育、生活水平和社会排斥 4 个维度测量并分析了中国流动人口的多维贫困。研究表明：（1）流动人口在以上四个维度存在不同程度剥夺，因而存在多维贫困现象，并且多维贫困与收入贫困两种理念结合起来可以为流动人口多维贫困的测量、评估和预警提供新的思路；（2）流动人口多维贫困的维度分解表明，社会排斥对总体多维贫困指数的贡献最大，是流动人口多维贫困不可忽视的维度；（3）流动人口多维贫困的子群分解表明，县内流动的流动人口多维贫困程度最高，并且对总体多维贫困指数贡献最大，但是流动范围的增加并不必然降低流动人口的多维贫困。

第三章　本书的研究方法与数据来源

本章将介绍多维贫困测度的基本公理和一些测度方法，其中重点介绍阿尔基尔和福斯特（Alkire and Foster，2008）基于阿玛蒂亚·森（1979）的能力理论，在公理化测度方法框架下和计数方法基础上，提出的多维贫困的识别和分解方法，简称 AF 方法。此外，本章还将重点介绍本书使用的主要数据。

第一节　多维贫困的基本公理与测度方法

一、多维贫困测度的基本公理性质

多维贫困测度指标体系与方法应该满足一定的规范性准则，能够反映社会和公众所期望的基本道德准则和实际减贫需要，其数理特性应当遵循那些"无须证明而被接受为正确的表述"（Sen，1976），即人们均持有一致意见的公理性质，而且这些公理性质必须被视为对具体贫困测度方法的限制，如对贫困识别和加总方法的限制等（张建华、陈立中，2006；Alkire and Foster，2009；Alkire et al.，2015；丁建军，2014；高明、唐丽霞，2018）。根据现有研究，多维贫困测度公理的基本性质可以划分为四种类别：不变属性（invariance properties）、占优属性（dominance properties）、子群属性（subgroup properties）和技术属性（technical properties）。

（一）不变属性

对称性公理（symmetry axiom）：对称性公理要求社会中的每个人都是匿名的，从而只知道剥夺，而不清楚具体的被剥夺者。因此，这个属性也常常被称为匿名性。只要整个社会的剥夺情况保持不变，跨人群的福利向量交换不应该改变整体贫困状况。

复制不变性公理（replication invariance axiom）：复制不变性公理要求社会中的人口如果被复制或克隆一个有限的次数且福利向量不变，那么贫困状况应当不变①。也就是说，复制不变性要求社会中的贫困水平能够依照人口规模标准化，使得拥有不同人口规模的社会之间是可比的。

规模不变性公理（scale invariance axiom）：规模不变性公理要求贫困的测度不应受到指标单位和尺度变化的影响，即维度的单位和尺度发生变化，贫困的相对状况不发生变化。

焦点性公理（focus axiom）：焦点性公理要求多维贫困测量集中关注底层群体的现实状况，即不在贫困关注范围内的上层群体福利的变化，不应对多维贫困的测度结果产生影响。焦点性公理可以从相辅相成的两个方面来看待，一是贫困焦点性（poverty focus），这个性质要求非贫困群体福利增加时，贫困状况应该保持不变；二是剥夺焦点性（deprivation focus），这个性质要求非剥夺维度状况改善时，无论该维度属于贫困人口还是非贫困人口，整体的贫困状况不受影响。

序数性（ordinality）：序数性要求如果 (X', z') 能够通过 (X, z) 的等价变换得到，那么 $P(X', z') = P(X, z)$，这个性质要求在贫困测度的指标尺度发生可行变换后，贫困的测度结果不变。

（二）占优属性

单调性公理（monotonicity axiom）：单调性公理要求如果一个贫困人口在某一被剥夺维度上的福利增加，而其他福利保持不变时，整体贫困应该减少。也就是说，单调性要求贫困群体被剥夺维度上的福利增加应该能够体现为贫困的减少。

转移性公理（transfer axiom）：转移性公理涉及贫困人群之间的不平等，这个性质要求在贫困群体平均福利保持不变的情况下，贫困人群之间的不平等如果减小，那么贫困减缓。即，如果福利矩阵 X' 从另一个福利矩阵 X 中得到，满足 $X' = BX$，其中 B 是一个双随机矩阵，并且 $B_{ii} = 1$，$i \notin Z$，那么 $P(X'; z) = P(X; z)$。

重排性公理（rearrangement axiom）：重排性公理要求当维度之间是替代的关系，贫困在重排情况下不应增加；当维度之间是互补的，贫困不应该在上述的转变下减缓②。

---

① 该原则最早由道尔顿（Dalton, 1920）在测量不平等的背景下提出。

② 在多维测度文献中，指标间的替代和互补关系是由贫困指标关于两个维度的偏导数为正或负定义的。这明显要求维度是基数的并且贫困指标是二阶可微的。实际来说，给定两个维度 j 和 j'，替代性意味着在 j' 维度上福利越高的人，当在 j 维上有一个福利增加时（Bourguignon and Chakravarty 2003：35），其贫困下降越少。相反的，互补性意味着在 j' 维度上的福利越高的人，当在 j 维上有一个福利增加时，其贫困下降越多。如果维度是独立的，二阶偏导数为零，并且贫困在上述的变换下不变。这与 Auspitz - Lieben - Edgeworth - Pareto（ALEP）的定义相互对应，而且和 Hick 的定义不同。而 Hick 的定义传统上应用于需求理论中（指无差异等高线的性质）（Atkinson 2003：55）。见关内（Kannai, 1980）对 ALEP 定义的批评。对布吉尼翁和查克拉瓦蒂（Bourguignon and Charkavarty, 2003）的相联公理的批评，参见（Decancq, 2012）。

（三）子群属性

子群一致性（subgroup consistency）：子群一致性要求总体贫困应当反映子群的贫困，总体贫困与子群贫困的变化应当是一致的[1]。假设整个社会被分成两组人口，其中一组的贫困状态保持不变，而另一组的贫困状态恶化，那么总体贫困状态将会恶化。

子群可分解性（subgroup consistency）：总体贫困等于各子群贫困的加权平均和，权重为各个子群的贫困个体数量，即 $P(X; z) = \sum_{l=1}^{m} (n^l/n) P(X^l; z)$ ，其中 $\sum_{l=1}^{m} n^l = n$ 。人口子群可分解性这一性质已经成为多维贫困测度中最受政策分析者欢迎的性质，因为它对于瞄准和监测不同子群的贫困状态和致贫因素非常有用。值得注意的是，满足子群分解性的贫困指标的前提是满足子群一致性。然而，逆命题是不成立的。这意味着如果满足子群可分解性，那么一定能够满足子群的一致性；反之则不一定成立。

维度可分解性公理（dimension decomposability axiom）：要求在识别多维贫困人口后，总体贫困等于维度剥夺的加权平均和，显示了贫困人口所面临的剥夺情况，具体公式为：$M(X; z) = \sum_{j=1}^{a} \omega_j M(X_j; z)$ ，其中 $\sum_{j=1}^{d} \omega_j = 1$ ，ω_j 是各个维度的权重。

（四）技术属性

连续性公理（continuity axiom）：连续性公理要求在贫困群体福利的边际水平发生变化时，多维贫困测度具有连续性，测度结果是稳健的，不会发生突然和悬殊的变化。

标准化公理（normalization axiom）：标准化公理要求多维贫困测度值应当介于[0，1] 区间，当贫困完全消失时，取最小值0；贫困达到最大程度时，取最大值1。

非简单性公理（non-triviality）：非简单性公理要求多维贫困测度体系的构成指标至少存在两个不同的备选项。

对于多维贫困测量来说，这些相关公理具有重要的启示意义。例如，焦点性公理有助于国家扶贫开发中瞄准贫困人口；人口子群可分解性公理可以贫困按照性别、城乡、省份、区域等特征进行子群分解，厘清多维贫困人口分布；维度可分解性公理对总体贫困按维度进行分解，有助于了解各个维度对总体多维贫困水平的贡献率，帮助国家在精准扶贫开发过程中，针对不同的群体，采取不同的手段或方式，进行有针对性的扶贫。

---

[1]　贫困测度的子群一致性概念由福斯特和肖洛克（Foster and Shorrocks，1991）提出。

二、多维贫困的测度方法

多维贫困测量方法是定量测度一个人在哪些维度上的自由被剥夺进而造成其生活质量的下降而陷入贫困，并测量这些维度被剥夺的程度。多维贫困的测度方法有很多种，其基本框架包括：第一，定义测度的维度，即从哪几方面进行指标选择；第二，进行贫困识别，判断哪些人属于多维贫困人口；第三，加总，即如何将信息集中加总并产生可以横向比较的指数。在此框架下，多维贫困测量方法可以分为两大类：第一类为使用加总数据的边际计算方法；第二类为联合分布计算方法。

（一）边际计算法

边际计算法包括仪表盘方法和综合指数方法。仪表盘方法（Dashboard Approach）是指由一系列维度（指标）构成一个集合，每个指标用一维的方法来测算其被剥夺程度，其计算公式如下：

$$DI = [P_1(x^1；z_1)，\cdots，P_d(x^d；z_d)] \tag{3-1}$$

其中，x^d 代表指标选择向量，z_d 代表每个指标的剥夺临界值。

从基本需求方法的框架着手，希克斯和斯特里顿（Hicks and Streeten，1979）提出了仪表盘法的使用："作为第一步，这种方法在为每个基本需求定义最好的指标上可能是有用的……涵盖这些领域的核心指标的有限集合对于集中努力是有用的工具。"对仪表盘法最杰出的应用是联合国千年发展目标。

综合指数方法是指在评估生活水平的过程中产生一个单一的综合性指标，以此判断整体贫困状况，其计算公式如下：

$$CI = f[P_1(x^1；z_1)，\cdots，P_d(x^d；z_d)] \tag{3-2}$$

其中，$P_d(x^d；z_d)$ 为 d 维被剥夺指标，根据一定的规则形成一类综合指数，例如人类贫困指数（HPI）就是这样一种可以识别生存、教育以及经济被剥夺水平的综合指数。

有大量的文献用综合指数研究贫困或福利（well-being）问题。众所周知的指数包括人类发展指数（HDI，Anand and Sen，1994），性别禀赋指数（GEM，UNDP，1995），用于贫困测度的人类贫困指数（the human poverty index，HPI）。几年前的全球人类发展报告[①]上公布了这些指数。一个著名的政策性指数是官方 EU-202 对贫困和社会排斥的测度，这个指数在 3 个维度间使用了联合的计数方

[①]　人类发展指数发布于 1990 年第一次《人类发展报告》（UNDP 1990）。性别禀赋指数发布于 1995～2009 年，2010 年基于塞思（Seth，2009）提出的方法，该指数被性别不平等指数（GII）代替。人类贫困指数发布于 1997～2009 年，2010 年被多维贫困指数（Alkire，Santos，2010）代替，同时还引入了不平等调整的人类发展指数（IHDI 或 Inequality Adjusted HDI）（Alkire，Foster，2010）。

法（Counting），3个维度分别是收入贫困、失业和物质上的剥夺。

上述两种方法的共同点是可以利用各种不同的数据资源，还可以显示不同群体的贫困状况，区别在于仪表盘方法则可以从更多维度来分享贫困信息，而综合指数方法会产生一个可以横向比较的方针性质的指标，并产生可以判断贫困程度的等级标准。但这二者最大的缺点就是无法识别出哪些人是贫困人口，也无法获取联合分布，这会给具有针对性的减贫工作带来很大难度。同时他们不能完成贫困测度中一个基本步骤，即对贫困人口的识别。在构建综合指数的过程中，即使考虑了社会中被选中维度的所有剥夺，它仍然不能识别出社会中的贫困人群。因此，在多维贫困测度和分析上他们是有局限性的工具。

（二）联合分布计算法

联合分布计算方法包括韦恩图表法、随机占优方法、模糊集方法以及公理化方法。其中，韦恩图表法是将有限的维度用二元选项表示，并将其组合的所有的可能性在同一图表中显示出来，其表示方法如表3 - 1、图3 - 1所示。

表3 - 1　　　　　　　　　在两个维度上剥夺的联合分布

维度1 ＼ 维度2	不受剥夺	受剥夺	合计
不受剥夺	n_{00}	n_{01}	n_{0+}
受剥夺	n_{10}	n_{11}	n_{1+}
合计	n_{+0}	n_{+1}	n

资料来源：根据 Sabina Alkire 等所著的 *Multidimensional Poverty Measurement and Analysis* 书中摘录。

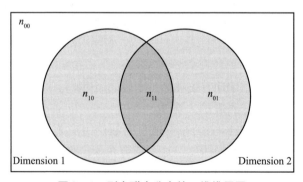

图3 - 1　剥夺联合分布的二维维恩图

资料来源：根据 Sabina Alkire 等所著的 *Multidimensional Poverty Measurement and Analysis* 书中摘录。

当其中，n_{ij} 代表被剥夺维度，i，j 为1表示该维度被剥夺，i，j 为0时代表该维度不被剥夺。图 3-1 包含与表 3-1 相同的联合分布模式，但是以韦恩图的方式表示。相对深色的左边的圆表示维度 1 受到剥夺的人数，同时，阴影较浅的代表在维度 2 上受到剥夺的人数。在这个例子中，为了不失一般性，我们假设更多的人在维度 2 遭受剥夺，因此与维度 2 相对应的圆大于维度 1。两个圆重叠的部分代表在两个维度上同时受到剥夺的人数，n_{11}，它的大小取决于重叠的程度。同时，该图也表示出维度 1 受到剥夺而维度 2 没有受剥夺的人数 n_{10}，以此类推，维度 2 受到剥夺而维度 1 不受剥夺的人数 n_{01}。如果一些人们受到一个维度上的剥夺，但是没有人同时在两个维度受到剥夺，则两个圆没有重叠部分。

韦恩图常被用于研究不同维度被剥夺的重叠部分的发生率（Decancq K，2014；Alkire，2013），这种方法的优点在于可视性强，非常便于探索有限维度下目标群体被剥夺的重叠情况，对于 2-4 维的目标群体被剥夺情况可以有很直观的认识。但是，该方法的缺陷在于无法获取信息的深度，当维度超过 5 个时，该方法的结果很难得到清晰的解读。

占优方法是指无论参数和测算条件如何变化，均不影响两个群体之间贫困状况比较结果的方法。在一维情况下，一个群体"贫困占优"于其他群体是指，当涉及具体的测度方法时，对于所有的贫困线，前者的贫困程度不大于其他群体，且对于一些贫困线，前者的贫困程度严格低于后者。相反，如果一个群体的贫困程度在一些贫困线上低于其他群体，而在另一些贫困线上高于其他群体，那么，我们不能得出哪个群体的贫困占优于另一个群体的结论。占优方法已被广泛用于一维框架中的贫困以及不平等的测度和分析（Atkinson，1970，1987；Foster and Shorrocks，1988；Jenkins and Lambert，1998）。一阶占优方法如图 3-2 所示。

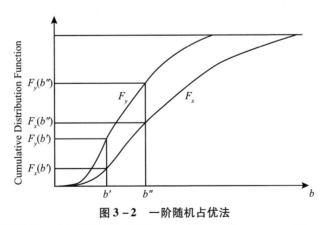

图 3-2　一阶随机占优法

资料来源：根据 Sabina Alkire 等所著的 *Multidimensional Poverty Measurement and Analysis* 书中摘录。

分布 x 一阶随机占优于分布 y，可以表示为：$x\ FSD\ y$，当且仅当 $F_x(b) \leqslant$

$F_y(b)$ 对于所有的 b[①]，并且对一些 b 值，有 $F_x(b) < F_y(b)$。换句话说，即 x 的概率分布图位于 y 的概率分布图右侧，如图 3 - 2 所示，横轴代表 achievement，纵轴代表相应 achievement 的累积分布函数值。例如，$F_x(b')$ 和 $F_y(b')$ 分别代表 F_x 和 F_y 在 b' 上相应的值。注意，$F_x(b') < F_y(b')$ 并且 $F_x(b'') < F_y(b'')$。事实上，不存在一个 b 的值使得 $F_x(b') > F_y(b')$。

其中，F_y 分布无论在何种条件下均占优于 F_x 分布，这种方法的优势在于占优方法的优点在于当贫困占优成立时，两两之间的对比将会很清晰，其他任何因素的改变都不能改变对比的结果，避免了因参数不同而导致的可能自相矛盾的减贫政策。但是，占优方法的劣势在于对基数数据是不起作用的，占优分析的质量水平也依赖于取值之间关系的假设（通常为替代关系），而且除了一阶占优，其他阶数的占优无法进行直观的解释。

模糊集方法是一种广泛应用于计算机科学和数学文献中的技术，由切廖利和扎尼（Cerioli and Zani, 1990）极富开创性的工作开始，模糊集方法开始被用于多维和单维的贫困分析中[②]。在能力方法研究的快速发展时期，继基亚佩罗 - 马丁内蒂（Chiappero - Martinetti, 1994; 1996; 2000）、凯利和莱米（Cheli and Lemmi, 1995）之后，这种技术在贫困分析中被大量地应用[③]。辨识贫困状态的工作在目标群体非常富裕或者绝对贫困的情况下是非常直观且简单的，但是，现实中存在着很多无法完全辨识人们贫困与否的中间情况[④]，这就是典型的模糊推断[⑤]。模糊集方法应用于贫困测度的一个重要创新在于这种方法不再将一个人定义为贫困或者非贫困（以一种脆弱的方法识别），而是考虑了一个人属于贫困或被剥夺的程度。模糊集理论者相信贫困从概念上讲是一种模糊推断，模糊集方法系统地对多维贫困的模糊性和复杂性进行处理（Chiappero - Martinetti, 2006; Qizilbash, 2006）[⑥]，实际上是在贫困与非贫困之间建立起一个区间，这一区间相当于一个坡度，在这一坡度间的人群处于贫困与非贫困的模糊地带。模糊集方法

---

① 注意在实证应用中，一些统计检验不能辨别弱占优还是强占优，因此假定 x 一阶随机占优于 y，如果满足 $F_x(b) < F_y(b)$，对于所有的 b 成立（Davidson, Duclos, 2012: 88 - 89）。

② 请参阅拉金（Ragin, 2000）的一个广义应用以及史密森和维库林（Smithson and Verkuilen, 2006）在社会科学中关于这方面应用的回顾。

③ 基亚佩罗 - 马丁内蒂和罗赫（Chiappero - Martinetti and Roche, 2009）在 1990 年代晚期和 2000 年底早期对实证工作进行了回顾。

④ 基亚佩罗 - 马丁内蒂（Chiappero - Martinetti, 2008）区分了内在的模糊性和测量中的模糊性。前者是一个理论概念；后者是一个方法论的中的响应。

⑤ 基齐勒巴什（Qizilbash, 2006）识别了三个模糊推断的内在相关特性：（1）如果一个人是贫困的，那么存在完全确定推断的不可能界限；（2）这里没有一个关于不可否认推断结论是正确的精确限制；（3）推断易受连锁悖论的影响。

⑥ 除了判定贫困和被剥夺，模糊集方法还应用于其他相似的推断，比如"极端贫穷状态"或者"长期贫困状态"（Chiappero - Martinetti, 2008; Qizilbash, 2006）。

主要用来识别贫困人口的剥夺临界值和整体贫困的临界值。模糊集方法在概念上的创新贡献存在于贫困测度的识别阶段，这种方法可以反映被剥夺的联合分布并且可以有意义地应用于序数数据，但该方法无法进行稳健性检验，不满足焦点性（focus）、弱转移性（weak transfer）和子群可分解性（subgroup decomposability）等一些关键属性。

公理化方法是一种在给定数学结构，并在满足特定原则或者公理的条件下，实现贫困测度与识别的方法（Sen, 1976; Tsui, 2002）。大多数公理化方法均使用计数方法识别贫困。在这些方法中，大部分使用联合准则，即任何人在任何一个维度或者更多维度被剥夺，则被认为是多维贫困。公理化方法的类型非常多，既有适用于基数变量的测度指标，也有适用于序数变量的测度指标，其优点在于能够在识别贫困和加总信息的过程中形成独立的判断指标，能够反映福利的联合分布，并清晰地展现贫困测度的内在步骤和结构。公理化方法的缺点在于没有任何一个公理化方法的测度指数能够同时满足所有必需的数学属性，在测度结果的解读方面也存在一定难度。但是，我们依然能够看到，相比其他多维贫困测度方法，公理化测度指数提供了一个测度多维贫困的强大工具，它的优势超过了其潜在的缺点（见表3–2）。

表3–2 多维贫困测度方法概览

方法	能否抓住剥夺的联合分布：需要微观数据	能否辨识贫困	能否提供一个单独指数用于评估贫困
仪表盘法	不能	不能	不能
综合指数法	不能	不能	能
韦恩图	能	可能	不能
占优法	能	能	不能
模糊集法	能	能	能
公理化方法	能	能	能

资料来源：根据 Sabina Alkire 等所著的 *Multidimensional Poverty Measurement and Analysis* 书中相关资料整理而得。

综合以上多维贫困测度方法，我们发现这些方法的共同缺点在于没有综合性指标的产生，无法在世界范围内进行对比，也无法进行动态追踪，对于减贫工作的开展缺少借鉴意义。此时阿尔基尔和福斯特在计数方法①的基础上，结合森的

---

① 计数方法是可以计算联合分布的多维贫困判定方法之一，它是本书主要用到方法的基础。它的概念是将人们承受的被剥夺维度进行计数，并且每个维度都设有一个临界值，以此来判断哪些人哪些方面属于被剥夺。该方法被誉为测量贫困的"直接方法"（Sen, 1981），自20世纪70年代中期以来被广泛应用。该方法的优点在于清晰简明地显示出多维被剥夺状态，且可以使用基数与序数变量。缺点就是过于依赖指标的选择、权重的选择，矩阵完全由二元选择构成，因此对贫困深度不敏感。

能力贫困理论，构建出了一套多维贫困测量体系，该方法首先设定贫困维度，选取不同维度下的二级指标并赋予相应权重，经过加权加总后计算个体的贫困分数，最后根据贫困阈值识别多维贫困人口，称为阿尔基尔 - 福斯特（Alkire - Foster）方法。虽然该方法仍有一些指标选择和数据限制等方面的弱点，但总体来讲，阿尔基尔 - 福斯特（Alkire - Foster）方法克服了其他多维研究方法在贫困研究中的缺陷，它像一台高分辨率的镜头一样，为我们清晰地展现了贫困人口的画面，并可以将其贫困指标准确放大，为精准识别贫困人口提供了强有力的工具。下面将对阿尔基尔 - 福斯特（Alkire - Foster）方法的计算步骤进行详细介绍。

（三）Alkire - Foster 方法（简称"AF"方法）

AF 方法的理论基础是阿玛蒂亚·森在 1979 年提出并发展的能力方法。在能力分析基础上，多维贫困的度量也包括两个步骤：识别、加总。但是区别于以往从收入或消费度量的贫困方法，以及多维贫困方面的计数方法，AF 方法还具有额外意义：多维贫困人口识别环节涉及剥夺临界值和贫困临界值，也称双临界值法（dual-cutoff approach）；加总时，将计数方法下的识别环节和扩展单维 FGT 测量下的加总环节综合起来，克服了传统贫困发生率的局限性。AF 方法最明显的特征是，考察了不同福利维度和贫困人口遭受剥夺的联合分布，排除了维度之间的替代性或互补性。AF 方法根据个体或者家庭在各个维度的取值，依据相应的标准来判断是否属于多维贫困人口，并综合加总得到最后的多维贫困指数，进而进行分解分析。因此，AF 的测量过程具有直观性，测量结果具有可分解性，在维度、指标、权重、临界值等选择方面具有灵活性，这些优点使得 AF 测量方法成为目前多维贫困测量领域应用最广的方法，具体测量步骤如下：

1. 福利值矩阵（achievement matrix）

假设矩阵 $X^{n,d}$ 代表 $n \times d$ 维福利值矩阵，其中矩阵 $X^{n,d}$ 中的元素 x_{ij} 代表个体 i 在维度 j 的取值，$i = 1, 2, \cdots, n$，$j = 1, 2, \cdots, d$；矩阵中的行向量 $x_{i.} = (x_{i1}, x_{i2}, \cdots, x_{id})$ 代表个体 i 在各个维度的福利取值，列向量 $x_{.j} = (x_{1j}, x_{2j}, \cdots, x_{nj})'$ 代表不同个体在维度 j 的福利取值。

2. 贫困识别（identification）

（1）剥夺临界值（deprivation cutoffs）。剥夺临界值用于识别个体或家庭在各个维度的剥夺状态。令 $z = (z_1, z_2, \cdots, z_d)$ 为剥夺临界值向量，其中 $z_j(z_j > 0)$ 代表个体或家庭在维度 j 的被剥夺临界值，因此可以定义剥夺矩阵 $g^0 = [g_{ij}^0]$，则当 $x_{ij} < z_j$ 时，$g_{ij}^0 = 1$，代表个体或家庭 i 在维度 j 被剥夺；反之，$g_{ij}^0 = 0$。可以看出，剥夺矩阵中的元素全部转变为了 0 或 1。

（2）权重（weights）。令 $w = (w_1, w_2, \cdots, w_d)$，$w_j > 0$，代表权重向量或剥

夺值，用来表示各个剥夺维度的相对重要性，令 $\sum w_j = 1$。因此可以得到个体或家庭的加权剥夺得分列向量 $c = (c_1, c_2, \cdots, c_n)'$，其中 $c_i = \sum_{j=1}^{d} w_j g_{ij}^0 = \sum_{j=1}^{d} \bar{g}_{ij}^0$，表示个体或家庭 i 在各个维度的加权剥夺得分。

（3）贫困临界值（poverty cutoff）。贫困临界值 k 是个体或家庭被判断为多维贫困的最低剥夺得分。识别函数 ρ_k 与个体的福利值向量 x_i、剥夺临界值向量 z、权重向量 w 相关，则当 $c_i \geq k$ 时，$\rho_k(x_i; z) = 1$，反之 $\rho_k(x_i; z) = 0$。ρ_k 依赖于维度内的剥夺临界值 z 和维度间的临界值 k，因此被称为双临界值识别法。

（4）删减的剥夺矩阵（censored deprivation matrix）。多维贫困人口识别后，可以得到删减的剥夺矩阵 $g^0(k)$，矩阵中的每个元素等于剥夺矩阵的各个元素与识别函数的乘积，即 $g_{ij}^0(k) = g_{ij}^0 \times \rho_k(x_i; z)$。因此，如果个体 i 是多维贫困人口，那么这个人的剥夺状态在 $g^0(k)$ 的各个维度保持不变；反之，这个人的剥夺状态在 $g^0(k)$ 的各个维度均为 0，相当于对非多维贫困人口进行了删减。根据删减的剥夺矩阵，可以得到删减的加权剥夺得分向量 $c(k)$，其中 $c_i(k) = \sum_{j=1}^{d} w_j g_{ij}^0(k)$，当 $c_i \geq k$ 时，$c_i(k) = c_i$；当 $c_i < k$ 时，$c_i(k) = 0$。

3. 贫困加总（aggregation）

加总方法建立在单维贫困测量的 FGT 指数上，调整后贫困发生率等于删减的加权剥夺得分向量均值，即 $M_0 = \mu(c(k)) = \sum_{i=1}^{n} c_i(k)/n$；另外 M_0 又可以分解为两个子指标乘积，即多维贫困发生率 H 和多维贫困人口强度 A 两部分，表示为 $M_0 = H \times A$，其中 $H = q/n$，q 为双临界值法下被识别为多维贫困人口的总数，$A = \sum_{i=1}^{n} c_i(k)/q$ 为多维贫困人口的平均剥夺得分。因此，可以得到：

$$M_0 = \mu(c(k)) = H \times A = \frac{q}{n} \times \frac{\sum_{i=1}^{n} c_i(k)}{q} = \frac{1}{n} \sum_{i=1}^{n} c_i(k) = \frac{1}{n} \sum_{i=1}^{n} \sum_{j=1}^{d} w_j g_{ij}^0(k)$$

$$(3-3)$$

4. 贫困分解（decomposition）

（1）人口子群分解（subgroup decomposition）。人口子群可分解性可以对子群多维贫困水平进行监测，并与整体的 M_0 进行对比。总体多维贫困水平等于各子群多维贫困水平的加权平均和，权重为各个子群的人口份额，具体公式为：$M_0(X; z) = \sum_{l=1}^{m} (n^l/n) M_0(X^l; z)$，其中 $\sum_{l=1}^{m} n^l = n$，n^l 是各个子群的人口数量，X^l 是子群 l 的福利值矩阵，因此可以得到子群 l 对总贫困的贡献率：

$$D_l^0 = (n^l/n) \frac{M_0(X^l; z)}{M_0(X; z)} \tag{3-4}$$

（2）维度分解（dimension decomposition）：AF 方法要求必须在识别出多维贫困人口后，才可以进行维度分解。维度 j 的删减发生率表示既是多维贫困人口又在该维度遭到剥夺的人口比例，具体公式为：$h_j(k) = \sum_{i=1}^{n} g_{ij}^0(k)/n$，其中 w_j 是维度 j 的权重，且 $\sum_{j=1}^{d} w_j = 1$。那么总体贫困 M_0 还可以表示为维度的剥夺删减发生率的加权平均和，具体公式为：$M_0 = \sum_{i=1}^{n} \sum_{j=1}^{d} w_j g_{ij}^0(k)/n \sum_{j=1}^{d} w_j h_j(k)$，可以用于分析多维贫困各维度贫困水平，得到维度 j 对总贫困的贡献率：

$$\phi_j^0(k) = w_j \frac{h_j(k)}{M_0} \tag{3-5}$$

5. MPI 指数介绍

MPI 指数最初由阿尔基尔和桑托斯（Alkire and Santos，2010）提出，是 AF 方法构建的多维贫困指数 M_0 的一个具体应用，此后每年的人类发展报告都会提到，MPI 指数涵盖三大维度（教育、健康和生活水平）和十个代表微观家庭特征的主要指标（教育年限、儿童入学率；营养状况、儿童死亡率；用电、卫生、饮用水、地板类型、做饭燃料、家庭资产）。MPI 指数采用的是维度等权重方法，认为三个维度具有同样的重要性，即三个维度的权重分别是 1/3，各个维度内部的指标也是等权重的（UNDP，2010）。MPI 下的这十个指标涵盖了能力视角下单位家庭的关键因素，比简单的收入贫困测量更能体现贫困的现实状况。

6. 基数数据下的 AF 方法扩展

M_0 仅适用于序数数据。对于基数数据而言，AF 方法还可以对剥夺的深度和剥夺分布的不平等进行测量，对应于 FGT 系列指标（Foster，Greer and Thorbecke，1984），可以定义：

$$M_1 = \sum_{i=1}^{n} \sum_{j=1}^{d} w_j g_{ij}^1(k)/n = H \times A \times G \tag{3-6}$$

其中 $g_{ij}^1 = g_{ij}^0 \times (z_j - x_{ij})/z_j$，$g_{ij}^1(k) = g_{ij}^1 \times \rho_k(x_{i.}; z)$，$G$ 表示多维贫困人口平均贫困距，这使 M_1 对贫困人口剥夺差距变化敏感，也指明了为消除多维贫困人口需要在各个指标努力的方向；

$$M_2 = \sum_{i=1}^{n} \sum_{j=1}^{d} w_j g_{ij}^2(k)/n = H \times A \times S \tag{3-7}$$

其中 $g_{ij}^2 = g_{ij}^0 [(z_j - x_{ij})/z_j]^2$，$g_{ij}^2(k) = g_{ij}^2 \times \rho_k(x_{i.}; z)$，$S$ 表示多维贫困人口平均贫困距的平方，使 M_2 对贫困人口剥夺分布的不平等程度相关，使得在政策方向上可以更关注多维贫困程度较高的人群。

第二节　多维贫困动态趋势的测度与方法

一、多维贫困的时间趋势

跟踪和分析贫困随时间的变化是使用多维贫困方法强大的动因。研究时间变化趋势在现阶段大部分可用的是重复的截面数据，这种方法比较全样本在不同时期表现出的特性，但不可避免地存在抽样误差，并且不能够做到跟踪某个特定的个体。本节将介绍如何比较不同时期的 M_0 以及它相关偏差指数在跨时期截面数据中的应用。它提供了一个计算这样变化的标准方法，并展示了一个小样本数列的例子。本节不把这些数据看作研究贫困比较问题的关键，仅提供给读者了解这种严格实证比较所需要的标准技术。调查样本的实际必须使它们能够进行有意义的比较，诸如数据的代表性和机构等问题必须详细地了解和照顾到。我们假设这些要求是我们下面问题的研究背景。本节集中关注两个时期的变化，自然地，这种比较可以很容易地扩展到多个时期。

贫困研究的基本组成部分是变化在时期间的绝对速度，变化的绝对速度是两个时期之间水平的差异。在两个时间段内贫困的变化（增加或减少）也可以用相对速度来表示，相对速度是两个时期之间变化水平除以初始时期的水平得到的百分比。

例如，如果 M_0 在连续两年之间从 0.5 下降到 0.4，那么绝对的变化率是 $(0.5-0.4)=0.1$，这告诉我们 M_0 的变化有多大：总体剥夺集合中，10% 的人群的贫困可能性被消除了，40% 仍然存在。相对的变化率是 $(0.5-0.4)/0.5 = 20\%$，表示 M_0 比初始时期降低了 20%。虽然绝对和相对比率对于报告和研究来说都很重要，但绝对变化在某些意义上更加重要，因为绝对变化率更加容易理解和比较。当一个国家或者地区有着较高的初始贫困水平时，相比有较低初始水平的国家和地区更加容易降低贫困。尽管具有低初始贫困水平的国家或地区没有表现出客观的绝对减贫，但是相对于其初始条件，相对的减贫成效可能会更加显著。所以不能单纯地从缓慢地绝对削减来对其成果打折扣。绝对和相对变化结合起来的分析使得总体进程更加清晰[①]。

为了表示两个时期的变化，我们用 t^1 表示初始时期，用 t^2 表示终期。本节的内容大多使用 M_0 来表示，但方法对于它的偏指数诸如发生率（H）、深度

---

① 对于绝对水平和绝对变化率来说，图表形式的数据更加可视化，相对变化率的报告更加精确。

（A）、删减发生率（$h_j(k)$）和未删减发生率（h_j）都适用。时期 t^1 和 t^2 的成果矩阵分别用 X_{t1} 和 X_{t2} 来表示。M_0 和与其相关的一系列指数依赖于一系列参数，包括剥夺删减矢量 z、权重矢量 w 和贫困删减 k。我们把 M_0 和与其相关的一系列指数看作成果矩阵的函数以便简化分析，为了使跨期可比严格可行，在两周期中必须使用同样的参数。

绝对变化率（Δ）是两个时期间调整的贫困发生率的差别，用下式计算：

$$\Delta M_0 = M_0(X_{t2}) - M_0(X_{t1}) \qquad (3-8)$$

相似地，对于 H 和 A 来说

$$\Delta H = H(X_{t2}) - H(X_{t1}) \qquad (3-9)$$

$$\Delta A = A(X_{t2}) - A(X_{t1}) \qquad (3-10)$$

相对变化率是相对于基期贫困水平调整发生率的变化百分比，M_0、H 和 A 都使用相同的计算方法（下面只展示 M_0）

$$\delta M_0 = \frac{M_0(X_{t2}) - M_0(X_{t1})}{M_0(X_{t1})} \times 100 \qquad (3-11)$$

如果两个地区的参考时期并不相同，年化绝对变化率（$\overline{\Delta}$）是两个时期内调整发生率的变化值除以时间（$t^2 - t^1$），M_0 的计算方式如下：

$$\overline{\Delta} M_0 = \frac{M_0(X_{t2}) - M_0(X_{t1})}{t^2 - t^1} \qquad (3-12)$$

年化的相对变化率是 M_0 在基期和终期之间的复合减少比率，计算如下：

$$\overline{\delta} M_0 = \left[\left(\frac{M_0(X_{t2})}{M_0(X_{t1})} \right)^{\frac{1}{t2 - t1}} - 1 \right] \times 100 \qquad (3-13)$$

调整的 FGT 方法一个重要的属性就是满足样本子群的可分解性，所以中体的 M_0 可以表达为：$M_0 = \sum_{l=1}^{m} v^l M_0(X^l)$，其中 $M_0(X^l)$ 表示调整的发生率，$v^l = \frac{n^l}{n}$ 是子群 l 中人口的比例。上述方程在分析人口子群时尤为重要，特别是在观察最穷的子群是否被较穷的子群减贫更加明显或者不同子群之间复合维度削减情况时。

为了对以上分析进行补充，在总体减贫中对子群人口的贡献进行研究是十分必要的。这不仅用来与子群贫困的变化进行比较，而且同人口构成相关。这可以用两个时期（t^1，t^2）间 M_0 总体变化来表示：

$$\Delta M_0 = \sum_{l=1}^{m} \left[v^{l,t2} M_0(X_{t2}^l) - v^{l,t1} M_0(X_{t1}^l) \right] \qquad (3-14)$$

值得注意的是总体的变化既取决于分组 M_0 的变化，又与分组的人口份额相关。

二、多维贫困的时间和维度双重分解

M_0、H 和 A 的总体变化可能是由很多方面的原因产生的，可以通过这些变化追踪贫困是如何变化的。特别是人们想要知道贫困的降低在多大程度上是因为脱贫，在多大程度上是因为贫困人口的贫困深度降低，并且精确地确定是哪些维度对这两个方面产生影响。举例说，贫困发生率降低了10%的结果既可能是因为初期的贫困人口减少了10%，又有可能是因为初期的贫困人口减少的20%，但同时又有10%的新晋贫困人口。此外，脱贫的人群在初期时既可能具有高的剥夺分数，即最穷的一部分人，又有可能是刚刚落入贫困线之下。由于进入和离开贫困群体的差别，剥夺分数随之改变，进而会影响依旧保持贫困群体的深度ΔA。除去这些进入和退出贫困的人群之外，剥夺分数可能会受在初期时人们可能承受的增加或减少的维度剥夺影响，这些影响会进一步反映在删减和未删减的发生率上。本节对这些动态的变化进行更精确的介绍。我们首先关注从面板数据可以获得何种信息，之后再专注从重复的横截面数据实证研究中怎样处理这种情况，最后我们使用两种与沙普利（Shapley）分解相关的方法对变化进行精确的分解，但是这些分解依赖于一些严格的假设，所以他们实证的精确性还不是很确定。

我们假设跨越两时期 t^1 和 t^2 的容量为 n 的固定人口集，成就矩阵分别以 X_{t1} 和 X_{t2} 表示。人口是互相排斥并且穷尽的归属于以下四个动态子群：

（1）子群 N 包含 n^N 个在 t^1 和 t^2 都非贫困的人群；

（2）子群 O 包含 n^O 个在 t^1 和 t^2 都是贫困的人群（持续贫困人口）；

（3）子群 E^- 包含 n^{E^-} 个在 t^1 是贫困人口但在 t^2 退出贫困的人群；

（4）子群 E^+ 包含 n^{E^+} 个在 t^1 不是贫困人口但在 t^2 进入贫困的人群。

我们分别把这四个子群在 t 时期的成就矩阵表示为 X_t^N、X_t^O、$X_t^{E^-}$ 以及 $X_t^{E^+}$，其中 $t = t^1$，t^2。t^1 时期多维贫困人口的比例是 $H(X_{t1}) = \dfrac{n^O + n^{E^-}}{n}$，$t^2$ 时期的比例为 $H(X_{t2}) = \dfrac{n^O + n^{E^+}}{n}$。两时期贫困人口比例的变化为 $\Delta H = H(X_{t2}) - H(X_{t1}) = \dfrac{n^{E^+} - n^{E^-}}{n} = H(X_{t2}^{E^+}) - H(X_{t1}^{E^-})$，换言之总体多维贫困人数比的变化时进入容忍的比率和退出贫困人数的差。需要注意的是，通过构建模型，在 X_{t1}^N、X_{t2}^N、$X_{t2}^{E^-}$ 和 $X_{t1}^{E^+}$ 状态下没有穷人的存在，即 $H(X_{t1}^N) = H(X_{t2}^N) = H(X_{t2}^{E^-}) = H(X_{t1}^{E^+}) = 0$。这一点也暗示着 $M_0(X_{t1}^N) = M_0(X_{t2}^N) = M_0(X_{t2}^{E^-}) = M_0(X_{t1}^{E^+}) = 0$。另外，在 $X_{t1}^{E^-}$、$X_{t2}^{E^+}$、X^O 和 X_{t2}^O 状态下所有人都是穷人，即 $H(X_{t1}^O) = H(X_{t2}^O) = H(X_{t1}^{E^-}) = H(X_{t2}^{E^+}) = 1$。因此，四个子群中每个子群的 M_0 都等于它的贫困深度。

在人口固定的情况下，总体的人口和每一个动态子群的人口份额在两个时期内都不会变化①，总体 M_0 的变化可以使用公式（3 – 15）进行分解。

_____

① 当人口不固定时，人口结构能够进行适当的调整。

$$\Delta M_0 = \frac{n^O}{n}\left[M_0(X_{t2}^O) - M_0(X_{t1}^O)\right] - \frac{n^{E^-}}{n}M_0(X_{t1}^{E^-}) + \frac{n^{E^+}}{n}M_0(X_{t2}^{E^+}) \qquad (3-15)$$

因此，公式（3-15）的右手边可以分解为三个部分。第一部分 $\Delta M_0^O = \frac{n^O}{n}\left[M_0(X_{t2}^O) - M_0(X_{t1}^O)\right]$ 是在两时期都处于贫困状态群体的深度的变化乘以它们的权重。第二部分 $\Delta M_0^{E^-} = \frac{n^{E^-}}{n}M_0(X_{t1}^{E^-})$ 是在第二期脱贫人口贫困深度的变化乘以它们的权重（基于子群的规模），第三部分 $\Delta M_0^{E^+} = \frac{n^{E^+}}{n}M_0(X_{t2}^{E^+})$ 是新晋贫困人口的深度乘以权重。总体来看就是 $\Delta M_0 = \Delta M_0^O - \Delta M_0^{E^-} + \Delta M_0^{E^+}$。

从这一点来看会有很多有趣的分析途径，每个组可以单独进行分析也可以进行不同组合分析。对于政策分析来说，这一点是十分有趣的，我们可以知道哪些人脱贫，这些人在脱贫之前所处的状态，观察最穷的一部分人是否能够脱贫。新晋贫困人口的贫困深度可以提供他们是否是刚接近贫困水平还是因为一些冲击、危机或者迁移（如果人口不是固定不变的）的原因直接成为高深度的贫困。尽管持续贫困人群没有退出贫困状态，但是深度的改变可以告诉我们剥夺水平是否在下降。每个动态子群维度的变换虽然很少提及，但是根据已有材料来说这些扩展很容易实现并且具有启发性和政策相关性。在有固定人口面板数据的情况下，我们可以精确地度量这些问题。我们可以监测 M_0 的哪些变化是由于进入和退出人口引起的，在多大程度上是由于持续贫困人口深度的变化引起的。

三、多维贫困的面板分析

前面解释了当人口固定时贫困随时间的变化。为了达到上述目的需要使用跟踪个体的面板数据以便确定在两个时期内个体的变动和迁移。然而跨时间的一般情况下是基于重复的横截面数据，这些数据能够从统计学上代表研究群体的特征，但是不对某一特定样本进行跟踪。本节主要探讨横截面数据 M_0 变化的分解。对于横截面数据来说，我们不能够向上节一样对样本进行三分组，也不能够单独确定哪些个体进入和退出贫困状态。我们只能观测到以下指标：

$H(X_{t1})$，$H(X_{t2})$，ΔH，$A(X_{t1})$，$A(X_{t2})$，ΔA，$M_0(X_{t1})$，$M_0(X_{t2})$，ΔM_0

仅仅使用这些指标达到面板数据那样对 ΔM_0 的精确分解是不可能的。然而，我们可以进行一些简化以使分析能够进一步推进。相对于三分组（E^-，E^+ 和 O）我们采用两分组的方法（尽管有一些粗糙）把样本分为变动者和不变者。我们定义变动者 ΔH 为两个时期内改变了贫困水平的净人群，不变者是在两个时期持续贫困的那部分人群，加上被新晋的贫困群体替代的穷人的部分，他们的和就是在时期2中贫困的人群 $H(X_{t2})$。仅考虑发生率的净变化，一个有效的方法是确

定 E^- 和 E^+ 谁占优：如果国家层面的原因而使贫困人数增加，则进入贫困的群体占优；如果国家层面的贫困减少，脱贫人群则占据优势，这三个亚组在持续贫困以及占优组进行配置。在本节剩余部分，我们假设总体的 ΔM_0 和 H 都是下降的。在这种情况下 $E^- > E^+$。因此 $\Delta H = (H^{E^-} - H^{E^+})$，并且 $H(X_{t2}) = (H^O + H^{E^+})$。很显然地，这种方法是可行的因为在重复横截面数据中 ΔH 和 $H(X_{t2})$ 都存在。

举例来说，假如 37% 的人口是持续贫困，3% 是新晋贫困，13% 人口脱贫，47% 的人口保持非贫困。假设贫困发生率中体降低了 10 个百分点，第二时期的贫困发生率是 40%，而第一期是 50%（37% + 13%）。我们现在主要考虑两个数字，第二时期的贫困发生率 40%（广义地解释为正在进行的贫困）和贫困发生率改变的 10%（广义地解释为进入和退出的贫困）。通过这样做，我们可以在时期二中确定"新晋贫困人群"（37% + 3% = 40%）。为了进行平衡，我们把脱贫人口带入 3%（13% - 3% = 10% = ΔH），并认为这一数字被脱贫人口所降低。如果贫困的总体水平增加，那么这种互换则是朝向另一方向。

如果贫困在减少，并且没有发生大规模的致贫现象，即当 $H^{E^+} = \dfrac{n^{E^+}}{n}$ 在实证上来说很小的时候，这种策略可能会有助于发现脱贫人群的相对深度水平 $H^{E^-} = \dfrac{n^{E^-}}{n}$ 和持续贫困人群的深度变化 $H^O = \dfrac{n^O}{n}$。但如果 H^{E^+} 很大（从其他信息来源得知），或者它们的贫困深度同平均值相差极大，这种方法则不建议使用。

考虑到退出净人口的贫困深度——在这种简化的假设下反映了发生率的净变化，以 $A^{\hat{E}}$ 表示——和持续贫困人口 $H(X_{t2})$ 深度的变化，记为 $\Delta A^{\hat{O}}$。M_0 可以根据这两个方面进行分解，这样的分解可以给我们提供脱贫人群对 M_0 改变的贡献和持续贫困人群深度的变化导致多少贫困减少的解释。我们使用变动者和不变者的概念对截面数据进行动态子群分析，虽然精确性有所下降，但是效用很显著。

$$\Delta M_0 = \underbrace{\Delta H \times A^{\hat{E}}}_{\text{变动者效应}} + \underbrace{H(X_{t2}) \times \Delta A^{\hat{O}}}_{\text{不变者效应}} \qquad (3-16)$$

横截面数据并不提供持续贫困人口或脱贫人口的贫困深度，我们可以使用已存在的数据进行预测从而推进分析。首先，确定贫困深度最低的（使用样本权重）$\Delta H \times n$ 穷人，然后使用 $A^{\hat{E}}$ 的平均分数，继而求解得到 $A^{\hat{O}}$[①]。随后，识别具有最高贫困深度的穷人 $\Delta H \times n$，并重复上述步骤。这样会产生对 $A^{\hat{E}}$ 和 $A^{\hat{O}}$ 上限和下限的估计，能够提供假设引入的不同不确定性自由度的想法。如果要更严格地限制上限和下限，可以通过假设脱贫人群的深度分数为 k（理论上最小的可能

---

① 自然也可以对 $\Delta A^{\hat{O}}$ 进行估计，其中的上限是深度的总体变化，下限是 0，然后求解得到 $A^{\hat{E}}$。然而，这种方法贫困深度既不能够上升（贫困线附近的人脱贫而其他人不变的情况下发生），深度也不能有剧烈的下降。

性），然后假设他们的深度是100%（最大的理论可能性）[1]。

虽然检测和政策投入必须基于实证分析，一些研究课题在理论方面推动了分析。本节介绍了两种在理论上分解重复横截面数据的方法，一种是发生率，另一种是深度。两种方法都根据脱贫或者持续贫困人群做出假设。正如我们指出的，这项任务面临着很大的挑战，因为在假设下所有的实证精确性都是未知的。

为了简化起见，我们把 t^1 时期的 M_0、H 和 A 表示为 $M_0^{t^1}$，H^{t^1} 和 A^{t^1}，t^2 时期的表示为 $M_0^{t^2}$，H^{t^2} 和 A^{t^2}。第一步使用阿帕拉扎和雅罗尼茨基（Apablaza and Yalonetzky，2013）的方法进一步分解。因为 $M_0 = H \times A$，所以我们把 M_0 的变化按照其偏指数分解如下：

$$\Delta M_0 = \underbrace{A^{t^2}(H^{t^2} - H^{t^1})}_{\text{进入和退出的贫困效应}} + \underbrace{H^{t^2}(A^{t^2} - A^{t^2})}_{\text{持续贫困人口的贫困效应}} - \underbrace{\left[(H^{t^2} - H^{t^1})(A^{t^2} - A^{t^2})\right]}_{\text{交互作用}} \quad (3-17)$$

这一步涉及两个假设。首先，脱贫人口的深度被假设为与时期2中的平均深度一致；其次，持续贫困人口的贫困深度被简单地认为和两时期总体贫困深度的变化相同。分解使用交互项完成，如在图3-3面板A中所示。这是一种对调整的发生率（M_0）切实的变化分解。阿帕拉扎和雅罗尼茨基（2013）从三方面解释这种变化：（1）贫困发生率的变化（H）；（2）贫困深度的变化（A）以及（3）发生率和深度交互引起的联合效应（$\Delta H \times \Delta A$）（Narayan，2007；Storesletten，2004）。

第二种理论方法涉及了罗奇（Roche）提出的沙普利（Shapley）分解（见图3-3面板B）。这种方式建立在阿帕拉扎和雅罗尼茨基（Apablaza and Yalonetzky）的研究上，并且执行了肖罗克斯（Shorrocks）提出的沙普利（Shapley）价值分解（Barrow，2001；Mazumder，2015）[2]。

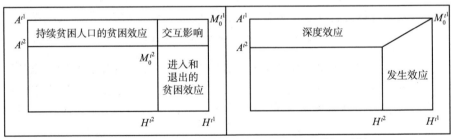

面板A—阿帕拉扎和雅罗尼茨基　　　　　　面板B—罗奇

图3-3　理论分解

---

① 这些界限仅是理论上的上限和下限，需要对面板数据的研究来确定这些界限的可能性。

② 沙普利（Shapley）最初是被昌特雷伊和特诺尼（Chantreuil，2011；Trannoy，2013）以及莫鲁杜赫和辛克莱（Morduch and Sinclair，1998）应用在收入差距的分解上。肖罗克斯（Shorrocks，1999）发现只要满足特定的假设，它可以应用在任何方程上。

为发生率和深度变化的边际效用提供了如下形式：

$$\Delta M_0 = \underbrace{\frac{A^{t^2} + A^{t^1}}{2}\ (H^{t^2} - H^{t^1})}_{\text{发生效应}} + \underbrace{\frac{H^{t^2} + H^{t^1}}{2}\ (A^{t^2} - A^{t^1})}_{\text{深度效应}} \qquad (3-18)$$

图 3-3 面板 B 展示了罗奇（Roche）的沙普利（Shapley）分解，他专注于无交互效用的边际效用。罗奇（Roche）认为那些退出贫困人群（我们的术语）的平均强度应当是 $\frac{A^{t^2} + A^{t^1}}{2}(H^{t^2} - H^{t^1})$，并且把这个称作"发生效用"。他把其他一部分看作两时期品均发生率和在整个时期内深度的变化的组合 $\frac{H^{t^2} + H^{t^1}}{2}(A^{t^2} - A^{t^1})$，并称之为"深度效应"。

罗奇（Roche）精妙且系统地展示了如何把沙普利（Shapley）分解应用到阿尔基尔－福斯特（Alkire－Foster）方法动态分析中的每一步。比如说，如果基本的假设和清晰的状态被定义和接受，理论推导得到的发生率变化的边际贡献和深度变化的边际贡献分别可以用总体 M_0 变化的百分比得到，因此他们以百分数的形式可以表达如下：

$$\Phi_H^0 = \frac{\left(\frac{A^{t^2} + A^{t^1}}{2}(H^{t^2} - H^{t^1})\right) \times 100}{\Delta M_0} \qquad \Phi_A^0 = \frac{\left(\frac{H^{t^2} + H^{t^1}}{2}(A^{t^2} - A^{t^1})\right) \times 100}{\Delta M_0}$$

$$(3-19)$$

为了解决人口结构变动的问题，罗奇（Roche）使用了 FGT 单维贫困措施和沙普利（Shapley）分解对变化进行分解。这种做法，在公式（3-20）中提出，把人口结构的效用归结到平均人口份额和跨时期的子群 M_0。罗奇（Roche）认为，如果基本的假设被接受，那么总体贫困水平的变化可以被分解为两个元素：（1）部门内或者组内贫困效应的变化；（2）人口结构或者部门间效应的变化。所以两时期（t^2，t^1）间总体调整发生率的变化可以如下表示：

$$\Delta M_0 = \underbrace{\sum_{l=1}^{m} \left(\frac{v^{l,t^2} + v^{l,t^2}}{2}\right)(M_0^{l,t^2} - M_0^{l,t^1})}_{\text{组内贫困效应}} + \underbrace{\sum_{l=1}^{m} \left(\frac{M_0^{l,t^2} - M_0^{l,t^1}}{2}\right)(v^{l,t^2} + v^{l,t^2})}_{\text{人口结构或者部门间效应}}$$

$$(3-20)$$

把各个要素的贡献表现为总体变化一个比例的方法是很常见的，在公式（3-20）整个由 ΔM_0 划分。

很多学者都对单一维度的长期贫困进行了研究，其中很多对长期多维贫困的研究具有借鉴意义。除去这些高质量的工作外，对长期多维贫困的测量方法也具有参考价值。本节结合了阿尔基尔－福斯特（Alkire－Foster）方法和福斯特（Foster）提出的运用计数测量多维贫困的方法，这一方法具有两次删减识别结构和加总，同阿尔基尔－福斯特（Alkire－Foster）方法非常相似。福斯特（Foster）

提供了一个度量长期多维贫困的方法。假设在每个时期 t，$t=1$，…，T 具有相同的权重，则可以构建一个 $n \times T$ 矩阵。矩阵中当个体 i 在时期 t 被识别为贫困时取值为0，反之为1。构建一个 n 维的计数向量使得每个条目显示个体 i 贫困时期的数目。第二次的删减 τ 定义为当一个个体在至少 τ 个时期都被剥夺的时候定义为长期贫困。与 FGT 指数和偏指标相联系，进而构建一个相关删减矩阵。

长期的多维贫困度量由三部分删减组成：剥夺的删减 z_j，多维贫困的删减 k 以及持续时间的删减 τ。把阿尔基尔－福斯特（Alkire－Foster）方法和福斯特（Foster）的长期贫困方法结合起来，进行两次不同顺序的加总来进行面板数据的多维贫困计算是可行的，我们把这一度量称为长期剥夺或者长期贫困。把贫困和时间顺序交换的加总也是可行的。在两种情况下，我们首先对每一个时期使用一个固定的剥夺删减成就矩阵（成就矩阵是指长期贫困中 H 和 A 的矩阵）。在长期剥夺的选项中（τ 在 k 前），我们首先考虑每个个体每个指标剥夺的时间长度，然后选同一个个体在 τ 甚至更长时期内经历了这些剥夺，并把它们加总。这一过程会加总所有的"长期"剥夺到多维贫困的指数中，而不考虑这些剥夺是在哪一个时期经历的。这一方法能帮助丰富多维贫困研究的信息功能，但是不能够按照时间进行分解，也不能够确定剥夺是否是持续发生的。

四、长期多维贫困的测算

在长期多维贫困选项中（k 在 τ 前），我们首先使用删减指数 k 辨别每个时期内的贫困人口和非贫困人口群。然后我们计算每个人经历的多维贫困的时期，最后我们把经历多维贫困时期大于 τ 的个体定义为长期多维贫困。

观察 n 个个体在 T 不同时期内 d 个维度上的成就，使 x^t_{ij} 表示在时期 t 个体 i 的属性 j，其中 $x^t_{ij} \geq 0$，$\forall i, j, t$。我们使用 X_t 表示一个 $n \times d$ 矩阵，其中的元素反映了在时期 t 人口的多维成就。当一个个体在 t 时期维度 j 上 $x^t_{ij} < z_j$ 时（当时期 t 个体 i 的属性 j 小于剥夺的删减 z_j 时），定义为被剥夺；反之，则是未被剥夺。通说对每个时期的成就矩阵应用剥夺删减，我们能够构建一个分时期的剥夺矩阵 $g^{0,t}_{ij}$。为了简单起见，本节使用跨维度的非标准化或者数字权重，因此 $\sum_{j=1}^{d} w_j = d$ 每个时期的权重时相等的。当成就数据是基数时，我们还可以标准化间隙矩阵 $g^{1,t}_{ij}$ 和平方间隙矩阵 $g^{2,t}_{ij}$，或者更一般地归一化的指数矩阵 $g^{\alpha,t}_{ij}$，其中 $\alpha \geq 0$。和前面的方式相似，我们生成 n 维的列向量 c^t_i，它反映了个体 i 在时期 t 经历的剥夺加权总和。

要确定谁是长期多维贫困，我们首先要构造一个识别矩阵。相同的矩阵可以用来识别每个时期的临时贫困并且创建一个排除特定模式多维贫困的子群（为了分析多维贫困的转变)。

令 $Q(k)$ 是一个 $n \times T$ 的识别矩阵，其典型元素 $Q_{it}(k)$ 是使用阿尔基尔 – 福斯特（Alkire – Foster）方法在时期 t 被识别为多维贫困的个体，即在跨时期使用固定的删减 k，如果是贫困则定义为 1，否则是 0。

典型列 $Q_{\cdot t}(k)$ 反映了第 i^{th} 个个体在时期 t 的状态 $\rho_i^t(k)$，而行 $Q_{i\cdot}(k)$ 表示个体 i 被识别为多维贫困（1）和非贫困（0）。从而，我们可以认为 $Q(k)$ 的每一列是时期 t 的一个识别列向量，$\rho_i^t(k) = 1$ 当且仅当个体 i 在 t 时期在根据删减 z_j，权重 w_j 和贫困删减 k 的识别下是多维贫困；反之 $\rho_i^t(k) = 0$。

从 $Q(k)$ 矩阵我们构建了一个 n 维列向量 $e(k)$，其中 i^{th} 个元素 $e_i(k) = \sum_{t=1}^{T} Q_{it}(k)$ 加总了相应的行向量元素并提供了在贫困删减为 k 的情况下个体 i 贫穷的总体时期数或者说贫困时期的和。自然地，$0 \leq e_i(k) \leq T$，也就是说每个人多维贫困的时期可能从 0 到 T，后者意味着在每个时期这个个体都是贫穷的。

我们把时间删减 $\tau(0 \leq \tau \leq T)$ 应用到 $e_i(k)$ 向量来确定每个个体的长期多维贫困状态。我们定义如果 $e_i(k) \geq \tau$ 则个体是长期多维贫困的，即他们经历了 τ 或者更长时期的多维贫困。如果 $0 \leq e_i(k) < \tau$，则这个个体不是长期多维贫困。我们对 $e_i(k)$ 向量进行双重删减以便当 $0 \leq e_i(k) < \tau$，它取值 0（非长期贫困），其他时候取值 $e_i(k)$。$e_i(k, \tau)$ 的概念表示删减贫困向量的时期，就像 $c_i(k)$ 表示删减剥夺的计数向量一样。正的项表示长期多维贫困个体经历的贫困时期数，而 0 则表示这个个体没有被识别为长期贫困。

在非长期贫困群体中，我们能够（我们将详细阐述）确定两个子群：非穷人和暂时性穷人。当一个个体 $0 < e_i(k) < \tau$ 时，我们定义为临时性贫穷；而当 $e_i = 0$ 时，意味着个体在任何时期都不贫困，定义为非穷个体。

识别长期多维贫困的另一个有用的概念是识别方程：我们使用识别方程 $\rho(\tau)$ 来删减矩阵 $Q(k)$ 和方程 $e_i(k)$。两次删减的矩阵 Q 仅仅反映经历了长期贫困个体的贫困时期（删减了所有临时贫困的时期）并表示为 $Q(k, \tau)$。在删减后元素 $e_i(k, \tau)$ 定义为 $\rho_i(\tau) = \prod (e_i(k) \geq \tau)$，如果个体 i 是长期贫困则取值为 $e_i(k)$，否则是 0。

要确定删减的贫困发生率和每个时期贫困维度的组成，我们应用双重识别矩阵 $\rho^t(k)$ 和 $\rho(\tau)$ 来删减 T 套 $n \times d$ 矩阵（$Q(k)$ 是一个 $n \times T$ 的识别矩阵，套是 sets 的翻译）。我们把删减后的矩阵表示为 $g^{0,t}(k, \tau)$，把删减后每个时期的剥夺计数向量表示为 $c_i^t(k, \tau)$。

最后我们总结穷人的总体维度剥夺和这些剥夺持续的时间，这对建立基于删减剥夺矩阵 $g_0(k, \tau)$ 的时长矩阵十分有效。让 L 作为元素为在维度 j 上长期被剥夺时长 L_{ij} 的 $n \times d$ 矩阵，其中 $0 \leq L_{ij} \leq T$。我们可以通过时长矩阵获得具体的剥夺时长指数，这些指数可以提供穷人在每个指标上平均被剥夺时期百分比的信息。

当有些数据是基数的时候，当期多维贫困的度量可以写作如下形式：

$$M_0^C(X;z) = H^c \times A^c \times D^c = \frac{1}{ndT}\sum_{i=1}^n\sum_{j=1}^d\sum_{t=1}^T w_j g_{ij}^{0,t}(k,\tau) \qquad (3-21)$$

所以调整的长期多维贫困剥夺矩阵 M_0^C 是删减过非长期贫困人群的剥夺后 T 个剥夺矩阵 $g^{0,t}(k,\tau)$ 的平均值。当数据是基数时，M_α^C 类的度量同阿尔基尔 – 福斯特（Alkire – Foster）类相似，是各个标准化矩阵的次方和。

$$M_\alpha^C(X;z) = \frac{1}{ndT}\sum_{i=1}^n\sum_{j=1}^d\sum_{t=1}^T w_j g_{ij}^{\alpha}(k,\tau) \qquad (3-22)$$

长期多维贫困与多维贫困相比，特别的一些性质是在特定情况下满足联合识别限制（三重删减）和加总策略。这些性质现在特别针对长期多维贫困人口进行定义，目前这一类度量措施强调提供政策针对和与阿尔基尔 – 福斯特（Alkire – Foster）方法实用性上的结合，比如子群一致性和分解性、维度检测性、维度分解性和序数性。另外，此类度量满足福斯特（Foster）在研究单维贫困时提到的时间单调性，我们的直觉感受是如果一个长期贫困人口在另外的时期变得贫困，那么贫困程度会上升。

长期多维贫困的度量方法满足匿名性、时间匿名性、人口复制不变性、长期贫困聚焦性、时间聚焦性、长期标准化、长期维度单调性、长期弱单调性、时间单调性、长期阈值单调性、多维贫困识别单调性、时期市场单调性、长期弱转移性、在关联减少时长期贫困非增长转移性以及当 $\alpha > 0$ 时附加子群可分解性等特征。在 $\alpha > 0$ 和 $\alpha \geq 1$ 时还分别满足长期强单调性和长期强转移性。像 M_0 一样，长期多维贫困 M_0^C 直观上是社会中经历多维贫困的具有意义的各种偏导数的乘积。特别在 $M_0^C(X;z) = H^c \times A^c \times D^c$ 中：

H^c 是长期多维贫困发生率，根据 k 和 τ 长期多维贫困在人口中的比例。

A^c 是长期多维贫困人群中平均贫困深度，长期多维贫困人口在他们处于长期多维贫困时加权剥夺的平均份。

D^c 反映了长期贫困人口的平均持续时间，是他们经历多维贫困的平均时长。

这部分偏导数也可以直接计算得到：

$$H^c = \frac{1}{n}\sum_{i=1}^n \rho_i(k;\tau) = \frac{q^c}{n} \qquad (3-23)$$

这表示长期多维贫困发生率是长期多维贫困的人口除以总人口，我们用 q^c 表示长期多维贫困人口。长期多维贫困深度是所有时期长期多维人口加权剥夺和除以维度和不同时期多有贫困人口的积。值得注意的是 $k/d \leq A^C \leq 1$。

$$A^C = \frac{\sum_{i=1}^n\sum_{t=1}^T C_i^t(k;\tau)}{d \times \sum_{i=1}^n\sum_{t=1}^T Q(k;\tau)} \qquad (3-24)$$

平均长期剥夺时长是处于长期贫困的人口处于贫困时期的百分比，可以用 $e_i(k, \tau)$ 向量表示。

$$D^C = \frac{\sum_{i=1}^{n} e_i(k, \tau)}{q^C \times T} \qquad (3-25)$$

持续时间是长期多维贫困人口经历的总周期除以时期数和多维贫困人数。值得注意的是 $\tau/T \leq D^C \leq 1$。假设有三个人和四个时期，$\tau=2$。第1个人在第1期多维贫困，第2个人在第2，3和4期多维贫困，第3个人在第1，2，3，4期多维贫困。两个人被认定为长期贫困，因为他们经历了 $\tau=2$ 或者多时期的多维贫困，所以长期贫困人群的比率 H^C 是67%。在这个例子中，向量 $e = (0, 3, 4)$，$q^c = 2$ 并且我们的持续时间是 $(3+4)/(2\times4) = 7/8 = 87.5\%$，意味着长期贫困人群品均经历了总时长的87.5%。

对于长期贫困来说，生成对每个时期标准化的指标是可能的也是有必要的：删减的发生率和贡献率。生成随时期变化的调整发生率（M_0）、发生率（H）和深度（A）数据也是可能和必要的，这些数据以不同的形式呈现，但和长期贫困发生率和深度是持续相关的。最后，计算每个维度的平均剥夺持续时间并直接和长期贫困总体持续时间直接相关也是可能并能大量运用的。

每个时期 t 的删减发生率通过维度每个时期维度的列向量构建并且表达了在时期 t 和维度 j 被剥夺的人口的平均水平：

$$h_j^t(k, \tau) = \mu\{g_j^{0,t}(k, \tau)\} \qquad (3-26)$$

我们也可以把横跨 T 时期每个维度多维贫困平均删减发生率用简单的每个时期删减发生率的均值来描述

$$h_j^c(k, \tau) = \frac{1}{T} \sum_{t=1}^{T} h_j^t(k, \tau) \qquad (3-27)$$

所有时期多维贫困调整的发生率可以简化为均权重删减发生率的均值：

$$M_0^c = \frac{1}{d} \sum_{j=1}^{d} w_j h_j^c(k, \tau) = \frac{1}{Td} \sum_{j=1}^{d} \sum_{t=1}^{T} w_j h_j^t(k, \tau) \qquad (3-28)$$

贡献率表示每个时期和跨时期长期多维贫困的（加权）组成。我们可能会寻求所有时期的贫困组成的概述。每个维度跨时期的总体长期贫困贡献率如下所示：

$$\phi_j^c(k, \tau) = \frac{h_j^c(k, \tau)}{d \times M_0^c} \qquad (3-29)$$

我们也可能对每个维度跨越不同时期的贡献率分析，或者比较跨时期维度贡献率比较感兴趣。时期 t 的总体贡献率是：

$$\phi_j^t(k, \tau) = \frac{h_j^t(k, \tau)}{d \times M_0^t} \qquad (3-30)$$

我们也能够建立一个新的统计数据集，这个数据集能够根据长期贫困人口的维度剥夺时长提供更详尽的信息。我们根据公式（3-30）建立 $n \times d$ 阶的剥夺持续时长矩阵 L，这个矩阵的元反映了长期贫困（由 k 和 τ 删减）并且在维度 j 剥夺的个体的周期数。回想一下，对于长期贫困的每个维度都有 $0 \leqslant L_{ij} \leqslant T$。$L_{ij}$ 的价值对于每个非穷人在所有维度都是 0，因此，矩阵对于 q^c 会有一个正的元，对于从来未经历贫困的人来说是 0。

对于每个维度我们可以定义维度 j 的时长指数是：

$$D_j = \frac{1}{q^c \times T} \sum_{i=1}^{n} L_{ij} \qquad (3-31)$$

D_j 的值表示多维贫困人口在维度 j 上平均被剥夺的时期百分比。

所有 D_j 的均值与之前提及的长期多维贫困数据的关系也很简单：

$$M_0^c = H^c \sum_{j=1}^{d} w_j D_j \qquad (3-32)$$

$$\sum_{j=0}^{d} w_j D_j = A^c \times D^c \qquad (3-33)$$

从 $n \times T$ 阶删减识别矩阵 $Q(k, \tau)$ 我们可以计算长期多维贫困的分时期发生率，对于时期 t 来说发生率 H^t 就是同时期列向量 $Q(k, \tau)$ 的均值。所有时期发生率的均值是 $\overline{H} = (1/T) \sum_{t=1}^{T} H^t$。所有时期平均发生率和长期多维贫困发生率通过平均贫困市场产生联系：

$$H^c = \frac{\overline{H}}{D^c} \qquad (3-34)$$

相似地，

$$A^c = \frac{\overline{A}}{D^c} \qquad (3-35)$$

并且

$$H_j^c(k, \tau) = \frac{\overline{h_j}(k, \tau)}{D_j} \qquad (3-36)$$

第三节　本书所用数据的简介

本书是一部以实证分析为主的学术专著，在实证分析的过程中，我们主要以家庭调查的微观数据为主，并辅助以宏观数据。其中微观家庭调查的数据主要包括三个。

一、中国家庭追踪调查数据

本书选取的数据来自北京大学中国社会科学调查中心（ISSS）开展的中国家庭追踪调查（China Family Panel Studies，CFPS），该项目旨在通过跟踪收集个体、家庭、社区三个层次的数据，采用追踪调查方法，重点关注中国居民的经济与非经济福利，主要包括经济活动、教育获得、身心健康、家庭关系、人口流动、村庄特征等诸多研究主题，力图全面反映中国社会经济、家庭生活及民众个体发展状况。该数据的调查对象为中国（除台湾、澳门、香港、西藏自治区、青海省、新疆维吾尔自治区、内蒙古自治区、宁夏回族自治区、海南省以外）25个省/市、自治区的满足项目访问条件的家户及其家庭成员，代表中国95%人口，由于其覆盖范围广泛，因此CFPS样本是一个具有全国代表性的样本（谢宇，邱泽奇，吕萍，2012）。

该数据采用内隐分层（implicit stratification）方法抽取多阶段等概率样本（multi - stage probability sample），获得的每个样本都通过三个阶段抽取，第一阶段对省市进行抽样；第二阶段对村居进行抽样；第三阶段是末端住户抽样。抽样过程的前两个阶段使用官方行政区划资料，并且在抽样过程中强调地理代表性（geographic representation）。具体来说，第一阶段，按样本量能否满足省级推断要求进行了大、小样本省的划分，并利用地方人均GDP、非农人口比例或人口密度等用于测量社会经济地位（SES）的连续变量辅助进行内隐分层。最终选择了辽宁、上海、河南、广东、甘肃为大样本省，选择5个省份外的20个省份为小样本省份。省会城市作为每个省的隐含分层被挑选出来，第二阶段，城乡为多阶段区域层次上的隐含分层，区、街道或居委会指城市地区，县、乡镇或村指农村地区。第三阶段在入选的样本村/居中，利用村级调查地图得到住户列表清单制作末端样本框，采用随机起点的循环等距抽样方式，以扩大样本量的方法抽取家户样本，保证样本村居完成25户目标家庭。该项调查抽样设计方便进行省级之间的比较，为研究中国家庭问题提供更加丰富的数据资料，在设计过程中尽可能多地利用辅助信息对抽样框进行排序，最大限度地提高样本的代表性。

CFPS在2008年、2009年在北京、上海、广东3个地区2400户家庭开展了初访和追访测试调查，自2010年在全国正式实施基线调查，并在2012年、2014年进行了追踪调查。经2010年基线调查界定出来的与家庭有血缘/婚姻/领养关系的所有家庭成员，作为CFPS的基因成员，将成为调查的永久跟踪对象；基因成员的血缘/领养子女同样视为基因成员，也将接受永久性跟踪调查。其中2010年、2012和2014年的调查人数分别为42590人、53759人、55600人；涉及变量数量分别为2875个、3784个、2585个。根据研究需要本书选取2010年、2012年和 2014 年调查数据，其中包括有效样本总数为 41612 人、44330 人、39277 人。为了考该数据的代表性，我们将该样本数据与统计局的数据进行对比（见表 3 - 3），从城乡人口比例看，统计局数据显示，2012 年后我国城镇人口数量超过农村人口数量，并且城镇人口数量逐年上升，CFPS 城镇人口数量始终低于乡村人口数量，但调查数据中城镇人口增加趋势相同；按国家经济区域划分，国家统计局数据显示东部人口数量最多，其次为中、西部地区，东北地区人口数量较少，CFPS 数据统计结果基本一致，但 2014 年西部地区样本数量较多；从男女人口比例看，国家统计局数据与 CFPS 调查数据结果基本一致，我国男性数量普遍高于女性数量。综上所述，CFPS 调查数据由于省份选择较统计局省份选择不同，因此调查结果与统计局统计结果有些差异，但总体上看差别不大。

表 3 - 3   样本数据与国家统计局数据对比

项目	统计局数据			CFPS 数据		
	2010 年	2012 年	2014 年	2010 年	2012 年	2014 年
总人口（万）/样本	134091	135404	136782	41612	44330	39277
城市人口（人）	66978	71182	74916	14058	18364	17299
乡村人口（人）	67113	64222	61866	19900	25466	21691
城乡人口比例	0.99：1	1.10：1	1.21：1	0.71：1	0.72：1	0.80：1
东	0.38	0.38	0.38	0.32	0.32	0.32
中	0.27	0.27	0.27	0.26	0.26	0.26
西	0.27	0.27	0.27	0.30	0.30	0.43
东北	0.08	0.08	0.08	0.12	0.12	0.13
男（人）	68748	69395	70079	21134	22344	19899
女（人）	65343	66009	66703	20478	21986	19378
男女比例	1.05：1	1.05：1	1.05：1	1.03：1	1.01：1	1.02：1

资料来源：笔者根据国家统计局及 CFPS 数据库整理得到。

二、中国流动人口动态监测调查数据

除此之外，本书还使用了来自国家卫生与计划生育委员会（现国家卫生健康委员会）2016 年流动人口动态监测调查数据。该数据由国家卫生与计划生育委员会（现国家卫生健康委员会）负责组织管理，中国人口与发展研究中心和中国健康教育中心具体执行，自 2009 年开始，按照随机原则在全国范围内抽样调查，包括经济活动、个人发展、身心健康、社会认知等诸多研究主题，重点关注流动人口在教育、就业、社会保障、收入水平、卫生健康等方面的实际情况，力图全面反映中国当前流动人口生存与发展的整体状况，旨在及时掌握流动人口信息，满足政府部门和研究机构进行决策研究的需要，是时效性较强的官方数据，也是目前关于流动人口的权威官方数据。

2016 年全国流动人口动态监测调查数据覆盖全国 31 个省、自治区、直辖市和新疆生产建设兵团（不含香港、澳门、台湾），采取分层、多阶段、与规模成比例的 PPS 方法开展抽样调查，并在保持对全国和各省（自治区、直辖市）具有代表性的基础上，增强对主要城市群的代表性，省级样本量分为 2000 人、4000 人、5000 人、6000 人、7000 人、8000 人和 10000 人，总样本量达到 16.9 万人，对全国流动人口的实际情况具有显著的代表性。

综上所述，CFPS 数据的抽样调查方法比较科学，在抽样调查过程和调查执行上相对透明，且调查领域涉及较广，虽然其并非专业收入调查数据，在收入调查信息上难免存在缺失现象，但鉴于其样本量较大，代表性较强，且与其他家户数据相比之下更适于做贫困方面的研究。流动人口动态监测调查数据由国家权威机构进行监督和管理，调查方法科学合理，样本量巨大，是研究中国流动人口的重要数据，因此对本书中农民工多维贫困研究具有重要意义。因此，本书选择中国家庭追踪调查数据（CFPS 数据）和流动人口动态监测调查数据作为计量分析的基础。

第二篇 中国农村居民多维贫困状况及影响因素

  本篇的核心内容是探讨中国农村居民的多维贫困状况及影响因素。全篇共计四章。其中，第四章参照森的可行发展能力理论，以提高农村贫困人口发展能力为目标，在当前精准扶贫的视角下，构建了适用于中国的主客观多维贫困测量框架，较为全面地展示了中国农村居民多维贫困的现状。第五章从动态角度对多维贫困家庭人口的影响因素进行分析，这既有利于从整体上把握动态多维贫困家庭的致贫机理，又有利于根据不同贫困类型的致贫因素制定差异化的扶贫手段，使得精准扶贫开发工作能够有的放矢，进而提高扶贫开发效率。第六章构建了我国农村长期多维贫困与平均贫困持续时间指数，从教育、健康、医疗服务、就业、生活质量和收入等多个维度构建多维贫困指标体系，对长期多维贫困状况进行了测量和分解，并通过回归模型分析了宏微观致贫因素。第七章比较了我国农村地区收入贫困和多维贫困群体的覆盖情况和测量结果，通过对比发现，两者之间既有重合也有关联，发现我国扶贫政策的瞄准效果存在不足，部分多维贫困群体的贫困状况一定程度上被忽视了，需要进一步改进和完善。

第四章 静态视角下中国农村整体多维贫困与不平等

本章以横截面数据的静态分析为主，主要是利用北京大学中国社会科学调查中心（ISSS）开展的中国家庭追踪调查数据，从整体上把握各调查年度内的农村多维贫困状况，根据各期多维贫困的研究结果，比较各个调查年度的多维贫困状况。

第一节 数据处理与分析框架

一、对数据的处理及基本情况概述

本章主要使用的是 CFPS 的 2010 年、2012 年、2014 年 3 个年度农村地区的截面数据，并按照常住人口且多维指标无缺失值标准，进行筛选后的有效样本家庭数分别为 7593 户、6941 户、6554 户，样本个体数分别为 24393 人、22376 人、21573 人。2010 年 CFPS 农村调查样本分布情况如下：从年龄来看，0~15 岁的农村样本个体占比为 23.84%，60 岁以上的农村样本个体占比为 14.38%。从区域类型[1]来看，西部地区样本个体占比最高，达 36.91%。从家庭人口数来看，农村家庭人口规模均值为 4.64。从房屋拥有情况看，85.23% 的样本个体仅拥有自住房。2012 年 CFPS 农村调查样本情况分布如下：从年龄来看，0~15 岁的农村样本个体占比为 22.86%，60 岁以上的农村样本个体占比为 15.48%。从区域类型来看，东部地区样本个体占比最高，为 32.70%；西部地区仅次于东部地区，样本占比为 32.32%。从家庭人口数来看，农村家庭人口规模均值为 4.70。从房屋拥有情况看，85.37% 的样本个体仅拥有自住房。2014 年 CFPS 农村调查样本分布如下：从年龄来看，0~15 岁的农村样本个体占比为 21.40%，60 岁以上的

---

[1] 国家统计局对区域的划分——东部：北京、天津、河北、上海、江苏、浙江、福建、山东、广东、海南（10 省）；中部包括山西、安徽、江西、河南、湖北、湖南（6 省）；西部包括内蒙古、广西、重庆、四川、贵州、云南、西藏、陕西、甘肃、青海、宁夏、新疆（12 省）；东北包括辽宁、吉林、黑龙江（3 省）。

农村样本个体占比为 19.03%；从区域类型来看，西部地区样本个体占比最高，为 31.89%。从家庭人口数来看，农村家庭人口规模均值为 4.83。从房屋拥有情况看，84.46% 的样本个体仅拥有自住房。

根据 CFPS 数据的情况，在 UNDP 的客观多维贫困测量维度的基础上，本章又加入了"心理/主观福利"维度[①]（Sen，2004；Samman，2007），以反映主观福利，具体包括心理上感觉生活有意义、能自我实现、心理满足及幸福感等，也是其他客观维度发展的最终结果。目前，有不少文献关注了主观福利与客观贫困指标（教育、健康、财富、就业和退休等）的关联性，认为两者之间存在正向关联性（Helliwell，2002；Graham and Felton，2006），也有数据显示两者之间并不总是存在相关关系。本章以 AF 方法的理论框架为基础，参照 MPI 对维度、指标、权重及临界值的界定（Alkire and Santos，2010；UNDP，2010），依据联合国千年发展目标的各个具体指标、《中国农村扶贫开发纲要（2011—2020）》提到的"三保障"（保障其义务教育、基本医疗和住房）总体目标，同时结合阿尔基尔等（Alkire et al.，2007）提出的贫困缺失维度视角（刘民权和韩华为，2010），以及 CFPS 在 2010 年、2012 年、2014 年 3 个调查年度的样本数据约束，选择的多维贫困测量维度为 MPI 下的教育、健康、生活条件和缺失维度视角下的心理/主观福利[②]，并从两个层级分别对农村多维贫困状况进行测量，第一层级仅涉及多维贫困的客观维度：教育、健康和生活条件；第二层级则涉及多维贫困的主客观维度：教育、健康、生活条件和心理/主观福利。

二、多维贫困的相关参数选择

本节多维贫困测量以家庭为基本识别单位，不区分家庭内部的个体贫困状况，因此，我们假设家庭内部个体的多维贫困状况相同（Basu and Foster，1998；Alkire and Santos，2013）。根据第一层级的设定，多维贫困测量涉及的维度为教育、健康和生活条件。(1) 教育作为人力资本的一种，家庭成员的教育情况不仅会影响当期的贫困状况，还会产生贫困陷阱或贫困代际遗传；教育维度包括儿童失学和教育程度两个子指标，分别考虑样本家庭内部儿童和成年人的教育情况。如果家庭中存在儿童失学，则认定该家庭在儿童失学指标上是被剥夺的，该家庭所有成员在该指标的赋值为 1，否则为 0；如果家庭没有学龄儿童，那么这个家庭不被认为是被剥夺的，取值 0。如果家庭 16 岁以上成年人的受教育年限均低于 6 年，则认定该家庭在教育程度这个指标上是被剥夺的，该家庭所有成员在该指标的赋值为 1，

[①] 白描（2015）从微观角度分析农民福祉时，从主客观两个角度来衡量，其中主观方面则是通过被调查对象对自身生活的各个方面进行主观打分来衡量的。

[②] 受三期样本问卷调查数据限制，本章对于缺失维度的分析仅涉及心理/主观福祉维度。

否则为 0。（2）健康也属于人力资本的一种，良好的健康状况或医疗保障，有助于家庭抵抗疾病风险；健康维度包括儿童死亡和医疗保障两个子指标，分别考虑了样本家庭内部儿童和成年人的健康情况。如果家庭中存在儿童死亡，则认为这个家庭在儿童死亡指标上是被剥夺的，该家庭所有成员在该指标的赋值为 1，否则为 0；如果家庭中有 16 岁以上成年人没有医疗保险，则认为这个家庭在医疗保险指标上是被剥夺的，该家庭所有成员在该指标的赋值为 1，否则为 0。（3）生活条件包括清洁用水、做饭燃料、家庭用电、垃圾处理、卫生设施、家庭资产这 6 个子指标，考虑了家庭内外部的生活环境和耐用品拥有情况，这些指标不仅对人们的健康产生影响，影响人们生活的便利程度，还跟家庭抵抗风险的水平有关。本文设计的指标体系中各维度的权重采用等权重方法，即 3 个维度的权重分别为 1/3，3 个维度内部各个指标也是等权重的，即教育和健康维度下两个子指标的权重分别为 1/6，生活条件维度 6 个子指标的权重为 1/18。第一层级的多维贫困指数虽然建立在 UNDP - MPI 的指标基础上（UNDP, 2010），但受 CFPS 数据限制，指标设定有所差异，因此本章将第一层级多维贫困指数称为客观多维贫困指数，简称 MPI1，涉及的相关维度、指标、权重、剥夺临界值、贫困临界值如表 4 - 1 所示。

表 4 - 1　　　　　　　　　　客观多维贫困的测度指标体系

维度	指标	剥夺临界值	权重	MDG
教育	儿童失学	家中有 6～15 岁之间的学龄儿童失学，取值 1	1/6	MDG2
	教育程度	家中 16 岁及以上成人教育年限均小于 6 年，取值 1	1/6	MDG2
健康	儿童死亡	家中有儿童死亡情况，取值 1	1/6	MDG4
	医疗保障	家中有成人没有任一种医疗保险，取值 1	1/6	
生活条件	清洁饮水	家庭做饭用水不是自来水、矿泉水或纯净水，取值 1	1/18	MDG7
	做饭燃料	家庭做饭燃料使用柴草、煤炭等非清洁能源，取值 1	1/18	MDG7
	家庭用电	家庭没有通电或经常断电，取值 1	1/18	
	垃圾处理	家庭垃圾处理不是通过公共垃圾桶/箱、楼房垃圾道或有专人收集，取值 1	1/18	MDG7
	卫生设施	家庭使用公厕或非冲水厕所，取值 1	1/18	MDG7
	家庭资产	家庭没有汽车或拖拉机，并至多有摩托车、电视机中的一种，取值 1	1/18	MDG7

多维贫困临界值（k = 30%），即如果样本个体多维剥夺得分≥30%，则属于多维贫困人口。

注：（1）MDG 即为"联合国千年发展目标"。MDG1. C：消除极端贫穷和饥饿；MDG2：实现普及初等教育；MDG4：降低儿童死亡率；MDG7. C：到 2015 年将无法持续获得安全饮用水和基本卫生设施人口比例减半；MDG7. D：到 2020 年使至少 1 亿贫民窟居民的生活明显改善。

（2）医疗保险包括：公费医疗、城镇职工医疗保险、城镇居民医疗保险、补充医疗保险、新型农村合作医疗这五个类别。

资料来源：参数设定可参考阿尔基尔和桑托斯（Alkire and Santos, 2010）。

在第一层级的基础上,第二层级的多维贫困测量除了教育、健康和生活条件涉及的客观维度以外,又加入了心理/主观福利维度,来反映样本人口心理状况对多维贫困的影响,包括生活满意度、社会公平感①和未来信心度这 3 个子指标,其中生活满意度和未来信心度的问卷结果为李克特量表(Likert Scale)结果,取值为 1 - 2 - 3 - 4 - 5。本章认为,如果家庭所有成年人分别在这两个指标的取值小于 3,则认为该家庭分别在这两个指标上被剥夺,该家庭所有成员在这两个指标的赋值均为 1,否则为 0。如果家庭中有成年人存在社会不公平遭遇,则认为该家庭在这个指标上被剥夺,该家庭所有成员在该指标的赋值为 1,否则为 0。各维度的权重采用维度等权重方法,即 4 个维度的权重分别为 1/4,4 个维度内部各个指标也是等权重的,即教育和健康维度下的两个子指标权重为 1/8,生活条件维度 6 个子指标的权重为 1/24,心理/主观福利维度 3 个子指标的权重为 1/12。第二层级多维贫困指数即主客观多维贫困指数,简称 MPI2,涉及的相关维度、指标、权重、剥夺临界值、贫困临界值如表 4 - 2 所示。

表 4 - 2　　　　　　　　主客观多维贫困的测度指标体系

维度	指标	剥夺临界值	权重	MDG
教育	儿童失学	家中有 6～15 岁之间的学龄儿童失学,取值 1	1/8	MDG2
	教育程度	家中 16 岁及以上成人教育年限均小于 6 年,取值 1	1/8	MDG2
健康	儿童死亡	家中有儿童死亡情况,取值 1	1/8	MDG4
	医疗保障	家中有成人没有任一种医疗保险,取值 1	1/8	
生活条件	清洁饮水	家庭做饭用水不是自来水、矿泉水或纯净水,取值 1	1/24	MDG7
	做饭燃料	家庭做饭燃料使用柴草、煤炭等非清洁能源,取值 1	1/24	MDG7
	家庭用电	家庭没有通电或经常断电,取值 1	1/24	
	垃圾处理	家庭垃圾处理不是通过公共垃圾桶/箱、楼房垃圾道或有专人收集,取值 1	1/24	MDG7
	卫生设施	家庭使用公厕或非冲水厕所,取值 1	1/24	MDG7
	家庭资产	家庭没有汽车或拖拉机,并至多有摩托车、电视机中的一种,取值 1	1/24	MDG7

---

① 《改变我们的世界:2030 可持续发展议程》提出了 17 项 2030 年可持续发展目标,目标 10 提到了实现机会均等,减少结果不平等现象,包括取消歧视性的法律、政策和做法,增强所有人的权能。

维度	指标	剥夺临界值	权重	MDG
心理/ 主观福利	生活满意度	家中成人对生活满意度（1~5）均小于3，取值1	1/12	
	社会公平感	家中成人有遭遇不公正情况，取值1	1/12	
	未来信心度	家中成人对未来信心程度（1~5）均小于3，取值1	1/12	

多维贫困临界值（k=30%），即如果样本个体多维剥夺得分≥30%，则属于多维贫困人口。

注：样本问卷涉及的不公平问题指的是因政策导向、贫困差距、户籍、性别、政府干部、政府办事等相关方面而感觉到不公平。

需要注意的是，权重反映了维度或指标在多维贫困测度中的相对重要性。目前在对多维贫困测度指标权重的讨论中，选择何种权重并没有定论（Decancq and Lugo，2008）。不同权重得出的计算结果肯定不同，但是由于多维贫困测量方法的稳健性，因此，不同权重下分析结论的差异并不明显。目前较常用的加权方式是等权重方法，即各维度权重相等，各维度内部的子指标权重也相等。贫困临界值 k 的选择主要基于 AF 方法要求。传统的多维贫困人口的识别方法使用联合识别法或交叉识别法（Atkinson，2003；Bourguignon and Chakravatry，2003），而 AF 方法下的 k 值介于这两种方法之间（$0 < k \leq 1$），设置过高或过低的 k 值，均不利于多维贫困人口的识别。

第二节　中国农村多维贫困测度的实证结果

一、农村客观多维贫困测量结果分析（MPI1）

（一）初步测度结果的描述

本章主要采用 AF 方法对农村多维贫困进行测量[①]，初步的测算结果显示，在考察期内，除儿童死亡指标外，农村人口在其余指标的剥夺比例均出现下降趋势，并且各个指标的剥夺比例在调查期间下降幅度并不一致；其中，垃圾处理的剥夺比例下降幅度最大，减少了 23.55%；儿童失学的剥夺比例下降幅度仅为 2.47%。在考察期内，整体上农村家庭在各个指标遭受的剥夺情况是不均等的，但农村人口在 10 个指标的剥夺状况呈现共性，即均以卫生设施、垃圾处理问题

---

① 具体步骤和相关公式见本章第二节。

最为突出，其中 2010 年两个指标的剥夺比例均超过 80%，表明超八成的农村家庭人口在 2010 年没有使用清洁的卫生设施，家庭垃圾处理并不环保；儿童失学问题得到明显改善，2014 年农村家庭中儿童失学的剥夺比例仅为 2.61%，表明国家在农村普及义务教育方面效果显著；儿童死亡指标的剥夺比例略高于儿童失学比例，但在调查期间出现上升趋势，具体原因有待进一步研究；生活条件的各个维度中，以家庭用电指标剥夺比例最低，表明农村电力基础设施建设取得较大进步（见表 4 - 3）。

表 4 - 3　　2010 年、2012 年、2014 年农村客观多维贫困各指标剥夺比例变化　　单位：%

维度	指标	2010 年	2012 年	2014 年
教育	儿童失学	5.08	4.18	2.61
	教育程度	17.06	12.74	3.03
健康	儿童死亡	4.12	4.11	4.38
	医疗保障	37.56	19.66	16.40
生活条件	清洁饮水	60.08	50.05	44.40
	做饭燃料	66.43	51.33	51.10
	家庭用电	7.79	6.87	5.08
	垃圾处理	81.33	72.44	57.78
	卫生设施	82.23	75.03	71.31
	家庭资产	38.07	34.98	29.59

资料来源：笔者计算得到。

(二) 客观多维贫困测量结果分析

参照 MPI 的多维贫困临界值水平（k = 30%），我们对 2010 年、2012 年、2014 年农村地区客观多维贫困测量结果表明，我国农村地区客观多维贫困指数（MPI1）分别为 0.1824、0.1089、0.0616，其中多维贫困人口的平均剥夺强度（A）分别为 43.39%、42.00%、38.73%（见表 4 - 4）。可以明显看出，在考察期内，农村人口的客观多维贫困指数、多维贫困发生率和多维贫困人口平均剥夺强度均呈现下降趋势，表明农村多维贫困状况逐渐改善，多维贫困人口比例不断减少，贫困人口的被剥夺强度也逐渐降低，这也从侧面说明国家采取不同方式实施的农村扶贫工作成效显著。

表 4 - 4　　　　　　2010 年、2012 年、2014 年农村 MPI1、H、A 及区域分解

		整体	东部	中部	西部	东北
2010 年	MPI1	0.1824	0.1323	0.1692	0.2338	0.1716
	H	42.03%	32.84%	39.86%	51.03%	41.36%
	A	43.39%	40.28%	42.44%	45.81%	41.50%
2012 年	MPI1	0.1089	0.0634	0.0976	0.1652	0.1078
	H	25.92%	16.16%	24.27%	36.97%	27.56%
	A	42.00%	39.19%	40.23%	44.68%	39.12%
2014 年	MPI1	0.0616	0.0383	0.0569	0.0821	0.0935
	H	15.90%	10.28%	14.34%	21.17%	23.99%
	A	38.73%	37.28%	39.70%	38.76%	38.98%

资料来源：笔者计算得到。

　　根据第二节提到的多维贫困指标的子群分解特性，我们把农村地区样本按照区域类型分为东部、中部、西部、东北四个地区。从表 4 - 4 可以看出，东部地区、中部地区、西部地区、东北地区在 3 个调查年度内的农村客观多维贫困指数（MPI1）、多维贫困发生率（H）、多维贫困人口的平均剥夺强度（A）均呈下降趋势，与总体情况的变化趋势一致；东部农村在 3 个年度的客观多维贫困指数（MPI1）和多维贫困发生率（H）均最低；西部农村地区在 2010 年、2012 年两个年度的客观多维贫困指数（MPI1）、多维贫困发生率（H）、多维贫困人口的平均剥夺强度（A）均最高；而 2014 年东北三省农村的客观多维贫困指数（MPI1）、多维贫困发生率（H）、多维贫困人口的平均剥夺强度（A）均超过西部省份的农村，中部地区的农村多维贫困人口的平均剥夺强度（A）在 2014 年达到最高。多维贫困子群分解说明，多维贫困的发生往往具有群体性或区域性，不能否认群体或区域内部扶贫政策的溢出效应。

　　根据多维贫困测度指标的维度可分解性，与表 4 - 3 指标的初始剥夺水平相比，在考察期内农村客观多维贫困 10 个指标的贫困率均大幅下降，2014 年各指标的贫困发生率均处于较低水平，表明农村人口在各个指标都得到了较大的改善。从三期调查数据整体可以看出，农村家庭在各个指标的贫困发生率是不均等的，并与农村人口在 10 个指标上的被剥夺状况类似，仍以卫生设施、垃圾处理的贫困发生率最突出，2010 年两个指标的贫困发生率分别为 37.90%、38.16%，表明超过 1/3 的农村家庭人口在这两个指标出现多维贫困，2014 年这两个指标的贫困发生率分别下降至 12.71%、12.06%。与儿童死亡指标剥夺比例上升态势相比，儿童死亡指标的贫困发生率呈下降趋势，但下降幅度较小，2010～2014 年贫困发生率维持在 3%～4%。2014 年教育程度的贫困发生率最低（1.88%），表明

仅有不足 2% 的农村家庭在这个指标属于多维贫困人口，较低的教育贫困率对于农村家庭整体人力资本的积累具有重要的促进作用（见表 4 - 5）。

表 4 - 5　　　2010 年、2012 年、2014 年客观多维贫困的指标发生率及贡献率　　　单位：%

维度	指标	贫困发生率			指标贡献率		
		2010 年	2012 年	2014 年	2010 年	2012 年	2014 年
教育	儿童失学	4.71	3.66	2.18	4.30	5.60	5.89
	教育程度	16.28	11.00	1.88	14.88	16.84	5.09
健康	儿童死亡	3.97	3.42	3.04	3.62	5.23	8.23
	医疗保障	27.84	12.76	10.31	25.44	19.54	27.91
生活条件	清洁饮水	30.25	17.63	9.76	9.21	9.00	8.81
	做饭燃料	35.13	20.13	12.58	10.70	10.27	11.35
	家庭用电	5.76	4.09	1.97	1.76	2.09	1.77
	垃圾处理	38.16	23.45	13.37	11.62	11.97	12.06
	卫生设施	37.90	22.95	14.09	11.54	11.71	12.71
	家庭资产	22.72	15.20	6.85	6.92	7.76	6.18

资料来源：笔者计算得到。

另外，表 4 - 5 还提供了 k = 30% 下各个指标在考察期内的客观多维贫困指数（MPI1）的贡献率。考虑到多维贫困指标对客观多维贫困指数（MPI1）的贡献率需要参考各个指标的权重，而不同维度下的子指标数目不相等，导致不同维度的子指标权重差异较大，因此各指标对于客观多维贫困指数（MPI1）的贡献率排名与指标的贫困发生率排名显著不同。从指标角度来看，考察期内各指标贡献率排名均以医疗保障最高。从维度贡献率来看，考察期内各维度对于客观多维贫困指数（MPI1）贡献率排名由高到低均为生活条件、健康、教育。

由于，多维贫困指数可以进行子群分解和维度分解，进而可以弄清楚贫困人口子群的分布和不同指标或维度对客观多维贫困指数（MPI1）的贡献率排名，这一优点为精准扶贫提供了一种预算资金的分配途径和扶贫手段的选择，在贫困测量和扶贫政策制定和实施过程中，有助于进行贫困瞄准，从而提高扶贫效率（Alkire and Santos，2010；Yu，2013）。

（三）多维贫困测量方法的稳健性检验

鉴于多维贫困测量方法中，对于多维贫困测量方法、维度、指标、权重、剥夺临界值和贫困临界值等相关参数的选择具有灵活性，在进行不同的参数选择时，需要考察多维贫困测量结果的稳健性（Alkire and Santos，2013；Alkire

et al. ,2015；郭建宇和吴国宝，2012；方迎风，2015）。本章以多维贫困临界值
为例，进行多维贫困测量方法的稳健性检验，通过选择不同的贫困临界值，而其
他多维贫困指标体系的相关参数（维度、指标、权重、剥夺临界值）和识别、加
总方法保持不变（AF 方法），从而对多维贫困测量结果进行稳健性分析，结果如
图 4 – 1 和图 4 – 2 所示。

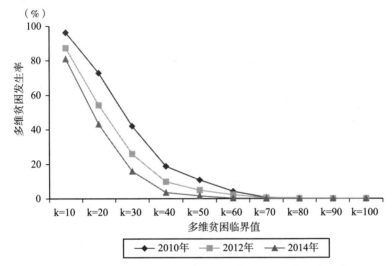

图 4 – 1　不同贫困临界值下 3 个调查年度的客观多维贫困发生率（H）

资料来源：笔者根据 CFPS 数据测算并整理。

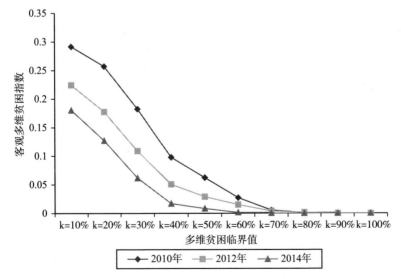

图 4 – 2　不同贫困临界值下 3 个调查年度的客观多维贫困指数（MPI1）

资料来源：笔者根据 CFPS 数据测算并整理。

二、农村主客观多维贫困测量结果分析（MPI2）

（一）初步测度结果的描述

目前多维贫困测量都是基于客观层面的考虑，缺乏主观方面的因素。主客观多维贫困分析框架更加贴合中国实际，本章后续对农村多维贫困的分析均建立在主客观结合的多维贫困测度的基础上。由于主客观多维贫困的测度建立在客观多维贫困框架的基础上，以及指标剥夺比例不受多维贫困识别的影响，从 13 个指标的剥夺比例来看，2010 年、2012 年、2014 年教育、健康和生活条件 3 个维度的指标剥夺比例与表 4-3 的结果一致，具体如表 4-6 所示。

表 4-6　2010 年、2012 年、2014 年农村主客观多维贫困各指标剥夺比例及变化　单位：%

维度	指标	指标的剥夺比例			2010~2014 年	
		2010 年	2012 年	2014 年	绝对变化率	相对变化率
教育	儿童失学	5.08	4.18	2.61	-2.47	-48.62
	教育程度	17.06	12.74	3.03	-14.03	-82.24
健康	儿童死亡	4.12	4.11	4.38	0.26	6.31
	医疗保障	37.56	19.66	16.40	-21.16	-56.34
生活条件	清洁饮水	60.08	50.05	44.40	-15.68	-26.10
	做饭燃料	66.43	51.33	51.10	-15.33	-23.08
	家庭用电	7.79	6.87	5.08	-2.71	-34.79
	垃圾处理	81.33	72.44	57.78	-23.55	-28.96
	卫生设施	82.23	75.03	71.31	-10.92	-13.28
	家庭资产	38.07	34.98	29.59	-8.48	-22.27
心理/主观福利	生活满意度	4.77	5.35	2.61	-2.16	-45.28
	社会公平感	58.08	45.91	53.12	-4.96	-8.54
	未来信心度	4.57	4.12	2.17	-2.40	-52.52

资料来源：笔者计算得到。

从表 4-6 可以看出，在加入心理/主观福利维度以后，除儿童失学、儿童死亡、家庭用电的剥夺水平较低外，家庭生活满意度、未来信心度指标的剥夺数值也处于较低水平，但仍存在继续改进的余地；同时除了卫生设施、垃圾处理、做饭燃料、清洁饮水这些关乎生活环境和质量的问题更为凸显外，同时不可忽视的是社会公平感指标的剥夺比例较高。从各个指标的剥夺变化情况来看，除了儿童死亡指标以外，其他指标在 3 个调查年度均呈现下降趋势，但下降趋势并不一致；从绝对变化率来看，垃圾处理和医疗保障的指标剥夺比例下降超过了 20 个百分点，而儿童失学、家庭用电、生活满意度、未来信心度的指标剥夺比例仅下降了 2~3 个百分点。从相对变化率来看，教育程度的指标剥夺比例下降超过了 80%，医疗保障和未来信心度的指标剥夺比例下降了 50% 以上；社会公平感的指标剥夺比例下降最少，虽然不足 10%，但是初始水平也比较低，说明大部分农村人口对于现在及未来生活均持乐观态度。这些指标中，只有儿童死亡的指标剥夺比例从 2010 年的 4.12% 上升到了 2014 年的 4.38%。不过可以看到，在 2010 年、2012 年、2014 年这 3 个调查年度中，社会公平感指标的剥夺比例总体呈下降趋势，但 2012~2014 年还表现为剥夺比例上升，并在 3 个年度内的比例处于 50% 左右；以 2014 年为例，53.12% 的农村家庭人口在该指标遭受剥夺，社会公平感的高度缺失显然不利于社会的稳定和发展，因此在扶贫政策的设计中，更要关注贫困人口的心理状态。

（二）主客观多维贫困测量结果分析

相较于单指标的剥夺比例仅反映单一方面情况，多维贫困的综合指标更能反映农村人口在多个方面被剥夺的联合分布情况。在 k = 30% 下，2010 年、2012 年、2014 年 3 个调查年度农村地区主客观多维贫困测算结果表明，我国农村地区主客观多维贫困指数（MPI2）分别为 0.1426、0.0809、0.0458，其中多维贫困发生率（H）分别为 34.68%、20.16%、12.22%，多维贫困人口的平均剥夺强度（A）分别为 41.12%、40.16%、37.51%（见表 4 - 7）。测量结果说明，随着时间演进，农村人口的主客观多维贫困指数、多维贫困发生率和多维贫困人口的平均剥夺强度均呈现下降趋势，表明农村多维贫困状况逐渐改善。与表 4 - 4 测量的客观多维贫困状况相比，各期的主客观多维贫困状况均低于客观多维贫困。这从侧面说明由于没有考虑贫困的缺失维度，可能导致当前多维贫困测量的结果过高。

从表 4 - 7 可以看出，东部地区、中部地区、西部地区、东北地区的农村在 3 个年度的主客观多维贫困指数（MPI2）、多维贫困发生率（H）、多维贫困人口的平均剥夺强度（A）均呈下降趋势，与整体情况的变化趋势一致，与客观多维贫困测量结果的变化趋势也相一致。2010 年、2012 年的农村主客观多维贫困状况由高到低排名为西部地区、中部地区、东北地区、东部地区；2014 年主客观多维贫困指数（MPI2）和多维贫困发生率（H）由高到低排名均为东北地区、西部地区、中部地区、东部地区，而多维贫困人口的平均剥夺强度（A）由高到低排名为中部地区、东北地区、西部地区、东部地区。可以看出，东部地区在 3

个年度的主客观多维贫困状况相对较好，而考虑到东北三省相对较低的人口比例，可以看出东北三省农村的主客观多维贫困状况更为严重。

表4-7　　　2010年、2012年、2014年农村MPI2、H、A及区域分解

	指标	整体	东部	中部	西部	东北
2010年	区域人口比例	100%	24.13%	26.20%	38.98%	10.68%
	MPI2	0.1426	0.0950	0.1358	0.1883	0.1264
	H	34.68%	23.89%	33.63%	44.61%	31.26%
	A	41.12%	39.74%	40.38%	42.20%	40.44%
	子群贡献率		16.07%	24.96%	51.47%	9.47%
2012年	区域人口比例	100%	26.03%	27.19%	36.84%	9.94%
	MPI2	0.0809	0.0431	0.0735	0.1292	0.0631
	H	20.16%	11.21%	19.00%	31.07%	15.69%
	A	40.16%	38.46%	38.66%	41.59%	40.19%
	子群贡献率		13.86%	24.69%	58.82%	7.75%
2014年	区域人口比例	100%	25.01%	28.08%	36.56%	10.35%
	MPI2	0.0458	0.0294	0.0412	0.0607	0.0722
	H	12.22%	8.01%	10.72%	16.27%	19.23%
	A	37.51%	36.66%	38.46%	37.33%	37.56%
	子群贡献率		16.02%	25.25%	48.45%	16.31%

资料来源：笔者计算得到。

　　表4-7还给出了按照地区分解的各子群对农村主客观多维贫困贡献率，子群对整体主客观多维贫困贡献由两部分决定，即子群人口份额和子群的主客观多维贫困指数。考察期内，东部、中部、西部、东北四个地区的人口比例排名由高到低为西部地区、中部地区、东部地区和东北地区，且3年调查间各地区样本人口比例变化不大。根据表4-7的测量结果可以看出，2010年、2012年子群贡献率排名均为：西部、中部、东部、东北，2014年子群贡献率排名为西部、中部、东北、东部，3个调查年份的主客观多维贫困指数均以西部地区和中部地区的贡献为主；西部省份的农村主客观多维贫困对农村整体多维贫困状况贡献的最大，2010年、2012年西部的贡献率均超过了50%，2014年略低为48.45%；而东北三省的贡献率在2014年却超过了东部，说明了东北三省的多维贫困状况发生相对恶化。

　　与客观多维贫困指标贫困发生率变化趋势一致，各个调查年度内主客观多维

贫困各个指标的贫困发生率虽然均呈大幅下降趋势，但各年份的变化是不均等的（见表4-8）。从三期调查数据整体可以看出，除卫生设施、垃圾处理、社会公平感问题外，2014年各指标的贫困发生率均在10%以下，处于相对较低水平，表明随着国家对农村发展持续不断的关注，农村家庭人口的各个指标状况都得到了较大提高；从指标贫困率的动态变化可以看出，垃圾处理、卫生设施、做饭燃料的绝对下降幅度维持在20%~22%，并以垃圾处理的指标贫困率下降幅度最大。从各个年份来看，农村家庭均以卫生设施、垃圾处理的指标贫困最突出；而农村家庭对未来信心程度的表现相对较好，贫困率在2012年、2014年均处于较低水平。同时，也不能忽视社会公平在各个年度相对较高的贫困发生率，2010年将近1/4的农村家庭人口在该指标出现贫困，2014年这个比例虽然下降到仅有1/10的，但与其他指标相比仍处于高位，而显然较高的社会不公平感不利于社会的和谐稳定发展。

表4-8　　2010年、2012年、2014年主客观多维贫困的指标发生率及贡献率　　单位：%

维度	指标	贫困发生率			指标对MPI2的贡献率		
		2010年	2012年	2014年	2010年	2012年	2014年
教育	儿童失学	4.19	3.11	1.64	3.67	4.81	4.47
	教育程度	13.93	8.67	1.11	12.21	13.39	3.03
健康	儿童死亡	3.71	2.79	2.30	3.25	4.30	6.26
	医疗保障	22.78	9.39	7.95	19.98	14.51	21.68
生活条件	清洁饮水	25.41	14.34	7.85	7.42	7.38	7.14
	做饭燃料	29.64	16.67	9.55	8.66	8.58	8.68
	家庭用电	5.13	3.84	1.53	1.50	1.98	1.39
	垃圾处理	31.76	18.40	10.27	9.28	9.47	9.34
	卫生设施	31.33	17.65	10.89	9.16	9.09	9.90
	家庭资产	20.07	12.66	5.81	5.87	6.52	5.29
心理/主观福利	生活满意度	3.68	3.27	1.26	2.15	3.37	2.28
	社会公平感	25.03	13.40	10.15	14.63	13.79	18.45
	未来信心度	3.79	2.73	1.15	2.22	2.81	2.09

资料来源：笔者整理得到。

另外，表4-8还提供了各个指标对各期主客观多维贫困指数（MPI2）的贡献率。从指标角度来看，2010~2014年指标贡献率排名均以医疗保障贡献率最高，家庭用电贡献率最低，表明国家对农村在电力基础设施建设上的投入成效显著，但在农村人口的医疗保障方面显现不足，需要后续相关政策的关注。从各个维度来看，各维度对于主客观多维贫困指数（MPI2）贡献率等于各维度内部子指标的贡献率加总；2010 年、2014 年各维度对于主客观多维贫困指数（MPI2）贡献率排名由高到低均为：生活条件、健康、心理/主观福利、教育；2012 年各维度对于主客观多维贫困指数（MPI2）贡献率的排名由高到低为：生活条件、心理/主观福利、健康、教育；维度分析表明，教育维度在 3 个调查年度的贡献率均处于最低水平，但是数据并不能反映出教育资源是否公平分配，主要体现在教育资金投入、办学条件、师资数量和水平、业余辅导班、课外体育活动类别等诸多细化方面，而这些方面才是真正能够改变教育质量的根本出发点；生活条件对多维贫困的贡献是居于首位的，主要表现为垃圾处理、卫生设施、做饭燃料和清洁用水方面的贡献率较高（各年份的贡献率均超过 30%），不仅说明了农村恶劣的生活环境，也表明了国家提出的贫困安居工程、危房改造工程、易地搬迁扶贫工程具有重要的实践意义和迫切要求。

表 4-9 从区域角度揭示了各个年份不同区域在各个指标的贫困发生率变化。从单个年份的各个区域指标发生率变化来看，2010 年、2012 年、2014 年 3 个调查年度内，各区域在各个指标贫困率整体上均呈下降趋势；2010 年、2012 年均以西部农村地区在各个指标的贫困状况最为严重（除 2010 年中部农村地区未来信心度指标贫困率高于西部、2012 年农村中部地区医疗保障指标贫困率高于西部以外），2014 年东北农村地区在大多数指标的贫困发生率相对高于西部，吻合了东北地区较高的多维贫困指数（见表 4-6）。从各个指标的贫困率来看，东部、中部、西部和东北四个地区在各个年份中，均以垃圾处理和卫生设施这两个指标贫困率较高；西部农村地区各个年份的儿童失学、儿童死亡、家庭用电、垃圾处理、家庭资产的指标贫困率远高于其他 3 个区域，表明中国农村内部在儿童义务教育、儿童营养健康、基础设施建设、环境卫生、抵抗风险能力等方面，也存在不平衡现象，具有显著地区差异。

表 4-9　　　　　　　各个区域的主客观多维贫困指标贫困发生率变化　　　　　单位：%

指标	2010 年				2012 年				2014 年			
	东部	中部	西部	东北	东部	中部	西部	东北	东部	中部	西部	东北
1	1.61	2.78	7.75	1.63	0.46	1.04	8.17	0.31	0.48	1.26	3.44	0.25
2	8.49	10.73	21.89	6.83	4.39	4.96	16.80	6.12	1.16	0.52	1.25	2.79
3	2.35	2.91	5.32	3.99	1.72	2.64	3.95	3.04	1.19	1.89	3.56	3.28
4	17.03	23.43	26.26	26.11	5.71	11.72	11.16	8.65	5.72	7.99	8.58	15.02
5	15.03	28.29	32.04	22.56	6.65	16.05	21.43	9.77	5.47	9.00	8.18	12.30

指标	2010 年				2012 年				2014 年			
	东部	中部	西部	东北	东部	中部	西部	东北	东部	中部	西部	东北
6	18.43	30.04	38.72	27.01	8.70	15.24	26.63	13.38	5.22	8.95	12.81	16.89
7	1.66	3.07	9.77	3.10	1.73	2.70	7.69	0.13	0.70	1.52	2.67	0.11
8	20.98	31.35	41.61	26.32	9.38	17.11	29.54	13.71	5.69	9.36	14.90	13.77
9	20.04	31.42	40.25	31.23	8.19	15.90	29.20	15.55	6.17	9.11	15.48	18.99
10	12.77	17.30	28.74	15.43	6.82	9.52	21.99	9.41	3.78	4.50	8.71	7.40
11	3.85	2.46	4.40	3.97	2.84	2.97	4.07	2.86	1.13	0.87	1.48	2.45
12	18.11	25.64	30.36	23.49	7.08	14.23	19.49	11.01	6.75	9.01	13.29	16.07
13	3.31	4.38	3.78	3.58	2.64	2.18	3.16	3.66	0.99	0.88	1.50	1.42

注：序号 1~13 分别代表各个指标：1—儿童失学、2—教育年限、3—儿童死亡、4—医疗保障、5—清洁饮水、6—做饭燃料、7—家庭用电、8—垃圾处理、9—卫生设施、10—家庭资产、11—生活满意度、12—社会公平感、13—未来信心度这十三个指标。

资料来源：笔者整理得到。

三、截面数据下多维贫困变动的分解

本章主要使用截面数据进行各个调查年度中国农村多维贫困测量，但是不同调查期得到的多维贫困变动情况如何解释呢？多维贫困的变化到底是由哪部分人口变动引起的呢？阿尔基尔和桑托斯（Alkire and Santos，2013）提到了两种适合截面数据变化的理论分解方法：第一种分解方法是阿帕拉扎和雅罗尼茨基（Apablaza and Yalonetzky，2013）提出的加法分解方法，该方法将多维贫困指数的变化分解为三部分：进入和退出贫困效应、持续贫困效应、交叉效应，并要求满足一些假设条件：（1）脱离多维贫困的人口强度 = 末期多维贫困人口平均剥夺强度；（2）持续多维贫困人口的剥夺强度变化 = 初期和末期的多维贫困人口强度差值。第二种分解方法是罗赫（Roche，2013）提出的沙普利分解法，该方法建立在阿帕拉扎和雅罗尼茨基（Apablaza and Yalonetzky，2013）分解方法基础上，根据肖洛克（Shorrocks，1999）提出的沙普利值分解法而得到的，将多维贫困指数的变化分解为两部分，不含交叉项，要求的假设条件：（1）退出贫困人口强度 = 两期贫困强度的均值；（2）退出贫困人口发生率 = 两期贫困发生率均值。阿尔基尔和桑托斯（2013）给出了两种适合截面数据变化的理论分解公式分别为：

$$\Delta M_0 = A^{t^2}(H^{t^2} - H^{t^1}) + H^{t^2}(A^{t^2} - A^{t^1}) - [(H^{t^2} - H^{t^1})(A^{t^2} - A^{t^1})] \quad (4-1)$$
$$\qquad\quad (1) \qquad\qquad\quad (2) \qquad\qquad\qquad (3)$$

$$\Delta M_0 = \frac{A^{t^2} + A^{t^1}}{2}(H^{t^2} - H^{t^1}) + \frac{H^{t^2} + H^{t^1}}{2}(A^{t^2} - A^{t^1}) \qquad (4-2)$$

$$\underbrace{\qquad\qquad}_{(1)} \qquad\qquad \underbrace{\qquad\qquad}_{(2)}$$

其中，公式（4-1）中分解的三部分分别代表：（1）进入和退出贫困效应；（2）持续贫困效应；（3）交叉效应。公式（4-2）中分解的两部分分别代表：（1）发生率贫困效应；（2）强度贫困效应。由于无法对公式（4-1）中出现的交叉项进行合理意义解释，因此，本章采用罗赫（Roche, 2013）提出的沙普利分解法对 2010~2012 年度、2012~2014 年度、2010~2014 年度的多维贫困指数动态变化进行分解，并计算公式（4-2）中两个部分指标对多维贫困变化的边际贡献水平，即发生率贡献和强度贡献。由表 4-10 可知，在满足相关假设条件情况下，两年度变化对比中，多维贫困指数变化值的沙普利分解结果均以强度贡献为主，占比在 90% 左右，表明各个对比年度内，多维贫困指数变化主要是由于多维贫困人口贫困平均强度变化引起的；对于沙普利分解的发生率贡献而言，2012~2014 年多维贫困人口发生率贡献水平高于 2010~2012 年度水平，表明这两个考察年度下多维贫困人口变化效应逐渐增强。

表 4-10　　　　　　　　　　　主客观多维贫困指数变化的沙普利分解

MPI2			H（%）			A（%）			沙普利分解	
2010 年	2012 年	变化	2010 年	2012 年	变化	2010 年	2012 年	变化	发生率贡献	强度贡献
0.1426	0.0809	-0.0617	34.68	20.16	-14.52	41.12	40.16	-0.96	4.23%	95.73%

MPI2			H（%）			A（%）			沙普利分解	
2012 年	2014 年	变化	2012 年	2014 年	变化	2012 年	2014 年	变化	发生率贡献	强度贡献
0.0809	0.0458	-0.0351	20.16	12.22	-7.94	40.16	37.51	-2.65	12.21%	87.79%

MPI2			H（%）			A（%）			沙普利分解	
2010 年	2014 年	变化	2010 年	2014 年	变化	2010 年	2014 年	变化	发生率贡献	强度贡献
0.1426	0.0458	-0.0968	34.68	12.22	-22.46	41.12	37.51	-3.61	8.75%	91.25%

资料来源：笔者整理得到。

第三节　中国农村多维贫困的不平等测量

一、多维贫困不平等测量概述

多维贫困的测度中，多维贫困指数仅包含多维贫困人口发生率和多维贫困人

口的贫困强度两部分，虽然也在一定程度上为政策制定者提供了改善最贫困人口
和边缘贫困人口的启示，但并不能明确使政策制定者直接对最贫困人口进行定位
（Seth and Alkire，2014）。目前多维贫困测量可以按照子群分解，用于检验不同
子群各自的变化，但并不涉及组间差距的比较，不能表明减贫成果在不同子群间
是否一致共享。对于序数数据下的多维贫困测量而言，在介绍多维贫困指数测量
方法步骤的时候已经提到过，多维贫困指数可以分解为多维贫困发生率和多维贫
困人口的平均剥夺强度，但是序数数据无法反映多维贫困人口内部的不平等情况
（Alkire and Foster，2013）。因此当选择指标的数据为基数数据时，可以参照 FGT
指标分别设立多维贫困深度和多维贫困不平等指标（Kolm，1977；Bourguignon
and Chakravarty，2003；洪银兴等，2014），以此来衡量多维贫困人口的剥夺差距
和剥夺不平等程度。类似于收入贫困测量和基数数据下的多维贫困测量，序数数
据下多维贫困人口内部的不平等该如何体现呢？常用的方法是对贫困测量进行调
整，使其对不平等敏感，但这种综合调整不平等的贫困测量方法具有局限性：第
一，不平等的调整贫困指数可能缺乏直观的解释；第二，计数方法不能同时对剥
夺计数分布广度和维度分解性敏感（Alkire and Foster，2013）；第三，这个方法
通常会涉及一个不平等的厌恶参数，该参数选择具有主观性；第四，这个方法将发
生率、强度和不平等结合为一个指数，不能进行透明的权重设定，无法显性体现政
策目标的相对重要性；第五，无法提供一个合适的研究贫困子群差距的分析框架。

本节使用阿尔基尔和桑托斯（2013）提出的独立不平等测量方法测度多维贫
困人口的不平等，以及研究组间和组内差距，与计数贫困测量和 M_0 保持了一致
性和兼容性，能在 AF 方法基础上产生政策性的贫困评估机制，并提供更直接的
政策信息。具体研究思路是：在对多维贫困指数 M_0 分析的基础上，附加进行多
维贫困人口不平等的直接描述。第一种描述方法是将多维贫困人口的剥夺得分按
照一定的标准划分为不同的层次，分析不同地区或时间段内，不同多维贫困强度
人口的比例变化，因此不仅可以反映多维贫困人口内部不平等的变化，还可以对
不同群体的不平等状况进行横向对比（Alkire，Roche and Seth，2013）；另一种
描述方法是在 M_0 的基础上进行多维贫困人口的不平等测量，使用贫困人口遭受
的剥夺数目来构建多维贫困不平等指标，其过程与泰尔指数或基尼系数的构建基
本一致，尤其需要满足平移不变性、加法分解性和组内均值独立性①，同时还满
足匿名性、复制不变性、标准化和传递性等基本公理（Chakravarty，2001）。本
节的多维贫困不平等分析是建立在主客观多维贫困测量结果的基础上，后续关于
农村多维贫困分析均是在主客观多维贫困测量框架下进行的。

---

① 平移不变性：即当每个多维贫困人口的剥夺得分增加相同的数量时，多维贫困人口的不平等水平
不发生改变。加法分解性：整体社会的不平等程度可以分解为组内和组间两个部分。组内均值独立性：组
内不平等程度等于子群不平等的加权平均值，且各子群的权重为各子群人口份额。

二、多维贫困人口不平等的描述性分析

表4-10的结果虽然显示了整体和各个子群的主客观多维贫困指数（MPI2）、多维贫困发生率（H）、多维贫困人口的平均剥夺强度（A）均呈下降趋势，但是各期多维贫困人口的剥夺程度具体是如何分布的呢？图4-3显示了2010年、2012年、2014年3个调查年度多维贫困人口的剥夺得分层次变化，表明在不同年份多维贫困人口的剥夺得分分布是不平等的。2010年多维贫困人口的剥夺得分分布比较分散，在30%～39.9%层次内的多维贫困人口占比为53.98%，80%～89.9%层次内多维贫困人口占比为0.07%；2014年多维贫困人口的剥夺得分分布最为集中，主要表现在30%～39.9%层次内，占比达到76.38%，最高剥夺得分层次为60%～69.9%，多维贫困人口占比仅为0.04%。

从图4-3中可以看出，3个调查年度内，多维贫困人口主要集中在30%～39.9%剥夺得分层次内，但各个年份多维贫困人口剥夺程度不平等。2010年有很少一部分多维贫困人口拥有很高的剥夺得分，存在一定比例的多维贫困人口具有极端多维贫困特征（即贫困临界值高于80%）；而2014年多维贫困人口的剥夺得分均位于70%的贫困临界值以下，且将近八成的多维贫困人口具有边缘多维贫困特征（即贫困临界值位于30%～39.9%）。因此，在考察期内，农村多维贫困人口剥夺程度逐渐降低，多维贫困人口的不平等状况得到明显改善，这意味中国农村的扶贫工作具有包容性特征。

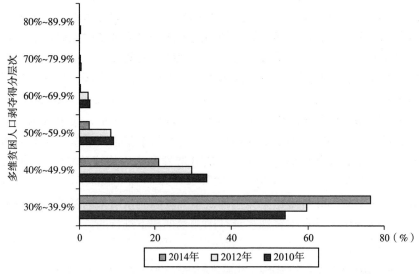

图4-3　2010年、2012年、2014年不同剥夺得分层次内多维贫困人口比例变化

资料来源：笔者根据CFPS数据测算并整理。

　　表4-11显示了东部、中部、西部和东北四个区域在3个调查年度内的剥夺强度层次变化情况，这可以从更加细化的角度来反映多维贫困剥夺得分变化，这表明各地区子群间多维贫困人口的剥夺得分分布也是不平等的。与图4-3中3个年度整体变化趋势相比，各个区域多维贫困人口也呈现向低剥夺层次集中（30%~39.9%），表明多维贫困人口的剥夺不平等程度逐渐下降，其中东部、东北地区在2014年有超过八成的多维贫困人口集中在30%~39.9%的剥夺得分层次内，具有边缘多维贫困特征。各个区域在2010年的多维贫困人口剥夺得分分布相对分散且不平等，东部、西部地区多维贫困人口的剥夺得分位于80%以下的剥夺层次内，存在小部分多维贫困人口的剥夺得分在70%~79.9%层次；而中部和东北地区还存在一定比例的多维贫困人口剥夺得分在80%~89.9%层次内，具有极端多维贫困特征。2014年东部地区、西部地区具有小部分多维贫困人口剥夺得分均位于70%以下的剥夺层次，中部和东北地区多维贫困人口的剥夺得分分布较为集中，多维贫困人口剥夺得分均位于60%以下的剥夺层次。因此，从各个区域3个年份的多维贫困人口不同剥夺层次分布变化可以看出，各区域的多维贫困剥夺不平等程度也是逐渐下降的。

表4-11　　　　　各区域在不同剥夺得分层次的多维贫困人口比例变化　　　　单位：%

区域	年份	1	2	3	4	5	6
东部	2010	62.48	28.73	6.91	1.77	0.11	
	2012	72.10	17.89	8.05	1.95		
	2014	81.20	17.06	1.55	0.19		
中部	2010	56.70	32.41	8.61	1.61	0.58	0.10
	2012	65.98	27.14	6.10	0.67	0.11	
	2014	68.40	25.97	5.63			
西部	2010	47.75	36.89	10.91	4.04	0.4	
	2012	51.81	35.19	9.65	3.34		
	2014	77.98	20.85	1.15	0.01		
东北	2010	62.66	30.32	3.41	1.67	1.27	0.67
	2012	56.87	32.55	8.11	2.47		
	2014	80.16	16.81	3.04			

　　注：1. 30%~39.9%，2. 40%~49.9%，3. 50%~59.9%，4. 60%~69.9%，5. 70%~79.9%，6. 80%~89.9%，分别表示多维贫困人口剥夺得分的层次范围。
　　资料来源：笔者计算得到。

三、基于序数数据的多维贫困不平等指数

基于序数数据，建立在 M_0 基础上的多维贫困不平等指数，包括测量贫困人口内部多重剥夺不平等（I^q）和子群间多维贫困指数差异（$I^n(c(k))$），并按照阿尔基尔和桑托斯（2013）提出的公式进行测算，分别为：

$$I^q = \frac{\tilde{\beta}}{q} \sum_{i=1}^{q} \left[c_i(k) - A \right]^2 \tag{4-3}$$

$$I^n(M_0^1, \cdots, M_0^m; \frac{n^1}{n}, \cdots, \frac{n^m}{n}, \tilde{\beta}) = \tilde{\beta} \sum_{i=1}^{m} \frac{n^l}{n}(M_0^l - M_0)^2 \tag{4-4}$$

其中，$\tilde{\beta}$ 为方差的正倍数，为了使剥夺得分介于 0 和 1，因此通常取值为 4，可以保证不平等水平介于 0 和 1；其他公式相关的字母与 AF 方法相关定义一致。I^q 反映了多维贫困人口内部的多重剥夺不平等，还可以进行子群分解，从而可以进行子群内部贫困人口的不平等对比；$I^n(c(k))$ 表示经过人口份额加权的子群间多维贫困水平不平等，反映了子群间多维贫困指数差异。根据以上两个公式进行序数数据的多维贫困不平等测量，其中 2010 年、2012 年、2014 年 3 个年度的子群间多维贫困指数差异值（$I^n(c(k))$）分别为 0.0056、0.0051、0.0009，表明考察期内，不仅整体的多维贫困指数呈现下降趋势，各区域子群也由于受到了整体多维贫困水平下降的影响，子群间多维贫困指数差异大幅缩减（Seth and Alkire, 2014）。

表 4 - 12 还计算了整体及各区域的多维贫困人口内部不平等水平（I^q）。从整体上看，2010~2014 年，整体多维贫困人口以及各区域的多维贫困人口内部不平等水平都呈下降趋势，但下降幅度并不一致。另外，在单个调查年度内，各子群内部多维贫困人口不平等水平并不相同：例如，2010 年西部地区和东北地区的中国农村多维贫困人口不平等水平一致且最高，中部次之，东部不平等水平最低；2012 年仍以西部的农村多维贫困人口不平等水平最高，中部不平等水平最低；2014 年中部多维贫困人口不平等水平最高，东北次之，东部不平等水平最低。需要注意的是，与表 4 - 7 中提到的各年份子群的 MPI2、H、A 水平变化相比，子群的不平等变化与多维贫困变化趋势是否一致？2010 年西部的多维贫困指数、多维贫困发生率和多维贫困人口平均强度均高于东北，且 2010 年子群间多维贫困指数差异水平较高，但是表 4 - 12 中 2010 年西部和东北的多维贫困人口不平等水平基本持平；2014 年中部地区的农村多维贫困状况虽然不是最严重的，但由于多维贫困人口不平等水平下降幅度最小，使中部多维贫困人口不平等水平相对最高。因此，地区之间的多维贫困水平差异并不能代表地区间多维贫困人口的不平等程度，扶贫政策在降低整体及区域多维贫困水平时，不能忽视区域

内部多维贫困人口的不平等情况。

表 4 – 12　　　　　整体及区域的主客观多维贫困人口不平等水平变化

区域	2010 年	2012 年	2014 年
整体	0.0253	0.0232	0.0098
东部	0.0209	0.0200	0.0082
中部	0.0218	0.0167	0.0124
西部	0.0288	0.0281	0.0088
东北	0.0287	0.0213	0.0104

资料来源：笔者计算得到。

第五章 中国农村多维贫困的动态研究

本章之前使用微观家庭调查数据，对中国农村多维贫困进行了测量，分析其变化特征，从整体上说明中国农村多维贫困的发生具有动态性、持续性。但是仅仅使用截面数据从静态视角关注同一时期多维贫困程度大小，或者比较静态下关注不同时期多维贫困的变化程度，还是远远不够的，我们不仅要关注多维贫困群体脱贫的能力，同时也要研究新时期政府制定的贫困识别标准和退出机制。因此，对我国农村多维贫困的研究只有建立动态差别化的测量和评估体系，才能保证退出机制的有效性和连续性，从而推动精准扶贫、精准脱贫工作的顺利进行。本章从动态角度利用面板数据，分析不同子群在不同时期脱离贫困、陷入贫困或持续贫困等动态变化特征。

第一节 中国农村多维贫困的动态测度

一、动态的子群分解方法

对中国农村多维贫困的研究不能仅停留在对样本的静态分析上，还应该从动态角度分析中国农村多维贫困群体在不同时期的持续贫困、脱离贫困、陷入贫困的变化过程。上一章我们从整体上对 2010 年、2012 年、2014 年 3 个调查年度的农村多维贫困状况进行了测量，得到了多维贫困的总体变化趋势，但是仅仅根据各年份的整体变化并不能看出中国农村多维贫困的变化具体是由哪部分因素引起的。根据之前介绍的多维贫困指数计算公式，多维贫困指数（M_0）等于多维贫困发生率（H）和多维贫困人口的平均剥夺强度（A）两部分的乘积，农村多维贫困水平的降低，到底是由于陷入多维贫困人口的减少，还是多维贫困人口自身被剥夺强度的下降呢？如何测量中国农村多维贫困发生率的变动？农村多维贫困人口平均贫困强度变动由哪部分人群的变化引起？陷入或脱离贫困的人口的剥夺得分如何影响多维贫困强度的变化？对中国农村多维贫困指数变化的贡献程度如何？多维贫困动态变化的影响因素都有哪些？本章将采用动态子群分析的思路回答这些问题。

动态子群多维贫困的分析思路是利用面板数据，对每个被调查人口陷入和脱离贫困情况进行追踪，可以将两个时间节点的被调查人口划分为四类：（1）从未多维贫困的人群，即两个时期均未陷入多维贫困，用 n^N 表示；（2）持续陷入多维贫困的人群，即在初期和末期均属于多维贫困群体，用 n^o 表示；（3）脱离多维贫困的人群，即在初期属于多维贫困人口，在末期脱离了多维贫困，用 n^{E^-} 表示；（4）陷入多维贫困的人群，即在初期不属于多维贫困人口，在末期陷入了多维贫困，用 n^{E^+} 表示（Alkire and Santos，2013；Alkire，Roche and Vaz，2015）。鉴于面板数据中整体被调查人口保持不变，初期多维贫困发生率等于持续多维贫困人口与脱离多维贫困人口之和占被调查人口总数的比例，末期多维贫困发生率等于持续多维贫困人口与陷入多维贫困人口之和占被调查人口总数的比例；末期和初期的多维贫困发生率差额等于末期多维贫困发生率减去初期多维贫困发生率，也即陷入多维贫困人口比例与脱离多维贫困人口比例的差额。如果初期未陷入多维贫困人口的比例、末期未陷入多维贫困人口的比例、末期脱离多维贫困人口的比例、初期陷入多维贫困的人口比例均等于 0，则这些子群的多维贫困指数也为 0；而在初期持续陷入多维贫困人口的比例、末期持续陷入多维贫困人口的比例、初期脱离多维贫困的人口比例、末期陷入多维贫困的人口比例均等于 100%，则这四类子群的多维贫困指数等于各子群内部多维贫困人口的平均剥夺强度。

由于面板数据中整体和动态子群的人口份额在初期和末期均保持不变，那么多维贫困指数 M_0 的总体变化可以表示为：

$$\Delta M_0 = \frac{n^o}{n}\left[M_0(x_{t2}^o) - M_0(x_{t1}^o)\right] - \frac{n^{E^-}}{n}M_0(x_{t1}^{E^-}) + \frac{n^{E^+}}{n}M_0(x_{t2}^{E^+}) \qquad (5-1)$$

其中，公式（5-1）右边包括：$\Delta M_0^o = \frac{n^o}{n}\left[M_0(x_{t2}^o) - M_0(x_{t1}^o)\right]$ 是初期和末期持续陷入多维贫困人口的平均剥夺强度差额，以持续多维贫困人口份额为权重进行加权得到；$\Delta M_0^{E^-} = \frac{n^{E^-}}{n}M_0(x_{t1}^{E^-})$ 是初期脱离多维贫困人口的平均剥夺强度变化，以脱离多维贫困人口份额为权重进行加权得到；$\Delta M_0^{E^+} = \frac{n^{E^+}}{n}M_0(x_{t2}^{E^+})$ 是末期陷入多维贫困人口的平均剥夺强度变化，以陷入多维贫困人口份额为权重进行加权得到。因此，该公式表示为：$\Delta M_0 = \Delta M_0^o - \Delta M_0^{E^-} + \Delta M_0^{E^+}$ 这三部分，可以计算各部分对整体多维贫困指数变化的贡献率。

对于政策制定者来说，不仅需要关注个别年份的多维贫困状况，还需要对不同年份的多维贫困状况进行对比分析；不仅需要关注全部样本的多维贫困状况变化，还需要对样本中的不同子群进行细致分析；不仅需要关注陷入或脱离多维贫困人口的情况，还需要关注持续多维贫困人口的情况；不仅需要关注陷入多维贫困人口所属的平均剥夺强度层次（其平均剥夺强度是属于边缘多维贫困层级，还是极端多维贫困层级，还是介于二者之间），更需要关注脱离多维贫困人口所属的平均剥夺强度层次。尤其是对于多维贫困指数没有发生变化的考察期，无法否认动态子群没有发生任何变化，可能是上一年度的多维贫困人口中存在部分人口在下一年度脱离了多维贫困，同时存在非多维贫困人口在下一年度陷入了多维贫困。因此，面板数据通过对单个个体或家庭的追踪调查，为各个动态子群的精确细致分析提供了可能。

二、动态子群下中国农村多维贫困指数变化分解

我们首先利用面板数据计算了考察期内 3 个年份中国农村多维贫困指数、多维贫困发生率和多维贫困人口平均剥夺强度，具体如表 5 - 1 所示。由表 5 - 1 可以看出，2010 年、2012 年、2014 年 3 个调查年度的农村多维贫困指数、多维贫困发生率、多维贫困人口平均剥夺强度均呈下降趋势。从各指数的下降幅度来看，多维贫困指数和多维贫困发生率的绝对下降幅度均呈缩小态势，而多维贫困人口平均剥夺强度绝对下降幅度呈上升态势，表明考察期内我国农村的多维贫困状况逐渐改善。

表 5 - 1　　　　2010 年、2012 年、2014 年多维贫困相关指数的动态变化

指标	2010 年	2012 年	变化	2012 年	2014 年	变化	2010 年	2014 年	变化
M_0	0.1358	0.0807	- 0.0551	0.0807	0.0383	- 0.0424	0.1358	0.0383	- 0.0975
H	33.33%	20.17%	- 13.16%	20.17%	10.28%	- 9.89%	33.33%	10.28%	- 23.05%
A	40.73%	40.03%	- 0.7%	40.03%	37.27%	- 2.76%	40.73%	37.27%	- 3.46%

资料来源：笔者整理得到。

表 5 - 2 计算了 2010 年、2012 年、2014 年 3 个调查年度内，两两年度对比的农村多维贫困动态子群分解情况。2010 ~ 2012 年，13.20% 的被调查人口在两个年度均为多维贫困人口，20.13% 的被调查人口在 2010 年是多维贫困人口而在 2012 年脱离多维贫困，6.97% 的被调查人口在 2010 年不是多维贫困人口而在 2012 年陷入多维贫困，59.70% 的被调查人口在 2010 年和 2012 年均未陷入多维贫困。根据公式（5 - 1）可以计算动态子群贡献率，2010 ~ 2012 年多维贫困指数下降的子群分解中，占被调查人口 13.20% 的持续多维贫困子群强度变化对多维贫困指数下降的贡献率是 5.09%，占被调查人口 6.97% 的新陷入多维贫困子

群强度变化对多维贫困指数上升的贡献率是 48.18%，占被调查人口 20.13% 的脱离多维贫困子群强度变化对多维贫困指数下降的贡献率是 143.09%；持续多维贫困子群和脱离多维贫困子群均对多维贫困指数的下降起正向作用，陷入多维贫困子群对多维贫困指数的下降起负向作用，陷入多维贫困子群和脱离多维贫困子群对多维贫困指数变化的总贡献为 94.01%；此外，脱离多维贫困子群的贡献率最高，有效地抵消了新陷入多维贫困子群对多维贫困指数变化的负向影响。

表 5 - 2　　2010 年、2012 年、2014 年多维贫困动态子群分解和贡献率对比

指标	持续贫困子群	退出贫困子群*	进入贫困子群	绝对变化
2010 ~ 2012 年多维贫困动态子群变化和贡献率				
子群人口份额	13.20%	20.13%	6.97%	- 13.16%
ΔA	- 2.13%	- 39.09%	37.99%	
ΔM_0	- 0.0028	- 0.0787	0.0265	- 0.0550
	5.09%	94.01%		100%
ΔM_0 贡献率**	- 5.09%	- 143.09%	48.18%	- 100%
2012 ~ 2014 年多维贫困动态子群变化和贡献率				
子群人口份额	5.37%	14.80%	4.91%	- 9.89%
ΔA	- 3.82%	- 39.27%	36.14%	
ΔM_0	- 0.0021	- 0.0581	0.0177	- 0.0424
	4.94%	95.06%		100%
ΔM_0 贡献率	- 4.94%	- 136.71%	41.65%	- 100%
2010 ~ 2014 年多维贫困动态子群变化和贡献率				
子群人口份额	5.98%	27.35%	4.29%	- 23.05%
ΔA	- 4.68%	- 40.31%	36.26%	
ΔM_0	- 0.0028	- 0.1102	0.0156	- 0.0974
	2.87%	97.13%		100%
ΔM_0 贡献率	- 2.87%	- 113.14%	16.02%	- 100%

注：*公式（5 - 1）中脱离多维贫困人口的符号为负，表 5 - 3 在计算脱离多维贫困平均强度变化时，已经进行了逆向化处理，因此此多维贫困指数的变化包含的三部分可以直接相加。**多维贫困指数变化各部分的贡献率分解中：经过逆向化处理，贡献率符号为负，表示导致多维贫困指数的下降，即多维贫困状况有所改善；贡献率符号为正，表示造成了多维贫困指数的上升，表示多维贫困状况的恶化。由于计算时四舍五入，表 5 - 2 中多维贫困指数绝对变化值与表 5 - 1 中多维贫困指数绝对变化数值略有差异。

资料来源：笔者整理得到。

2012～2014 年，5.37% 的被调查人口在两个年度均为多维贫困人口，14.80%
的被调查人口在 2012 年是多维贫困人口而在 2014 年脱离多维贫困，4.91% 的被
调查人口在 2012 年不是多维贫困人口而在 2014 年陷入多维贫困，74.92% 的被
调查人口在 2012 年和 2014 年均未陷入多维贫困。同样，根据公式（5－1）可以
计算出各个动态子群贡献率：

2012～2014 年多维贫困指数下降的子群分解中，占被调查人口 5.37% 的持
续多维贫困子群贫困的强度变化对多维贫困指数下降的贡献率是 4.94%，占被调
查人口 4.91% 的新陷入多维贫困子群贫困强度变化对多维贫困指数上升的贡献率
是 41.65%，占被调查人口 14.80% 的脱离多维贫困子群的贫困强度变化对多维
贫困指数下降的贡献率是 136.71%。持续多维贫困子群和脱离多维贫困子群均对
多维贫困指数的下降起正向作用，而陷入多维贫困子群对多维贫困指数的下降起
负向作用，陷入多维贫困子群和脱离多维贫困子群对多维贫困指数变化的总贡献
为 95.46%；此外，脱离多维贫困子群的贡献率最高，有效抵消了新陷入多维贫
困子群对多维贫困指数变化的负向影响。

2010～2014 年，5.98% 的被调查人口在两个年度均为多维贫困人口，27.35%
的被调查人口在 2010 年是多维贫困人口而在 2014 年脱离多维贫困，4.29% 的被
调查人口在 2010 年不是多维贫困人口而在 2014 年陷入多维贫困，63.38% 的被
调查人口在 2010 年和 2014 年均未陷入多维贫困。根据公式（5－1）可以计算动
态子群贡献率，2010～2014 年多维贫困指数下降的部分分解中，占被调查人口
5.98% 的持续多维贫困子群贫困强度变化对多维贫困指数下降的贡献率是
2.87%，占被调查人口 4.29% 的新陷入多维贫困子群贫困强度变化对多维贫困指
数上升的贡献率是 16.02%，占被调查人口 27.35% 的脱离多维贫困子群的贫困
强度变化对多维贫困指数下降的贡献率是 113.14%。持续多维贫困子群和脱离多
维贫困子群均对多维贫困指数的下降起正向作用，而陷入多维贫困子群对多维贫
困指数的下降起负向作用，陷入多维贫困子群和脱离多维贫困子群对多维贫困指
数变化的总贡献为 97.13%；此外，脱离多维贫困子群的贡献率最高，有效抵消
了新陷入多维贫困子群对多维贫困指数变化的负向影响。

从 2010～2012 年、2012～2014 年、2010～2014 年 3 个年度对比来看，持续
多维贫困子群和脱离多维贫困子群均对多维贫困指数的下降起正向作用，而陷入
多维贫困子群对多维贫困指数的下降起负向作用。持续多维贫困子群、脱离多维
贫困子群对多维贫困指数下降的贡献率为负且呈下降趋势，而陷入多维贫困子群
对多维贫困指数下降的贡献率为正且也呈下降趋势。脱离多维贫困子群的贡献率
在 3 个对比区间内均最高且超过了 110%；持续多维贫困子群的贡献率在 3 个对
比区间内较小且均不超过 6%。3 个年度对比区间内，陷入多维贫困子群和脱离
多维贫困子群对多维贫困指数变化的总贡献均超过 94%，表明多维贫困指数的

变化以陷入或脱离多维贫困人口的平均强度变化为主。由于 2010～2014 年度多维贫困指数变化是 2010～2012 年、2012～2014 年多维贫困指数变化之和，因此使得 2010～2014 年度持续多维贫困子群、脱离多维贫困子群、陷入多维贫困子群的贡献率均低于另外两个年度对比区间动态子群的贡献率（见图 5－1）。

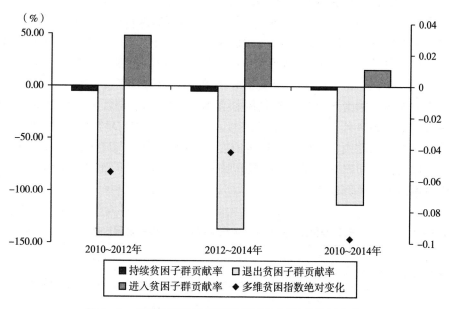

图 5－1　多维贫困动态子群贡献率和 MPI 的绝对变化

资料来源：笔者整理得到。

第二节　中国农村多维贫困人口的脱贫与返贫

一、脱离多维贫困和陷入多维贫困的子群分布

对于 2010 年的中国农村多维贫困家庭人口而言，k＝30% 时，2010～2012 年两个调查年度均处于多维贫困状况的人口比例为 39.60%，即 2010 年和 2012 年均为多维贫困的人口占 2010 年多维贫困人口的比例；在 2010 年、2012 年、2014 年 3 个调查年度内均处于多维贫困状态的比例为 11.66%，即在 2010 年、2012 年、2014 年均为多维贫困人口占 2010 年多维贫困人口的比例，这表明大多数的多维贫困人口都在 2014 年脱离了多维贫困。对于 2012 年的多维贫困人口而言，2012～2014 年两个调查年度内均处于多维贫困状况的人口比例为 26.62%，即

2012 年和 2014 年均为多维贫困的人口占 2012 年多维贫困人口的比例。这些数据表明，中国农村多维贫困状态更多地表现为暂时性多维贫困。与持续性多维贫困相比，暂时性多维贫困人群既包括在上一年度陷入多维贫困而在下一年度脱离多维贫困的人口，也包括在上一年度属于非多维贫困人口而在下一年度陷入多维贫困的人口，那么中国农村脱离多维贫困和陷入多维贫困的人口比例和分布如何呢？表 5-3 显示了不同贫困临界值①下中国农村家庭人口脱离多维贫困和陷入多维贫困的人口分布情况。以 2010～2014 年度区间为例，设定贫困临界值为 k = 30%，在 2010 年陷入多维贫困的人口中，2014 调查年度脱离多维贫困的人口比例达到 82.05%；而对于 2010 年属于非多维贫困的人口来说，2014 年度陷入多维贫困的人口比例为 6.44%。在贫困临界值 k = 40% 的情况下，在 2010 年多维贫困人口中，2014 年度脱离多维贫困的人口比例高达 93.36%；而对于 2010 年属于非多维贫困的人口来说，2014 年度陷入多维贫困的人口比例为 1.62%。因此，可以看出，随着贫困临界值的提高脱离多维贫困人口的比例逐渐增加，陷入多维贫困的人口比例逐渐减小。

表 5-3　　　　不同贫困临界值下退出多维贫困和进入多维贫困比例　　　单位：%

调查年度区间	k = 30%		k = 40%	
	退出多维贫困比例	进入多维贫困比例	退出多维贫困比例	进入多维贫困比例
2010～2012 年	60.40	10.45	71.77	4.77
2012～2014 年	73.38	6.15	85.95	1.30
2010～2014 年	82.05	6.44	93.36	1.62

注：以 2010～2012 年为例，脱离多维贫困比例为 2010 年多维贫困人口中在 2012 年脱离多维贫困的人口占比；陷入多维贫困比例为 2010 年非多维贫困人口中在 2012 年陷入多维贫困的人口占比。

资料来源：笔者整理得到。

二、陷入多维贫困的脱贫与脱离多维贫困的返贫

除了分析多维贫困动态子群的进入和退出现象，我们还可以进一步分析陷入多维贫困的群体是否能够尽快摆脱贫困，还是会陷入持续性多维贫困的陷阱？脱离多维贫困的人群是否能够长久维持非多维贫困状态，还是很容易再返回多维贫困？即分析多维贫困动态变化过程中，脱离多维贫困后返贫的情况和陷入多维贫困

---

① 由于 k = 50% 的贫困临界值下，各调查年度区间内多维贫困人口较少，因此不对 k = 50% 进行分析。

后的脱贫情况（后续仅分析贫困临界值 k = 30% 下的返贫和脱贫现象）①。（1）考虑农村贫困人口脱离多维贫困状态后下一年度陷入多维贫困的现象。对于 2010 年多维贫困人口来说，在 2012 年脱离多维贫困后，在 2014 年又陷入多维贫困的人口比例为 10.42%（满足 2010 年为多维贫困人口、2012 年为非多维贫困人口、2014 年属于多维贫困的人口占 2010 年属于多维贫困、2012 年为非多维贫困人口的比例），高于 2012 年全部非多维贫困人口在 2014 年进入多维贫困的人口比例（表 5 - 3 中的 6.15%），这从侧面说明脱离多维贫困后保持非多维贫困状态的人口比例为 89.58%。（2）考虑农村非贫困人口陷入多维贫困状态后下一年度脱离多维贫困的现象。对于 2010 年非多维贫困人口来说，在 2012 年陷入多维贫困后，在 2014 年又脱离多维贫困的比例为 78.72%（满足 2010 年为非多维贫困人群、2012 年陷入多维贫困、2014 年为非多维贫困的人口占 2010 年非多维贫困而在 2012 年为多维贫困人口的比例），高于 2012 年全部多维贫困人口在 2014 年脱离多维贫困的人口比例（表 5 - 3 中的 73.38%），这侧面说明陷入多维贫困后继续维持多维贫困的人口比例为 21.28%，表明非多维贫困人口陷入多维贫困后并在下一年度脱离多维贫困的人口比例与一直陷入多维贫困在下一年度脱离多维贫困的人口比例具有显著差异。因此，本章研究数据显示，我国农村多维贫困人口脱离多维贫困后能有约 90% 的人口可以保持非多维贫困状态，而陷入多维贫困后有约 80% 的人口可以脱离多维贫困。因此，在考察期内，不论是摆脱多维贫困后返贫，还是陷入多维贫困后脱贫，我国农村的多维贫困人群的变化还是很大的②。

三、初期多维贫困子群的脱贫质量

针对当前中国农村的脱贫现象和返贫现象共存的问题，在精准扶贫、精准脱贫的政策指导下，还需要特别研究农村多维贫困人口摆脱贫困后，是能够持续保持非多维贫困状态，还是重新陷入多维贫困。为了进一步考虑动态子群的多维贫困变动趋势，本章以贫困临界值（k = 30%）为界限，根据被调查人口的加权剥夺得分将其划分为不同的四个区间：极端非多维贫困人群（非多维贫困下距离贫

①　我们定义脱离多维贫困状态后返贫情况是计算多维贫困人口脱离多维贫困状态后下一年度重新陷入多维贫困的情形，例如，2010 年多维贫困人口在 2012 年脱离多维贫困状态但又在 2014 年重新陷入多维贫困状态，计算公式即为 2014 年脱离多维贫困人口占 2010 年多维贫困人口在 2012 年脱离多维贫困的人口比例。陷入多维贫困状态后脱贫情况是计算非多维贫困人口陷入多维贫困状态后下一年度脱离多维贫困的情形。例如，2010 年非多维贫困人口在 2012 年陷入多维贫困状态后但又在 2014 年脱离多维贫困状态，计算公式即为 2014 年脱离多维贫困人口占 2010 年的非多维贫困人口在 2012 年陷入多维贫困状态的人口比例。

②　受 CFPS 调查数据限制，仅有 2010 年、2012 年和 2014 年的追踪调查数据，无法进行更长期的返贫和脱贫情况比较，因此得到的结论有待商榷。

困临界值较远的区间，$0 \leqslant c_i(\mathrm{k}) < 20\%$）、边缘非多维贫困人群（非多维贫困下距离贫困临界值较近的区间，$20\% \leqslant c_i(\mathrm{k}) < 30\%$）、边缘多维贫困人群（多维贫困下距离贫困临界值较近的区间，$30\% \leqslant c_i(\mathrm{k}) < 40\%$）、极端多维贫困人群（多维贫困下距离贫困临界值较远的区间，$40\% \leqslant c_i(\mathrm{k}) \leqslant 100\%$），从而判断多维贫困子群动态的脱贫层次。具体解释就是，在极端非多维贫困区间内，非多维贫困子群返贫的可能性较低；在边缘非多维贫困区间内，非多维贫困子群返贫的可能性较大；在边缘多维贫困区间内，多维贫困子群脱贫的可能性较大；在极端多维贫困区间内，多维贫困子群脱贫的可能性较低。

因此，在分析多维贫困子群动态脱贫的情况下，还要考虑多维贫困子群脱贫的质量问题，也即分析多维贫困子群脱贫后进入边缘非多维贫困区间还是极端非多维贫困区间。如果多维贫困子群脱贫后进入边缘非多维贫困区间，那么该子群的非多维贫困状态相对来说就具有不稳定性，再返回多维贫困的可能性较大；如果多维贫困子群脱贫后进入极端非多维贫困区间，那么该子群的非多维贫困状态相对来说就比较稳定，能够较长期地维持非多维贫困状态。这里我们可以定义多维贫困子群脱贫质量指标，即初始期的多维贫困子群，在末期脱离贫困转移到极端非多维贫困区间和边缘非多维贫困区间的比例的比值，用公式可以表示为：多维贫困子群脱贫质量 = 多维贫困子群转移到极端非多维贫困区间的比例/多维贫困子群转移到边缘非多维贫困区间的比例。多维贫困子群脱贫质量越高，表明多维贫困子群摆脱贫困状态后转移到极端非多维贫困区间的群体的比例越高，越不容易返回多维贫困状态，能够保持非多维贫困状态。

表 5-4 显示了初始期多维贫困子群的脱贫质量对比。从整体上看，2010 年的多维贫困子群在 2014 年的脱贫质量是 0.84，其中 2010 年边缘多维贫困子群在 2014 年的脱贫质量达到 1.01，2010 年极端多维贫困子群在 2014 年的脱贫质量为 0.66，这表明相较于极端多维贫困子群而言，边缘多维贫困子群的脱贫质量更高，脱贫后更容易进入极端非多维贫困区间，更不容易重新陷入多维贫困。分年度区间看，2010~2012 年、2012~2014 年两个年度区间整体多维贫困的脱贫质量基本持平，这表明两个年度区间多维贫困子群的返贫可能性大致相同；对于 2010~2012 年、2012~2014 年两个年度区间边缘多维贫困子群来说，2012~2014 年度区间较 2010~2012 年度区间的脱贫质量更高，表明 2012 年的边缘多维贫困子群较 2010 年的边缘多维贫困子群更不容易重新陷入多维贫困；对于 2010~2012 年、2012~2014 年两个年度区间的极端多维贫困子群来说，2010~2012 年度区间较 2012~2014 年度区间的脱贫质量更高，表明 2010 年的极端多维贫困子群较 2012 年的极端多维贫困子群更不容易重新陷入多维贫困；就三类多维贫困子群来说，边缘多维贫困子群在各个年度区间内的脱贫质量最高。多维贫困子群脱贫质量的对比表明，在进行精准扶贫、精准脱贫过程中，除了关注边缘多维贫

困人口脱贫以外，还要关注极端多维贫困人口在脱贫过程中的不平等，从而使得不同类型的多维贫困人口能够共享脱贫成果。

表5-4　　　　　　初始期多维贫困子群在不同年度的脱贫质量对比

脱贫质量年份	整体多维贫困	边缘多维贫困	极端多维贫困
2010~2012年	0.59	0.66	0.46
2012~2014年	0.58	0.68	0.41
2010~2014年	0.84	1.01	0.66

资料来源：笔者整理得到。

四、多维贫困动态子群的综合识别

以上各小节中，分析了2010~2012年、2012~2014年、2010~2014年3个两两对比的调查区间内多维贫困子群的动态变化情况，但是仅仅对比两个年度的子群变化还是远远不够的，还需要考虑更加长期的多维贫困子群动态变化情况。本节将对2010年、2012年、2014年3个调查年度进行综合分析，观察面板数据中每个被调查人口在3个调查年度的多维贫困状况，并设置了不同的多维贫困临界值进行对照分析。

从表5-5可以看出，在贫困临界值k=30%时，3个调查年度内随着多维贫困出现年次的增加，被调查人口比例呈下降态势；3个调查年度均没有陷入多维贫困的人口比例为56.89%，这也从侧面反映了3个调查年度内至少陷入过一次多维贫困的人口比例为44.11%；在至少一次陷入多维贫困的人口中，仅有一次陷入多维贫困的人口的比例为59.69%（26.33%/44.11%），在2个年度或3个年度陷入多维贫困的人口比例逐渐减小。在贫困临界值k=40%时，3个调查年度内随着多维贫困出现年次的增加，被调查人口比例仍呈下降态势；3个调查年度均没有陷入多维贫困的人口比例为81.00%，反映了3个调查年度内至少有一次陷入多维贫困的人口比例为19.00%；在至少一次陷入多维贫困的人口中，仅有一次陷入多维贫困的人口的比例为74.16%（14.09%/19.00%），在2个年度或3个年度陷入多维贫困的人口比例逐渐减小。在贫困临界值k=50%时，3个调查年度内随着多维贫困出现年次的增加，被调查人口比例仍呈下降态势；3个调查年度均没有陷入多维贫困的人口比例上升至94.60%，至少陷入过一次多维贫困的人口比例为5.40%；在至少一次陷入多维贫困的人口中，仅有一次陷入多维贫困的人口的比例为87.41%（4.72%/5.40%），这一比例远远高于贫困临界值为k=30%和k=40%的比例；在2个年度或3个年度陷入多维贫困的人口比例更小。因此，在不同贫困临界值下，随着多维贫困持续出现年次的增加，发生

多维贫困年次的人口占比均呈下降趋势；随着贫困临界值的提高，各个多维贫困
发生年次内的多维贫困人口当然也是逐渐下降的；在 3 个不同贫困临界值条件
下，均有超过 55% 的人口在 3 个调查年度内从未陷入过多维贫困，而 3 个调查年
度均陷入多维贫困的人口比例很小（k = 50% 时，比例仅为 0.01%）。

表 5 - 5　　　　　不同贫困临界值下经历多维贫困次数的样本人口比例　　　　单位：%

多维贫困发生年次	k = 30%	k = 40%	k = 50%
0	56.89	81.00	94.60
1	26.33	14.09	4.72
2	12.89	4.35	0.67
3	3.89	0.56	0.01

资料来源：笔者整理得到。

第三节　动态视角下中国农村多维贫困影响因素的实证分析

一、动态视角下中国农村多维贫困分类

（一）农村整体多维贫困分类

本节的实证分析主要讨论能力视角下的多维贫困动态发生机制。动态视角下
多维贫困人口的描述性统计如表 5 - 6 所示。在贫困临界值 k = 30% 的条件下，3
个调查年度内均属于多维贫困的人口比例为 3.79%，3 个调查年度均没有陷入多
维贫困的人口比例为 57.15%；在贫困临界值 k = 40% 的条件下，3 个调查年度内
均陷入多维贫困的人口比例不足 1%，3 个调查年度均没有陷入多维贫困的样本
家庭人口比例超过 80%。两条贫困临界值下，多维贫困动态类型均以非多维贫
困为主，持续性多维贫困的占比很低。随着贫困临界值的提高，持续性多维贫困
和暂时性多维贫困状态的人口比例呈现下降趋势，而非多维贫困状态的人口比例
不断增加。对于中国农村而言，大多数家庭在经历一段时间后其多维贫困状态都
会发生改变，只有很小比例的家庭人口会一直陷入贫困状态，农村的多维贫困主
要以暂时性多维贫困为主。因此，在当前精准扶贫、精准脱贫的背景下，不仅要
从动态视角来观察多维贫困，更要多关注那些处于暂时性多维贫困状态的人群。

表 5 - 6 动态性视角下多维贫困类型分布特征

多维贫困动态类型	k = 30%		k = 40%	
	频数	占比	频数	占比
持续性多维贫困（1）	412	3.79%	46	0.42%
暂时性多维贫困（2）	4251	39.07%	2001	18.39%
从不多维贫困（3）	6218	57.15%	8834	81.19%

资料来源：笔者整理得到。

（二）暂时性多维贫困分类

动态视角下对中国农村多维贫困变化类型的分析，是按照 3 个调查年度内农村人口经历的多维贫困状况进行划分的，即 3 个年度内均属于多维贫困的情况被称为持续性多维贫困，3 个年度内均不属于多维贫困的情况被称为从不多维贫困，3 个年度内一次或者二次陷入多维贫困的情况被称为暂时性多维贫困。但是这里有一个疑问就是，对暂时性多维贫困而言，它代表了多维贫困状况的不稳定性，其在 3 个调查年度的变化并不是相同的，将暂时性贫困看作一个整体进行分析，容易忽视其内部的变化。对于本章而言，我们使用的是 CFPS 在 2010 年、2012 年、2014 年的 3 期调查数据，暂时性多维贫困的情况可以进一步细分为 6 种，但是如果样本数据扩展到 3 期以上呢？暂时性多维贫困包括的类别肯定更多。本节虽然对暂时性多维贫困进行了分类，但无意于针对每一种类别进行分析，因此并没有具体分析暂时性多维贫困中的每一种类别，而是根据暂时性多维贫困的变化特点划分为三种类型，分别为：（1）致贫型多维贫困，不考虑调查期间的变动情况，仅关注在观察初期属于非多维贫困，而在末期陷入多维贫困的现象（见图 5 - 2）；（2）波动型多维贫困，表现为初期和末期属于多维贫困（或非多维贫困），而调查期间陷入非多维贫困（或多维贫困）状态的现象（见图 5 - 3）；

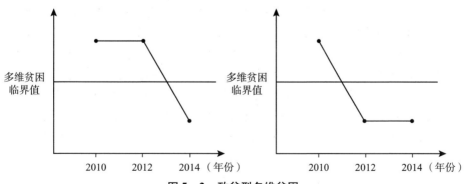

图 5 - 2 致贫型多维贫困

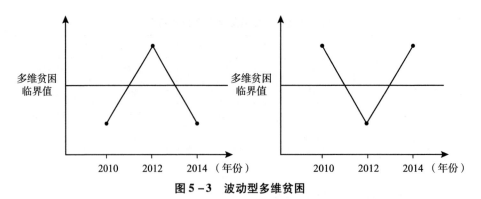

图 5 – 3　波动型多维贫困

（3）脱贫型多维贫困，表现为观察初期属于多维贫困，而在末期脱离多维贫困的现象（见图 5 – 4）。本节对暂时性多维贫困的研究框架也可以扩展到三期以上的数据，因此，研究结论具有普遍性。

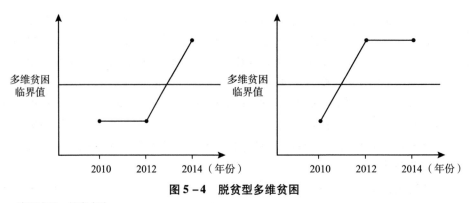

图 5 – 4　脱贫型多维贫困

资料来源：笔者自绘。

　　暂时性多维贫困的三种变化类型的分布特征如表 5 – 7 所示。在不同多维贫困临界值下，暂时性多维贫困人口中均以脱贫型多维贫困为主，人口占比接近70%；致贫型多维贫困的人口占比最小。随着贫困临界值提高，暂时性多维贫困人口中致贫型多维贫困、波动型多维贫困、脱贫型多维贫困的人口占比均出现下降，但脱贫型多维贫困和波动型多维贫困的人口占比均出现上升，致贫型多维贫困的人口占比下降明显。暂时性多维贫困类型的分布特征表明，尽管暂时性多维贫困的三种贫困类型并不一致，但仍以脱贫型多维贫困为主。结合上一节对动态多维贫困整体的考察，当前中国农村多维贫困人口以暂时性—脱贫型多维贫困为主。

表 5 - 7　　　　　　　　　　　暂时性多维贫困类型的分布特征

暂时性多维贫困类型	k = 30%		k = 40%	
	频数	占比	频数	占比
致贫型多维贫困	472	11.10%	145	7.25%
波动型多维贫困	848	19.95%	463	23.14%
脱贫型多维贫困	2931	68.95%	1393	69.62%

资料来源：笔者整理得到。

二、动态视角下中国农村整体多维贫困影响因素分析

（一）模型选择

本小节的实证分析主要对农村整体多维贫困进行分析，研究不同因素对多维贫困动态变化的影响机制。由于农村家庭所包含的多维贫困类型数目属于有序的离散型变量，因此，可以使用有序 logit 模型（Ordered Logit Model，OLM）[①] 来处理，由潜变量法推导出最大似然估计量，模型设定如下：

$$Y^* = \beta X + \varepsilon \tag{5-2}$$

其中，X 为解释变量向量，β 为待估计参数向量，ε 为随机误差向量。被解释变量 Y 为三个调查年度内农村家庭多维贫困状态，其中 1 代表持续性多维贫困家庭，2 代表暂时性多维贫困家庭，3 代表非多维贫困家庭。尽管 Y^* 无法直接观察到，但 Y 和潜在连续变量 Y^*（Latent Variable）存在如下关系：

$$Y = \begin{cases} 1, & Y^* \leqslant \mu_1 \\ 2, & \mu_1 < Y^* \leqslant \mu_2 \\ 3, & \mu_2 < Y^* \end{cases} \tag{5-3}$$

其中，μ_1、μ_2 代表切点或分界点（cut-off points），均为待估计参数。OLM 模型的条件概率分布为：

$$\begin{cases} P(Y = 1 \mid X) = F(\mu_1) \\ P(Y = 2 \mid X) = F(\mu_2) - F(\mu_1) \\ P(Y = 3 \mid X) = 1 - F(\mu_2) \end{cases} \tag{5-4}$$

其中，$F(\cdot)$ 是累积概率分布函数。在有序 logit 模型中，$\beta > 0$ 表示随着 X

[①]　本节没有选用定序的 probit 模型，主要在于其估计系数较难直接解释，且回归系数被解释为偏边际效应，对于虚拟变量的边际效应解释目前并没有特别准确和恰当的解释；此外，定序的 probit 模型也不能直接估计比例优势比（proportional odds ratio），因此本节实证模型选用定序 logit 模型（Donald J Treiman，2008）。

的增加，Y 落在定序因变量取值较大类别的概率更高；$\beta < 0$ 表示随着 X 的增加，Y 落在定序因变量取值较小类别的概率更高。β 代表模型回归系数，可以表示为在控制其他解释变量不变的情况下，连续型自变量每变化一个单位引起 Y 的对数发生比的变化；虚拟型自变量相对于参照组，引起 Y 的对数发生比的变化。

（二）变量选择

家庭多维贫困状况的影响因素，不仅受家庭自身禀赋的内部影响，还会受家庭所处外部环境的影响。需要注意的是，多维贫困概念比收入贫困（以货币来衡量）更特别。当对收入贫困进行概率建模时，与货币贫困无关的健康、教育等相关变量作为外生变量进入回归模型；但是当对多维贫困进行概率建模时，多维贫困测量指标体系中涉及了农村家庭人口在教育、健康和生活条件的状况，而这些收入贫困下的外生变量就不能直接纳入多维贫困发生率的回归模型，否则多维贫困概率模型会存在潜在内生性问题。一种解决办法是使用工具变量来代替这些收入贫困下的外生变量，难点是比较难找；另一种解决办法是限制家户解释变量的范围，使用非多维贫困指标的测量变量（人口变量）或者家户的社会经济特征变量（Alkire et al.，2015）。鉴于此，本章实证模型中解释变量的选择使用第二种解决办法，解释变量中不再考虑家庭在教育、健康、生活条件以及主观、福利方面的情况。

结合 CFPS 数据中各个指标的可得性，本章实证模型中解释变量的选择建立在相关理论的基础上，并考虑家庭禀赋特征和所处的村庄环境特征，从家庭人口特征、家庭生产经营特征、家庭资产特征、家庭社会关系特征和村庄环境特征等五个方面来进行指标选择，具体包括：家庭人口特征（人口规模、劳动力人数、户口类型、是否外出打工）、家庭生产经营特征（土地规模、土地流转、是否从事个体或私营）、家庭资产特征（家庭人均纯收入、房产拥有情况、农村有无借贷、银行借贷、民间借贷）、家庭社会关系特征（单位性质、父亲政治面貌、礼金/礼品）和村庄环境特征（区域、自然地貌、是否有高污染企业、是否属于矿区、是否属于自然灾害频发区、是否少数民族聚居区、是否有村办集体企业、当地交通条件）。各解释变量的描述性统计如表 5-8 所示。

表 5-8　　　　　　　　　　　主要解释变量的定义和统计描述

变量类型	变量	定义	均值	标准差
家庭人口特征	家庭人口规模	家庭总人口数	4.502	1.797
	劳动力人数	家庭劳动力人数（16~60 岁）	1.874	1.086
	户口类型	非农户口 = 1，农业户口 = 0	0.033	0.239
	外出打工	家庭有人外出打工 = 1，没有 = 0	0.349	0.477

续表

变量类型	变量	定义	均值	标准差
家庭生产经营特征	土地总面积	家庭集体土地面积总量（亩）	7.341	14.34
	土地流转	家庭有土地租入或租出 =1，没有 =0	0.214	0.410
	家庭经营	从事个体经营或私营企业 =1，没有 =0	0.070	0.255
家庭资产特征	人均纯收入	家庭人均纯收入（百元）	60.58	112.1
	住房拥有情况	除现住房外还有其他房产 =1，没有 =0	0.144	0.351
	家庭借贷	家庭无借贷 =1，有 =0	0.621	0.485
	银行借贷	向银行（含信用社）借贷 =1，没有 =0	0.112	0.315
	民间借贷	向亲戚/朋友等民间借贷 =1，没有 =0	0.267	0.443
家庭社会关系特征	单位性质	家庭有人在国企事业单位 =1，没有 =0	0.090	0.287
	父亲政治面貌	父亲政治面貌是中共党员 =1，其他 =0	0.102	0.302
	礼金/礼品	家庭收到礼金/礼品折合现金（百元）	10.06	33.21
村庄环境特征	东部	东部省份 =1，其他 =0	0.324	0.468
	中部	中部省份 =1，其他 =0	0.276	0.447
	西部	西部省份 =1，其他 =0	0.339	0.473
	东北	东北省份 =1，其他 =0	0.062	0.241
	平原/渔村	平原或渔村地貌 =1，其他 =0	0.337	0.473
	丘陵	丘陵地貌 =1，其他 =0	0.414	0.493
	高山/高原/草原	高山/高原/草原地貌 =1，其他 =0	0.249	0.433
	是否高污染企业	村庄有高污染企业 =1，没有 =0	0.198	0.399
	是否属于矿区	村庄属于矿区 =1，不是 =0	0.144	0.351
	是否自然灾害区	村庄是自然灾害频发区 =1，不是 =0	0.352	0.478
	是否少数民族区	村庄是少数民族聚居区 =1，不是 =0	0.174	0.379
	是否风景旅游区	村庄是风景旅游区 =1，不是 =0	0.053	0.224
	是否有集体企业	村庄有集体企业 =1，没有 =0	0.034	0.181
	交通条件	村委会到最近集镇距离（千米）	6.193	11.33

资料来源：笔者整理得到。

（三）实证分析

本节将分别在贫困临界值 k = 30%、k = 40% 下进行回归分析，研究不同因素对农村家庭动态多维贫困类型的影响机理。模型回归结果具有较高拟合度和显著性，解释变量符号基本符合预期且具有稳健性，具体如表 5 - 9 所示。

表 5 – 9　　　　　　　农村家庭动态多维贫困的有序 logit 模型估计结果

变量类型	变量	k = 30%		k = 40%	
		β	标准误	β	标准误
家庭人口特征	家庭规模	− 0.0696 ***	0.0122	− 0.0015	0.0162
	劳动力人数	0.2487 ***	0.0205	0.3748 ***	0.0280
	户口类型	− 0.3305 **	0.1081	− 0.5398 ***	0.1529
	外出打工	0.0333	0.0435	0.1155 **	0.0571
家庭生产经营特征	土地总面积	− 0.0015	0.0010	0.0046 *	0.0025
	土地流转	0.0798	0.0496	0.0474	0.0655
	家庭经营	0.2070 **	0.0861	0.6485 ***	0.1456
家庭资产特征	人均纯收入	0.0038 ***	0.0005	0.0098 ***	0.0009
	住房拥有情况	0.1356 **	0.0630	0.1370	0.0896
	家庭借贷（参照组）				
	银行借贷	0.1548 **	0.0655	− 0.0042	0.0853
	民间借贷	− 0.1673 ***	0.0464	− 0.2753 ***	0.0592
家庭社会关系特征	单位性质	0.2742 ***	0.0834	0.7290 ***	0.1465
	政治面貌	0.1887 ***	0.0679	0.3710 ***	0.0976
	礼金/礼品	− 0.0015 **	0.0007	− 0.0017 *	0.0010
村庄环境特征	东部（参照组）				
	中部	− 0.4735 ***	0.0605	− 0.4531 ***	0.0852
	西部	− 0.6763 ***	0.0618	− 0.6580 ***	0.0837
	东北	− 0.5968 ***	0.0755	− 0.4190 ***	0.1067
	平原/渔村（参照组）				
	丘陵	− 0.3424 ***	0.0520	− 0.3954 ***	0.0714
	高山/高原/草原	− 0.4432 ***	0.0594	− 0.4330 ***	0.0803
	是否高污染企业	0.0012	0.0568	0.0750	0.0779
	是否属于矿区	− 0.0793	0.0729	− 0.0922	0.0917
	是否自然灾害区	0.0135	0.0426	− 0.1405 ***	0.0540
	是否少数民族区	− 0.6484 ***	0.0633	− 0.6571 ***	0.0736
	是否风景旅游区	0.4639 ***	0.1160	0.4800 ***	0.1582
	是否有集体企业	0.3875 **	0.1520	− 0.0921	0.2066
	交通条件	− 0.0078 ***	0.0022	− 0.0101 ***	0.0024

续表

变量类型	变量	k = 30%		k = 40%	
		β	标准误	β	标准误
回归方程统计量	cut1	− 3.8638 ***		− 5.3730 ***	
	cut2	− 0.7323 ***		− 1.2138 ***	
	Log likelihood	− 8256.2613		− 4910.5813	
	Pseudo R²	0.0643		0.1041	
	LR chi² (26)	1134.58		1140.78	
	Prob > chi²	0.000		0.0000	

注：***、**、*分别代表在1%、5%、10%的显著性水平显著。

资料来源：笔者整理得到。

第一，家庭人口特征对农村家庭动态贫困类型具有显著影响。k = 30%下，家庭人口规模越大、具有非农户口，家庭陷入持续性多维贫困的概率越大，并且后者的影响效应在k = 40%下得到了进一步强化；劳动力人数越多、家庭中有人外出打工，家庭越容易成为非多维贫困家庭，前者的影响效应在k = 40%下也得到了加强。这里需要注意的是非农村户口对家庭动态多维贫困的负向影响，不利于家庭多维贫困状态的改善，可能原因在于拥有非农户口的农村家庭，无法享受国家对农村户口人群的优惠政策，因此增加了陷入持续性多维贫困的概率。

第二，家庭生产经营的各类特征对农村动态多维贫困类型的影响并不显著。仅在k = 40%下，土地面积具有显著性，土地面积越大，越有利于成为非多维贫困家庭；家庭从事个体经营或经营私营企业，成为非多维贫困家庭的概率越大，并且该影响效应在k = 40%下得到了进一步强化。

第三，家庭资产特征对农村多维贫困动态类型的影响具有差异性。人均纯收入和民间借贷均对农村动态多维贫困类型具有显著性影响，且影响效应在k = 40%下得到了加强。人均纯收入的提高在一定程度上有利于家庭成为非多维贫困家庭，本质上来看，收入水平的高低不仅仅是能力水平高低的体现，而收入的提高又会使人们将其中一部分用来提升其可行能力（教育、健康、生活条件甚至是资产建设），进一步促进人们收入的提高，这样就会形成一种良性循环，贫困问题也就更易解决（高燕，2013）；民间借贷使得家庭陷入持续性多维贫困的概率增大。在k = 30%下，拥有额外住房、家庭向银行借贷均有助于农村家庭摆脱多维贫困。民间借贷负向影响的可能解释在于，民间借贷作为非正规金融的一种，贷款方并不会对借款方的资金用途、还款期限、利息等做细化规定，借款方也往往会忽略贷款的使用风险而盲目借款，产生的后果就是不仅所借贷的资金规模有限，且借贷过程中法律程序并不完善，高额利息、毁约或诈骗案件屡见不鲜。这种非正规金融不仅不能改善农村家庭贫困状态，更可能使农村家庭由于长期资金短缺而无法摆脱贫困陷阱。

第四，家庭社会关系对农村家庭动态多维贫困类型均具有显著影响，且影响效应在 k = 40% 下得到了加强。家庭中有人在国有企事业单位工作、父亲政治面貌是党员均有利于农村家庭脱离多维贫困，增加了成为非多维贫困家庭的概率。

第五，在村庄地理环境特征中，大部分变量均具有显著性。在 k = 30% 、k = 40% 的情况下，相对于东部地区，中部、西部、东北地区均使得农村家庭陷入持续性多维贫困的概率增大；对于地貌类型来说，相对于平原地区，丘陵、高山、高原、草原等地貌使得农村家庭陷入持续性多维贫困的概率增大；相对于汉族来说，少数民族地区也使得农村家庭陷入持续性多维贫困的概率增大；村委会离最近的集镇距离越远，越不利于农村多维贫困家庭脱离持续性多维贫困状况。k = 40% 下，当地属于自然灾害频发区，加大了农村家庭陷入持续性多维贫困的概率和风险；当地是风景旅游区、有村集体企业使得农村家庭成为非多维贫困家庭的概率增大，且前者的影响效应在 k = 40% 下得到了加强。

第六章 长期视角下中国农村多维贫困测度与致贫机理

本章将继续使用中国家庭追踪调查数据（CFPS）2010 年、2012 年和 2014 年的面板数据，将 AF 多维贫困测量方法与福斯特（2009）慢性贫困测量方法结合起来，通过引入多维贫困持续时间临界值，考察在跨期变动下，中国农村长期多维贫困和偶然性多维贫困的状况，同时对长期多维贫困群体的不平等程度进行分解，并通过计量模型，发现长期多维贫困群体的致贫机理。

第一节 长期视角下多维贫困的测量方法

一、长期视角下多维贫困人口的识别方法

长期多维贫困测量[①]方法是将阿尔基尔和福斯特（2011）多维贫困测量方法和福斯特（2009）慢性贫困计数方法结合起来，因此，也涉及贫困的识别和加总步骤。区别于单一时期的 AF 多维贫困测度方法，长期多维贫困人口的识别环节共使用了三个临界值，即维度剥夺临界值、多维贫困水平临界值、长期多维贫困跨期临界值；并且在每个研究期间，对多维贫困人口的识别均使用相同的剥夺临界值和多维贫困临界值。但是加总环节有两种不同的处理方法，分别被称为长期剥夺和长期贫困。长期剥夺的加总方法是先考虑每个人在每个指标的剥夺持续期，仅计算那些经历剥夺时期数超过跨期临界值以上人口的多维贫困状况，但是这种方法不能进行时期分解，也无法显示同时遭受剥夺的情况（Alkire，Apablaza，Chakravarty，et al.，2014）；长期多维贫困的加总方法是先识别出多维贫困人口，再根据每个多维贫困人口的贫困时期数，使用跨期临界值来判断是否属于长期多维贫困人口（Alkire，Foster，Seth，et al.，2015）。同样长期视角下，阿

[①] 类似于 AF 方法，本章基于长期视角下的多维贫困测量使用的也是序数数据，不考虑基数数据情况。

尔基尔、阿帕拉扎、查克拉瓦蒂和雅罗尼茨基（Alkire，Apablaza，Chakravarty and Yalonetzky，2014）也提到了偶然性多维贫困人口的测量，与长期多维贫困人口的识别和加总的步骤一致。长期多维贫困测量方法具体步骤如下：

（一）剥夺矩阵

假设福利值矩阵由特定时期 T 下的 n 个体在 d 个维度的取值构成。$X_t^{n,d}$ 代表时点 t 下 $n \times d$ 的福利值矩阵，$X_t^{n,d}$ 中的元素 x_{ij}^t 代表时点 t 下个体 i 在维度 j 的取值，其中 $x_{ij}^t \geq 0$，$i=1,2,\cdots,n$；$j=1,2,\cdots,d$；$t=1,2,\cdots,T$；矩阵中的行向量 $x_{i\cdot}^t = (x_{i1}^t, x_{i2}^t, \cdots, x_{id}^t)$ 代表时点 t 下个体 i 在各个维度的福利值，列向量 $x_{\cdot j}^t = (x_{1j}^t, x_{2j}^t, \cdots, x_{nj}^t)$ 代表时点 t 下不同个体在维度 j 的福利值。剥夺临界值向量 $z = (z_1, z_2, \cdots, z_d)$ 在各个时点 t 是不变的，其中 $z_j > 0$，代表任一时点 t 下个体或家庭在维度 j 的剥夺临界值。因此可以定义时点 t 下的剥夺矩阵 $g^t = [g_{ij}^t]$，当 $x_{ij}^t < z_j$ 时，$g_{ij}^t = 1$，代表时点 t 下个体或家庭 i 在维度 j 被剥夺；$x_{ij}^t \geq z_j$ 时，$g_{ij}^t = 0$。可以看出，时点 t 下剥夺矩阵中的元素取值变为了 0 或 1。

（二）多维贫困人口的识别

令权重向量 $w = (w_1, w_2, \cdots, w_d)$ 在各个时点 t 是不变的，且 $\sum_{j=1}^{d} w_j = 1$，$w_j > 0$ 用来表示任一时点 t 下各个剥夺维度之间的相对重要性。因此，可以得到个体或家庭的加权剥夺得分列向量 $c^t = (c_1, c_2, \cdots, c_d)'$，其中 $c_i^t = \sum_{j=1}^{d} w_j g_{ij}^t$ 表示时点 t 下个体或家庭 i 在各个维度的加权剥夺得分。可以定义时点 t 下个体或家庭 i 是否为多维贫困人口的识别函数 $\rho^t(k)$，当 $c_i^t \geq k$ 时，$\rho_i^t(k) = 1$，反之，$\rho_i^t(k) = 0$。

（三）长期多维贫困人口的识别

定义 $Q(k)$ 代表 $n \times T$ 长期多维贫困识别矩阵，其中元素 $Q_{it}(k) = 1$ 时，表示 AF 方法（也即多维贫困临界值 k）下个体 i 在时点 t 下为多维贫困人口，否则 $Q_{it}(k) = 0$。矩阵的列向量 $Q_t(k)$ 表示不同个体在时点 t 的多维贫困状态，行向量 $Q_i(k)$ 表示个体 i 在不同时点的多维贫困状态。识别函数 $\rho_i^t(k)$ 与剥夺临界值向量 z、权重向量 w 和多维贫困临界值 k 相关。$Q(k)$ 中的每一列均可以看作是时点 t 下的识别列向量，其中个体或家庭 i 在时点 t 下为多维贫困人口时，$\rho_i^t(k) = 1$；反之，$\rho_i^t(k) = 0$。因此可以得到个体或家庭 i 多维贫困持续期的列向量 $e(k)$，其中 $e_i(k) = \sum_{t=1}^{T} Q_{it}(k)$，且 $0 \leq e_i(k) \leq T$ 表示多维贫困临界值 k 下个体或家庭 i 所经历的总贫困时期。令贫困持续期临界值为 τ，且 $0 < \tau \leq T$，可以定义个体或家

庭 i 是否为长期多维贫困人口的识别函数 $\rho(\tau)$，当 $e_i(k) \geqslant \tau$ 时，$\rho_i(\tau)=1$；当 $0 \leqslant e_i(k) < \tau$ 时，$\rho_i(\tau)=0$。另外，在非长期多维贫困人口中，还可以区分为暂时性多维贫困人口（$0 < e_i(k) < \tau$）和非多维贫困人口（$e_i(k)=0$）。

（四）删减的长期多维贫困矩阵

长期多维贫困人口识别后，根据双重识别函数 $\rho^t(k)$ 和 $\rho(\tau)$，可以定义时点 t 下的删减矩阵 $g^{0,t}(k, \tau)$ 和删减的剥夺计数向量 $c_i^t(k, \tau)$。时点 t 下如果个体 i 是长期多维贫困人口，那么该个体的剥夺状态在 $g^{0,t}(k, \tau)$ 的各个维度保持不变；反之，该个体的剥夺状态在 $g^{0,t}(k, \tau)$ 的各个维度均为 0，相当于对非多维贫困人口进行了删减。对长期多维贫困识别矩阵来说，$Q(k, \tau)$ 表示经多维贫困临界值 k 和持续期临界值 τ 删减的长期多维贫困识别矩阵，$e_i(k, \tau)$ 表示经过多维贫困临界值 k 和持续期临界值 τ 删减的长期多维贫困个体或家庭 i 所经历的总贫困时期，$\rho_i(k, \tau)$ 表示经过多维贫困临界值 k 和持续期临界值 τ 删减的长期多维贫困识别函数。

（五）偶然性多维贫困人口的识别

类似上述步骤，同样可以定义偶然性多维贫困人口的识别，即个体或家庭 i 是否为偶然性多维贫困人口的识别函数 $\rho^{tr}(\tau)$，当 $0 < e_i(k) < \tau$ 时，$\rho_i^{tr}(k, \tau)=1$，反之亦成立。根据双重识别函数 $\rho^t(k)$ 和 $\rho^{tr}(\tau)$，可以定义时点 t 下的删减矩阵 $g_{tr}^{0,t}(k, \tau)$ 和删减的剥夺计数向量 $c_i^{t, tr}(k, \tau)$。时点 t 下如果个体 i 是偶然性多维贫困人口，那么该个体的剥夺状态在 $g_{tr}^{0,t}(k, \tau)$ 的各个维度保持不变；反之，该个体在 $g_{tr}^{0,t}(k, \tau)$ 的各个维度均为 0，相当于对非偶然性多维贫困人口进行了删减。对偶然性多维贫困识别矩阵而言，$Q^{tr}(k, \tau)$ 表示经多维贫困临界值 k 和持续期临界值 τ 删减的偶然性多维贫困识别矩阵，$e_i^{tr}(k, \tau)$ 表示经过多维贫困临界值 k 和持续期临界值 τ 删减的偶然性多维贫困个体或家庭 i 所经历的总贫困时期，$\rho_i^{tr}(k, \tau)$ 表示经过多维贫困临界值 k 和持续期临界值 τ 删减的偶然性多维贫困识别函数。

二、长期视角下多维贫困人口的加总

（一）长期多维贫困人口加总

按照前面所述的长期多维贫困加总方法，在序数数据下长期多维贫困指数 M_0^C 等于长期多维贫困可调整发生率，即将所有非长期多维贫困人口删减后的剥夺矩阵（$g^{0,t}(k, \tau)$）在持续期 T 的均值，用公式可以表示为：

$$M_0^C(X; z) = \frac{1}{nT} \sum_{i=1}^{n} \sum_{j=1}^{d} \sum_{t=1}^{T} w_j g_{ij}^{0,t}(k, \tau) \tag{6-1}$$

类似于 AF 方法下多维贫困指数可以分解为多维贫困人口发生率和多维贫困人口平均剥夺强度这两部分，长期多维贫困也可以通过相关指标获得，即 $M_0^C(X; z) = H^C \times A^C \times D^C$，其中 H^C 代表长期多维贫困人口发生率（经多维贫困临界值 k 和持续期临界值 τ 删减的长期多维贫困人口比例），A^C 代表长期多维贫困人口平均剥夺强度（长期多维贫困人口在多维贫困期间的平均加权剥夺份额），D^C 代表长期多维贫困人口的平均贫困持续期（长期多维贫困人口在 T 时期内经历多维贫困的平均份额），这三部分指标用公式分别表示为：

$$H^C = \frac{1}{n} \sum_{i=1}^{n} \rho_i(k, \tau) = \frac{q^c}{n} \tag{6-2}$$

$$A^C = \frac{\sum_{i=1}^{n} \sum_{t=1}^{T} c_i^t(k, \tau)}{\sum_{i=1}^{n} \sum_{t=1}^{T} Q(k, \tau)} \tag{6-3}$$

$$D^C = \frac{\sum_{i=1}^{n} e_i(k, \tau)}{q^c \times T} \tag{6-4}$$

其中，q^c 为长期多维贫困人口，$k \leqslant A^C \leqslant 1$，$\frac{\tau}{T} \leqslant D^C \leqslant 1$。当个体福利值为基数数据时，可以得到类似于 AF 方法下的定义公式（$\alpha \geqslant 0$）：

$$M_\alpha^C(X; z) = \frac{1}{nT} \sum_{i=1}^{n} \sum_{j=1}^{d} \sum_{t=1}^{T} w_j g_{ij}^{\alpha,t}(k, \tau) \tag{6-5}$$

长期多维贫困系列指数除了满足 AF 方法下的一系列公理性的性质外，还满足一个非常重要的公理性质，即时间单调性（time monotonicity），即如果长期多维贫困人口的贫困期额外增加一个时点，则长期多维贫困水平会随之上升。

（二）偶然性多维贫困人口加总

类似于上述长期多维贫困人口加总步骤，偶然性多维贫困人口加总公式如下：

$$M_0^{tr}(X; z) = \frac{1}{nT} \sum_{i=1}^{n} \sum_{j=1}^{d} \sum_{t=1}^{T} w_j g_{ij}^{0,t;tr}(k, \tau) \tag{6-6}$$

偶然性多维贫困也能通过相关指标得到，即 $M_0^{tr}(X; z) = H^{tr} \times A^{tr} \times D^{tr}$，其中 H^{tr} 代表偶然性多维贫困人口发生率（经多维贫困临界值 k 和持续期临界值 τ 删减的偶然性多维贫困人口比例），A^{tr} 代表偶然性多维贫困人口平均剥夺强度（偶然性多维贫困人口在多维贫困期间的平均加权剥夺份额），D^{tr} 代表暂时性多维贫困人口的平均贫困持续期（偶然性多维贫困人口在 T 时期内经历多维贫困的平均份额），这三部分指标用公式分别表示为：

$$H^{tr} = \frac{1}{n} \sum_{i=1}^{n} \rho_i^{tr}(k, \tau) = \frac{q^{tr}}{n} \qquad (6-7)$$

$$A^{tr} = \frac{\sum_{i=1}^{n} \sum_{t=1}^{T} c_i^{t;tr}(k, \tau)}{\sum_{i=1}^{n} \sum_{t=1}^{T} Q^{tr}(k, \tau)} \qquad (6-8)$$

$$D^{tr} = \frac{\sum_{i=1}^{n} e_i^{tr}(k, \tau)}{q^{tr} \times T} \qquad (6-9)$$

其中，q^{tr} 为偶然性多维贫困人口。当个体福利值为基数数据时，可以得到类似于 AF 方法下的定义公式（$\alpha \geqslant 0$）：

$$M_\alpha^{tr}(X; z) = \frac{1}{nT} \sum_{i=1}^{n} \sum_{j=1}^{d} \sum_{t=1}^{T} w_j g_{ij}^{\alpha, t;tr}(k, \tau) \qquad (6-10)$$

三、长期多维贫困的相关维度指数

长期多维贫困人口识别后，可以计算各个时期内各维度的长期多维贫困发生率，以及对长期多维贫困指数的维度贡献率。$h_j^t(k, \tau)$ 表示经过多维贫困临界值 k 和持续期临界值 τ 删减的时点 t 下维度 j 的发生率，$h_j^c(k, \tau) = \frac{1}{T} \sum_{t=1}^{T} h_j^t(k, \tau)$ 表示长期多维贫困人口在 T 时间段内在维度 j 的平均删减发生率，因此长期多维贫困指数也可以表示为双重删减后的各维度发生率加权平均值，用公式表示为：

$$M_0^c = \sum_{j=1}^{d} w_j h_j^c(k, \tau) = \frac{1}{T} \sum_{j=1}^{d} \sum_{t=1}^{T} w_j h_j^t(k, \tau) \qquad (6-11)$$

因此，可以得到在 T 时间段内维度 j 对长期多维贫困的维度贡献率，用公式表示为：

$$\phi_j^c = w_j \frac{h_j^c(k, \tau)}{M_0^c} \qquad (6-12)$$

第二节　长期视角下中国农村多维贫困测量结果

一、数据选择和测量框架

面板数据可以追踪到每个家庭或个体在不同时期的表现状态。例如，使用面板数据可以区分哪些是长期多维贫困人口，哪些是暂时性多维贫困人口，从而识别哪些剥夺组合容易使个体陷入长期多维贫困陷阱；也可以分析个体在每个指标遭受剥夺的持续时间，以及个体的剥夺组合构成顺序。因此，相对于时间序列数据，使用面板数据进行多维贫困测量可以为政策制定者提供更丰富的研究方向，提高扶贫瞄准效率。本章数据同样来自中国家庭追踪调查（CFPS），由于 CFPS 调查数据并不是连续年份的数据，而是在 2010 年基线调查的基础上进行的追踪调查，2012 年、2014 年均有新家庭进入或退出。为了保证研究结果的有效性，以及样本在时间上的一致性，从而实现对每个样本的长期多维贫困进行跟踪调查，在数据处理方面，按照指标无缺失值且有效的原则对样本数据进行了筛选；为了得到 CFPS2010 年、2012 年、2014 年的农村面板数据，本章对 2010 年、2012 年、2014 年 3 个调查年度的样本个体进行跟踪，保留了三个调查年度均被调查的农村个体样本，最终的有效样本数为 13486 个（每个年度）。根据长期多维贫困（偶然性多维贫困）的测量步骤，样本的多维贫困状况是根据各年度的数据分别进行计算，并对所有调查年度样本的多维贫困状况进行综合考虑。

本章所选择的长期多维贫困分析框架如表 6 - 1 所示，与第四章的主客观多维贫困分析框架（见表 4 - 2）的区别是，除了添加了长期视角下多维贫困持续期临界值以外，其余维度、指标、权重、剥夺临界值、多维贫困临界值定义与第四章的主客观多维贫困分析框架一致。对于维度、指标的选择，则参考了 UNDP - MPI 对维度、指标、权重及临界值的界定，联合国千年发展目标（MDGs）的各个具体指标，《新纲要》提到的"三保障"（保障其义务教育、基本医疗和住房）总体目标以及样本数据约束。相较于以往大多数多维贫困研究仅涉及教育、健康和生活条件三个方面的指标，本章的长期多维贫困测量框架还涵盖了对主观福利的测量，包括客观指标和主观福利两个层面，从而使得长期多维贫困的测量更具有全面性。

表 6 - 1　　　　　　　　长期多维贫困的维度、指标、权重及临界值设定

维度	指标	剥夺临界值	权重	MDG
教育	儿童失学	家中有 6 ~ 15 岁的学龄儿童失学，取值 1	1/8	MDG2
	教育程度	家中 16 岁及以上成人教育年限均小于 6 年，取值 1	1/8	MDG2
健康	儿童死亡	家中有儿童死亡情况，取值 1	1/8	MDG4
	医疗保障	家中有成人没有任一种医疗保险，取值 1	1/8	
生活条件	清洁饮水	家庭做饭用水不是自来水、矿泉水或纯净水，取值 1	1/24	MDG7
	做饭燃料	家庭做饭燃料使用柴草、煤炭等非清洁能源，取值 1	1/24	MDG7

维度	指标	剥夺临界值	权重	MDG
生活条件	家庭用电	家庭没有通电或经常断电，取值1	1/24	
	垃圾处理	家庭垃圾处理不是通过公共垃圾桶/箱、楼房垃圾道或有专人收集，取值1	1/24	MDG7
	卫生设施	家庭使用公厕或非冲水厕所，取值1	1/24	MDG7
	家庭资产	家庭没有汽车或拖拉机，并至多有摩托车、电视机中的一种，取值1	1/24	MDG7
心理/主观福利	生活满意度	家中成人对生活满意度（1~5）均小于3，取值1	1/12	
	社会公平感	家中成人有遭遇不公正情况，取值1	1/12	
	未来信心度	家中成人对未来信心程度（1~5）均小于3，取值1	1/12	
临界值	$k = 30\%$	样本个体的多维剥夺得分≥30%		多维贫困
	$e_i(k) \geq \tau$	样本个体的多维贫困持续期≥τ		长期多维贫困
	$0 < e_i(k) < \tau$	$0 <$ 样本个体的多维贫困持续期 $< \tau$		偶然多维贫困

资料来源：笔者整理得到。

二、中国农村长期多维贫困测量结果

（一）农村整体和各个区域长期多维贫困状况

相较于静态视角下各个年份的多维贫困相关测度指标，长期多维贫困分析更侧重反映在综合考虑时间因素下，农村人口的长期剥夺联合分布情况。农村长期多维贫困测算结果表明，在多维贫困临界值 $k = 30\%$ 和不同持续期临界值（$\tau =$ 1，2，3）下，中国农村地区长期多维贫困指数（M_0^C）分别为0.0849、0.0513、0.0163，其中长期多维贫困发生率（H^C）分别为43.11%、16.78%、3.89%，长期多维贫困人口平均剥夺强度（A^C）分别为39.95%、41.09%、41.99%，长期多维贫困人口平均贫困持续期（D^C）分别为49.31%、74.39%、100%（见表6-2）。测量结果表明，随着持续期临界值的增加，农村人口长期多维贫困指数、长期多维贫困发生率呈现下降趋势，但是长期多维贫困人口的平均剥夺强度、长期多维贫困人口的平均贫困持续期呈现上升趋势。

表 6-2 不同持续期临界值下农村长期多维贫困相关指标

区域人口份额		整体	东部	中部	西部	东北
		100%	24.83%	27.85%	36.08%	11.24%
$\tau = 1$	M_0^C	0.0849	0.0544	0.0728	0.1150	0.0859
	H^C	43.11%	29.66%	38.87%	54.91%	45.45%
	A^C	39.95%	39.01%	39.49%	40.70%	39.14%
	D^C	49.31%	47.00%	47.44%	51.46%	48.28%
	区域贡献率		15.91%	23.88%	48.87%	11.37%
$\tau = 2$	M_0^C	0.0513	0.0293	0.0400	0.0759	0.0488
	H^C	16.78%	10.01%	12.91%	24.64%	16.09%
	A^C	41.09%	39.65%	40.88%	41.78%	40.13%
	D^C	74.39%	73.83%	75.81%	73.73%	75.55%
	区域贡献率		14.18%	21.72%	53.38%	10.69%
$\tau = 3$	M_0^C	0.0163	0.0090	0.0147	0.0220	0.0180
	H^C	3.89%	2.15%	3.54%	5.22%	4.29%
	A^C	41.99%	42.05%	41.47%	42.22%	42.07%
	D^C	100%	100%	100%	100%	100%
	区域贡献率		13.71%	25.12%	48.70%	12.41%

资料来源：笔者整理得到。

从各个地区子群①的长期多维贫困相关指标来看，在多维贫困临界值 k = 30% 和不同持续期临界值下（$\tau = 1$，2，3），东部、中部、西部、东北地区的农村长期多维贫困指数（M_0^C）、长期多维贫困发生率（H^C）、长期多维贫困人口平均剥夺强度（A^C）、长期多维贫困人口平均贫困持续期（D^C）与整体样本的变化趋势一致。从长期多维贫困相关指标排名来看，不同持续期临界值（$\tau = 1$，2，3）下，长期多维贫困指数（M_0^C）、长期多维贫困发生率（H^C）由高到低排名为西部地区、东北地区、中部地区、东部地区，东部地区农村长期多维贫困状况相对较好，而西部地区农村的长期多维贫困状况最严重；长期多维贫困人口的平均剥夺强度（A^C）在四个地区之间的差异并不大，均以西部地区最高；长期多维贫困人口平均贫困持续期（D^C）的排名并没有明显规律，尤其是在 $\tau = 3$ 时，各个区域的值均为 100%。

———————————

① 面板数据已经经过处理，保证了 3 个年度内样本家庭人口的区域代码一致。

表 6-2 还给出了各地区子群的长期多维贫困贡献率，而子群对整体长期多维贫困的贡献由两部分决定，即子群人口份额和子群的长期多维贫困指数，其中东部、中部、西部、东北四个地区的人口比例由高到低排名为西部、中部、东部、东北，东北地区样本人口比例最低。从表 6-2 的测量结果可以看出，不同持续期临界值下（$\tau = 1，2，3$），我国农村长期多维贫困各地区子群的贡献率排名依次为：西部、中部、东部、东北，西部对中国农村整体长期多维贫困的贡献率均在 50% 左右；而东北三省由于相对较低的人口比例，使得其对整体长期多维贫困的贡献率最低。

（二）　不同持续期临界值下中国农村长期多维贫困状况[①]

表 6-3 细致揭示了不同持续期临界值下，长期多维贫困人口各年份的指标贫困发生率变化。在多维贫困临界值 k = 30% 下，在各个持续期临界值（$\tau = 1，2$）内，2010 ~ 2014 年各个指标贫困发生率整体上均呈下降趋势，表明 2014 年相较于 2010 年长期多维贫困人口在各指标的贫困程度有所改善；但需要注意的是，$\tau = 3$ 时，2010 ~ 2014 年各指标贫困发生率的变化趋势并不一致，例如 2014 年儿童失学、儿童死亡、生活满意度、社会公平感四个指标的贫困发生率较 2010 年呈小幅上升。随着持续期临界值的增加，同一指标在同一个年份的贫困发生率也均呈现逐渐降低态势，表明随着多维贫困人口经历贫困年份的增加，在长期均遭受多维贫困的人口逐渐减少。综合持续期临界值和各个年份情况，2010 ~ 2014 年各个指标贫困发生率在 $\tau = 1$ 的降低幅度远远大于 $\tau = 3$ 时的变化幅度。从各个指标的贫困发生率来看，在不同持续期临界值下（$\tau = 1，2，3$），2010 年和 2012 年均以垃圾处理指标的贫困率最高，以儿童失学指标的贫困率最低；2014 年以卫生设施指标的贫困率最高，以教育年限指标的贫困率最低，表明中国农村在长期多维贫困各指标中存在不平衡现象但也具有共性，儿童义务教育、儿童营养健康状况、家庭用电情况在考察期内得到明显改善，在垃圾处理、卫生设施、做饭燃料、清洁饮水等生活条件维度，还需要国家在精准扶贫过程中多加以重视。

表 6-3　　　　　　　　不同时点下长期多维贫困各指标的发生率　　　　　　　单位: %

$h_j^t(k, \tau)$	$\tau = 1$			$\tau = 2$			$\tau = 3$		
	2010 年	2012 年	2014 年	2010 年	2012 年	2014 年	2010 年	2012 年	2014 年
1	3.01	2.45	1.24	1.51	1.89	0.84	0.31	0.62	0.56
2	15.32	10.06	0.50	8.65	8.30	0.30	1.96	1.74	0.13

---

① 各年份农村样本的福利值矩阵经过长期多维贫困持续期临界值删减后，在特定年份下样本人口在该指标既是多维贫困人口，又属于长期多维贫困人口的发生率。

$h_j^t(k, \tau)$	$\tau=1$			$\tau=2$			$\tau=3$		
	2010 年	2012 年	2014 年	2010 年	2012 年	2014 年	2010 年	2012 年	2014 年
3	2.50	2.13	1.74	2.02	1.96	1.59	1.04	1.14	1.17
4	20.18	8.88	6.27	8.09	5.99	4.35	2.06	1.68	1.91
5	25.14	14.47	6.67	11.89	10.73	4.88	2.98	2.98	2.52
6	29.22	16.45	8.60	14.03	12.17	6.24	3.67	3.42	3.27
7	3.73	3.03	1.23	2.54	2.47	0.87	0.89	0.94	0.65
8	31.20	18.97	8.99	14.68	13.87	6.53	3.70	3.70	3.45
9	30.36	18.29	9.20	14.07	13.64	6.68	3.63	3.74	3.57
10	16.56	11.10	4.79	9.34	8.82	3.89	2.54	2.60	2.31
11	4.47	4.29	1.52	2.37	3.06	1.30	0.69	0.79	0.74
12	24.59	12.78	8.71	10.14	8.68	6.35	2.56	2.16	3.14
13	4.25	3.40	1.39	2.31	2.41	1.15	0.65	0.65	0.61

注：序号 1~13 分别代表：1—儿童失学、2—教育年限、3—儿童死亡、4—医疗保障、5—清洁饮水、6—做饭燃料、7—家庭用电、8—垃圾处理、9—卫生设施、10—家庭资产、11—生活满意度、12—社会公平感、13—未来信心度这十三个指标。

资料来源：笔者整理得到。

（三）不同持续期临界值下中国农村长期多维贫困各指标贫困率[①]及贡献率

随着持续期临界值的增加，长期多维贫困指标的贫困发生率虽然均呈下降趋势，其中以卫生设施、垃圾处理指标的贫困程度最为突出。从表 6-4 可以看出，$\tau=1$ 时，长期多维贫困人口在垃圾处理和卫生设施两个指标的贫困发生率最高，接近 20%，表明在经历一个年份的多维贫困人口中，在这两个指标遭受剥夺的长期多维贫困人口比例达到 1/5；$\tau=2$ 时，长期多维贫困人口仍以这两个指标的贫困发生率最高，但是指标的贫困发生率下降到 10% 左右；$\tau=3$ 时，长期多维贫困人口在这两个指标的贫困发生率不超过 4%。从指标贫困率的变化可以看出，长期多维贫困下各指标的变化幅度是不均等的。垃圾处理、卫生设施、做饭燃料的绝对下降幅度维持在 14%~17%，并以垃圾处理指标的贫困率下降幅度最大；儿童失学、儿童死亡、家庭用电的绝对下降幅度在 1%~2%，并以儿童死亡指标的贫困率下降幅度最小。表明随着国家对农村贫困问题的不断关注，农村人口在长期视角下的各个指标状况都得到了较大程度的改善。

---

① 即长期多维贫困人口在各个年份指标发生率的均值。

　　表6-4还提供了各个指标对长期多维贫困指数（M_0^c）的贡献率。受各指标权重影响，不同持续期临界值下的各指标贡献率排名均以医疗保障贡献率最高，家庭用电贡献率最低，表明我国在农村电力基础设施方面的建设成效显著，但对农村人口医疗保障方面的投入明显不足，需要后续相关政策的继续关注。从维度的角度看，各维度对长期多维贫困指数（M_0^c）的贡献率等于各维度内部子指标的贡献率加总；$\tau=1$、$\tau=3$时，各维度对长期多维贫困指数的贡献率排名由高到低均为：生活条件、心理\主观福利、健康、教育；$\tau=2$时，各维度对长期多维贫困指数的贡献率排名由高到低为：生活条件、健康、心理\主观福利、教育。维度分析表明，教育维度在不同持续期临界值下的贡献率均处于最低水平，但是这并不能反映出教育资源的分配是否公平，主要体现在教育资金投入、办学条件、师资数量和水平、业余辅导班、课外体育活动类别等诸多细化方面，而这些才是真正能够体现教育质量的重要指标；不可忽视的是心理\主观福利指标较高的贡献率，其中主要以社会公平感为主，对心理\主观福利指标的贡献率占比均超过65%，较高的社会不公平感显然不利于社会和谐与稳定，因此在心理\主观福利维度方面，应该重视营造或创造公平公正的社会环境，为实现人的全面自由发展奠定良好的环境氛围；生活条件指标对长期多维贫困的贡献居于首位（各持续期临界值下的维度贡献率均超过42%），主要表现为垃圾处理、卫生设施、做饭燃料和清洁用水方面的贡献率较高，这不仅说明了农村现存的生活环境还比较恶劣，也表明了国家提出的贫困安居工程、危房改造工程、异地搬迁扶贫工程等扶贫政策具有重要的实践意义和迫切要求。

表6-4　　　　　长期多维贫困各指标平均删减发生率及贡献率　　　　　单位：%

维度	指标	长期多维贫困指标发生率 $h_j^c(k,\tau)$			长期多维贫困指标贡献率 ϕ_j^c		
		$\tau=1$	$\tau=2$	$\tau=3$	$\tau=1$	$\tau=2$	$\tau=3$
教育	儿童失学	2.23	1.41	0.49	3.28	3.44	3.79
	教育程度	8.63	5.75	1.27	12.69	14.02	9.75
健康	儿童死亡	2.12	1.85	1.12	3.12	4.52	8.56
	医疗保障	11.78	6.14	1.89	17.33	14.97	14.45
生活条件	清洁饮水	15.43	9.17	2.83	7.57	7.45	7.22
	做饭燃料	18.09	10.81	3.45	8.87	8.78	8.82
	家庭用电	2.66	1.96	0.83	1.31	1.59	2.11
	垃圾处理	19.72	11.69	3.62	9.67	9.50	9.24
	卫生设施	19.28	11.46	3.65	9.46	9.31	9.31
	家庭资产	10.82	7.35	2.49	5.31	5.97	6.35

续表

维度	指标	长期多维贫困指标发生率 $h_j^c(k, \tau)$			长期多维贫困指标贡献率 ϕ_j^c		
		$\tau = 1$	$\tau = 2$	$\tau = 3$	$\tau = 1$	$\tau = 2$	$\tau = 3$
心理/主观福利	生活满意度	3.43	2.24	0.74	3.36	3.64	3.78
	社会公平感	15.36	8.39	2.62	15.07	13.63	13.38
	未来信心度	3.01	1.96	0.64	2.96	3.18	3.24

资料来源：笔者计算得到。

第三节　中国农村长期多维贫困与不平等的致贫机理

一、模型介绍和变量描述性统计

（一）多层模型介绍

对于微观调查数据而言，样本往往来自不同的层级或单位，低层级单位或个体嵌套（Nested）在高层级单位或组群中，而同一群体的样本具有相似性，若使用常规回归方法分析个体效应，一方面往往会忽视环境效应或者群体效应，使得样本关联性越大，参数估计的误差越大，群体资料可能会掩盖群体内个体间的差异（Goldstein，1995），因此，使用常规模型可能低估标准误差；另一方面来自不同群体的变量关系不仅包括个体水平差异，还涵盖了群体效应（即组间的斜变异），增加了 I 类错误的可能性。多层模型（multilevel model）的分析方法可以在一个模型中，针对两层或多层数据进行综合分析，研究低层级和高层级之间的交互作用，对因变量中的差异进行分解来区分模型的群体效果和个体效果，系统分析不同层次自变量对因变量影响的程度（Goldstein，1995），通过对数据的聚类性质进行调节，可以纠正标准误差，改善置信区间和显著性检验，降低 I 类错误的可能性，使标准误差更为精确，得出更为符合实际的结论（Teachman and Crowder，2002；张雷等，2002）。另外，多层模型的类型包括无条件平均模型（unconditional means model）、空模型（empty model）、随机截距模型（random-intercept model）、随机截距和随机斜率模型（random-intercept and random-slope model）等。本节将利用多层模型对中国农村长期多维贫困与不平等的致贫机理进行定量分析。

由于截面数据只能研究某个时点或地点的样本特征，无法进行动态分析和判断因果关系，因此，不适合本节的方法。而面板数据作为多层结构数据的一种类型，对样本个体在不同时段内进行多次调查，可以得到多个时点或地点对同一个样本的反复调查，适合考察研究对象的动态变化和因果关系问题，解决由于无法观测而遗漏重要变量的问题，从而提高估计结果有效性。本章将利用面板数据借助多层模型考察中国农村长期多维贫困与不平等问题。一般而言，面板数据可以分为静态面板数据和动态面板数据，本章所使用的数据为 CFPS 的 2010 年、2012年、2014 年 3 期农村家庭调查的静态面板数据，其数据结构采取个体、家庭、社区（或村庄）三个层次，在使用面板数据进行回归分析时涉及 40458 个样本，$k =$ 30% 下长期多维贫困人数分别为 17442（$\tau = 1$）、6789（$\tau = 2$）、1572（$\tau = 3$）。为了分析家庭长期多维贫困发生率以及不平等水平的影响因素，对多层模型（因变量为长期多维贫困人口平均剥夺得分）进行 ICC 检验（Intra – Class Correlation Coefficient，群间相关系数），结果显示，层次变量的变异系数显著不等于 0（$\tau =$ 1 时，ICC 的取值为 21.19%），表明因变量受群体影响，应该使用多层模型。朗福德（Longford，1993）建议当第二层组数较少时宜采用固定效应模型，组数过多时可采用随机效应模型，本节将采用多层随机截距模型进行分析，暂不考虑多层随机斜率模型。

本节将采用两层回归模型进行计量分析，将村庄作为高级层次进行考察，在回归模型中将微观家庭的个体变量和宏观村庄变量联系起来，研究中国农村长期多维贫困的致贫因素，以及村庄层次的因素对因变量的影响。实证模型将分别使用多层混合 logit 模型和多层混合线性模型，对家庭长期多维贫困发生率和不平等进行实证考察，其中多层 logit 模型的因变量是家庭的长期多维贫困状况（属于长期多维贫困的取值 1，反之为 0），使用全样本的混合面板数据（$n = 40458$）；多层线性模型的因变量是长期多维贫困人口平均剥夺得分[①]，使用长期多维贫困人口的混合面板数据；两种模型除因变量不同外，解释变量均一致。鉴于此，本章的实证模型将以 $\tau = 1$ 进行回归分析，并对无层次结构的混合模型进行敏感性分析。

（二）变量描述性统计

影响家庭多维贫困状况的因素，不仅受家庭自身禀赋的影响，还会受家庭所处的外部环境的影响。结合 CFPS2010 年、2012 年、2014 年 3 期面板数据各个指标的可得性，本节实证模型中解释变量的选择建立在前文相关理论的基础上，并考虑家庭禀赋和所处村庄的环境特征来确定，从家庭人口特征、家庭生产经营特征、家庭资产特征、家庭社会关系特征和村庄特征等五个方面选择指标，具体包

---

① 本节在将长期多维贫困人口的平均被剥夺份额作为因变量进行回归时，解释变量基本都具有显著性，但解释变量系数值过于小，可能的原因在于本节样本容量差异。因此根据本章第二节的长期多维贫困各项指数计算公式，本节选择长期多维贫困人口的平均剥夺得分作为不平等的近似代表变量。

括：家庭人口特征（人口规模、劳动力人数、父亲学历水平）、家庭生产经营特征（土地流转、是否从事个体或私营）、家庭资产特征（家庭人均纯收入、房产拥有情况）、家庭社会关系特征（单位性质、社会地位）和村庄特征（村庄农业户口比例、村庄经济发展水平），相关解释变量的描述性统计如表 6-5 所示。从表中可以看出，除了包含上一章动态多维贫困类型的致贫机理分析中提到的相关变量外，本章在家庭特征变量中还加入了父亲最高学历，有助于分析父辈的能力禀赋对家庭长期多维贫困的影响。除了家庭特征变量外，重点强调了村级因素作为层次变量，考察宏观层次变量对微观层次变量的影响。

表 6-5　　　　　　　　　变量描述性统计

类别	变量	变量定义	样本量	均值	标准差	最小值	最大值
家庭特征变量	家庭规模	家庭人口总数	40458	4.6923	1.9199	1	17
	劳动力人数	家庭 16~60 岁人数	40458	1.8217	1.1378	0	8
	父亲最高学历	类别变量，参照组：文盲	36486	2.4276	1.0651	1	5
	土地流转	家庭有土地租入或出租=1	40083	0.2403	0.4272	0	1
	家庭经营	家庭从事个体或私营=1	40458	0.0816	0.2738	0	1
	人均纯收入	家庭人均纯收入（千元）	38802	7.5204	9.0469	0.0002	443.505
	住房拥有情况	除现住房外还有房产=1	40456	0.1304	0.3368	0	1
	单位性质	家庭没人在国企事业单位=1	40377	0.7407	0.4383	0	1
	社会地位	家庭社会地位高=1	31259	0.7654	0.4238	0	1
层次变量	非农户口比例	村庄非农业户口比例	40458	0.0130	0.0325	0	0.4
	村庄经济发展	村庄经济发展水平高=1	40262	0.6347	0.4815	0	1

注：（1）父亲最高学历分类：1=文盲或半文盲，2=小学，3=初中，4=高中，5=大专及以上；（2）社会地位的问卷结果为李克特量法（Likert Scale）结果，取值为 1-2-3-4-5，本节将取值在 3 以下的定义为低社会地位，赋值 0，取值为 3 及以上定义为高社会地位，赋值 1；（3）本节将农村家庭土地租入或出租都归为土地流转特征；（4）2012 年、2014 年的家庭人均纯收入数据是选择与 2010 年可比的家庭人均纯收入数据；（5）非农户口比例等于村庄内非农村户口家庭人口所占村庄全部家庭人口比例；（6）村庄经济发展状况的问卷结果也为李克特量法结果，取值为 1-2-3-4-5-6-7，本节将取值在 4 以下的定义为低经济水平，赋值 0，取值为 4 及以上的定义为高经济水平，赋值 1。

资料来源：笔者计算得到。

二、多层模型的回归结果

本节的实证模型从两个角度分析了农村家庭的长期多维贫困状况，并在每个分析角度加入了混合模型进行稳健性检验。多层模型的回归结果总体具有显著性，解释变量符号符合预期且具有稳健性（见表 6 - 6）。

表 6 - 6　　　　　长期多维贫困发生概率及不平等的影响因素分析

静态面板数据	变量	是否为长期多维贫困人口（因变量：离散型）			长期多维贫困平均剥夺得分（因变量：连续型）		
		多层 logit 模型		混合模型	多层线性模型		混合模型
		模型 1	模型 2	模型 3	模型 4	模型 5	模型 6
家庭特征变量	家庭规模	0.0866 ***	0.0858 ***	0.1182 ***	0.0007	0.0007	0.0039 ***
	劳动力人数	− 0.1936 ***	− 0.1925 ***	− 0.1075 ***	− 0.0087 ***	− 0.0085 ***	− 0.0020 **
	小学	− 0.4238 ***	− 0.4259 ***	− 0.5464 ***	− 0.0183 ***	− 0.0182 ***	− 0.0283 ***
	初中	− 0.6922 ***	− 0.6891 ***	− 0.9194 ***	− 0.0200 ***	− 0.0199 ***	− 0.0385 ***
	高中	− 0.8837 ***	− 0.8848 ***	− 1.0701 ***	− 0.0289 ***	− 0.0285 ***	− 0.0514 ***
	大专及以上	− 0.5914 ***	− 0.5912 ***	− 0.9255 ***	− 0.0392 ***	− 0.0387 ***	− 0.0465 ***
	土地流转	− 0.0856 **	− 0.0829 **	− 0.1085 ***	0.0022	0.0027	− 0.0054 **
	家庭经营	− 0.3586 ***	− 0.3471 ***	− 0.2785 ***	− 0.0151 ***	− 0.0146 ***	− 0.0167 ***
	人均纯收入	− 0.0177 ***	− 0.0170 ***	− 0.0200 ***	− 0.0008 ***	− 0.0008 ***	− 0.0009 ***
	住房拥有情况	− 0.1118 **	− 0.1115 **	− 0.2452 ***	− 0.0057	− 0.0057 *	− 0.0114 ***
	单位性质	0.1846 ***	0.1876 ***	0.2624 ***	0.0041 *	0.0044 *	0.0079 ***
	社会地位	− 0.4070 ***	− 0.3978 ***	− 0.4348 ***	− 0.0168 ***	− 0.0163 ***	− 0.0158 ***
层次变量	非农村户口比例		− 2.6447 *	− 1.4763 ***		0.0561	0.0649 *
	经济发展水平		− 0.2176 ***	− 0.3718 ***		− 0.0110 ***	− 0.0185 ***
回归统计量	截距	0.3807 ***	0.5291 ***	0.5221 ***	0.2226 ***	0.2275 ***	0.2250 ***
	控制变量	是	是	是	是	是	是
	F 统计量						70.08
	Prob > F						0.0000
	Log likelihood	− 14747.822	− 14657.043	− 16585.232	11393.91	11318.228	
	LR chi^2			2501.16			
	Wald chi^2	1039.17	1064.87		607.91	630.50	
	Prob > chi^2	0.0000	0.0000	0.0000	0.0000	0.0000	
	有效样本量	26411	26274	26274	10986	10920	10920

续表

静态面板数据	变量	是否为长期多维贫困人口（因变量：离散型）			长期多维贫困平均剥夺得分（因变量：连续型）		
		多层 logit 模型		混合模型	多层线性模型		混合模型
		模型 1	模型 2	模型 3	模型 4	模型 5	模型 6
随机效应分析	层次随机参数	1.708696	1.634721		0.0018904	0.0018403	
	层次解释能力①		11.28%			9.51%	

注：(1) ***、**、* 分别代表在1%、5%、10%的显著性水平显著。(2) 表中各个解释变量的数据为回归系数，省略了回归模型聚类标准误。(3) 多维贫困或长期多维贫困的测量单位都是家庭，因此家庭内部个体的性别、年龄、婚姻状况等均不在考虑范围内，控制变量包括家庭的民族状况、所处的省份、区域（包括东部、中部、西部和东北四个地区）和地貌（平原、丘陵、山地、高原、高山、草原、渔村等）。

资料来源：笔者计算得到。

从家庭人口特征来看，首先，家庭人口规模越大，陷入长期多维贫困的概率越大，这是由于家庭多维贫困状况受教育、健康、成员心理维度等因素的影响，需要考虑所有家庭成员的禀赋特征，家庭规模越大，受家庭个别成员较低禀赋的影响越大，越容易受个体成员多维贫困状况负向溢出效应的影响；其次，家庭劳动力人数越多，家庭脱离长期多维贫困的概率大大增加，并且随着劳动力人数的增多，长期多维贫困家庭的不平等程度也逐渐下降且非常显著。这是由于农村家庭中劳动力人数的增多，一方面扩大了家庭收入来源，使家庭可以将收入投入更多与能力相关的领域，从而缩小长期多维贫困差距；另一方面，处于劳动年龄区间的人数越多，家庭在教育、医疗等方面的支出相对于人口抚养比高的家庭要小得多，也有助于抵抗个别劳动力出现丧失劳动能力等情况时对整体家庭的冲击。最后，从父亲的教育水平来看，相对于文盲/半文盲教育程度，小学及以上教育水平均有利于当前家庭脱离长期多维贫困，而且随着教育水平的提高，长期多维贫困家庭的不平等程度显著降低，表明教育能够明显改善农村家庭的长期多维贫困差距；另外，父亲具有高的教育水平，不仅可以从事更多劳动价值高的脑力劳动，也具有更广泛的社会关系，而且对子代的能力培养也更加重视，父辈的教育水平具有明显的正向溢出效应；需要注意的是，对于农村家庭来说，在小学、初中、高中、大专及以上学历中，父亲具有高中学历对于家庭脱离长期多维贫困的影响最大，在一定程度上表明高水平学历在农村的不匹配，无法发挥更有效的作用。

从家庭生产经营特征来看，首先，土地流转能够显著降低农村家庭陷入长期

———————

① 模型的误差项包括两部分：一部分是模型不能够解释的残差方差；另一部分是层次变量对因变量的效应成分，以此来衡量层次变量对模型的解释能力。

多维贫困的可能性。土地作为农村家庭从事生产经营的主要资产，土地流转对于家庭经济状况和农业现代化水平的提高具有重要影响。农村家庭通过参与土地流转，可以将土地规模控制在合理的范围内，剩余劳动力可以外出打工或从事非农生产，不仅扩展了家庭收入来源，降低了遭受农业生产的风险，还为农村家庭可行能力的提高提供了充分条件；现代化大农场必备条件就是要求土地能够在一定范围内进行合理流转，通过建立农业合作社或者成立土地信托机构，不仅有助于农业规模化经营，还有助于抵抗市场风险。因此，现阶段在坚持农村土地集体所有制的前提下，在对土地所有权、承包权和经营权合理分置改革的基础上，积极有效推动农村土地流转是我国现代农业发展的必经之路。其次，农村家庭从事个体经营不仅有助于提高家庭自身的收入，降低陷入长期多维贫困的风险，还能有效降低多维贫困家庭的不平等水平；同时还可能通过雇佣等方式来吸纳农村剩余劳动力，进而提高农村整体脱贫致富能力；另外，农村家庭进行个体经营，不仅有助于家庭成员劳动技能的提高和生活条件的改善，而且有助于提升家庭在当地的社会地位，强化社会关系网络，增强家庭成员对生活的满意度和信心。

从家庭资产特征来看，首先，人均纯收入的提高，能够显著降低农村家庭陷入长期多维贫困的可能性，表明收入与多维贫困之间具有一定的关联性，收入的提高一定程度上有利于多维贫困状况的改善，还有利于缩小长期多维贫困不平等差距，这不仅是由于家庭收入水平的高低体现了家庭能力水平和社会地位的高低，而且收入的提高还会促使家庭将部分收入用于提升可行能力方面，例如改善子代教育环境、参加更多非学历教育、更加注重健康的生活和饮食方式、改善生活居住条件、进行更多样化的资产投资，甚至提升家庭生活满意度，从而形成一种"收入－能力"的良性循环，有利于能力水平的巩固和传递（高燕，2013）。其次，家庭额外拥有住房，能够显著降低农村家庭长期多维贫困风险，有助于降低长期多维贫困家庭的不平等水平，这是由于住房作为现代社会最重要的固定资产，在保值增值方面具有重要作用，能够增强农村家庭的抗风险能力；同时由于受中国传统历史文化的影响，买房置业是多数人的心愿，而家庭拥有额外住房显然提高了家庭的社会地位和生活幸福感。

从家庭社会关系特征来看，家庭没有成员在国有企事业单位工作，会增加农村家庭陷入长期多维贫困的风险，还会增加长期多维贫困家庭的不平等水平，不利于长期多维贫困状况的改善；家庭社会地位越高，农村家庭陷入长期多维贫困可能性越小，并且长期多维贫困家庭的不平等程度显著下降。这是由于，不论是家庭有人在国企事业单位工作，还是在当地具有较高的社会地位，在很大程度上反映了农村家庭在当地的影响力、人脉关系、社会网络关系等，是家庭综合实力的表现，有利于摆脱长期多维贫困状况。

宏观层面来看，家庭长期多维贫困与所在村庄的非农户口状况、经济发展水平具有显著的相关性，且非农村户口状况对于长期多维贫困的影响程度更大。从表6-6可以看出，多层模型不考虑层次变量的情况（模型1和模型4）与考虑层次变量的情况（模型2和模型5）相比，层次随机参数显著减小，表明村庄层次变量能够在一定程度上解释宏观方面不可观测因素对家庭陷入长期多维贫困和不平等程度的影响。表6-6最后一行给出了加入层次变量后模型的估计结果，其中在加入层次变量后，层次变量对多层模型中长期多维贫困及不平等的解释能力分别为11.28%、9.05%，分别表示村级层次变量对农村家庭长期多维贫困发生率的解释力为11.28%，长期多维贫困家庭内部的不平等程度可以被村级层次变量解释的比例为9.05%。村庄非农户口比例对农村家庭长期多维贫困的改善主要体现在，相较于农业户口家庭村庄具有非农户口的家庭往往具有较多的就业机会、较高的社会保障水平，能够获得较多的社会资源，在一定程度上有助于农村家庭长期多维贫困的改善，因此在扶贫开发过程中，应该注意新型城镇化对农村家庭贫困状况的影响，同时也应该逐步消除户籍制度对农村人口发展的限制。村庄经济发展水平也具有显著外部性，发展水平越高越能够提高家庭所处村庄的整体经济实力，从而有效增加当地在教育、医疗卫生保健、生活环境等方面的投入，有助于农村家庭脱离长期多维贫困，并且能显著降低长期多维贫困家庭的不平等差异。

从表6-6中的模型3和模型6的估计结果可以看出，在不考虑村级层次结构下，混合模型的估计结果低估了非农村户口比例对农村家庭长期多维贫困的影响程度，高估了村庄经济发展水平对农村家庭长期多维贫困和不平等的影响程度。因此，不考虑分层模型的话，混合模型的估计结果有高估或低估家庭所处村庄的层次变量影响效应的倾向，从而导致模型参数的估计结果精度不够。

第七章 精准扶贫视角下中国农村收入贫困与多维贫困

本章立足于中国农村扶贫开发中贫困人口的脱贫和退出标准，侧重分析收入贫困与多维贫困的差异性和关联性，考察双重识别标准下扶贫政策的贫困瞄准性问题，从多个方面识别异质性贫困家庭的致贫因素（土地规模、土地流转、农村借贷、家庭经营活动、地理环境和区位等因素）。这些研究有助于从根本上对贫困家庭进行扶助，降低返贫概率，从而使得贫困人口能够持久性脱贫，对于我国实现精准扶贫、精准脱贫的目标有重要借鉴意义。

第一节 中国农村收入贫困和多维贫困的统计性分析

一、收入贫困测量结果

本章的数据仍来自北京大学中国社会科学调查中心的中国家庭追踪调查（CFPS）的 2014 年度的调查数据，并按照常住人口指标无缺失值的标准进行筛选，得到样本人口数为 35919 个，样本家庭为 11360 户。本章对农村多维贫困的测量框架仍沿用之前的主客观多维贫困测度框架。

2008 年之前，中国的农村扶贫有两条贫困线，分别是绝对贫困标准和低收入标准。2008 年国家将绝对贫困标准和低收入标准合并，并根据消费价格指数将扶贫标准上调至 1196 元（简称"极端贫困标准"）。2011 年中央政府再次上调扶贫标准，以农民年人均纯收入 2300 元（2010 年不变价）作为新的国家扶贫标准（简称"一般贫困标准"），这一标准比 2009 年的 1196 元提高了 92.31%，有利于覆盖更多扶贫对象。本章使用这两条扶贫标准，将农村人口分为三类，分别是非收入贫困人群（一般贫困线之上的人口）、一般收入贫困人群（人均纯收入介于极端贫困线和一般贫困线的贫困人口）和极端收入贫困人群（极端贫困线下的贫困人口）。福斯特、格瑞尔和索贝克（Foster, Greer and Thorbecke, 1984）

提出的贫困测量系列指标具体公式如下：

$$FGT^{\alpha} = \frac{1}{n} \sum_{i=1}^{q} \left(\frac{z - y_i}{z} \right)^{\alpha} \quad\quad (7-1)$$

其中，z 代表贫困线，q 代表贫困人数（即 $y_i < z$），n 代表总人数，y_i 表示第 i 个人的收入水平。当 $\alpha = 0$ 时，FGT 表示贫困人口发生率；当 $\alpha = 1$ 时，FGT 为比例贫困距，用贫困人口差距来代表贫困深度；当 $\alpha = 2$ 时，FGT 即为平方贫困距，用贫困人口的不平等程度表示贫困强度。按照农村当年 CPI 进行调整，2013 年极端贫困标准和一般贫困标准分别为农村人均纯收入 1381 元和 2736 元。随着扶贫标准的提高，农村收入贫困发生率（贫困广度）、比例贫困距和平方贫困距均大幅提升（见表 7-1），其中比例贫困距（贫困深度）和平方贫困距指数（贫困强度），分别代表国家扶贫工作的资金缺口和贫困线下的贫困人口内部收入不平等情况。因此随着贫困线水平提高，贫困人口规模增大，需要投入更多的扶贫资金，同时更注重极端贫困人口的基本生活条件能否获得相应的满足。

表 7-1 　　　　　　不同收入贫困线下农村贫困指数和人均纯收入对比

指标	2013 年贫困线标准	极端收入贫困标准（1381 元）	一般收入贫困标准（2736 元）
FGT 指标	贫困发生率（广度）	13. 27%	22. 67%
	比例贫困距（深度）	7. 03%	12. 58%
	平方贫困距（强度）	4. 83%	8. 83%
人均 纯收入	1：贫困家庭均值	649	1218
	2：非贫困家庭均值	10610	11654
	3：绝对差距（2-1）	9961	10436

注：贫困标准已按照当年农村 CPI 进行调整。
资料来源：人均纯收入来自 2014 年 CFPS 数据；贫困线数据来自国家统计局网站或历年《中国农村贫困监测报告》。

从人均纯收入水平来看，极端贫困标准下，贫困家庭人均纯收入均值为 649 元，相当于极端贫困线的 46. 99%，仅占非贫困家庭人均纯收入均值水平的 6. 12%；一般贫困标准下，贫困家庭收入均值为 1218 元，相当于一般贫困标准的 44. 52%，占非贫困家庭人均纯收入的比例提升到 10. 45%。由此可以看出随着扶贫标准的提高，农村贫困家庭人均纯收入均值大幅提升，但是贫困家庭与非贫困家庭的人均纯收入的绝对差距在不断扩大（9961 元提高到 10463 元）。另外还可以看出，我国农村还存在一部分收入极低的贫困人口。图 7-1 核密度曲线左侧的"拖尾"现象说明了这个问题，如果想实现这部分人群的脱贫，仅靠国家投入更多的扶贫资金是远远不够的，还要采取更为多元的扶贫手段。

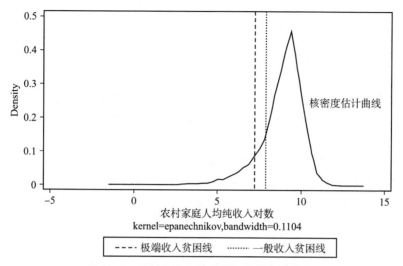

图 7 - 1　农村家庭人均纯收入的核密度分布

注：核密度曲线图表示人口收入的概率密度分布情况。横轴是收入对数，纵轴为相应收入对数出现的概率（即对数收入出现的概率分布）。

资料来源：笔者根据 2014 年 CFPS 数据自绘。

二、多维贫困测量结果

（一）单个指标的剥夺比例

表 7 - 2 展示了初始状况下农村家庭在这十三个指标的未删减剥夺比例，表明农村家庭在各个指标上遭受剥夺的情况是不均等的，其中做饭燃料、卫生设施、垃圾处理、社会公平感指标剥夺的比例均超过 50%，尤其是卫生设施指标的状况最差，其剥夺比例超过 70%。同时儿童失学、教育程度、儿童死亡、家庭用电、生活满意度、未来信心水平的指标剥夺比例较低，表明国家在农村的义务教育、医疗水平、电力基础设施建设方面投入效果显著；另外从心理主观维度指标的剥夺水平，大部分农村人口对现在及未来生活均持乐观态度，生活水平的满意度评价较高。

表 7 - 2　　　　　　2014 年农村多维贫困相关指数及区域分解

指标	整体	东部	中部	西部	东北
MPI2	0.0464	0.0309	0.0415	0.0599	0.0739
H	12.34%	8.40%	10.78%	16.00%	19.69%
A	37.61%	36.83%	38.50%	37.45%	37.55%

资料来源：笔者根据 2014 年 CFPS 数据整理。

（二）农村多维贫困状况

2014 年我国农村地区多维贫困指数（MPI2）为 0.0464（k = 30%），其中多维贫困人口的平均剥夺强度（A）为 37.61%，多维贫困发生率（H）为 12.34%，表明被调查人口中大约有近 1/8 的家庭人口处于多维贫困状态（见表 7 - 2）；略低于极端收入贫困标准下的贫困发生率；与一般收入贫困线下的贫困发生率 22.67% 相比，多维贫困发生率远低于收入贫困发生率，表明在目前国家不断上调农村扶贫标准的背景下，农村收入贫困人口覆盖面比多维贫困覆盖面更广。

多维贫困指数可以进行子群分解和维度分解，这一优点为精准扶贫中预算资金的分配提供多种思路，在贫困测度和扶贫政策制定和实施过程中，有助于进行贫困瞄准（Alkire and Santos，2010；Yu，2013）。在不同地区，农村多维贫困相关指标并不均等，其中东北地区的农村多维贫困指数和多维贫困发生率最高，中部地区的农村多维贫困平均剥夺强度最高；东部地区的三项指数均处在相对最低水平（见表 7 - 2）。农村家庭在各指标删减后的贫困发生率表明（见表 7 - 3），相较于未删减的指标剥夺比例，多维贫困标准下各指标的贫困发生率显著下降，但仍以做饭燃料、卫生设施、垃圾处理、社会公平感指标的贫困发生率最高；受权重因素影响，医疗保障指标对 MPI2 的贡献最大。

表 7 - 3　　　　　　　　**2014 年多维贫困各指标的发生率及贡献率**　　　　　　单位：%

维度	指标	指标剥夺比例	贫困发生率	指标贡献率	维度贡献率
教育	儿童失学	2.74	1.67	4.49	7.64
	教育程度	3.22	1.17	3.15	
健康	儿童死亡	4.86	2.56	6.88	28.20
	医疗保障	16.43	7.91	21.32	
生活条件	清洁饮水	44.24	7.82	7.03	41.35
	做饭燃料	51.77	9.88	8.87	
	家庭用电	5.06	1.53	1.37	
	垃圾处理	57.83	10.26	9.22	
	卫生设施	71.44	10.87	9.77	
	家庭资产	29.42	5.67	5.09	
心理/主观福利	生活满意度	2.54	1.30	2.33	22.81
	社会公平感	52.58	10.15	18.23	
	未来信心度	2.24	1.25	2.25	

资料来源：笔者根据 2014 年 CFPS 数据整理。

三、农村收入贫困与多维贫困的比较分析

（一）收入贫困与多维贫困的相关系数比较

作为贫困测量的两种不同方法，收入贫困与多维贫困是否具有一定的相关性，相关程度如何呢？本节使用斯皮尔曼秩相关系数对二者的关联性进行研究。表7-4中列示了两条收入贫困标准下（极端收入贫困标准和一般收入贫困标准）的贫困发生率与多维贫困测度中各指标贫困发生率的斯皮尔曼秩相关系数，从中可以看出：（1）多维贫困所包含的十三个指标之间相关系数差异较大，其中卫生指标与其余指标成对相关性高于其他成对指标之间的相关性，两组具有较高相关系数的指标是垃圾处理和卫生设施（0.8951），以及做饭燃料和卫生设施（0.8468），表明在当前中国农村改善卫生设施应该成为扶贫工作的重点任务。（2）两条收入贫困线下，收入贫困发生率与多维贫困各指标发生率的相关系数普遍较低，例如极端收入贫困标准、一般收入贫困标准与多维贫困各指标发生率的相关系数最高分别为0.0917、0.0830。（3）不同收入贫困标准与多维贫困四个维度的相关性存在差异：教育维度与一般收入贫困的相关系数较高；在健康维度上，一般收入贫困与儿童死亡的相关系数较高，极端收入贫困与医疗保障的相关性较高；在生活条件维度方面，相关指标与极端收入贫困的相关性较高；在主观福利维度方面，相关指标与极端收入贫困的相关系数较高。

表7-4　　　　　　　　收入贫困与多维贫困的相关系数比较

Spearman系数	极端收入	一般收入	儿童失学	教育程度	儿童死亡	医疗保障	清洁饮水
儿童失学	0.0536	0.0604					
教育程度	0.0039	0.0067	0.0426				
儿童死亡	0.0291	0.0390	0.0828	0.0061			
医疗保障	0.0566	0.0354	0.1062	0.1820	0.1301		
清洁饮水	0.0416	0.0467	0.1667	0.2394	0.2582	0.5957	
做饭燃料	0.0749	0.0760	0.3132	0.2658	0.3395	0.6750	0.6747
家庭用电	0.0622	0.0554	0.1633	0.0539	0.0621	0.1638	0.2651
垃圾处理	0.0802	0.0742	0.3037	0.2059	0.3561	0.7192	0.7113
卫生设施	0.0911	0.0830	0.2666	0.2445	0.3851	0.7417	0.6910
家庭资产	0.0917	0.0762	0.1288	0.1468	0.2563	0.4263	0.4429
生活满意度	0.0521	0.0519	0.0217	0.0203	0.0868	0.0742	0.2327

Spearman 系数	极端收入	一般收入	儿童失学	教育程度	儿童死亡	医疗保障	清洁饮水
社会公平感	0.0530	0.0419	0.2194	0.2022	0.3567	0.7298	0.6900
未来信心度	0.0558	0.0522	0.0366	0.0274	0.0827	0.0651	0.1969

Spearman 系数	做饭燃料	家庭用电	垃圾处理	卫生设施	家庭资产	生活满意度	社会公平感
儿童失学							
教育程度							
儿童死亡							
医疗保障							
清洁饮水							
做饭燃料							
家庭用电	0.2783						
垃圾处理	0.8348	0.2774					
卫生设施	0.8468	0.2659	0.8951				
家庭资产	0.5249	0.2964	0.5183	0.5710			
生活满意度	0.2772	0.1041	0.2211	0.2733	0.2596		
社会公平感	0.8073	0.2398	0.8260	0.8459	0.4696	0.2171	
未来信心度	0.2397	0.0968	0.2201	0.2601	0.3001	0.5121	0.1806

注：表中的斯皮尔曼相关系数均在 95% 的置信水平上显著。
资料来源：笔者根据 2014 年 CFPS 数据整理。

（二）收入贫困标准下三类人群的多维贫困指标发生率比较

表 7-5 展示了根据两条收入贫困标准划分的三类人群，即非收入贫困人群（一般贫困线之上的人口）、一般收入贫困人群（介于极端贫困线和一般贫困线的贫困人口）和极端收入贫困人群（极端贫困线下的贫困人口），从多维贫困各指标的贫困发生率可以看出：（1）除儿童死亡指标外，极端收入贫困人群在各指标的贫困状况最严峻，非贫困人群的各指标贫困发生率相对最低，表明多维贫困状况与收入具有一定的相关性；（2）三类人群中，贫困发生率相对较高的指标均为卫生设施、垃圾处理、做饭燃料，表明农村整体的多维贫困主要表现在这三个方面，农村卫生设施、居家的生活条件需要得到进一步改善；（3）非收入贫困人群在某些指标的贫困发生率也比较高，教育程度和医疗保障的贫困发生率略高于一般收入贫困人群，表明收入标准识别的贫困和多维标准识别的贫困有一定的差异，非收入贫困人群中很可能存在一定数量的多维贫困人口。

表7-5 收入贫困线下不同人群在多维贫困各指标的发生率比较 单位：%

指标	极端收入贫困人群	一般收入贫困人群	非收入贫困人群
儿童失学	3.57	3.05	1.17
教育程度	1.34	0.93	1.17
儿童死亡	3.36	4.28	2.21
医疗保障	13.57	6.81	7.07
清洁饮水	12.48	9.60	6.81
做饭燃料	16.35	13.45	8.33
家庭用电	3.77	2.02	1.09
垃圾处理	18.12	12.52	8.64
卫生设施	19.37	13.63	9.08
家庭资产	13.38	5.44	4.38
生活满意度	2.54	1.88	1.01
社会公平感	15.00	10.68	9.25
未来信心度	2.54	1.80	0.96

资料来源：笔者根据2014年CFPS数据整理。

（三）收入贫困标准与多维贫困标准的瞄准效果比较

根据收入贫困和多维贫困的交叉列联表，可以看出二者对农村贫困家庭人口的识别存在差异（见表7-6）。以一般收入贫困标准为例，收入贫困与多维贫困联合标准下同时识别为贫困人口和非贫困人口的比例分别为4.08%和69.08%，重合率为73.16%（极端收入贫困标准下的识别重合率为79.85%），表明收入贫困标准和多维贫困标准对家庭人口的识别并不具有一致性。另外，我们可将农村被调查家庭分为四类：非贫困家庭（既不是收入贫困家庭又不是多维贫困家庭）、单一收入贫困家庭（属于收入贫困家庭但不是多维贫困家庭）、单一多维贫困家庭（属于多维贫困家庭但不是收入贫困家庭）、双贫困家庭（既是收入贫困家庭又是多维贫困家庭）。表7-6中，单一收入贫困家庭、单一多维贫困家庭分别代表误差类型Ⅰ（包容型）和误差类型Ⅱ（排除型），代表收入贫困与多维贫困两种识别标准的不匹配程度，可以分别解释为：以收入作为贫困测度手段瞄准多维贫困人口时，收入贫困家庭中存在一定比例的非多维贫困家庭，这部分非多维贫困家庭人口却被包含在收入贫困内（误差类型Ⅰ）；而非收入贫困家庭中存在一定比例的多维贫困家庭，这部分多维贫困人口却不能被收入贫困测量所识别（误差类型Ⅱ）。收入贫困标准测度下识别各组家庭的条件概率，可以看出非收入贫困人口中多维贫困人口出现的概率大约为10.67%（排除型误差），收入贫困人口中非多维贫困人口出现的概率为81.96%（包容型误差），这从侧面说明了收入贫困测量不能完全替代多维贫困测量，目前仅以收入作为扶贫瞄准的唯一手段具有一定的局限性（郭建宇、吴国宝，2012；Wang et al.，2016）。

表7-6　　　　　　　　　收入贫困与多维贫困的列联表分析　　　　　　单位：%

不同贫困标准的家庭人口比例		多维贫困标准（k=30%）		
		非多维贫困家庭	多维贫困家庭	总计
一般收入贫困标准（2736元）	非收入贫困家庭	69.08	8.25	77.33
	收入贫困家庭	18.58	4.08	22.67
极端收入贫困标准（1381元）	非收入贫困家庭	77.12	9.61	86.73
	收入贫困家庭	10.54	2.73	13.27

资料来源：笔者根据2014年CFPS数据整理。

第二节　中国农村收入贫困与多维贫困家庭的致贫因素比较

一、模型介绍和描述性统计

在上述分析框架下，本节着重分析单一收入贫困家庭（包容型误差）和单一多维贫困家庭（排除型误差）的致贫机理，并采用logit模型来对比这两类贫困家庭的致贫因素，因变量分别为单一收入贫困家庭（贫困=1，非贫困=0）、单一多维贫困家庭（贫困=1，非贫困=0）的虚拟变量；自变量为影响农村家庭贫困状况的因素，主要包括以下几个方面：家庭人口特征（人口规模、劳动力人数、户口类别）、家庭生产经营特征（土地是否流转、是否从事个体或私营）、家庭资本特征（房产拥有情况、农村家庭金融产品类别[1]）、家庭社会关系特征（单位性质、社会地位）和村庄环境特征（区域、自然地貌、是否有高污染企业、是否属于矿区、是否遭遇过自然灾害[2]、是否少数民族聚居区、是否执行低保政策、当地交通条件、基层民主政治）等。各解释变量的描述性统计如表7-7所示。

---

[1]　金融产品类别包括：股票、基金、国债、信托产品、外汇产品、其他金融资产（期货、期权等）。

[2]　自然灾害类型包含：旱灾、洪涝、森林火灾、冻害/雹灾、台风/风暴潮、滑坡/泥石流、农林病虫害、地震、传染病等。

表 7 - 7　　　　　　　　　　　主要解释变量的定义和统计描述

变量类型	变量	定义	均值	标准差
家庭人口特征	家庭人口规模	家庭总人口数	4.778	2.047
	劳动力人数	家庭劳动力人数（16~60岁）	2.416	1.459
	户口类型	非农户口=1，农业户口=0	0.059	0.236
家庭生产经营特征	土地流转	家庭有土地租入或出租=1，没有=0	0.275	0.446
	家庭经营	从事个体经营或私营=1，没有=0	0.086	0.281
家庭资产特征	住房拥有情况	除现住房外还有其他房产=1，没有=0	0.151	0.358
	金融产品	您家有金融产品=1，没有=0	0.007	0.083
家庭社会关系特征	单位性质	家庭有人在国企事业单位工作=1，没有=0	0.131	0.337
	社会地位	家庭社会地位由低到高：1-2-3-4-5	3.196	0.960
村庄环境特征	区域	东部=1，中部=2，西部=3，东北=4	2.150	0.945
	地貌	平原/渔村=1，丘陵=2，高山/高原/草原=3	1.845	0.779
	是否高污染企业	村庄有高污染企业=1，没有=0	0.165	0.371
	是否属于矿区	村庄属于矿区=1，不是=0	0.088	0.283
	是否有自然灾害	村庄遭遇自然灾害=1，不是=0	0.828	0.378
	是否少数民族区	村庄是少数民族聚居区=1，不是=0	0.172	0.377
	是否执行低保	村庄执行低保政策=1，没有=0	0.989	0.105
	医疗卫生条件	村医疗点的医疗卫生人员数（人）	3.453	8.777
	当地交通条件	村委会到最近集镇距离（千米）	4.582	8.338
	基层民主政治	村庄参加投票选民的比例（%）	79.25	17.26

资料来源：笔者整理得到。

按照各个家庭类型划分的相关变量描述性统计如表 7 - 8 所示。

表 7 - 8　　　　　一般收入贫困和多维贫困标准下四种家庭类型的描述性分析

变量类型	变量	非贫困家庭	单一收入贫困家庭	单一多维贫困家庭	双贫困家庭
家庭人口特征	家庭人口规模	4.744 (1.966)	4.617 (2.051)	5.157 (2.275)	5.316 (2.640)
	劳动力人数	2.481 (1.399)	2.168 (1.534)	2.493 (1.537)	2.296 (1.776)
	户口类型	0.067 (0.250)	0.289 (0.167)	0.074 (0.262)	0.030 (0.171)
家庭生产经营特征	土地流转	0.281 (0.450)	0.256 (0.437)	0.286 (0.452)	0.229 (0.420)
	家庭经营	0.087 (0.281)	0.117 (0.322)	0.030 (0.172)	0.047 (0.213)

续表

变量类型	变量	非贫困家庭	单一收入贫困家庭	单一多维贫困家庭	双贫困家庭
家庭资产特征	住房拥有情况	0.167（0.373）	0.114（0.318）	0.143（0.350）	0.073（0.260）
	金融产品	0.009（0.093）	0.005（0.072）	—	—
家庭社会关系特征	单位性质	0.165（0.372）	0.026（0.160）	0.130（0.337）	0.019（0.137）
	社会地位	3.240（0.929）	3.175（1.004）	3.028（0.981）	2.837（1.123）
村庄环境特征	区域	2.079（0.947）	2.226（0.897）	2.387（1.002）	2.514（0.823）
	地貌	1.779（0.758）	1.953（0.807）	1.950（0.786）	2.256（0.775）
	是否高污染企业	0.188（0.391）	0.121（0.327）	0.104（0.305）	0.087（0.283）
	是否属于矿区	0.079（0.269）	0.077（0.267）	0.161（0.368）	0.151（0.358）
	是否有自然灾害	0.821（0.383）	0.858（0.349）	0.851（0.356）	0.747（0.435）
	是否少数民族区	0.140（0.347）	0.234（0.423）	0.181（0.385）	0.431（0.495）
	是否执行低保	0.990（0.099）	0.984（0.124）	0.996（0.061）	0.973（0.163）
	医疗卫生条件	3.459（8.135）	3.213（6.291）	3.880（15.42）	3.735（13.16）
	当地交通条件	4.356（8.257）	4.643（7.244）	6.206（11.97）	5.016（4.911）
	基层民主政治	80.17（17.22）	77.80（16.90）	76.54（18.31）	75.44（15.90）

注：（1）括号内标准差；（2）需要知道的是，在进行解释变量统计分析时，多维贫困家庭（涵盖单一多维贫困家庭、双贫困家庭）没有金融产品，故均值和标准差为 0 省略。

资料来源：笔者整理得到。

二、异质性农村贫困家庭的影响因素分析

本节以一般收入贫困和多维贫困为研究标准，对比分析单一收入贫困家庭、单一多维贫困家庭的致贫机理，模型检验结果显示，具有较高的拟合度和总体显著性，解释变量符号基本符合预期且具有稳健性（见表 7 - 9），由此我们可以得到如下一些观察。

表 7 - 9　　　　　　　　　收入贫困家庭和多维贫困家庭的影响因素

变量类型	变量	单一收入贫困家庭		单一多维贫困家庭	
		估计系数	标准误	估计系数	标准误
家庭人口特征	家庭规模	−0.0107	（0.0159）	0.142 ***	（0.0216）
	劳动力人数	−0.1238 ***	（0.0219）	−0.0382	（0.0300）
	户口类型	−0.7227 ***	（0.1626）	0.447 ***	（0.1479）

续表

变量类型	变量	单一收入贫困家庭		单一多维贫困家庭	
		估计系数	标准误	估计系数	标准误
家庭生产经营特征	土地流转	- 0.2144 ***	(0.0589)	0.102	(0.0797)
	家庭经营	0.8449 ***	(0.0863)	- 1.194 ***	(0.2078)
家庭资本特征	住房拥有情况	- 0.3897 ***	(0.0832)	0.0378	(0.1086)
	金融产品	- 0.2759	(0.5447)	—	—
家庭社会关系特征	单位性质	- 1.7922 ***	(0.1530)	- 0.0015	(0.1138)
	社会地位	0.0003	(0.0260)	- 0.159 ***	(0.0370)
村庄地理环境特征	中部	- 0.0209	(0.0738)	- 0.0963	(0.1088)
	西部	0.3364 ***	(0.0755)	0.3056 ***	(0.1099)
	东北	- 0.6630 ***	(0.1100)	0.6639 ***	(0.1257)
	丘陵	0.0182	(0.0633)	- 0.0658	(0.0889)
	高山/高原/草原	0.0545	(0.0774)	- 0.0270	(0.1127)
	是否高污染企业	- 0.2255 ***	(0.0822)	- 0.2737 **	(0.1171)
	是否属于矿区	- 0.1957 *	(0.1053)	0.7891 ***	(0.1208)
	是否有自然灾害	- 0.1373 *	(0.0790)	0.0960	(0.1107)
	是否少数民族区	0.2214 ***	(0.0833)	- 0.4870 ***	(0.1312)
	是否执行低保	- 0.1626	(0.4698)	- 1.7444 ***	(0.3932)
	医疗卫生条件	- 0.0091	(0.0067)	- 0.0212 **	(0.0091)
	当地交通条件	0.0067 *	(0.0039)	0.0135 ***	(0.0037)
	基层民主政治	- 0.0037 **	(0.0019)	- 0.0042	(0.0028)
回归统计量	常数项	- 0.4526		- 0.668	
	Log likelihood	- 4912.9935		- 2902.7944	
	Pseudo R^2	0.0635		0.0394	
	LR chi^2 (22)	666.47		238.05	
	Prob > chi^2	0.0000		0.0000	

注：（1） ***、**、* 分别代表在1%、5%、10%的显著性水平显著，括号内数字为标准误。（2）单一多维贫困家庭无金融产品，因此这个指标是没有数值的；本章实证将此指标删除得到的回归结果中，其他指标系数值略有改变，但是正/负符号和显著性并没有发生改变，这侧面也说明了本章的实证分析结果具有稳健性。

资料来源：笔者整理得到。

第一，家庭人口特征对于两类贫困家庭的影响具有明显差异。多维贫困家庭主要受教育、健康和家庭生活环境影响，以及家庭成员在心理/主观福利方面的影响，家庭规模越大，需要考虑的各个家庭成员情况越复杂，越不利于多维贫困家庭摆脱困境；多维贫困家庭受户口类型影响显著，相较于农业户口，农村地区具有非农户口的人口并不能享受农业户籍人口的特殊政策待遇，反而不利于摆脱多维贫困。劳动力人数和非农村户口对收入贫困家庭具有显著负向影响，劳动力人数越多，家庭收入来源就越广泛，越有利于农村家庭摆脱收入贫困；区别于多维贫困家庭在户口方面的影响，对于收入贫困家庭来说，具有非农户口的家庭相较于农业户口家庭往往具有较多的就业机会、较高的社会保障水平，能够获得较多的社会资源，在一定程度上有助于农村家庭收入贫困的改善。因此在精准扶贫开发过程中，应该注意新型城镇化对农村家庭贫困状况的影响，同时也应该逐步消除户籍制度农村人口发展的限制。

第二，土地作为农村家庭的固有资产，能够为家庭带来收入，对于家庭的生产经营状况具有重要影响。农村家庭的收入来源主要包括工资性收入、经营性收入（非农经营和农业经营）、财产性收入、转移性收入等方面，农村土地流转可以促进农村土地规模化经营和提高土地使用效率，从而增加农村家庭的财产性收入，有助于收入贫困家庭摆脱贫困。农村家庭从事个体经营或经营私人企业对收入贫困家庭和多维贫困家庭具有相反的显著影响。农村家庭由于从事个体经营或经营私人企业占用时间长，对劳动力和生产资料前期投入大，并易于遭受市场风险的不利影响，家庭经营性收入波动大，进而不利于收入贫困家庭状况的改善。另外，家庭由于从事个体经营或经营私人企业，不仅有助于家庭成员劳动技能的提高和生活条件的改善，而且有助于提升家庭在当地的影响力，增强家庭成员对生活的满意度和信心水平，进而有利于摆脱多维贫困。因此，在现阶段土地集体所有的制度背景下，积极做好土地确权登记工作，为土地所有权、承包权和经营权的合理分置奠定基础，可以有效推动农村土地流转，促进农村土地规模化经营和提升土地使用效率，进而提高农村家庭的财产性收入。通过参与土地流转，家庭可以将土地规模控制在合理的范围内，剩余的劳动力和劳动资料可以从事非农生产，不仅拓展了家庭收入来源，还有助于分散农村家庭遭受农业生产的风险。

第三，家庭拥有额外住房对农村收入贫困家庭具有显著负向影响。家庭拥有自住房且除自住房外还有房产，对于农村家庭的作用不言而喻。房子作为农村家庭最重要的固定资产，在当前房价持续上涨背景下，不仅具有资产保值增值的功能，还有助于家庭抵抗外来风险的冲击。另外，在农村地区家庭拥有额外住房具有一定的附带作用，在子代教育、婚姻选择方面都具有相对优势。在对 CFPS2014 年筛选的调查数据中，单一多维贫困家庭没有任何其他金融产品，如股票、基金、国债、信托产品、外汇产品、期货、期权等。金融产品具有两面性，既有巨大的风险性，但同时又能带来很大的收益。对于农村收入贫困家庭来说，仅有少数家庭具有金融产品，因此回归结果并不显著。

第四，家庭社会关系特征对农村收入贫困家庭和多维贫困家庭的影响具有显著差异。相对于经营私营企业或从事个体经营而言，家庭有人在国企事业单位工作，对于收入贫困家庭具有显著负向影响，有利于收入贫困家庭摆脱贫困。一方面表明国企事业单位的工资性收入更高、福利待遇更好；另一方面由于在国企事业单位工作的社会关系网更广泛，对收入提高具有正向溢出效用。农村家庭社会地位很大程度上反映了家庭在当地的影响力、人脉关系、社会网络等，是家庭综合能力的表现，有利于摆脱多维贫困。

第五，就农村家庭所在的村庄地理环境而言，所涵盖的指标非常广泛，包括地理区位、地貌特征、是否存在高污染企业、矿产资源、自然灾害、少数民族、低保政策、医疗条件、交通条件、基层民主等方面，对于农村收入贫困家庭和多维贫困家庭的影响具有差异性。（1）农村家庭位于西部地区，受自然地理环境、社会服务、公共设施等限制，不利于两类家庭脱贫。近年来国家对于东北地区经济发展愈发重视，东北地区在自然环境和农业水平方面具有比较优势，地理资源非常丰富，有利于收入贫困家庭提高农业收入；但是东北地区存在的一个主要问题就是人才流失严重，这不仅会直接影响当地教育水平，还间接影响创新等正向效应的溢出，不利于多维贫困家庭脱贫。（2）地方存在高污染性企业有利于收入贫困家庭和多维贫困家庭脱贫。一方面，此类企业也往往会通过高收入来吸引当地农民就业；另一方面，这些高污染企业由于缺乏必要的环保设备或者偷排漏放，企业利润得到提高，当地在此类企业工作的农民工资水平也会随之提高，当地政府税收也会增加，对于农村家庭来说，收入水平短期内会得到改善；同时这些企业采用的生产技术和生产方式，对于农村家庭也具有一定的正外部性，有利于农村家庭成员能力水平的提高。但是值得注意的是，这种脱贫手段并不值得提倡。地方高污染性企业虽然有利于两类家庭脱贫，但是以牺牲环境和地区人口健康水平为代价，虽然短期内脱贫效果明显，却忽视了对环境的保护，对于长期可持续发展是不利的，属于短视的脱贫手段。因此，在当前的精准扶贫背景下，产业扶贫应该具有长远眼光，不应该仅以简单地完成脱贫目标为根本目的，而应该选择绿色环保可持续的扶贫方式，注重贫困人口的未来发展。（3）村庄所属地区为矿产资源区，在企业进行合法开采后，当地人可以得到企业雇用，或者参与矿产资源的初加工或深加工，均有助于农村家庭收入水平的提高；但是矿产开采过程中，可能会出现企业不重视环境保护或者劳动力健康问题，还可能会出现经济条件不好的家庭成员过早投入劳动，放弃接受教育，而这些问题均不利于多维贫困家庭的脱贫。（4）村庄过去三年曾出现过自然灾害情形（旱灾、洪涝、森林火灾、冻害/雹灾、台风/风暴潮、滑坡/泥石流、农林病虫害、地震、传染病等），均会直接危害农村家庭的生命财产安全，出现因灾致贫的现象；但是农村收入贫困家庭在该指标的回归系数为负，可能的解释在于国家对于灾前预警投入和灾后重建投入，包括改善当地的生产生活环境、危房改造、易地扶贫搬迁、提高农业再保险等政策，不但在一定程度上可以弥补农村家庭遭受的损失，还有助于增强贫困人口的抗风险能力。（5）如果村庄所在地区属于少数民族聚居区，可能受少数民族地区传统影响，外出打工比例并不高，因此不利于收入贫困家庭脱贫；但受益于国家近年来对少数民族地区的大力扶持，包括普及义务教育、改善基础设施建设、提高公共服务水平等，均有助于多维贫困家庭脱贫。（6）低保政策能显著促进多维贫困家庭脱贫，在于生活水平极低的农村贫困家庭人口在得到最低生活保障后，能有效改善生活条件，增强对生活的信心。（7）当地医疗卫生条件对于多维贫困家庭具有显著负向影响，村庄医疗卫生人员数目越多，农村人口的疾病就越能够得到及时治疗，不仅农村人口健康状况能得到及时有效的改善，而且也能更好地参与生产工作提高收入，有助于摆脱收入贫困和多维贫困。因此，扩展基层医疗机构，提高农村的医疗服务能力和水平，健全农村三级医疗卫生服务体系，加大医疗精准扶贫力度，从而有效解决农村人口看病难、看病贵以及因病致贫等问题。（8）距离最近集镇越远，收入贫困家庭和多维贫困家庭脱贫难度越大。距离中心城镇越远，农村人口参与市场化活动的难度越大，导致收入来源相对比较单一；家庭中孩子接受教育的机会成本越高，孩子会选择辍学或者外出打工，从而越不利于农村人口教育素质的提高。因此，在当前精准扶贫背景下，改善落后地区居住生活环境、进行危房改造、推进异地扶贫搬迁、加快道路等基础设施建设等，均有助于地区收入和能力水平的提高。（9）基层民主的发展是必然趋势，通过促进农村合格选民参与投票等政治活动，提高其参与意识、政治意识和法制意识，有助于增强农村人口对自身权益的维护，进而在参与式扶贫过程中，能够有效利用扶贫资金，更好地改善收入水平。

随着贫困研究的不断深入，贫困的内涵和类型不断拓展。新时期，国家扶贫开发的工作目标是实现2020年现有标准下农村贫困人口全部脱贫，而实现的基础在于对贫困家庭人口的识别和致贫因素的研究。结合"两不愁，三保障"总体扶贫目标和贫困退出机制要求，收入贫困和多维贫困作为贫困的两个不同表现形式，既有差异性也有相关性，有效地将二者结合起来，可以为未来的扶贫工作指出明确的方向，有利于建立健全扶贫对象识别机制，并根据不同贫困类型和致贫因素制定差异化的扶贫手段，进而实现减贫目标、增强扶贫对象的稳定脱贫能力。

第三篇 中国城镇居民多维贫困状况及影响因素

在本篇中，我们关注的重点是如何建立起相应的多维贫困测度体系来衡量中国城镇居民的多维贫困水平，并通过比较收入贫困与多维贫困两种不同评估方法所得结果来进一步展示多维贫困与收入贫困之间复杂的关系，最后落脚点为系统地考察中国城镇居民多维贫困状况形成的内在原因与机理，分析影响中国城镇居民陷入贫困的具体因素，为进一步完善扶贫政策，提高我国扶贫工作的质量提供参考和建议。

第八章根据中国实际情况，构建相应的城镇多维贫困测度指标体系，用 A-F 方法估算了 2010~2014 年中国城镇居民多维贫困状况，基本结论是：在考察期内我国城镇居民多维贫困状况正在逐年好转。而从区域分布来看，西部、东北地区城镇居民多维贫困程度高于东中部地区。同时从户籍分解来看，我国城镇多维贫困人口中，农村户籍人员多维贫困问题更加严重。通过指标分解可以看出，整体上多维贫困的构成主要还是由于教育资源分配不均与生活保障制度不健全导致的。

第九章根据收入标准、多维标准将城镇贫困人口划分为城镇收入贫困和城镇多维贫困。从贫困发生率来看，城镇收入贫困与多维贫困的发生率相近，但同时满足两个标准的交叉贫困人口较少，因此仅依靠收入标准进行扶贫时，将难以惠及大量多维贫困人口。从贫困分布来看，中西部地区的收入贫困发生率较高，而东部地区的多维贫困人口数量较多。东部较大规模城市，例如北京、天津、上海等多维贫困人口数量多于绝对贫困人口数量，贫困发展方向由收入贫困向多维方向转变；中西部地区大部分省份收入贫困问题更为严重；东北地区处于多维贫困与收入贫困共存的阶段。因此，我国城镇扶贫任务应做到有的放矢，对于经济发展水平相对落后的地区，应该以收入扶贫项目为主，如扩大最低生活保障覆盖范围，预防相对贫困人口跌入绝对贫困人口行列；对于经济较为发达地区，要更加重视多维贫困人口的扶贫工作，除提高此类人口的收入外，从多维角度提高此类贫困人口的可行能力是扶贫主要目标。

第十章从两方面探讨了城镇居民多维贫困形成的原因，分别为个人及家庭层面的微观因素、国家政策、经济的宏观因素。具体来看，一方面重点关注微观层面上个人和家庭因素对多维贫困人口的影响；另一方面从宏观经济因素方面分析了城镇化率、人均 GDP、失业率、消费者价格指数、收入分配差距以及老龄化程度等因素对各地区城镇多维贫困程度的影响。最后展开了关于多维可行性能力因素对收入贫困影响的讨论。

第八章 中国城镇居民多维贫困的测度及分解

本章从选取多维贫困测度指标入手，逐步建立符合中国城镇实际情况的城镇居民多维贫困测度指标体系，在该体系标准下测量我国城镇居民多维贫困发生率以及多维贫困深度，大体勾勒出中国城镇多维贫困全貌。随后将多维贫困指数进行分解，从地区、户籍角度考察健康、教育及生活维度及各项二级指标对多维贫困指数的贡献率。通过对多维贫困的测量与分解，概括出多维贫困群体的现状，为后面两类贫困群体间的比较和致贫原因分析等做铺垫。

第一节 中国城镇居民多维贫困测度指标体系构建

一、中国城镇居民多维贫困测度指标选取依据

为了符合规范性并满足城镇扶贫工作的现实需要，本书在选取城镇居民多维贫困测度指标时主要依据三个方面：首先指标符合阿玛蒂亚·森能力贫困理论的主要思想，重在体现个人可行性能力的缺失；其次，结合我国城镇居民生活的现实情况，注重指标选取的城乡差异；最后，根据微观调查数据的可得性进行严格筛选。具体选择依据如下：

第一，中国城镇居民多维贫困测度指标的选择将符合阿玛蒂亚·森能力贫困的理念。在消除可行性能力贫困方面，阿玛蒂亚·森提出了要提高人民的政治、经济、文化自由。这里的自由是指人民公平享有参与消费、生产或交换的机会，比如一个人拥有劳动力、知识、土地和资本等资源，政府应减少对个人经济活动的束缚、限制和干预，并创造条件保证市场经济的高效运转，保证个人取得能力和资源的自由。虽然我国政府为保证人民的自由提供了良好的制度安排，但依然存在一些问题，例如九年义务教育政策普遍提高了我国人力资本水平，然而由于部分城市对于农村流动人口子女的入学条件限制苛刻，导致儿童入学困难或遭受

歧视，更有部分打工子女提早辍学走向社会，这部分家庭子女在教育水平和未来发展方面受到了剥夺，因此教育维度是多维可行性能力测量的重要标准之一。森还提出了，要提高人民的社会平等机会，医疗保健、教育资源等方面的制度安排会影响个人享受更好生活的实质自由，应保证信息公开性、透明性；还要增强社会保障，对于收入低下的人、老年人、残疾人以及遭受到天灾人祸的人，救济和救助活动是保护人们可行能力的重要保障。因此，健康及生活保障作为可行性能力的主要代表性维度，被我们纳入城镇居民多维贫困测度范围之中。

第二，指标选取符合中国城镇地区实际情况。首先，指标选取考虑城乡差异。在我国，对于多维贫困的测量大多从全国范围开展，然后进行城乡分解，其指标体系的构建多数倾向于适用农村地区，如方迎风（2012）从人力资本、环境卫生、资产和收入4个维度对我国多维贫困状况进行测量，其中二级指标包括家庭是否通电、做饭燃料是否为柴草、居室周围是否有粪便等，指标设定更侧重于农村地区（方迎风，2012）。王素霞、王小林（2013）也测度了中国多维贫困，其中包含通电、燃料指标、饮用水质量和卫生间类型等指标，此类指标同样不适用于城镇地区。虽然从严格意义上来说，城镇贫困与农村贫困很难区别开来，但就整体而言，城镇贫困与农村贫困确实存在明显差异，并且城镇贫困人口所遇风险和困难是农村人口没有的。因此本书在构建我国城镇居民多维贫困测度指标时，并未纳入通电、燃料、水源等通用指标，而是将彩电、冰箱拥有量等财产指标替换为收入指标；考虑到城镇教育水平普遍高于农村地区，因此将人均教育年限指标的剥夺标准提高至九年义务教育未完成。其次，根据第六次全国人口普查数据以及第二次全国残疾人抽样调查的数据，按我国残疾人占全国总人口的比例和各类残疾人占残疾人总数的比例。推算，2010年末我国残疾人总人数8502万人。据中国残疾人联合会《2013年度中国残疾人状况及小康进程检测报告》显示，2013年度，残疾人家庭人均可支配收入为10541元，低于小康标准值4500元左右，城镇残疾人家庭人均医疗保健支出为1789.4元，是全国城镇居民家庭人均医疗保健支出的1.6倍；城镇残疾人家庭人均医疗保健支出占全部消费支出的比重为18.5%，比全国城镇居民平均水平高出12.3个百分点。由此可见，我国残疾人口数量是巨大的，拥有残疾人口家庭的平均收入水平较低，但医疗消费支出显著高于平均水平。因此，家庭成员中是否拥有残障人士对家庭的消费结构有较大影响，本书将以往多维贫困研究中常用的儿童死亡率指标（即家庭是否存在5岁以下儿童死亡情况）替换为劳动能力指标（即家庭是否存在无劳动能力人口）。最后，对于城镇地区，由于体制转轨与经济转型造成了大量失业人群，该人群构成了城市贫困的主体；制度变迁使得国家和企业包办的福利性保障被社会化保障所替代，医疗保险成为个人选择交纳范围，于是缺少医疗保险的家庭难以得到保障，很容易因病致贫或因病返贫；再者，家庭状况欠佳、社会阶层固化、社会排斥现象严重和住房条件等成为社会分化的主要指标。因此，我们将就业状况、医疗保险及住房等指标纳入城镇多维贫困测度框架，作为生活保障维度下的二级指标。

第三，符合数据的可操作性。多维贫困的指标选择很大程度上依赖于基础数据的来源与质量，牛津大学的人类发展研究中心（OPHI）在其网站介绍中也指出，之所以没有将收入纳入全球 MPI 指标体系当中，很大一部分原因在于难以取得各国的收入数据。幸运的是，我们不仅可以从 CFPS 家庭数据中获取能力维度的相关信息，还可以取得家庭收入数据，这将为我国城镇居民多维贫困的测量提供更加丰富翔实的资料。收入指标被剥夺临界值的确定则根据目前城镇最低生活保障线，若家庭人均收入低于当地城镇低保标准则判定该家庭及其成员收入指标被剥夺。当然，被剥夺成员中也包括了非城镇户籍的外地打工者，将此类人口纳入多维贫困的扶贫范围更加体现了多维扶贫理念的公平公正性。

二、中国城镇居民多维贫困指标选择及权重设计

本书遵循全球多维贫困指数（Global—MPI）的设计框架，以教育、健康、生活三大维度为主体框架，在教育维度中，选取家庭人均教育年限与儿童失学率为其代表性二级指标。其中，教育年限指标的被剥夺条件为家庭内部家庭中 15 岁以上的家庭成员均未完成 9 年的学业；儿童失学指标的被剥夺条件为家庭中有 6~16 岁的儿童未接受义务教育。

在健康维度中，采用儿童与老人的营养健康水平和家庭劳动力健康状况作为二级指标，指标被剥夺条件为家庭中 5 岁以下的儿童（weight for age）Z 值低于（或高于）国际通用标准[1]，或 70 岁以上老人 BMI 值低于正常标准[2]则视为营养状况指标被剥夺；如果家庭内部有成员丧失劳动力则该家庭劳动能力指标被剥夺。

在生活水平维度中，除选取住房情况，还选取了与生活保障相关的指标，如就业状况、医疗保险等。指标被剥夺条件为，家庭人均收入位于低保线以下，则收入指标被剥夺；如果家庭主要劳动力半年内存在非自愿失业情况，则就业指标被剥夺；如果家庭所有成员未参加医疗保险，则医疗保障指标被剥夺；如果家庭存在住房困难情况或居住棚户区，则居住指标被剥夺。

在权重的选择方面，我们沿袭国际通用的做法，采取等权重方法对指标赋权，在稳健性分析中，该方法已经得到验证，与采用主成分法确定权重的结果差距不大（杨晶，2014）。综上所述，本书设计的城镇居民多维贫困测度指标体系、被剥夺条件及权重的具体情况如表 8 - 1 所示。

---

① 儿童 Z 值低于 - 6 或 Z 值高于 5 被认为营养不良。http：//www.who.int/childgrowth/standards/weight_for_age/en/.

② 成人 BMI 数值低于 18.5 一般被认为营养不良。

表 8 – 1   我国城镇居民多维贫困测度指标、被剥夺条件及权重

维度	指标	被剥夺条件	权重
健康	营养状况	家庭中 5 岁以下的儿童（weight for age）Z 值低于（或高于）国际通用标准或 70 岁以上老人 BMI 值低于正常标准	1/6
	劳动能力	家庭内部有丧失劳动能力人口	1/6
教育	教育年限	家庭中 15 岁以上的家庭成员均未完成 9 年的学业	1/6
	儿童失学	家庭中有 6～16 岁的儿童未接受义务教育	1/6
生活保障	收入状况	家庭人均收入位于低保线以下	1/12
	就业状况	家庭主要劳动力半年内非自愿失业	1/12
	医疗保险	家庭所有成员未参加医疗保险	1/12
	居住情况	家庭住房困难或居住棚户区	1/12

资料来源：笔者整理得到。

第二节　中国城镇居民多维贫困基本情况

在本节中，我们将利用多维贫困测量方法对我国城镇居民多维贫困状况进行测算。首先，我们对城镇居民家庭的基本情况给出统计性的描述；然后，我们将测算城镇单维指标的被剥夺率，进而了解我国城镇居民该项指标的贫困水平；最后，识别中国城镇多维贫困人口，并计算出在不同贫困阈值下我国城镇居民多维贫困发生率、发生深度，最终得出中国城镇居民多维贫困指数 M_0。

一、中国城镇家庭特征的统计性描述

在进行城镇居民多维贫困测量之前，我们首先了解一下我国城镇居民家庭的基本情况，具体如表 8 – 2 所示。

表 8 – 2   城镇居民家庭特征的统计性描述

项目	2010 年	2012 年	2014 年
城市样本量（个）	11695	9772	12790
地区（%）			
东部	41.18	39.64	38.52
中部	23.55	24.87	24.88

续表

项目	2010 年	2012 年	2014 年
西部	12.71	12.92	16.93
东北	22.56	22.52	19.67
年龄（%）			
18 岁以下	18.14	17.67	17.37
18~40 岁	31.68	31.51	32.53
41~65 岁	39.23	39	37.62
65 岁以上	10.94	11.82	13.86
平均年龄（岁）	39.7	40.1	39.8
户籍（%）			
城镇户籍	78.33	82.91	66.73
农村户籍	21.31	16.21	32.49
家庭规模			
平均人数（人）	3.72	3.8	3.9
1 人户（%）	2.54	2.3	3.67
2~3 人户（%）	51.86	49.8	44.53
4~5 人户（%）	35.55	36.2	37.95
6 人及以上（%）	10.05	11.7	13.85
家庭总收入（元）	40478.01	62480.53	66797.66
工资性收入（元）	35984.37	38142.7	43090.9
占比（%）	88.90	61.05	64.51
经营性收入（元）	679.01	4566.29	5004.06
占比（%）	1.68	7.31	7.49
转移性收入（元）	9032.9	14240.72	13657.53
占比（%）	22.32	22.79	20.45
财产性收入（元）	894.18	1781.34	1323.15
占比（%）	2.21	2.85	1.98
家庭总支出（元）	42450.15	62482.79	73100.03
食品支出（元）	13097.86	19592.01	24451.44
占比（%）	30.85	31.36	33.45
居住支出（元）	10742.82	3918.05	8175.6

续表

项目	2010 年	2012 年	2014 年
占比（%）	25.31	6.27	11.18
医疗保健（元）	3591.03	3712.72	4649.81
占比（%）	8.46	5.94	6.36
文教娱乐（元）	4515.32	6274.21	6374.42
占比（%）	10.64	10.04	8.72
家庭设备（元）	1719.92	9273.14	7319.43
占比（%）	4.05	14.84	10.01
衣着鞋帽（元）	1861.35	3037.36	3253.38
占比（%）	4.38	4.86	4.45
交通通信（元）	1983.7	4986.18	5678.29
占比（%）	4.67	3.17	2.71

资料来源：笔者根据 2010~2014 年 CFPS 数据测算并整理。

　　本书所用数据中，城镇居民样本量均值在 10000 人左右，其中东部样本量最多，占全国 40%，西部最少，占 12%~16%，基本符合我国城镇分布现状。在年龄分布方面，大部分统计样本属于中青年，平均年龄 40 岁左右，年龄位于 18~65 岁的比例占全体城镇人口的 70% 左右。随着时间的推移，我国城镇 65 岁以上人口的比例逐渐增加，城镇老龄化问题越发突出。城镇居民中户籍分布呈现这样的特点，即农村户籍人口在城镇中流动性较大，2010 年，城镇居民中具有农村户籍的人口比例为 21.31%，2012 年该比例降至 16.21%，2014 年该比例又快速增加至 32.49%，变化率达 50% 以上，城镇化速度明显提高。从家庭规模上看，我国城镇家庭规模主要集中在每户 2~3 人，2012 年以前，小规模家庭的比例占50% 左右，然而，近年来，随着二孩政策的放开，城镇家庭规模逐步扩大，三口之家的家庭比例缩小，4~5 人户甚至 6 人户以上的家庭越来越多，其原因不仅来自子女数量增加，还意味着供养老人的家庭也逐步增多。从家庭收入来看，我国城镇居民工资性收入仍然是家庭收入的主要来源，财产性收入占比最低，从变化趋势来看，工资性收入的占比在逐步缩小，但经营性收入的比重有所增加；此外，城镇家庭总收入在逐年增加，2010~2014 年，工资性收入增加 16% 以上；转移性收入增加 51% 左右；财产性收入增加 48% 左右；增加水平最大的是经营性收入，由 2010 年 679 元增加至 2014 年 5004 元，5 年之中翻三番，说明城镇居民中进行自主创业、自主经营的人数越来越多，该项收入对城镇家庭总收入的贡献率越来越大。在家庭支出方面，城镇居民的消费水平逐年提高，城镇居民家庭食品支出、居住支出和家庭设备购置支出始终处于前三位，其中食品支出增加86%，衣着鞋帽增加74.7%，文教娱乐增加41%，这不仅意味着居民生活水平提高，还在一定程度上反映了我国物价水平的上涨速度较快。

二、中国城镇居民多维贫困状况

（一）城镇居民单维指标被剥夺情况

首先，我们考察我国城镇居民单维指标的被剥夺情况。表8-3列举了2010～2014年我国城镇居民多维贫困指标的单项被剥夺率。

表8-3			城镇单维贫困发生率				单位：%
指标	2010年	2012年	2014年	平均发生率	2010~2012年	2012~2014年	2010~2014年
教育年限	12.29	8.54	10.26	10.37	-3.74	1.72	-2.02
儿童失学	1.74	3.51	1.43	2.23	1.77	-2.08	-0.30
劳动能力	6.42	6.02	5.26	5.90	-0.40	-0.76	-1.16
营养水平	3.65	4.28	4.14	4.02	0.63	-0.13	0.49
居住条件	20.05	17.83	19.79	19.22	-2.22	1.97	-0.26
就业状况	2.01	1.65	1.19	1.62	-0.36	-0.46	-0.82
医疗保险	10.83	6.17	3.04	6.68	-4.65	-3.13	-7.78
收入水平	9.32	10.60	9.91	9.94	1.28	-0.69	0.59

资料来源：笔者根据2010～2014年CFPS数据测算并整理。

从总体上看，我国城镇中平均有7%～8%的人口在多维贫困指标中存在被剥夺现象。其中家庭平均教育年限低于中学水平、住房拥挤与收入在低保线以下的人口比率均在9%以上，4.02%家庭中存在老年人或者儿童BMI指数不达标现象，5.9%家庭中存在生活不能自理的人口，6.68%的家庭无医疗保障，学龄儿童未接受义务教育的家庭比例为2.23%，非自愿失业的家庭占1.62%左右。从年度变化来看，2010年，有住房困难的家庭数量最多，其次低收入家庭占16.73%，教育年限指标位列第三，被剥夺情况较轻的指标分别为儿童失学、失业与营养状况；2012年、2014年情况与2010年类似，2014年中城镇就业状况较好。

从趋势上看，2010～2012年，医疗保险覆盖情况改善最大，其次为教育指标，儿童失学、营养不佳以及收入下降情况呈上升趋势；2012～2014年，教育年限与居住条件指标出现反弹。总体上看，考察期内，90%以上的指标被剥夺程度均有所好转,尤其在医疗保险指标方面,有7.78%的家庭加入医疗保障体系;另外,有2.02%的家庭教育程度有所提升,但从收入指标看,有0.59%的家庭人均年收入有所下降。综上所述,我国城镇居民生活水平全面提升,生活保障维度改善最多,教育维度有所好转,但居民营养健康状况并不乐观。

(二) 城镇居民多维贫困状况

根据本书第三章提供的计算公式,我们测算了2010~2014年中国城镇居民多维的发生率以及发生强度,所得结果如表8-4所示。

表8-4 中国城镇居民多维贫困状况

指标	MPI（M_0）			H（%）			变化趋势（%）			
贫困阈值（%）	2010年	2012年	2014年	2010年	2012年	2014年	平均发生率%	2010~2012年	2012~2014年	2010~2014年
k = 10	0.058	0.051	0.047	25.46	22.6	21.38	23.16	-0.05	-1.24	-0.06
k = 20	0.034	0.029	0.025	10.94	9.45	8.29	9.56	-1.50	-0.01	-0.03
k = 30	0.018	0.014	0.013	4.70	3.66	3.42	3.93	-1.04	-0.01	-0.03
k = 40	0.009	0.007	0.006	1.91	1.57	1.41	1.63	0.00	-0.16	0.00
k = 50	0.003	0.003	0.003	0.62	0.51	0.49	0.54	-0.10	-0.02	0.00

资料来源:笔者根据2010~2014年CFPS数据测算并整理。

在不同的贫困阈值下,我国城镇居民多维贫困发生率变化较大。纵向看,随着贫困阈值的增加,我国城镇居民中多维贫困人口不断减少,当k=10%,我国城镇多维贫困人口发生率平均为24%左右;当k=30%,即按照全球多维贫困指数阈值的标准,1/3维度以上被剥夺被认定为贫困时,我国城镇居民多维贫困发生率在4%左右;当k=50%,即八项指标中一半以上被剥夺判定为贫困时,我国多维贫困发生率在1%左右。本章选取k=20%作为多维贫困划分标准,此时城镇居民中陷入多维贫困人口比例为8%左右,按照国家统计局公布的2014年城镇人口总数估算,我国城镇目前大约有4000万~5000万多维贫困人口。本书之所以选择k=20%作为多维贫困划分标准,原因在于该阈值不仅涵盖所有贫困阈值在k=30%以上的多维贫困人口,并且其样本数量与收入贫困标准下样本数量相当,更加有助于进行多维贫困与收入贫困的比较分析。

从横向观察,随着时间的推移,我国城镇居民多维贫困程度逐年下降,2012年以前的下降速度较快,近年来下降速度放缓,且在较低贫困阈值水平下,多维贫困人口减少最多,2010~2012年,在k=10%贫困线下,多维贫困人口两年之中减少5%，说明大部分多维贫困人口的单项指标有所改善，而当 k = 40% – 50% 时，2010～2014 年我国多维贫困人口发生率几乎没有变化，在此贫困线以下的多维贫困人口在很长一段时间内难以摆脱贫困，可能陷入了长期多维贫困或慢性多维贫困。接下来，我们将不同 k 值时我国城镇居民多维贫困强度绘制成图 8 – 1。

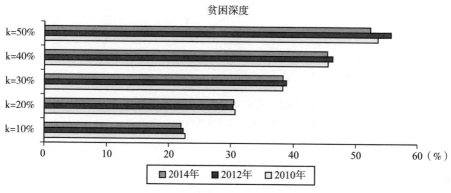

图 8 – 1　城市多维贫困发生深度

资料来源：笔者根据 2010～2014 年 CFPS 数据测算并整理。

从图 8 – 1 中可以看出，随着多维贫困线的上升，我国城镇居民多维贫困人口的贫困发生强度在不断增加，在贫困线 k = 50% 时，2012 年多维贫困家庭平均有将近六成的多维指标被剥夺，健康、教育、生活保障中至少有两个维度受到严重威胁。从贫困的演进过程来看，贫困深度并没有随着发生率的降低而整体下降，说明处于深度贫困的家庭在短时间内很难摆脱贫困，对于这部分家庭的救助不能仅靠发放低保金的救济来完成，而是要从教育、医疗、社会保障等全方位提升其摆脱贫困的能力。

（三）城镇居民多维贫困状况的分解

接下来，根据单个维度对整体贫困指数 M_0 的贡献率公式 $(w_j/d) \cdot [h_j/M_0(X)]$，我们将多维贫困指数按维度分解，其结果如图 8 – 2 所示。

教育程度低是多维贫困的首要贡献因素，从其变化趋势也可以看出，该维度贡献率一直处于 36% 以上，5 年之中有所下降，但幅度不大。健康维度的贡献率最低，2010 年仅为 26.3%，但其增长速度较快，2010～2014 年上涨 7 个百分点，并在 2014 年末跃居为第二大贡献因子；生活保障指标呈现良好发展态势，贡献率由 32.58% 下降至 28.95%，其拐点出现在 2011 年，此后生活保障指标成为多维贫困中贡献率最低的维度。此三项维度的转变过程与其中包含的二级指标转变过程相关，如图 8 – 3 所示。

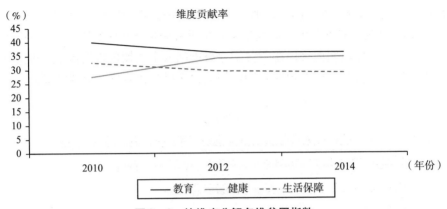

图 8 - 2　按维度分解多维贫困指数

资料来源：笔者根据 2010 ~ 2014 年 CFPS 数据测算并整理。

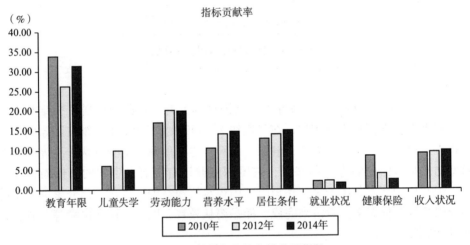

图 8 - 3　按指标分解多维贫困指数

资料来源：笔者根据 2010 ~ 2014 年 CFPS 数据测算并整理。

　　从图 8 - 3 中可以看出，教育维度的两项指标中，贡献率最高的是家庭平均教育年限，2012 年有所下降，但 2014 年反弹较大，平均贡献率为 30% ；儿童失学情况作为教育维度第二项指标，其贡献率并不显著，平均只有 6. 86% ，在二级指标中排名倒数第三位；健康维度包含两项二级指标，其中劳动力健康状况的贡献率为 18. 5% ，家庭营养水平贡献率为 12. 7% ，在二级指标中贡献率不低，且均呈现连年升高的趋势；生活维度所包含的四项指标内部差异较大，失业情况在该维度乃至整体指标中贡献率最低，平均为 1. 9% ；住房条件成为生活维度中贡献率最高的指标，并且每年以 1% 的速度增加；收入是否处于低保线下与是否拥有健康保险分列该维度致贫贡献的二三位，贡献率分别为 9. 5% 与 4. 8% 。

综上所述，我们得出如下结论：第一，教育是多维贫困首要致贫因子，然后是健康，由此可见，提高人力资本水平是城镇多维贫困人口脱离贫困的主要路径。第二，居住指标贡献率逐年增长，比较符合现实情况。难以抑制的房价是每个城镇家庭的心头之患，近年来，房价飙升导致贫困人口更加难以改善住房条件，而房屋作为一类可以保值增值的资产，更加大了居民收入差距，贫困程度因此进一步恶化。第三，最低保障制度是城镇扶贫工作重要组成部分，但其覆盖范围有限，从本书测算的结果看来，低收入导致多维贫困的概率依然较高，因此，收入扶贫政策应纳入多维扶贫体系当中。此外，医疗保障与失业虽然在多维致贫因子中的贡献率不算高，但此类家庭应该引起足够的重视，例如城镇居民中，无医疗保障家庭有 6% 左右，其中劳动力全部失业家庭有 1.62% 左右，此类家庭无健康保障及稳定生活来源，抗风险能力较差，极易陷入长期贫困。

第三节　中国城镇居民多维贫困的分解

本节我们将按地区和户籍分解中国城镇居民多维贫困指数，并进行横向对比，观察近年来我国城镇居民多维贫困变化情况。

一、中国城镇居民多维贫困区域分布状况

本节按国家统计局标准将调查样本按照东、中、西、东北地区进行划分，计算各地区多维贫困发生率及发生深度，深入了解我国城镇多维贫困人口的区域分布特征，并将对多维贫困指数进行区域、维度进行双重分解，精准分析各地区多维贫困状况。

（一）单维指标被剥夺区域划分

首先统计各地区单维指标被剥夺情况，具体如表 8 - 5 所示。

表 8 - 5　　　　　　　　　　区域单维指标被剥夺率　　　　　　　　　单位：%

地区	教育年限	儿童失学	劳动能力	营养水平	居住条件	就业状况	医疗保险	收入状况
东部	10.44	2.58	6.53	4.70	18.48	1.22	6.41	8.30
中部	7.47	2.01	5.22	3.86	15.06	1.21	5.53	10.86
西部	13.44	2.68	5.01	3.97	22.92	1.84	2.95	11.32
东北	11.40	1.53	6.05	2.95	23.01	2.68	10.69	10.76
全国	10.37	2.23	5.90	4.02	19.22	1.62	6.68	9.95

资料来源：笔者根据 2010 ~ 2014 年 CFPS 数据测算并整理。

从横向看，东部地区居住与教育年限两项指标剥夺率最高，分别为18.48%与10.44%；儿童失学与失业状况被剥夺程度较轻，被剥夺率分别为2.58%与1.22%；中部地区居住条件指标被剥夺程度占首位，收入指标其次；西部地区儿童失学情况被剥夺率为2.68%，与其他省份相比，该项指标中被剥夺程度最高；东北地区被剥夺情况与东部地区类似，被剥夺程度排名前两位的指标为居住和教育年限，但其就业被剥夺程度相对其他地区较高，2010~2014年被剥夺率为2.68%。由此可见，住房困难、教育落后以及收入低下是各区域城镇居民首要被剥夺因素。

从纵向看，教育维度中，西部地区两项二级指标的被剥夺程度均处于全国首位，但值得关注的是东北与东部地区的教育年限指标的被剥夺情况均高于全国水平，中部地区却仅有7.47%人口被剥夺。然而，更令人意外的是，健康维度中东部地区被剥夺率超过全国平均水平居全国首位。此外，生活维度中，东北地区的居住条件、失业、医疗保险三项指标被剥夺率均处于全国最高水平，收入指标西部地区被剥夺率最高。因此，城镇居民单维被剥夺情况并不集中存在于西部地区，相反，原本经济水平较发达的东部地区单一贫困现象也很严重。

（二）按区域计算城镇多维贫困发生率和发生深度

下面，我们将计算删减后的多维贫困指数，即去除非贫困人口的被剥夺因素影响后各地区的多维贫困水平。在贫困阈值 $k = 20\%$ 下，区域多维贫困指数如表8-6所示。

表8-6　　　　　　　　　　　区域多维贫困指数

地区	PMI 指数（M_0）				变化趋势		
	2010 年	2012 年	2014 年	平均指数	2010~2012 年	2012~2014 年	2010~2014 年
东部	0.036	0.031	0.024	0.030	-0.004	-0.007	-0.012
中部	0.023	0.024	0.021	0.023	0.001	-0.003	-0.002
西部	0.039	0.025	0.033	0.032	-0.014	0.007	-0.007
东北	0.038	0.031	0.027	0.032	-0.007	-0.004	-0.011
全国	0.034	0.029	0.025	0.029	-0.005	-0.003	-0.008

资料来源：笔者根据2010~2014年CFPS数据测算并整理。

平均来看，我国东、西部与东北地区的城镇多维贫困指数高于全国平均水平，中部地区多维贫困指数最低。其中多维贫困指数最高出现在2010年东北与西部地区，多维贫困指数达0.039左右，2012年东部和东北部地区多维贫困指数最高为 0.031，2014 年西部地区最高为 0.033。从总体趋势来看，所有地区多维贫困程度均有所下降，东北地区下降程度最大。2010~2012 年，西部地区下降幅度最大，此后出现较大的反弹；2012~2014 年，东部省份下降较为明显。从以上分析我们可以看出，多维贫困指数作为全面反映地区贫困水平的综合指标，其高低在一定程度上反映了区域经济发展状况，如西部、东北地区多维贫困指数明显高于其他区域，然而，这并非意味着经济发展越好的地区多维贫困现象就越轻，如东部地区人均 GDP 明显高于中部地区，然而该地区多维贫困指数也相对较高，说明区域经济发展的"涓滴效应"对多维贫困人口生活的改善作用有限，那么多维贫困指数变化究竟来自何种动力，后面将进行进一步分析。

就贫困发生率而言，近年来，我国城镇多维贫困发生率在 9.56% 左右，除中部地区发生率较低外，其余各地区省份贫困发生率均高于 10%，其中，2010 年西部地区贫困发生率最高达 13.11%，其次为东北部地区 12.28%；2012 年东部地区贫困发生率跃居首位；2014 年西部地区城镇多维贫困发生率最高为 10.58%，其余地区均呈现明显的下降。具体来看，2010~2012 年，西部与东北地区下降程度最大，分别下降 4.88%、2.60%，2012~2014 年东北地区下降速度减缓，西部地区甚至出现反弹，此时东部地区出现了较大幅度的下降。总体看来，全国的多维贫困发生率整体呈现趋势下降，东北与东部地区较为领先（见表 8-7）。

表 8-7　　　　　　　　　　　　　按区域测量贫困发生率　　　　　　　　　　　　　单位：%

地区	H				变化趋势		
	2010 年	2012 年	2014 年	平均发生率	2010~2012 年	2012~2014 年	2010~2014 年
东部	11.63	10.82	8.02	10.15	-0.81	-2.80	-3.61
中部	7.30	7.70	6.60	7.20	0.40	-1.10	-0.70
西部	13.11	8.23	10.48	10.61	-4.88	2.25	-2.63
东北	12.28	9.68	9.06	10.34	-2.60	-0.62	-3.22
全国	10.94	9.45	8.29	9.56	-1.50	-1.16	-2.66

资料来源：笔者根据 2010~2014 年 CFPS 数据测算并整理。

从贫困发生深度来看，中部地区城镇家庭被剥夺程度最深，平均高于 31%，其次为西部与东北地区，被剥夺深度约为 30.9%，东部地区程度较轻为 29.9% 左右。除中西部地区的贫困深度有所加强以外，其他地区的贫困深度总体呈下降趋势，但是近年来，多数地区多维贫困强度有所增加，2012~2014 年，东部地区多维贫困程度增加最大，其次为中部地区（见表 8-8）。

表8-8 　　　　　　　　　　　按区域测量贫困发生深度 　　　　　　　　　单位：%

地区	A				变化趋势		
	2010年	2012年	2014年	平均深度	2010~2012年	2012~2014年	2010~2014年
东部	30.58	29.00	29.92	29.83	-1.58	0.92	-0.66
中部	31.43	31.46	32.02	31.64	0.04	0.56	0.60
西部	29.91	30.93	31.06	30.63	1.01	0.13	1.14
东北	30.92	31.85	29.46	30.74	0.93	-2.39	-1.46
全国	30.70	30.37	30.48	30.52	-0.32	0.11	-0.22

资料来源：笔者根据2010~2014年CFPS数据测算并整理。

综上所述，我国不同区域城镇居民多维贫困呈现以下几种情况：

首先，东部地区并未由于经济较发达而成为中国城镇多维贫困人口最少的地区，多维贫困程度位于全国第二位。如北京、广东、江苏、福建等省市，多维贫困发生率平均达10%以上（参见本章附录中的表1），因此，在进行城镇减贫工作部署时，不能由于各地区经济发展水平较高而降低对其贫困人口的重视，较高的GDP有可能对应着较大的收入分配差距，从而造成城镇内部贫困人口更加难以脱贫。

其次，中部地区为我国城镇贫困中贫困指数最低的地区，从指数构成来看，主要原因是由于多维贫困发生率低于其他区域，除安徽、河南省以外，其余各省市多维贫困率均低于全国平均水平（参见本章附录中的表1），但是中部地区贫困发生强度较大，且有增大的趋势，因此，在该地区扶贫过程中，应更加关注贫困程度在二阶贫困以上的贫困人群，并防止多维贫困人口贫困程度恶化。

再次，西部依然是我国扶贫工作重点区域。西部地区城镇居民多维贫困人口数量并不是全国最高，与其较低的城镇化水平有关；近年来，有部分西部省市多维贫困人口发生率增加较快，如贵州省增加6%、甘肃省增加8%（参见本章附录中的表1），这与国家农村扶贫相关政策有关。如贵州山区进行了贫困移民搬迁工作，农村贫困人口向附近城镇转移，但短期内各项配套措施并不能完全跟上，农村人口既失去了土地又无法在城镇中安家立户，因此，在我国进行农村扶贫过程中，应避免农村人口转移成为城镇多维贫困人口。

最后，近年来，东北部地区经济发展缓慢，尤其吉林与黑龙江省，多维贫困指数高于全国平均水平，吉林多维贫困发生率高达17.26%（参见本章附录中的表1）。但随着"振兴东北"口号的提出，东北地区近年来GDP有所上升，东三省多维贫困人口发生率与发生强度在呈现下降趋势。

（三）按区域和维度双重分解多维贫困指数

前面我们已经对我国城镇多维贫困的区域分布情况有了大致的了解，接下来，我们将深入剖析是哪些因素造成了各地区多维贫困差异（见图8-4）。

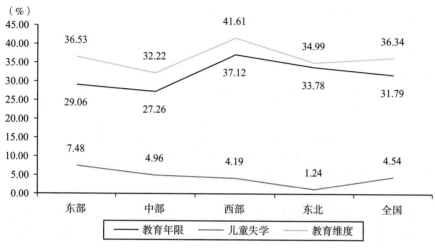

图8-4 按地区与教育维度分解

资料来源：笔者根据2014年CFPS数据测算并整理。

测算结果表明，三大维度中，教育维度对我国城镇多维贫困人口的致贫概率最大，全国平均为36.34%，其中，主要原因是家庭成员平均受教育年限低下；西部地区的教育维度贡献率最高，达41.61%，无论家庭成员平均教育年限或儿童失学两个二级指标均高于其他地区。儿童失学问题在我国得到了很好的控制，但就东部而言，该项指标致贫率为全国最高，其原因来自许多农民工家庭子女过早离开学校走向社会，没能接受良好的教育将导致该群体陷入贫困陷阱。由此可见，扶持教育仍然是多维扶贫的重点方向，全面提高城镇居民教育水平是首要任务，杜绝儿童失学问题是扶贫的难点之一。

健康维度作为人力资本重要内容之一受到广泛关注，从分解结果看，中部地区在该维度的致贫率最高，该地区家庭中老人与儿童的营养水平难以得到保障，致贫率达21.31%；东北地区劳动力健康状况不佳，6%的家庭存在丧失劳动能力的人口，致贫率达23.08%。东部地区在家庭营养水平方面致贫率也超过全国平均水平，随着物质生活的极大丰富，由于饥饿产生的营养不良现象在我国城镇中已少有出现，然而由于保健常识的缺乏、工作压力大导致的饮食不规律，以及饮食不节制造成的营养失衡问题在我国城镇贫困家庭中屡见不鲜，在针对性城镇扶贫过程中应重点关注（见图8-5）。

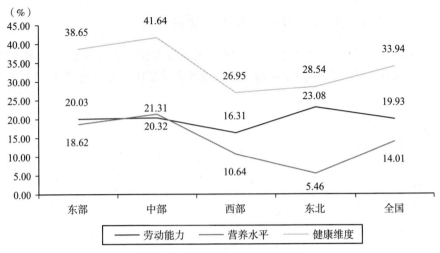

图 8 - 5　按地区与健康维度分解

资料来源：笔者根据 2014 年 CFPS 数据测算并整理。

　　生活维度贡献率的分布情况较为复杂，就整体而言，居住条件与收入指标是致贫贡献率最高的两项二级指标，平均致贫率为 13. 29% 与 11. 90%；就区域而言，东北地区生活维度整体致贫率在全国排首位，尤其住房条件和家庭健康保险两项指标均高于其他地区。相对而言，东部地区城镇贫困人口住房条件较差，中西部地区城镇贫困人口收入较低。因此，在提高城镇居民生活水平方面，增加家庭人均收入始终是中西部地区扶贫的重点，改善贫困人口的住房条件则是东部和东北地区城镇扶贫的关键所在。

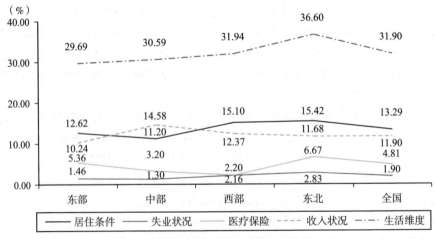

图 8 - 6　按地区与生活维度分解

资料来源：笔者根据 2014 年 CFPS 数据测算并整理。

二、中国城镇多维贫困的户籍分布特征

本小节按城镇居民中农村与城镇户籍进行划分，计算各不同户籍城镇居民的多维贫困发生率及发生深度，并将对多维贫困指数进行户籍、维度双重分解，分析不同户籍城镇居民的多维贫困状况。

（一）单维指标被剥夺情况的户籍分布特征

如图8-7所示，从整体上看，除劳动力健康指标以外，在城镇常住人口中农村户籍人员的各指标被剥夺程度普遍高于城镇户籍人员，差距最大的两项指标为收入指标和教育年限指标，农村户籍人口被剥夺程度是城镇户籍人口的两倍以上。从具体指标看，农村户籍人口被剥夺项主要集中在教育年限、居住条件、收入水平以及医疗保险指标，其中存在居住困难的农村户籍人员比例达1/5以上，教育水平以及收入水平低下的比例约为16%，但对于农村户籍人员来讲，就业情况较好，仅有1.71%农村户籍人员失业。城镇户籍人口被剥夺项前三位指标依然是居住、教育和收入水平，仅劳动力健康指标上被剥夺率为6.4%，略高于农村户籍人员。由此可见，在城镇居民中，由于户籍制度造成的分割现象较为严重，农村户籍人员在城镇中的生活境况与城镇户籍人口相比存在较大差距。

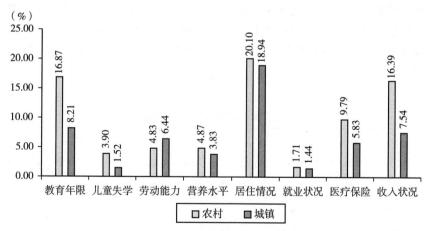

图8-7　不同户籍人员的单维被剥夺率

资料来源：笔者根据2014年CFPS数据测算并整理。

（二）按户籍计算城镇居民多维贫困发生率和贫困深度

在对城镇多维贫困人口按户籍类型分解后发现，城镇居民中农村户籍的多维

贫困发生率高于城镇户籍的居民，但二者之间的多维贫困发生深度相近，具体分解如表8-9所示。

表8-9   按户籍划分多维贫困指数

户籍	PMI 指数（M_0）				变化趋势		
	2010 年	2012 年	2014 年	M0	2010~2012 年	2012~2014 年	2010~2014 年
农村	0.061	0.043	0.035	0.046	-0.017	-0.008	-0.025
城镇	0.024	0.026	0.020	0.023	0.001	-0.005	-0.004
全国	0.034	0.029	0.025	0.029	-0.005	-0.003	-0.008

资料来源：笔者根据2010~2014年CFPS数据测算并整理。

如表8-9所示，城镇居民中，农村户籍人员多维贫困指数高于全国平均水平，但其下降速度快，2010~2014年，多维贫困指数由0.061下降至0.035，说明农村户籍人员的多维贫困水平在考察期内有较大程度的缓解。城镇户籍人口的多维贫困水平在2012年曾出现反弹，但整体也呈下降态势。

2010年，我国城镇居民中农村户籍人群的多维贫困发生率达19.43%（见表8-10），随后两年中，该发生率下降了五个百分点，2010~2014年一共下降了8.02%。表面上看，我国城镇居民中农村户籍人员的多维贫困发生率下降幅度较大，但此测度期间内我国城镇化率由49.9%上升至54.7%，因此，其多维贫困比例在缩小，但总量有可能在上升。城镇户籍人口中，多维贫困发生率也在下降，但速度明显低于农村户籍人口，2010~2014年，仅有1.29%的城镇户籍人口成功脱贫。

表8-10   按户籍划分多维贫困发生率   单位：%

户籍	H				变化趋势		
	2010 年	2012 年	2014 年	平均发生率	2010~2012 年	2012~2014 年	2010~2014 年
农村	19.43	14.37	11.41	15.07	-5.06	-2.96	-8.02
城镇	8.01	8.43	6.73	7.72	0.42	-1.70	-1.29
全国	10.94	9.45	8.29	9.56	-1.5	-1.16	-2.66

资料来源：笔者根据2010~2014年CFPS数据测算并整理。

从贫困深度来看，我国城镇多维贫困人口中的城乡差距不大，平均被剥夺深度均在30%左右。从变化趋势来看，城镇户籍人口的减贫深度略高于农村户籍人口。可见，在城镇常住人口中农村户籍人员虽然脱贫速度快，但仅限于被剥夺程度较轻的多维贫困人口，对于遭受深度剥夺的农村户籍多维贫困人员来讲，其脱贫速度较慢，困难较大。

表 8 – 11　　　　　　　　　　按户籍划分多维贫困深度　　　　　　　　单位：%

户籍	A				变化趋势		
	2010 年	2012 年	2014 年	平均深度	2010 ~ 2012 年	2012 ~ 2014 年	2010 ~ 2014 年
农村	31. 28	30. 14	31. 02	30. 81	– 1. 14	0. 88	– 0. 26
城镇	30. 43	30. 45	30. 02	30. 30	0. 02	– 0. 43	– 0. 41
全国	30. 7	30. 37	30. 48	30. 52	– 0. 32	0. 11	– 0. 22

资料来源：笔者根据 2010 ~ 2014 年 CFPS 数据测算并整理。

（三）按户籍和维度双重分解多维贫困指数

下面，我们将具体分析我国城镇多维贫困人口中，不同维度贡献率的城乡户籍差异。如图 8 – 8 所示，对于农村户籍人员而言，教育维度的多维致贫贡献率较高，其多维贫困的原因有将近一半是由于教育水平低下造成的；其次为生活维度的贡献率，健康维度的贡献率最低。对于城镇户籍人员，三大维度的多维贡献率相近，基本上各占 1/3，其中健康维度较高为 38%，生活维度较低为 29%。

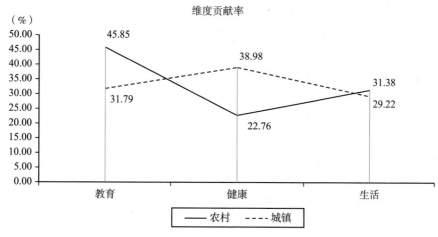

图 8 – 8　按户籍、维度双重分解

资料来源：笔者根据 2014 年 CFPS 数据测算并整理。

具体来看，在城镇居民中，对于农村户籍人员，平均教育年限指标对多贫困贡献率最高达 36.9%；其次为收入水平，指标贡献率为 12.15%；劳动力健康状况、营养与居住条件的贡献率相近，约为 11% ~ 12%；虽然农村户籍人员中医疗保险指标被剥夺率较高，然而该指标对于多维贫困的贡献率仅有 5%；就业指标的致贫率最低。对于城镇户籍人口而言，受教育年限与劳动力健康状况两项指标的贡献率约占总指标贡献率的50%，就业与医疗保险指标的贡献率较低，占总体指标的10%（见图8-9）。

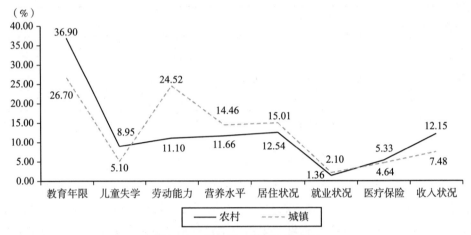

图8-9　按户籍、指标双重分解

资料来源：笔者根据2014年CFPS数据测算并整理。

　　综上所述，我国城镇居民中，不同户籍人员之间的多维贫困发生率和贫困程度差距较大。第一，在单维指标被剥夺中，农村户籍人口的被剥夺程度普遍高于城镇户籍人口；第二，农村户籍人口的多维贫困指数、多维贫困发生率普遍高于城镇户籍人口，但二者之间的多维贫困深度相近；第三，从维度贡献率看，教育维度是农村户籍人员的主要致贫因子，教育、健康与生活保障对于城镇户籍人口多维贫困的贡献率各占1/3；第四，从具体指标分解来看，教育年限、收入水平、居住条件是构成农村户籍人口多维贫困的前三位重要指标，而健康指标对于城镇户籍人口多维贫困的贡献更加显著。因此，在我国进行城镇扶贫工作中，应针对不同户籍人员的贫困特征进行分类设计扶贫政策，除提高全体多维贫困人员的教育水平以外，对于城镇中农村户籍的多维贫困人口的收入和住房条件的改善尤为重要，而对于城镇户籍人口中的多维贫困人群的健康状况改善应给予更多的关注。

第四节　稳健性分析

一、权重调整检验

　　本章关于城镇居民多维贫困测度结果是基于等权重方法估算而得，为检验不同权重指标下我们测算结果的稳健性，我们将采用主成分分析法计算各指标权重，并利用 Person 相关系数、Spearman 分析以及 Kendall 分析三种方法进行检验，结果如表 8 – 12 所示。

表 8 – 12　　　　　　　　　　不同权重下的稳健性检验

类型	权重变化	相关分析方法	权重 1 33% 教育 33% 健康 33% 生活	权重 2 25% 教育 50% 健康 25% 生活	权重 3 50% 教育 25% 健康 25% 生活
权重 2	25% 教育	Pearson	0.8853 ***		
	25% 健康	Spearman	0.8602 ***		
	50% 生活	Kendall	0.8550 ***		
权重 3	25% 教育	Pearson	0.9953 ***	0.7176 ***	
	50% 健康	Spearman	0.9713 ***	0.6806 ***	
	25% 生活	Kendall	0.9563 ***	0.7749 ***	
权重 4	50% 教育	Pearson	0.9948 ***	0.7895 ***	0.9854 ***
	25% 健康	Spearman	0.9684 ***	0.7683 ***	0.9241 ***
	25% 生活	Kendall	0.9600 ***	0.7056 ***	0.8588 ***

注：*** 表示在 1% 的水平上显著。
资料来源：笔者根据 2014 年 CFPS 数据测算并整理。

首先，我们假设三种相关分析方法相关系数为 0，即两种多维贫困结果之间无相关关系，检验结果显示，三种相关系数均在 1% 的显著性水平上拒绝原假设，测度结果具有显著的相关关系；其次，四种权重相关性系数均大于 0.7，这意味着我们对于权重的选择并不会对测度结果产生较大影响；最后，等权重与其他三种主成分权重计算方法的相关系数最高，达 0.9 以上。等权重与主成分分析权重取值方法计算结果在统计上存在较大的正相关性，并无显著的区别，这表明，我们采用等权重方法测度的结果是稳健的。

二、贫困阈值（临界值）调整检验

贫困阈值的选择对于贫困发生率有着决定性影响，虽然前文已对贫困阈值选择做出详细说明，但此处仍将对其进行阶段占优性检验，以确保在不同时期下，贫困阈值 k 的选择并不影响我国城镇多维贫困测度结果的准确性。检验结果如图 8 - 10 所示。

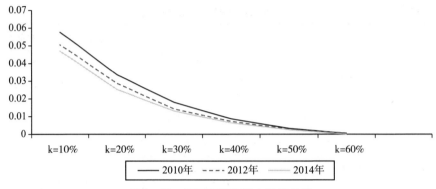

图 8 - 10　不同阈值下的占优性检验

资料来源：笔者根据 2010 ~ 2014 年 CFPS 数据测算并整理。

图 8 - 10 所示，首先，三条 M_0 曲线均呈下降趋势，且在贫困阈值 k = 30% 之前下降速度快，k = 30% ~ 50% 之间下降趋于平缓，k = 60% 后 M_0 趋近于 0，说明中国城镇多维贫困程度由于贫困阈值的选择不同而变化较大，三项指标以上被剥夺人口急剧减少，五项以上被剥夺人口接近零。从横向看，如果不同时期选择不同贫困标准，则会产生近似甚至相同的贫困率，这将降低研究的可信价值。例如，如果 2010 年选择 k = 30%、2012 年选择 k = 28% 且 2014 年选择 k = 25%，则我国贫困水平几乎并无变化。针对该问题，我们提出在进行国家、地区间以及跨年度的贫困比较时，应制定统一贫困阈值。如《人类发展报告》中所公布的全球 MPI 指数，多数国家根据 k = 33.3% 进行贫困识别（Alkire，2008）；或如本章所示，将城镇多维贫困线定义为 k = 20% 后进行地区间比较。从纵向看，曲线下降区间内并无交叉[1]，意味着在保证考察期内和贫困标准相同的前提下，则无论贫困阈值 k 取值如何，2010 年多维贫困指数绝对占优于 2012 年，且 2012 年多维贫困指数绝对占优于 2014 年，表明考察期内我国城镇多维贫困逐年好转的结论具有动态追踪稳定性。

---

[1]　由于图例尺寸限制，从图表中难以解读 k = 50% ~ 60% 之间曲线走势，但测算数据显示 2010 年多维贫困指数最高，2012 年位于中间，2014 年最低。

本 章 附 录

表1　　　　各省市多维贫困指数、发生率、发生深度变化统计

地区	MPI（M_0）			平均	H（%）			平均	A（%）			平均
	2010年	2012年	2014年		2010年	2012年	2014年		2010年	2012年	2014年	
北京	0.045	0.045	0.041	0.043	4.94	15.93	14.49	11.79	29.86	28.16	28.05	28.69
天津	0.002	0.002	0.015	0.006	8.39	0.68	5.49	4.85	30.13	25.00	26.85	27.33
河北	0.030	0.030	0.016	0.025	10.00	10.95	5.74	8.90	32.11	27.22	28.41	29.25
上海	0.024	0.024	0.022	0.023	8.94	8.14	7.64	8.24	29.73	29.01	28.58	29.11
江苏	0.034	0.034	0.036	0.034	14.49	13.04	12.47	13.34	32.92	25.69	29.00	29.20
浙江	0.026	0.026	0.030	0.027	11.94	7.69	9.57	9.73	25.00	33.33	31.03	29.79
福建	0.056	0.056	0.020	0.044	19.51	22.45	8.00	16.65	25.00	25.00	25.00	25.00
山东	0.013	0.013	0.002	0.009	8.92	4.74	0.66	4.77	27.63	27.50	25.00	26.71
广东	0.047	0.047	0.024	0.039	17.87	15.64	7.33	13.61	31.53	30.07	32.90	31.50
山西	0.016	0.016	0.025	0.019	7.09	5.78	7.16	6.67	26.23	27.19	34.44	29.29
安徽	0.018	0.018	0.035	0.023	13.33	6.06	10.88	10.09	35.94	29.17	32.05	32.39
江西	0.035	0.035	0.025	0.032	6.09	10.20	6.87	7.72	25.00	34.44	36.46	31.97
河南	0.030	0.030	0.020	0.027	7.42	9.21	6.29	7.64	30.46	32.70	31.93	31.70
湖北	0.031	0.031	0.027	0.030	7.86	10.18	9.05	9.03	32.03	30.36	30.32	30.90
湖南	0.010	0.010	0.007	0.009	5.60	3.38	2.73	3.90	37.64	28.13	26.28	30.68
广西	0.042	0.042	0.016	0.033	21.43	16.67	6.25	14.78	25.00	25.00	25.00	25.00
重庆	0.013	0.013	0.016	0.014	20.41	3.13	6.34	9.96	29.17	41.67	25.00	31.94
四川	0.029	0.029	0.039	0.033	16.13	6.70	11.49	11.44	29.58	43.89	33.82	35.77
贵州	0.025	0.025	0.069	0.040	16.67	10.16	22.63	16.48	27.08	25.00	30.35	27.48
陕西	0.027	0.027	0.017	0.024	10.62	10.20	5.76	8.86	27.78	26.67	29.58	28.01
甘肃	0.028	0.028	0.031	0.029	6.38	9.39	9.35	8.38	32.60	30.21	32.75	31.85
辽宁	0.021	0.021	0.021	0.021	8.55	7.01	7.50	7.68	30.14	30.04	28.38	29.52
吉林	0.056	0.056	0.045	0.052	19.47	17.55	14.75	17.26	32.20	31.76	30.19	31.38
黑龙江	0.036	0.036	0.030	0.034	15.42	10.63	9.85	11.97	30.98	33.76	30.67	31.80

资料来源：笔者根据2010～2014年CFPS数据测算并整理。

第九章　中国城镇居民多维贫困与收入贫困比较

本章根据多维框架和收入标准将城镇贫困区分为多维贫困群体和收入贫困群体，并从两类贫困群体的家户特征、经济状况以及区域分布状况等角度进行对比分析，通过对比发现两类贫困人口生存状况的差距，进而引发人们对城镇多维贫困的重视以及贫困形成原因的思考，全面看待我国城镇贫困问题。

第一节　中国城镇居民多维贫困与收入贫困群体家户特征比较

一、中国城镇居民多维贫困与收入贫困群体的分布比较

由于我国对于城镇贫困线一直没有明确的规定，各省市根据当地实际情况制定了城市最低生活保障标准，然而这条标准地区间差异较大，东西部不同省市保障标准相差数倍之多，在进行全国城镇居民收入贫困人口识别时，难以形成一条统一贫困线。我们对 CFPS 数据的统计分析发现，目前，我国城镇居民中收入贫困人口占城镇总人口的比重达9.91%，其中获得政府最低生活保障的人口达到了8.3%，这就意味着仍然有1.6%的城镇人口，虽然符合城镇的低保标准，但没有获得相应的保障。本章根据国际扶贫标准设定中国城镇居民的收入贫困线，即按照世界银行 2015 最新扶贫标准①估算中国城镇居民的贫困线，家庭人均收入位于该贫困线以下的家庭及其成员就属于城镇贫困人口。根据世界银行最新扶贫标准计算，我们计算出我国 2014 年城镇贫困线为 4507.7 元，按此标准估算，2014 年我国城镇绝对贫困人口大约有 4000 万 ~ 5000 万人，城镇贫困发生率为 8.33%。同时，通过前面的测算得知，根据 k = 20% 多维贫困标准，我国城镇居民多维

---

① 世界银行 2015 年最新扶贫标准为每人每天 1.9 美元，本章将此扶贫线按照 2010 年、2012 年和 2014 年汇率进行折算，并按照当年人均消费指数进行购买力平减。

贫困[①]发生率为 8.29%，图 9 – 1 显示了我国城镇各类型贫困的发生率情况。

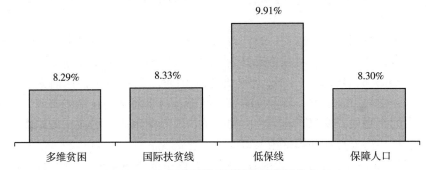

图 9 – 1 不同贫困线下城镇各类贫困发生率

资料来源：笔者根据 2014 年 CFPS 数据测算并整理。

我们将按照国际标准测算的我国城镇居民收入贫困人口和前面测算的多维贫困人口进行了对比，图 9 – 2 中的数据显示，我国城镇中的收入贫困人群与多维贫困人群中存在一定的重叠和交叉，多维贫困人口与收入贫困人口均占全国城镇总人口的 8.30% 左右，然而，同时陷入两类贫困的人口仅占 2.16%。这表明，同时陷入两类贫困的人群并不多，但是这部分人群很可能属于深度贫困的人群。进一步测算表明，多维贫困人口中 26.13% 属于国际扶贫线以下贫困人群，39.53% 属于低收入群体[②]，28% 属于最低收入群体，17.5% 属于困难户，这意味着，即使消除了绝对贫困现象，多维贫困问题依旧存在，并且两类贫困问题有可能相互转化，我国城镇居民贫困问题远比表面上看起来更加复杂。

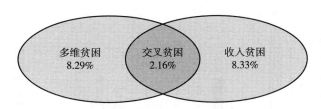

图 9 – 2 城镇贫困人口交叠情况

资料来源：笔者根据 2014 年 CFPS 数据测算并整理。

---

① 中国城镇多维贫困人口，即在多维贫困指标体系下，根据公式（3.4），计算所得个人的多维贫困分值在 k = 20% 多维贫困标准以下的城镇居民。

② 国家统计局将城镇居民可支配收入分为五个等级，低收入户、中等偏下户、中等收入户、中等偏上户、高收入户，其中每个分类占 20%。在本文分析中，也借鉴此项划分，将 CFPS 人均家庭收入低于 20% 的家庭定义为低收入户，10% 以下的归为最低收入户，5% 以下的归类为困难户。按此标准计算，我国城镇居民中，低收入人口比例为 18.11%，最低收入人口比例为 9.04%，困难户大约有 4.49%。对该群体的定义有助于进行收入贫困与多维贫困的详细比较。

二、中国城镇居民多维贫困与收入贫困群体的人口构成比较

对于城镇贫困人口的构成，我们首先按照年龄、性别进行划分，从年龄和性别结构来看，老人、妇女、儿童及青少年通常是贫困阶层的重要组成人员。有研究表明（Zajczyk，1996），年轻人正在成为贫困阶层的主力军，他们大多来自低收入家庭，受教育程度低，就业面狭窄。此外，由于前文测算结果表明，多维贫困人口中的户籍差异明显，本节在多维贫困与收入贫困人口构成比较中，我们继续考察农村户籍人员在两类贫困人口中的占比情况。

如图 9-3 所示，首先，我国收入贫困人口中的性别差异并不明显，但多维贫困人口中女性比例更高。在全国性别统计中，我国男女比例约为 1.05∶1，但据 CFPS 结果显示，城市人口中，女性比例占 51.3%，并且贫困人口中女性的比例也高于平均水平，其中多维贫困人口中女性占比为 53.3%，比收入贫困人口中女性比例高约 0.6 个百分点。其次，从年龄划分来看，多维贫困人口中老龄化现象严重。城镇中老年人口比例约为 13.6%，收入贫困人口中的老年人比例略低于平均水平，但多维贫困人口中老年人比例高达 30.5%，约为平均水平的 1.25 倍。城镇收入贫困人口中未成年人比例较高，约占总人口的 18.34%，高于平均水平 1.2%。最后，从户籍划分来看，我国城镇居民中有 33.29% 属于农村户籍人口，多维贫困人口中农村户籍比例约为 45.85%，而收入贫困人口中，该比例高达 54% 以上。

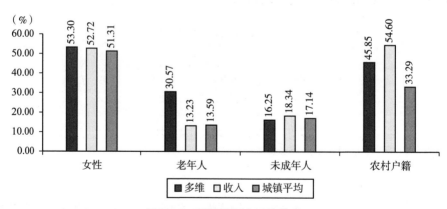

图 9-3 城镇贫困人口的构成

资料来源：笔者根据 2014 年 CFPS 数据测算并整理。

由此可见，我国多维贫困人口中女性比例较大，老年人比例高于未成年人比例，在以多维贫困标准进行扶贫时，女性与老年人应该是扶贫的重点对象，而在

收入贫困人口中，未成年人口比例较大，意味着一部分年轻人在未来的教育、职业选择都会受其源生家庭背景的影响，较重的家庭负担会造成部分孩子提早结束学业走向社会，因此贫困代际传递问题应引起政府的重视。此外，无论以收入标准划分还是以多维贫困标准划分，农村户籍家庭在贫困人口中的比例都偏高，以户籍划分的城乡劳动力收入差距较大的情况在城镇居民中普遍存在，尤其是城镇生活的农民工或者郊区地带农村户口的城镇居民，其收入水平普遍偏低，收入贫困现象严重，这为我国城市扶贫工作敲响了警钟，城镇贫困不仅是城镇低保统计数据上的低收入群体，还包括了大量无法统计在册的农村户籍人口。

三、中国城镇居民多维贫困与收入贫困群体的受教育程度比较

受教育不足导致人力资本的低下，不仅意味着劳动者只能从事简单劳动，还关系到下一代能否摆脱贫困。特别对于城镇居民来说，学历文凭是劳动力市场进行人才筛选的信号，对于劳动者的就业及未来收入有决定性影响。下面我们将城镇两类贫困人口的教育情况做一下统计，具体如表 9 - 1 所示。

表 9 - 1　　　　　　　　　城镇贫困人口劳动力文化程度统计　　　　　　　单位：%

劳动力文化程度	全国平均	收入贫困	多维贫困
文盲/半文盲	24.4	33.8	48.4
小学	15.6	19.8	29.3
初中	25.6	27.6	10.4
高中	17.9	11.4	7.3
大学本科/大专	16.0	7.2	4.7
大学及以上	0.5	0.2	0.0

资料来源：笔者根据 2014 年 CFPS 数据整理。

从全国来看，我国城镇人口平均教育水平普遍偏低，小学以下文化程度人口占总人口的 24.4%，初中教育水平人口众多，高中及以上教育水平的人口约为 35%；而高收入户教育水平普遍偏高，大学/大专人口比例已达 29.1%；在贫困人口中，文盲/半文盲比重超过 1/3，多维贫困人口中文盲比重将近一半左右，小学文化水平也达到 29.3%。收入贫困人口中，低学历现象也普遍存在，由此可见，教育程度与家庭生活水平高度相关，后面的章节将详细阐述教育对贫困群体的影响。

表 9 - 2 展示了城镇贫困人口对于子女受教育水平的期待程度。首先，无论

何种家庭成员对于子女的教育水平的期待都要高于或至少等于其本身的受教育程度，例如收入贫困中虽然有1/3以上的人口处于文盲或者半文盲状况，然而却没有人希望子女像自己一样没有文化，多维贫困人口的处境一样，将近一半的人群没有接受过小学以上的正规教育，但是希望子女的教育水平至少达到初中以上；其次，大部分城镇家庭都期待子女最少接受到大学本科及以上教育，贫困人群也不例外。多维贫困人口希望子女接受大学教育的比例达59.26%，而收入贫困人口希望子女上大学的比例占60%以上；再有，贫困人口对于硕士以上的高学历的追求要大于平均水平，而高收入人口此项期待值较低。可见，贫困人口对于"知识可以改变命运"的观念深信不疑，他们在子女教育方面投入更多的资本和精力，期待下一代可以摆脱贫困陷阱，脱离贫困阶层，然而这种理想是否能实现，或者这种投资能否得到回报，后面我们将进一步分析。

表9-2　　　　　　　　城镇贫困人口希望子女受教育程度

希望孩子受教育程度	全国平均	收入贫困	多维贫困
小学	0.1		
初中	0.4	0.98	1.06
高中	6.15	8.33	14.29
大专	5.44	7.84	7.94
大学本科	68.51	60.29	59.26
硕士	8.16	7.84	5.29
博士	10.13	11.27	11.64

资料来源：笔者根据2014年CFPS数据整理。

四、中国城镇居民多维贫困与收入贫困群体的健康状况比较

健康作为人力资本重要的一个方面，对于个人发展乃至家庭生活质量起着至关重要的作用，如果缺少医疗保障，"因病致贫、因病返贫"现象将在现实生活中频繁上演。对于已经陷入贫困的家庭，家庭成员的健康程度直接影响了家庭生活水平，贫困人口的医疗费用给家庭造成了很大的负担。此外，在全球范围内，残障人群规模极为庞大，大约有1/10的人口存在某种程度上的生活障碍，在发展中国家，残障人群又通常是收入最低的群体，他们对于收入的依赖和渴求又是十分迫切的。英国一份关于贫困问题的研究表明，有17.9%的人生活在贫困线以下，如果算上有残障成员的家庭，该比例会上升到23.1%，这5个百分点的巨大差异来自对残障人士照料所导致的收入障碍（Kuklys Wiebke，2004）。因此，拥

有残障人士的贫困家庭，依靠自身力量摆脱困境的难度更大。表9-3展示了收入贫困人群与多维贫困人口的健康状况统计。

表9-3　　　　　　　　　　城镇贫困人口健康状况统计　　　　　　　　　单位：%

健康统计	全国平均	收入贫困	多维贫困
自评健康			
不健康	12.3	19.1	26.9
健康变差	28	31.3	42.9
健康程度			
去年是否住院	11.6	12.3	17.8
是否有慢性疾病	17.7	16.8	26.2
是否有严重伤病	7.6	11.7	17.3
医保情况			
无医疗保险	13.3	17	20.3
残疾家庭状况			
残疾人比例	2.1	1.92	15.28
医疗支出比例	7.41	16.42	17.05
看病地点			
综合医院	50.57	42.08	40.37
专科医院	8.34	6.5	8.7
社区卫生服务中心/乡镇卫生院	18.19	20.69	25.59
社区卫生服务站/村卫生室	5.81	8.16	5.96
诊所	16.61	22.46	18.88

资料来源：笔者根据2014年CFPS数据整理。

在一项健康自评测试中，对自己健康不满意的人口约占全国1/10以上，而贫困人口对于自我健康评价明显低于平均水平，尤其多维贫困人口，约26.9%认为自己身体不健康，并且有42.9%的人认为自己的健康水平在变差。在健康程度的统计中，多维贫困人口中的住院率比收入贫困人口高约44%，患慢性病及严重伤病的比例高于收入贫困人口56%，患严重伤病的比例是平均人口的2.27倍，并且有20%的多维贫困人口无医疗保障，抗风险能力差。就医地点的差别也十分凸显，城镇居民60%左右去综合医院或专科医院就诊，那里的医疗水平相对较好，而贫困人口的该项比例不足50%，大部分贫困人口选择医疗水平相对较差的社区医院、卫生室或小诊所看病。此外，我国贫困人口中残疾人比例相对较高，尤其城镇多维贫困人口中残疾人比例达 15% 以上，相应地，拥有残疾人口的多维贫困家庭，其医疗支出比例也占全组最高超过了 17 个百分点，收入贫困家庭医疗支出比例超过了 16 个百分点，均高于平均水平将近 10 个百分点。由此可见，相比收入贫困，多维贫困人口的健康状况、医疗保障情况更加恶劣，为了避免因病致贫、因病返贫现象的发生，在进行城镇扶贫工作时，提高多维贫困人口的健康水平、增加健康保障是扶贫减贫工作重点考虑的范畴。

五、中国城镇居民多维贫困与收入贫困群体的居住条件比较

针对 CFPS 调查数据的统计分析显示，城镇居民中，具有住房困难的家庭约占 1/5 左右。在收入贫困人口中，该比例上升至 29.4%，高出平均水平 48%；而多维贫困人口中，住房困难人口约占 53%，是平均水平的 2.7 倍左右。由此可见，居住条件恶劣普遍存在于城镇贫困人口当中，而多维贫困人群居住条件被剥夺的程度最严重，具体情况如表 9-4 所示。

表 9-4　　　　　　　　　　贫困人口家庭住房困难具体划分　　　　　　　单位：%

居住状况	全国平均	收入贫困	多维贫困
住房情况：			
12 岁以上的子女与父母同住一室	5.4	11.0	14.3
老少三代同住一室	5.2	9.7	14.9
12 岁以上的异性子女同住一室	0.9	0.9	1.3
有的床晚上架起白天拆掉	0.6	0.7	2.9
客厅里也架起了睡觉的床	2.8	1.9	6.7
其他困难情况	4.0	4.8	12.9
没有上述困难情况	81.2	71.1	47.0
卫生间情况：			
冲水卫生间	81.9	59.0	62.4
公共卫生间	3.8	5.6	8.2
非冲水卫生间	13.6	33.8	28.7

资料来源：笔者根据 2014 年 CFPS 数据整理。

住房拥挤情况在贫困人口中普遍存在，收入贫困家庭中，12 岁以上子女与父母同住一室、老少三代同住一室情况的发生率在 10% 左右，多维贫困家庭该情

况的发生率均在14%左右；从卫生间使用类型看，贫困家庭中拥有独立卫生间的比例仅占六成左右，而高收入家庭该项指标的比率已接近95%。其中，8.2%的多维贫困家庭没有独立卫生间，33.8%的收入贫困家庭仍然使用非冲水卫生设备。

从居住环境来看，收入贫困人口居住的社区经济水平相对落后，房屋拥挤、马路脏乱现象较严重，社区成员精神状态不佳并且成员相对混杂。多维贫困人口居住社区建筑格局较为混乱，房屋更加拥挤。贫困人口居住的社区附近存在高污染企业的概率要明显高于平均水平，是高收入户两倍以上（见表9-5）。

表9-5　　　　　　　　　城镇贫困人口居住环境统计　　　　　　　　单位：%

	全国平均	收入贫困	多维贫困
居住环境*：			
贫困区	0.6	1.9	1.7
马路脏乱	1.5	4.1	2.6
精神萎靡	1.5	9.9	5.6
成员混杂	4.2	10.1	9.1
建筑格局混乱	1.9	3.3	4.6
房屋拥挤	1.9	1.9	2.0
高污染企业	20.9	26.3	24.5

注：*该分类来自CFPS问卷调查中访员观察项目，每个项目给予评分标准，本文各项指标选取来自分数最低档位，因此数据比例只能反映出居住环境的相对水平，而并无实际含义。
资料来源：笔者根据2014年CFPS数据整理。

综上分析，贫困人口的居住困难不仅体现在居住面积狭小，而且居住环境较差，配套设施不完善。虽然我国大城市中并没有出现类似印度、南美洲的贫民窟现象，但贫困人口居住地的边缘化、聚集化问题也屡见不鲜，不利于社会安定团结和城镇环境治理，城镇中的棚户区改造任务依然艰巨。

六、中国城镇居民多维贫困与收入贫困群体的就业情况比较

在进行失业统计前，我们先将CFPS数据中不同人群的就业场所进行简单梳理，整理后发现，高收入户主要的工作场地在办公室或其他工作场所；收入贫困家庭的工作场地一般位于户外或一些非办公室的工作场所，特别是在运输工具内工作的人数比例较高。多维贫困户在家里工作的比例相对较高，在办公室工作的人口相对较少。可见，从工作场地推断，高收入户的工作性质一般属于管理或文案方面，而贫困人口的工作性质一般属于普通工人、司机或者家政人员等，工作性

质的差异导致工资差别较大，进而导致不同阶层之间收入差距扩大（见表9-6）。

表9-6 城镇贫困人口工作场地统计 单位：%

工作场地	全国平均	收入贫困	多维贫困
户外	10.4	13.5	10.3
车间	7.7	5.0	4.3
办公室	13.4	4.5	3.9
家里	2.2	2.0	3.0
其他室内工作场所	15.1	14.3	9.7
运输工具内	1.6	2.6	1.0
其他（请注明）	1.4	0.8	1.2

资料来源：笔者根据2014年CFPS数据整理。

《中国人口和就业统计年鉴（2015）》中的资料显示，我国2014年城镇登记失业人数为952万人次，登记失业率为4.09%，比上年增长2.8%。这里值得注意的是，该统计数据是来自登记在册的失业人口，如果算上未进行失业登记的失业人数则总的失业人数应大于该比例。本章根据CFPS抽样调查数据，测算出我国2014年失业情况如图9-4所示。

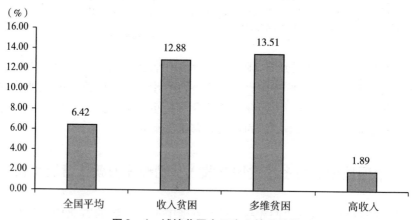

图9-4 城镇贫困人口失业情况统计

资料来源：笔者根据2014年CFPS数据整理。

从失业比例来看，全国城镇平均失业率约为6.4%，多维贫困人群中失业人口最多，占13.51%，收入贫困人口有12.88%人口失业，而高收入人群中失业比例仅占1.89%。对于低收入家庭，工资收入是家庭收入的主要来源，因此，失业会导致低收入家庭的财务状况进一步恶化，进而陷入贫困状态。表9－7列举了失业的原因。

表9－7　　　　　　　　城镇贫困人口失业原因统计　　　　　　　　单位：%

失业原因	全国平均	收入贫困	多维贫困
不需要工作/不想工作	1.0	0.5	0.5
照料家庭，如生育、照顾小孩、做家务	7.0	9.1	7.1
退休/离休	15.6	6.4	16.6
年纪大了，干不动了（主要指老年农民）	6.0	10.0	17.0
因残障/疾病而没有劳动能力	2.4	5.0	8.4
没有找到合适的工作	2.8	5.8	3.3
上学/培训	0.2		
其他（请注明）	1.2	2.1	1.8

资料来源：笔者根据2014年CFPS数据整理。

在失业原因的统计中，城镇家庭一般失业原因集中于退休离休方面，而贫困家庭失业的主要原因在于"年纪大了，干不动了（主要指户籍在农村老年人口）"，特别是多维贫困人口中存在大量农村户籍人员，而年纪大的农村劳动力在城镇内难以就业，只有选择回老家或在城市中忍受低质量的生活，因此，这部分人口很难依靠自身力量摆脱困境，在缺少退休保障的情况下，如何妥善安置此类贫困人口的晚年生活，并预防城镇农民工由于年龄增加缺少就业能力而陷入贫困，这也是城镇扶贫工作的难题之一。除此之外，收入贫困人口中因家务负担，如生育、照顾小孩、做家务而失业的比例较大，而高收入户该项失业比例较低，在一定程度上解释了女性贫困比例较高的现象。多维贫困户中因残障/疾病而丧失劳动能力的比例相对较高，收入贫困家庭摩擦性失业的比例相对较高，短时期内难以寻找到合适的工作。

七、家庭困难、社会关系及自我评价情况比较

个人自评家庭主要困难的情况统计结果如表9－8所示，从全国来看，认为生活中完全没有困难的人口占总数的54%，收入贫困此项比例为22.6%，毫无意外，多维贫困人口中该项比例较低。平均来看，认为家庭主要困难来自经济困难的家庭有三成，收入贫困家庭的经济困难比例占五成以上，多维贫困该比例为

49.1%。由此可见，无论何种类型的贫困家庭，其经济困难都是需要首先解决的问题。住房问题已跃居我国城镇居民关心的第二大问题，在该项比例上低收入家庭与高收入家庭基本相似，可见住房困难对于各个阶层都是无法回避的难题，只是穷人希望住房条件略有改善，而富人无论出于投资还是享受目的，都在考虑购置房产。子女教育是大部分家庭认为的第三类家庭困难问题，然而对于多维贫困人群来讲，赡养老人与照顾家中病人似乎造成了更大的家庭负担。此外，失业、待业问题也是贫困家庭面临的主要困难之一。

表9-8　　　　　　　　城镇贫困人口家庭困难情况统计　　　　　　　单位：%

家庭主要困难	全国平均	收入贫困	多维贫困
经济困难	30.1	51.3	49.1
住房困难	10.2	10.0	12.6
子女教育	8.0	6.0	3.8
赡养照顾老人	3.7	3.4	6.9
家中病人的医疗与照顾	5.7	3.6	6.1
家庭关系紧张	0.6		
家庭成员失业/待业	1.7	2.9	2.3
其他（请注明）	0.9	0.2	0.7
没有任何困难	54.3	22.6	18.6

资料来源：笔者根据2014年CFPS数据整理。

城市贫困人口不仅承受巨大的生活压力，更承受巨大的心理压力。这种压力往往来自遭受主流群体的排斥或者是来自自身的自卑感。这种压力如果超过一定限度，就有可能对自身、家庭、社会关系乃至社会产生不利影响。表9-9列出了一些家庭社会关系状况：

表9-9　　　　　　　　城镇贫困人口社会关系统计　　　　　　　单位：%

关系评价		全国平均	收入贫困	多维贫困
亲戚交往联络	经常交往（每月1次）	58.7	47.4	52.0
	偶尔交往（每半年1~3次）	30.0	35.1	27.6
	不常交往（1年1~2次）	8.8	13.6	13.5
	没有交往	2.6	3.9	6.9

续表

关系评价		全国平均	收入贫困	多维贫困
邻里关系	很和睦	39.3	38.8	37.0
	比较和睦	35.6	35.7	31.4
	关系一般（如：来往很少但没有矛盾）	24.6	25.0	30.5
	关系有些紧张	0.5	0.6	1.1

资料来源：笔者根据 2014 年 CFPS 数据整理。

在与亲戚交往联络方面，贫困家庭的经常交往程度最低，多维贫困家庭中完全没有交往的比例最高；在邻里关系方面，在关系很和睦与比较和睦指标上，贫困人口的比例普遍低于平均水平，而关系一般和关系有些紧张方面普遍高于平均水平，多维贫困人口最为突出，与邻居来往很少的比例为30.5％，邻里关系有些紧张的比例达到了 1.1％。经济水平与社会关系之间的关联较为复杂，本书的证据显示，收入较低的家庭其社会关系亲密程度也较低，缺乏一定的社会协作网络将给贫困家庭摆脱困境的道路增加阻力。不仅如此，贫困状态会给人类的心理和精神带来负面影响，习近平总书记在扶贫大会上强调"扶贫先扶志"，缺乏奋斗的动力或者过低的自我评价都是摆脱贫困最大的精神枷锁。从表9－10中，我们就可以了解贫困人口的信任感、自我评价和社会待遇方面所承受的压力。

表9－10　　　　城镇贫困人口的信任感、自我评价及社会待遇　　　　单位：％

评价		全国平均	收入贫困	多维贫困
信任感	大多数人是可以信任的	54.4	51.3	46.8
	要越小心越好	45.3	48.3	52.8
自我评价	对未来没信心	2.2	3.5	4.6
	对自己不满意	2.6	5.0	5.7
	对生活不满意	1.8	3.5	3.5
社会待遇	因贫富差距而受到不公平对待	10.3	14.5	12.9

资料来源：笔者根据 2014 年 CFPS 数据整理。

在对社会的信任感方面，贫困人口要比高收入人群更缺少安全感，尤其是多维贫困人口，认为对周边的人要越小心越好的比例要超过五成；在自我评价中，多维贫困人口中对未来没信心的比例是城镇居民的两倍以上，对自己不满意和对生活不满意的比例也最高；贫困人口也经常受到社会排斥，在因贫富差距而受到不公平对待的比重上也超过全国平均水平。由此可见，城镇贫困人群要比一般人群承受各大的社会焦虑和心理压力，而且一部分社会成员最基本的生存权和发展权都遭到了剥夺，这些是与现代社会的发展目标相背离的（杨冬民，2010）。

第二节　中国城镇居民多维贫困与收入贫困群体经济状况的比较

一、中国城镇居民多维贫困与收入贫困群体的财产状况比较

国家统计局数据显示，我国 2017 年城镇居民家庭平均每百户拥有家用汽车 37.5 辆，拥有摩托车 20.8 辆，洗衣机 95.7 台、电冰箱 98.0 台，彩色电视机 123.8 台、空调 128.6 台、移动电话 235.4 部、计算机 80.8 台等。本节据 2014 年 CFPS 数据显示，家用物品拥有情况中除摩托车数量较多以外，其余家庭物品均少于国家统计局的数据，尤其移动电话与空调的保有率差距较大，其中存在一定的统计误差，但并不影响我们对于两类贫困人口间物质生活状况的对比（见表 9 – 11）。

表 9 – 11　　　　　　　　　城镇贫困人口家庭财产统计

指标	全国	收入贫困	多维贫困
家用汽车（辆）	25.3	15.4	11.6
摩托车（辆）	29.0	36.5	27.7
电动助力车（台）	41.7	38.4	33.3
洗衣机（台）	89.1	83.4	77.3
电冰箱（柜）（台）	89.8	81.1	75.7
彩色电视机（台）	95.3	94.8	95.3
空调（台）	56.5	32.5	37.1
移动电话（部）	95.7	92.8	87.4
计算机（台）	67.2	45.0	39.0
照相机（台）	29.0	10.0	13.3

资料来源：笔者根据 2014 年 CFPS 数据整理。

贫困家庭的财产分布差距较大，以家用汽车为例，收入贫困的拥有率为 15.4%，低于全国平均水平 10 个百分点，而多维贫困人拥有汽车的比例仅为全国平均水平的 45%。并且多维贫困人口的摩托车、洗衣机、电冰箱、移动电话

与计算机等拥有数量均低于收入贫困家庭，这说明多维贫困群体的资产保有情况以及实际生活质量严重低于收入贫困群体。

二、中国城镇居民多维贫困与收入贫困收入来源比较

根据国家统计局的数据显示，2017 年城镇居民家庭收入来源中，工资性收入、经营性收入、财产性收入与转移性收入约占城镇居民家庭收入的 61.0%、11.2%、9.9% 和 17.9%。本节根据 2014 年 CFPS 数据测算了全国城镇居民及贫困人口具体收入构成，如表 9 – 12 所示。

表 9 – 12　　　　　　　　　城镇贫困人口收入状况　　　　　　金额单位：元

项目	家庭总收入	工资性收入	经营性收入	财产性收入	转移性收入
全国平均	66798	43091	5004	1323	13658
占比		64.51%	7.49%	1.98%	20.45%
收入贫困	13364	7570	2131	381	2398
是平均数的	20.01%	17.57%	42.58%	28.81%	17.56%
组内占比		56.64%	15.94%	2.85%	17.95%
多维贫困	47138	25506	3265	625	12673
是平均数的	70.57%	59.19%	65.24%	47.24%	92.79%
组内占比		54.11%	6.93%	1.33%	26.89%

资料来源：笔者根据 2014 年 CFPS 数据整理。

我国城镇居民家庭总收入中，工资性收入占比最高，约占总收入的 64.5%；其次为转移性收入占 20% 左右；经营性收入位于第三，约为 7.49%；城镇居民财产性收入最少，约为 1.98%。对于城镇贫困人口而言，其收入构成排序基本与全体居民的情况一致，但是在具体收入来源占比方面差距较大。

对于多维贫困人口，其财产性收入为全国水平的 47%，工资性收入仅为全国平均水平的 60%，经营性收入为全国平均水平的 65%，总体上看，多维贫困家庭收入约为全国平均水平的七成。对于收入贫困人口，其平均家庭收入更低，除经营性收入为全国平均水平的 42% 以外，其余各项收入不到平均水平的 1/3。因此，对于收入贫困家庭而言，受教育程度、社会关系等方面影响，工资性收入对于家庭收入的贡献程度较低，而家庭小本经营的生意对其收入的贡献度较强，在扶贫政策方面应鼓励低收入家庭自主创业，并在金融信贷方面给予支持，以改

善此类家庭的贫困状况。此外，从组内占比看，多维贫困户财产性收入组内占比低于收入贫困户。转移性收入方面，多维贫困户该项收入绝对值和比重均于收入贫困户。

综上所述，工资性收入仍然是贫困人群的主要收入来源，但其绝对值严重低于全国平均水平；对于收入贫困的家庭，出卖劳动力或从事个体经营的收入对其维持正常生活较为重要，但以养老金、退休金或各种救济金为主要构成的转移性收入低于全国平均水平，可见我国社会保障金的覆盖范围有限，真正需要此项收入的群体并未得到有效保障；多维贫困户在财产收入方面最为薄弱，其主要原因在于住房困难情况在多维贫困户中普遍存在。由于工资性收入和财产性收入的分配对城市居民家庭收入差距具有扩大的影响，尤其是财产性收入对总体收入差距的扩大效应更为明显，换句话说，财产性收入分布不均等可能引起社会总财富两极分化（李实、罗楚亮，2012），因此随着房地产市场快速扩张，城镇贫困人口会由于缺少房屋资产而处境更加困难。

三、中国城镇居民多维贫困与收入贫困群体的支出比较[①]

在调查数据中，家庭支出分为三大类，分别是居民消费性支出，包含食品、衣着、居住、家庭设备及日用品、交通通信、文教娱乐、医疗保健、其他消费性支出；转移性支出，包括家庭对非同住亲友的经济支持、社会捐助以及重大事件中人情礼金；保障性支出，包括家庭购买各类商业保险，建房购房贷款支出等（见表9-13）。

表9-13　　　　　　城镇贫困人口支出状况（一）　　　　　金额单位：元

项目	家庭总支出	消费性	保障性	转移性
全国平均	73100	68194	1613	7861
占比		93.29%	2.21%	10.75%
收入贫困	53590	45917	936	5253
是平均数的	73.31%	67.33%	58.04%	66.83%
组内占比		85.68%	1.75%	9.80%
多维贫困	55853	49853	549	6142

[①]　统计数据上看，城镇居民总支出大于总收入，原因有如下几点：（1）统计上误差，该数据库经济变量中曾说明，由于调查口径有所变化，因此其收入水平会有所低估；（2）人均支出有最低限制而人均收入并没有最低限制，导致平均数值上差距较大。鉴于本书对比研究中，收入与支出分开处理，并结合比重进行比较研究，因此并不影响结果的客观性、真实性。

续表

项目	家庭总支出	消费性	保障性	转移性
是平均数的	76.41%	73.10%	34.04%	78.13%
组内占比		89.26%	0.98%	11.00%

资料来源：笔者根据 2014 年 CFPS 数据整理。

全国城镇家庭总支出中，消费性支出占 93.29%，其次是转移性支出占 10.75%，福利保障性支出约占 2.21%。城镇贫困人口的支出消费结构与居民总体情况基本上一致，但绝对数上差额较大。在家庭总支出方面，多维贫困户支出金额高于收入贫困家庭；其中消费性支出方面，收入贫困家庭消费金额是全国平均水平的 67.33%，多维贫困家庭消费金额是全国平均水平的 73.10%；福利保障性支出方面，多维贫困户该项支出比例最低；转移性支出方面，多维贫困户占比最高。总体来看贫困人群消费支出占平均数的 60%~70%；福利性支出仅是平均水平的 40%~50%，多维贫困户该项支出偏低；转移性支出是平均数的 70% 左右。可见，受家庭预算约束，贫困家庭的消费能力和水平均处于较低水平，特别是多维贫困人口在家庭保障方面的支出较少，从长远看，会降低多维贫困家庭的抗风险能力。

国家统计局将城镇居民现金消费支出分为八个项目，分别为食品、衣着、居住、家庭设备及日用品、交通通信、文教娱乐、医疗保健和其他。根据 2017 年的数据，食品、居住、交通、文教娱乐项目的支出占总支出的前四位，占比分别为 30.1%、23.3%、12.5% 和 10.8%；衣着支出占比 8.4%；日用品和医疗保健占比较少均为 6.1%，其他项目占比 2.7%。本文借鉴这种划分方式，同时对 2014 年 CFPS 调查数据中城镇贫困家庭的消费支出进行了统计，增加房贷项目的支出，划分结果如表 9-14 所示。

表 9-14　　　　　　　　城镇贫困人口支出状况（二）　　　　　　金额单位：元

项目	总支出	日用品	衣着鞋帽	文教娱乐	居住	医疗保健	交通通信	食品	房贷
全国平均	73100	7319	3253	6374	8176	4650	5678	24451	2110
占比		10.01%	4.45%	8.72%	11.18%	6.36%	7.77%	33.45%	2.89%
收入贫困	53590	4431	1860	4177	5826	4453	3877	15257	915
占平均数	73.31%	60.53%	57.16%	65.52%	71.27%	95.76%	68.28%	62.40%	43.36%
组内占比		7.66%	3.43%	8.06%	11.10%	8.20%	6.80%	29.23%	1.38%
多维贫困	55853	4112	1845	3987	7611	5415	3767	20089	735

续表

项目	总支出	日用品	衣着鞋帽	文教娱乐	居住	医疗保健	交通通信	食品	房贷
占平均数	76.41%	56.18%	56.72%	62.54%	93.09%	116.5%	66.34%	82.16%	34.83%
组内占比		7.36%	3.30%	7.14%	13.63%	9.70%	6.74%	35.97%	1.32%

资料来源：笔者根据 2014 年 CFPS 数据整理。

根据本节测算结果，2014 年城镇居民消费支出占比最高的前四位为食品、居住、日用品和文教娱乐，所占比例分别为 33.45%、11.18%、10.01%、8.72%，此划分虽与国家统计数据有些出入，但基本反映了居民生活消费的真实情况。通过进一步对比可以看出，不同类型人群的消费支出差距较大。高收入组消费支出与全国平均水平类似，但日用品消费占比高达 11%，仅次于食品消费。贫困人口呈现出不同的消费支出结构，绝大部分贫困家庭除食品和居住消费水平比较高以外，医疗支出也占相当高的比例，尤其是多维贫困家庭，其医疗保健支出金额高于平均水平 13%～16%，占总支出的 10%，高收入家庭该项比例仅占家庭支出的 5%。在文教娱乐、日用品支出方面，大部分贫困家庭此项支出仅为全国平均水平的 60% 左右；贫困人口房贷支出的水平更低，为平均水平 40% 左右，而高收入组该项支出是全国平均水平的 2 倍以上。由此推断，城镇房地产价格上升会使得高收入人群的财产性收入大幅度上升，从而加大了高收入阶层与低收入阶层的财产差距；另外，较高的通货膨胀，特别是食品价格的上涨，往往对恩格尔系数较高的低收入者更加不利，他们收入的实际购买力下降幅度更大。

通过贫困人口之间的消费支出比较分析，我们得出以下结论：

首先，居民财务状况普遍存在较大的赤字，其差距在贫困人口中更为明显。虽然难免有统计方面的误差存在，但同时也不可否认我国物价水平上涨的程度超过了居民实际收入上涨的幅度。

其次，贫困人群支出结构的差异暗含了其摆脱贫困陷阱的难度增加。第一，贫困人口在教育方面的投资远不及高收入阶层，这就意味着由教育差异导致的阶级固化将成为必然的趋势；第二，医疗支出是贫困人口的主要负担，看病难、看病贵，因病致贫的现象在城镇贫困人口中更为凸显；第三，一方面虽然房贷支出在贫困人口消费结构中占比较低，然而另一方面也暗示着贫困人口根本买不起房，承受不起固定的还款压力，从长远来看，其财产性收入也难以保证，子女成长后难以摆脱贫困陷阱，容易产生贫困代际传递。

最后，多维贫困人口收入水平虽然高于收入贫困人口，但从其消费支出来看，其生活负担还是比较重的，尤其医疗保健方面，多维贫困人口的支出高于全国城镇居民平均支出水平，在居住方面的支出高于收入贫困人口。

第三节　中国城镇居民多维贫困与收入贫困群体的区域分布比较

一、中国城镇居民多维贫困与收入贫困群体的区域分布概览

在对中国城镇居民多维贫困与收入贫困的群体进行详细的区域分布比较之前，我们首先纵览一下贫困人口的分布状况。众所周知，我国农村贫困人口主要分布在六盘山区、秦巴山区、武陵山区、乌蒙山区等十四个集中连片地区，其中大部分特困地区都分布在中西部省市，该分布主要是由于地理位置及地区经济发展水平决定的，那么，城镇贫困人口的分布有哪些特征，特别是我国多维贫困人口是否也集中在西部省市地区？本节根据 CFPS 数据进行的测算发现，我国城镇收入贫困人口与多维贫困人口呈现完全不同的分布状况。

我国城镇居民多维贫困人口分布主要位于东部和东北部地区，特别是江苏、广东、福建等经济发达省份，其多维贫困发生率均高于13%，东北地区的吉林省也是多维贫困高发地区，而陕西、甘肃等传统收入贫困高发地区，其多维贫困水平仅仅位于全国中等偏下水平。我国城镇居民收入贫困人口主要分布于中西部地区，广西、贵州、甘肃等地一直是我国农村扶贫工作重点区域，该地区也是城镇收入贫困人口的主要分布地区，其城镇收入贫困发生率在13.57%以上，东部省市中，如北京、天津、上海、浙江、福建等地其城镇收入贫困发生率在5.7%以下。可见，我国城镇多维贫困与收入贫困的人口分布明显不同，东部地区经济发展水平较高，多维贫困人口也较为集中，因此，城镇贫困人口并不会随着经济水平发展而自动消失，多维贫困现象将长期存在，针对不同地区的扶贫政策也应因时因地而异。

为了更清晰的展示我国各地区城镇贫困的发生率情况，我们分别计算了根据东部、中部、西部、东北部四大经济区域划分的城镇居民多维贫困和收入贫困发生率，具体结果如图 9-5 所示。

从区域划分来看，我国城镇居民收入贫困人口主要集中在西部地区，贫困发生率为13.3%左右，其次为中部地区和东北部地区，贫困发生率分别为10.06%与9.34%，东部地区收入贫困发生率低于全国平均水平，约为4.53%。进一步测算发现，中部地区低收入户的全国占比达23.9%，西部地区低收入户的占比达26.51%。该分布状况一方面说明我国区域性贫困现象严重，收入贫困与低收入家庭主要分布在中西部地区；另一方面说明我国地区间收入差距较大，区域发展不平衡。

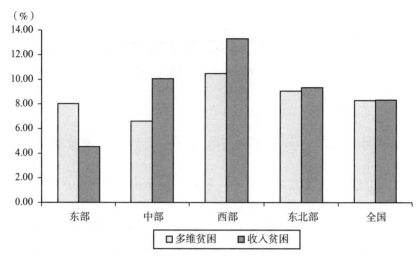

图9-5　按区域划分贫困发生率

资料来源：笔者根据2014年CFPS数据测算并整理。

　　我国多维贫困发生率最高地区也在西部地区，但明显低于收入贫困发生率；东北地区的多维贫困率位于全国第二位，约为9.06%，值得关注的是，东部地区的多维贫困发生率高达8.02%，高于中部地区20%。虽然平均来看，我国多维贫困发生率与收入贫困发生率相当，但区域间差距较大，下面我们从贫困人口数量占比来看，如图9-6所示。

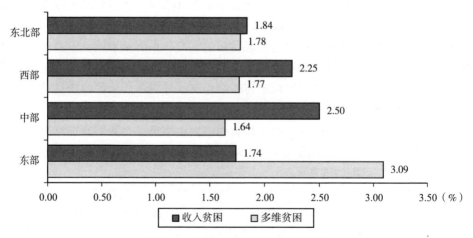

图9-6　按区域划分贫困人口数量

资料来源：笔者根据2014年CFPS数据测算并整理。

　　虽然西部地区收入贫困率与多维贫困率居全国首位，然而从绝对数量来看，东部地区多维贫困人口数量最多，其次为东北部地区，这可能与东部地区集中大量流动人口有很大关系，其中不乏城市打工者以及新毕业大学生等新型城镇贫困人口；西部地区与东北部地区多维贫困现象也很严重，尤其东北地区，具有城市户籍的多维贫困人口相对比例全国最高，说明多维贫困现象在东部城市中具有普遍性。

二、中国城镇居民多维贫困与收入贫困群体的省市分布比较

为了进一步考察东中西东北四个区域城镇贫困分布状况，下面我们对各区域贫困人口按省市做更进一步细分，如表9-15所示。

表9-15　　　　　　　　　　　东部省市贫困人口发生率　　　　　　　　　　单位：%

项目		北京	天津	河北	上海	江苏	浙江	福建	山东	广东
收入贫困	组内比例	4.95	0.61	10.44	1.45	8.98	5.28	6.67	11.92	10.99
	区域比例	0.28	0.02	0.81	0.47	0.73	0.32	0.10	0.37	3.53
多维贫困	组内比例	14.49	5.49	5.74	7.64	12.47	9.57	8.00	0.66	7.33
	区域比例	0.83	0.18	0.45	2.46	1.01	0.59	0.12	0.02	2.35

资料来源：笔者根据2014年CFPS数据测算并整理。

从收入贫困角度看，山东、广东、河北三个省市收入贫困发生率位于东部地区前列，尤其广东地区，收入贫困人口绝对数量在东部地区排名第一，其次是河北省。福建省低收入人口数量位于东部地区第一位，潜在的收入贫困群体较大，因此，在扶贫工作中应以预防式扶贫为主，并尽可能地将低收入群体纳入社会保障范畴。收入贫困现象较轻的地区为北京、天津、上海三大直辖市地区，一方面由于该地区经济发展水平较高；另一方面由于这些省市地区低保线已超过国际扶贫标准，部分困难群众得到了政府的救助，从收入方面看已经脱离绝对贫困。

从多维贫困角度看，在东部地区，多维贫困发生率最高的两个地区为北京、江苏，其中，北京收入贫困发生率平均仅为4%左右，然而多维贫困发生率高达14.13%，江苏地区多维贫困发生率普遍也高于收入贫困发生率，存在这种现象的还有浙江、上海和福建等省市。但山东省的城镇贫困呈现不同的规律，其收入贫困人口较多，收入贫困率达到10%以上，然而其多维贫困人口仅有0.66%，因此对该省来说，提高贫困人口的收入水平为首要任务。

中部省市的城镇贫困问题明显比东部地区严重，呈现以下几种特征：首先，中部地区多维贫困发生率普遍低于收入贫困发生率，收入贫困问题仍是该地区扶贫工作的重心；其次，收入贫困高发的前三位省市有山西、安徽、江西，收入贫

困发生率达 16% 以上，特别是山西省有将近 1/3 的城镇居民陷入收入贫困；最后，多维贫困比例高于平均水平的省份包括安徽省和湖北省，多维贫困发生率最低的省份为湖南省（见表 9 - 16）。

表 9 - 16　　　　　　　　　中部省市贫困人口发生率　　　　　　　　单位：%

项目		山西	安徽	江西	河南	湖北	湖南
收入贫困	组内比例	29.83	18.41	16.31	13.91	11.56	10.69
	区域比例	3.93	1.38	1.19	6.19	1.45	1.60
多维贫困	组内比例	7.16	10.88	6.87	6.29	9.05	2.73
	区域比例	0.94	0.82	0.50	2.80	1.13	0.41

资料来源：笔者根据 2014 年 CFPS 数据测算并整理。

西部省市之间的城镇贫困状况差别较为明显，例如贵州地区收入贫困发生率高达 43.02%，该地区收入严重低于国家平均水平，其国际扶贫线以下的人口数量也居西部地区最高位；西部地区收入贫困现象较轻的省市为四川、重庆，但此地区多维贫困水平较高，尤其四川地区，有超过 11% 的多维贫困人口；广西作为西部省区贫困第二严重的省，其收入贫困发生率高达 20.54%，生活在国际扶贫线以下的人口超过 20%，然而多维贫困仅有 6.25%，由此可见，城镇多维贫困问题在发达省市更为严重，而经济相对落后地区要面对的首要扶贫任务仍然是增加贫困人口收入（见表 9 - 17）。

表 9 - 17　　　　　　　　　西部省市贫困人口发生率　　　　　　　　单位：%

项目		广西	重庆	四川	贵州	云南	陕西	甘肃
收入贫困	组内比例	20.54	7.04	10.47	43.02	17.04	13.83	17.92
	区域比例	1.06	0.46	1.43	7.11	1.06	2.22	6.28
多维贫困	组内比例	6.25	6.34	11.49	22.63	1.48	5.76	9.35
	区域比例	0.32	0.42	1.57	3.74	0.09	0.92	3.28

资料来源：笔者根据 2014 年 CFPS 数据测算并整理。

东北部省份中，首先吉林省无论收入贫困还是多维贫困，其城镇贫困人口发生率均为全地区最高，并超过全国平均水平；其次为黑龙江省，收入贫困发生率高达 15.46%；最后辽宁省在东三省地区中发展较好，但其收入贫困及多维贫困的区域占比在东北地区最高，贫困人口数量庞大。总体上看，东三省多维贫困水平普遍高于全国平均水平，因此，该省区在进行收入扶贫的同时，还要提高对多维贫困人口的重视程度（见表9－18）。

表9－18 东北部省市贫困人口发生率 单位：%

项目		辽宁	吉林	黑龙江
绝对贫困	组内比例	11.22	16.72	15.46
	区域比例	6.60	2.03	4.49
多维贫困	组内比例	7.50	14.75	9.85
	区域比例	4.41	1.79	2.86

资料来源：笔者根据2014年CFPS数据测算并整理。

第十章 中国城镇居民多维贫困与收入贫困的影响因素研究

本章我们将重点进行城镇多维贫困的致贫原因分析。首先分析个人、家庭等微观因素对多维贫困人口有哪些影响，寻找关键致贫因子；其次，还将进一步讨论户籍制度和生育政策与城镇多维贫困的关系；再次，将分析宏观经济政策及指标的变化如何影响多维贫困率，其中国家经济、政策等宏观因素包含城镇化率、失业率、人均 GDP、老龄化率、基尼系数等指标，随后进行城镇化背景下的城镇贫困问题的讨论；最后，分析多维贫困指标的致贫机制，考察多维指标对收入贫困人群的影响程度，并考察教育、健康、医疗保险对多维贫困家庭收入的影响，建立起多维指标与收入贫困之间的联系，为城镇扶贫工作重心由收入扶持向多维扶贫方向转移提供理论支持。

第一节 人口及家庭特征对中国城镇居民贫困影响的实证分析

本节我们将从微观角度出发，寻找对城镇家庭陷入贫困有重要影响的人口和家庭特征。其中，我们将着重关注户籍变量对城镇多维贫困的影响是否显著，并且进一步讨论我国户籍制度存在的问题。在家庭特征的讨论中，我们重点关注家庭规模、老年人口数、未成年人抚养比对城镇居民多维贫困的影响。

一、人口特征影响的实证分析

（一）实证分析的方法

在本节中，我们使用 probit 模型定量分析导致城镇居民陷入贫困的致贫因素，即令贫困户为 1，非贫困户为 0，模型表达式如下：

$$P(poverty = 1 \mid X) = G(\beta_0 + \beta_i X) \tag{10-1}$$

probit 模型的使用可以回溯到 20 世纪 60 年代早期的计量经济学（Goldberger，1964），probit 模型有一个 probit 关系函数：

$$\eta = \varphi^{-1}(\mu) \tag{10-2}$$

正态的累计分布函数的倒数实际上是一个标准化了的变量或者是一个 Z 分数。probit 模型是研究一个二分的结果变量的，可以用概率来表示：

$$\text{Prob}(y = 1) = 1 - F(-\sum_{k=1}^{K} \beta_k x_k) = F(\sum_{k=1}^{K} \beta_k x_k) = \Phi(\sum_{k=1}^{K} \beta_k x_k)$$

$$\tag{10-3}$$

更广义的累积分布函数 F，被标准正态累积分布函数 Φ 代替。logit 模型也是累计分布函数的一种，但 logit 模型与 probit 模型不同，logit 模型只能有两个主要的形式——一个用 logit 来表达，还有一个用事件概率来表达。probit 模型只有这一个很直观的有意义的形式。logit 和 probit 模型有很多相似之处，在大部分情况下，任何一个模型都能给出一样的结论。实际上，我们可以把从一个模型得出的估计结果转换到另外一个模型得出的估计结果，如果把 probit 估计乘以一个数，就可以得出一个对应的 logit 估计的近似值，最准确的值在这两个值之间或接近这两个值（廖福挺，2015）。鉴于两种模型差别不大，本节采用 probit 概率模型对城镇居民陷入多维贫困进行原因分析。probit 模型关于某个解释变量概率的边际效应计算公式如下：

$$\frac{\partial Prob(y = 1)}{\partial x_k} = \phi(\sum_{k=1}^{K} \beta_k x_k)\beta_k \tag{10-4}$$

ϕ 代表的是标准正态概率密度函数，可以通过赋予 x 一些特定的值来计算边际效应，也可以计算边际概率，即各个解释变量在其均值左右的微小变化对居民陷入贫困的概率的影响方向和程度。对于 probit 模型而言，如果 x_j 是一个连续变量，则对 x_j 的微小变化，有 $\Delta P(y = 1 | x) \approx [g(\beta + x_\beta)\beta]\Delta x$，所以 $dF/dx_j = g(\beta_0 + x_\beta)\beta_j$，其中，$g(\beta_0 + x_\beta)$ 即标准正态分布下的概率密度函数，由于 $g(\beta_0 + x_\beta)$ 取决于 x，所以，必须在 x 有意义的地方计算它（伍德里奇，2003）。

（二）人口特征的统计分析

我们首先定义一下回归分析的参照组。参照组一，收入贫困人口，即家庭人均收入位于国际扶贫标准以下的群体；参照组二，低保人口，即 CFPS 指标中接受低保补助的家庭及其成员，将此类人群引入参照组，一方面为了考察下一步的低保政策评估做铺垫；另一方面，城市低保人群是完全具有城市户籍的低收入群体，与其他类型贫困人口的人员构成不同，在致贫原因上也会存在显著差异，具有一定的研究价值（见表 10 - 1）。

表 10 - 1 城镇居民和贫困群体的特征统计 单位：%

组别		城镇居民	多维贫困	参照组一：收入贫困	参照组二：低保
性别	男	48.69	46.7	47.4	47.88
	女	51.31	53.3	52.6	52.12
年龄阶段	年龄≤18	18.33	19.43	22.66	17.91
	18 < 年龄 < 65	68.08	50	63.15	68.99
	年龄≥65	13.59	30.57	14.19	13.1
户籍	城镇	66.73	54.15	45.5	70.41
	农村	32.49	44.62	53.29	29.22
婚姻状态	未婚	27.99	24.72	31.06	29.59
	在婚	64.12	59.25	59.69	59.47
	同居	0.53	0.75	0.52	0.57
	离婚	2.03	2.17	2.42	3.39
	丧偶	5.32	13.11	6.31	6.97

资料来源：笔者根据 2014 年 CFPS 数据整理。

表 10 - 1 为我们提供了不同类型人口的性别、年龄、户籍、婚姻属性的差别统计，从中可以看出，贫困人口中性别差异较为明显，女性贫困人口较多，尤其在多维贫困人群中，女性占比较高；在年龄阶段划分中，收入贫困人口中的青少年占比较大，而多维贫困人口的老年人占比较大；差异最为明显的为户籍分类，在城镇统计数据中，农村户籍人口占 1/3 左右，而除低保人口中城镇户籍占比较大外，其余贫困人口中的农村户籍人员占一半左右，由此可见，城镇贫困中农村户籍的打工者、失地农民等人口逐步成为城镇贫困人口的主体，城镇扶贫不能仅瞄准于城市低收入劳动者；婚姻状态显示，城镇贫困人口中的未婚人士高于平均水平，且离婚现象在贫困人口中的发生率相对较高。

（三）人口特征影响的实证检验

此处使用 probit 模型，以性别、年龄、户籍、婚姻状况指标为自变量，考察这些因素其对城镇居民陷入贫困的概率有哪些影响，结果如表 10 - 2 所示。

表 10 - 2　　　　　　　　　人口特征对城镇贫困影响的估计结果

指标	多维贫困	dy/dx	参照组一：收入贫困	dy/dx	参照组二低保	dy/dx
gender	- 0.00104 (0.03)	- 0.02	- 0.0166 (0.03)	- 0.26	- 0.0148 (0.03)	- 0.23
Mage	0.0128 *** (0.00)	0.19	0.00126 (0.00)	0.02	0.00181 * (0.00)	0.03
城镇户籍	- 0.384 *** (0.03)	- 5.61	- 0.499 *** (0.03)	- 7.88	0.0878 * (0.03)	1.34
married	- 0.363 *** (0.04)	- 5.31	- 0.110 ** (0.04)	- 1.73	- 0.152 *** (0.04)	- 2.31
_cons	- 1.459 *** (0.04)		- 1.016 *** (0.04)		- 1.416 *** (0.04)	
N	12790		12790		12790	

注：括号中的标准差；＊p＜0.05，＊＊p＜0.01，＊＊＊p＜0.001。
资料来源：笔者根据2014年CFPS数据整理。

首先，虽然贫困人口中的性别差异十分明显，但性别属性对多维贫困的发生并无直接影响，对参照组家庭的影响也不显著。在李实、罗楚亮《中国收入差距的实证分析》一书中曾做过城市居民内部不同性别间的家庭收入差异研究，其结果表明男性组的人均家庭收入比女性组略高，但差别不明显。本章的研究也证实，性别差异对城镇居民能否陷入贫困的不会有显著影响。

其次，年龄增加会提高城镇居民陷入多维贫困的概率。对于多维贫困人口而言，年龄越大，陷入多维贫困的概率越大，影响力高达19%。在年龄统计中也明显看出多维贫困人口中老年人口比例大，但年龄变量在低保户致贫检验中，满足10%的显著性水平检验，而在严格以收入划分的相对贫困以及绝对贫困人口中，并不显著。根据生命周期理论，随着年龄的增加个人的收入会呈现倒U形，由于储蓄以及养老保险的作用，老年人在收入上也许并不拮据，然而该群体在其他方面可能遭受剥夺，其贫困状态会体现在收入以外的方方面面。

再次，户籍差异会显著增加城镇居民陷入多维贫困的概率。拥有城镇户籍会使城镇居民陷入多维贫困的风险降低5.61%，陷入收入贫困的风险降低7%左右。而对于低保户而言，城镇户籍指标具有正向影响，但显著性较低，这是由于按照现行政策，城镇低保发放对象仅限于拥有城镇户籍的常住人口。

最后，已婚状态会降低陷入多维贫困的概率。结婚可以使城镇居民陷入贫困风险的概率有不同程度的降低，其中，婚姻状态使城镇居民沦为低保户的风险降低 2.31%，陷入相对贫困的风险降低 1.73%，陷入绝对贫困的风险降低 1.67%，陷入多维贫困的风险降低 5.31%。由此可见，婚姻状态更有助于城镇居民对抗陷入贫困的风险。

二、户籍制度对城镇贫困影响的讨论

我国 1956 年开始实施城乡分割的二元户籍制度，其目的在于严格控制城镇人口数量，保障城镇粮食及物资供应。我国的户籍分为"农业户口"与"非农业户口"，这一制度成为城乡分割的天然屏障，属于"农业户口"的人除了考上大学、当兵提干等少数特殊情况之外，不得随意转为非农业户口。而农业户口人员不得享受城镇就业以及城镇各项福利制度。户籍制度从根本上规定了人们从出生就带有的居住地依附属性，限制了人口流动。改革开放之前，农村人口进入城镇工作和生活几乎是不可能的。改革开放之后，随着市场经济的推进，农村劳动力向城镇转移的数量逐渐增多，速度逐步加快。这种人口迁移不仅是农村人口对于收入增加的需求，更是城镇经济发展的必然要求，此时，户籍制度成为农村人口进城务工的一大障碍，目前，国内学者对于废除户籍制度的呼声也愈加强烈。政府逐步认识到，劳动力作为一种基础性生产要素，对其流动性的限制无疑会提高社会运行成本，制约经济发展。

户籍制度的弊端不仅削弱了劳动力要素的自由流动，阻碍了经济的可持续发展，还阻碍了城乡统筹，不利于对人口流动进行有效的管理，更重要的是，在城市化进程快速推进阶段，户籍制度加剧了社会分化，在一定程度上成为导致城镇居民陷入贫困的主要原因之一。

首先，城镇中的农村户籍人员难以享受城镇社会保障、公共服务以及一些社会资源。例如政府构建的城镇职工基本社会保险体系，包括养老、失业、工伤、医疗等方面，从瞄准对象上已将在城镇工作和生活的农民工排除在外。除此之外，农村户口的打工者未被纳入城市最低生活保障体系，无法享受政府补贴性住房安排，打工子女也无法平等地获得就学和参加升学考试机会。因此，城市中的农村人口教育、医疗、住房等方面容易被剥夺，更易陷入多维贫困状态。

其次，户籍差异造成劳动力市场的分割，是当今中国最不公平的现象之一。城镇户籍居民有更多机会进入工资待遇高、稳定性强的正规就业岗位；地方政府在宏观经济不景气城市就业压力增大时，会采取各种手段限制外来人口就业。因此，农村户籍的城市劳动者工作不稳定、收入相对低下且未受到失业保护，陷入贫困的概率增加。

最后，农村户籍人员进入城市后缺少社会认同感。农村外来务工人员难以融入城市主流文化。户籍是一个人身份的象征，使原本性格朴实的农民在大城市中生活得更加谨小慎微。农村的生活习惯、处世态度与城镇生活格格不入，社会歧视现象也随处可见，户籍差异使得外来打工者容易陷入心理贫困。

由此可见，户籍制度造成城镇内部不同户籍身份的居民享受城镇福利处于失衡的状况，拉大了贫富差距，也大大提高了非户籍人口在城镇陷入贫困的概率。户籍改革的最终目的，不仅是还居民以迁徙的自由，更是赋予各类人群同等的权利，也是从根本上提高城镇农村户籍贫困人口摆脱贫穷、提高可行性能力的重要一环。

三、家庭特征因素致贫机制分析

（一）家庭规模与抚养比统计

国家卫计委发布的《中国家庭发展报告（2015 年）》显示，目前中国城镇的家庭规模呈现小型化，2 人、3 人将成为家庭类型的主体。同时，家庭类型多样化，核心家庭占六成以上，单人家庭、空巢家庭不断涌现。在养老方面，老年人日常的生活照料主要依靠自己和家庭各成员，养老服务的需求集中在健康医疗方面，并且随着年龄增长，老年人越来越倾向于与子女居住在一起。随着生育政策的放开，多子女家庭在城镇中将更加常见，由此家庭规模、老年人数、青少年人数等因素是否对家庭贫困有一定程度的影响呢？

CFPS 数据库中，家庭规模的定义为是否同灶吃饭，并且具有经济供养的关系。数据显示，中国城镇平均家庭规模为 3.9 人。其中，三人户及以下家庭占 50% 左右，且比例最大的为三人户家庭，约占 29.44%；贫困户家庭的普遍特征就是家庭规模较大，收入贫困家庭的三人户及以下的比重仅有 30%，比城镇平均水平低将近 20 个百分点。贫困家庭人口规模集中在四人户，多维贫困户中四名家庭成员的比重为 22.17%，而三名家庭成员的比重仅为 13.96%。五人户以上家庭占比最大的是低保家庭，约为 24.79%，高出平均水平 11 个百分点（见表 10 -3）。

表 10 -3　　　　　　　　　城镇贫困家庭因素指标统计　　　　　　　　单位：%

组别		城镇居民	多维贫困	参照组一：收入贫困	参照组二：低保
家庭规模	1 人户	3.67	6.51	1.9	1.79
	2 人户	15.09	18.4	13.06	9.52
	3 人户	29.44	13.96	16.18	22.62
	4 人户	20.16	22.17	20.33	21.58
	5 人户	17.79	16.6	24.39	19.7
	5 人以上户	13.85	22.36	24.14	24.79

续表

组别		城镇居民	多维贫困	参照组一：收入贫困	参照组二：低保
抚养比	老年人抚养比	17.21	38.48	12.78	20.16
	儿童抚养比	28.40	41.28	35.26	28.30

资料来源：笔者根据 2014 年 CFPS 数据进行整理。

贫困家庭中，老年人抚养比最高的为多维贫困家庭，比例高达 38.48%；其次为低保家庭，而收入贫困家庭的老年人抚养比相对较轻，低于城镇平均水平 5~6 个百分点；儿童抚养比方面，依然是多维贫困家庭负担最重，平均每 100 名劳动力年龄的人口要负担 41 名儿童，其次为收入贫困家庭，儿童抚养比为 35% 左右，低保家庭的儿童抚养比与城镇平均水平相当，约为 28%。

（二）家户特征影响额实证检验

下面我们引入家庭规模、老年人数与儿童人数作为自变量，运用 probit 模型分析这几项指标对于家庭陷入贫困的风险程度，并进行边际计算，具体结果如表 10-4 所示。

表 10-4　　　　　　　　　　家庭因素的实证检验结果

指标	多维贫困	dy/dx	参照组一：收入贫困	dy/dx	参照组二：低保	dy/dx
家庭规模	-0.0408 *** (0.01)	-0.58	0.0952 *** (0.01)	1.51	0.136 *** (0.01)	2.02
老年人数	0.475 *** (0.02)	6.73	0.0274 (0.02)	0.44	0.0126 (0.02)	0.19
儿童人数	0.217 *** (0.03)	3.07	0.045 (0.02)	0.72	-0.0967 *** (0.02)	-1.44
_cons	-1.645 *** (0.04)		-1.776 *** (0.04)		-1.889 *** (0.04)	
N	12790		12790		12790	

注：Standard errors in parentheses；* p < 0.05，** p < 0.01，*** p < 0.001。
资料来源：笔者根据 2014 年 CFPS 数据进行整理。

表 10-4 的回归结果显示，家庭规模、老年人数与儿童人数都对城镇多维贫困有不同程度的影响，但家庭规模因子并没有像我们预期的那样家庭规模越大越容易陷入贫困。对于多维贫困人群而言，家庭规模指标显著为负，边际影响力在 0.58%，即每增加一个家庭成员，陷入多维贫困的概率降低 0.5%，影响力较弱，

而对参照组家庭，家庭规模的影响程度是显著正向的，即家庭规模越大，家庭负担越重，越容易陷入贫困，例如对城镇低收入群体，每增加一名家庭成员，陷入低保贫困的概率增加 2.02%，陷入收入贫困的概率增加 1.51%。

中老年人数的指标对于家庭是否陷入多维贫困有显著影响，而对于参照组家庭影响不大。从前面的统计量可以看出，多维贫困人口的老年人抚养比最高，因此政府提高社会服务水平，减轻居民养老负担对于减少多维贫困发生率的有重要意义。家庭中儿童数量对于城镇多维贫困发生影响力较大，在参照组家庭中，对陷入低保户的概率影响较为显著。但令人意外的是，儿童数量对贫困影响方向不同。每增加一名儿童，会增加 3.07% 陷入多维贫困的风险，与此同时，会降低 1.44% 陷入低保贫困的概率。

由此可见，家庭规模的扩大并没有绝对意义上增加或降低贫困发生的风险，一方面，家庭规模越大，则平均意义上每个成员能够享受到的收入就越低，因此更有可能陷入收入贫困；另一方面，家庭规模越大，可能意味着家庭成员的综合能力更强，摆脱困境的机会越大，陷入多维贫困的概率越低。老年人数量与儿童数量对于家庭来讲不仅是增加了金钱方面的支出，更大程度上是增加了家庭在教育、健康乃至医疗方面的负担，包括日间照料、陪伴等方面的人力投入，因此使得城镇家庭更易陷入多维贫困。

（三）生育政策与家庭规模选择的讨论

近 50 年来，我国生育政策经历了多次重大调整，在实践中不断完善。1971 年，国务院批转《关于做好计划生育工作的报告》，强调"要有计划生育"，随后，"晚、稀、少"的生育政策开始逐步实行。1978 年，第五届全国人民代表大会第一次会议通过《中华人民共和国宪法》，其中第五十三条规定"国家提倡和推行计划生育"，此后，计划生育成我国一项基本国策。进入 21 世纪以后，我国人口形势发生了重大变化，人口年增长率明显放缓，老龄人口比重上升，少儿人口比重降低，1990 年 14 岁以下人口占总人口的比重为 27.7%，到了 2017 年，14 岁以下人口占总人口比重为 16.8%；1990 年 65 岁以上人口占总人口比例为 6%，2017 年上升至 11.4%，预计到 2030 年将上升至 17%。由此可见，人口结构性问题、老龄化问题在我国逐步凸显，我国生育政策开始做出部分调整。

2013 年，党的十八届三中全会审议提出，坚持计划生育的基本国策，启动单独子女可生育两孩的政策，2015 年 10 月 29 日，党的十八届五中全会公报提出，全面实施一对夫妇可生育两个孩子政策，积极开展应对人口老龄化行动。至此，我国计划生育政策进入新的阶段。

从长远来看，计划生育政策的放松有利于人口的均衡发展和国家社会经济可持续发展。首先，全面二孩政策会导致生育水平上升，并伴随性别偏好的弱化，出生人口性别比将逐步回归正常水平；其次，生育政策的放开，将改变人口的年龄结构，减缓老龄化速度；再次，新生婴儿的诞生会拉动相关食品、玩具、母婴医疗、儿童服饰等相关产业，甚至将惠及汽车乃至房地产等行业的发展，拉动居民消费；最后，随着年轻人口数量增多，将提供给经济发展相对便宜的要素价格，从而带来人口红利。

生育政策放开对于家庭规模的决策选择影响较大。尤其对于城镇居民而言，多养育一名子女意味着增加较大的生活成本，特别是教育方面的投资巨大，如在家庭中夫妻双方必须有一人专门承担养育任务而无法工作时，家庭负担更加明显。虽然从本节的测量结果来看，子女数量并不会明显增加居民陷入收入贫困的概率，但的确会提高城镇居民陷入多维贫困的可能性。因此，国家在放开生育政策的同时，应该相应增加生育方面的福利政策，并且完善医疗、教育、公共设施等方面的建设，才能避免"富人不愿生、穷人不敢生"的问题，达到改善人口结构促进经济发展的根本目的。

第二节 宏观因素对中国城镇居民贫困的影响

多维视角下的城市贫困问题不仅与经济增长、收入分配相关，还应考虑城镇化进程、老龄化程度、失业率等方面的状况。因此，本节将考察城镇化、老龄化、失业率、消费价格等因素对各类城镇贫困的影响方向及程度。

一、2010～2014 年宏观经济指标变动情况

城镇化是社会生产力变革所引起的人类生产方式、生活方式和居住方式改变的过程。其过程包括人口职业的转变、产业结构的转变及土地及地域空间的变化。城镇化程度是一个国家地区经济社会发展进步的主要反映和重要标志。本节将利用城镇化率作为宏观经济发展指标之一，来衡量城镇化程度对于城市贫困的影响程度。其构建方法为：城镇化率＝城镇常住人口/常住总人口。我国 2010年、2012 年和 2014 年各省份城镇化率的基本情况如图 10－1 所示。

图 10－1 表明，从 2010～2014 年，我国各省市城镇化水平逐步增加，中西部地区城镇化速度较快；区域间城镇化水平差距较大，东部城镇化水平较高，其次为东北地区，中西部地区城镇化水平较低。其中，城镇化水平最高的地区为三大直辖市，其次为广东、辽宁地区，最低的为贵州、云南、甘肃等地。以云南、河南、陕西等为代表的中西部地区城镇化速度较快，2010～2014 年城镇化的速度为 6%～7%。

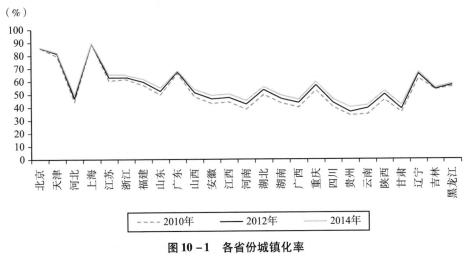

图 10 - 1　各省份城镇化率

资料来源：中国国家统计局 2010～2014 年历年统计年鉴。

人均 GDP 是衡量各地区经济发展状况的重要指标。国家统计局的数据显示，中国大陆 2015 年人均 GDP 为 7467 美元，2016 年为 8012 美元，2017 年为 8836 美元。下面，我们把各地区经济发展状况做一下简单统计分析。图 10 - 2 展示了 2010 年、2012 年及 2014 年 3 年的各地区人均 GDP 水平，并按照东、中、西、东北四个经济区从左至右顺序排列，具体结果如图 10 - 2 所示。

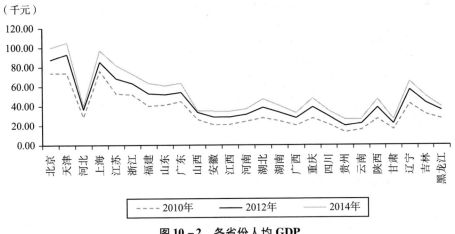

图 10 - 2　各省份人均 GDP

资料来源：中国国家统计局 2010～2014 年历年统计年鉴。

如图 10 - 2 所示，2010 ~ 2014 年，我国各地区人均 GDP 逐年增长，东部地区增长幅度高于中西部地区，且东部地区除河北省经济发展水平略低以外，其余各省市平均水平高于中西部以及东北地区。东部人均 GDP 最高的省市为北京、天津、上海地区；中部地区人均 GDP 最高地区为湖北，最低为安徽；西部地区人均 GDP 最高为重庆，最低为贵州、甘肃。

基尼系数是国际上用来综合考察居民内部收入分配差异状况的重要指标，由于国家统计局并未公布各地区基尼系数数值，因此，本文根据 CFPS 数据中城镇人口的人均可支配收入计算了各地区城镇居民人均收入的基尼系数，用以反映该地区收入分配情况。由于数据量有限，因此其准确性还值得商榷。然而，由于其数据具有追踪价值，因此基尼系数的变化仍有参考价值，现将计算结果展示如图 10 - 3 所示。

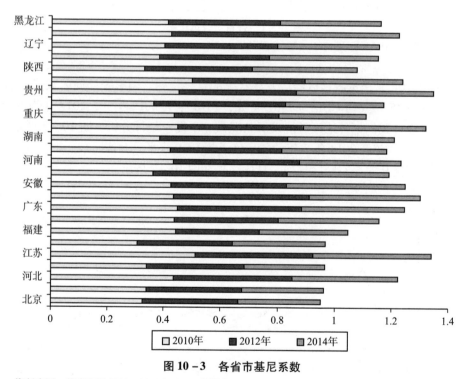

图 10 - 3　各省市基尼系数

资料来源：笔者根据 2010 ~ 2014 年 CFPS 数据整理。

从图 10 - 3 中可以看出，东部城镇收入不平等程度较低，而中西部较高，但各省市的变化程度不同。例如北京地区的基尼系数由 2010 年的 0.32 扩大到 2012 年的 0.33，又缩小到 2014 年 0.28；安徽省由 2010 ~ 2012 年缩小了两个百分点，2014 年又扩大了一个百分点；黑龙江省的基尼系数一直降低，五年间共降低了六个百分点。由此可见，区域间不平等程度的变化是不稳定的。

居民消费者价格指数（CPI）是反映居民家庭消费支出水平变动情况的宏观经济指标，与人民群众的生活密切相关，同时也反映了一个国家或地区通货膨胀水平。国家统计局公布的 2015 年 8 月居民消费价格指数比上年同期上涨 2.0%，创去年八月以来新高。下文我们将对各地区 2010~2014 年的 CPI 指数进行统计，并在后面考察价格上涨因素对于城镇贫困有哪些影响。

2010 年，我国各省份间 CPI 指数差距较为明显，特别是东西部地区差别较大，西部地区多数省市 CPI 指数在 100 以上，甘肃省居全国最高，CPI 指数为 100.9；东部地区 CPI 指数低于 100，广东省 CPI 指数最低为 97.6%；2010~2012 年，我国各省市消费者价格指数上涨明显，平均上涨 5 个百分点左右；2012~2014 年，该指数有所下降，平均下降 2~3 个百分点。总体看来，2010~2014 年，我国并未出现物价全面、持续上涨的通货膨胀情况，各省市价格指数也基本趋于稳定（见图 10-4）。

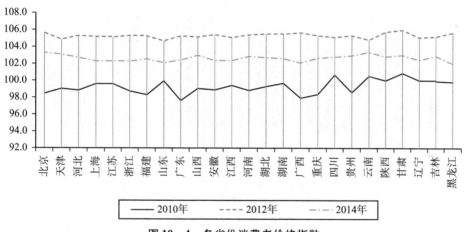

图 10-4　各省份消费者价格指数

资料来源：中国国家统计局 2010~2014 年历年统计年鉴。

失业率是反映一个国家或地区劳动力就业状况的主要指标，人力资源和社会保障部通报 2015 年全年城镇新增就业 1312 万人，城镇失业人员再就业 567 万人，就业困难人员就业 173 万人，年末城镇登记失业率 4.05%。从微观上讲，失业是最有可能造成一个家庭陷入收入困境的重要原因。在宏观上，失业率属于滞后指标范畴，是政府调整宏观经济政策的信号，会反作用于贫困人口。失业率与城镇贫困之间的关系，我们在后面将进行进一步阐述。

图 10 - 5 显示，东中部地区失业程度略低于西部与东北部地区，但趋势特征并不明显。东部地区，北京市就业状况最佳，平均失业率为 1.3% 左右，其次为广东省失业率为 2.5%，其余东部省市失业率均在 3% 以上。中部地区湖南省失业率最高，平均 4.2% 左右；西部地区失业率最高为四川省与云南省，平均为 4.0%；东北地区失业率最高的省份为黑龙江，失业率平均为 4.3%。从年份比较来看，各省份的失业程度呈现不同趋势，以北京、天津、山东及广东为代表的东部地区，2010 ~ 2014 年失业率较为稳定，但上海市失业率在 2012 年出现大幅度的下降；中西部地区大部分省、市、自治区的失业率有所下降，也有个别省市 2012 年出现反弹，如安徽省、湖南省等；东北地区除黑龙江省以外，辽宁和吉林的失业率较 2010 年有所降低。可见，失业率指标在 2010 ~ 2014 年变化程度较大，并非是一个稳定的宏观经济指标。

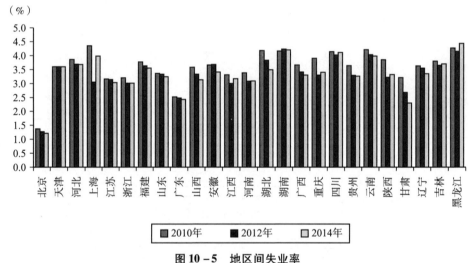

图 10 - 5 地区间失业率

资料来源：中国国家统计局 2010 ~ 2014 年历年统计年鉴。

人口老龄化是指人口生育率降低和人均寿命延长导致的总人口中因年轻人口数量减少、年长人口数量增加而导致的老年人口比例相应增长的现象。国际上通常的观点是，当一个国家或地区 60 岁以上老年人口占人口总数的比重超过 10% 或 65 岁以上的老年人占人口总数的比重超过 7%，即意味着这个国家或地区的人口处于老龄化阶段。本节的老龄化指标设置为 65 岁以上老人数量占各省人口数量的比例，其统计结果如图 10 - 6 所示。

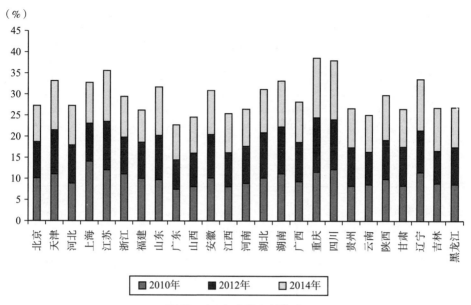

图 10 - 6　各省份老龄化率

资料来源：笔者根据 2010～2014 年 CFPS 数据整理。

从全国来看，2014 年我国老龄化程度平均为 10.21%，我国已正式步入老龄化社会。就地区来看，东中西东北四个地区老龄化程度并无明显变化趋势，各地区均有老龄化偏高或偏低的省市，且年份变化也并无明显趋势。2014 年老龄化程度低于 2010 年的省份有北京、上海、浙江、福建、河南与湖南，其中上海市在 2012 年出现反弹，其余省份老龄化程度均有所升高，其中重庆市的老龄化程度上升的速度最明显，2014 年比 2010 年上升 2.54 个百分点。

二、宏观变量对中国城镇居民贫困影响的实证分析

下面，我们将各省份的城镇贫困率作为因变量，将城镇化率、老龄化率等上述各类宏观经济指标作为自变量，定量测度他们对各类贫困程度的影响，具体结果如表 10 - 5 所示。

表 10 - 5　　　　　　　　　　　面板数据回归结果

指标	多维贫困	参照组一：收入贫困	参照组二：低保
城镇化	0.139 *** (0.02)	0.0672 *** (0.01)	0.0827 *** (0.02)

续表

指标	多维贫困	参照组一：收入贫困	参照组二：低保
老龄化率	0.39 (0.22)	0.394 * (0.19)	0.432 (0.24)
人均 GDP	-0.0443 ** (0.01)	-0.0604 *** (0.01)	-0.0496 ** (0.02)
gini	4.225 (4.46)	6.196 (4.02)	5.78 (4.97)
消费价格指数	0.476 * (0.20)	0.000799 (0.18)	0.0654 (0.22)
失业率	-1.287 *** (0.34)	-0.277 (0.31)	0.842 * (0.38)
_cons	-51.28 * (20.03)	-3.477 (18.05)	-15.48 (22.31)
N	75	75	75
adj. R-sq	0.568	0.093	0.013

注：Standard errors in parentheses；* $p < 0.05$，** $p < 0.01$，*** $p < 0.001$。
资料来源：笔者根据 2010~2014 年 CFPS 数据整理。

从显著性分析来看，城镇化水平、人均 GDP、消费者价格指数以及失业率都显著影响城镇多维贫困发生率，特别是城镇化水平与人均 GDP 指标，对于参照组的贫困率也有显著影响。第一，城镇化程度对于城镇多维贫困的影响是正向的，即城镇化水平越高，城镇多维贫困的发生率越大，城镇化率每提高一个百分点，多维贫困发生率增加 0.13%，这意味着，城镇化过程中，进入城镇的人口多属于农村劳动力，这部分人群进入城镇的同时也增加了陷入城镇多维贫困的风险；第二，人均 GDP 指标有显著降低城镇多维贫困率的作用，这也印证了经济发展水平具有明显减贫效果的观点，且人均 GDP 增加对于参照组人口的减贫效果优于多维贫困人口，对于收入贫困人口而言，人均 GDP 每增加 1000 元，收入贫困的发生率下降 0.06%；第三，收入差距的代表性指标基尼系数在模型中的表现不佳，由于年份较短，基尼系数的变化程度并未表现出明显趋势，因此收入分配的减贫效应难以体现，但是其符号均为正向，在某种程度上也说明了收入差距扩大会增加贫困率，这再一次印证了收入不平等扩大会导致贫困程度恶化的观点；第四，失业率对于多维贫困和低保户有显著影响，我们不难理解失业率增加会提高低保户的发生率，然而令我们意外的是，失业率对于多维贫困率有显著负向影响，失业率对于收入贫困人口无显著影响，因此我们推断，失业率提高会引起国家对于失业人群的重视程度，因而各项保障政策及失业补助在一方面保证了失业人群的收入不会因失业而下降太多，从而陷入贫困的陷阱，另一方面国家再就业政策起到调节就业市场的作用，惠及了一部分失业人口，因此，失业率增加反而有可能减少贫困率。而对于低保户而言，低保制度的设定就涵盖了失业项目，即该家庭收入低下且无稳定工作才可以领取，因此失业率增加在一定程度上增加了领取低保的人口数量，即提高了低保的贫困发生率。第五，消费价格指数对于多维贫困发生率有显著正向影响，即居民消费价格指数 CPI 越高，多维贫困人口的发生率越高，因此控制物价水平对于多维贫困的减贫有重要作用。

三、城镇化与城镇贫困问题的讨论

从前面可以看出，城镇化指标不仅对于城镇多维贫困的发生率影响较大，同时影响了其余参照组贫困发生情况，本小节就城镇化问题做进一步分析。首先了解我国城镇化过程及其发展趋势；其次，我们将深入探讨城镇化与城镇贫困问题之间的关系，其中包括如何看待城镇化过程中的"农民工"的贫困问题。

（一）中国城镇化的过程及趋势

新中国成立初期，中国农村人口占比高达 87.5%，城镇人口仅占 12.5%。1952 年，我国第一产业就业比重高达 50.5%，第二、第三产业的就业比重分别为 20.9% 和 28.6%。1952 ~ 1978 年，中国城镇人口以每年 0.21 个百分点缓慢增长，由此可见，改革开放前期，我国城镇化速度是极为缓慢的。

改革开放后，中国经历了世界发展史上规模最大的城市化进程。1978 ~ 1990年，城镇化率增长了 8.49 个百分点，平均年增长率达 0.7% 以上，城镇人口每年新增 1000 万人左右；1990 ~ 2000 年，城镇化率由 26.41% 增长到 2000 年36.22%，增长了 9.81 个百分点，平均年增长率达 0.98% 左右，城镇人口每年新增 1500 万人以上；而进入 21 世纪以来，城镇人口更是急剧飙升，2011 年首次超过 50%，2013 年城镇化率高达 53.73%，自 2000 年以后，城镇人口比例增加了17.51%，平均年增长率达 1.35%，每年新增城镇人口超过 2000 万。截至 2017年，我国城镇人口比重达到了 58.52%（见图 10 - 7）。

虽然从人口规模上看，我国城镇化进程达到前所未有的高度，然而经济结构的转型升级却远远落后于发达国家。2017 年我国第一产业的生产总值占 GDP 的比重为 7.9%，而农村人口在总人口中的比重高达 41.48%，也就意味着农村剩余劳动人口依旧过剩，农村人口向城镇转移是经济发展的必然趋势。

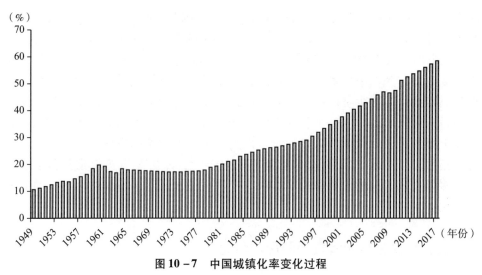

图 10 - 7　中国城镇化率变化过程

资料来源：笔者中国国家统计局数据整理。

（二）城镇化与城镇贫困问题

1. 城镇化与城镇贫困的形成

城镇化的推进给城市经济发展带来动力的同时也相应产生一系列负面效应，如城市的过度扩张，人口急剧增长，使交通拥挤、住房紧张、社会秩序混乱，对原本城镇居民就业造成一定压力，甚至造成环境污染，资源承载力难以承受。更重要的一点是，虽然农村人口的城镇化缓解了一部分农村贫困问题，然而在另一方面增加了城镇贫困发生率。

农村贫困人口向城镇迁移大大提高了城市绝对贫困人口数量。一方面，虽然城市化本身是有利于经济发展以及减少贫困的，但低学历低技能的农村劳动力投身到城市劳动力市场，短期内仍然难以改变生活现状，成为城市最底层劳动者；另一方面，农村人口盲目向城市流动，会与城市劳动力争夺就业岗位，尤其一部分简单劳动部门工作，原本由城市劳动力承担慢慢由农村劳动力所取代，造成了城市劳动力的失业而陷入贫困。贫困向城镇集中的问题早已受到学术界的关注，拉瓦雷（Ravallion，2001）对 39 个国家的农村与城镇贫困人口进行比较研究发现，贫困人口的城市化速度要快于总体人口的城镇化速度。世界银行测量了拉丁美洲和东欧的贫困状况，发现已有超过一半的贫困人口居住在城市地区，并预计在未来 20 年，同样的问题会出现在亚洲和非洲（Word Bank，1999）。

在我国快速城镇化时期，由于收入分配体制不健全，进一步拉大城乡收入差距，相对贫困人口生活状况愈加恶劣，"马太效应"日趋严重。一部分农村劳动力在农村生活时自给自足，同村人口生活差距并不明显，然而进城务工后，城乡居民之间居住、生活、教育、医疗等各方面差异明显。原本在农村并不贫困的农村人口进入城市后沦落为相对贫困人口，甚至陷入生活条件差、教育分配不均的多维贫困。

2. 城镇化过程中的农民工"贫困"问题

农民工是中国城镇化过程中产生的特殊群体，其主要原因在于我国长期存在的"城乡二元分割"户籍制度。户籍管理制度将居民分为"农业户口"与"城镇户口"，在城市当中，又自然将劳动者分为"城镇劳动者"与"农民工"。尽管农民工在城市实现了收入的增加、职业的转换，但其农民身份并未改变，这种身份差异导致了一系列制度性歧视，使这个群体区别于城市的原住民成为城市边缘群体，于是，以身份差别为基础，因制度因素和社会因素造成的收入差距不断扩大，社会日益分化严重的"城市二元结构"由此产生。

农民工的主要贫困体现在以下几个方面，第一，经济贫困。一方面，经济贫困表现为收入低下。据 CFPS 数据显示，2014 年农民工[①]的人均家庭收入为每月1216 元，低于城镇平均水平 500 元左右，其中，低收入户中有 32.53% 为农民工家庭，贫困户中的农民工比例也达 30% 左右。另一方面，经济贫困表现为就业岗位限制与工资歧视。许多城市明文规定外来人口只能从事 220 多个工种，如《上海市单位使用和聘用外地劳动力分类管理办法》中的相关规定，其中多数工作都来自次等劳动力市场的蓝领职业。由于大量企事业单位把员工分为"正式工"和"临时工"，而环保工、清洁工等一般都聘用以农民工为主的"临时工"，于是产生严重的"同工不同酬"现象。

第二，教育贫困。据 2014 年全国农民工监测报告显示，农民工的教育水平普遍偏低，小学以下文化水平占 16% 左右，而初中及以下文化水平的农民工达75% 左右。而且，农民工的再教育权利受到限制，他们难以享受城市职工所获得的公费义务教育机会。此外，农民工的教育贫困还体现在农民工子女的教育难问题。据全国妇联发布《我国农村留守儿童状况研究报告》[②] 指出，2010 年全国有农村留守儿童 6102.55 万人，占农村儿童 37.7%。其中 1953 万人为 6～11 岁学龄阶段儿童，12～14 岁学龄阶段儿童数量为 995 万人。这部分儿童的教育基本上是在无父母监督陪伴的基础上完成，无论从知识积累、心理健康等方面，普遍低于全国同龄儿童的水平；另一部分为城乡流动儿童，此规模达 3581 万人，据报告显示，学前流动儿童有入园难的问题，接受完义务教育选择居住地读高中和考大学的流动儿童面临诸多问题，高年龄的流动儿童存在完成义务教育前终止学业的情况。许多农民工孩子上学还需缴纳一定的借读费、赞助费等，加重了家庭负担。

---

① CFPS 数据并没有严格区分农民工的指标，此处所指农民工，为城镇常住居民中的农村户籍人口，并且未参与农业生产劳动人员。

② 该报告根据 2010 年第六次人口普查资料样本数据推算。

第三，生活及保障贫困。2014 年，外出农民工中，在单位宿舍居住的占28.3%，在工地工棚和生产经营场所居住的比例占 17.2%，租赁住房的占 36.9%；月居住支出占生活消费支出的比重达 47.1%[①]。在卫生间使用方面[②]，27% 左右农民工使用非室内冲水厕所。

第四，在工作保障方面，农民工日工作超过 8 小时的比重为 41%；周工作超过 44 小时的比重为 85.4%；农民工中签订无固定期限劳动合同的比例为13.7%，1 年以下劳动合同为 3.1%，1 年以上劳动合同为 21.2%，而没有签订任何劳动合同比例为 62%。2014 年，被拖欠工资的农民工人均被拖欠工资为9511 元，建筑业被拖欠工资比例为 1.4%。

第五，在五险一金参保率方面，参保率最高的为工伤保险，参保比例为26.2%，其次为医疗保险与养老保险，分别为 17.6% 与 16.7%，失业保险与生育险的参保率最低分别为 10.5% 与 7.8%。分行业看，在农民工比较集中的几个行业中，制造业农民工参保比例最高，其次为交通运输、仓储和邮政业，参保比率最低的为建筑业，其工伤保险参保率为 13.9%，医疗保险为 5.4%，养老保险为 3.9%，失业保险为 2.1%，生育保险为 1.3%，住房公积金为 0.9%。从事不同行业农民工参保率差距明显。并且农民工无法享受城市的最低生活保障福利，一旦失业，生活往往举步维艰。

第六，农民工的社会排斥问题。社会排斥最主要包括政治排斥和文化排斥。迄今为止，我国并没有代表农民工利益的正式组织，农民工政治参与程度低，没有打工地户籍的农民工不能参加选举，在政治上无发言权，导致其权利得不到基本的保障。由于城乡二元结构的长期存在，使部分城市人群在农民工群体面前产生天然的优越感，再加上农民工的大量涌入的确给城市交通、环境和就业造成了压力，以及部分农民工自身存在的一些问题，使该群体经常遭受到不合理的偏见和歧视。

3. 城镇化过程中的城镇居民失业问题

早在 20 世纪 70 年代，经济学家哈里斯和托达罗就指出了农村人口向城镇地区迁移的过程中，会造成城镇新型失业（Todaro，1970）。尤其在劳动力市场分割严重的国家，农村劳动力愿意到城市寻求较高的收入，然而，随着城镇化过程速度加快，城市可以提供的就业岗位的增长赶不上进城农民数量的增加，因此，一部分城市劳动者的就业岗位被挤占；另一部分农民由于各方面原因而难以就业，城镇失业的绝对数量会增大，城镇贫困的发生率也不可避免地增加。那么劳动力市场分割是如何在城镇化过程中作用于城镇就业与收入分配呢？

首先，城乡劳动力市场的分割造成的城乡收入差距是农村劳动力涌入城市的

---

① 数据来自国家统计局农民工数据监测报告 2014 年。
② 数据来自 CFPS 数据库，笔者整理。

主要原因。从 1949 年新中国成立以后，我国劳动力市场随着社会经济发展不断变化，然而由于户籍制度的影响，劳动力市场的城乡分割始终存在。计划经济时代，城市居民毫不费力地进入国家或集体所有制单位就业，福利优厚，而农村居民被牢牢束缚在土地上，收入微薄；市场经济改革以后，传统部门的农村劳动者愿意向城市现代部门转移，然而工资差异并没有像刘易斯二元经济结构理论预测的那样缩小，反而逐步拉大，这种城乡分割的态势虽然有所弱化但始终是阻碍城镇化进程的一座壁垒。因此，城乡巨大收入差距使得农村劳动力向城市劳动力市场转移的速度从未放缓。

其次，城市劳动力市场分割影响了城镇就业及收入分配。城市劳动力市场大体表现为体制内的劳动力市场和体制外的劳动力市场。计划经济时代，体制内劳动力市场的工资结构基本上是由国家决定的，与劳动力市场的供求关系不大。随着市场经济改革的深化，特别是国企改革以后，国有企业必须面临同样的市场竞争机制，其工资差距优势逐步缩小，竞争的结果是国有部门不断收缩，非国有部门不断扩张。

如图 10 - 8 所示，改革开放以后我国城镇就业人员在不断增加，由 1978 年的 1 亿人口增加到 2017 年 4.2 亿人口，其中，国有单位的就业人员逐步减少，1995 年以前，国有单位就业人员占全体城镇就业总数的 70% 以上，1997 年由于亚洲金融危机的影响，国有企业经济效益不佳，中国政府开始实施减员增效，抓大放小以及建立现代企业制度，于是 1998 年国有单位人员比上一年下降 11%，大量下岗职工涌现。随后国有单位人员比例逐年降低，至 2017 年，我国国有单位人员仅占全体城镇就业人口的 14.3%，而非国有单位该比例由 28% 上升至 85.7%。

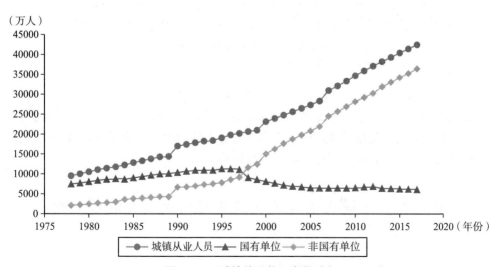

图 10 - 8　城镇就业状况变化过程

资料来源：笔者中国国家统计局数据整理。

最后，农村劳动力成为体制外的劳动力市场主力军，城镇失业率增加。体制内失业的劳动力多半是由于文化水平偏低，年龄偏大，工作技能单一，而进城农民工比较年轻，可塑性强，并有着吃苦耐劳的精神。因此，在体制外劳动力市场竞争当中，城市非熟练劳动者并不具备优势，随着城镇化速度加快，城镇登记失业人员的数量也在不断增加。

图 10 - 9 展示了我国 1995 ~ 2017 年城镇登记失业人数的数量，2000 年以后上升速度明显加快。失业率由 1995 年 2.9% 上升至 2017 年 3.9%。这期间，各级政府为了解决体制内劳动力市场的失业问题，曾采取了一些方法限制非国有部门到体制外劳动力市场雇佣劳动力，然而这一行为限制了劳动力流动，提高了非国有部门雇佣成本，从而降低了整个社会经济运行效率，非但无法解决城市失业问题，反而加剧了失业现象的产生。

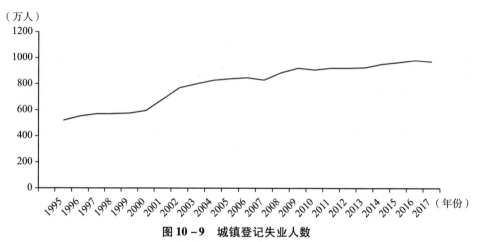

图 10 - 9　城镇登记失业人数

资料来源：笔者中国国家统计局数据整理。

总而言之，城乡劳动力市场分割造成城乡差距过大，驱使农村劳动力源源不断到城市寻找工作机会，给城镇的非熟练劳动力市场造成了巨大压力；城市内部劳动力市场分割又加剧了城市劳动者下岗失业人数的增加，于是导致城市化过程中城镇失业率增加，从而加剧了城镇贫困问题。

第三节　中国城镇居民多维贫困对收入贫困的影响

一、多维贫困与收入贫困的关系

阿玛蒂亚森认为收入低下仅是贫困问题的表象和结果，而多维可行性能力的缺失及个人自由选择权利的被剥夺才是造成收入贫困的根本原因。图 10－10 为我们展示了多维贫困与收入贫困之间的关系，一方面，多维可行性能力指标是多维贫困构成的基本因素，由于受教育水平不足的直接制约着劳动者教育收益率的提升，进而导致陷入多维贫困，进一步陷入收入贫困；健康水平欠佳导致劳动者在劳动力市场的竞争中处于劣势，加上缺乏医疗保障，多维贫困家庭的抗风险能力差，陷入收入贫困的概率更高。另一方面，多维可行性能力被剥夺也直接导致了收入贫困，例如城镇居民中，因病致贫、因病返贫的情况时有发生。因此，虽然目前来看，收入贫困是构成我国城镇贫困的主要类型，收入扶贫也是我们扶贫工作的重要依据，然而从长远来看，多维贫困人口会转化为收入贫困人口，对多维贫困人口的重视程度应该加强，扶贫工作也应向多维方向发展。

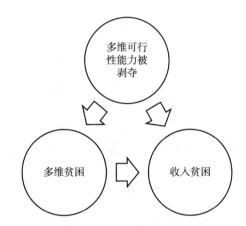

图 10－10　多维贫困指标、多维贫困与收入贫困的关系

资料来源：笔者根据资料整理。

本节将从实证角度出发，检验多维贫困指标的重要性。首先，我们将多维可行性能力指标与收入贫困直接建立联系，观察收入贫困人口的多维被剥夺情况，并检验能力指标的缺失对城镇居民陷入收入贫困的显著性；其次，我们将具体讨论多维可行性能力的代表性指标——教育缺失的致贫机制，如教育如何影响多维贫困的收入，即多维贫困的教育收益率如何。

二、多维贫困的致贫机制分析

人的可行性能力受各方面因素影响，学习能力受教育年限的影响，也受当地教育质量的影响；身体机能受到健康状况及营养摄入的影响，也受到食品健康和医疗条件的影响；抗风险能力受家庭保障性投资的影响，也受经济形势的影响等。因为数据等方面的限制，我们无法设定全部指标来观测个人可行性能力的缺失，因此本节对于多维可行性能力的测度集中于城镇多维贫困体系中的教育、健康、生活保障三大维度下的指标，观察该指标的缺失是否显著提高城镇居民陷入收入贫困的概率。

（一）城镇收入贫困和低保人口的多维指标被剥夺情况

由于收入贫困户和低保户本身即依据收入水平进行划分，即贫困户本身收入指标已被剥夺，因此统计中剔除了原多维贫困指标体系中收入一项，其他可行性能力被剥夺情况如图 10 - 11 所示。

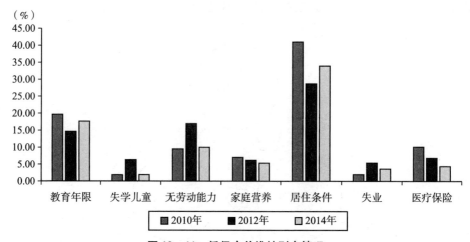

图 10 - 11　低保户单维被剥夺情况

资料来源：笔者根据 2010 ~ 2014 年 CFPS 数据测算。

从图 10 - 11 中可以看出，低保户居住指标被剥夺程度最高，2010 年有 40% 的低保家庭该项指标被剥夺；其次教育年限指标被剥夺程度较高，5 年之中平均被剥夺水平达 17.3%；存在残障人士的家庭平均为 12%；家庭成员无医疗保险覆盖的比率约为 7.1%。

收入贫困家庭的被剥夺情况与低保家庭类似，居住条件被剥夺最为严重，其次为教育年限，再次为医疗保险指标。但此类人群的失业指标在 2014 年出现递增的趋势，五年中失业指标的平均被剥夺率为 3.51%（见图 10 - 12）。

图 10 - 13 为我们展示了两类贫困家庭 2010 ~ 2014 年多维贫困指标的平均被剥夺率对比情况，低保户家庭平均被剥夺程度要高于收入贫困家庭，尤其在居住条件、家庭中残障人口率等指标方面，低保家庭的被剥夺程度要明显高于收入贫困家庭；收入贫困家庭的教育年限被剥夺率最高，医疗保险项目被剥夺程度也高于低保家庭。

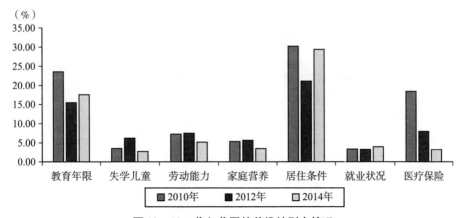

图 10 - 12　收入贫困的单维被剥夺情况

资料来源：笔者根据 2010 ~ 2014 年 CFPS 数据测算。

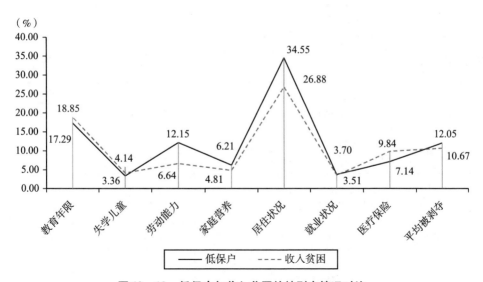

图 10 - 13　低保户与收入贫困的被剥夺情况对比

资料来源：笔者根据 2010 ~ 2014 年 CFPS 数据测算。

　　总体看来，城镇收入贫困人口和低保人口在多维贫困指标上均存在一定程度的被剥夺情况，平均被剥夺率达到 10% ~ 12%，单项最高的剥夺程度达到 30% 以上，鉴于此，我们将进一步检验多维贫困指标的被剥夺是否提高了城镇居民陷入收入贫困的可能性。

（二）多维贫困指标影响的计量分析

　　由于城镇收入贫困和低保人口的多维贫困指标被剥夺情况 5 年以来相对变化

程度较大，为了去除时间因素对贫困发生率的影响，我们使用多维贫困指标面板数据进行面板 probit 估计，实证结果如表 10 - 6 所示。

表 10 - 6　　　多维指标对收入贫困人口的影响的面板 probit 回归结果

变量	收入贫困	dy/dx	低保户	dy/dx
教育年限	0.508 *** (-0.04)	8.45	0.557 *** (-0.07)	3.19
失学儿童	0.416 *** (-0.07)	6.32	0.19 (-0.14)	
无劳动能力	0.102 * (-0.05)		0.669 *** (-0.08)	3.83
家庭营养	0.112 (-0.06)		0.134 (-0.11)	
居住条件	0.287 *** (-0.03)	5.13	0.706 *** (-0.05)	4.04
失业	0.560 *** (-0.08)	7.62	0.606 *** (-0.15)	3.47
医疗保险	0.245 *** (-0.05)	6.45	-0.0588 (-0.09)	
_cons	-1.916 *** (-0.03)		-3.908 *** (-0.06)	
lnsig2u cons	-0.406 *** (-0.08)		1.679 *** (-0.04)	
N	34257		34257	

注：Standard errors in parentheses； * p < 0.05， ** p < 0.01， *** p < 0.001。
资料来源：笔者根据 2010 ~ 2014 年 CFPS 数据测算。

首先，以教育、健康、生活保障三大维度为代表的多维可行性能力对城镇居民陷入收入贫困的概率有显著影响，特别是教育维度被剥夺，对于城镇居民陷入收入贫困的影响最为显著。其次，二级指标对不同类型贫困家庭的影响程度不同。例如，健康维度下的家庭营养水平指标对于城镇家庭是否陷入收入贫困影响并不显著；教育维度下的儿童失学情况、生活维度下的医疗保险覆盖情况对于低保户的发生并无影响，而对城镇收入贫困的发生率都存在显著影响。最后，从多维贫困指标的边际效应分析可以看出，多维被剥夺指标对于是否陷入收入贫困都是正向影响，这一结果符合我们的预期，即多维可行性能力被剥夺将会增加城镇居民陷入收入贫困的概率。其中，家庭人口的平均教育年限低于中学水平将会导致该家庭陷入低保户的概率增加 3. 19%，陷入收入贫困的概率增加 8. 45%；失业和缺乏医疗保险将分别提高城镇居民 7. 62% 和 6. 45% 概率陷入收入贫困。

综上所述，多维可行性能力指标不仅是判定多维贫困人口的标准，更在很大程度上影响了城镇收入贫困的发生率。因此，从多角度扶贫，即从教育、住房、医疗卫生、基础设施、社会保障、就业等多个维度来采取有效的措施全面提高城镇居民可行性能力，才能帮助城镇居民彻底摆脱贫困的枷锁。

三、教育维度的致贫机制分析

贫穷和不平等在很大程度上可以追溯到教育程度的不均衡，贫困家庭经常呈现出"低人力资本投资—低就业—低收入—低人力资本投资"的贫困恶性循环。无论是在农村还是城镇，家庭成年劳动力的受教育水平是最易观察和预测贫困的指标，尽管贫困人群的生活状态千差万别，然而其受教育程度都普遍低下。在中国，如果家庭成员的受教育水平达到高中以上，那么这个家庭陷入贫困的概率将会大大降低，然而农村贫困人口的90%，以及城镇贫困人口60%的家庭几乎没有实现这一目标（廖桂荣，2010）。因此，本节从人力资本角度分析教育如何影响贫困人口的收入，并且从代际传递的角度，分析贫困人口的家庭背景、父母的学历等如何影响下一代的教育选择。

（一）中国城镇居民贫困人口的教育收益率

1. 数据处理、描述与估计方程

本节利用明瑟（Mincer，1974）收入方程估计教育回报率，在估计方程中，$Eduyear$ 为受教育年限，Age 为年龄，Age^2 为年龄平方，z_i 为性别、家庭人数、婚姻状态等控制变量，ε 为误差项。

$$\ln W = \beta_0 + \beta_1 Eduyear + \beta_2 Age + \beta_3 Age^2 + z_i \qquad (10-5)$$

本章附录对各类型贫困人群的样本进行了描述统计。由于 CFPS 里面个人收入数据有缺失现象，若直接删除缺失数据难免造成样本选择偏误，因此，本文在数据处理中并未直接删除缺失样本，但会在后面进行稳健性检验，以确保回归结果真实可靠。

由表 10 - 7 中的结果可知，教育对于贫困人口的收入有显著的正向影响。对于多维贫困人口而言，其受教育水平的边际收益率在4%左右，年龄的增加会提高多维贫困人口的收入水平，但在某个年龄阶段存在收入增加的拐点，该结果符合生命周期理论中对收入增长的判定，收入水平的性别差异十分明显，但家庭

规模与婚姻状态对其收入影响并不确定。对于收入贫困人口，其教育收益率与多维贫困人口基本持平，即每增加一年的教育会提高4.48%的收入，年龄、性别也对收入有显著影响，但性别差异造成的收入差在收入贫困人口中更加明显。对于低保人口，教育收益率更加明显，教育年限每增加一年将会使其收入增加6%以上。

表 10 - 7　　　　　　　　　　城镇贫困人口的教育收益率

变量	多维贫困	收入贫困	低保户
Meduyears	0.0443 * (-0.02)	0.0448 ** (-0.02)	0.0619 *** (-0.02)
Mage	0.367 *** (-0.05)	0.257 *** (-0.04)	0.400 *** (-0.04)
$Mage^2$	-0.00494 *** (0.00)	-0.00356 *** (0.00)	-0.0052 *** (0.00)
married	0.339 (-0.23)	0.357 (-0.2)	-0.0805 (-0.22)
gender	0.519 ** (-0.17)	0.645 *** (-0.15)	0.696 *** (-0.15)
familysize14	-0.00983 (-0.04)	0.00173 (-0.04)	0.0144 (-0.04)
_cons	2.321 * (-1.01)	3.969 *** (-0.81)	1.061 (-0.87)
N	278	318	384
adj. R - sq	0.458	0.356	0.385

注：Standard errors in parentheses； * $p < 0.05$， ** $p < 0.01$， *** $p < 0.001$。
资料来源：笔者根据 2014 年 CFPS 数据测算。

但从年份比较来看，教育对于贫困人口的影响程度并不稳定（参见本章附录）。2010~2014 年，多维贫困人口的教育收益率由7.73%下降至4.43%，低保户的教育收益率由7%下降至6.19%，收入贫困人口的教育收益率虽上升0.6个百分点，然而在2012年教育对收入的影响并不显著，由此可见，虽然教育对收入有正向的影响，但教育年限对于贫困人口收入的影响力有所下降，这并不意味着教育能力的提高变得越来越不重要，而是贫困家庭对于教育程度的选择要更加理性。

2. 稳健性检验

下面，我们采用 Hechman[①] 两步法检验样本选择性误差问题。在第一阶段，本节选择方程使用的被解释变量为：获得劳动收入 = 1，不获得劳动收入 = 0。由于 Hechman 选择方程中，原则上第二步的解释变量（x）应该是第一步的解释变量（z）的子集，即第二步的解释变量需要加入第一步的 probit 模型中[②]，因此，选择方程中我们控制了年龄、性别、受教育程度等个体特征变量（见表 10 - 8）。

表 10 - 8　　　　　　　　　　　第一阶段的回归结果

变量	城镇居民	多维贫困	收入贫困	低保户
married	0. 287 *** (0. 04)	0. 118 (0. 15)	0. 163 (0. 13)	0. 235 (0. 13)
familysize14	− 0. 0497 *** (0. 01)	0. 020 (0. 03)	− 0. 008 (0. 03)	0. 004 (0. 02)
Meduyears	0. 0380 *** (0. 00)	0. 0255 * (0. 01)	0. 0338 ** (0. 01)	0. 0398 *** (0. 01)
Mage	− 0. 0210 *** (0. 00)	− 0. 0222 *** (0. 01)	− 0. 0118 * (0. 00)	− 0. 0149 ** (0. 00)
_cons	0. 388 *** (0. 08)	0. 293 (0. 28)	− 0. 291 (0. 28)	− 0. 151 (0. 28)

注：Standard errors in parentheses；* $p < 0.05$，** $p < 0.01$，*** $p < 0.001$。
资料来源：笔者根据 2014 年 CFPS 数据测算。

从 Hechman 一阶段检验结果可以看出，对城镇居民来说，教育回报为 3.8%，并且显著，其中，多维贫困户、低保户与收入贫困户第一阶段教育回报为正并且显著。

从第二阶段回归结果来看，全体城镇居民的逆米尔斯比率显著，然而其他类型贫困人口的逆米尔斯比率并不显著，说明其回归并不存在选择性偏误。我们同样利用两步法对 2012 年数据进行了检验，发现城镇居民的一阶段回归结果显著，但二阶段逆米尔斯比率也并不显著，因此本数据可以直接利用 OLS 方法对城镇各类型贫困人口的教育收益进行估计，其结果具有稳健性（见表 10 -9）。

---

① Henchman 两步法：由于直接用 OLS 估计样本数据，会产生遗漏变量，结果会导致不一致的估计，因此赫克曼（Hechman，1979）提出"两步估计法"（two - step estimatin）来解决此类问题。

② 原因有：（1）首先，选择方程中的 z 若包括模型中的解释变量 x 中的所有元素，代价并不大；若不正确地排除某些元素，则会导致不一致性。（2）z 中至少有一个元素不在 x 中。这意味着，我们需要一个影响选择（是否参加工作）但对 y（工资）没有偏效应的变量。若 z = x，则第一步中提示的逆米尔斯比率（IMR）可能与 x 的元素高度相关，这种多重共线性可能导致第二步的估计系数很高的标准误。

表 10 – 9　　　　　　　　　　　　　第二阶段的回归结果

变量	城镇居民	多维贫困	收入贫困	低保户
Meduyears	0.0171 * (0.01)	– 0.016 (0.07)	0.007 (0.05)	– 0.009 (0.04)
Mage	0.0171 *** (0.00)	0.040 (0.05)	0.006 (0.01)	0.026 (0.02)
gender	– 0.324 *** (0.03)	– 0.423 (0.26)	– 0.578 *** (0.14)	– 0.462 ** (0.16)
_cons	10.70 *** (0.19)	11.81 *** (1.90)	11.35 *** (1.88)	10.86 *** (1.33)
Mills lambda	– 1.339 *** (0.23)	– 3.084 (3.33)	– 1.342 (1.85)	– 1.896 (1.45)

注：Standard errors in parentheses；* $p < 0.05$，** $p < 0.01$，*** $p < 0.001$。
资料来源：笔者根据 2012 年 CFPS 数据测算。

从本节的实证分析来看，受教育年限的增加可以显著提高多维贫困人口的收入水平，从多维贫困人口的分解测算的结果中我们也能看出，家庭平均受教育水平低下是构成多维贫困的首要因子，因此，我们从中可以建立这样一种逻辑关系，即提高多维贫困人群的受教育水平，不仅可以达到摆脱多维贫困的目的，还可以增加其收入，避免多维贫困陷入收入贫困行列。

对于不同贫困人群而言，教育回报程度不同。受教育年限对于低保户和多维贫困的个人收入提高有显著影响，对于此类贫困人口，教育投入增加会增加其家庭抗风险能力，至少长期来看能提高家庭的收入；而对于收入贫困户，某些年份的教育溢价并不明显。这并非意味着收入贫困家庭应该减少教育方面的支出，相反，贫困家庭应该更加谨慎选择教育投资方向，政府应考虑到教育回报对贫困家庭的影响，加大对收入贫困的教育补贴，避免贫困家庭子女因生活所迫或因对未来教育收益的不确定性而过早离开校园。

因此，教育可以提高贫困者的收入水平，相反教育不足会导致居民收入低下而陷入贫困。当然，从回归结果可以看出，教育投资的回报率也有下降趋势，但并不能因此否定教育对减少贫困的作用，我们这里需要强调的是，这并不意味着增加教育年限就可以帮助城镇居民摆脱贫穷，而是应该从更深层次上挖掘教育对贫困人口可行性能力的提升，并且在贫困人口选择教育投资方向上，要更多考虑什么程度和类型的教育更加适合该家庭未来的良性发展。

（二）教育对贫困代际传递的影响讨论

现代人力资本理论分析了教育的经济价值、教育的成本收益，指出教育是一种生产性投资行为，这就给贫困家庭通过教育来实现阶层流动提供了理论依据。在贫困代际传递的研究中，教育投资往往被看成缓解贫困代际传递，打破贫困恶性循环的必要手段之一。尤其是与儿童成长与发展相关的早期教育投资，采取一系列措施，如儿童日间照料计划、家庭补贴制度等，通过有条件的转移支付，使得贫困家庭能在获得基本生存条件的基础上保证子女获得初等和中等教育（祝建华，2015）。盖勒和泽拉（Galor and Zeira，1993），盖勒和齐登（Galor and Tsiddon，1997）以及伯奇纳尔（Birchenall，2001）从代际间的财富分配入手，研究了人力资本积累和收入分配代际间的不平等。他们假设一种代际重叠的连续性，所有人生活在两个时期，每个时期具有固定的人口数量；第一个时期具有固定单位的时间禀赋，可以被厂商所租用；第二个时期收到工资收入和来自前一代的遗产，以此代表资本所得。没有教育，人们就是无技能的，其收入水平较低；如果投资教育，他将付出一定的教育成本，但也将提高生产率从而获得较高的工资。在这个模型中，受教育的决定取决于两个因素：一是遗产；二是接受教育后的所得。当其初始财富低于一定水平，他就无能力接受教育，以非技能状态投入生产，收入水平降低，其后代将会沿袭非技能和低收入而至各代。当其初始财富大于一定水平时，如果选择接受教育，就会达到较高的收入水平。从而得出结论，财富较多的家庭，他的子孙后代均能投资于教育，从而获得高收入；而贫困家庭和个人，无力投资教育，从而收入更低，陷入贫困陷阱，导致两极分化。美国社会学家布劳与邓肯（Blau and Dudley，1967）认为个人的先赋因素，如父母的经济地位等对于个人地位获得的影响越来越小，而人力资本等后致性因素，对于个人职业地位的获得起着非常重要的作用。但现实情况是，子女的人力资本投资更多的来自父母的供给，尤其是学龄前和学龄期子女，没有能力获得经济、社会资源，而教育过程又是连续的，早期教育的缺失将会对今后的个人知识的积累产生重要影响。因此，从这个意义上讲，父母的经济地位、家庭的财富背景，将会对子女未来教育程度以及职业选择产生重大影响，如果能够更好地促进贫困家庭的人力资本投资，将会成为缓解贫困代际传递的有效手段之一。

在本节中，我们将系统考察教育本身是如何代际传递的，即父母的教育背景是否会影响子女的教育选择，影响程度有多大，父母的教育背景是否会对家庭的贫困产生影响，又有哪些父母的因素会影响家庭贫困状况。后面将会对这些问题一一进行解答。

父母的教育信息统计结果显示，总体上，城镇居民母亲的最高学历要低于父亲的最高学历，例如城镇居民父亲为文盲、半文盲的比例大概为20.88%，而母亲为文盲和半文盲的比例高达34.88%，高于父亲14个百分点。在进行了年龄统计后，发现大部分学历偏低的父母年龄至少在50岁以上，由此可以推断，在新中国成立前后出生的人群中，性别差异对于教育选择的影响是巨大的（见表10-10）。

表 10 –10   父母的学历统计   单位：%

指标		城镇居民	多维贫困	收入贫困	低保户
父亲 最高学历	文盲/半文盲	20.88	29.99	26.86	26.58
	小学	20.22	22.42	21.49	19.89
	初中	19.37	10.22	20.8	19.42
	高中/中专/技校/职高	12.1	6.43	8.32	10.08
	大专	3.9	1.14	1.73	2.54
	大学本科	2.99	1.23	1.39	0.75
	硕士/博士	0.24	0.09	0	0.09
母亲 最高学历	文盲/半文盲	34.88	46.07	40.03	41.6
	小学	16.66	15.33	18.54	15.28
	初中	15.94	7.95	14.73	16.32
	高中/中专/技校/职高	8.81	3.69	5.81	7.36
	大专	3.14	1.04	1.21	0.57
	大学本科	1.76	0.38	0.26	0.09
	硕士/博士	0.13	0.09		0.19

资料来源：笔者根据 2014 年 CFPS 数据整理。

从贫困居民内部看，贫困人口的父母学历低于平均水平，多维贫困家庭的低学历背景尤为突出，父亲学历在小学及以下的比例为 52% 左右，母亲学历在小学及以下的比例高达 60% 以上，低保户以及收入贫困家庭母亲学历低于小学水平的比例也高达 50% 以上，父亲为初中教育水平的比例要高于多维贫困家庭，但高中以上学历的比例要明显低于平均水平。这种统计特征在某种程度上已经验证了家庭教育背景与贫困的相关关系，贫困家庭父母教育背景落后已是客观存在的事实，下面，我们测度一下父母教育背景在多大程度上影响子女的教育选择。

在相关性检验分析中，我们可以粗略统计出父母学历与个人教育年限、是否上大学以及收入水平的相关关系。其中有几点发现，首先，父亲的学历与个人的教育选择以及收入水平相关性要高于母亲的学历，即父亲的教育背景对于家庭子女的成长更加重要；其次，低保户的父母教育背景的代际传递作用更大，其父亲学历的高低与子女教育年限的选择相关性为 0.15，与子女是否上大学相关性为 0.12，与子女未来收入水平的相关性为 0.11，高于其他两类贫困人口的教育代际传递作用。此外，贫困人口的母亲教育背景与子女的教育选择和收入水平等的相关性要高于城镇居民的平均水平（见表 10 –11）。

表 10 –11 子女教育选择与父母相关分析

指标	指标	教育年限	是否上大学	收入水平
城镇居民	母亲学历	0.048	0.0899	0.092
	父亲学历	0.0759	0.1073	0.1052
多维贫困	母亲学历	0.0837	0.037	0.0992
	父亲学历	0.1023	0.0259	0.1087
收入贫困	母亲学历	0.0729	0.0585	0.0875
	父亲学历	0.0677	0.0677	0.0849
低保户	母亲学历	0.1452	0.1254	0.0416
	父亲学历	0.1523	0.1267	0.1123

资料来源：笔者根据 2014 年 CFPS 数据进行相关性检验。

下面我们建立父母背景与子女大学学历选择的模型，此处因变量为子女是否选择上大学，自变量包括父母学历以及父母户口，同时引入不同类型贫困的虚拟变量，更进一步考察家庭的贫困背景对于子女教育选择的影响（见表 10 –12）。

表 10 –12 子女学历选择模型

指标	模型一	模型二	模型三	dy/dx
父亲学历	0.0168 *** (0.00)		0.0205 *** (0.01)	0.48
父亲城镇户口	0.406 *** (0.03)		0.290 *** (0.04)	6.84
母亲学历		0.0121 ** (0.00)	- 0.00737 (0.01)	- 0.17
母亲城镇户口		0.368 *** (0.03)	0.187 *** (0.04)	4.41
多维贫困	- 0.563 *** (0.07)	- 0.587 *** (0.07)	- 0.560 *** (0.07)	- 13.21
低保户	- 0.425 *** (0.06)	- 0.421 *** (0.06)	- 0.431 *** (0.06)	- 10.16
_cons	- 1.052 *** (0.02)	- 1.035 *** (0.02)	- 1.078 *** (0.02)	
N	12739	12740	12716	

注：Standard errors in parentheses；* $p < 0.05$，** $p < 0.01$，*** $p < 0.001$。
资料来源：笔者根据 2014 年 CFPS 数据测算。

模型一首先引入父亲的教育背景,其回归结果显示父亲的学历越高,子女选择上大学的概率越大,父亲的城镇户籍背景对于子女上大学的概率影响力更大;模型二引入母亲的教育背景,结果显示母亲的学历以及城镇户籍背景同样会影响子女的大学选择,但其影响力要低于父亲的影响力;模型三同时引入父亲教育背景以及母亲教育背景,此时母亲学历的显著性明显降低。三个模型均引入了贫困家庭背景作为虚拟变量,参照组为收入贫困家庭,结果显示,贫困的家庭背景对于子女高等教育选择的负向影响十分明显。在对其进行边际计算后发现,父亲的学历每增加一年其子女上大学的概率会增加0.5%,而父亲为城镇户籍其子女上大学的概率会增加6%,低保户家庭子女上大学的概率会降低10%,而多维贫困的家庭背景会导致子女上大学的概率降低13%。

至此,我们可以回答本小节开篇的几个问题,即教育的代际传递机制如何。首先,城镇贫困家庭中,父母教育水平偏低已是不争的事实,并且父母教育背景与子女收入有明显相关性;其次,家庭的贫困背景对于子女高等教育的选择负向影响明显,当低学历无法带来较高的教育回报率时,贫困将会由于教育不足而代际传递下去;最后,我们发现除父母的教育背景、贫困家庭背景会对子女教育选择产生影响以外,父母的户籍等因子的影响概率也很大。综上所述,贫困的代际传递是一个相对复杂的链条,教育作为此链条上的重要环节一方面可以作为缓解贫困代际传递的纽带;另一方面教育的不足与缺失也会使得家庭陷入贫困陷阱,因此,重视教育是提高人力资本的根本途径,也是避免贫困文化传递的关键所在。

本 章 附 录

表1 教育收益率的年份比较结果 (一)

指标	多维贫困			收入贫困		
	2010 年	2012 年	2014 年	2010 年	2012 年	2014 年
Meduyears	0.0773 *** − 0.01	0.0437 ** − 0.01	0.0443 * − 0.02	0.0382 * − 0.02	0.0301 − 0.02	0.0448 ** − 0.02
Mage	− 0.04 − 0.04	0.112 * − 0.05	0.367 *** − 0.05	0.0269 − 0.05	0.0259 − 0.05	0.257 *** − 0.04
Mage²	0.00032 0	− 0.00109 * 0	− 0.00494 *** 0	0.00023 0	0.0001 0	− 0.00356 *** 0
married	0.545 ** − 0.18	0.255 − 0.15	0.339 − 0.23	0.169 − 0.22	0.159 − 0.27	0.357 − 0.2

续表

指标	多维贫困			收入贫困		
	2010 年	2012 年	2014 年	2010 年	2012 年	2014 年
gender	0. 531 *** − 0. 11	0. 285 * − 0. 12	0. 519 ** − 0. 17	0. 810 *** − 0. 15	− 0. 097 − 0. 17	0. 645 *** − 0. 15
familysize14	− 0. 00244 − 0. 03	− 0. 0423 − 0. 03	− 0. 00983 − 0. 04	0. 0699 − 0. 05	0. 182 *** − 0. 04	0. 00173 − 0. 04
_cons	9. 782 *** − 0. 71	7. 003 *** − 1. 03	2. 321 * − 1. 01	6. 531 *** − 0. 96	6. 440 *** − 1. 02	3. 969 *** − 0. 81
N	532	242	278	436	187	318
adj. R − sq	0. 145	0. 122	0. 458	0. 081	0. 097	0. 356

注：Standard errors in parentheses；＊p ＜ 0. 05，＊＊p ＜ 0. 01，＊＊＊p ＜ 0. 001。

表 2　　　　　　　　教育收益率的年份比较结果（二）

指标	低保户		
	2010 年	2012 年	2014 年
教育年限	0. 07 *** − 0. 01	0. 0343 * − 0. 02	0. 0619 *** − 0. 02
年龄	0. 0285 − 0. 03	0. 0919 * − 0. 04	0. 400 *** − 0. 04
年龄平方	0. 0003 0	0. 0009 * 0	− 0. 0052 *** 0
婚姻	0. 255 − 0. 14	0. 348 − 0. 18	− 0. 0805 − 0. 22
性别	0. 418 *** − 0. 1	0. 383 ** − 0. 13	0. 696 *** − 0. 15
家庭规模	0. 0261 − 0. 03	0. 0412 − 0. 04	0. 0144 − 0. 04
_cons	6. 861 *** − 0. 69	6. 367 *** − 0. 73	1. 061 − 0. 87
N	432	234	384
adj. R − sq	0. 074	0. 13	0. 385

注：Standard errors in parentheses；＊p ＜ 0. 05，＊＊p ＜ 0. 01，＊＊＊p ＜ 0. 001。

表 3 城镇居民教育收益模型样本统计结果

变量	变量含义	城镇居民					多维贫困户				
		样本量	均值	方差	最小值	最大值	样本量	均值	方差	最小值	最大值
Y	收入	8855	14671.89	20156.84	0	100000	547	8754.668	14629.68	0	85000
LnY	收入对数	5487	9.374869	1.538007	0	11.51293	278	8.826651	1.882451	2.197225	11.35041
eduyear	教育年限	8972	9.988074	4.628041	0	21	547	6.274223	4.858599	0	16
age	年龄	8972	41.66306	13.19703	18	65	547	44.20293	12.65233	18	65
age2	年龄平方	8972	1909.953	1111.931	324	4225	547	2113.687	1096.094	324	4225
gender	性别	8972	0.4867365	0.4998519	0	1	547	0.4899452	0.5003565	0	1
familysize	家庭规模	8972	3.823116	1.686838	1	17	547	4.314442	2.164446	1	17

变量	变量含义	低保户					绝对贫困户				
		样本量	均值	方差	最小值	最大值	样本量	均值	方差	最小值	最大值
Y	收入	748	7469.414	12120.86	0	100000	703	6206.506	11819.31	0	100000
LnY	收入对数	384	8.722984	1.884103	2.197225	11.51293	298	8.858001	1.629392	2.197225	11.51293
eduyear	教育年限	752	8.216755	4.818361	0	18	705	7.862411	4.743664	0	18
age	年龄	752	42.30053	13.04208	18	65	705	40.97872	13.31122	18	65
age2	年龄平方	752	1959.205	1094.163	324	4225	705	1856.193	1101.72	324	4225
gender	性别	752	0.4880319	0.5001894	0	1	705	0.4851064	0.500133	0	1
familysize	家庭规模	752	4.509309	2.067417	1	13	705	4.516312	2.016995	1	11

第四篇 中国儿童、老年人与农民工多维贫困状况及影响因素

　　儿童、老年人和农民工一直是党和政府关注的三大重点人群。儿童是人类社会发展的未来，儿童发展状况已经成为衡量社会公平和进步的重要指标。儿童福利的被剥夺将会对人类未来的福祉产生极其重要影响。十三五以来，我国在脱贫攻坚行动中取得了巨大成就，6000多万贫困人口稳定脱贫，贫困发生率从10.2%下降到4%以下。但是在改善儿童生活条件、生长环境方面仍然存在很大问题。因此，本篇的前两章致力于从多维的角度对我国儿童贫困问题进行深入研究，开拓儿童贫困问题研究思路，构建儿童多维贫困测量体系，寻找儿童贫困致贫原因，探索贫困对代际遗传和阶层流动的影响，并对我国儿童未来扶贫工作的方向提供政策建议。后面两章致力于从多维的角度对我国老年人口贫困状况以及我国农民工贫困问题进行深入研究，前者探讨不同居住方式下老年人群多维贫困水平的差异，阐述其居住方式对老年多维贫困的影响；后者基于能力剥夺的视角，构建农民工多维贫困测度框架，寻找农民工群体贫困致贫原因，并探索贫困表象下的致贫机理。

　　全篇共计四章，其中，第十一章对我国儿童多维贫困进行了初步的测度及省份和维度的分解。首先，在吸取国际先进经验基础上建立了符合我国国情的儿童多维贫困测度指标体系，再利用阿尔基尔－福斯特（Alkire－Foster）方法对我国儿童多维贫困状况进行测算，并在理论和实证上分析了我国儿童多维贫困的动态趋势；其次，把研究的焦点集中在儿童多维贫困致贫原因上，从营养健康、教育成长和环境福利三个维度，对一般和深度贫困儿童进行省份和维度双重分解；最后，从性别和城乡差异角度观察儿童贫困特征并进行讨论。第十二章从短期和长期两个方面分析了我国儿童多维贫困的相关因素，并分情况讨论了家庭、环境和政策对我国儿童静态和动态多维贫困的影响，并分析了我国0~3岁特殊儿童多维贫困测量指标的构建及测量方法等。第十三章通过探讨不同居住方式下老年人口多维贫困水平的差异，阐明居住方式对于老年人群多维贫困水平的影响，为解决老年人的养老和多维贫困问题、增进老年人的民生福祉做出有益探索。第十四

章充分利用国家卫健委发布的全国流动人口动态监测数据，从能力剥夺的视角出发，构建适用于中国农民工群体的多维贫困测度框架，多角度辨识中国农民工群体的多维贫困即致贫因素。进一步将农民工群体的多维贫困发生率、多维贫困强度和多维贫困指数按照不同的区域进行分解，以得到农民工在不同区域的多维贫困情况。同时，从微观层面对农民工多维贫困的关键致贫维度和影响因素进行定量分析，深入探究贫困表象下的致贫机理。

第十一章 中国儿童多维贫困的测度及分解

本章应用多维贫困理论对我国儿童的多维贫困进行了基本分析。在吸取国际先进经验基础上，我们首先建立了符合我国国情的儿童多维贫困测度指标体系，再利用阿尔基尔－福斯特（Alkire－Foster）方法对我国儿童多维贫困状况进行测算，分析了我国儿童多维贫困的动态趋势；其次，从维度和省份双重维度对我国儿童的多维贫困进行了分解分析，展现了我国儿童多维贫困的现状以及特征。

第一节 外部能力与中国儿童多维贫困测度指标体系的构建

一、外部能力

阿玛蒂亚·森能力理论是根据个人的成就和能力来评估幸福水平。传统的能力观点认为，能力是个人自身特征或为社会提供服务机能的一部分。由此可知，能力是完成一定活动的本领，是一种力量，是完成一项目标或者任务所体现出来的综合素质。能力主要包括稳定、独立于环境的行为系统，了解并令事物有效运作的行为方式，根据事物本身特征制定相应策略，顺利达到预期目标的行为实践。在此基础上，本章引入"外部能力"的概念，用以描述一个人通过与另一人的直接联系从而实现超越其本身能力的机能。

个体是能力空间中最基本的分析单元，阅读能力、理解能力、分析能力和执行能力等被看作个人自身所固有的能力。社会因素在某些能力的构成中发挥相应作用，对个人的福祉产生各种积极或消极的作用。例如，鲁迅在《孔乙己》中描写道："孔乙己是站着喝酒而穿长衫的唯一的人。"他本是穷人，却把自己归为富人，写出了他经济地位和思想意识的矛盾；"站着喝酒"写出了他经济地位低下；

"穿长衫"写出了他摆读书人的架子,试图跻身上流社会,不与"短衣帮"为伍;"唯一"只有一个,表示特殊和稀缺。当个人拥有一件长袍维持外在形象被看作是必不可少的时候,没有这样一件长袍将标志着作为读书人的孔乙己不被其他读书人或者大众所接受,甚至被归类到"短打扮"的体力劳动者中,从而被边缘化。当长袍在这种暗示社会地位和能力的大背景下,社会地位被人为设置了一个标准,当人们达到这个标准时,就表示这个个体有能力并容易被社会接受。此外,政府提供的医疗、教育、卫生、交通等公共设施旨在造福全体社会成员方面的福利,同时也在影响个人能力方面发挥着重要的作用。

个人能力和社会创造的能力,是两种传统形式的能力赋予方式,这对于理解幸福和发展是至关重要的。但是,我们认为它们并没有完全涵盖有助于社会发展的广泛的能力范畴。假设村里有一户人家具有上网搜寻信息的能力,他能够在互联网上获取大量信息并能够及时跟踪不同时间不同地点的农作物市场价格,使他能够更好更快地把产品以理想的价格卖出。与此同时,他也会和他的亲朋好友分享这一信息。显然,通过对农作物价格的信息共享,这个小团体的生产经营能力得到提高。虽然第一个农民的能力是通过自身学习获取,但是其他人的情况并非如此。他们能力获取的途径是依赖于同第一个农民的亲情或友谊,这项能力既不是属于个人本身的能力,也不是社会创造的能力,而这种外部能力完全取决于第一个农民对他的帮助。这种外部能力的现象在儿童身上表现得更为明显,一个年幼的孩子几乎没有任何个人能力来获得良好的身体健康,他们必须依赖父母或其他人的照顾才能健康成长。母亲本身具有的基本生活技能和良好的卫生习惯会作用到孩子身上,以保持孩子的身心健康。孩子获得良好健康的能力并不是其个人能力,虽然母亲实现自身健康的能力可能是由个人或社会赋予的,但儿童健康能力形成的最直接因素取决于其与母亲的关系。

可知,外部能力是一种获取能力的能力,并取决于直接的人际关系。首先,外部能力取决于个人对他人能力的可得性;其次,内部各要素之间经常需要在人际关系中采取一些协调的行动;最后,各要素的表现形式不尽相同。尽管如此,他们所依赖的关系常常是非正式的,它们在团体和组织结构之外发生作用,事实上,当涉及的人数较少时,这通常是最好的表现形式。如之前所描述的例子中,某一个农民本身不会上网搜寻信息,但是他有一个具备这种能力的亲戚或朋友,通过某种亲情或友谊渠道获得农作物价格就是他所获得的外部能力,即通过与有能力获得这一信息的人进行直接联系而获得的外部能力。再例如儿童通过其母亲的能力传导而具有其改善健康状况的外在能力,都属于这一范畴。

二、儿童的外部能力

对于年幼儿童来说,阅读和理解的能力是一种普遍享有的外部能力。在儿童还不能读写的时候，父母通过读写获取的知识和信息可以通过交流和教育使得儿童获取这方面的外部能力。随着儿童年龄的成长，会产生外部能力内部化的现象，这种能力的转移需要大量的时间和投资，一方面需要通过学校的教育对儿童进行知识的转移；另一方面需要长时间的练习和实践。福斯特和汉迪（Foster and Handy，2008）在研究"近识字"的现象中发现，假如一个个体在某一领域首先具有相应的外部能力，在其外部能力内部化中获得能力的效率要显著高于没有相应外部能力的个体。例如，父母擅长艺术的家庭中，子女获取艺术能力的效率要高于其他家庭的孩子；父母对数字敏感的家庭，子女在数学上的表现要优于其他家庭的孩子，用我国传统谚语来描述就是"龙生龙凤生凤，老鼠的儿子会打洞"。但同时，福斯特和汉迪（2008）还指出这种外部能力的转换效率可能会因提供服务者的特点而有所差异，例如在识字能力转移过程中，母亲比父亲能够产生更多的正外部性。

在对儿童多维贫困的研究过程中，外部能力是十分重要的一个概念。在过往的研究中，众多学者把外部能力作为相对于儿童外生的变量，考察了外部因素对儿童成长的影响。本书则把这一系列问题内生化，认为外部能力是儿童能力空间的一个组成部分。研究过程中，有以下几个方面的问题需要我们去回答。

第一个问题是外部能力的界定问题。前面已经介绍了外部能力的概念，并着重讨论了从概念和层次方面引申出来的话题。如何界定儿童外部能力是我们首先要研究的方向。在儿童成长过程中，需要了解哪些类型的能力是外部能力？外部能力对儿童多维贫困的影响如何？外部能力转移难度的差异如何？例如有些技能（比如说读写能力）是比较容易从父母和社会转移到子女能力空间的，但是一些高阶能力（例如推理和艺术感）相对来说难以转移。

第二个问题是社会、学校和家庭哪一个是更好的外部能力转移主体？因为学校在能力转移过程中有着比较专业的知识和经验，社会有着更广泛的接触渠道和覆盖面，而家庭与儿童有着最亲近的联系。那么到底是某一种主体在所有类型的外部能力转移上占有优势，还是每种传播主体在特定类型的转移上更有优势呢？

第三个问题是外部能力的动态变化。外部能力可以被视作个人能力的一种不完美的替代品，在可靠、持久方面并没有个人能力表现突出。对于儿童来说，随着其不断成长，很多外部能力会逐渐内部化，但另一些能力并没有。那么对于儿童来说，外部能力转移的机制是怎样的？能力转移是怎样被选择的？不同家庭子女外部能力内部化的效率如何？这些都是值得我们关注的问题。

（一）儿童生存的外部能力

从马斯洛的需要层次理论看来，生存能力对应的是人的生理需要和安全需要，属于最重要的能力，位于所有需要的最底层，对于人的发展来说具有十分重要的基础性意义。儿童与成年人一样，最基本的需要是获得生活的基本保障，但是与成年人不同的是，儿童不具备自食其力能力，他们的生存依赖于成年人，因而，儿童的生存能力保障面临着更大的挑战。对于人类生存而言，拥有一定的物质资源是生命得以延续的重要前提，其中最主要的表现形式就是财产。除此之外，成年人可以通过劳动来获得财富。但是儿童并不具备成年人所拥有的财产和劳动能力，这是否意味着儿童的生存能力同成年人一致而没有研究的价值呢？答案是否定的。儿童作为人类自身成长的一个特定阶段，缺乏通过市场交换获取生存资料的能力和手段，这是毋庸置疑的一个事实，因此，儿童需要通过家庭内部父母的支持和供给来满足其生存的必需。这种依赖性一方面是基于家庭内部的自然秩序；另一方面也需要通过国家制度的规范和干预，尤其是在现代风险社会，即使是有生存能力的成年人也无法避免随时可能发生的风险和伤害。因此需要国家制定与其社会发展和经济状况相一致的生存保障标准，为社会成员及其家庭在遭遇生存障碍时提供必要的支持和援助。对于儿童而言，社会保障制度以及由此延伸出的社会保障能力（社会福利）也是生存能力的应有之义。儿童生存能力不仅要求成人社会对于儿童的保护和关照，更多地强调成年人对于儿童生存和发展所承担的义务。

生存能力属于儿童最基础和最首要的能力，居于儿童福利的核心，是其他能力的基础。只有这种能力获得充分的保障之后，才有可能发展其他层面的能力，若此项能力无法获得，其他能力便无从谈起。对生存能力的理解具有广义和狭义之分。关于儿童生存能力的具体内容，也存在着基于广义和狭义的不同分类。依据《儿童权利公约》的规定，狭义的儿童生存能力主要是指儿童的生命安全和生存保障的权利，在公约中该项能力被表述为生存能力和受保护权利。如果从广义上理解，生存能力的内容实际上已经涵盖了《儿童权利公约》中对"发展能力"的理解。一般来说，发展能力主要是指每个公民分享社会整体进步与发展所带来的多种成果的能力，其最主要的价值在于给予弱势群体和个体提供缩小与其他社会成员之间差距的机会。儿童的发展能力指保障儿童成长过程中的各种需要得到满足，包括儿童有接受一切形式的教育（正规的和非正规的教育）的能力，以及能够给予儿童的身体、心理、精神、道德与社交发展的相应生活水平。本书试图从广义上理解儿童的生存能力，旨在为儿童的生存提供一个更高层次的评估标准，以推动儿童生活质量的改善和提高。这其中既包括生存能力和受保护能力，也包括一部分发展能力。其中儿童的生存能力主要包括以下几方面。

1. 生命能力

儿童的生命能力是其他能力的前提，儿童的生存和发展从根本上有赖于儿童生命的存在和延续。《儿童权利公约》确认了每个儿童固有的生命能力，缔约国有最大限度地确保儿童的存活与发展的责任。这一条款可以被看作是统领其他条款的纲领性条款。

2. 健康能力

健康是身体、精神和社会福利的状况，健康能力是指政府通过积极作为来创造条件使儿童尽可能地享有健康的体魄，这些条件包括获得有营养的食物、获得充分的卫生医疗服务、健康的生活环境等。健康不仅仅是消灭疾病，从广义上来看，健康能力的实现涉及诸多的经济和社会因素。例如，儿童要实现健康发展，需要一个健康安全的生存环境，而这个环境不仅仅是医疗卫生制度单一方面所能解决的。前些年来曝光的毒奶粉事件、校车事故、留守儿童意外伤害事件等，由此可知健康能力的实现需要依托于安全的家庭环境与社会环境的保护。

3. 适当生活水准能力

生活水准是一个较为宽泛且难以明确定义的概念，除了包括充足食品、衣着、住房和健康之外，《儿童权利公约》还确认了儿童享有足以促进其生理、心理、精神、道德和社会发展的生活水平。然而，适当水准的界定又是十分困难的。通常，可以从两个方面来确立何种生活水准是适当的。一方面，每个人要在有人之作为人的尊严的前提下满足其基本生活要求；另一方面，物质生活达到相关社会的贫困线以上的水平。只有同时满足上述两个条件，才可以认为是适当的生存能力，这对儿童的生存和发展具有十分重要的意义。但是，该项能力对于提升儿童地位和促进儿童自由的意义并不明显，甚至是相反的。这些能力的主张恰恰是承认了儿童不能自我供给和自我发展，而是需要成年人的照顾和指导的，由于儿童是脆弱的、不能自给自足而更多地依赖于成年人对儿童的保护和控制，强化了儿童的附属和依赖，而非是赋予儿童更多的自治能力。因此，不仅要认识到儿童生存能力的基础性地位，同时也要认识到儿童生存能力和受保护能力与儿童自治、自由能力之间存在的张力。

4. 福利能力

虽然对于"福利"能否构成个人能力的基本内容存在各种争议，但是总的来看，现代社会普遍认同福利作为人的一项基本能力需要国家责任和义务来实现。简单来看，福利能力是指社会成员由于年老、疾病、伤残、失业、生育、遭遇灾害、面临生活困难等因素，暂时或永久地丧失工作能力、失去工作机会以致收入不能维持必要的生活水平或相当的生活水准时，有获得国家和社会物质帮助的能力。对于儿童而言，福利能力是确保儿童生存、尊严和发展的重要条件，尤其对于社会中处于弱势或排斥中的儿童，例如残障儿童、贫困儿童等，实现生存与发展需要国家和政府基于儿童的特殊身心需求，提供高于成年人标准的社会福利资源和服务支持。

5. 受教育能力

狭义的生存概念并不包含儿童的受教育能力，但是从现代社会来说，教育是个体和社会发展的关键因素，一个人在未来社会中的就业、收入等与教育具有密切的联系，因而，从生存的广义概念来看，教育是儿童能力发展和未来生存的重要基础，因而也是儿童生存能力不可缺少的组成部分。通常，教育分为家庭教育、学校教育以及社会教育。世界各国的法律几乎都明确了儿童接受学校教育的能力，《儿童权利公约》明确指出"儿童有受教育的能力"，并且要求实现全面的免费义务小学教育，发展不同形式的中学教育，尽量普及高等教育，并对职业教育和降低辍学率等事项做了规定，尤其是特殊儿童的教育，政府更应该通过政策和制度安排促进其平等就学的机会和环境，同时，受教育能力还应内在地要求教育不能违反其规律和目的。受教育能力的根本目的是帮助儿童实现个人尊严、自由、潜能等，儿童受教育能力的实现不仅仅包含义务教育可及性、水平与质量等客观指标，也包含理想教育目标的实现。显然，如果"望子成龙""光宗耀祖"成为儿童教育的主要目标，教育的目标受到成年社会的价值和利益所左右，儿童受教育能力则成为一种到达成人社会的一种工具和手段。

（二）儿童自由的外部能力

儿童享有精神文化生活自由，源于儿童作为人的基本特性和人类固有的尊严。目前，在大多数国际文件和国家法律中都以某种形式表达了儿童所具有的自由能力和参与能力，但是儿童实际的参与程度处在不同的水平。例如《儿童权利公约》对儿童的参与、通信、表达、思想、信仰、结社和集会自由等给予确认，明确清晰地表达了儿童可以通过表达自己的思想和观念来实现自我选择与自由选择的基本立场。

1. 儿童选择的能力

大多数人已经意识到，儿童的参与、自由选择等不仅是儿童的重要能力，更是儿童成长和发展所需的政治、社会参与经验和能力的重要养成过程，但是大多数社会对儿童在政治与社会政策中的参与和自由持相对保守的态度。《儿童权利公约》认为儿童享有结社自由及和平机会自由的权利，对此项权利的行使不得加以限制，除非符合法律的规定并在民主社会中为国家安全、公共秩序、保护公共卫生或道德或保护他人的能力和自由所必需。事实上，在现实生活中，儿童精神与文化活动的自由能力往往会受到限制和压制，相关法律也并未对这些自由设定年龄界限，更没有对侵犯这类自由的行为做出制裁或惩罚的约定，使这些自由能力成为纸上谈兵。

2. 儿童自主的能力

儿童能力的理论前提是儿童个体所具有的自主性。自主性是一种自我管理、独立判断、自主选择，不容许外部力量的介入，主要是指一个人按照自己选择的计划决定行动方针的一种理性能力。具备自主性的个体，不仅能够思考和选择自己的行动计划，而且能够根据这些考虑采取行动。因此，自主性是个体独立性的重要体现。儿童自主能力强调儿童在关系自身利益的日常事务、社会决策乃至政治决策中，根据自身的成熟水平行使一定的自主选择能力或者自我决定能力。儿童自主能力不仅强调儿童的参与和行动，更强调儿童的自我选择和自我行为，是儿童作为自由个体的最重要的表征之一。

三、中国儿童多维贫困指标体系和权重设计

（一）中国儿童多维贫困测度指标体系的设定依据和特点

本章运用阿尔基尔－福斯特（Alkire－Foster）方法，旨在充分考虑到儿童贫穷的广度、深度或严重性。例如在甲和乙两个省份都有 40% 的儿童陷入了多维贫困，但是在甲省大多数儿童在三个指标上受到剥夺，与此同时乙省份儿童被剥夺的维度数为六个，这两个省份的情况和需要采取的措施是不同的。此外，施政措施需要了解儿童在各个地区和每个维度的具体贫困情况，过去的一刀切的方法很难做到这一点。运用阿尔基尔－福斯特方法进行维度分解后则很容易把儿童贫困的程度和分布数字化，通过对多维贫困排序处理可以了解不同子群的儿童多维贫困的情况、贫困深度以及多层面贫困的严重程度。同时，阿尔基尔－福斯特方法得到的多维指数还具有可分解、可传递等特性，为政策制定者进行规划、评估以及干预时提供大量有用的数据。为了符合规范性并满足儿童扶贫工作的现实需要，本章儿童多维贫困测量的指标选取主要依据有三个方面。首先，指标要符合阿玛蒂亚·森能力贫困理论的主要思想，重在体现个人可行性能力的缺失。其次，结合我国儿童生活的现实情况，注重指标能够表征我国儿童的身心健康、教育成长和环境福利方面的剥夺情况。例如国际的多维贫困标准非常重要的两个指标是婴儿的死亡率和儿童的辍学率，对于欠发达国家来说这两个维度深切地影响了儿童的福利水准，但是由于我国基础医疗设施改善和九年义务教育的原因，在这两个维度上我国儿童的剥夺微乎其微，在统计上并不显著。因此，构造符合我国国情的儿童多维贫困指标体系的时候不仅要借鉴国际现有的经验，还要符合我国国情。最后，要充分考虑微观调查数据的可得性。

根据以上的依据和原则，本书构建的我国儿童多维贫困测度指标体系力争满足以下几个特征：（1）国际通用性和中国特色相结合。即有国际通用的多维贫困标准，使我国儿童多维贫困的测算结果能够和国际上的研究接轨，使分析结果能够同其他学者的研究进行横向和纵向的比较。并且符合我国的基本国情。（2）忽

略随着经济社会发展得到极大改善的指标，把注意力集中在我国儿童成长最重要的问题上。（3）物质水平和精神健康并重。随着生活水平的不断提高，曾经十分重要的致贫因子起到的作用越来越薄弱，但是物质水平的大幅提高并不意味着儿童多维贫困程度的减弱，儿童精神状态和社会融入方面的问题越来越严重。儿童精神健康层面能力的剥夺逐渐引起家庭和社会的广泛关注。（4）注重动态发展。儿童多维贫困与成人多维贫困的一个重要区别是，儿童的能力空间是不断发展的，儿童阶层和排序跃迁的可能性远远高于成人。一个人不应当因为生而缺陷就被视为永远有缺陷，不应当因为生而贫穷就注定永远贫穷。因此，在考虑到儿童先天禀赋差异的前提下，更应当关注儿童贫困的不断变化和演进。（5）重视儿童的外部能力。儿童成长过程中最重要的变化是外部能力的内部化，通过教育和感受等途径，把来自家庭、学校和社会的外部能力逐渐转移为自身拥有的个人能力。因此在指标体系构建过程中，要综合考虑个人、家庭以及社会方面众多因素的影响。

（二）中国儿童多维贫困的测度指标体系及权重设计

综合考虑以上原则特点，我国儿童多维贫困的测度指标体系主要包含三个维度，分别为营养健康、教育成长以及环境福利，每个维度各占1/3的权重。其中营养健康维度包括营养摄入、营养不良或肥胖、身体健康状况、不健康生活习惯以及精神状态六个二级指标，涵盖了儿童的先天缺陷以及后天培养、身体健康和精神健康等方面。教育成长维度包含了教育质量、父母陪伴、关心关怀和家庭和谐四个二级指标，考虑到我国九年义务教育普及并且学前和课外教育情况差异巨大的前提下，我们把儿童对教育的接受程度作为衡量儿童教育能力的指标。我国儿童的校园融入状态和社会接受程度较好，校园霸凌和不公平现象并不如同西方研究所示的那么显著，而家庭在儿童成长过程中占据更重要的作用。尤其是农村父母外出务工使得家长和子女长期两地分居，父母陪伴指标成为儿童成长过程中的一个重要因素。此外，父母对子女的关心关怀和家庭和谐也是影响儿童成长和外部能力获取的重要因素。环境福利维度涉及家庭和社会对儿童的影响，其中家庭环境指标沿用国际上通用的多维贫困度量体系，将这一指标与营养和教育指标相结合，通过计算即可以得到国际可比的儿童多维贫困指数。在通用性和个别性之间能够顺畅转换。社区环境更加注重于政府的作用，考虑了政府的各项支出和城市（农村）整体环境对儿童多维贫困的影响。在权重的选择方面，我们沿袭以往国际上多维贫困研究中的常用的方式，采取每个维度等权重方法对指标赋权，在稳健性分析中，该方法已经得到的结果与主成分法确定权重的结果差距不大，具体指标权重设计结果如表 11 - 1 所示。

表 11−1　　　　　　　　　儿童多维贫困指标体系和权重

一级指标	二级指标	权重
营养健康	营养摄入	1/18
	营养不良或肥胖	1/18
	身体健康状况	1/18
	不健康生活习惯	1/18
	精神状态	1/18
教育成长	教育质量	1/12
	父母陪伴	1/12
	关心关怀	1/12
	家庭和谐	1/12
环境福利	家庭环境	1/6
	社区环境	1/6

资料来源：笔者根据联合国儿童基金会对儿童多维贫困的指标细分并整理。

在营养摄入维度，我们定义每个月摄入食物种类小于四种或者生长迟缓水平大于国家标准的情况下该指标被剥夺。按照世界卫生组织对每个儿童按照其出生月份对其 BMI 进行比较，极端营养不良和肥胖的儿童视为此维度被剥夺。如果儿童近期身体健康情况较差，或者近期出现因为身体疾病导致缺课则身体健康状况指标定义为被剥夺。儿童每天的睡眠时间小于九小时或者说锻炼身体的频率小于每半月一次则不健康生活习惯指标被剥夺。CFPS 设计了一系列对儿童精神状态情况的问卷①，我们根据儿童的回答来判断儿童的精神状态指标是否被剥夺。

在教育成长维度，我们对基础教育入学率和辍学率进行分析，发现在义务教育阶段的适龄儿童的入学率近乎百分之百，辍学率可以忽略不计。而拓展教育，包括学前教育和课外辅导的参与率差异巨大，虽然拓展教育对儿童成长的影响重大，但是很难断言在研究儿童贫困过程中这两项教育是必需的，所以我们将这两项予以舍弃，重点关注儿童的认知能力、接受水平以及学业水平。其中认知能力

---

① 问卷主要包括以下问题：
N401 最近 1 个月，你感到情绪沮丧、郁闷，做什么事情都不能振奋的频率？
N402 最近 1 个月，你感到精神紧张的频率？
N403 最近 1 个月，你感到坐卧不安、难以保持平静的频率？
N404 最近 1 个月，你感到未来没有希望的频率？
N405 最近 1 个月，你做任何事情都感到困难的频率？
N406 最近 1 个月，你认为生活没有意义的频率？

和接受水平通过 CFPS 设计的认知问卷进行评测，如果受访儿童回答正确率小于一半则视为教育质量被剥夺。此外，儿童的学业水平不仅是影响儿童成长的重要因素，而且是家长们极为重视的一项指标，但是对于贫困研究来说定义成绩差的儿童属于贫困并不严谨，所以我们将在后面章节中讨论这个问题。在家庭影响方面，我们定义父母双方一年中有连续十周没有见到子女定义为被剥夺，父母对子女朋友不了解或者平时不知道子女去向的情况下这一指标被剥夺。此外，CFPS 还设计了一个父母关怀的问卷①，如果问卷测试没有通过的情况也同样视为关心关怀指标被剥夺。如果家庭中每个月父母吵架的次数在四次以上或者说养育观点测试没有通过则视为儿童在此指标上被剥夺。

在环境福利维度中，我们对儿童的居住环境进行了考量，并沿用了 OPHI 在这一维度的指标体系，如果家中电力、厕所、房屋、燃料和干净饮用水方面有一半以上被剥夺，则视为家庭环境的剥夺。居住环境分析了居住社区的便捷性，家庭居住社区是否有小卖部、学校、医疗点、公共活动场所等，如果社区生活必需设施缺乏一半以上则视为社区环境被剥夺。

第二节　中国儿童多维贫困的测度结果

在本节中，我们将利用多维贫困测量方法对我国儿童多维贫困状况进行测算。首先，我们将测算儿童单维指标被剥夺率，进而了解我国儿童单项指标上的贫困水平；其次，识别我国儿童中多维贫困群体，并计算出在不同贫困阈值下我国儿童多维贫困发生率、发生深度，最终得出我国儿童多维贫困指数 M_0；再次，按省份、户籍以及性别等维度分解我国儿童多维贫困指数 M_0，并进行横向对比，观察近年来我国儿童多维贫困变化情况；最后，对测量结果进行稳健性检验。

---

① 问卷的问题如下：M201 当你做得不对时，家长会问清楚原因，并与你讨论该怎样做：
M202 家长鼓励你努力去做事情；
M203 家长在跟你说话的时候很和气；
M204 家长鼓励你独立思考问题；
M205 家长要你做事时，会跟你讲这样做的原因；
M206 家长喜欢跟你说话、交谈；
M207 家长问你学校的情况；
M208 家长检查你的作业；
M209 家长辅导你的功课；
M210 家长给你讲故事；
M211 家长和你一起玩乐【如下棋、游玩】；
M212 家长表扬你；
M213 家长批评你。

一、中国儿童单维指标剥夺情况

表 11-2 展示了我国儿童的每个维度的被剥夺情况，我们可以从中分析得出儿童的多维贫困状况。

表 11-2　　　　　　　　　　**我国儿童单维指标剥夺情况**　　　　　　　　单位：%

指标	2010 年	2012 年	2014 年	2016 年	平均发生率	变动
营养摄入	47.17	40.82	37.86	29.35	38.80	-17.82
营养不良或肥胖	40.01	39.87	33.57	29.67	35.78	-10.34
身体健康状况	5.91	8.55	10.47	12.36	9.32	6.44
不健康生活习惯	26.44	27.96	42.67	51.33	37.10	24.89
精神状态	9.31	45.47	12.70	37.74	26.30	28.44
教育质量	7.24	20.87	14.55	12.95	13.90	5.72
父母陪伴	11.07	30.51	33.55	6.86	20.49	-4.21
关心关怀	19.38	8.68	10.01	11.17	12.31	-8.21
家庭和谐	12.09	10.34	14.75	18.94	14.03	6.85
家庭环境	47.34	34.66	33.97	19.65	33.91	-27.70
社区环境	26.93	11.77	5.97	1.85	11.63	-25.09

资料来源：笔者根据 CFPS 数据测算并整理。

首先，我们探讨 2016 年的单维剥夺情况，其中，营养摄入、营养不良或肥胖、不健康生活习惯、精神状态是最需要关注的维度，其剥夺比率分别为 29.35%、29.67%、51.33% 和 37.74%。父母陪伴和社区环境的剥夺比率最低，仅为 6.86% 和 1.85%。社区环境维度的改善使得儿童生活环境得到极大的优化。2014 年儿童单维指标剥夺比率的排序分别是，不健康生活习惯为 42.67%、营养摄入为 37.86%、家庭环境为 33.97%、父母陪伴为 33.55% 以及营养不良或肥胖为 33.57%。2012 年的主要剥夺维度同 2014 年相差不大，集中在营养摄入、营养不良或肥胖、父母陪伴以及家庭环境等维度。作为调查的基线年份，2010 年的单维剥夺情况在总体上与其余年份一致，但是在细节上有所差异。当年剥夺程度最高的维度是家庭环境，剥夺发生率为 47.34%；营养摄入，剥夺发生率为 47.17%；营养健康或肥胖，剥夺发生率为 40.01%。不健康生活习惯和父母陪伴维度的剥夺比率低于后续年份，同时社区环境的剥夺率为 26.93%。

从动态的变化趋势上看，家庭环境、社区环境的被剥夺比率减少了 20 个百分点以上，分别为 27 和 25 个百分点；其次，营养摄入减少了 17 个百分点；营养不良或肥胖减少了 10 个百分点。剥夺比率增加最多的是精神状态和不健康生活习惯，分别增加了 28 个和 245 个百分点左右。其余的维度，包括身体健康、教育质量和家庭和谐维度增加了 5~6 个百分点，父母陪伴、关心关怀维度的剥夺发生率分别减少了 4 个百分点和 8 个百分点。随着我国居民生活水平的全面提升，儿童在物质生活相关方面的情况得到极大改善，但是与精神生活相关的维度的剥夺程度却不断加深，例如伴随着营养条件的改善，健康维度的情况却发生恶化；教育水平正在不断的提高，但随之而来的是父母关怀的减少。在物质领域被剥夺现象减少的同时，儿童精神领域的发展并没有与物质水平的上升呈现一致性趋势。

总体来说，我国儿童平均单维剥夺率高达 23.05%，在单一维度上每 4~5 个儿童就有一个维度被剥夺，但是维度剥夺情况在不同指标以及时间上差异较大。其中营养摄入、营养不良或肥胖、不健康生活习惯和家庭环境四个维度的平均剥夺率在 30% 以上，特别是营养摄入的剥夺比率平均在 38.80%，20%~30% 的儿童在精神状态、父母陪伴维度的指标不达标，教育质量、关心关怀、家庭和谐以及社区环境的剥夺比率在 10%~20%。身体健康情况在各项指标中表现较好，不健康的发生比率在 10% 以下。

二、儿童多维贫困指数、发生率及贫困深度

根据阿尔基尔 - 福斯特方法，我们测算了 2010~2016 年我国儿童多维贫困深度、贫困发生率以及贫困发生强度，结果如表 11-3 所示。第一栏是在每个删减维度下多维贫困指数，第二栏是相应的贫困发生率，贫困深度为多维贫困指数同发生率的差值，括号内的数值为每个阈值剥夺分数的标准差。

表 11-3　　　　　　　　　不同删减率下我国儿童多维贫困

贫困阈值（%）	MPI（M_0）（%）				H（%）				变化趋势（%）	
	2010 年	2012 年	2014 年	2016 年	2010 年	2012 年	2014 年	2016 年	平均发生率	2010~2016 年
k = 10	24.3 (0.003)	23.4 (0.003)	20.6 (0.004)	17 (0.003)	78.5 (0.007)	79.6 (0.008)	73.8 (0.010)	70.1 (0.011)	75.50	-8.40
k = 20	21.7 (0.003)	20.4 (0.004)	17.5 (0.004)	30.1 (0.003)	61.4 (0.009)	59 (0.010)	52.4 (0.011)	44.5 (0.012)	54.33	-16.90
k = 30	17 (0.411)	15.2 (0.004)	12.6 (0.004)	7.7 (0.004)	41.5 (0.009)	36.5 (0.009)	31.5 (0.010)	20 (0.009)	32.38	-21.50

续表

贫困阈值（%）	MPI（M_0）（%）				H（%）				变化趋势（%）	
	2010年	2012年	2014年	2016年	2010年	2012年	2014年	2016年	平均发生率	2010~2016年
k=40	10.3 (0.004)	9 (0.004)	6.5 (0.004)	3.4 (0.003)	21 (0.007)	17.9 (0.007)	13.1 (0.007)	7 (0.006)	14.75	-14.00
k=50	4.1 (0.003)	4.4 (0.003)	3.1 (0.003)	1.3 (0.002)	6.9 (0.004)	7.6 (0.005)	5.3 (0.005)	2.4 (0.003)	5.55	-4.50

资料来源：笔者根据 CFPS 数据测算并整理。

只有一个维度被剥夺和同时承受多个维度上的剥夺对于儿童来说痛苦程度是不一样的，或者说是一种指数形式的增加。在 2010 年，有 78.5% 的儿童只承受 1/10 维度的剥夺，61.4% 的儿童有 1/5 以上维度被剥夺，41.5% 的儿童有将近 1/3 的维度剥夺现象。之后这一比例大大减少，6.9% 的儿童有一半以上的福利水平呈被剥夺状态。从截面数据看，在不同阈值下儿童贫困的发生率具有较大波动，随着贫困阈值的收紧，儿童贫困人口不断减少。在 k=10% 时，贫困的平均发生率高达 75.50%；在到达 k=30% 之前这一比率按照每增加 10% 删减率减少 20% 贫困发生率的速度递减。在删减比率调整为大于 30% 时，这一速率逐渐放缓。在 k=40% 时我国有平均 14.75% 的儿童处于多维贫困状态；当 k=50% 时，只有 5.55% 的儿童被界定为贫困群体。儿童多维贫困 M_0 的趋势同发生率相似，以 2010 年为例，在 k=30% 以下的时候多维贫困指数从 24.3% 下降到 17%，当 k 从 30% 上升到 50% 时该指数下降到 4.1%。在非贫困人口中，儿童多维贫困的变化比较平缓；对于贫困人口来说，虽然贫困发生率减少，但是贫困深度的增加在一定程度上抵消了其带来的正向效果。

从时间上来看，我国儿童多维贫困发生率在 2012 年之前变化比较平缓，2014 年之后政府的减贫工作取得显著的成果，平均贫困发生率从 41.86% 降低到 28.8%。具体来说，这部分成就的获得主要由中等收入家庭和贫困线附近家庭的儿童取得，当 k=20% 时贫困发生率减少了 16.9%，贫困线附近的发生率减少了 21.50%。这一趋势在高收入家庭和赤贫家庭中并不明显。我们在前面对 2010~2014 年城镇人口的多维贫困进行分析时发现，对于成人来说 2012 年之前多维贫困程度下降较快，之后下降速度放缓。而当 k=40%~50% 时，2010~2014 年成年多维贫困人口发生率几乎没有变化，在此贫困线以下的多维贫困家庭在很长一段时间内难以摆脱贫困，属于长期多维贫困或慢性多维贫困。儿童相对于成人多维贫困来说存在显著的滞后效应，在家庭整体环境改善之后的 2~4 年，大多数儿童的情况没有得到显著的改善。

但随着剥夺比率的减少，贫困儿童承受的剥夺强度却极大增加（见图11-1），从 k = 10% 的 30.1% 增加到 k = 50% 的 59.1%，贫困带来的苦痛增加了将近 1 倍。在 k = 10% 和 k = 20% 水平上，贫困深度相差不大，从 k = 30% 开始贫困深度随着删减率改变呈线性增加，删减率每增加 10% 则贫困深度增加 10%。这说明对于非贫困儿童来说贫困标准的改变并不影响其福利，维度剥夺的边际效用较小；对于在贫困线附近或者已经陷入贫困的儿童来说，每一维度具有更大的边际效用。更通俗地说，当一个非贫困儿童因为个人或家庭原因在某一维度上进入或者退出贫困时，他或她的总体效用改变并不是很大。但是当儿童初始状态临近贫困状态时，例如 1/3 维度被剥夺时，某一维度上状态的改变会在很大程度上影响其生活状况，在这个状态下对贫困家庭的帮扶会产生更加显著的效果。不同年份的贫困深度总体相差不大，随着时间的推移，在非贫困和赤贫两个水平上，贫困深度呈减少趋势，这一方面受益于经济增长和家庭生活条件的提高；另一方面则得益于国家扶贫攻坚战的政策，特别是扶贫政策聚焦于最需要人群，使得收入最少的阶层能够获得更多的关心与扶持。

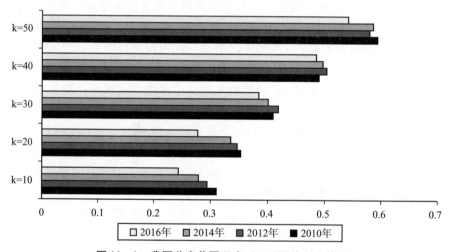

图 11 - 1　我国儿童贫困深度（k 以百分制为基础）

资料来源：笔者根据 CFPS 数据测算并整理。

我们面临的一个重要问题是，选择不同的删减率会得到不同的结果，因此在检验不同删减率稳健性的时候，我们希望能够同现有的研究存在一致性趋势。同时我们还希望选择的删减率能够回答当前政府和社会关心的一些问题。例如某一删减率代表了什么？是否能够解答儿童贫困减少的原因？生活在贫困中的儿童占比减少是因为贫困程度下降还是仅仅是结构性原因？联合国儿童基金会 2017 年发布的《2015 年中国儿童人口状况：事实与数据》报告中统计了我国 0 ~ 17 岁的儿童数据，发现我国贫困地区（包括扶贫重点县和贫困片区县共计 832 个县）常住儿童规模粗略推算约为 6500 万人，占全国儿童总数的 24%。虽然存在样本分布、统计口径和标准原则的不同，这一数据同 k = 30% 时贫困发生率相一致（25.75%），因此我们把 k = 30% 作为儿童贫困的删减率。但是单一的删减率并不能完全回答我们的问题，在我国扶贫攻坚进入决胜阶段的关键时期，我们更关心最贫困群体的状态如何，这一部分儿童是因为什么原因陷入贫困？什么样的干预或者政策能够最好地帮助他们摆脱贫困陷阱。因此本章设置了双重删减标准，把剥夺比率大于 50% 的儿童定义为深度贫困或者说赤贫人口。

三、儿童多维贫困的维度和指标贡献率

我们把多维贫困指数按照一般贫困和深度贫困分组，分析其贡献率，得到图 11 - 2。总体来说，3 个维度在不同分组内的贡献度的趋势基本一致，但在具体数值上有所差异。2010 年，环境福利在一般贫困和深度贫困两组内都是贡献最多的维度，两组内环境福利的剥夺对儿童贫困的贡献都接近一半，但随着时间的推移其贡献率稳步下降；2016 年，环境福利维度对儿童多维贫困的贡献率都降低到 1/3 左右。教育成长因素的贡献率从 2010 年的 20% 左右上升到 2014 年 28% 左右，随之有所下降，之后基本保持平稳。营养健康维度在基期时对儿童的多维贫困做出约 30% 的贡献，并且保持一个上升的趋势，在 2016 年的贡献率达到了 40% 左右。除去环境福利维度外，营养健康、教育成长的贡献率都呈现稳步上升的趋势，最终三者接近一个均衡的贡献状态。

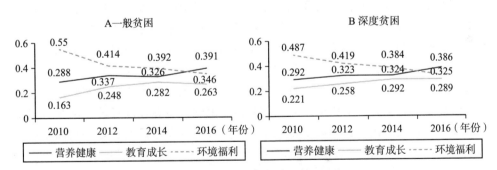

图 11 - 2　儿童多维贫困维度贡献率

资料来源：笔者根据 CFPS 数据测算并整理。

我们对维度指标做了进一步分解，分析 3 个维度中包含的二级指标对儿童多维贫困的贡献，发现尽管在一级指标层面上 3 个维度的变化比较平缓，但二级指标的贡献率发生了巨大变化，如表 11 - 4 所示。

表 11 -4   儿童多维贫困维度贡献率   单位: %

指标	一般贫困				深度贫困			
	2010 年	2012 年	2014 年	2016 年	2010 年	2012 年	2014 年	2016 年
营养摄入	9.8	8.5	8.5	6.7	8.3	7.4	6.5	6
营养不良或肥胖	8.9	8.7	8.5	9.3	7.4	6.9	8.5	8.6
身体健康状况	1.4	2.3	3.2	3.2	2.3	3.6	4.9	4.9
不健康生活习惯	6.5	5.9	8.9	10.4	7.6	6.3	8.5	10.5
精神状态	2.5	8.4	3.5	9.6	3.6	8.1	4	8.4
教育质量	2.7	7.9	6.3	8.2	4.4	7.7	7.1	9.6
父母陪伴	3.9	9.6	11.6	2.8	4.6	9	10.3	2.4
关心关怀	6.9	3.6	4.8	6.3	8.2	4.4	6.8	6.5
家庭和谐	4.3	3.7	5.5	8.9	5.1	4.7	4.9	10.4
家庭环境	32.9	30	31.8	31.6	26.9	25.7	26.1	28.6
社区环境	20.2	11.4	7.4	3	21.8	16.3	12.3	4.1

资料来源: 笔者根据 CFPS 数据测算并整理。

    总体来看, 家庭环境对儿童多维贫困贡献最大, 对一般贫困和深度贫困的贡献分别为 31.6% 和 28.6%。家庭环境的恶化对一般贫困儿童会产生重要的影响, 儿童的能力空间对家长的能力空间具有很强的依赖性, 一旦家庭环境发生剧烈波动, 儿童的多维福利不可避免地受到严重冲击, 接近 1/3 的儿童贫困是由家庭多维福利改变引起的。对深度贫困的儿童来说, 大部分的深度贫困家庭在这一指标上都处于被剥夺状态, 在这种情况下还有很多其他因素也在严重影响着儿童的福利, 家庭环境的重要性相应下降。由于父母为了改善家庭经济条件努力奋斗, 对子女的关心关怀会相应减少, 大量留守和农民工随迁子女在父母陪伴、关心关怀以及家庭和谐维度上缺失明显。社区环境、营养摄入、营养不良或肥胖以及不健康生活环境对儿童多维贫困的影响紧随其后。家庭环境和社区环境是两个分组中贡献度相差最大的指标, 一般贫困儿童中家庭环境剥夺指标的贡献平均高于深度贫困儿童 4.75%, 而社区环境指标的贡献则平均低于深度贫困儿童 3.13 个百分点。两者的差异在于, 尽管大部分深度贫困家庭在家庭维度上被剥夺, 但是其居住环境并不一定是处于被剥夺状态, 即最贫困的儿童并不总是居住在偏远贫困地区, 城镇的儿童贫困问题同样不容忽视。

    从时间来看, 营养不良或肥胖和家庭环境两个指标的贡献率基本保持稳定, 分别在 9% 和 12% 附近。营养摄入和社区环境指标从 2010 ~ 2016 年稳步下降, 对于多维贫困儿童来说其贡献率分别从 9.8% 下降到 6.7%, 从 20.2% 下降到

3%。但是身体健康情况、不健康生活习惯、精神状态、家庭和谐等维度的贡献率在逐年增加，特别是精神状态指标的贡献率从 2010 年的 2.5% 上升到了 2016 年的 9.6%，是基期的 3.84 倍。物质生活水平的提高并没有为儿童带来福利的全面提升。教育质量、父母陪伴以及关心关怀指标并没有呈现简单的线性关系，教育质量指标的贡献率在 2012 年达到 7.9% 后，在 2014 年有所回落，2016 年其贡献率重新提高到 8.2%。父母陪伴指标在 2014 年达到峰值 11.6%，随即在 2016 年回落到 2.8%。关心关怀指标呈现与父母陪伴相反的趋势，2012 年达到低谷为 3.6%，之后有所回升，由此可见，两者的相关性并不显著，父母陪伴时间的增长并不意味着儿童能够得到更多的关心和关怀。

四、多维贫困和收入贫困的比较

让贫困人口和贫困地区同全国一道进入全面小康社会，这是中国共产党和中国政府对世界做出的庄严承诺。国家"十三五"脱贫攻坚规划中明确提出，将于 2020 年实现 5630 万建档立卡贫困人口的脱贫工作。疾病一直是贫困人口脱贫最大的"拦路虎"，截至 2015 年底，全国建档立卡贫困户中，因病致贫的约占 44%。儿童是祖国的未来，让贫困家庭患病儿童同样享有健康未来，是国家儿童医学中心义不容辞的使命和担当。儿童扶贫的精准性是我国当前和下一个阶段扶贫工作的重点。把握好贫困的痛点才能切入扶贫的准点，把力量用在最需要的地方，以点带面，更好地解决儿童的贫困问题。

由于引入了儿童身心健康和教育成长等因素，家庭收入贫困和儿童多维贫困不可避免地产生了各种不匹配。图 11-3 展示了 2010 年我国儿童多维贫困和家庭收入贫困的交叉情况。按照我国扶贫标准，2010 年家庭人均收入在 2300 元以下的家庭占有效样本的 18%；多维贫困的测度结果显示当年有 44% 的儿童处于

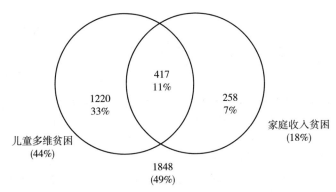

图 11-3　2010 年儿童多维贫困和家庭收入贫困比较

资料来源：笔者根据 CFPS 数据测算并整理。

多维贫困状态。儿童多维贫困和家庭收入贫困的交集为总体样本的11%，占多维贫困儿童的25%，收入贫困家庭的64%。我们可以发现多维贫困的儿童家庭并不必然是收入贫困，但是收入水平较低的家庭中的孩子有很大可能在能力空间上也被剥夺。收入贫困对多维贫困的贡献率低于家庭环境指标的贡献率（32.9%）、高于社区环境的贡献率（20.2%），这从侧面表明多维和收入双重剥夺的家庭在消费上倾向于满足基础生活需要以及生活在恶劣的环境中。

五、中国儿童多维贫困的动态趋势

利用第三章第二节提供的方法，我们测算了我国儿童多维贫困的动态变化趋势。以2010年为例，我们发现我国多维贫困儿童占儿童总数的44%，其中深度贫困人口占总样本的7%，长期贫困儿童占样本总量的5%。13.6%的贫困儿童短期内陷入深度贫困，9.1%的贫困儿童处于长期一般贫困状态，另外2.3%的贫困儿童长期处于深度贫困（见图11-4）。上述贫困数据为我们的政策实施提供了多样化的视角，对于不同种类的贫困，我们应当针对性地采取差异性的措施，对症下药。

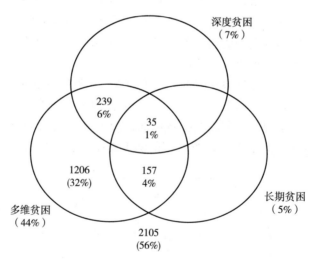

图11-4　2010年我国儿童多维贫困与长期贫困和深度贫困之间的关系
资料来源：笔者根据CFPS数据测算并整理。

此外，图11-5A、图11-5B、图11-5C、图11-5D展示了2010年、2012年、2014年和2016年我国儿童动态多维贫困的韦恩图，有22%的多维贫困儿童在以后脱离了贫困，占当期贫困人口数量的一半。另外有6%的儿童由于各种原因在后面陷入贫困状态，虽然贫困率逐年下降。但是值得我们注意的是，贫困的脆弱性在图中令人瞩目。2010 年脱离贫困的儿童中，有 43.6% 的儿童在之后的时期中重新陷入贫困，有 18% 的儿童从非贫困状态陷入贫困。除去因意外事件陷入贫困的家庭外，挣扎在贫困线附近并且容易落入贫困陷阱的儿童达到了一个可观的数量。这一现象也正是当前扶贫攻坚工作中容易忽视的一点，脱贫考核摘帽之后复查工作的缺失，使相当大一部分儿童并没有切实摆脱贫困的困扰。儿童本身以及家庭环境的脆弱性要求我们把扶贫工作视为一项长期艰苦的战役，而不是为了达标冲线的赛跑。

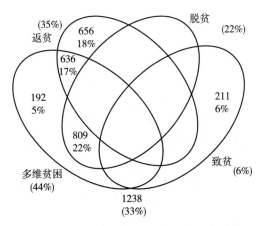

图 11 - 5A　2010 年我国儿童多维贫困变动情况

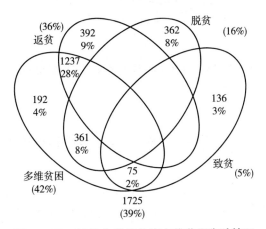

图 11 - 5B　2012 年我国儿童多维贫困变动情况

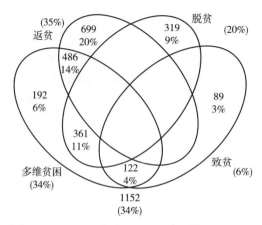

图 11-5C　2014 年我国儿童多维贫困变动情况

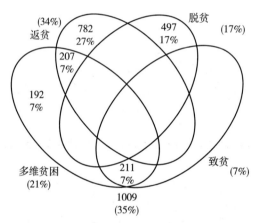

图 11-5D　2016 年我国儿童多维贫困变动情况

资料来源：笔者根据 CFPS 数据测算并整理。

第三节　中国儿童多维贫困的省份分解

本节利用 CFPS 数据，分省份计算了儿童多维贫困指数、多维贫困发生率以及贫困深度，具体分析我国儿童多维贫困的人口分布和结构特征，然后对多维贫困指数进行地域和维度的双重分解，并为我国儿童多维贫困群体的精准定位提供帮助。

一、儿童单维贫困的省份分解

首先，我们分析 2010 年不同省份儿童的单维剥夺情况，如表 11-5 所示。

表 11 - 5　　　　　　　　**2010 年省份儿童多维贫困的单维度剥夺率**　　　　　单位：%

地区	营养摄入	营养不良或肥胖	身体健康状况	不健康生活习惯	精神状态	教育质量	父母陪伴	关心关怀	家庭和谐	家庭环境	社区环境
北京	38.46	23.08	7.69	7.69	0.00	7.69	0.00	0.00	7.69	23.08	30.77
天津	30.00	33.33	6.67	16.67	3.33	0.00	0.00	13.33	10.00	6.67	96.67
河北	48.05	37.66	8.12	27.60	7.14	4.87	5.19	15.26	8.77	38.31	26.95
山西	44.94	48.31	11.24	36.52	11.80	7.30	5.62	17.98	8.43	44.94	12.36
辽宁	37.33	37.00	4.33	25.00	5.33	8.67	5.33	15.33	6.33	50.00	30.33
吉林	36.67	30.00	0.00	30.00	1.67	8.33	1.67	11.67	3.33	41.67	15.00
黑龙江	37.50	23.21	4.46	27.68	9.82	2.68	3.57	13.39	5.36	41.96	31.25
上海	28.78	20.86	3.60	25.18	10.79	7.19	2.88	12.95	15.11	2.16	15.11
江苏	30.00	27.50	6.25	20.00	5.00	5.00	6.25	10.00	12.50	15.00	10.00
浙江	35.09	33.33	8.77	21.05	12.28	7.02	3.51	21.05	3.51	12.28	0.00
安徽	42.68	36.59	1.22	23.17	2.44	2.44	23.17	9.76	12.20	53.66	0.00
福建	56.52	54.35	4.35	30.43	13.04	17.39	21.74	17.39	21.74	34.78	2.17
江西	57.89	47.37	1.75	22.22	9.94	7.02	23.98	22.22	7.02	60.23	23.39
山东	35.00	25.00	4.44	28.89	0.00	3.33	1.11	18.89	6.11	27.78	43.89
河南	43.25	42.18	5.09	26.42	7.70	7.35	17.89	23.34	13.63	59.95	21.68
湖北	47.06	49.02	1.96	11.76	1.96	1.96	7.84	11.76	1.96	29.41	45.10
湖南	46.41	37.25	1.31	11.11	6.54	5.23	28.76	9.80	12.42	45.75	38.56
广东	51.03	40.77	7.52	28.25	14.35	8.20	13.21	21.87	15.49	35.99	11.16
广西	54.88	46.34	14.02	30.49	12.80	7.93	12.80	32.93	7.93	68.90	25.00
重庆	56.25	41.67	0.00	14.58	8.33	4.17	18.75	18.75	6.25	56.25	29.17
四川	58.08	56.33	2.18	18.34	6.99	13.10	5.68	15.28	17.47	83.41	55.90
贵州	57.94	52.34	5.61	31.31	14.49	10.75	18.22	24.77	22.43	56.54	61.21
云南	51.16	44.77	5.81	26.16	8.14	9.88	1.74	24.42	19.19	61.63	5.23
陕西	56.88	26.61	11.93	33.03	17.43	6.42	5.50	22.94	12.84	33.94	22.94
甘肃	49.52	45.96	8.89	28.86	12.04	10.26	15.46	20.93	21.20	69.08	35.29
全国	45.25	38.43	5.49	24.10	8.13	6.97	9.99	17.04	11.16	42.13	27.57

资料来源：笔者根据 CFPS 数据测算并整理。

总体来说，2010 年剥夺率最高的指标是营养摄入和家庭居住环境，分别为

45.25% 和 42.13%，剥夺率最低的是身体健康状况、精神状态、教育质量和父母陪伴等指标，分别为 5.49%、8.13%、6.97% 和 9.99%。营养不良或肥胖、不健康生活习惯两项指标的剥夺率都在 20% 以上。营养摄入指标同当地经济发展状况以及生活习惯密切相关，西南地区的四川、贵州、云南、广西以及重庆儿童的营养摄入剥夺率都在 50% 以上，此外广东、广西、福建和江西由于每月摄入食物种类较少，所以在这一维度上的剥夺程度也较高。四川、贵州和福建在营养不良和肥胖二级指标的剥夺率上同样超过了 50%，上海、北京、江苏、山东、黑龙江和陕西在这一指标上表现较好，剥夺比率均低于 30%。身体健康状况剥夺率较高的省份为广西、陕西和山西，分别为 14.02%、11.93% 和 11.24%。不健康生活习惯剥夺程度最高的省份为山西、陕西和贵州，精神状态指标陕西、广东、贵州和福建表现最差。精神状态指标剥夺率最高的省份为陕西、贵州、广东和福建，分别为 17.43%、14.49%、14.35% 和 13.04%。从营养健康维度来看，贵州、广西、福建和山西剥夺程度最高，分别为 32.34%、31.71%、31.74% 和 30.56%。从儿童教育成长角度来看，福建、贵州、甘肃、湖南、广西和江西平均剥夺比率最高，分别为 19.57%、19.04%、16.96%、15.55% 以及 15.40%；北京、天津和湖北剥夺程度最低，分别为 3.85%、5.83% 和 5.88%。具体来看，天津、湖北和安徽是教育质量最好的省份，该指标的剥夺比例率分别为 0.00%、1.96% 和 2.44%，福建、四川和贵州的教育剥夺程度最为严重，剥夺比率为 17.39%、13.10% 和 10.75%。福建、湖南、江西和安徽在父母在对儿女的陪伴上的指标上差强人意，剥夺比率为 21.74%、28.76%、23.98% 和 23.17%。上述四个省份中三个劳务输出大省和一个对外移民大省。但是把劳务输出作为父母陪伴剥夺严重的原因并不充分，作为劳务输出第二大省的四川在父母陪伴剥夺上的比率只有 5.68%，在所有样本省份中排名 14 位。父母在子女成长上花费时间最多的是天津、北京、山东、吉林和云南。

一个有意思的现象是，云南的父母虽然花费了更多的时间和子女在一起，但是在对子女的关心关怀上效果并不好；父母和子女在一起时间较短的安徽和湖南，家长却更加关心子女的成长情况。朝夕相处的家庭中，父母有可能忽略子女被关注被重视的需求；相隔万里的务工家庭中，每次打电话时父母都会想听到孩子的声音，询问子女的近况。在关心关怀一级指标内，广西、贵州、云南和河南的剥夺比率最高，分别为 32.93%、24.77%、24.42% 和 23.34%；北京、安徽、湖南和江苏省份剥夺程度最低。

同时我们关心另外一个问题，家庭团聚时间或者说父母对子女的关心关怀与家庭的和谐程度有着必然的联系吗？结果表明这种联系并不显著，家庭和谐指标剥夺最严重的省份是贵州、福建、甘肃和云南，该指标的剥夺比率分别为 22.43%、21.74%、21.20% 和 19.19%。其中既有团聚时间排名前列的省份，又有父母对子女倾注大量关心的省份。环境福利维度中剥夺程度最高的是四川、贵州、甘肃和天津，分别为 69.66%、58.88%、52.19% 和 51.67%；浙江、上海、江苏和福建在这一维度的表现最好。四川在家庭和社区环境两项指标上剥夺程度均高于全国水平，其中家庭环境的剥夺比率为 83.41%，社区环境的剥夺比率为 55.90%。天津儿童的家庭环境位居全国前列，剥夺率仅为 6.67%，但是社区环境剥夺比率高达 96.67%，表明天津儿童虽然家庭比较富裕，各项生活必需设施较为完备，但是在 2010 年时还没有形成良好的社区环境，生活的便利性有待改进。家庭环境剥夺程度较高的省份集中在西南和西北地区，排名前四位的分别为四川、甘肃、广西和云南，其剥夺率分别为 83.41%、69.08%、68.90% 和 61.63%；上海、天津、浙江和江苏在这一指标上表现较好。社区环境剥夺程度排序靠前的为天津、贵州、四川和湖北，其剥夺率分别为 96.67%、58.88%、55.90% 和 45.10%，表现较好的省份为浙江、安徽、福建和云南。

2016 年儿童单维剥夺情况发生较大改变（见表 11 – 6），各项指标的剥夺率较 2010 年明显下降，且方差也有所减少。当年剥夺程度最高的维度是不健康生活习惯（48.63%）、营养摄入（28.07%）、营养不良或肥胖（28.94%）和精神状态（26.99%）。社区环境、父母陪伴、关心关怀、教育质量和身体健康状况剥夺程度最低，分别为 2.09%、5.31%、10.07%、12.28% 和 13.50%。六年间我国儿童多维剥夺情况发生了极大变化，政策和家庭的关注点也有所转移。儿童精神状态和不健康生活习惯层面的剥夺成为重要问题，不健康生活习惯的剥夺率从 32.81% 上升到 48.63%，增加了 15 个百分点以上，成为当期剥夺比率唯一在 1/3 以上的指标。精神状态指标的剥夺率从 9.74% 上升到 27%，剥夺比率以平均每年 3 个百分点的速率增长，对儿童压力和精神状态问题的关心应当成为下一阶段儿童成长关注的重点。在社区环境、家庭环境和营养摄入指标方面取得了较大成就，社区环境剥夺比率由 26.40% 下降到 2.09%，基本上实现了便民设施全覆盖。家庭环境和营养摄入的剥夺程度在六年间分别降低了 18.60% 和 17.54%，从 2010 年剥夺序列靠前的指标降低到中等序列。此外，得到改善的指标有关心关怀和营养不良或肥胖，而家庭和谐、教育质量、身体健康状况以及父母陪伴在一定程度上有所恶化。

表 11 –6　　　　　2016 年各省份儿童多维贫困的单维度剥夺率　　　　　单位：%

地区	营养摄入	营养不良或肥胖	身体健康状况	不健康的生活习惯	精神状态	教育质量	父母陪伴	关心关怀	家庭和谐	家庭环境	社区环境
北京	23.08	30.77	30.77	100.00	30.77	7.69	0.00	0.00	0.00	0.00	0.00
天津	27.27	31.82	27.27	59.09	46.15	0.00	0.00	0.00	13.64	4.55	0.00

地区	营养摄入	营养不良或肥胖	身体健康状况	不健康的生活习惯	精神状态	教育质量	父母陪伴	关心关怀	家庭和谐	家庭环境	社区环境
河北	24.66	23.32	12.11	55.16	21.95	11.21	8.52	10.31	8.52	14.35	0.90
山西	27.19	28.07	7.02	49.12	14.29	5.26	9.65	7.02	14.04	16.67	1.75
辽宁	17.95	18.97	9.23	40.51	22.78	8.72	3.08	9.23	10.77	15.38	1.54
吉林	20.93	16.28	6.98	51.16	13.64	2.33	4.65	2.33	11.63	11.63	2.33
黑龙江	11.27	15.49	5.63	40.85	13.79	18.31	2.82	9.86	14.08	18.31	4.23
上海	17.78	11.11	10.00	37.78	26.47	4.44	2.22	3.33	18.89	6.67	2.22
江苏	16.98	30.19	5.66	41.51	13.64	16.98	7.55	3.77	15.09	11.32	3.77
浙江	28.57	28.57	7.14	33.33	21.43	4.76	4.76	7.14	30.95	9.52	0.00
安徽	30.51	15.25	8.47	45.76	18.52	1.69	5.08	10.17	13.56	5.08	0.00
福建	32.35	35.29	26.47	64.71	40.91	23.53	0.00	14.71	20.59	17.65	0.00
江西	44.78	34.33	13.43	45.52	29.51	19.40	5.22	11.94	20.15	25.37	5.22
山东	22.86	21.90	15.24	49.52	30.77	12.38	3.81	3.81	16.19	10.48	0.95
河南	27.91	25.86	9.93	55.99	17.74	16.27	11.30	10.79	17.64	27.57	1.37
湖北	32.50	25.00	10.00	42.50	23.53	2.50	5.00	12.50	20.00	7.50	0.00
湖南	29.82	27.19	18.42	46.49	39.62	5.26	6.14	8.77	27.19	20.18	1.75
广东	34.19	32.90	18.39	57.42	32.02	22.58	7.10	8.06	22.58	20.00	2.58
广西	39.45	42.20	14.68	55.05	26.67	17.43	11.93	25.69	20.18	20.18	3.67
重庆	29.73	32.43	18.92	48.65	38.89	10.81	2.70	8.11	18.92	10.81	5.41
四川	36.81	49.69	14.11	53.37	26.44	34.36	4.29	19.02	22.09	38.65	0.61
贵州	30.71	39.29	20.71	60.00	34.52	17.14	7.86	30.71	29.29	20.71	2.86
云南	17.48	32.04	19.42	56.31	34.48	4.85	3.88	7.77	11.65	20.39	0.97
陕西	32.31	32.31	10.77	40.00	26.92	3.08	6.15	4.62	13.85	26.15	1.54
甘肃	32.16	35.67	9.28	54.02	17.18	19.59	12.16	8.45	21.24	23.51	2.68
全国	27.57	28.64	14.00	51.35	26.51	11.62	5.43	9.52	17.31	16.11	1.85

资料来源：笔者根据 CFPS 数据测算并整理。

2016 年营养摄入指标剥夺程度最高的省份是江西、广西、四川以及广东，分别为 44.78%、39.45%、36.81% 以及 34.19%。菜篮子的丰富和育儿观念的转变使所有省份儿童在营养摄入方面的情况得到改善，特别是云南儿童的改变最为可观，剥夺率从 51.16% 降低到 17.84%，平均每年降低 5.6%。同样得到改善的指标还有营养不良或肥胖，四川、广西、贵州和福建的剥夺情况仍然位于全国前列，东部沿海和东北地区在这一方面表现良好。湖北的改善最为明显，从 2010 年接近一半的剥夺比率降低到接近 1/5。儿童身体健康方面产生明显分化，2010 年排序靠前的广西、陕西和陕西变化不大。北京和天津儿童身体健康剥夺程度成为全国最高的省级行政区域，北京的剥夺比率由 7.69% 上升到 30.77%，天津由 6.67% 上升到 59.09%。京津冀地区的雾霾和粉尘天气可能是造成这一现象的重要原因。与之伴随的是环境和天气的恶化使得家庭相应减少了儿童户外活动的时间，两个地区的儿童在不健康生活习惯层面的剥夺也处在全国前列。天津、福建、湖南和重庆儿童在精神状态表现低于全国平均水平，其剥夺比率分别为 46.15%、40.91%、39.62% 和 38.89%；江苏、吉林和黑龙江的儿童在这一方面表现较好。在营养和健康维度剥夺程度最严重的是受不健康生活习惯的影响，在天津和北京因为环境问题造成的剥夺程度骤增之外，福建、贵州和四川的剥夺比率分别为 39.95%、37.05% 和 36.08%，东北地区和长三角地区的儿童在这一维度的表现最佳。同在营养健康维度的表现相反的是北京和天津在儿童教育成长维度的优良表现，北京的儿童在这一维度上平均剥夺率是 1.92%，天津为 3.41%，这两个区域的父母不仅花费更多的时间同子女一起，对子女的关心关怀也名列全国前列。贵州、四川和广西在这一维度表现依然不佳，但是其原因各不相同。四川主要是因为儿童在教育质量上受到剥夺（34.36%），贵州家的父母花费了更多时间同子女一起，但是在关心关怀（30.71%）和家庭和谐（29.29%）维度表现不佳，广西则是在各个指标体上均表现不佳。儿童在环境福利维度的情况得到极大改善，这可能是由于新农村以及易地扶贫搬迁等一系列扶贫政策的实施使得这一维度的剥夺程度极大减少。城郊的发展以及农村集中安置带来的福利使得截至 2016 年全国总体社区环境剥夺比率降低到 1.79%，家庭环境的剥夺比率降低到 21.02%。居住条件的提升在改善儿童多维福利的同时，我们发现家庭环境和社区环境变动的脱节，在整个城市和乡村跳跃式发展的过程中家庭并没有享受到同等的改善。以易地扶贫搬迁为例，边远、集中连片贫困的家庭迁移到新的聚集地后，虽然医疗、卫生、交通和教育等设施配套完善起来，但是居民赖以为生的生产方式并没有改变，家庭的总收入和收入结构并没有发生相应的改善。这是我们值得注意的一点，儿童福利的改善与生活环境息息相关，但影响更大的是家庭本身的能力与财富。我们发现家庭环境剥夺程度最深的省份同我们贫困连片地区以及易地搬迁地区具有很大程度的重合，四川、河南、陕西、江西和甘肃的剥夺比率大于全国水平，分别为 38.65%、27.57%、26.15%、25.37% 和 23.51%。北京、天津、安徽和上海在这一维度剥夺程度最小。

二、儿童多维贫困的省份分解

接下来我们聚焦贫困儿童的多维贫困水平，即删减后的儿童多维贫困指数。当贫困阈值 k = 30% 的时候，我国儿童分省份的多维贫困指数如表 11 - 7 所示。总体来看，在 2010 ~ 2016 年，我国儿童减贫效果显著，全国儿童多维贫困指数从 41.5% 下降到 21%，减少了一半；贫困发生率具有相同的趋势，从 17% 下降到 8.2%。在贫困发生率减半的同时，我们应当注意到贫困深度在 2010 ~ 2016 年几乎没有变化，这意味着一方面我们的减贫工作范围是普惠式的，各个阶层和群体的儿童都能够从国家的政策中获得福利的改善；另一方面暴露出我国扶贫工作过于注重完成任务的弊端，在精准扶贫的号召下虽然能够切实帮助到有需要的困难群体，但是没有被识别或者错配的困难群体很难从扶贫工作中获益。这对我们的扶贫工作提出了较高的要求，要在扶贫精准性和普惠性之间的权衡取舍上下功夫，做到扶贫的精准。从截面上来看，我国儿童多维贫困最严重的地区分别是四川、贵州、江西、广西、甘肃、重庆和湖南。同单维剥夺随年份变化的趋势不同，儿童多维贫困的排序在 2010 年和 2016 年几乎没有发生变化。以 2010 年为例，四川的儿童多维贫困状态最为严重，有将近 1/3 儿童处于多维贫困水平；贵州的多维贫困指数大于四分之一，江西、广西、甘肃和重庆都高于 1/5。2016 年各省儿童的多维贫困状况都有所改善；四川从 29% 降低到 17.2%，贵州有 26.1% 降低到 13.2%，江西从 23.3% 降低到 11.8%。大部分省份的儿童多维贫困水平降低了接近一半，但是仍然大于同时期成人多维贫困水平。

表 11 - 7　　　　　　　　我国各省份的儿童多维贫困指数　　　　　　单位：%

地区	2010 年儿童贫困				2016 年儿童贫困			
	H	M_0	发生率贡献率	多维贫困贡献率	H	M_0	发生率贡献率	多维贫困贡献率
北京	17.4	5.9	0.2	0.1	0	0	0	0
天津	42.5	13.9	1.1	0.9	0	0	0	0
河北	36.2	14.4	9.2	8.9	13.5	5.1	4.3	4.1
山西	32.8	13.8	3.9	4	16.7	6.5	2.7	2.7
辽宁	35.3	13.6	2.1	2	9.2	3.1	2.6	2.2
吉林	24	8.7	0.9	0.8	7	2.3	0.4	0.4
黑龙江	29.7	11.5	2.7	2.5	19.7	7.2	2	1.8
上海	12.7	4.2	0.2	0.2	3.3	1	0.4	0.3

地区	2010 年儿童贫困				2016 年儿童贫困			
	H	M_0	发生率贡献率	多维贫困贡献率	H	M_0	发生率贡献率	多维贫困贡献率
江苏	22.1	7.2	1.2	1	13.2	4.4	1	0.8
浙江	12.5	5.6	0.6	0.6	11.9	4.9	0.7	0.7
安徽	29.1	10.6	1.9	1.7	5.1	1.7	0.4	0.4
福建	30	11.5	1.2	1.1	23.5	10.2	1.1	1.3
江西	55.1	23.3	5.1	5.3	27.6	11.2	5.3	5.5
山东	29.4	11.4	4.3	4	8.6	3	1.3	1.1
河南	47.9	19.3	13.3	13	23.5	9.2	19.5	19.5
湖北	25.5	10.1	1	1	5	1.7	0.3	0.3
湖南	42.2	19.5	5.3	6	14.9	6.7	2.4	2.8
广东	34.2	13	5.1	4.7	25.5	10.1	11.2	11.3
广西	57.1	22.7	7	6.8	28.4	11.8	4.4	4.7
重庆	54.3	21.9	1.4	1.4	16.2	5.1	0.9	0.7
四川	66.1	29	11.1	11.9	42.3	17.2	9.8	10.1
贵州	57.6	26.1	11.1	12.3	3.5	13.2	7	6.7
云南	37.6	14.7	4.8	4.6	17.5	6.1	2.6	2.3
陕西	32.7	13.1	2.1	2	15.4	5.3	1.4	1.2
甘肃	51.5	22.2	3.1	3.2	26.8	10.9	18.5	19.2
全国	41.5	17	100	100	21	8.2	100	100

资料来源：笔者根据 CFPS 数据测算并整理。

2010～2016 年全国成人多维贫困水平从 3.4% 降低到 2.5%，儿童多维贫困几乎是当期成人贫困的 5 倍。在成年人摆脱贫困陷阱的同时，儿童贫困仍是我们需要重视的问题，也是我们下一步关注的重点。值得关注的是儿童贫困衰减的速度是成人贫困的 3 倍，对成年人的减贫投入对儿童多维贫困的减少具有杠杆作用，这种现象主要基于以下原因：首先，家庭条件同时也是儿童多维贫困指标体系的一部分；其次，成人福利的改变也拓展了儿童的能力空间和机会空间，父母获得的能力诸如知识储备、上网等技能也会成为儿童的外部能力；最后，家庭整体环境的改善会给儿童带来正的外部性，当一个贫困家庭摆脱压在身上的沉重负担后会有更多的欢声笑语，父母会更乐于关心子女的成长。聚焦于成人的扶贫政策在一定时期内仍然是提高儿童多维福利的重要手段。贫困发生率的趋势同多维贫困指数的趋势相似，2016 年儿童多维贫困发生率仍然高于 25% 的省份包括四川（42.3%）、贵州（35%）、江西（28.4%）、广西（27.6%）和甘肃（26.8%）。

一个家庭在单一维度和在多个维度被剥夺带来的痛苦是不一样的，在最后一根稻草带来的痛苦和家庭能力范围内增加一个维度的剥夺带来的痛苦之间不是简单的线性关系，而是呈指数增加。在单一维度剥夺程度较高的福建和安徽，尽管每个维度被剥夺的比率都处于高位水平，但是一个家庭在众多维度上同时被剥夺的概率并不大。2016 年福建的贫困发生率为 13.2%、安徽为 8.6%。托尔斯泰的话"幸福的家庭都是相同的，不幸的家庭各有各的不幸"可以很好地形容这些省份的儿童在其福利层面的多样性。尽管与其他省份相比，这些省份的儿童或多或少经历着这样或者那样的不幸，但是总体来说他们依然生活在一个相对幸福的家庭，大部分家庭的父母和儿童并没有陷入贫困，为生活苦苦挣扎、艰难奋斗。

对各个省份按照样本权重和人口基数调整后，我们得到贫困发生率贡献率和多维贫困贡献率。2010 年，河南、河北以及湖南的贡献率在调整后大幅增加，贡献率最高的省份为河南 13%、贵州 12.3% 和四川 11.9%，三个省份加总的贡献率占到全国的 1/3 以上。2016 年儿童多维贫困贡献率在 10% 以上的有河南（19.5%）、贵州（19.2%）、四川（11.3%）以及河北（10.1%），四个省份的总体贡献率在 60% 以上。我国儿童多维贫困具有区域集中度高的特征，从单个省份来看西南和西北地区贫困发生概率大；考虑到人口基数，大部分儿童多维贫困人口集中在西南地区以及河南、河北等内陆人口大省。多维贫困指数作为全面反映一个地区贫困水平的综合指标，在一定程度上反映了区域经济发展状况；但并不意味着经济发展越好的地区儿童的多维贫困现象就越轻。首先，区域经济发展的"涓滴效应"对多维贫困人口生活的改善有限；其次，尽管扶贫工作的成效是显著的，但是未被识别为贫困人口很难享受到扶贫政策带来的利好；最后，经济发展和扶贫带来的红利直接改变的是儿童的外部能力，外部能力和儿童自身的努力共同构成了儿童的能力空间，经济条件的改善并不是儿童整体福利增加的充分条件。

党的十九大报告中提出确保到 2020 年我国现行标准下农村贫困人口实现脱贫，在执行过程中我们需要明确我国最贫困人群究竟居住在哪里？最需要帮助的儿童生活的环境是怎样的？这样才能对症下药、有的放矢，把力气用在最需要的地方。表 11-8 分析了我国儿童深度多维贫困的省份分布，我们可以发现：深度儿童多维贫困的分布，一方面同一般贫困地区有很高的一致性；另一方面深度多维贫困的儿童不总是生活在贫困地区，经济发达地区同样存在阳光照耀不到的阴影。2010 年深度多维贫困指数排名前列的省份是四川（9.2%）、江西（8.5%）、湖南（8.3%）和贵州（8.3%），深度多维贫困儿童的覆盖范围约为一般多维贫困的 24% 左右，发生率平均为一般贫困的 16.9%，意味着深度贫困儿童的贫困深度约为一般贫困儿童的 1.42 倍。值得注意的是北京、天津、上海、江苏和湖北等省市儿童深度贫困的发生率为 0；浙江的儿童多维贫困发生率虽然为 12.55%，但有一半的多维贫困儿童属于深度贫困；重庆多维贫困的发生率高达 54.35%，但是深度贫困的发生率仅有 6.9%。上述三种情况为我们提供了三点启示：一是儿童多维贫困同当地的经济发展高度相关，但是除了经济原因外，显然还有其他的因素影响儿童贫困的发生率；二是即使是最富有的地方也存在阳光下的阴影，最贫困的人群可能就居住在高楼大厦的旁边，经济的发展难以普惠到每一个个体身上；三是政策扶植目标的选择也是一个艰难的过程，在地方政府人力、财力和物力有限的情况下，究竟是应当宽泛地帮助整个贫困群体还是把精力集中在最需要的人身上，这不只是一个经济学上的问题，还关乎政治，关乎公平和正义，是一个需要慎重考虑的问题。

表 11-8　　　　　　　　　我国各省份儿童深度贫困指数　　　　　　　单位：%

地区	2010 年儿童贫困				2016 年儿童贫困			
	H	M_0	发生率贡献率	多维贫困贡献率	H	M_0	发生率贡献率	多维贫困贡献率
北京	0	0	0	0	0	0	0	0
天津	0	0	0	0	0	0	0	0
河北	4.8	2.7	7.4	7.1	0.9	0.5	2.1	2.2
山西	5.5	3.1	3.9	3.8	3.5	2.1	4.2	4.4
辽宁	4.5	2.6	1.6	1.6	0	0	0	0
吉林	2	1.1	0.5	0.4	0	0	0	0
黑龙江	4.2	2.3	2.2	2.1	1.4	0.9	1	1.2
上海	0	0	0	0	0	0	0	0
江苏	0	0	0	0	0	0	0	0
浙江	6.2	3.6	1.6	1.6	2.4	1.3	1	1
安徽	1.2	0.6	0.5	0.4	0	0	0	0
福建	1.4	0.9	0.3	0.4	5.5	3.3	2.1	2.1
江西	14.1	8.5	7.9	8.1	4.5	2.6	6.3	6.3
山东	1.3	0.7	1.1	1.1	0	0	0	0
河南	7.1	4.1	11.8	11.5	3.1	1.7	18.8	18.2
湖北	0	0	0	0	0	0	0	0

续表

地区	2010 年儿童贫困				2016 年儿童贫困			
	H	M_0	发生率贡献率	多维贫困贡献率	H	M_0	发生率贡献率	多维贫困贡献率
湖南	14.6	8.3	11	10.7	6.1	3.5	7.3	7.2
广东	3.4	1.9	3	2.8	3.2	2	10.4	11.2
广西	7.3	4.3	5.4	5.4	5.5	3	6.3	5.9
重庆	6.2	3.6	1	1	0	0	0	0
四川	15.3	9.2	15.4	15.9	6.1	3.4	10.4	10.2
贵州	13.5	8.3	15.6	16.4	4.3	2.4	6.3	6.1
云南	3.7	2	2.8	2.6	0	0	0	0
陕西	7.4	4.4	2.9	2.9	0	0	0	0
甘肃	11.2	6.7	4	4.1	4.7	2.7	24	24.1
全国	6.9	4.1	100	100	2.9	1.6	100	100

资料来源：笔者根据 CFPS 数据测算并整理。

2016 年儿童深度贫困得到极大改善，首先有 12 个省份的儿童深度贫困发生率降为 0；其次在依然存在深度儿童贫困的省份发生率和深度都显著降低。湖南、四川、福建和广西是仅有多维贫困指数在 3% 之上的省份，经过人口和权重调整过后，对儿童深度贫困贡献率最高的省份是甘肃（24.1%）、河南（18.2%）、广东（11.2%）和四川（10.2%）。值得关注的是广东的情况，在物质生活条件得到普遍改善的情况下，儿童精神生活维度的重要性逐渐凸显，作为全国的经济大省，广东省儿童深度贫困的发生率的贡献达到 10.4%，与四川相等，高于贵州和湖南。这一现象揭示了我国和世界多维贫困的一个发展趋势，从我们对儿童物质剥夺的关注应该逐渐向对儿童精神状态、成长、机会和公平等意识形态维度剥夺的重视。

第四节　中国儿童多维贫困维度和省份双重分解

一、中国儿童多维贫困中营养健康维度的省份分解

（一）一般多维贫困儿童的营养健康维度的省份分解

上一节我们大致了解了我国儿童多维贫困的省份差异，本节我们深入剖析造

成儿童多维贫困区域性差异的主要因素。从测算结果来看（见表 11 – 9），营养和健康维度虽然是包含二级指标中最多的维度，但对儿童多维贫困的贡献率并不是最大的，2010 年营养和健康维度贡献率为 29.1%，2016 年上升为 38.6%。在营养摄入指标得到极大改善的同时，身体健康、不健康生活习惯和精神健康的贡献率都有所提升，特别是儿童精神状态的指标剥夺对儿童多维贫困的贡献率增加了将近 3 倍，对儿童心理健康关注的重要性正在逐步提升。

表 11 – 9　　　　　儿童一般多维贫困营养健康维度的省份分解　　　　单位：%

地区	2010 年					2016 年				
	营养摄入	营养不良或肥胖	身体健康状况	不健康生活习惯	精神状态	营养摄入	营养不良或肥胖	身体健康状况	不健康生活习惯	精神状态
北京	15.8	19.8	0	0	0	0	0	0	0	0
天津	6.5	7.8	0	8.4	3.1	0	0	0	0	0
河北	10.8	8.3	2.2	9.4	3.2	4.1	4.7	5.9	11.2	10.6
山西	8.5	9.9	2.5	9.5	3.5	5.4	7.2	1.8	15.4	13.6
辽宁	8.2	8	1.2	6.4	1.3	5.6	7.8	3.4	8.9	10.1
吉林	11.3	7	0	12.5	1.5	6.8	6.8	6.8	6.8	13.6
黑龙江	7.2	5	1.2	9.2	2.9	2.6	3.9	0	7.8	10.5
上海	2.6	4.7	1.6	16.1	13.7	0	0	14.5	14.5	7.3
江苏	15.5	9.4	1.2	6.8	1.9	2.9	8.6	0	8.6	8.6
浙江	11	11	7.4	7.4	11.4	9.7	9.7	0	12.9	3.2
安徽	9.4	11	0.8	9.9	0.5	0	13.6	0	6.8	20.3
福建	8.6	11.4	0.8	8.8	1.8	5.8	7.7	3.8	9.6	15.4
江西	11.2	11	0.1	5.9	2.2	10.2	10.2	3.5	7.1	11.5
山东	9.9	7.3	0.8	8.5	0	2.2	10.8	2.2	8.6	6.5
河南	9.5	8.9	1.6	5.9	2.1	7.7	7.8	2	10.5	8.2
湖北	7.4	11.7	0.6	4.2	0	0	0	9.5	9.5	9.5
湖南	9.5	8	0	3.4	1.5	7	13.1	6.1	10.5	3.5
广东	10.4	9.9	2.6	7.7	4.6	6.2	7.1	4.5	12.8	9.6
广西	10.2	9.1	3	7.4	3.9	6.2	8.8	2.6	9.3	10.9

续表

地区	2010 年					2016 年				
	营养摄入	营养不良或肥胖	身体健康状况	不健康生活习惯	精神状态	营养摄入	营养不良或肥胖	身体健康状况	不健康生活习惯	精神状态
重庆	9.5	7.6	0	2.6	2.2	7.1	10.6	3.5	10.6	10.6
四川	10.3	9.8	0.4	3.3	0.9	6.7	11.9	4.8	9.1	8.6
贵州	9.6	8.1	1.2	5.7	3.5	7.2	10.1	4.3	11.2	11.5
云南	10.4	9.8	2.1	6.8	3	6.3	11.6	4.2	15.8	9.5
陕西	8.6	6.2	3.1	10.1	4.4	9.8	15.6	5.9	5.9	11.7
甘肃	8.7	8.4	2.6	6.2	2.7	5.9	8.6	1.9	10.3	9.7
全国	9.8	8.9	1.4	6.5	2.5	6.5	8.8	3.2	10.5	9.6

资料来源：笔者根据 CFPS 数据测算并整理。

一般而言，营养摄入指标同经济发展高度相关，营养健康维度整体的贡献率与经济发展表现出一定程度上的负相关，2010 年排名前列的省份分别为浙江（48.2%）、上海（38.7%）、北京（35.6%）、广东（35.2%）和江苏（34.8%）。表现最好的省份为重庆、湖南、湖北和四川。经济发达省份营养健康维度贡献率高于欠发达省份的原因有两个，一是家庭和环境维度剥夺水平的降低，使得这些省份营养和健康的重要性突显；二是教育和生活水平较高，在一定程度上抬高了父母对子女的期望，从而给子女带来更大的压力。和高度竞争的环境一起压迫儿童自由活动的空间与时间，使儿童在精神状态方面的表现不尽如人意。

2016 年营养健康维度贡献率的省份排序发生很大变化，首先是北京和天津当年儿童的多维贫困发生率降为 0；其次是陕西、云南、贵州等欠发达省份维度贡献率排名的上升。浙江是一个非常有意思的例子，作为经济发展排名前列的省份，省内的多维贫困儿童在营养健康维度的贡献率最高，达到 35.5%，但是浙江多维贫困儿童在身体健康状况指标贡献率为 0，而其他指标都保持在一个高位水平。东北和华北地区在此维度的贡献率最低。

（二）儿童深度多维贫困的营养健康维度的省份分解

表 11-10 对我国儿童深度多维贫困在营养健康维度的贡献率进行省份的分析。对于深度贫困儿童来说，除去身体健康状况外，其他指标对贫困的贡献程度相差不大。2010 年浙江（57%）、云南（51.1%）、安徽（50%）和福建（50%）对贫困的贡献率在 50% 以上，2016 年贡献率最高的是河北（50.8%）、广西（43.3%）

和四川（43.2%）。营养摄入在儿童扶贫工作中的重要性降低，不健康生活习惯和精神状态成为此维度儿童致贫的主要原因。

表 11-10 儿童深度多维贫困营养健康维度的省份分解 单位：%

地区	2010 年					2016 年				
	营养摄入	营养不良或肥胖	身体健康状况	不健康生活习惯	精神状态	营养摄入	营养不良或肥胖	身体健康状况	不健康生活习惯	精神状态
北京	0	0	0	0	0	0	0	0	0	0
天津	0	0	0	0	0	0	0	0	0	0
河北	10.1	1.9	3.6	10.8	10.8	5.6	11.3	11.3	11.3	11.3
山西	10.1	8.8	4.2	10.3	10.3	2.8	5.6	0	11.1	11.1
辽宁	6.4	4.5	2.3	9.6	9.6	0	0	0	0	0
吉林	12.1	0	0	12.1	12.1	0	0	0	0	0
黑龙江	9.7	4.7	0	12.2	12.2	0	0	0	0	10.3
上海	0	0	0	0	0	0	0	0	0	0
江苏	0	0	0	0	0	0	0	0	0	0
浙江	11.4	11.4	11.4	11.4	11.4	12.5	12.5	0	12.5	0
安徽	0	12.5	12.5	12.5	12.5	0	0	0	0	0
福建	10	10	10	10	10	0	11.8	5.9	11.8	11.8
江西	7.1	8.4	0	9.9	9.9	1.9	5.8	7.7	7.7	11.6
山东	7.6	7.9	0	11.7	11.7	0	0	0	0	0
河南	7.8	7.2	3.1	6.4	6.4	6.7	6	1.3	10.7	7.4
湖北	0	0	0	0	0	0	0	0	0	0
湖南	9.2	10.7	0	1.5	1.5	6.8	11.9	5.1	11.9	5.1
广东	8.4	7.8	5.2	8.6	8.6	5.5	5.5	9.8	10.9	10.9
广西	9.2	9.1	3.6	6.7	6.7	8.2	8.2	2.1	12.4	12.4
重庆	6.7	2.4	0	4.3	4.3	0	0	0	0	0
四川	8.5	6.8	0.6	6.8	6.8	7.2	12	7.2	8.4	8.4
贵州	8.7	6.6	1.2	7.2	7.2	8	12.1	8	4	10.1
云南	6	12.4	7.9	12.4	12.4	0	0	0	0	0
陕西	4.5	6.3	6.7	11.2	11.2	0	0	0	0	0
甘肃	6.1	6.9	4.2	8.1	8.1	6.1	6.6	1	10.1	8.6
全国	8.3	7.4	2.3	7.6	7.6	6	7.8	4.1	9.9	9

资料来源：笔者根据 CFPS 数据测算并整理。

二、儿童多维贫困教育成长维度的省份分解

(一) 儿童一般多维贫困教育成长维度省份分解

教育不仅在我国城镇人口脱贫中起到重要作用,而且对儿童未来的成长发展也起到重要作用。我们曾经计算了教育维度缺失导致的儿童多维贫困人口的致贫概率,发现家庭平均受教育年限水平低下对儿童多维贫困的贡献率达到36.34%,在各个维度中排名首位。表11-11展示了在儿童多维贫困中教育成长维度对儿童贫困的影响。

表11-11　　　　我国儿童一般多维贫困教育成长维度省份分解　　　单位:%

地区	2010 年				2016 年			
	教育质量	父母陪伴	关心关怀	家庭和谐	教育质量	父母陪伴	关心关怀	家庭和谐
北京	5	0	0	0	0	0	0	0
天津	0	0	10.8	6.9	0	0	0	0
河北	2	2.1	6.8	3.5	7.4	2.9	4.4	7.4
山西	3.1	2.1	7.3	3.7	5.7	1.1	6.8	6.8
辽宁	3.9	1.8	5.2	2.1	11.2	0	9.8	4.2
吉林	3.3	0	7.8	3.2	8.5	8.5	0	8.5
黑龙江	1.2	0.6	7.6	1.3	16.3	0	8.2	4.9
上海	10.1	4.1	20.3	12.2	0	9.1	9.1	9.1
江苏	2.8	5	6.5	5.9	10.7	0	0	10.7
浙江	2.3	2.3	14.2	0	8.1	0	12.1	12.1
安徽	0.6	7.4	6.6	8.1	0	0	0	8.5
福建	8.5	8.2	8	9.1	7.2	0	9.6	12
江西	2.4	5.1	8	2.9	10.5	1.1	3.9	6.6
山东	1.2	0.8	8	2.4	16.1	0	2.7	13.4
河南	2.6	6.6	7.5	4.3	8.5	3.7	6.5	7
湖北	0	1.6	4.9	0	0	11.9	0	11.9
湖南	1.4	10.8	4.4	3.4	3.3	3.3	5.4	10.9
广东	4	4.5	8.4	5.9	12.6	3.7	3.5	8.5
广西	2.7	3.8	9	2.4	5.2	5.2	10.4	7.8

续表

地区	2010 年				2016 年			
	教育质量	父母陪伴	关心关怀	家庭和谐	教育质量	父母陪伴	关心关怀	家庭和谐
重庆	1	3.9	5.8	1.9	8.8	0	8.8	4.4
四川	3.4	1.7	3.3	5.1	10.4	1.5	6.3	8.6
贵州	2.9	4.4	6.7	5	7.6	2.7	13	9
云南	4.1	0.5	10.5	8	2.6	0	5.3	2.6
陕西	2.7	1.6	5.8	4.9	0	4.9	0	2.4
甘肃	3.1	3.6	5.9	5.5	10.2	5.7	4.9	8
全国	2.7	3.9	6.9	4.3	9.1	3.3	6.1	7.8

资料来源：笔者根据 CFPS 数据测算并整理。

教育成长维度对儿童贫困的影响低于成人，平均贡献率在 1/3 以下。2010 年对我国儿童多维贫困的贡献率为 17.8%，其中关心关怀和家庭和谐的重要性高于父母陪伴和教育质量；2016 年教育成长维度对儿童贫困的贡献率大幅增加，达到 26.3%，教育质量以及家庭和谐领域暴露的问题开始凸显，关心关怀和父母陪伴方面的贡献率基本保持不变。值得注意的是，在我国普及九年义务教育使儿童失学/辍学率在统计上基本可以忽略的情况下，我们把儿童对知识的接受程度作为衡量教育质量的代理指标。从计算的结果发现，众多经济发达的省份在教育质量方面的剥夺程度高于经济欠发达省份，这一现象同时也伴随着欠发达省份的经济发展逐渐突显。2010 年教育成长维度对儿童贫困贡献率最高的省份为上海、福建、云南和广东，其贡献率分别为 46.7%、33.8%、23.1% 和 22.8%；2016 年排名前列的省份为浙江、贵州、山东和黑龙江，对儿童贫困的影响是 32.3%、32.3%、32.2% 以及 29.4%。父母陪伴指标的贡献率在劳务输出大省的贡献显著，但是父母与子女在一起的时间对子女的关心关怀以及家庭和谐情况并没有显著相关性。

（二）儿童深度多维贫困教育成长维度省份分解

表 11 - 12 分析了我国儿童深度多维贫困在教育成长维度贡献率的情况。2010 年广东、安徽、重庆以及河南的教育成长方面贡献率最高，以关心关怀和家庭和谐维度的剥夺最为显著。除去广东外，教育质量对儿童深度多维贫困的贡献率都不高。2016 年贡献率最高的省份为陕西、黑龙江、河南以及浙江，贡献率分别为 41.7%、38.4%、32.7% 和 31.2%，父母陪伴方面剥夺程度较低，教育质量和精神状态方面的问题开始突出。

表 11 –12　　　　　　　　儿童深度多维贫困教育成长维度省份分解　　　　　　单位: %

地区	2010 年				2016 年			
	教育质量	父母陪伴	关心关怀	家庭和谐	教育质量	父母陪伴	关心关怀	家庭和谐
北京	0	0	0	0	0	0	0	0
天津	0	0	0	0	0	0	0	0
河北	3.6	1.8	7.4	1.3	7	0	0	14.1
山西	2	2	3.3	6.3	13.9	0	13.9	13.9
辽宁	8.3	1.9	11.6	0.8	0	0	0	0
吉林	15.2	0	0	0	0	0	0	0
黑龙江	2.5	3.2	6.9	0	12.8	0	12.8	12.8
上海	0	0	0	0	0	0	0	0
江苏	0	0	0	0	0	0	0	0
浙江	0	0	14.3	0	0	0	15.6	15.6
安徽	0	0	15.6	15.6	0	0	0	0
福建	0	12.5	0	12.5	7.4	0	14.7	7.4
江西	3.9	3.7	12	1.9	14.5	0	7.2	4.8
山东	0	0	14.6	0	0	0	0	0
河南	4.1	7.4	10.8	4.4	10.9	2.5	8.4	10.9
湖北	0	0	0	0	0	0	0	0
湖南	1.2	14.6	0.6	5.6	6.4	6.4	2.1	14.8
广东	10	2.6	11.8	7.2	9.6	5.5	1.4	5.5
广西	3.4	10.3	11	1.1	7.7	5.2	7.7	10.3
重庆	3	6	8.3	11.3	0	0	0	0
四川	6.9	1.7	7.7	8.5	12	0	7.5	7.5
贵州	5.7	2.3	8.4	7	12.6	0	5	5
云南	5.7	0	15.5	0	0	0	0	0
陕西	0	0	3.4	7.7	0	0	0	0
甘肃	4.6	3.8	7.8	7.2	12.6	6.3	9.5	5.1
全国	4.4	4.6	8.2	5.1	11	3.4	7.3	8.2

资料来源: 笔者根据 CFPS 数据测算并整理。

三、儿童多维贫困环境福利维度的省份分解

(一) 儿童一般多维贫困环境福利维度省份分解

环境福利维度是传统多维贫困研究关注的主要领域，对成人多维贫困的研究主要集中在家庭能够占有的生活以及生产资料，对儿童而言研究的重点在于儿童的外部能力，即父母能够占有并且用于子女生活和成长上的资源。在标准化的多维贫困研究中，存在着维度和删减值不确定的争论。同贫困线一样，不同国家有着不同的发展水平，全球统一的贫困标准对于横向比较存在着重要意义，但是对于国家本身，偏离国情的贫困标准对于政策制定以及对抗贫困的意义不大。因此，各国都制定了符合自身国情的贫困线标准。

本章设定的儿童多维贫困指数兼顾了这两点，营养健康、教育成长维度在综合国际研究和政府决策的基础上，根据我国国情给予相应调整。环境福利维度则是按照国际通用的指标构成以及删减标准设计，以便于同国际儿童贫困研究相对接，能够与同时期国际儿童贫困相对照。

我们从表 11 - 13 中可以看出，家庭环境或者说儿童的外部环境对儿童贫困的影响至关重要并且稳定在30%左右，2010 年和2016 年家庭环境对儿童多维贫困的贡献率分别为 32.9% 和 31.8%，高于社区环境 20.2% 和 21.8% 的贡献。2014 年后，随着城市的发展以及市容市貌的改善，居民生活环境不断改善，便利性逐渐增强。在社区环境上的剥夺比率逐渐下降，对儿童贫困的贡献率也随之减弱，降低到 2016 年的 3.4%。

表 11 - 13　　　　儿童一般多维贫困环境福利维度省份分解　　　　单位: %

地区	2010 年			2016 年		
	家庭环境	社区环境	环境福利	家庭环境	社区环境	环境福利
北京	49.4	10	59.4	0	0	0
天津	5.5	51	56.5	0	0	0
河北	29.4	22.4	51.8	38.3	2.9	41.2
山西	35.2	14.5	49.7	31.7	4.5	36.2
辽宁	34.6	27.4	62	36.3	2.8	39.1
吉林	38.9	14.5	53.4	16.9	16.9	33.8
黑龙江	34.9	28.9	63.8	35.9	9.8	45.7
上海	2.2	12.4	14.6	36.4	0	36.4

地区	2010 年			2016 年		
	家庭环境	社区环境	环境福利	家庭环境	社区环境	环境福利
江苏	24.6	20.2	44.8	35.7	14.3	50
浙江	32.9	0	32.9	32.3	0	32.3
安徽	45.8	0	45.8	50.8	0	50.8
福建	28.7	6.2	34.9	28.8	0	28.8
江西	34.4	16.8	51.2	27.7	7.7	35.4
山东	30.4	30.6	61	37.6	0	37.6
河南	36.3	14.6	50.9	35.9	2.2	38.1
湖北	30.3	39.2	69.5	47.6	0	47.6
湖南	30.9	26.8	57.7	34.9	2.2	37.1
广东	29.2	12.8	42	28.3	3.2	31.5
广西	35.4	13	48.4	28.5	5.2	33.7
重庆	38.5	27.1	65.6	26.5	8.8	35.3
四川	36.8	24.9	61.7	31.6	0.6	32.2
贵州	25.8	27.2	53	19.8	3.6	23.4
云南	40.7	4.2	44.9	39.5	2.6	42.1
陕西	29.7	22.9	52.6	39	4.9	43.9
甘肃	34.2	19.1	53.3	31.1	3.8	34.9
全国	32.9	20.2	53.1	31.8	3.4	35.2

资料来源：笔者根据 CFPS 数据测算并整理。

2010 年环境福利维度贡献率最高的省份为湖北、重庆和黑龙江，其贡献率分别为 69.5%、65.6% 和 63.8%；表现最好的省份大多集中在东南沿海地区，以上海、浙江、福建和广东为代表。由于社区环境在 2016 年得到极大改善，生活质量发生重大变化，安徽、江苏和湖北的环境福利维度的贡献率排名靠前，分别为 50.8%、50% 以及 47.6%。值得注意的是一部分省份的社区剥夺贡献率降为 0，但是在家庭环境的方面的剥夺有所上升，有一部分家庭并没有从经济增长中获得相应的福利改善。

(二) 儿童深度多维贫困环境福利维度省份分解

表 11 - 14 展示了深度贫困儿童在环境福利维度上的贡献率，家庭环境和社

区环境在导致儿童深度贫困的原因上占据重要地位。2010 年近 48.7% 的深度贫困儿童是因为生活环境方面的缺失导致陷入贫困状态。黑龙江、吉林、山东和陕西的排名分居前四位，分别为 61%、60.6%、58.4% 以及 56.2%。虽然导致儿童陷入深度贫困的因素众多，但是家庭以及居住的环境仍然是至关重要的。帮助最贫困的儿童摆脱贫困，最根本还是要帮助其家庭致富。

表 11-14　　　　　　　儿童深度多维贫困环境福利维度省份分解　　　　　单位：%

地区	2010 年			2016 年		
	家庭环境	社区环境	环境福利	家庭环境	社区环境	环境福利
北京	0	0	0	0	0	0
天津	0	0	0	0	0	0
河北	28.5	26.1	54.6	28.2	0	28.2
山西	26.6	20	46.6	27.8	0	27.8
辽宁	29	24	53	0	0	0
吉林	30.3	30.3	60.6	0	0	0
黑龙江	30.5	30.5	61	25.6	25.6	51.2
上海	0	0	0	0	0	0
江苏	0	0	0	0	0	0
浙江	28.6	0	28.6	31.2	0	31.2
安徽	31.2	0	31.2	0	0	0
福建	25	0	25	29.4	0	29.4
江西	27.7	22.2	49.9	29	9.7	38.7
山东	29.2	29.2	58.4	0	0	0
河南	26.8	17.8	44.6	30.2	5	35.2
湖北	0	0	0	0	0	0
湖南	29.2	25.4	54.6	29.7	0	29.7
广东	18	14.2	32.2	27.3	8.2	35.5
广西	24.9	17.1	42	25.8	0	25.8
重庆	28.7	22.7	51.4	0	0	0
四川	27.3	23.2	50.5	26.9	3	29.9
贵州	23.8	25.9	49.7	25.1	10.1	35.2
云南	30.9	0	30.9	0	0	0

续表

地区	2010 年			2016 年		
	家庭环境	社区环境	环境福利	家庭环境	社区环境	环境福利
陕西	28.1	28.1	56.2	0	0	0
甘肃	27.5	19.7	47.2	27.8	6.3	34.1
全国	26.9	21.8	48.7	28.1	5.2	33.3

资料来源：笔者根据 CFPS 数据测算并整理。

第五节　中国儿童多维贫困的其他特征分解

一、儿童单维贫困的性别特征分解

本节我们对儿童单维贫困的性别特征进行分解，从表 11 - 15 中看出，2010 年，女孩在一般多维贫困和深度贫困的发生率上都略微高于男孩儿，但随着时间推移这种情况逐渐发生改变。至 2016 年男孩和女孩多维贫困发生的概率趋于一致，多维贫困指数的差别也并不显著，但是不管对一般贫困或者深度贫困的贡献率男孩都普遍高于女孩，两者相差将近 10 个百分点，人口结构上带来的差异并不能说明性别对儿童多维贫困的产生有显著的影响。

表 11 - 15　　　　　　　　　　儿童单维贫困的性别特征　　　　　　　　　　单位：%

年份	性别	儿童贫困				深度儿童贫困			
		H	M_0	发生率贡献率	多维贫困贡献率	H	M_0	发生率贡献率	多维贫困贡献率
2010	女	45.2	18.6	48	52	42.4	17.9	47.8	47.5
	男	44.3	18.3	47.9	52.1	40.9	17.4	52.2	52.5
2012	女	42.4	17.9	47.8	47.5	9.3	5.5	47.2	47
	男	40.9	17.4	52.2	52.5	9.2	5.4	52.8	53
2014	女	35.5	14.2	48.5	48.3	5.7	3.4	46.7	46.9
	男	32.6	13.2	51.5	51.7	5.7	3.3	53.3	53.1
2016	女	21.2	8.4	46.4	46.9	2.9	1.6	45.8	45.3
	男	20.9	8.1	53.6	53.1	2.9	1.7	54.2	54.7

资料来源：笔者根据 CFPS 数据测算并整理。

对儿童多维贫困按照性别和维度的双重分解结果也证明了这一点。我们可以从表 11 – 16 看出，虽然维度贡献率随着时间的推移产生变化，但是男女性别上的差异对儿童是否陷入贫困以及陷入何种贫困并没有明显影响。因此，性别差异并不是影响儿童多维贫困水平的重要因素。

表 11 – 16　　　　　　　　　　儿童多维贫困性别特征　　　　　　　　单位：%

年份	性别	营养摄入	营养不良或肥胖	身体健康状况	不健康生活习惯	精神状态	教育质量	父母陪伴	关心关怀	家庭和谐	家庭环境	社区环境
2010	女	9.6	9.2	1.6	6.5	2.4	2.7	4	6.1	4.1	34	20
	男	9.3	8.6	1.6	6.1	2.5	2.8	4	6.9	4.9	33.9	19.4
2012	女	8.7	9	1.9	5.5	8.2	7.2	10	3.6	3.4	29.8	12.5
	男	8	8.5	2.1	6	8.8	6.9	9.6	3.4	4.1	29.3	13
2014	女	8.3	9.2	2.8	9.1	3.5	6	11.4	4.7	5.3	33.1	6.7
	男	7.9	8.7	3.1	9.5	3.5	5.3	11.4	4.7	5.7	33.1	7.1
2016	女	6.4	8.8	3.8	11	9.1	9.3	3.1	5.6	7.9	32.4	2.6
	男	6.6	8.7	2.7	10	10	8.9	3.4	6.6	7.7	31.2	4.1

资料来源：笔者根据 CFPS 数据测算并整理。

二、儿童多维贫困的户籍特征分解

本节对我国儿童多维贫困按照城乡户籍差距进行分解，从表 11 – 17 中我们可以看出在儿童多维贫困方面，我国存在巨大的城乡二元反差。农村儿童多维贫困的发生率和多维贫困指数为城镇的 2 ~ 3 倍，对贫困的贡献率乡村基本是城镇贡献率的九倍。与此同时，城镇和农村多维人口的贫困深度相差不远，物质生活上的差距被其他维度所弥补。在深度贫困方面，平均每 5.75 个农村贫困儿童中有一个属于深度贫困，而城镇中这一比率为 11.75。

表 11 – 17　　　　　　　　　　儿童多维贫困户籍特征　　　　　　　　单位：%

年份	地区	儿童贫困				深度儿童贫困			
		H	M_0	发生率贡献率	多维贫困贡献率	H	M_0	发生率贡献率	多维贫困贡献率
2010	农村	49.8	20.7	91.5	92.5	8.5	5	96.8	97.2
	城镇	18.5	6.7	8.5	7.5	1.1	0.6	3.2	2.8

续表

年份	地区	儿童贫困				深度儿童贫困			
		H	M_0	发生率贡献率	多维贫困贡献率	H	M_0	发生率贡献率	多维贫困贡献率
2012	农村	48.1	20.5	89.9	90.8	11	6.6	94.8	94.9
	城镇	18.2	7	10.1	9.2	2	1.2	5.2	5.1
2014	农村	39.7	16.1	91.4	92.1	7.1	4.1	94.2	9.4
	城镇	12.7	4.7	8.6	7.9	1.5	0.9	5.8	6
2016	农村	24.2	9.5	8.7	87.7	3.4	1.9	92.5	92.4
	城镇	11.3	4.2	1.3	12.3	0.9	0.5	7.5	7.6

资料来源：笔者根据 CFPS 数据测算并整理。

表 11 - 18 和表 11 - 19 展示了农村和城镇儿童不同的致贫原因。环境特别是家庭环境是儿童导致多维贫困的首要原因，社区环境的影响紧随其后。农村儿童在父母陪伴上的缺失使得其在福利上受到剥夺，而城镇儿童更缺乏的是来自家庭的关心和关怀。城镇儿童在调查初期在精神状态维度上表现低于农村儿童，但2016 年两者的贡献率差异已经变得不明显。在其他维度上城镇和农村儿童差异并不显著。

表 11 - 18   儿童一般多维贫困的户籍和维度分解   单位：%

年份	地区	营养摄入	营养不良或肥胖	身体健康状况	不健康生活习惯	精神状态	教育质量	父母陪伴	关心关怀	家庭和谐	家庭环境	社区环境
2010	农村	10	9.4	1.2	5.6	1.9	2.2	4.1	5.4	4.3	35.3	20.6
	城镇	10.6	9.9	1.9	5.9	3	2.9	2.8	7.1	4	31	21
2012	农村	8.4	8.8	2.1	5.6	8.5	7	9.7	3.6	3.9	30.1	12.3
	城镇	7.8	8.3	1.4	8.1	9.4	6.4	10.6	3.1	4	24.6	15.9
2014	农村	8.1	9	2.9	9.2	3.4	5.9	11.4	4.8	5.6	32.4	7.2
	城镇	8.1	8.3	3.3	10.6	4.6	4.6	10.1	3.4	4.6	37.9	4.8
2016	农村	6.5	8.9	3.1	10.6	9.7	8.9	3.3	5.7	7.9	32.7	2.6
	城镇	7.8	9.1	2.7	11.2	9.4	8.3	3.4	6.3	6	29.6	6.3

资料来源：笔者根据 CFPS 数据测算并整理。

表 11 - 19　　　　　　　　　儿童深度多维贫困的户籍和维度分解　　　　　单位：%

年份	地区	营养摄入	营养不良或肥胖	身体健康状况	不健康生活习惯	精神状态	教育质量	父母陪伴	关心关怀	家庭和谐	家庭环境	社区环境
2010	农村	8	7.7	2.1	7.9	3.3	4.2	4.8	8.2	5.9	26.9	21
	城镇	4.8	1.6	4.8	3.2	6.3	6	2	13.9	9.9	23.8	23.8
2012	农村	7.6	7.2	3.2	6.6	8.5	6.8	8.6	3.6	4.9	25.7	17.3
	城镇	6.9	5.7 ·	2.9	7.4	6.3	7.9	9.3	5.7	5	24.3	18.6
2014	农村	6.7	8.3	4.2	7.8	3.8	6.3	10.6	7.1	5.3	26.3	13.6
	城镇	8.1	9.1	2	9.1	5	5	8.8	7.6	5	27.7	12.6
2016	农村	6	8.1	4.1	10.6	8.7	10.5	4.1	6.7	8.5	28	4.7
	城镇	7.7	3.8	3.8	9.6	7.7	1.2	0	9.6	7.2	28.8	9.6

资料来源：笔者根据 CFPS 数据测算并整理。

深度贫困儿童在各个维度上致贫的原因较为平均，但是城乡逐渐显出巨大差异。在营养健康方面，农村深度贫困在营养摄入、营养不良和生活习惯方面较城镇儿童遭受了更大的剥夺，同时城镇儿童在身体健康和精神状态方面的缺乏也更容易导致其贫困。父母陪伴和关心仍然表现出巨大的城乡差异，但是在教育质量和家庭和谐方面的差距正在逐渐缩小。

第十二章　中国儿童多维贫困的影响相关因素研究

本章运用 OLS、差分和多元工具变量回归等计量方法，从短期和长期两个方面分析了我国儿童多维贫困的相关因素。本章共有五小节，前三节分别讨论了短期内家庭、环境、政策因素对我国儿童静态和动态多维贫困的影响。第四节和第五节主要关注与儿童长期贫困的代际遗传和阶层流动性，从家庭消费倾向和子女学业成绩两个方面讨论了寒门学子摆脱贫困和阶层跃迁的可能性。

第一节　中国儿童短期多维贫困与家庭的关系

一、儿童短期静态多维贫困与家庭的关系

本节我们使用面板模型对家庭中影响静态儿童多维贫困的因素进行分析，并详细讨论家庭中父母双方各自对儿童的影响程度。表 12 - 1 中的数据是运用 2010 ~ 2016 年的全样本数据进行回归的估计结果，结果显示，在面板模型 I 和模型 II 分别是普通面板数据和存在父母差异面板模型框架下家庭因素对儿童一般多维贫困、儿童深度多维贫困和儿童贫困深度的影响的估计结果。

表 12 - 1　　　　　　　　家庭因素对儿童静态多维贫困的影响

项目	一般多维贫困		深度多维贫困		贫困深度	
	I	II	I	II	I	II
年龄	- 0.00430 *** (0.00142)	- 0.00663 *** (0.00142)	0.00392 *** (0.000770)	0.00321 *** (0.000773)	0.000453 (0.000458)	- 0.000304 (0.000454)
户口	- 0.130 *** (0.0154)	- 0.0811 *** (0.0152)	- 0.0372 *** (0.00807)	- 0.0243 *** (0.00804)	- 0.0516 *** (0.00504)	- 0.0344 *** (0.00495)

续表

项目	一般多维贫困		深度多维贫困		贫困深度	
	Ⅰ	Ⅱ	Ⅰ	Ⅱ	Ⅰ	Ⅱ
人均收入	− 1.43e − 07 (2.96e − 07)	− 1.14e − 07 (2.90e − 07)	6.21e − 08 (1.67e − 07)	1.06e − 07 (1.63e − 07)	− 6.88e − 08 (9.39e − 08)	− 6.72e − 08 (9.14e − 08)
父母婚姻状况	0.00212 (0.00907)	0.00663 (0.00922)	− 0.00637 (0.00473)	− 0.00576 (0.00486)	− 0.00243 (0.00298)	− 0.00188 (0.00300)
期望教育水平	− 0.00434 (0.00467)	0.00395 (0.00467)	− 0.00812 *** (0.00260)	− 0.00686 *** (0.00262)	− 0.00467 *** (0.00149)	− 0.00257 * (0.00148)
家庭儿童数	0.137 *** (0.00696)	0.116 *** (0.00698)	0.0457 *** (0.00353)	0.0414 *** (0.00359)	0.0577 *** (0.00231)	0.0500 *** (0.00230)
家庭最高教育水平	− 0.0488 *** (0.00550)		− 0.0124 *** (0.00287)		− 0.0188 *** (0.00181)	
父亲教育水平		− 0.0125 *** (0.00173)		− 0.00182 ** (0.000890)		− 0.00425 *** (0.000572)
母亲教育水平		− 0.0186 *** (0.00165)		− 0.00557 *** (0.000848)		− 0.00716 *** (0.000544)
常数项	0.501 *** (0.0382)	0.243 * (0.137)	− 0.117 ** (0.0534)	0.104 *** (0.0210)	0.205 *** (0.0268)	0.297 *** (0.0124)

注：*** 、** 和 * 分别表示在 1% 、5% 和 10% 的水平上显著；括号内数据为标准误差。

资料来源：笔者根据 CFPS 数据测算并整理。

对于一般儿童多维贫困而言，年龄、户口、父母对子女的期望教育水平以及家庭教育水平对儿童陷入多维贫困的概率来说具有不同的影响，家庭人均收入以及父母婚姻状况对陷入贫困的影响并不显著。对于一般多维贫困来说，年龄每增加 1 岁，儿童陷入多维贫困的概率减少 0.43% ；但是对深度贫困儿童来说，随着年龄的增长陷入贫困的可能性也随之增加，达到 0.39% 。对于非贫困儿童来说，随着年龄增加以及外部能力的内部化，个人所拥有的机会不断增多；但是对于贫困家庭来说，随着年龄的长大，要逐步开始负担家庭的重担，穷人的孩子早当家。此外年龄对贫困深度有着正向的影响，但是并不显著。

户籍差异是导致儿童陷入贫困的重要影响因素，生活在农村的儿童比生活在城镇中儿童陷入贫困状态的概率要高 13% ，多维贫困儿童在农村地区的分布显然比城市地区更加广泛，但是深度贫困方面的差异并没有那么巨大，城市深度贫困的概率比农村地区高 3.72%。此外农村地区的贫困深度要高于城市地区 5.16 个百分点。缩小城乡二元差距，推进城市化发展仍然是扶贫攻坚的一个强有力的手段。

家庭人均收入对儿童多维贫困没有显著的影响，这一点同我们的直觉并不相同。父母对子女的期望成为深度贫困儿童摆脱多维贫困的一个重要因素，一般家庭的儿童对父母的期望反应并没有那么强烈。父母对子女能够达到的教育水平每提高一个层次，贫困发生的概率相应减少 0.812%，贫困深度减少 0.417%。家庭中子女的数量是导致贫困最重要的因素，随着育儿成本的增加，每多生一个孩子，儿童陷入多维贫困的概率提高 13.7%。对于深度贫困家庭来说，家庭中每多养育一个子女，儿童贫困的发生率增加 4.57%。是否多要一个孩子对于父母和家庭来说并不是一个简单的决定，要综合考虑到经济、文化、传统等各方面的因素。但是仅从贫困的角度来看，深度贫困家庭对孩子物质和精神的投入并没有其他家庭那么精细，多抚养一个孩子带来的负担仅为其他贫困（一般多维贫困）家庭的 33.6%，这从一方面解释了为什么越穷的家庭子女越多的现象。对于贫困深度来说，多养育一个子女带来的贫困痛苦会增加 5.77%，这也是最重要的影响因素。2015 年至今，我国人口出生率并没有预期的那么增速明显，很重要的原因是养儿负担的增加，很多一般收入家庭的预期生育子女数量的均衡点处于政府限制线之下。即使来自政府的限制取消之后，这部分家庭的生育决策其实并没有发生变化。因此要提高生育率，减缓老龄化压力，需要多方面的共同努力，形成合力，特别是减缓家庭因为育儿带来的贫困负担。

父母的教育水平是影响儿童成长的一个重要因素，家庭中最高学历水平每增加一年，儿童陷入多维贫困的概率降低 4.88%，父母知识水平的增加一方面有助于其抚养的科学化和人性化；另一方面高教育水平的父母一般来说有着较高的收入水平，会有更多的闲暇和心情去教育子女、关心子女的成长。与之相比，深度贫困的家庭中教育虽然也有会起到重要作用，但是效果并不如其他家庭明显，致贫的可能性为一般贫困家庭的 1/4。教育水平对贫困深度的影响在 1.24% ~ 1.88% 内波动。父亲和母亲哪一方对子女成长的影响更重要，是社会关注的热点。一部分人认为教育子女妈妈最重要；另一部分认为"子不教，父之过"，养育在母亲，而教育在父亲；还有的人认为母亲的陪伴与母亲更重要互为因果，因为需要更多陪伴所以母亲更重要，因为母亲更重要所以需要更多陪伴。为了解答这一系列问题，我们把父亲和母亲区别开来分析对子女的影响，发现一般家庭中母亲的教育年份每提高一年孩子陷入贫困的概率降低 1.86%，父亲教育水平的影响为母亲的 67.2%；这一差距在深度贫困组内更加明显，父亲对孩子的影响为母亲的 32.7%。由此可见，母亲在子女抚养过程中承担着更重要的角色，家庭越困难时这种现象越显著，所以梁启超在《新民说》里提出了"妇人弱也，而为母则强"的说法。在文学作品中，如果家庭遭到重大冲击，子女印象最深刻的便是母亲挑起家庭生活的重担，在极其艰难的情况下坚持对子女的抚养和教育。在儿童多维贫困体系中，父母陪伴和关心关怀是两个相互独立的维度，在上一章的分析中我们也发现两者并不相关，长期陪伴缺乏关心以及长期分离特别关心的现象都普遍存在。因此在儿女抚养过程中应当更加注重母亲扮演的角色，对儿童成长予以正确引导。

二、儿童短期动态多维贫困与家庭的关系

表 12 - 2 分析了家庭因素对儿童致贫、脱贫以及返贫的动态影响。随着儿童年龄的增加能够减少 3.2% 的致贫概率，并增加 2.9% 的脱贫概率，但是对返贫并没有明显的影响，与对贫困状态的影响相一致。城镇户口的儿童虽然陷入多维贫困的概率小于农村户口的儿童，但是增加了 13.5% 的致贫概率与减少了 35.4% 的脱贫概率。城镇家庭相较农村家庭虽然在教育、卫生、机会和环境上具有优势，但是缺乏了土地这类最基本的生产保障，父母失业导致家庭陷入贫困的概率大大增加，同时一旦陷入贫困后脱贫会更加困难。但是得益于城镇发达的福利保障制度，城镇儿童脱贫后返贫的概率比农村儿童低 38.6% 。

表 12 - 2　　　　　　　　　　家庭因素对儿童动态多维贫困的影响

项目	致贫		脱贫		返贫	
	I	II	I	II	I	II
年龄	-0.0320*** (0.00614)	-0.0279*** (0.00628)	0.0290*** (0.00457)	0.0271*** (0.00464)	0.00752* (0.00394)	0.00341 (0.00402)
户口	0.135** (0.0649)	0.0574 (0.0669)	-0.354*** (0.0514)	-0.299*** (0.0521)	-0.386*** (0.0427)	-0.352*** (0.0433)
人均收入 (元)	$-1.65e-07$ $(1.33e-06)$	$-9.28e-07$ $(1.35e-06)$	$-5.81e-06***$ $(1.39e-06)$	$-5.60e-06***$ $(1.38e-06)$	$-1.84e-06**$ $(9.30e-07)$	$-2.14e-06**$ $(9.32e-07)$
父母婚姻状况	-0.0938*** (0.0345)	-0.0839** (0.0366)	0.138*** (0.0298)	0.138*** (0.0311)	-0.0122 (0.0241)	-0.0117 (0.0252)
期望教育水平	-0.00952 (0.0205)	$-3.54e-05$ (0.0213)	-0.0124 (0.0149)	-0.00119 (0.0152)	0.0133 (0.0133)	0.0212 (0.0135)

续表

项目	致贫		脱贫		返贫	
	I	II	I	II	I	II
家庭儿童数	0.216 *** (0.0235)	0.227 *** (0.0244)	0.0564 *** (0.0204)	0.0383 * (0.0209)	0.0140 (0.0181)	−0.00949 (0.0186)
父亲教育水平		−0.0120 * (0.00713)		−0.0225 *** (0.00517)		−0.00620 (0.00460)
母亲教育水平		−0.00444 (0.00692)		−0.0130 *** (0.00496)		−0.0278 *** (0.00439)
常数项	−0.953 *** (0.157)	−1.254 *** (0.161)	−1.132 *** (0.121)	−1.071 *** (0.122)	−0.198 * (0.104)	−0.203 * (0.105)

注：***、** 和 * 分别表示在 1%、5% 和 10% 的水平上显著；括号内数据为标准误差。
资料来源：笔者根据 CFPS 数据测算并整理。

家庭人均收入对儿童致贫没有显著的影响，但是同时减少了脱贫和返贫的可能性。对于贫困家庭而言，家庭收入的增加既是满足家人对物质的需要，同时父母在努力工作的同时可能会忽视了对子女的关心和陪伴，家庭人均收入每增加一千元会减少 0.5811% 的儿童脱贫概率，同时减少了 1.84%（见附录表 1 脱贫和表 2 返贫两个表里）的返贫概率。这种现象为存在儿童多维贫困的家庭提出了一个两难问题，在事业和家庭中的权衡取舍。

父母的婚姻状况对于儿童静态多维贫困的影响并不显著，但是父母稳定的婚姻状况会减少 9.38% 的儿童致贫可能性，同时增加了 13.8% 的脱贫可能性，对返贫的影响并不显著。俗语说"家和万事兴"，家庭的和谐有效减少儿童陷入多维贫困的风险。同静态多维贫困相似，父母对子女的期望并没有对儿童动态多维贫困产生显著的影响。

家庭规模是研究儿童贫困过程中必须重视的问题，家庭中子女的数量对儿童的动态贫困具有放大器的作用，既增加了 21.6% 的致贫替代效应，同时又提高了 5.64% 的脱贫收入效应，结合其对静态多维贫困 13.7% 的贡献率，子女数量的增加对儿童贫困的影响总体来说是负的。在家庭中父亲更多地扮演中流砥柱的作用，而母亲的是家庭的稳定器，父亲的教育水平的增加能够减少儿童 1.2% 的致贫概率，而母亲则减少了 2.78% 的返贫概率。同时两者对于子女脱贫分别贡献了 2.25% 和 1.3%。

第二节　中国儿童短期多维贫困与环境和宏观政策的关系

一、中国儿童短期多维贫困与环境的关系

（一）中国儿童短期静态多维贫困与环境的关系

孟母三迁的故事告诉我们，人的性格和生活的环境有着很大的联系。我们生活在一个互相联系的世界中，时时刻刻都在受到周围人和物的影响。因此，周围的人和物会对我们产生或好或坏的影响。现实版的孟母三迁"学区房之争"也表现出了人们认为环境对一个人，特别是青少年，成长的重要性。本节我们分析了城市发展水平、交通设施、基础建设以及娱乐设施对儿童多维贫困的影响。

从表 12 - 3 中我们可以看出基础设施建设对儿童多维贫困和贫困深度并没有产生显著影响。交通设施的改善对儿童多维贫困产生了负向影响，不仅提高了 1.71% 的一般致贫概率和 0.734% 的陷入深度贫困概率，同时增加了 0.818% 的贫困深度，具体产生机制结合下一节动态贫困进行讨论。娱乐设施的普及对一般儿童多维贫困具有减缓作用，但是对陷入深度贫困的儿童和贫困深度并没有显著影响。城市发展水平提高增加了儿童陷入深度多维贫困的可能性和贫困深度，但是对一般多维贫困没有产生显著影响。

表 12 - 3　　　　　　　　　　环境因素对儿童静态多维贫困的影响

项目	一般多维贫困		深度贫困		贫困深度	
	I	II	I	II	I	II
年龄	- 0.00430 *** (0.00142)	- 0.0265 *** (0.00503)	0.00392 *** (0.000770)	- 0.000682 (0.00307)	0.000453 (0.000458)	- 0.00812 *** (0.00153)
户口	- 0.130 *** (0.0154)	- 0.0797 ** (0.0383)	- 0.0372 *** (0.00807)	- 0.0402 * (0.0233)	- 0.0516 *** (0.00504)	- 0.0347 *** (0.0117)
人均收入	- 1.43e - 07 (2.96e - 07)	1.68e - 07 (4.12e - 07)	6.21e - 08 (1.67e - 07)	5.81e - 08 (2.51e - 07)	- 6.88e - 08 (9.39e - 08)	4.00e - 08 (1.26e - 07)
父母婚姻状况	0.00212 (0.00907)	- 0.0331 (0.0238)	- 0.00637 (0.00473)	0.00679 (0.0145)	- 0.00243 (0.00298)	- 0.0100 (0.00727)

项目	一般多维贫困		深度贫困		贫困深度	
	I	II	I	II	I	II
期望教育水平	-0.00434 (0.00467)	0.0131 ** (0.00664)	-0.00812 *** (0.00260)	0.00902 ** (0.00404)	-0.00467 *** (0.00149)	0.00240 (0.00202)
家庭儿童数	0.137 *** (0.00696)	0.174 *** (0.0250)	0.0457 *** (0.00353)	0.127 *** (0.0152)	0.0577 *** (0.00231)	0.0928 *** (0.00761)
家庭最高教育水平	-0.0488 *** (0.00550)	0.0307 * (0.0162)	-0.0124 *** (0.00287)	0.0109 (0.00987)	-0.0188 *** (0.00181)	0.00845 * (0.00494)
基础设施		0.0230 (0.0214)		0.0153 (0.0130)		0.00882 (0.00651)
交通设施		0.0171 *** (0.00538)		0.00734 ** (0.00328)		0.00818 *** (0.00164)
娱乐设施		-0.0169 *** (0.00650)		-0.00403 (0.00396)		-0.00232 (0.00198)
城市发展水平		0.256 (0.188)		0.397 *** (0.115)		0.234 *** (0.0574)
常数项	0.501 *** (0.0382)	0.532 *** (0.0376)	0.112 *** (0.0205)	-0.308 *** (0.0835)	0.297 *** (0.0124)	0.0692 * (0.0418)

注：***、** 和 * 分别表示在1%、5%和10%的水平上显著；括号内数据为标准误差。

资料来源：笔者根据 CFPS 数据测算并整理。

（二）儿童短期动态多维贫困与环境的关系

表12-4 展示了环境因素对儿童动态多维贫困的影响，基础设施的影响同样并不显著。交通设施、娱乐设施和城市发展水平对儿童动态多维贫困产生了相似的效用。交通设施的发展增加了 2.47% 的致贫概率，并减少了 2.14% 的脱贫概率，儿童多维贫困的波动性有所降低，减少了 3.86% 的返贫的可能性。娱乐设施增加了 3.85% 的致贫可能性，减少了 2.08% 的脱贫可能性，同时增加了 1.71% 的返贫概率。城市发展水平则提高了 80.6% 的儿童致贫概率，减少了 36.7% 的脱贫概率，和 93.9% 的返贫概率。综上所述，居住环境的改善和城市发展对儿童多维贫困产生了不良的影响，环境的改善并不是一个有助于提高儿童福利的有效途径，其具体机制有待后续研究进一步探索。

表 12 – 4　　　　　　　　　　环境因素对儿童动态多维贫困的影响

项目	致贫		脱贫		返贫	
	I	II	I	II	I	II
年龄	-0.0320*** (0.00614)	-0.0384*** (0.00675)	0.0290*** (0.00457)	0.0334*** (0.00486)	0.00752* (0.00394)	0.00779* (0.00423)
户口	0.135** (0.0649)	0.0623 (0.0670)	-0.354*** (0.0514)	-0.294*** (0.0523)	-0.386*** (0.0427)	-0.345*** (0.0436)
人均收入	-1.65e-07 (1.33e-06)	-1.12e-06 (1.37e-06)	-5.81e-06*** (1.39e-06)	-5.62e-06*** (1.40e-06)	-1.84e-06** (9.30e-07)	-1.69e-06* (9.38e-07)
父母婚姻状况	-0.0938*** (0.0345)	-0.0783** (0.0369)	0.138*** (0.0298)	0.133*** (0.0311)	-0.0122 (0.0241)	-0.0166 (0.0253)
期望教育水平	-0.00952 (0.0205)	0.00784 (0.0215)	-0.0124 (0.0149)	-0.00518 (0.0153)	0.0133 (0.0133)	0.0209 (0.0136)
家庭儿童数	0.216*** (0.0235)	0.218*** (0.0248)	0.0564*** (0.0204)	0.0364* (0.0213)	0.0140 (0.0181)	-0.0261 (0.0190)
父亲教育水平		-0.0129* (0.00719)		-0.0224*** (0.00517)		-0.00704 (0.00461)
母亲教育水平		-0.00634 (0.00701)		-0.0114** (0.00500)		-0.0235*** (0.00444)
交通设施		0.0247** (0.0122)		-0.0214** (0.00894)		-0.0386*** (0.00789)
基础设施		-0.0302 (0.0366)		0.00731 (0.0258)		-0.0330 (0.0226)
城市发展水平		0.806*** (0.235)		-0.367** (0.168)		0.939*** (0.148)
娱乐设施		0.0385*** (0.0110)		-0.0208*** (0.00804)		0.0171** (0.00704)
常数项	-0.953*** (0.157)	-2.121*** (0.256)	-1.132*** (0.121)	-0.522*** (0.188)	-0.198* (0.104)	-0.266 (0.163)

注：***、**和*分别表示在1%、5%和10%的水平上显著；括号内数据为标准误差。
资料来源：笔者根据 CFPS 数据测算并整理。

二、儿童短期多维贫困与政策的关系

(一) 儿童短期静态多维贫困与政策的关系

接下来本节扩大了宏观经济指标的考量范围，纳入市场化指数、最低工资、政府在医疗、教育、社保和社区投入等方面的指标，考察宏观政策及其变化对各类儿童贫困的影响程度，具体结果如表 12 –5 所示。

表12-5　政策因素对儿童静态多维贫困的影响

项目	一般多维贫困			深度多维贫困			贫困深度		
	I	II	III	I	II	III	I	II	III
年龄	-0.00430 (0.00142)	-0.0265 (0.00503)	0.00159 (0.0124)	0.00392*** (0.000770)	-0.000682 (0.00307)	0.00910 (0.00775)	0.000453 (0.000458)	-0.00812*** (0.00153)	-0.000274 (0.00379)
户口	-0.13 (0.0154)	-0.0797 (0.0383)	-0.0471 (0.0406)	-0.0372*** (0.00807)	-0.0402* (0.0233)	-0.0430* (0.0254)	-0.0516*** (0.00504)	-0.0347*** (0.0117)	-0.0291** (0.0124)
人均收入	-1.43e-07 (2.96e-07)	1.68e-07 (4.12e-07)	2.54e-07 (4.35e-07)	6.21e-08 (1.67e-07)	5.81e-08 (2.51e-07)	-7.31e-08 (2.73e-07)	-6.88e-08 (9.39e-08)	4.00e-08 (1.26e-07)	-4.19e-09 (1.33e-07)
父母婚姻状况	0.00212 (0.00907)	-0.0331 (0.0238)	-0.0368 (0.0257)	-0.00637 (0.00473)	0.00679 (0.0145)	0.0114 (0.0161)	-0.00243 (0.00298)	-0.0100 (0.00727)	-0.0102 (0.00786)
期望教育水平	-0.00434 (0.00467)	0.0131** (0.00664)	0.0141** (0.00685)	-0.00812*** (0.00260)	0.00902** (0.00404)	0.00892** (0.00429)	-0.00467** (0.00149)	0.00240 (0.00202)	0.00241 (0.00210)
家庭儿童数	0.137*** (0.00696)	0.174*** (0.0250)	0.190*** (0.0273)	0.0457*** (0.00353)	0.127*** (0.0152)	0.132*** (0.0171)	0.0577*** (0.00231)	0.0928*** (0.00761)	0.0950*** (0.00837)
家庭最高教育水平	-0.0488*** (0.00550)	0.0307* (0.0162)	0.0347* (0.0172)	-0.0124*** (0.00287)	0.0109 (0.00987)	0.00924 (0.0107)	-0.0188*** (0.00181)	0.00845* (0.00494)	0.00860 (0.00525)
基础设施		0.0230 (0.0214)	0.0224 (0.0232)		0.0153 (0.0130)	0.0278* (0.0145)		0.0882 (0.00651)	0.0124* (0.00711)
交通设施		0.0171 (0.00538)	0.0136** (0.00682)		0.00734 (0.00328)	0.00176 (0.00427)		0.00818*** (0.00164)	0.00417** (0.00209)

续表

项目	一般多维贫困			深度多维贫困			贫困深度		
	I	II	III	I	II	III	I	II	III
娱乐设施		-0.0169*** (0.00650)	-0.0208*** (0.00774)		-0.00403 (0.00396)	-0.00378 (0.00485)		-0.00232 (0.00198)	-0.00325 (0.00237)
城市发展水平		0.256 (0.188)	-0.174 (0.219)		0.397*** (0.115)	0.425*** (0.137)		0.234*** (0.0574)	0.118* (0.0671)
教育支出(亿元)			0.000202*** (7.20e-05)			0.000144*** (4.51e-05)			0.000114*** (2.20e-05)
医疗支出			-0.000384* (0.000227)			-0.000331** (0.000142)			-0.000255*** (6.96e-05)
社保支出			-5.66e-05 (0.000143)			0.000112 (8.96e-05)			2.45e-05 (4.38e-05)
社区支出			0.000183** (7.80e-05)			2.82e-05 (4.89e-05)			8.14e-05*** (2.39e-05)
市场化指数			-0.0679*** (0.0209)			-0.00358 (0.0131)			-0.0169*** (0.00639)
最低工资			-0.000189* (9.93e-05)			-9.91e-05 (6.22e-05)			-6.03e-05** (3.04e-05)
常数项	0.501*** (0.0382)	0.243* (0.137)	0.741*** (0.197)	0.112*** (0.0205)	-0.308*** (0.0835)	-0.338*** (0.123)	0.297*** (0.0124)	0.0692* (0.0418)	0.201*** (0.0602)

注：***、**和*分别表示在1%、5%和10%的水平上显著；括号内数据为标准误差。

资料来源：笔者根据CFPS数据测算并整理。

从表 12 - 5 可以看出政府的教育支出增加了儿童陷入一般多维贫困、深度多维贫困的概率，并增加了贫困深度。省级教育支出每增加 100 亿元，儿童陷入一般多维贫困的可能性增加 2.02%，陷入深度多维贫困的可能性增加 1.44%，贫困深度增加 1.14%。对于我国来说，贫穷并不是一个新鲜话题，在农村更是司空见惯，但是读书致贫却是一个新现象，无数的中国贫穷家庭，不惜举债供孩子上大学，高昂的债务使得这些本不宽松的家庭陷入了贫困的旋涡。在政府加大对教育投资的同时，教育资源逐步向东部、向顶端、向发达地区倾斜，越发达的地区教育产业化的现象越严重。各类企业和人员把教育当成获利手段之一，但缺少机构来认真加强监督和保证教育质量，教的的产业化导致贫困儿童缺乏获取优质拓展教育的机会。与此同时，优质教育变成一种稀缺资源，最优质的部分向顶端少数地方倾斜，而忽略了最低端的部分，产生了两极分化，最底层的部分无力或很难承担最基础教育的成本。综上所述，尽管寒门学子在学业上十分努力，但是过去教育致富的梦想逐渐被教育致贫的现实打败。政府教育投入的增加并没有达到预期的效果。地方的医疗服务支出则是显著地减少了儿童多维贫困的可能性，医疗支出每增加 100 亿元能够减少儿童陷入一般多维贫困 3.84% 概率和陷入深度多维贫困 3.31% 的概率，同时贫困深度相应减少 2.55%。社会保障支出对于儿童多维贫困并没有显著影响，但是社区支出增加了儿童一般多维贫困的可能性和贫困深度。市场化指数和最低工资都对儿童一般多维贫困的发生产生了正向的影响，但是对深度多维贫困的作用并不明显。

（二）儿童短期动态多维贫困与政策的关系

表 12 - 6 展示了政策因素对动态多维贫困的影响，我们可以发现教育投入的增加会减少儿童脱贫的可能性，每增加 100 亿元的教育财政支出儿童脱贫的概率减少 4.39%。教育资源流动性弱和产业性增强的结果是加大了贫困家庭儿童摆脱贫困的难度。医疗和社区支出对儿童动态多维贫困的影响并不显著，社保支出则起着放大器的作用，既增加了 4.63% 的致贫可能性，同时增加了 4.02% 的脱贫可能性，同时减少了 4.74% 的返贫概率。市场化程度的提高有助于减少儿童返贫的可能，最低工资标准每增加 100 元则减少了儿童 4.4% 的脱贫可能。

综上所述，我们发现政府的各项财政支出对儿童多维贫困影响机制是十分复杂和多元化的。比如对教育和社区的投入旨在拓展儿童的能力水平和改善居住环境。但是由于缺乏相应的监管和正确的渠道，使得儿童和家庭的负担反而增加，增加了儿童陷入多维贫困的可能性。有些政策例如最低工资标准本身就会带来效果截然相反的收入和替代效应，最低工资的提高一方面有助于家庭收入的增加；但另一方面却提高了社会失业率，使得本来就贫困的家庭雪上加霜，最终反而降低了脱贫的可能性。因此，政策制定者在制定相关政策的时候应当谨慎研究，广泛讨论，严格执行，并且加强监督与管理，争取让善政产生良好的效果。

表12-6 政策因素对儿童动态多维贫困的影响

项目	致贫 I	致贫 II	致贫 III	脱贫 I	脱贫 II	脱贫 III	返贫 I	返贫 II	返贫 III
年龄	-0.0320*** (0.00614)	-0.0384*** (0.00675)	-0.0527*** (0.00766)	0.0290*** (0.00457)	0.0334*** (0.00486)	0.0379*** (0.00516)	0.00752* (0.00394)	0.00779* (0.00423)	0.0126*** (0.00452)
户口	0.135** (0.0649)	0.0623 (0.0670)	0.0384 (0.0722)	-0.354*** (0.0514)	-0.294*** (0.0523)	-0.289*** (0.0548)	-0.386*** (0.0427)	-0.345*** (0.0436)	-0.310*** (0.0459)
人均收入	-1.65e-07 (1.33e-06)	-1.12e-06 (1.37e-06)	5.11e-08 (1.36e-06)	-5.81e-06*** (1.39e-06)	-5.62e-06*** (1.40e-06)	-5.04e-06*** (1.47e-06)	-1.84e-06* (9.30e-07)	-1.69e-06* (9.38e-07)	-1.83e-06* (9.92e-07)
父母婚姻状况	-0.0938*** (0.0345)	-0.0783** (0.0369)	-0.0728* (0.0392)	0.138*** (0.0298)	0.133*** (0.0311)	0.128*** (0.0322)	-0.0122 (0.0241)	-0.0166 (0.0253)	-0.0273 (0.0263)
期望教育水平	-0.00952 (0.0205)	0.00784 (0.0215)	0.0187 (0.0226)	-0.0124 (0.0149)	-0.00518 (0.0153)	-0.00546 (0.0157)	0.0133 (0.0133)	0.0209 (0.0136)	0.0114 (0.0140)
家庭儿童数	0.216*** (0.0235)	0.218*** (0.0248)	0.228*** (0.0282)	0.0564*** (0.0204)	0.0364* (0.0213)	0.0422* (0.0233)	0.0140 (0.0181)	-0.0261 (0.0190)	-0.0210 (0.0207)
父亲教育水平		-0.0129* (0.00719)	-0.0164* (0.00763)		-0.0224*** (0.00517)	-0.0196*** (0.00533)		-0.00704 (0.00461)	-0.00649 (0.00477)
母亲教育水平		-0.00634 (0.00701)	-0.000474 (0.00746)		-0.0114** (0.00500)	-0.0109** (0.00519)		-0.0235*** (0.00444)	-0.0203*** (0.00461)
交通设施		0.0247** (0.0122)	-0.00622 (0.0159)		-0.0214** (0.00894)	0.00838 (0.0109)		-0.0386*** (0.00789)	-0.0215** (0.00972)
基础设施		-0.0302 (0.0366)	-0.0433 (0.0397)		0.00731 (0.0258)	-0.0101 (0.0265)		-0.0330 (0.0226)	-0.0158 (0.0234)

续表

项目	致贫			脱贫			返贫		
	I	II	III	I	II	III	I	II	III
城市发展水平		0.806 *** (0.235)	0.639 ** (0.281)		-0.367 ** (0.168)	0.0484 (0.197)		0.939 *** (0.148)	0.809 *** (0.174)
娱乐设施		0.0385 *** (0.0110)	0.0418 *** (0.0141)		-0.0208 *** (0.00804)	0.0163 (0.0103)		0.0171 ** (0.00704)	0.0117 (0.00889)
医疗支出			0.000318 (0.000505)			0.000172 (0.000360)			0.000459 (0.000318)
市场化指数			0.0169 (0.0336)			-0.0293 (0.0236)			-0.0356 * (0.0204)
教育支出			-0.000299 (0.000216)			-0.000439 *** (0.000156)			7.75e-05 (0.000135)
最低工资			0.000132 (0.000152)			-0.000440 *** (0.000111)			-6.33e-05 (9.49e-05)
社保支出			0.000463 ** (0.000219)			0.000402 *** (0.000148)			-0.000474 *** (0.000140)
社区支出			-4.03e-06 (0.000226)			0.000118 (0.000164)	-0.198 * (0.104)		-2.43e-05 (0.000142)
常数项	-0.953 *** (0.157)	-2.121 *** (0.256)	-2.104 *** (0.340)	-1.132 *** (0.121)	-0.522 *** (0.188)	-0.811 *** (0.235)		-0.266 (0.163)	-0.0486 (0.207)

注：***、**和*分别表示在1%、5%和10%的水平上显著；括号内数据为标准误差。

资料来源：笔者根据 CFPS 数据测算并整理。

第三节　中国儿童长期贫困与消费的关系

一、消费对家庭福利的反映

对于经济学家来说，使用消费而不是收入来度量福利的差异，更具有理论上的指导意义。弗农（Vernon）的生命周期理论和弗里德曼（Friedman）的永久收入假说构成了人们对消费决策的主流理论。家庭倾向于把他们终生收入的一部分用作当期消费而不是用当期收入来决策。家庭的收入可能会因为内部或者外部的各种原因产生很大的波动。风险厌恶的家庭更倾向于用平滑的效用曲线来决定他们的生活水平，消费曲线相对于收入曲线更加符合这一要求。储蓄、信贷市场的发展为这一选择提供了良好的支持，人们可以储存往期的收入或者借贷未来的收入使每一期的福利保持在稳定的区间。跨时间和空间的财富转移手段，使消费抉择能够独立于收入，不同群体的消费同收入割裂出来。首先，当消费者预期的永久收入高于当期收入时，他们会通过借贷提高当期的生活水平；当消费者预期的永久收入低于当期收入时，储蓄成为一个更具吸引力的选择。其次，巨大的财富冲击会对居民的消费决策产生长期的影响，但对收入的影响仅限于当期。政府的转移支付也是消费决策独立于收入的一个重要原因。布朗宁和克罗斯利（Browning and Crossley，2003）认为，虽然限定条件的转移支付可以看作收入的增加，但是对消费却没有产生相对等的影响。阿塔纳索和韦伯（Attanasio and Weber，2010）认为，在消除借贷限制，保险、储蓄和借贷市场处于理想状态的情况下，消费曲线能够实现在时间上的完全平滑（Weizsäcker，2010；Vermeulen，2016）。

这就意味着消费和福利对收入变化如何做出反应，取决于市场的储蓄借贷、市场的完善程度以及收入变化的性质。马科迪和阿鲍德（MaCurdy and Abowd，1982）认为，收入可以分为长期收入和短期收入两部分（MaCurdy，1982；Bosworth，2009）。长期收入，例如技能和人力资本水平一般会保持一个平稳且缓慢变化的状态，除非遇到技术冲击、中奖或者意外的升迁；短期收入，例如人力资本、失业、生育、疫病等众多因素影响经常处于波动状态。两种收入的变动，对福利或者说消费的影响很大，对长期收入的冲击很难被吸收和预防，会对家庭的消费决策产生长远的影响，政府应当把政策重心集中在减少人力资本和自然禀赋上；相比之下，对短期收入的冲击，能够通过完善借贷市场、转移支付和扶持等众多手段吸收其冲击，对居民的消费的冲击可以通过短、平、快的一系列措施进行消弭。当前我国政府在扶贫和养老工作上，对短期收入冲击的应对措施卓有成效，但在应对长期收入冲击方面，还有很多方面值得完善，特别是"十三五"消除现阶段贫困的目标达成后，会是我国扶贫养老工作的一个决定性胜利。

对消费的研究，经历了一个不断演进的过程。早期的研究主要是讨论消费是否小于收入。20 世纪 80 年代末期，卡特勒和卡茨（Cutler and Katz，1992）的研究更倾向于认为消费和收入是一个平行的关系。90 年代中期，司勒斯尼科（Slesnick，1994）认为消费的增长比收入的增加要更平滑一些，这一观点后来被克鲁格和皮尔（Krueger and Perri，2006）所验证。戈特沙尔克和莫菲特（Gottschalk and Moffitt，1994）对 80～90 年代的收入进行分解后认为，短期收入波动占总体收入波动的 1/3～1/2。迪纳拉和格鲁伯（Dynarski and Gruber，1997）发现消费者可以通过短期的借贷和转移支付，来平缓短期冲击。长期收入冲击对于低收入人群的影响更为深远，而受教育程度成为应对长期收入冲击的关键因素（Gruber，2000）。阿塔纳索和戴维斯（Attanasio and Davis，1996）认为，受教育程度低的群体，在受到长期冲击时，家庭消费情况有较好的自我调节能力，但是贫困人群和受教育程度低的人群，很难通过自身努力摆脱困境。从一个更长的周期来看，这种效果更为明显（Park，2016；Eissa，2018）。克鲁格和皮尔（Krueger and Perri，2006）的研究表明，1980～2003 年，美国收入差距从 0.35 增加到 0.7，与此同时，消费差距则从 0.18 增加到 0.24，收入和消费差距都有所上升，但收入差距上升的幅度更大（Krueger，2006；Heathcote，2009）。

综上所述，不同学者对消费的意义以及总体趋势上达成了一致，但是在细节方面，仍存在许多分歧。图 12-1 展示了阿塔纳西奥、阿吉亚尔和希思科特等地方对消费的度量，其中消费是以消费总量的对数的变化表示的。希思科特、皮尔和维奥兰特（Heathcote，Perri and Violante，2009）对克鲁格和皮尔（2006）的理论进行了验证，得出了一致性的结果。

阿塔纳索、巴蒂斯蒂恩和市村（Attanasio，Battistin and Ichimura，2004）结合调研数据以及各地的物价指数，重新计算出消费的变化，发现变化程度变得更大（González，2013）。在考虑到收入的性质，区分为长期、短期收入之后，阿吉亚尔和贝尔斯（Aguiar and Bils，2015）发现，不同收入群体的居民储蓄倾向的差异使得消费变得更大（Berchick，2015；Bazzi，2016）。阿塔纳索和皮萨菲里（Attanasio、Hurst and Pistaferri，2012）把研究重点集中在基础商品和服务上面，根据 1999～2009 年的食品消费和价格，逆推出 1999 年之前的食品逆需求函数（Jappelli，2010）。他们研究发现，如果把历史性的价格因素纳入基础消费篮子中考虑消费，发现消费的变化会小得多，但是在整体趋势上是一致的。从 1989～2005 年，美国居民的消费最保守估计也提高了 16%，把奢侈品支出和必需品商品区分出来后发现，对于低收入群体至关重要的生活必需品消费虽然增长更加平缓，但是在样本期最后几年增加的趋势十分明显。

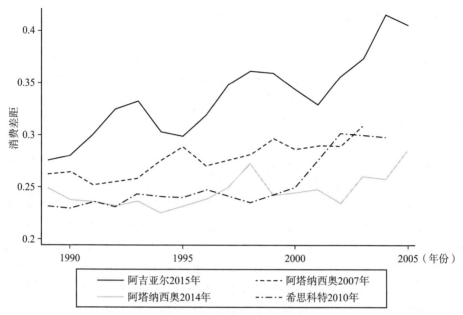

图 12 - 1　不同研究对消费的度量

资料来源：笔者根据 CFPS 数据测算并整理。

二、家庭消费度量需要解决的问题

从经济学角度来看，通过收入来衡量个人福利是一个折中的方法，因为个人效用是衡量个人快乐的一个数量指标，是指个人通过消费或者享受闲暇等使自己的需求或欲望得到满足的一个度量，是消费和闲暇的函数。从收入和消费两个角度来看待会产生一些有趣的观点，能够帮助我们获得更多的信息。例如，不同阶层之间收入的差距一般会比消费的差距大一些，财产性收入和劳动性收入的变动对消费的影响不尽相同。此外，当受到外部冲击的时候，消费的变动要比收入的变动更缓和。家庭的借贷和储蓄决策，来自亲友或者朋友的援助以及政府的转移支付都会使得家庭消费决策发生变动。在收入不变的情况下，一些差异性的个人行为以及外生因素都会引起消费的波动。把收入和消费结合起来，对机制的研究提供更广泛的视角和信息，有助于我们理解家庭福利的平滑原理，了解冲击以及长期和短期收入对家庭福利的影响。尤其是对于贫困家庭，在考虑到商品价格波动、地域物价指数和通货膨胀的差异之后，对消费的研究会为我们的扶贫攻坚战提供更加详尽、有效的量化支撑。

对消费的研究主要有五个难点：第一，数据搜集特别是微观数据的调查是一项耗费大量人力、物力的工作。统计局官方数据和人口普查中，不同时期、不同地域、不同阶层海量的宏观数据，众多深层次的调查分析，都包含微观上对家庭和个人收入的数据，需要仔细地分类整理和甄别。第二，对于消费的度量，很难有一个统一的标准，同一度量方法，应用在不同的收入阶层，会产生各种不同的结果，容易出现误差。对中、低收入家庭来说，衣、食、住、行是其面临的首要问题，基础商品和服务支出是家庭开支的主要组成部分。对高收入家庭来说，这部分支出仅占其家庭支出的一小部分，娱乐、休闲和教育等领域的消费呈上升趋势。甚至不同收入群体的消费门类都有很大差异，这也是消费差异曲线相对于收入比较平缓的原因之一。第三，在耐用品消费的衡量上，也很难达成一致。如果一个家庭，在当期购买了比如冰箱、空调、电视等耐用消费品，当期的消费被增加了；如果耐用品的购买发生在往期，当期的消费则被低估了。与企业和公司不同的是，家庭耐用消费品的折旧，往往是非常难以计提的，这一现象既是因为大多数家庭，缺少对耐用消费品消费信息的记录，也是因为不同家庭对同一商品的使用和折旧差异很大。彩色电视机的使用年限，一般在 8 ~ 10 年，高收入群体，电视机更新换代的时间间隔，一般小于电视机的使用寿命，但贫困家庭电视机的使用年限往往高于电视机规定的使用年限，在 10 年甚至 15 年以上。在已有数据库中，我们可以找到耐用品库存以及消费数量的数据，但是很难估算出耐用消费品当前的价值。此外，对于亲戚、朋友、社区、机构和政府的转移支付以及实物援助，往往是以回忆的形式获得，由于回忆的偏差，这一部分数据的准确性也很难保证。第四，一部分家庭的消费，是很难用货币计量的，这部分消费，往往涉及家庭内部的时间以及实物消耗，比如说父母帮助年轻夫妻照顾孩子。第五，不论是从货币或者卡路里方式，度量家庭或个人的消费，对相关配套支持数据的要求也是一个庞大的工程。物价在不同时期会存在波动，同一时期不同地域之间的物价指数也存在差别，每个家庭购买同质商品的价格也会有所不同。在衡量问题上，忽视消费和收入的区别可能会低估或夸大不同消费水平家庭之间的福利差异。

虽然消费的度量，因为上述原因存在很多不确定性，面临很多困难，但是，这一问题的研究突破，对我国的扶贫攻坚以及养老工作能发挥其独特优势，且具有很好的指导意义。

贫困人群的收入度量，是一个结构庞大、问题繁杂、准确度较低的任务，完成起来有一定的难度。高收入群体的收入，其数据可得性比较好，但是其消费结构是繁复冗杂难以准确估计的（Deaton，2002；2016）。高收入群体收入的度量，门类众多，数据密集，精确度较高，完成起来难度大。对于低收入家庭生活必需品消费，占到家庭支出的很大份额。相对于高收入人群来说，奢侈品的消费更为突出。对于老年群体，与健康相关的支出则是他们关注的重点。对年轻人来说，娱乐商品和生活服务类商品的购买，是他们感兴趣的方向。因此，对于不同群体赋予不同的消费权重，能更加准确地定位该群体效用函数，不仅有助于市场灵活应对需求反映，更有助于政府精准地制定相应政策，使我们的研究成果得到更好的发挥和利用。

同质商品的价格差异，也是我们需要关注的一个方面。即使对于同一件商品，在相同时间的不同空间中，或者是相同空间不同时间维度下，都可能会存在价格差异。由于价格在时间、空间上的差异，消费者因此有寻找最优价格的激励，这种激励随着不同时期、不同家庭收入，以及消费者时间成本的不同而变化。如果低收入人群生活在物价较为便宜的地区，或者说他们购买商品的价格，低于高收入家庭付出的价格，那么消费会通过共同价格指数的缩水而减少；反之，则会扩大消费（Gruber，2000；Lafortune，2014；Fitzpatrick，2017）。但是一部分学者的研究表明，虽然在蔬菜、水果和肉类等农副产品上，低收入和农村地区居民会享有较低的价格优势。但是，由于连锁超市和网上购物的影响，中、高收入家庭和城镇居民，在其他门类商品上获得的价格优势更加明显，从而形成了"穷人买的东西"更贵的现象。价格差异进一步加剧了城乡居民以及不同收入群体之间的福利（Goldberg，2015；Finkelstein，2015；Haveman，2015）。

三、家庭消费的改进算法

假设 $h=1$，$\cdots$，H 表示样本中的每个家户，$i=1$，$\cdots$，$I(1 \leq I \leq 5)$ 表示对收入从高到低的五分位数，$j=1$，$\cdots$，$J(1 \leq J \leq 12)$ 表示消费品的 12 个门类，t 表示年份。则 x_{hjt} 即为家户 h 在 t 时期在 j 商品上的消费，X_{ht} 为家户 h 在 t 时期的总消费，所以 $X_{ht} = \sum_{j=1}^{J} x_{hjt}$。我们假设统计数据中的 x_{hjt} 存在误差，这个误差产生的原因，是因为问卷设计、调查的实施、被访人回忆过程中产生的主观误差，又可能是因为物价指数、折旧、购买价格等因素所带来的客观偏差。我们假设消费者的真实消费为 x_{hjt}^{*}，则：

$$X_{ht} = x_{hjt}^{*} e^{\zeta_{hjt}} \tag{12-1}$$

我们把偏差按产生的原因进行分解，得到：

$$\zeta_{hjt} = \psi_{t}^{j} + \varnothing_{t}^{i} + v_{hjt} \tag{12-2}$$

其中 ψ_{t}^{j} 表示因为被访者主观原因对 t 时期的商品 j 产生的偏差，这一部分偏差产生的原因，极可能是由于回忆模糊产生的，也可能是由于对某一类商品的偏好不同产生的价值偏移。$\varnothing_{t}^{i}$ 表示因为客观原因对 t 时期 j 商品估值产生的偏差，同质商品的购买价格，可能随着时间和空间的变化而波动，比如说网络购物以及物流、连锁超市发达的地区，可能会买到更便宜的商品，农村地区农副产品的价格会低于城镇。v_{hjt} 表示由于问卷设计、实施以及其他问题产生的偏差。我们假设 v_{hjt} 是同家庭和时间不相关的经典误差，所以每个时期 t 中所有家户 h 和商品 j，

v_{hjt}的和为0。

模型分为两部分，首先采用迪顿和缪尔鲍尔（Deaton and Muellbauer，1980）的假设，认为总体消费中所有的商品支出都是对数线性的。当我们对消费支出取对数时，就可以对受访者的主观误差进行修正。当然这种方法还有很多局限性，如果消费分布不符合对数正态分布时假设就会失效，对于两个变量的相乘误差的消除，此方法也表现不佳。因此在学术界，对使用对数化划分收入的意见还没有统一，有些学者认为，用基尼系数来衡量收入不平等，更具有优势，但是使用对数化方法估计消费弹性的方法，对消除主观误差具有十分显著的效果，所以本节采用同测量恩格尔系数相似的方法进行第一步处理。我们假设消费弹性不随时间改变发生变化，则一阶的消费函数满足：

$$\ln x_{hjt}^* - \ln \bar{x}_{jt}^* = \alpha_{jt}^* + \beta_j \ln X_{ht}^* + \Gamma_j Z_h + \varphi_{hjt} \qquad (12-3)$$

其中$\bar{x}_{jt}^*$为所有家庭在时期t对商品j的平均消费，Z_h为一系列环境控制变量例如家庭构成、婚姻状况、户口、工作时间和社区环境等的集合，Γ_j是控制变量对每一门类商品的系数，α_{jt}^*为常数项。残差项φ_{hjt}包括主观误差以及对数化产生的二阶残差，同总消费水平和系数β_j不相关。

在实证过程中等式（12-3）可以被写作：

$$\ln x_{hjt} - \ln \bar{x}_{hjt} = \alpha_{jt} + \beta_j \ln X_{ht} + \Gamma_j Z_h + u_{hjt} \qquad (12-4)$$

其中残差项u_{hjt}包括了主观误差φ_{hjt}，客观误差$Ø_t^i$以及其他误差v_{hjt}

$$u_{hjt} = Ø_t^i + v_{hjt} + \varphi_{hjt} \qquad (12-5)$$

等式（12-4）在实证过程中可能会出现两个问题，首先是，当某一类商品的消费支出为0时，对数化可能不适用，这种情况下我们将使用分数化进行替代$\tilde{x}_{hjt} \equiv \dfrac{x_{hjt} - \bar{x}_{jt}}{\bar{x}_{jt}}$；其次是，单个商品加总得到总消费后，可能会导致内生性的问题，所以第二阶段，我们将用工具变量进行回归，以解决与收入或者滞后消费无关的测量误差。根据等式（12-3）求出需求随时间的变化趋势，令：

$$\hat{x}_{hjt} \equiv \tilde{x}_{hjt} - \hat{\Gamma}_j Z_h \qquad (12-6)$$

把等式（12-4）中对Γ_j的估计代入等式（12-6），然后同等式（12-3）合并我们得到：

$$\begin{aligned}\hat{x}_{hjt} &= \alpha_{jt} + Ø_t^i + \beta_j \ln X_{ht}^* + \varphi_{hjt} + v_{hjt} \\ &= \alpha_{jt} + Ø_t^i + \beta_j \ln X_{it}^* + \beta_j (\ln X_{ht}^* - \ln X_{it}^*) + \varphi_{hjt} + v_{hjt} \\ &= \alpha_{jt} + Ø_t^i + \beta_j \ln X_{it}^* + \varepsilon_{hjt} \qquad (12-7)\end{aligned}$$

其中残差项$\varepsilon_{hjt} = \beta_j (\ln X_{ht}^* - \ln X_{it}^*) + \varphi_{hjt} + v_{hjt}$。使用工具变量回归后，我们得到：相对最低收入群体$i=1$的消费弹性系数$\delta_{it} = \ln X_{it}^* - \ln X_{1t}^*$，为了分析弹性系数随时间变化的趋势，我们假设残差$Ø_t^i$和$\delta_{it}$不随时间变化，而常数项$\alpha_{jt}$对时期

比较敏感。最后通过稳健性检验，调整第二阶段的标准误。

四、消费对儿童长期贫困的影响

表12-7展示了每一门类商品的消费弹性。第一列是考虑到短期收入对消费的影响，将当期收入按分位数分组后回归得到的结果；第二列是考虑到长期收入对消费的影响，将收入之后的影响纳入考虑后回归的结果。由于数据周期的限制，我们把收入滞后一到二期，以观察中期收入对当期消费的影响，结果发现固定长期效应之后长期收入对当期消费的影响不是很大，即使是在占比很大的消费门类中。

表 12-7　　　　　　　　　　　　　消费份额和弹性

消费	份额（%）	短期		长期	
		弹性	标准差	弹性	标准差
住房	30.33	1.06	0.02	1.01	0.02
食物	10.56	0.38	0.02	0.45	0.02
交通	13.86	0.87	0.07	0.76	0.08
通勤	6.98	0.8	0.03	0.83	0.03
水电气	4.83	0.5	0.02	0.49	0.02
健康	5.02	0.78	0.05	0.95	0.05
通信	5.06	0.84	0.03	0.97	0.04
娱乐	4.06	1.08	0.05	1.11	0.07
衣物	1.84	1.29	0.06	1.39	0.07
家具	1.42	1.66	0.15	1.7	0.18
教育	1.77	2.03	0.21	2.33	0.23
烟酒	0.91	-0.54	0.09	-0.09	0.08

资料来源：笔者根据CHNS数据测算并整理。

不管是从长期还是从短期来看，教育都是相对奢侈的消费。同时，教育消费有两个显著的特点：花费巨大；消费发生的时段相对集中。当一个家庭产生子女教育费用时，这部分开支对家庭消费的贡献很大，而当子女脱离受教育时期，走上社会或者脱离家庭时，教育支出会面临断崖式的骤降。在此基础上，我们把子女消费的分位数分别同家庭收入和家庭消费分位数相比较。如果父母和子女的收入或者消费同子女完全没有关系，我们将得到一条完全平行于 X 轴的直线，如果父母的状态完全遗传给下一代的话，斜率将等于 1，在这种情况下，代际流动性为 0。子女的消费，主要由医疗费用、保险费用、教育费用、通信费用、通勤费用和购物费用等构成。如图 12 - 2 所示，子女消费同家庭收入的相关性十分明显，家庭的收入分层与子女花费的层级相对应。在消费方面，父母更倾向于把总体开支向子女倾斜。消费代际流动曲线比收入代际流动更加平坦，特别是对于中等收入以下的群体，有很大一部分支出投入子女的教育成长上，中等和低收入群体的父母，更加注重下一代的福利，通过改善下一代的生活、健康以及教育条件，期望使子女获得更好的生活。

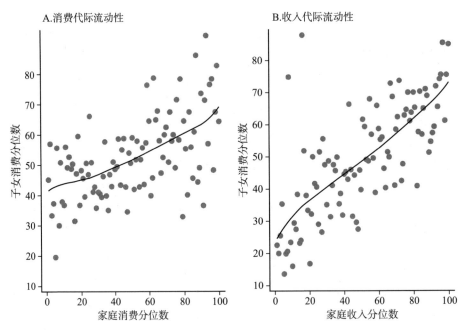

图 12 - 2　消费以及收入不平等的代际流动性

资料来源：笔者根据 CHNS 数据测算并整理。

第四节　中国儿童长期贫困与教育的关系

一、中国儿童长期贫困与教育的辩证关系

习近平总书记指出，扶贫必扶智，让贫困子女接受良好的教育，是阻断贫困

代际传递的重要途径，教育在科技社会飞速发展的进程中功不可没。我国城镇居民收入代际，存在较为明显的传递效应，弹性较高，在家庭内部由父母传递给子女，使子女依然滞留在与父母相同的收入组群。富者更富，富者的后代传承着先辈的财富和资源；贫者的后代则继承父母的贫困和落魄。教育作为一种重要的促进代际流动机制和途径，有助于促进弱势群体的子女，实现经济社会地位的跃升，具有较强的促进代际流动的功能。随着市场化水平的不断提高，教育促进收入代际流动，改善整个社会收入公平状况的功能也日益增强。良好的教育体制，在摆脱贫困代际遗传的困境中，起到非常重要的促进作用，同时受教育程度的提高有助于提高人民群众的收入水平。在贫困群体通过"接受教育培训——提高知识和技能水平——通过知识获得更好的工作及社会地位——收入提高——下一代接受良好教育"的路径循环过程中，对于贫困群体教育回报率，特别是接受效果的研究至今几乎是空白，对于我国基础教育，是否能有效地改变我国贫困代际遗传困境的效果至今未有明确的界定。我们认为教育是今天的事业，明天的希望，了解子女学习成绩同收入不平等的关系是一个重要的现实问题，特别是在我国扶贫攻坚进入决胜阶段的关键时刻，削弱并消除贫困的代际遗传，是国家和政府特别关注的一个重要问题。但由于家庭收入本身的内生性，这个问题很难有确切的回答。

　　家庭收入对子女学习成绩影响的原因，可以从以下三个方面考虑。首先，贫困对家庭结构、父母观念产生不利影响，父母身体和精神上的双重压力继而转移到子女身上。THR（Child Trends and Center for Child Health Research）对1998年幼儿园的调查发现，贫困地区幼儿园儿童的父母患抑郁症的比率比对照组要高13%，接近27%（Blau，1999）。帕克（Parker，2016）对这个问题进行了深入研究，患抑郁症的家长表示，他们的孩子会更容易表现出挫折感，在语言发展、思想行为上表现较差，并且不容易在课堂上集中注意力（Park，2016；Penglase，2018）。其次，隐性的儿童特征可能会对学习成绩造成影响。迈尔（Meyer，2015）等对家庭结构、社区环境、邻里关系等一系列变量进行回归，发现了在控制这些变量的前提下，家庭收入和子女成绩具有很强的相关性，但是不一定具有直接的因果关系。生活在贫困家庭中的孩子考虑的不仅是学业，更加关注维持生活需要等各方面相关的问题，这对儿童的成长造成干扰，因此这些很难被观测到的隐性变量可能会成为影响孩子成长的关键因素（Marr，2014；Maldonado，2017）。最后，长期的影响会对当期子女的学习成绩产生影响。在利用NLSY数据分析儿童成长过程中，邓肯（Duncan，1998，2011）发现，在使用固定效用来消除永久性偏差之后，早期家庭收入对于子女对教育的接受程度十分重要。但布劳（Blau，1999）对此提出异议，在控制祖父母固定效应之后，终生预期收入对教育的影响程度，没有预想中的那么大，进一步使用多水平固定效应模型之后发现，家庭收入对子女成绩的影响十分渺小，而且并不显著。虽然布劳（Balu，1999）的研究在消除内生性的道路上更进一步，但是受到外部剧烈冲击时，模型的解释性则下降严重。

我国国内研究主要侧重在教育提高收入的效果、不同收入群体获得教育机会以及教育回报率等问题。在教育改善收入不平等方面，理论界一直有多种声音。徐舒（2010）认为教育成本的降低，能够强化教育要素的结构效应，从而使收入不平等下降。杨俊等（2009）对此持怀疑态度，他们认为收入的不平等会导致教育的不平等，但是教育不平等的减少并没有引起收入不平等的改善。宁光杰（2009）则认为单纯的教育扩张并不能减少收入不平等，对劳动力市场扭曲的改善以及部门间工资差异的缩减，是更值得关注的课题。岳昌君和刘燕萍（2006）的研究认为，城镇居民收入不平等的扩大，很大一部分可以归因于教育的不平等，提高居民的总体教育水平，将有利于缩小收入不平等。在受教育机会方面，研究不断向新的领域迈进。陈宗胜和李清彬（2012）在对我国再分配框架研究中发现，高收入群体在我国适龄人口面临的教育机会是不均等的，高收入人群较之低收入人群，有着更高的教育资源可得性，从而进一步扩大了收入不平等。陆铭等（2005）对不平等原因分解后认为，教育的均衡发展有利于缩小地区之间的收入不平等，教育不平等的减少有利于减少各地之间的收入不平等。在教育的效果以及回报率方面，理论各方更加畅所欲言，从不同的层面进行了更加深入的探索。陈玉宇和王志刚（2006）在教育对工资不平等要素分解后发现，教育回报率的提高加剧了收入不平等，同时教育本身不平等程度的下降，起到减缓收入不平等的作用（宁光杰，2009）。白雪梅（2004）则分析1982~2000年的经验研究，认为教育长度和深度的增加，对高收入群体来说更是一个利好，教育内容的扩大不是降低而是提高了收入的不平等。岳昌君（2003）在对国家统计局城镇住户调查数据的研究表明，强收入能力群体的教育收益率要显著低于弱收入能力群体（刘精明和杨江华，2007）。杨娟等（2015）对教育内容进一步分解，分析了天生禀赋、义务教育和非义务教育对收入不平等和代际流动的影响，认为在后天诸因素中，义务教育是影响收入和代际最主要的原因（周禹彤，2017）。

二、儿童贫困对教育效果的作用机制

我国已经充分普及了九年义务教育，在大学阶段之前公共教育的接受机会是平等的，本节重点关注儿童对教育接受效果和教育回报率。其中儿童在学校时期的学业成绩是指代教育效果一个非常合意的指标。影响子女学业成绩的因素有很多，不仅包括自己本身的学习天赋，还包括过去和现在对子女教育的显性及隐性的投入，诸如学校教学水平、社区环境、家庭结构、课外辅导班等。一般认为家庭的教育投入在相对于家庭支出的一个范围内浮动，同时收入的增加会影响子女成长环境，以及对不同教育资源的获得程度。当期和以往的家庭收入，都有影响子女学习成绩的可能，我们在本节中，利用定量分析的方法构造贫困影响子女成绩的模型。

假设 x_i 为子女的显性个体特征，μ_i 为子女隐性的永久性能力，w_{it} 表示随时间变化的特征，I_{it} 是家庭总收入（不包括教育援助），ϵ_{it} 表示在 t 期对子女或者家庭隐性的冲击。儿童的成绩 y_{it} 可以用以下函数表示 $y_{it} = f_t(x_i, w_{i0}, \cdots, w_{it}, I_{i0}, \cdots, I_{it}, \mu_i, \epsilon_{it})$。为了实证的便捷性，我们把函数简化为以下形式：

$$y_{it} = x_i'\alpha_t + w_{it}'\beta + I_{it}\delta_0 + I_{i,t-1}\delta_1 + \cdots + I_{i,t-L}\delta_L + \mu_i + \epsilon_{it} \qquad (12-8)$$

在等式（12-8）中，我们假设过去收入对子女学习成绩产生长期影响，这一影响持续 L 年。基于收入线性的假设，等式（12-8）考虑了收入对不同年龄段，子女以及收入变动对子女成绩的影响。α_t 表示不同年龄的儿童具有不同的特征，这些特征产生长期固定的效应，例如性别，另一部分会随着年龄的成长不断变化，例如学习和认知能力。对等式（12-8）中进行一阶求导以消除隐性固定效应 μ_i 我们得到：

$$\Delta y_{it} = x_i'\alpha + \Delta w_{it}'\beta + \Delta I_{it}\delta_0 + \Delta I_{i,t-1}\delta_1 + \cdots + \Delta I_{i,t-L}\delta_L + \Delta\epsilon_{it}, \qquad (12-9)$$

其中 $\alpha \equiv \alpha_t - \alpha_{t-1}$ 为子女成长中学习禀赋的变化。一系列研究认为仅有当期的收入才对子女的成绩产生影响，长期收入对于子女的成绩影响不大。我们令等式（12-8）中 $L=0$，得到：

$$\Delta y_{it} = x_i'\alpha + \Delta w_{it}'\beta + \Delta I_{it}\delta_0 + \Delta\epsilon_{it} \qquad (12-10)$$

等式（12-10）定义的即时效应作为后续实证分析的基准，从数据可得性上来说，获取子女出生以来每年的收入是不太现实的，但是可以通过两种方法来解决这一问题。一种方法把收入的滞后期限定为 1~2 年；另一种方法是把家庭总收入分解为劳动性收入和财产性收入，其中劳动性收入用来表示即时的家庭收入，财产性收入用来表示家庭在长时期的财富占有量。

最小二乘法分析家庭收入的一个主要顾虑是，影响子女成长的隐性因素 $\Delta\epsilon_{it}$ 同时和家庭收入的变化相关。因为收入的强跨期性以及收敛性，在使用生命周期理论分析收入和子女成绩关系时 $\Delta\epsilon_{it}$ 可能会累积到一个相当大的程度。为了解决这个问题，我们使用工具变量多水平回归，使用外部教育援助来估计收入对子女成绩的影响。我们把家庭总收入 I_{it} 表示为教育援助 $\chi_t^{s_{it}}(P_{it})$ 和家庭自身收入 P_{it} 的和，其中外部教育援助 $\chi_t^{s_{it}}(P_{it})$ 是家庭自身收入 P_{it} 的函数，我们得到家庭收入如下：

$$I_{it} = P_{it} + \chi_t^{s_{it}}(P_{it}) \qquad (12-11)$$

基于格鲁伯和赛斯（Gruber and Saez, 2000）的研究，为了消除 $\Delta\chi_t^{IV}$ 的偏差我们把收入的滞后函数 $\varnothing(P_{i,t-1})$ 纳入方程，使用 $\Delta\chi_t^{IV}$ 作为表征 ΔI_{it} 的工具变量

得到：

$$\Delta y_{it} = x_i'\alpha + \Delta w_{it}'\beta + \Delta I_{it}\delta_0 + \emptyset(P_{i,t-1}) + \eta_{it} \qquad (12-12)$$

在等式（12-12）中，我们使用控制函数 $\emptyset(\cdot)$，使得基线分析假设中的 $\Delta\epsilon_{it}$ 在我们样本中不随时间变化。

三、儿童长期贫困对教育效果的实证

对子女受教育程度的估计，使用 15 岁以下儿童平时的语文和数学成绩的主观评测来衡量，原始数据中把对子女成绩从低到高打分为 1~5 分，对两科成绩建立标准化均值为 0 且标准差为 1 的序列，同时建立一个包含读、写、用以及逻辑分析能力的综合变量，对这个变量同样进行标准化处理。家庭的总收入分为三类，劳动性收入、财产性收入以及转移支付，分类的目的是希望区分收入、财富以及贫困家庭，所占有财富的变动对子女的影响。为了消除内生性的影响，本文选取家庭外部教育费用作为工具变量，这一部分包括由亲戚朋友为这个孩子支付的教育费用和政府、学校及其他组织机构，以奖、助学金、减免学费等形式的支出。和谐稳定的家庭关系对青少年的成长至关重要，一个家庭的婚姻状况发生改变时，不仅对子女的学习成绩产生巨大影响，还会影响到孩子的人生观、世界观以及对待周围人的态度，所以本文研究对家庭的婚姻状况进行限定，确保在两年内家庭的婚姻状况没有发生改变。

在估计教育援助效果过程中，本章分为两个面板，面板 1 包含了子女本身的一些差异特征，包括性别、年龄以及兄弟姐妹数量等信息。面板 2 包含了更多的分层回归和稳健型检验需要的变量，包括了母亲的年龄、工作时间、家庭的收入、最高教育水平、户口、民族、社区环境等因素。

我们的样本包括了 5695 个青少年，如表 12-8 所示，家庭收入中位数从 2010 年的 20760 元上升到 2014 年的 44750 元，呈逐步上升趋势。在 2014 年，母亲的平均年龄为 43 岁，孩子的平均年龄是 11 岁，大约有 45% 的孩子有兄弟姐妹，这一比例在接受教育援助和未接受教育援助的家庭中区别不大。每年在教育上的支出差异较大，从很少比例的自付教育费用，到每个孩子每年花费 50000 元以上。接受教育援助的比例从 2010 年的 8.3% 上升到 2012 年的 18.15%，之后略有下降，到 15.77%。在援助比例下降的同时援助金有着显著的增加，从 2010 年的 223 元增加到 2014 年的 1.769 元，增幅将近 7 倍。教育援助对于贫困家庭来说意义重大，援助金普遍占家庭自付费用的 45% 以上，其中非独生子女家庭受益更多，政府和学校的奖学金、助学金和学费减免，大大减轻了多子女家庭的教育负担。

表 12 - 8　　　　　　　　　　家庭收入和教育援助

年份	样本数	家庭收入中位数	接受教育援助比例	教育援助中位数	教育援助占自付教育支出比	
					独生子女家庭	非独生子女家庭
2010	2686	20760	0.0830 (0.2760)	223	45.49% (0.3474)	41.44% (0.3578)
2012	1240	34223	0.1815 (0.3855)	1240	61.65% (1.0213)	36.20% (0.4248)
2014	1769	44750	0.1577 (0.3646)	1769	35.23% (0.4742)	208.78% (3.4961)
总计	5695	33244	0.1282	1077	45.62%	71.08%

注：***、** 和 * 分别表示在 1%、5% 和 10% 的水平上显著；括号内数据为标准误差。
资料来源：笔者根据 CFPS 数据测算并整理。

表 12 - 9 中展示了在等式（12 - 8）和等式（12 - 9）不同假设下，收入对子女教育水平的效果检验，子女的成绩同收入呈显著的负相关，家庭总收入每增加 10000 元子女的成绩下降 0.252 个标准差（模型 5）。在收入构成中，劳动性收入与财产性收入起到的作用方向相反，父母劳动性回报的增加会提高子女的成绩；反之，财产性收入的增加会降低子女成绩。这意味着家庭结构和文化传统对子女成绩有着深刻的影响，如果家庭中形成勤奋劳动的价值观，子女同样会自我激励、努力拼搏并获得更好的学习成绩，来达到改善生活境遇的目的。相反，如果家庭收入中，财产性收入占很大比例，意味着家庭在很大可能上属于高收入群体，本身占有更好的可利用资源，对于子女来说，选择的可能性更多，家庭关注的重点也不仅仅局限在学校基本的学习成绩层面上，子女的成绩随着收入的增加可能会下降。控制变量如社区环境、附近教学设施、父母的受教育程度、工作时间等对其的影响同收入的效果相似。对小学到初中阶段的学生来说，女生会比男生更占优势，这一点同我们的观察相一致，但是并不显著。随着年龄的增加，虽然所学知识难度也在提升，但是成绩的提升更为明显，每增加一岁子女成绩能够提高大约 1.4 个标准差。户口对成绩的影响同家庭收入增加 10000 的效果相似，生活条件提升带来的替代效应，远大于收入效应。

表 12 - 9　　　　　　　　多水平和差分模型评估子女成绩

项目	模型（1）	模型（2）	模型（3）	模型（5）	模型（6）	模型（7）
收入 （万元）	-0.234 *** (0.0635)	-0.406 *** (0.157)	-0.354 ** (0.167)	-0.252 *** (0.0588)	-0.439 *** (0.161)	-0.393 ** (0.176)
劳动性 收入		2.33e-05 *** (1.75e-05)	1.87e-05 *** (1.82e-05)		2.51e-05 *** (1.82e-05)	2.10e-05 *** (1.93e-05)

项目	模型（1）	模型（2）	模型（3）	模型（5）	模型（6）	模型（7）
财产性 收入			$-2.94e-05$ *** $(3.29e-05)$			$-2.64e-05$ *** $(3.37e-05)$
控制变 量组	-1.825 * (1.026)	-1.830 * (1.037)	-1.833 * (1.038)			
男生	-0.183 *** (0.657)	-0.196 *** (0.657)	-0.199 *** (0.657)	-0.174 *** (0.647)	-0.194 *** (0.647)	-0.198 *** (0.647)
年龄	1.417 *** (0.122)	1.420 *** (0.122)	1.418 *** (0.122)	1.414 *** (0.123)	1.418 *** (0.123)	1.417 *** (0.123)
户口	-0.275 ** (0.123)	-0.270 ** (0.123)	-0.271 ** (0.123)	-0.146 * (0.0874)	-0.139 (0.0880)	-0.139 (0.0880)
常数项	-0.794 *** (0.305)	-0.806 *** (0.308)	-0.804 *** (0.308)	-0.980 *** (0.0855)	-0.990 *** (0.0855)	-0.988 *** (0.0855)
模型	多水平回归	多水平回归	多水平回归	两期模型	两期模型	两期模型
R-squared	0.063	0.064	0.065	0.056	0.057	0.057

注：*** 、** 和 * 分别表示在1%、5%和10%的水平上显著；括号内数据为标准误差。
资料来源：笔者根据 CFPS 数据测算并整理。

差分模型和多水平回归模型的差异可以归结为以下原因：首先，差分模型对收入的度量比多水平回归更大，所以差分模型中的衰减会更明显；其次，遗漏值的固定效应和家庭收入的偏差会严重影响到 OLS 估计。差分模型的第一类偏差大于多水平模型，多水平回归的第二类偏差大于差分模型，所以说两者并没有明显的优劣。此外，模型（1）和模型（2）都是基于收入的持久效应，如果存在即时或者暂时性的冲击，影响家庭收入，两者的拟合效果都不甚理想。

另一种观点认为家庭的长期收入对子女成绩的影响更为关键，这部分收入不仅包括当期收入，还包括家庭通过借贷对未来预期收入的使用（Blau，1999；2003）。这一理论是基于生命周期理论发展建立起来的，假定家庭对于子女教育的投资是以整个终生视角来审视的而不是当前的家庭状况，在这一假设下，收入对子女成绩的影响，要比目前收入的影响高出约70%。这一理论很好地解释了一些低收入家庭对于子女教育的重视，众多贫困家庭对子女通过教育改变贫困代际遗传的渴望，很难用短期家庭收入来解释，很多家庭即使向亲友借贷、砸锅卖铁也要供子女上学，教育支出远超当前家庭负担水平。但是这种理论的一个关键问题是异质性，使用终生平均收入同遗漏家庭特征有很大相关性，尤其在长期视角下观察，只能够使这种遗漏产生的偏差被放大。

四、儿童长期贫困对教育效果的子群分解

我们对每个子群单独地回归进行估计，表 12 - 10 中估计的数值反映了每个子群当前收入增加 10000 元时，对子女成绩的影响。从第一列和第二列我们发现，收入的增加对弱势群体子女成绩的提高有着更显著的影响，特别是，如果父母的教育水平都处于高中以下的时候，家庭提高的收入将有很大一部分用在孩子的教育上，不管是物质上还是精神上，子女同时也具有很强烈的通过学习改变家庭境遇的激励。同时，分居或离异的家庭收入提高后，成绩反而降低并远低于婚姻状况稳定的家庭，子女在家庭和社区环境不理想的情况下，有着更强烈的提高学习成绩的意愿。同时，教育援助的覆盖范围与此相反，来自社会以及亲属的援助更加多地落在稳定家庭上。对于捐助者来说，一个稳定的家庭或许释放出一个更加积极的信号，能够提高捐助者的慈善意愿，这反映在援助范围的比率上，稳定家庭得到外部援助的机会是弱势群体的 2 ~ 3 倍。事实的结果同现实的需要恰好相反，因此，来自他人和社会善意的帮助，并没有落到最需要的人身上。

表 12 - 10　　　　　　　　　　　子群即时效果估计

项目	教育水平		婚姻状态		年龄		性别	
	高中及以下	本科及以上	已婚	分居或离异	12 岁以下	12 岁以上	男	女
收入（万元）	11.76 *** (30.48)	- 5.118 *** (7.131)	- 27.79 *** (1.212)	- 7.963 *** (11.26)	0.0541 ** (4.582)	9.804 *** (35.96)	2.671 *** (33.60)	- 10.11 *** (26.06)
一阶工具变量系数	- 1.171 *** (2.474)	1.484 *** (1.826)	0.036 *** (1.591)	2.726 *** (3.195)	1.438 *** (1.907)	- 0.807 *** (2.432)	0.317 *** (2.323)	0.740 *** (1.859)
教育援助覆盖范围	34.4%	65.6%	79.6%	20.4%	36.9%	63.1%	45.9%	54.1%

注：***、**和*分别表示在1%、5%和10%的水平上显著；括号内数据为标准误差。
资料来源：笔者根据 CFPS 数据测算并整理。

众多研究表明，对儿童早期的教育投入影响会高于后期，我们估算了 12 岁以下及以上收入对儿童的影响（Bao，2016；Card，2007；Hamermesh，2017；Mccarty，2014）。这些估计表明，收入对年幼儿童成绩的增长的确有着显著的效果，但是年龄越大这些效果越显著，虽然这部分结果并不理想。在表 12 - 10 的最后一列，我们对不同性别进行检验，女生的成绩总体上优于男生，但是男生对收入增长持有正的反馈，而女生的反馈为负。尽管标准误差比较明显，但是这种差异并没有统计学上的意义。这一结果同米利根和苏摩沙（Milligan，2008；Somasse，2015）对加拿大儿童学习水平的研究结果一致，福利的提高对男孩的学习成绩提高有着更好的正向影响。

第五节　中国特殊儿童群体的多维贫困分析：0～3 岁

一、构建适合中国农村 0～3 岁儿童多维贫困测量体系

总体上看，考察中国农村 0～3 岁儿童多维贫困的主要工作包括三个方面：一是构建适合这一阶段儿童的多维贫困测度指标体系，主要是测量维度的选择；二是选取测量方法；三是相关数据的选择。我们首先构建适合中国农村 0～3 岁儿童的多维贫困测量体系。儿童不同于其他群体，尤其是 0～3 岁儿童。构建 0～3 岁儿童多维贫困指标体系需要结合该阶段儿童的具体特征进行适当调整。本节将 0～3 岁儿童面临的贫困归结为四个方面：教育、健康、家庭环境、社会环境。我们的指标体系也主要设定为这四个维度。下面具体说明这种分类的依据和原因。

（一）教育维度

教育维度包括 0～3 岁儿童的早期教育、父母受教育水平。无论是早期儿童福利指数，还是国际组织和研究机构定义的儿童贫困，或是现有研究中所构建的指标体系，教育都是一个不可或缺的维度。0～3 岁是人生的起步阶段，早期教育和早期干预尤为重要。很多学者从医学、心理学、社会学等各方面对此做过详细分析，指出儿童早期教育的可获得性对其未来发展的影响（鲍秀兰，2003；刘林，2001；梁运佳，2011；孙艳艳，2015；刘继同，2012；杨晨晨、刘云艳，2017；Oshio et al.，2010；Leu et al.，2016；Tegoum and Hevi，2016）。例如：刘继同（2012）在构建中国特色儿童福利框架的过程中，将学前教育作为重要指标纳入框架体系之中。杨晨晨、刘云艳（2017）阐述了可行能力理论与早期儿童教

育扶贫的耦合性，进一步说明了早期儿童教育扶贫对于缓解早期儿童能力贫困的重要性。隆押尾桑等（Oshio et al.，2010）论述了儿童早期教育的可获得性对其未来发展的影响，早期教育确实会降低儿童未来贫困的概率。吕朝贤（2016）通过对儿童多维贫困指标的分解得出儿童早期教育是对儿童多维贫困贡献率最高的因素之一。有关儿童多维贫困决定因素的研究也得出教育是儿童多维贫困的重要决定因素（Tegoum and Hevi，2016）。

在一些政策文件中也明确提出0~3岁儿童早期教育的重要性。0~3岁婴幼儿的早期教育是终生教育体系的开端。《中国儿童发展报告2017》指出0~3岁儿童的早期养育还是我国儿童教育的短板。《儿童权利公约》第二十九条阐明了儿童教育的目的是"最充分地发展儿童的个性、才智和身心能力"。《中国儿童发展纲要（2011—2020年）》指出应保障0~3岁儿童早期教育，积极开展0~3岁儿童科学育儿指导。积极发展公益性普惠性的儿童综合发展指导机构，以幼儿园和社区为依托，为0~3岁儿童及其家庭提供早期保育和教育指导，加快培养0~3岁儿童早期教育专业化人才。

而与0~3岁儿童早期教育息息相关的就是父母的受教育程度。已有研究表明，父母的受教育程度会直接影响其抚育孩子的能力，包括早期教育能力以及早期喂养能力、自信能力和情绪控制能力（盛志华、江燕，2004；王爱君、肖晓荣，2009；陈云凡，2009；Currie，2011）。陈云凡（2009）研究发现父母受教育水平与儿童贫困成负相关，即父母受教育水平是衡量儿童贫困的重要因素。盛志华、江燕（2004）研究发现父母学历和儿童教育环境密切相关。珍妮特·柯里（Currie，2011）通过实证研究发现儿童未来的发展是其出生时外部环境影响的结果，而受教育程度较高的母亲会努力避免孩子在出生时受到外部环境危害，并从对儿童发展的影响证明了母亲受教育程度是衡量儿童贫困的重要因素。还有研究得出父母受教育水平不同对子女会有不同的教养行为（李燕芳等，2015）。不同教育程度的父母在子女投资和养育观以及对儿童未来的期望和早期教育、养育的重视程度都存在一定不同。杨晨晨、刘云艳（2017）研究发现父母受教育水平较低时，缺乏对人类生命的长远影响认识，从而导致幼龄儿童陷入贫困。

因此，在教育维度我们主要考察了0~3岁儿童本身及其父母的受教育情况。

（二）健康维度

健康维度包括0~3岁儿童自身健康状况、享受的医疗保障以及父母的健康水平。已有研究表明儿童营养不良与儿童死亡率以及日后的身体健康和智商是相关的（何青、袁燕，2014）。同时，在儿童的医疗保障体系尚不完善的背景下，缺少医疗保险是重要的儿童致贫因素（张克云，2012）。最后，对于母乳喂养、母亲孕期健康状况以及父母的健康状况指标设定主要是从遗传学和0~3岁儿童的成长环境角度出发设定的。

具体而言，儿童时期的营养不良会影响其成人后的健康发展，医学上常采用年龄别体重 Z 评分、年龄别身高 Z 评分、身高别体重 Z 评分（衡量儿童营养状况）。已有研究表明儿童时期的营养不良会影响日后的身体健康和智商（何青、袁燕，2014）。由《儿童权利公约》的第 6 条：缔约国承认每个儿童享有固有的生命权；第 24 条：缔约国确认儿童有权享有可达到的最高标准的健康，并享有医疗和康复设施，努力确保没有任何儿童被剥夺获得这种保健服务的权利；第 26 条：每个儿童有权受益于社会保障、包括社会保险。由此可知，可知医疗保险的缺失增加了儿童健康贫困的风险。在儿童的医疗保障体系尚不完善的背景下，缺少医疗保险是重要的儿童致贫因素（张克云，2012）。李晓明（2018）构建儿童多维贫困指标体系的过程中，阐述了"儿童的医疗费用一旦成为家庭的负担，家庭就会陷入贫困之中，而这种贫困状态又会对儿童的其他福利带来损害，陷入恶性循环之中"。彭晓博（2017）通过实证分析发现医疗保险改善了农村地区未成年人整体健康状况，因此"是否参保"应当作为识别 0～3 岁儿童贫困的指标。

对于母乳喂养、母亲孕期健康状况以及父母的健康状况指标设定主要是从遗传学和儿童早期成长环境角度出发而设定的。医学研究表明心理行为障碍儿童、孤独症儿童、精神发育迟滞儿童、脑性瘫痪儿童的父母健康状况和正常儿童的健康存在显著差异（刘漪等，2006）。《儿童权利公约》第 24 条也明确阐述了父母的健康状况对儿童权利保障的重要性。有临床研究发现先天性心脏病患儿母亲的孕期心理健康水平低于正常儿母亲（曾嵘等，2009）。另外，儿童的营养健康始自母亲，因此孕妇孕期体检和健康行为控制尤为重要。有研究发现孕妇吸烟、喝酒、叶酸缺乏会增加新生儿唐氏综合征、发育畸形、先天性心脏病等疾病的患病风险（魏新亭等，2005；王苹等，2013；黄宏琳等，2016）。孕妇被动吸烟（二手烟）、自然流产史以及孕期患病等都会导致新生儿低出生体重。

母乳作为婴儿最理想的天然食品，各种成分不仅易于吸收还含有丰富的抗体和免疫细胞，同时母乳喂养还能促进母子间的情感和心理上的联系，对儿童的心理、智力和身体发展、认知能力等都十分重要（李蕴微、王丹华，2018）。《儿童权利公约》第 24 条也指出了母乳育婴的优点以及对儿童成长的重要作用；《国民营养计划（2017～2030 年）》的主要目标之一是"婴儿纯母乳喂养率达到 50% 以上"，该计划提出的"生命早期 1000 天营养健康行动"中也明确指出"提高母乳喂养率，培养科学喂养行为"。

因此，在健康维度我们不仅考察了 0～3 岁儿童本身的健康状况和医疗保障情况还加入了父母的健康水平。

（三）家庭环境维度

家庭环境维度包括早期养育、生存条件和家庭关系三个方面。0～3 岁儿童的良好生长环境离不开家庭，家庭为其提供了基本的生存保障。儿童在 0 ~ 3 岁期间，成长的环境是以家庭为中心的，家庭提供的安全的饮用水、清洁的能源、健全的卫生设施、住房和生活空间，以及父母通过积极反馈、给予充分关爱帮助，帮助爬、站、走等动作与运动，提供丰富的感官刺激与联系等，对儿童未来的成长非常重要（Roelen et al.，2012；联合国儿童基金会，2015）。

英国国际发展部资助的一项国际性合作研究"年轻的生命工程（Young Lives' Project）"发现儿童在清洁的饮用水、安全的住所方面严重匮乏。《儿童权利公约》明确指出缔约国要确保每个儿童享有安全、幸福的童年时光，为儿童成长创造良好的生长环境。英国儿童贫困研究与政策中心指出儿童贫困是在其生长过程中无法获得和使用各种资源，安全的饮用水、清洁的能源、健全的卫生设施、住房和生活空间这都隶属于该范畴。

除了家庭生存环境外，早期养育和家庭关系也是导致儿童贫困的重要因素（Roelen et al.，2012）。父母关爱的缺失不利于 0 ~ 3 岁儿童的早期心理行为发育，如父母双方均外出务工的儿童发育迟缓的风险高于非留守儿童（高雅静等，2018）。再者，留守儿童教育"贫困"现象突出，由此会引发日常失范行为、心理情感状况不容乐观，道德滑坡和价值认知畸形等一系列问题。还有研究发现少儿时期缺少父母照料对留守儿童的教育会产生显著的长期负向影响，并且留守儿童群体内部因为照料缺失类型的不同其教育发展也存在差异性（姚嘉等，2016）。因此，在 0 ~ 3 岁期间从儿童情感入手，可以在愉悦的情感中发展儿童的动作，语言能力，丰富各种感官的早期刺激。对婴幼儿的众多刺激研究表明，培养激发儿童与父母和看护者的互动，可以永久强化儿童的学习能力，甚至永久性地改变大脑功能（联合国儿童基金会，2015）。而家庭的各种不利因素（包括不和睦、与子女沟通不足、关爱不够）会对儿童今后在社会交活动中的活动能力、活动数量、活动水平和活动技能带来影响，在他们身上也更容易出现攻击、退缩以及各种过错行为和违法犯罪行为（郑信军、岑国桢，2006）。

因此，在家庭环境维度我们从早期养育、生存条件和家庭关系三个方面考察 0 ~ 3 岁儿童的贫困情况。

（四）社会环境维度

社会环境维度涵盖 0 ~ 3 岁儿童所处的外界环境、父母社会关系网络、社会保护三方面的情况。早期儿童完全是贫困的被动接受者，0 ~ 3 岁儿童权利的实现需要社会和家庭来承担。已有研究证明，农村社区环境是 0 ~ 3 儿童健康状况的重要影响因素，儿童对其所处的社区环境非常敏感，尤其是早期阶段的身体发育。同时，基本卫生医疗服务（孕产服务、基本药物、预防免疫等）的普及极大地提高了 0 ~ 3 岁儿童的健康状况。0 ~ 3 岁儿童阶段在接受医疗保健和教育方面的机会不平等限制了儿童的未来发展。

近年来，环境污染成为儿童体质下降、患病的重要诱因。5 岁以下儿童是环境污染最大的受害者之一。世界卫生组织发布的报告显示：每年约有 300 万名 5 岁以下儿童死于与环境相关的疾病。其中，60% 的急性呼吸道感染疾病、80% ~ 90% 的腹泻病例、90% 的疟疾病例和环境条件有关，下呼吸道感染和腹泻病是由环境污染导致的显著死因。① 因此，环境污染也是 0 ~ 3 岁儿童贫困重要的考察指标之一。

参考西尔·瓦丁、尤伦·席勒（Vaaltein S and Schiller U，2017）设定的儿童多维贫困测度体系，我们在社会环境维度中还加入了 0 ~ 3 岁儿童父母社会关系网络及社会保护。赵延东、胡乔宪（2013）研究发现新生儿父母社会网络关系越好越可能在儿童成长早期为母亲提供实际帮助和支持，从而有助于儿童健康发展。《中国儿童发展纲要（2011—2020 年)》明确指出要鼓励并支持儿童参与社会生活，创造有利于儿童参与的社会环境，保障儿童参与社会事务的权利，强化城乡社区儿童服务功能，将儿童活动设施和场所建设纳入地方经济社会发展规划，加大对农村地区儿童活动设施和场所建设和运行的扶持力度。近年来，尽管农村卫生经费投入和医疗设施建设有所增加，但贫困地区及低文化水平农村家庭难以获取基本的卫生医疗服务和信息，弱势家庭儿童健康的有效需求不足，社区公共资源对儿童健康水平的促进作用遇到瓶颈。

因此，在社会环境维度我们从外界环境、父母社会关系网络和社会保护三个方面考察 0 ~ 3 岁儿童的贫困情况。

综合上述分析，本节构建的中国农村地区 0 ~ 3 岁儿童多维贫困指标体系的各维度及其具体指标如表 12 - 11 所示。

表 12 - 11　　　　　中国农村 0 ~ 3 岁儿童多维贫困测量指标体系

维度	二级指标	三级指标
健康	父母健康	自评健康、心理健康、慢性病、身体残疾、因病住院、母亲孕期健康状况、健康行为（吸烟、饮酒、服用叶酸）
	儿童健康	儿童营养不良、贫血率、母乳喂养情况、情绪障碍、行为障碍、接种免疫疫苗、患病情况、死亡率、健康行为、言语发展
	医疗保健	儿童医疗保险覆盖率、儿童母亲的医疗保险覆盖率、孕期保健
教育	父母受教育水平	父母的受教育程度
	儿童教育情况	早期教育、胎前教育

① 资料来源：世界卫生组织官网：https: // www. int/ ceh/ zh/。

维度	二级指标	三级指标
家庭环境	早期养育	家庭暴力、生活习惯、父母关爱
	生存条件	所在家庭饮用水、做饭燃料、卫生设施、家庭资产、生活空间、住房条件
	家庭关系	和睦与否、重组家庭、单亲家庭、亲子关系质量
社会环境	外界环境	儿童所在小区公共设施状况、卫生服务可及性、距离学校距离、环境污染（空气污染、水污染、固体废物污染、噪声污染）
	父母社会关系网络	小区邻里关系、亲友关系、邻居帮助、人情礼支出
	社会保护	食品安全、交通安全、法律保护、儿童参与、社会暴力、意外事故

注：表中尽可能列举了各维度下可能涉及的指标，具体测算时可根据数据所涵盖的指标情况从中选取。
资料来源：笔者结合现有研究、儿童贫困定义以及各项政策文件整理所得。

二、中国农村 0~3 岁儿童多维贫困测算

（一）中国农村 0~3 岁儿童多维贫困测量结果

在本节中，我们将采用 CFPS（2010；2012；2014；2016）四期数据，利用上述多维贫困测量方法对中国农村 0~3 岁儿童多维贫困状况进行测算。由于各期数据并不完全对称，各维度下的具体指标存在部分差异，因此在不同年份中，我们采用的具体测量指标有所差别，现在我们分别介绍不同年份的测算结果。

1. 2010 年中国农村 0~3 岁儿童多维贫困测量结果

（1）维度、指标、权重设定。根据构建的指标体系并结合 2010 年 CFPS 数据的情况，2010 年各维度具体指标及其定义、阈值和权重设定如表 12-12 所示。

表 12-12　2010 年中国农村 0~3 岁儿童多维贫困维度、指标、阈值设定

维度	指标	指标名	阈值与赋值	权重
健康	父母自评健康水平	psrh	当父母的平均自评健康水平为不健康时赋值为 1	1/16
	儿童营养	nutrition	儿童存在发育迟缓（HAZ < -2）、低体重（WAZ < -2）、消瘦（WHZ < -2）其中一种情形赋值为 1	1/16
	儿童参保	cinsu	没有参加任何保险赋值为 1	1/16
	母乳喂养	mfed	母乳喂养不足 6 个月赋值为 1	1/16
教育	父母受教育水平	pedu	父母平均学历在小学以下赋值为 1	1/8
	学前教育	fetusedu	给孩子讲故事、识数、辨认颜色、识字少于一周数次，买书、出游少于每月两三次，满足上述条件之一就赋值为 1	1/8

续表

维度	指标	指标名	阈值与赋值	权重
家庭环境	父母照料	pcare	不是由父母照料赋值为1	1/24
	做饭用水	water	家庭做饭用水不是自来水、桶装水、过滤水或纯净水，赋值为1	1/24
	做饭燃料	fuel	家庭做饭燃料使用柴草、煤炭等非清洁能源，赋值为1	1/24
	通电	elect	儿童所在家庭没有通电或者经常断电赋值为1	1/24
	卫生间类型	toilet	家庭使用公厕或者非冲水厕所赋值为1	1/24
	垃圾倾倒	rubbish	家庭垃圾处理不是通过公共垃圾桶/箱、楼房垃圾道或有专人收集，赋值为1	1/24
社会环境	小区公共设施状况	cfacility	所在村没有幼儿园、医院卫生院诊所、药店、儿童游乐场其中一种设施则赋值为1	1/16
	小区周边环境状况	cenviro	儿童居住的村有高污企业赋值为1	1/16
	亲友关系	crelati	儿童父母和亲友没有任何交往赋值为1	1/16
	邻居帮助	chelp	儿童父母和邻居之前没有交往赋值为1	1/16

资料来源：参数设定参考现有研究整理所得。

（2）单维贫困测量结果。我们首先分析上述 16 个指标的贫困发生率，如图 12 - 3 所示。

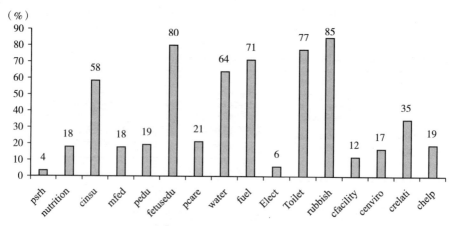

图 12 - 3　2010 年中国农村 0 ~ 3 岁儿童各指标的单维贫困发生率

资料来源：笔者根据 2010 年 CFPS 数据测算所得。

上述 16 项指标的测算结果显示：单维贫困发生率较高的指标主要集中在家庭环境维度中，其中 0 ~ 3 岁儿童所在家庭的垃圾处理方式、厕所类型、做饭燃料、做饭用水的单维贫困发生率均在 60% 以上；在教育维度中，0 ~ 3 岁儿童早期教育的贫困发生率高达 80%；在健康维度中，0 ~ 3 岁儿童参保的比例也不足 50%；社会环境维度的指标贫困率发生较低，只有亲友关系指标的贫困率较高，为 35%。

（3）多维贫困估计结果。对 2010 年中国农村 0 ~ 3 岁儿童多维贫困的测算结果如表 12 - 13 所示。其中 H 表示多维贫困发生率，A 表示平均被剥夺深度，M_0 表示多维贫困指数。k 为多维贫困的阈值，即多维贫困的贫困线。

表 12 - 13　　　　2010 年中国农村 0 ~ 3 岁儿童多维贫困测量结果

阈值 k	样本量	多维贫困发生率（H）	多维贫困剥夺份额（A）	多维贫困指数（M_0）
10% 剥夺水平	511	99.42%	37.35%	0.3713
20% 剥夺水平	473	92.02%	39.11%	0.3599
30% 剥夺水平	366	71.21%	43.08%	0.3067
40% 剥夺水平	201	39.11%	49.62%	0.1940
50% 剥夺水平	82	15.95%	57.09%	0.0911
60% 剥夺水平	33	6.42%	63.13%	0.0405
70% 剥夺水平	3	0.58%	75.00%	0.0044
80% 剥夺水平	0	0	—	—
90% 剥夺水平	0	0	—	—
100% 剥夺水平	0	0	—	—

资料来源：笔者根据 2010 年 CFPS 数据测算所得。

由表 12 - 13 可知，总体上看，2010 年，中国农村 0 ~ 3 岁儿童多维贫困情况较为严重，在 k = 30% 水平上，有 71.21% 的儿童处于多维贫困状态，多维贫困深度为 43.08%。在 k = 10% 和 k = 20% 水平上，虽然贫困率变化很大，但是贫困深度相差不大。从 k = 30% 开始，贫困深度随着阈值改变呈线性增加。《人类发展报告》中所公布的全球 MPI 指数中，多数国家根据 k = 33.3% 进行贫困识别（Alkire，2007），因此本文选取 k = 30% 水平对 0 ~ 3 岁儿童多维贫困情况进行分解。表 12 - 14 描述了各维度、各指标对 0 ~ 3 岁儿童多维贫困指数的贡献率以及分别按照指标贡献率和维度贡献率的排序情况。

表 12 –14　　　　　2010 年 30% 水平各维度和指标对中国农村 0 ~ 3 岁
儿童多维贫困指数的贡献率

维度	指标	指标名	指标对多维贫困贡献（%）	维度对多维贫困贡献（%）	排序 1	排序 2
健康	父母自评健康水平	psrh	0.63	16.05	16	3
	儿童营养	nutrition	3.13		10	
	儿童参保	cinsu	9.39		2	
	母乳喂养	mfed	2.89		11	
教育	父母受教育水平	pedu	7.85	35.12	6	1
	学前教育	fetusedu	27.27		1	
家庭环境	父母照料	pcare	2.11	34.28	14	2
	做饭用水	water	6.95		7	
	做饭燃料	fuel	7.88		5	
	通电	elect	0.74		15	
	卫生间类型	toilet	7.80		4	
	垃圾倾倒	rubbish	8.80		3	
社会环境	小区公共设施状况	cfacility	2.26	14.55	13	4
	小区周边环境状况	cenviro	2.54		12	
	亲友关系	crelati	6.14		8	
	邻居帮助	chelp	3.61		9	

资料来源：笔者根据 2010 年 CFPS 数据测算所得。

由表 12 –14 可知，教育维度整体上对中国农村 0 ~ 3 岁儿童多维贫困贡献率最高，超过了 35%，其中，学前教育的贡献率高达 27%，在所有指标中贡献率最高。家庭环境维度的贡献率次之，整体达到了 34%，其中，各指标对 0 ~ 3 岁儿童多维贫困贡献率由高到低依次为：垃圾倾倒、厕所类型、做饭燃料、做饭用水、父母照料、用电。排在第三位的是健康维度，各指标中，儿童参保指标的贡献率最高。社会环境维度的贡献率偏低。

2. 2012 年中国农村 0 ~ 3 岁儿童多维贫困测量结果

（1）维度、指标、权重设定。根据构建的指标体系并结合 2012 年 CFPS 数据的情况，各维度具体指标的定义、阈值和权重设定如表 12 –15 所示。

表 12 - 15　　　　2012 年中国农村 0 ~ 3 岁儿童多维贫困维度、指标、阈值设定

维度	指标	指标名	阈值与赋值	权重
健康	父母自评健康水平	psrh	当父母的平均自评健康水平为不健康时赋值为 1	1/16
	儿童参保	cinsu	没有参加任何保险赋值为 1	1/16
	母乳喂养	mfed	母乳喂养不足 6 个月赋值为 1	1/16
	儿童营养	nutrition	儿童存在发育迟缓（HAZ < -2）、低体重（WAZ < -2）、消瘦（WHZ < -2）其中一种情形赋值为 1	1/16
教育	父母受教育水平	pedu	父母平均学历在小学以下赋值为 1	1/8
	学前教育	fetusedu	给孩子讲故事、识数、辨认颜色、识字少于一周数次，买书、出游少于每月两三次，满足上述条件之一就赋值为 1	1/8
家庭环境	父母照料	pcare	不是由父母照料赋值为 1	1/32
	做饭用水	water	家庭做饭用水不是自来水、桶装水、过滤水或纯净水，赋值为 1	1/32
	做饭燃料	fuel	家做饭燃料使用柴草、煤炭等非清洁能源，赋值为 1	1/32
	通电	elect	儿童所在家庭没有通电或者经常断电赋值为 1	1/32
	卫生间类型	toilet	家庭使用公厕或者非冲水厕所	1/32
	垃圾倾倒	rubbish	家庭垃圾处理不是通过公共垃圾桶/箱、楼房垃圾道或有专人收集，取值 1	1/32
	住房困难	house	家庭存在以下情况之一：2 岁以上的子女与父母同住一室/老少三代同住一室/12 岁以上的异性子女同住一室/有的床晚上架起白天拆掉，视为住房困难，赋值为 1	1/32
	家庭资产	asset	家庭没有汽车或拖拉机，并至多有摩托车、电视机中的一种，取值 1	1/32
社会环境	儿童参与	cparticipate	儿童没有户口赋值为 1	1/8
	卫生服务可及性	cenviro	家庭距离最近的医疗机构的距离在 5 公里及以上，赋值为 1	1/8

资料来源：参数设定参考现有研究整理所得。

（2）单维贫困测量结果。首先，分析 16 个指标的贫困发生率，具体如图 12 - 4 所示。

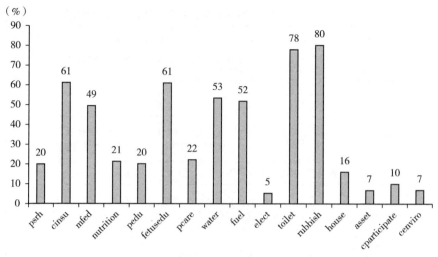

图 12 - 4　2012 年中国农村 0 ~ 3 岁儿童各指标的单维贫困发生率

资料来源：笔者根据 2012 年 CFPS 数据测算所得。

在 16 项指标中，在健康维度中，儿童参保率和母乳喂养的贫困程度比较高，分别达到了 61% 和 49%；在教育维度中，学前教育维度的贫困率较高达到了 61%；在家庭环境维度中，垃圾处理方式和卫生间类型的贫困程度比较高，前者达到了 80%，后者达到了 78%，同时，家庭做饭用水、燃料使用的贫困率也相对较高，分别为 53% 和 52%；在社会环境维度中的两个指标的贫困率均比较低，不再赘述。总体上看，单维贫困发生率位居前列的指标分别是儿童所在家庭的卫生间类型及垃圾倾倒，这些指标的单唯贫困发生率均在 70% 以上。其次，家庭早期教育及儿童参保的贫困发生率也高达 61%。

（3）多维贫困估计结果。对儿童多维贫困的估计结果如表 12 - 16 所示。其中 H 表示多维贫困发生率，A 表示平均被剥夺深度，M_0 表示多维贫困指数。k 表示多维贫困维度阈值。

表 12 - 16　　　　　　2012 年中国农村 0 ~ 3 岁儿童多维贫困测量结果

阈值 k	样本量	多维贫困发生率（H）	多维贫困剥夺份额（A）	多维贫困指数（M_0）
10% 剥夺水平	642	94. 13%	33. 02%	0. 3109
20% 剥夺水平	511	74. 93%	37. 48%	0. 2808
30% 剥夺水平	373	54. 69%	42. 19%	0. 2308
40% 剥夺水平	188	27. 57%	49. 88%	0. 1375
50% 剥夺水平	95	13. 93%	56. 28%	0. 0784

阈值 k	样本量	多维贫困发生率（H）	多维贫困剥夺份额（A）	多维贫困指数（M_0）
60%剥夺水平	21	3.08%	65.48%	0.0202
70%剥夺水平	1	0.15%	71.88%	0.0011
80%剥夺水平	0	0	—	—
90%剥夺水平	0	0	—	—
100%剥夺水平	0	0	—	—

资料来源：根据2012年CFPS数据测算所得。

由表12-16可知，尽管指标略有差异，2012年中国农村0~3岁儿童整体多维贫困情况相比2010年而言有所缓解，在多维贫困维度阈值 k=30%的水平，54.69%的儿童处于多维贫困状态，多维贫困深度高达42.19%，均比2010年有所下降，而贫困率下降得更为显著。表12-17描述了 k=30%时各维度、指标对多维贫困指数的贡献率以及分别按照指标贡献率和维度贡献率的排序情况。

表12-17　　　　2012年30%水平各维度和指标对中国农村0~3岁儿童多维贫困指数的贡献率

维度	指标	指标名	指标对多维贫困贡献率（%）	维度对多维贫困贡献率（%）	排序1	排序2
健康	父母自评健康水平	psrh	3.77	28.63	11	2
健康	儿童参保	cinsu	11.48	28.63	2	2
健康	母乳喂养	mfed	9.29	28.63	4	2
健康	儿童营养	nutrition	4.09	28.63	10	2
教育	父母受教育水平	pedu	9.85	35.98	3	1
教育	学前教育	fetusedu	26.13	35.98	1	1
家庭环境	父母照料	pcare	1.57	26.81	14	3
家庭环境	做饭用水	water	4.65	26.81	9	3
家庭环境	做饭燃料	fuel	4.69	26.81	8	3
家庭环境	通电	elect	0.54	26.81	16	3
家庭环境	卫生间类型	toilet	6.31	26.81	6	3
家庭环境	垃圾倾倒	rubbish	6.67	26.81	5	3
家庭环境	住房困难	house	1.59	26.81	13	3
家庭环境	家庭资产	asset	0.79	26.81	15	3

续表

维度	指标	指标名	指标对多维贫困贡献率（%）	维度对多维贫困贡献率（%）	排序1	排序2
社会环境	儿童参与	cparticipate	5.16	8.58	7	4
	卫生服务可及性	cenviro	3.42		12	

资料来源：笔者根据 2012 年 CFPS 数据测算所得。

由表 12-17 可知，同 2010 年测算结果在维度上有略微变化。教育维度对总体多维贫困状况的贡献依然排在第 1 位，贡献率依然超过了 35%，其中学前教育指标的贡献率最高，贡献率高达 26%；健康维度的贡献率排在第二位，接近 29%，该维度下各指标的贡献率排序从高到低依次为儿童参保、母乳喂养、儿童营养和父母平均健康水平，贡献率分别为 11%、9%、4% 和 3.8%；家庭环境维度的贡献率位居第三，为 26.8%，其中，垃圾处理方式、卫生间类型、家庭做饭用水、燃料使用这 4 个指标的贡献率比较高，6.7%、6.3%、4.64% 和 4.68%；社会环境维度的贡献率依然是最低的，总体不足 9%。

3. 2014 年中国农村 0~3 岁儿童多维贫困测量结果

（1）维度、指标、权重设定。根据构建的指标体系并结合 2014 年 CFPS 数据情况，各维度、指标具体定义和权重设定如表 12-18 所示。

表 12-18　　　2014 年中国农村 0~3 岁儿童多维贫困维度、指标、阈值设定

维度	指标	指标名	阈值与赋值	权重
健康	父母自评健康水平	psrh	当父母的平均自评健康水平为不健康时赋值为 1	1/16
	儿童参保	cinsu	没有参加任何保险赋值为 1	1/16
	母乳喂养	mfed	母乳喂养不足 6 个月赋值为 1	1/16
	儿童营养	nutrition	儿童存在发育迟缓（HAZ < -2）、低体重（WAZ < -2）、消瘦（WHZ < -2）其中一种情形赋值为 1	1/16
教育	父母受教育水平	pedu	父母平均学历在小学以下赋值为 1	1/8
	学前教育	fetusedu	给孩子讲故事、识数、辨认颜色、识字少于一周数次，买书、出游少于每月两三次，满足上述条件之一就赋值为 1	1/8
家庭环境	父母照料	pcare	不是由父母照料赋值为 1	1/32
	做饭用水	water	家庭做饭用水不是自来水、桶装水、过滤水或纯净水，赋值为 1	1/32

续表

维度	指标	指标名	阈值与赋值	权重
家庭环境	做饭燃料	fuel	家做饭燃料使用柴草、煤炭等非清洁能源，赋值为1	1/32
	通电	elect	儿童所在家庭没有通电或者经常断电赋值为1	1/32
	卫生间类型	toilet	家庭使用公厕或者非冲水厕所	1/32
	垃圾倾倒	rubbish	家庭垃圾处理不是通过公共垃圾桶/箱、楼房垃圾道或有专人收集，取值1	1/32
	住房困难	house	家庭存在以下情况之一：2岁以上的子女与父母同住一室/老少三代同住一室/12岁以上的异性子女同住一室/有的床晚上架起白天拆掉，视为住房困难，赋值为1	1/32
	家庭资产	asset	家庭没有汽车或拖拉机，并至多有摩托车、电视机中的一种，取值1	1/32
社会环境	小区公共设施状况	cfacility	设施较差、很差赋值为1	1/20
	小区周边环境状况	cenviro	环境较差、很差赋值为1	1/20
	小区邻里关系	crelati	关系紧张、很紧张赋值为1	1/20
	邻居帮助	chelp	可能没有、一定没有邻居帮助取值为1	1/20
	人情礼支出	cpay	每年的人情礼支出不足100元赋值为1	1/20

资料来源：参数设定参考现有研究整理所得。

（2）单维贫困测量结果。在测算中国农村0～3岁儿童多维贫困之前首先分别测算了19个指标的单维贫困发生率，如图12-5所示。

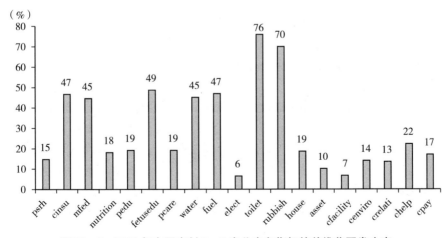

图12-5　2014年中国农村0～3岁儿童各指标的单维贫困发生率

资料来源：笔者根据2014年CFPS数据测算所得。

在 19 个指标中，健康维度中的儿童参保和母乳喂养的贫困率依然最高，分别为 47% 和 45%；在教育维度中 0 ~ 3 岁儿童学前教育的贫困发生率最高，接近 50%；在家庭环境维度中，厕所类型、垃圾处理方式这两个指标的单唯贫困发生率高达 70% 以上，其次，家庭燃料使用、家庭做饭用水的单维剥夺也较为严重，贫困发生率在 50% 左右；在社会环境维度，邻里关系维度的剥夺较为严重，贫困发生率超过了 20%。

（3）多维贫困估计结果。对中国农村 0 ~ 3 岁儿童多维贫困的估计结果如表 12 - 19 所示。其中 H 表示多维贫困发生率，A 表示平均被剥夺深度，M_0 表示多维贫困指数。k 表示多维贫困维度阈值。

表 12 - 19 　　　　2014 年中国农村 0 ~ 3 岁儿童多维贫困测量结果

阈值 k	样本量	多维贫困发生率（H）	多维贫困剥夺份额（A）	多维贫困指数（M_0）
10% 剥夺水平	364	92.23%	30.92%	0.2852
20% 剥夺水平	283	71.50%	35.44%	0.2534
30% 剥夺水平	197	48.70%	40.72%	0.1983
40% 剥夺水平	90	21.76%	49.05%	0.1067
50% 剥夺水平	34	8.29%	56.02%	0.0464
60% 剥夺水平	8	1.55%	65.94%	0.0102
70% 剥夺水平	1	0.26%	72.50%	0.0019
80% 剥夺水平	0	0	—	—
90% 剥夺水平	0	0	—	—
100% 剥夺水平	0	0	—	—

资料来源：笔者根据 2014 年 CFPS 数据测算所得。

由表 12 - 19 可知，尽管指标上略有差异，但是总体上看，与 2010 年和 2012 年相比，2014 年中国农村 0 ~ 3 岁儿童的多维贫困程度还是有所减缓。在多维贫困阈值 k = 30% 水平下，48.70% 的 0 ~ 3 岁儿童处于多维贫困状态，多维贫困深度为 40.72%，多维贫困发生率下降得比较明显，但是贫困深度改善缓慢。类似地，我们在 k = 30% 水平下对 0 ~ 3 岁儿童多维贫困情况进行分解。表 12 - 20 描述了 k = 30% 时各维度、指标对 0 ~ 3 岁儿童多维贫困指数的贡献率以及分别按照指标贡献率和维度贡献率的排序情况。

表 12 - 20　　　　2014 年 30% 水平各维度和指标对中国农村 0～3 岁
儿童多维贫困指数的贡献率

维度	指标	指标名	指标对多维贫困贡献率（%）	维度对多维贫困贡献率（%）	排序1	排序2
健康	父母自评健康水平	psrh	3.27	26.20	12	2
	儿童参保	cinsu	9.55		3	
	母乳喂养	mfed	9.55		4	
	儿童营养	nutrition	3.84		8	
教育	父母受教育水平	pedu	11.43	36.90	2	1
	学前教育	fetusedu	25.47		1	
家庭环境	父母照料	pcare	1.18	25.80	17	3
	做饭用水	water	3.76		9	
	做饭燃料	fuel	4.53		7	
	通电	elect	0.78		19	
	卫生间类型	toilet	6.29		5	
	垃圾倾倒	rubbish	6.16		6	
	住房困难	house	1.84		15	
	家庭资产	asset	1.27		11	
社会环境	小区公共设施状况	cfacility	1.31	11.10	18	4
	小区周边环境状况	cenviro	1.57		16	
	小区邻里关系	crelati	2.16		14	
	邻居帮助	chelp	3.59		10	
	人情礼支出	cpay	2.48		13	

资料来源：笔者根据 2014 年 CFPS 数据测算所得。

由表 12 - 20 可知，各维度贡献率排序情况同 2012 年基本上一致。教育维度
对 0～3 岁儿童多维贫困的贡献率最高，达到了 36.9%，其中早期教育是儿童多
维贫困的重要致因，贡献率超过了 26%，父母的受教育水平的贡献率超过 10%；
其次，健康维度对 0～3 岁儿童多维贫困的贡献率也高达 26%，在各个指标中，
儿童参保和母乳喂养对 0～3 岁儿童多维贫困的贡献率分别接近 10%；家庭环境
维度对儿童整体多维贫困的贡献率排在第 3 位，超过了 25%，各个具体指标中，
厕所类型、垃圾处理方式这两个指标的贡献率超过了 6%；社会环境维度中各个

指标中对 0～3 岁儿童多维贫困的贡献率并不突出。

4. 2016 年中国农村 0～3 岁儿童多维贫困测量结果

（1）维度、指标、权重设定。根据构建的指标体系并结合 2016 年 CFPS 数据情况，各指标具体定义、阈值和权重设定如表 12 - 21 所示。

表 12 - 21　　2016 年中国农村 0～3 岁儿童多维贫困维度、指标、阈值设定

维度	指标	指标名	阈值与赋值	权重
健康	父母自评健康水平	psrh	当父母的平均自评健康水平为不健康时赋值为 1	1/16
	儿童参保	cinsu	没有参加任何保险赋值为 1	1/16
	母乳喂养	mfed	母乳喂养不足 6 个月赋值为 1	1/16
	儿童营养	nutrition	儿童存在发育迟缓（HAZ < -2）、低体重（WAZ < -2）、消瘦（WHZ < -2）其中一种情形赋值为 1	1/16
教育	父母受教育水平	pedu	父母平均学历在小学以下赋值为 1	1/8
	学前教育	fetusedu	给孩子讲故事、识数、辨认颜色、识字少于一周数次，买书、出游少于每月两三次，满足上述条件之一就赋值为 1	1/8
家庭环境	父母照料	pcare	不是由父母照料赋值为 1	1/12
	做饭用水	water	家庭做饭用水不是自来水、桶装水、过滤水或纯净水，赋值为 1	1/12
	做饭燃料	fuel	家做饭燃料使用柴草、煤炭等非清洁能源，赋值为 1	1/12
社会环境	小区公共设施状况	cfacility	设施较差、很差赋值为 1	1/20
	小区周边环境状况	cenviro	环境较差、很差赋值为 1	1/20
	小区邻里关系	crelati	关系紧张、很紧张赋值为 1	1/20
	邻居帮助	chelp	可能没有、一定没有邻居帮助取值为 1	1/20
	人情礼支出	cpay	每年的人情礼支出不足 100 元赋值为 1	1/20

资料来源：参数设定参考现有研究整理所得。

（2）单维贫困测量结果。在测算中国农村 0～3 岁儿童多维贫困之前首先分别测算了 14 个指标的贫困发生率，如图 12 - 6 所示。

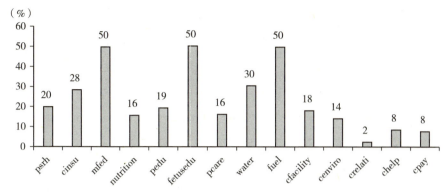

图 12 – 6　2016 年中国农村 0 ～ 3 岁儿童各指标的单维贫困发生率

资料来源：根据 2016 年 CFPS 数据测算所得。

　　在 14 个指标中，在健康维度中 0 ～ 3 岁儿童参保率和母乳喂养的单维贫困发生率依然最高，分别为 50% 和 28%，父母健康水平的单维贫困发生率在 20% 左右；在教育维度中，0 ～ 3 岁儿童学前教育的贫困发生率最高，达到了 50%，父母受教育程度的贫困发生率在 20% 左右；在家庭环境维度中，燃料使用的贫困发生率较高，达到了 50%，家庭做饭用水的单维贫困率也较为严重，达到了 30%；在社会环境维度，邻里关系指标的剥夺较为严重，贫困发生率超过了 20%，另外，有 18% 的 0 ～ 3 岁儿童其所在小区的公共设施较差。由于数据本身限制，不同年份在具体维度下的指标选取存在一定差异，主要体现在家庭环境和社会环境维度方面。整体而言 0 ～ 3 岁儿童的单维贫困情况存在递减趋势。

　　（3）多维贫困估计结果。对中国农村 0 ～ 3 岁儿童多维贫困的估计结果如表 12 – 22 所示。其中 H 表示多维贫困发生率，A 表示平均被剥夺深度，M_0 表示多维贫困指数。k 表示多维贫困维度阈值。

表 12 – 22　　　　　2016 年中国农村 0 ～ 3 岁儿童多维贫困测量结果

阈值 k	样本量	多维贫困发生率（H）	多维贫困剥夺份额（A）	多维贫困指数（M_0）
10% 剥夺水平	330	87.30%	29.57%	0.2582
20% 剥夺水平	245	64.81%	34.39%	0.2229
30% 剥夺水平	153	40.48%	40.14%	0.1625
40% 剥夺水平	64	16.93%	47.42%	0.0803
50% 剥夺水平	18	4.76%	54.49%	0.0259
60% 剥夺水平	1	0.26%	60.83%	0.0016
70% 剥夺水平	0	0	—	—

续表

阈值 k	样本量	多维贫困发生率（H）	多维贫困剥夺份额（A）	多维贫困指数（M₀）
80%剥夺水平	0	0	—	—
90%剥夺水平	0	0	—	—
100%剥夺水平	0	0	—	—

资料来源：笔者根据 2016 年 CFPS 数据测算所得。

由表 12－22 可知，在 k＝30% 水平上，40.48% 的 0～3 岁儿童处于多维贫困状态，多维贫困深度 40.14%。总体上看，与 2010 年、2012 年和 2014 年相比，2016 年 0～3 岁儿童的多维贫困程度有所减缓。同样，多维贫困发生率下降得比较明显，但是贫困深度改善缓慢。类似地，我们在 k＝30% 水平上对儿童多维贫困情况进行分解。表 12－23 描述了 k＝30% 时各维度、指标对多维贫困指数的贡献率以及分别按照指标贡献率和维度贡献率的排序情况。

表 12－23　　　　2016 年 30% 水平各维度和指标对中国农村 0～3 岁儿童多维贫困指数的贡献率

维度	指标	指标名	指标对多维贫困贡献率（%）	维度对多维贫困贡献率（%）	排序 1	排序 2
健康	父母自评健康水平	psrh	4.17	24.43	7	3
	儿童参保	cinsu	6.72		6	
	母乳喂养	mfed	9.87		4	
	儿童营养	nutrition	3.66		9	
教育	父母受教育水平	pedu	12.42	39.29	3	1
	学前教育	fetusedu	26.87		1	
家庭环境	父母照料	pcare	3.94	26.60	8	2
	做饭用水	water	8.82		5	
	做饭燃料	fuel	13.84		2	
社会环境	小区公共设施状况	cfacility	3.66	9.69	10	4
	小区周边环境状况	cenviro	2.69		11	
	小区邻里关系	crelati	0.49		14	
	邻居帮助	chelp	1.47		12	
	人情礼支出	cpay	1.38		13	

资料来源：笔者根据 2016 年 CFPS 数据测算所得。

由表 12 – 23 可知，各维度贡献率排序情况同 2012 年一致。教育维度对 0 ~ 3 岁儿童的多维贫困贡献率最高，总体上接近 40%，其中，学前教育指标的贡献率最高，高达 27%；家庭环境维度对 0 ~ 3 岁儿童多维贫困的贡献率次之，为 26.6%，该维度下各指标对 0 ~ 3 岁儿童多维贫困贡献率由高到低依次为：做饭燃料、做饭用水、父母照料，贡献率分别为 13.8%、8.8% 和 3.9%；健康维度对 0 ~ 3 岁儿童多维贫困的贡献率排在第 3 位，为 24.43%，该维度各指标中母乳喂养的贡献率最高，接近 10%。社会环境维度的贡献率偏低，总体不足 10%，不再赘述。

（二）中国农村 0 ~ 3 岁儿童多维贫困的分解分析

为了进一步了解中国农村 0 ~ 3 岁儿童的多维贫困特征，以最近一期 CFPS2016 为例，对测得的儿童多维贫困结果在贫困阈值 k = 30% 水平上按区域、留守情况、性别、父母职业状况、家庭收入情况、家庭人口规模六个方面进行了分解。

1. 按地区分解

按照国家统计局公布的四大经济区域划分标准，将样本划分为四个地区对中国农村 0 ~ 3 岁儿童的多维贫困指数进行分解，具体如表 12 – 24 所示。

表 12 – 24　　　　　k = 30% 水平不同地区 0 ~ 3 岁儿童多维贫困指数分解

区域	儿童多维贫困发生率（H）	多维贫困剥夺份额（A）	多维贫困指数（M_0）
东北	23.53%	37.15%	0.0874
东部	21.12%	36.97%	0.0781
中部	24.57%	36.59%	0.0899
西部	48.70%	40.56%	0.1975

资料来源：笔者根据 2016 年 CFPS 数据测算所得。

由表 12 – 24 可以看出西部地区的农村 0 ~ 3 岁儿童多维贫困指数是 0.1975，多维贫困发生率远高于其他地区，平均被剥夺程度也最深。其次是中部地区。东北和东部地区情况较好。可见，中国农村 0 ~ 3 岁儿童多维贫困的地区差异比较明显，西部农村地区是 0 ~ 3 岁儿童多维贫困的高发地。

2. 按留守情况进行分解

近年来随着城市化进程的加快，农村剩余劳动力不断向城市涌入。在劳动力转移背后，留守儿童现象愈发严重，而留守 0 ~ 3 岁儿童的贫困状况也值得我们重点关注，参照已有研究中关于留守儿童的界定，我们将父母离开 0 ~ 3 岁儿童超过 6 个月以上定义为留守，按照留守与否对中国农村 0 ~ 3 岁儿童多维贫困指数进行分解，具体如表 12 – 25 所示。

表 12 – 25　　　k = 30% 水平不同留守情况下中国农村 0 ~ 3 岁儿童多维贫困指数分解

留守情况	多维贫困发生率（H）	多维贫困剥夺份额（A）	多维贫困指数（M_0）
留守	45.02%	38.61%	0.1738
非留守	36.68%	38.84%	0.1425

资料来源：笔者根据 2016 年 CFPS 数据测算所得。

由表 12 – 25 可知，有留守经历 6 个月以上的 0 ~ 3 岁儿童的多维贫困发生率和多维贫困指数最高，均高于非留守儿童，留守时间越长，贫困发生率越高。但目前的减贫政策更侧重整体和区域，针对儿童尤其是留守儿童的关注还较少，留守儿童的健康、教育、生存的家庭环境、社会环境维度方面的贫困程度均高于非留守儿童。

3. 按性别进行分解

由表 12 – 26 可知，按照性别分解的结果显示，女童多维贫困指数程度虽然（0.1506）略高于男童（0.1491），但差异不明显。即 0 ~ 3 岁儿童多维贫困状况的性别差异并不明显。

表 12 – 26　　　k = 30% 水平不同性别进行的中国农村 0 ~ 3 岁儿童多维贫困指数分解

性别	多维贫困发生率（H）	多维贫困剥夺份额（A）	多维贫困指数（M_0）
男童	38.49%	38.75%	0.1491
女童	38.80%	38.81%	0.1506

资料来源：笔者根据 2016 年 CFPS 数据测算所得。

4. 按父母职业状况进行分解

由表 12 – 27 可知，父母务农的 0 ~ 3 岁儿童的多维贫困发生率、贫困深度和多维贫困指数均高于父母从事非农就业的早期儿童。

表 12 – 27　　　k = 30% 水平按父母职业状况不同进行的中国农村
0 ~ 3 岁儿童多维贫困指数分解

职业状况	多维贫困发生率（H）	多维贫困剥夺份额（A）	多维贫困指数（M_0）
务农	41.09%	40.55%	0.16666
非农	26.65%	36.92%	0.0984

资料来源：笔者根据 2016 年 CFPS 数据测算所得。

5. 按家庭收入状况进行分解

选取绝对贫困线和相对贫困线衡量家庭贫困状况，其中，绝对贫困线以 2015

年农村贫困线 3000 元每人每年为标准，相对贫困线以家庭人均收入 50% 中位数为标准，低于上述标准的家庭为绝对贫困家庭和相对贫困家庭。具体分解结果如表 12－28 所示。

表 12－28　k＝30% 水平按家庭收入状况进行的中国农村 0～3 岁儿童多维贫困指数分解

家庭收入状况	多维贫困发生率（H）	多维贫困剥夺份额（A）	多维贫困指数（M_0）
家庭人均收入 50% 以下	44.09%	39.23%	0.1730
家庭人均收入 50% 以上	23.16%	36.31%	0.0841
家庭贫困（绝对收入标准）	69.27%	41.08%	0.2846
非贫困家庭（绝对收入标准）	33.80%	38.03%	0.1285

资料来源：笔者根据 2016 年 CFPS 数据测算所得。

由表 12－28 可知，按照家庭收入状况对中国农村 0～3 岁儿童多维贫困指数进行分解，家庭收入贫困的 0～3 岁儿童的多维贫困发生率、贫困深度和多维贫困指数均高于收入非贫困家庭的 0～3 岁儿童。

6. 按家庭人口规模进行分解

家庭特征与多维贫困状况密切相关，受传统观念的影响，相较于城市地区，我国农村诸多家庭规模庞大，而随着家庭人口数的增多，家庭资源可分配给每个儿童的部分将会减少，容易引发儿童贫困（杜凤莲、孙婧芳，2011）。因此，我们按照人口规模进行分解分析，以了解儿童贫困和家庭人口规模之间的关系如何，分解结果如表 12－29 所示。

表 12－29　k＝30% 水平按家庭人口规模进行的中国农村 0～3 岁儿童多维贫困指数分解

家庭人口规模	多维贫困发生率（H）	多维贫困剥夺份额（A）	多维贫困指数（M_0）
人口规模小于 7	33.30%	38.48%	0.1281
人口规模 7 人以上	48.58%	39.16%	0.1902

资料来源：笔者根据 2016 年 CFPS 数据测算所得。

由表 12－29 可知，0～3 岁儿童所在家庭人口越多，其多维贫困发生率、贫困深度和多维贫困指数越高。

（三）稳健性检验

上述多维贫困测量的结果是基于等权重方法估算而得，虽然等权重方法在多维贫困测算中被广泛采用，但也有学者质疑这种设置方式，认为等权重法的随意性太大。为此，以 2016 年为例，采用了主成分分析法计算各指标的权重，并将测算结果与采用等权重设置方法的测算结果进行对比，以考察测量结果的稳健性。表 12 - 30 给出了两种权重的对比，权重 1 表示前文中使用的等权重，权重 2 表示主成分分析法测得的权重。

表 12 - 30　　　　　　　　　等权重与主成分分析法计算的权重

维度	指标	指标名	权重 1	权重 2
健康	父母自评健康水平	psrh	1/20	0.0489
	儿童参保	cinsu	1/20	0.0591
	母乳喂养	mfed	1/20	0.0782
	儿童营养	nurtrition	1/20	0.0764
教育	父母受教育水平	pedu	1/8	0.1417
	学前教育	fetusedu	1/8	0.1247
家庭环境	父母照料	pcare	1/8	0.1005
	做饭用水	water	1/8	0.1279
	做饭燃料	fuel	1/8	0.1059
社会环境	小区公共设施状况	cfacility	1/20	0.0765
	小区周边环境状况	cenviro	1/20	0.0392
	小区邻里关系	crelati	1/20	0.0079
	邻居帮助	chelp	1/20	0.0086
	人情礼支出	cpay	1/20	0.0045

资料来源：笔者根据 2016 年 CFPS 数据测算所得。

通过对两种权重的相关性分析和不同权重下各指标贡献率对比分析检验测算结果是否稳健。表 12 - 31 显示了两种权重方法计算的多维贫困指标之间的皮尔森相关系数、斯皮尔曼分析以及肯德尔分析三种方法的检验结果。这三种相关分析方法的原假设均为相关系数为 0，即两种多维贫困结果之间不相关。检验结果显示，三种相关系数均在 1% 的显著性水平上拒绝原假设，并且三种系数的数值均大于 0.8，这意味着两种权重方法计算的结果在统计上存在较大的正相关性，并无显著的区别。

表 12 – 31　　　　　　　　　　两组权重结果之间的相关系数

相关系数	数值
皮尔森	0.9953 ***
斯皮尔曼	0.9684 ***
肯德尔	0.9637 ***

资料来源：笔者根据 2016 年 CFPS 数据测算所得。

表 12 – 32 列举了两种权重方法计算的多维贫困各指标贡献率的排名情况。

表 12 – 32　　　　　　　两种权重方法测算的各指标贡献率排名对比

指标名	主成分贡献率	等权重贡献率	等权重指标贡献率排序	主成分分析权重各指标贡献率排序	排序变化
psrh	4. 5719	4. 1729	7	9	– 2
cinsu	6. 8106	6. 7173	6	6	0
mfed	11. 4575	9. 8724	4	5	– 1
nurtrition	4. 0183	3. 6640	9	10	– 1
pedu	12. 0664	12. 4169	3	4	– 1
fetusedu	22. 4868	26. 8693	1	1	0
pcare	4. 6566	3. 9354	8	8	0
water	13. 9344	8. 8207	5	3	2
fuel	14. 2400	13. 8418	2	2	0
cfacility	4. 7899	3. 6640	10	7	3
cenviro	1. 6199	2. 6869	11	11	0
crelati	0. 2693	0. 4885	14	14	0
chelp	1. 1939	1. 4656	12	12	0
cpay	1. 0845	1. 3842	13	13	0

资料来源：笔者根据 2016 年 CFPS 数据测算所得。

　　从表 12 – 32 中两种权重计算的各指标贡献率排名变化来看，由不同权重测算的多维贫困结果在一定范围内仍然保持一致。

　　从上面两种稳健性的分析结果来看，尽管权重设定方法有所改变，但是多维贫困指数的变化并不显著。因此，本节估算的多维贫困结果对于权重设定而言是稳健的。

本 章 附 录

表1 家庭因素对儿童脱贫的动态影响

项目	I	II	III	IV	V
年龄	0.0290 *** (0.00457)	0.0271 *** (0.00464)	0.0334 *** (0.00486)	0.0386 *** (0.00514)	0.0379 *** (0.00516)
户口	− 0.354 *** (0.0514)	− 0.299 *** (0.0521)	− 0.294 *** (0.0523)	− 0.293 *** (0.0547)	− 0.289 *** (0.0548)
人均收入	− 5.81e − 06 *** (1.39e − 06)	− 5.60e − 06 *** (1.38e − 06)	− 5.62e − 06 *** (1.40e − 06)	− 5.27e − 06 *** (1.47e − 06)	− 5.04e − 06 *** (1.47e − 06)
父母婚姻状况	0.138 *** (0.0298)	0.138 *** (0.0311)	0.133 *** (0.0311)	0.128 *** (0.0322)	0.128 *** (0.0322)
期望教育水平	− 0.0124 (0.0149)	− 0.00119 (0.0152)	− 0.00518 (0.0153)	− 0.00547 (0.0156)	− 0.00546 (0.0157)
家庭儿童数	0.0564 *** (0.0204)	0.0383 * (0.0209)	0.0364 * (0.0213)	0.0399 * (0.0231)	0.0422 * (0.0233)
父亲受教育水平		− 0.0225 *** (0.00517)	− 0.0224 *** (0.00517)	− 0.0200 *** (0.00532)	− 0.0196 *** (0.00533)
母亲受教育水平		− 0.0130 *** (0.00496)	− 0.0114 ** (0.00500)	− 0.0110 ** (0.00518)	− 0.0109 ** (0.00519)
交通设施			− 0.0214 ** (0.00894)		0.00838 (0.0109)
基础设施			0.00731 (0.0258)		− 0.0101 (0.0265)
娱乐设施			− 0.367 ** (0.168)		0.0484 (0.197)
人均公园绿地面积			− 0.0208 *** (0.00804)		0.0163 (0.0103)
医疗支出				− 6.91e − 06 (0.000329)	0.000172 (0.000360)

续表

项目	I	II	III	IV	V
市场化指数				− 0. 0245 (0. 0231)	− 0. 0293 (0. 0236)
教育支出				− 0. 000314 ** (0. 000143)	− 0. 000439 *** (0. 000156)
最低工资				− 0. 000350 *** (0. 000100)	− 0. 000440 *** (0. 000111)
社保支出				0. 000378 *** (0. 000139)	0. 000402 *** (0. 000148)
社区支出				0. 000103 (0. 000160)	0. 000118 (0. 000164)
常数项	− 1. 132 *** (0. 121)	− 1. 071 *** (0. 122)	− 0. 522 *** (0. 188)	− 0. 675 *** (0. 181)	− 0. 811 *** (0. 235)
样本数	7427	7256	7256	6822	6822

注：*** 、** 和 * 分别表示在 1% 、5% 和 10% 的水平上显著；括号内数据为标准误差。
资料来源：笔者根据 CFPS 数据测算并整理。

表 2　　　　　　　　　　　家庭因素对儿童返贫的动态影响

项目	I	II	III	IV	V
年龄	0. 00752 * (0. 00394)	0. 00341 (0. 00402)	0. 00779 * (0. 00423)	0. 0114 ** (0. 00449)	0. 0126 *** (0. 00452)
户口	− 0. 386 *** (0. 0427)	− 0. 352 *** (0. 0433)	− 0. 345 *** (0. 0436)	− 0. 295 *** (0. 0456)	− 0. 310 *** (0. 0459)
人均收入	− 1. 84e − 06 ** (9. 30e − 07)	− 2. 14e − 06 ** (9. 32e − 07)	− 1. 69e − 06 * (9. 38e − 07)	− 1. 73e − 06 * (9. 88e − 07)	− 1. 83e − 06 * (9. 92e − 07)
父母婚姻状况	− 0. 0122 (0. 0241)	− 0. 0117 (0. 0252)	− 0. 0166 (0. 0253)	− 0. 0228 (0. 0263)	− 0. 0273 (0. 0263)
期望教育水平	0. 0133 (0. 0133)	0. 0212 (0. 0135)	0. 0209 (0. 0136)	0. 0118 (0. 0139)	0. 0114 (0. 0140)
家庭儿童数	0. 0140 (0. 0181)	− 0. 00949 (0. 0186)	− 0. 0261 (0. 0190)	− 0. 0123 (0. 0205)	− 0. 0210 (0. 0207)

续表

项目	I	II	III	IV	V
父亲受教育水平		-0.00620 (0.00460)	-0.00704 (0.00461)	-0.00525 (0.00476)	-0.00649 (0.00477)
母亲受教育水平		-0.0278*** (0.00439)	-0.0235*** (0.00444)	-0.0212*** (0.00459)	-0.0203*** (0.00461)
交通设施			-0.0386*** (0.00789)		-0.0215** (0.00972)
基础设施			-0.0330 (0.0226)		-0.0158 (0.0234)
娱乐设施			0.939*** (0.148)		0.809*** (0.174)
人均公园绿地面积			0.0171** (0.00704)		0.0117 (0.00889)
医疗支出				0.00116*** (0.000295)	0.000459 (0.000318)
市场化指数				-0.0525*** (0.0200)	-0.0356* (0.0204)
教育支出				-7.72e-05 (0.000123)	7.75e-05 (0.000135)
最低工资				-0.000124 (8.77e-05)	-6.33e-05 (9.49e-05)
社保支出				-0.000661*** (0.000132)	-0.000474*** (0.000140)
社区支出				-9.35e-05 (0.000140)	-2.43e-05 (0.000142)
常数项	-0.198* (0.104)	-0.203* (0.105)	-0.266 (0.163)	0.251 (0.158)	-0.0486 (0.207)
样本数	7427	7256	7256	6822	6822

注：***、**和*分别表示在1%、5%和10%的水平上显著；括号内数据为标准误差。
资料来源：笔者根据 CFPS 数据测算并整理。

第十三章 中国老年人口的多维贫困状况

居住方式在很大程度上会影响老年人的养老模式，进而影响老年人的福利水平和幸福感。因此，居住方式与老年人的多维贫困水平之间存在着重要关系。本章利用 CFPS 数据，通过探讨不同的居住方式下老年人多维贫困水平的差异，阐明居住方式对于老年人多维贫困水平的重要性，为解决老年人的养老和多维贫困问题、增进老年人的民生福祉做出有益探索。

第一节 中国老年人居住方式与老年人多维贫困

一、老年人居住方式相关问题探讨

（一）老年人居住方式现状及变化趋势

居住方式是影响老年人选择养老模式的重要因素，当前学术界对老年人居住方式这一问题逐渐重视起来。唐天源（2016）运用 2012 年 CFPS 的数据将老年人的居住方式分为独居、只与配偶居住、与子女同住、隔代同住、三代（多代）同住、与其他人同住六种情况，并且指出"只与配偶同住"是我国老年人最主要的居住方式。姜向群（2014）运用《中国 2010 年人口普查资料》发现，虽然与子女同住仍是中国老年人的主流居住方式，但是老年人口居住在"夫妻户"中的比例不断上升，老年人的空巢化、独居化趋势也在不断强化。王跃生（2018）也证实了这一点，根据 2015 年 5 省市调查数据，从子女视角分析已故和健在父母的居住方式及其变动，调查发现城市老年人在生命后期趋向"空巢"和"解体"，但是仍保持着中国特色，即与子女同灶吃饭。再者，虽然子女是老年父母起居的主要照料人，但同住式的照料却有所降低。昂格尔（Unger，1993）也曾根据相关数据预测，认为未来的中国更多的家庭居住安排会呈现出"网络状"特征，即老年人虽不与子女同住，但保持较近距离，既方便子女照料，又避免了同住产生的种种不便。孙鹃娟（2013）使用 2010 年第六次人口普查数据发现，全国近40%的老年人生活在空巢家庭中，其中城市老年人空巢化比例竟高达42.7%。空巢化中出现了鲜明的两极化趋势，一部分老年人因为经济独立性强、受教育程度高主动选择仅与配偶同住，而另一部分老年人则因没有配偶、身体状况不佳或收入较低不得不独居。

从地区维度看，根据 2010 年第六次人口普查表 1%抽样数据，中南和西南地区省份城市老年人的居住方式以三代同居为主，东北、西北和东部沿海省份老年人的居住方式以仅与子女同住和仅与配偶同住为主；而且不同区域的农村居住方式有较强的区域集中特征，东部沿海的农村老年人的居住方式以仅与配偶同住、两代同居和独居为主，中西部省份以三代同居为主；城市的老年人则以独居或者仅与配偶同住为主（王跃生，2014）。

（二）老年人居住方式界定与分析

为了研究居住方式对老年人多维贫困水平的影响程度，本节首先需要对老年人的居住方式做精准分类和界定，以包含所有可能的居住方式，做到不重不漏。我们参考了以往文献对居住方式的分类，并且从本书研究问题出发，对老年人的居住方式界定如下：（1）独居：仅一人居住；（2）仅与配偶同住：家中仅有自己与配偶两人；（3）与高龄父母同住：自己（和配偶）仅与高龄父母同住；（4）隔代同住：自己（和配偶）与子女的孩子同住，子女不在家中；（5）三代或多代同住：自己与已婚子女及其孩子同住（三代以上同住的情况极少因此归到这种情况中）；（6）两代同住：自己（和配偶）仅与已婚或者未婚子女同住，子女没有孩子或者孩子外出。本章将前四种居住方式归类为不与子女同住，将后两种居住方式归类为与子女同住。

2012 年和 2014 年中分别有 64.74%和 63.01%的老年人选择与子女居住在一起，可见与子女居住仍然占据着主流，但出现了下降的迹象，这与相关学者的研究结论是一致的。综合两年情况，城市中选择不与子女同住的比例达到 38.18%和 39.02%，而农村中这一比例仅为 13.18%和 14.31%。说明相比于城市老年人，农村老年人与子女居住在一起的概率更大。从区域角度来看，东部区域中选择不与子女同住的比例最高，两年分别为 40.80%和 43.06%，中部次之，西部最低。从城乡和区域的角度来看，老年人居住方式的选择有可能与地区经济发展水平、观念开放程度、生活便利程度、养老与医疗保障覆盖范围等因素相关（见表 13-1、表 13-2）。

表 13 - 1　　　　　　　　　　城乡老年人居住方式统计　　　　　　　　　单位：人

年份	城市		农村	
	同住	不同住	同住	不同住
2012	2725	1683	3760	571
2014	2702	1757	3382	565

资料来源：笔者根据 CFPS 数据计算整理所得。

表 13 - 2　　　　　　　　　东中西部老年人居住方式统计*　　　　　　　单位：人

年份	东部		中部		西部	
	同住	不同住	同住	不同住	同住	不同住
2012	2787	1921	1826	956	1908	675
2014	2602	1968	1753	999	1773	631

注：*东部地区包括辽宁、北京、天津、河北、山东、江苏、上海、浙江、福建、广东、广西、海南；中部地区包括山西、内蒙古、吉林、黑龙江、安徽、江西、河南、湖北、湖南；西部地区包括陕西、甘肃、青海、宁夏、新疆、四川、重庆、云南、贵州、西藏。

资料来源：笔者根据 CFPS 数据计算整理所得。

居住方式的重要性体现在，不同的居住方式对应着不同的养老模式，与子女同住意味着采取居家养老的模式，而独居意味着选择自我养老的模式，不同的养老模式对于老年人的幸福感不同，对于老年人多维贫困水平的影响也存在差异。

二、老年人多维贫困测量与分解结果分析

（一）老年人多维贫困指标选取与描述性统计

1. 老年人多维贫困指标选取

多维贫困指标的选取，在不同人群和样本中各有侧重，主要依据研究的问题和侧重点来决定。根据已有文献研究，若老年人选择与子女居住在一起，子女可以为其提供健康看护、精神慰藉和生活照料三个方面的支持。根据 CFPS 数据库中的资料，我们选取了健康、主观感受和生活条件三个维度来构建多维贫困指标体系，方便下面探讨居住方式对老年人口多维贫困的影响（见表 13 - 3）。

表 13 - 3 老年人多维贫困维度与指标

维度	指标	被剥夺条件	权重
健康	营养状况	BMI < 18. 50	1/6
	医疗保障	家中老年人没有任何一种医疗保险	1/6
主观感受	社会公平感	家中老年人有遭遇不公正情况	1/6
	对自己生活满意度 *	小于 3	1/6
生活条件	清洁饮水	家庭做饭用水不是自来水、矿泉水或纯净水	1/15
	做饭燃料	家庭做饭燃料使用柴草、煤炭等非清洁能源	1/15
	家庭用电	家庭没有通电或经常断电	1/15
	垃圾处理	家庭垃圾处理不是通过公共垃圾桶/箱、楼道垃圾道或有专人收集	1/15
	卫生设施	家庭使用公厕或非冲水厕所	1/15

* CFPS 数据库中的调查问题 "对自己生活的满意度",分数取值为 1 - 5,分数越低表示越没信心。

注:(1) BMI = 体重(千克)/身高^2(米^2),正常范围应该为 [18.5, 22.9];

(2) CFPS 数据库中的医疗保险包括:公费医疗、城镇职工医疗保险、城镇居民医疗保险、补充医疗保险和新型农村合作医疗;

(3) 社会公平感包括是否因贫富差距、户籍、性别受到不公以及受到政府干部不公,如果个体遭受到任何一种不公平,我们便将其社会公平感赋值为 1,即在这一指标被剥夺。

资料来源:参数设定参考现有研究整理所得。

2. 老年人多维贫困指标描述性统计

表 13 - 4 是老年人多维贫困指标涉及变量的描述性统计分析结果。

表 13 - 4 老年人多维贫困指标描述性统计

指标	被剥夺临界值条件	2012 年		2014 年	
		样本量	比例	样本量	比例
BMI	< 18. 50	1210	11.86%	1039	10.68%
	≥18. 50	8992	88.14%	8687	89.32%
医疗保障	有	9397	92.11%	9199	94.58%
	都没有	805	7.89%	527	5.42%
对自己生活满意度	满意	9116	89.36%	9168	94.26%
	不满意	1086	10.64%	558	5.74%
因某事感到社会不公	是	1024	10.04%	1414	14.54%
	否	9178	89.96%	8312	85.46%

续表

指标	被剥夺临界值条件	2012 年		2014 年	
		样本量	比例	样本量	比例
做饭用水	自来水、矿泉水或纯净水	6456	63.28%	6590	67.76%
	江河湖水、井水/山泉、雨水、窖水、池塘水、其他	3746	36.72%	3136	32.24%
做饭燃料	清洁能源	5743	56.29%	5647	58.06%
	非清洁能源	4459	43.71%	4079	41.94%
通电状况	没通电、经常断电	469	4.60%	255	0.26%
	偶尔断电、几乎未断电	9733	95.40%	9471	9.74%
垃圾倾倒处	公共垃圾桶、楼房垃圾道有专人收集	5408	53.01%	6060	62.31%
	附近的河沟、住房周围、土粪坑、随处倒、其他	4794	46.99%	3666	37.69%
卫生间类型	居室内冲水、居室外冲水厕所	4808	47.13%	4829	49.65%
	居室外冲水公厕、居室内非冲水、居室外非冲水厕所、居室外非冲水公厕、其他	5394	52.87%	4897	50.35%

资料来源：笔者根据 2012 年、2014 年 CFPS 数据计算所得。

就健康维度而言，老年人 BMI 低于正常值的比例从 11.86% 降为 10.68%，仍保持在较高比例，说明老年群体的营养摄入状况不容乐观。同时"医疗保障"变量显示，没有任何一种医疗保障的老年人占比下降到 5.42%，说明对老年人的医疗保险覆盖范围不断扩大，更多的老年人能够享受到基本医疗保险。就主观感受维度而言，对自己生活较为满意的老年人群体占比上升 4.9%，老年群体整体生活满意度提升，但遭受社会不公的老年人比例上升 4.5 个百分点，说明老年群体遭受社会不公现象发生的频率有扩大迹象。就生活维度而言，仍有 30% 以上的老年人群体不能使用自来水、矿泉水和纯净水，而且使用非清洁能源做饭的人群占比达 40% 以上，垃圾不能得到及时清理的人群占比虽从 46.99% 下降至 37.69%，但依然偏高。另外，使用非冲水厕所的老年人群体超过半数。这些数据充分说明我国老年人生活起居基础设施建设薄弱，有必要加大投入，切实改善老年人的生活条件，提升老年人的生活便利度和生活水平。

(二) 老年人多维贫困测量结果分析

1. 老年人多维贫困测量结果

在对数据进行描述性统计分析之后，我们对老年人多维贫困指数进行测量。利用 A－F 计数方法对多维贫困人口进行识别和加总，测得贫困阈值在 20%、30% 和 40% 水平上的多维贫困指数、多维贫困发生率和多维贫困强度（见表 13－5）。

表 13－5　　　　　　　　　　老年人多维贫困指数

阈值	多维贫困指数 M_0		多维贫困发生率 H（%）		多维贫困强度 A	
	2012 年	2014 年	2012 年	2014 年	2012 年	2014 年
k = 20%	0.1598	0.1370	50.89	44.73	0.3140	0.3063
k = 30%	0.0954	0.0811	22.60	20.22	0.4223	0.4015
k = 40%	0.0566	0.0424	11.13	8.65	0.5082	0.4902

资料来源：笔者根据 2012 年、2014 年 CFPS 数据计算所得。

由上述测算结果可知，随着贫困阈值扩大，多维贫困发生率下降，多维贫困强度增加，多维贫困指数减小，充分表明 A－F 计数法的稳健性。国际上普遍将贫困阈值设置为 30%，因此，k＝30% 下的多维贫困指标能较好地反映老年人多维贫困实际水平，下面对多维贫困的探讨也主要采用该阈值水平。

由 2012 年数据可知，当贫困阈值为 20% 时，多维贫困指数为 0.16。超过一半的老人被识别为多维贫困人口，多维贫困强度为 0.314，即被识别为贫困人口的平均剥夺得分为 0.314。当贫困阈值为 30% 时，多维贫困指数降为 0.10。多维贫困发生率降至 22.60%，平均剥夺分数上升为 0.42；由 2014 年数据可知，当贫困阈值为 20% 时，多维贫困发生率降至一半以下，多维贫困强度为 0.3063。当贫困阈值为 30% 时，多维贫困发生率降为 20.22%，多维贫困强度为 0.40。当贫困阈值等于 40% 时，多维贫困发生率降至 8.65%，多维贫困强度上升至 0.49。

对比 2012 年、2014 年测算结果易得，在任意贫困阈值上三个多维贫困指标都出现下降，表明随着我国经济社会的发展，贫困人口比例下降，绝对贫困现象得到有效缓解。各级政府部门坚持不懈地推进扶贫政策取得了显著成效。在贫困阈值 k＝30% 时，多维贫困发生率下降 10.53%，多维贫困强度下降 4.93%。表明多维贫困指数的下降和贫困状况的改善主要得益于贫困人口相对规模和贫困发生率的下降，那些仍被识别为贫困人口的群体贫困程度下降有限。

2. 老年人多维贫困维度分解分析

下面分年对老年人多维贫困进行维度分解，使用的贫困阈值为 30%（见表 13－6）。

表 13 - 6　　　　　　　　　老年人多维贫困维度分解

维度	测度指标	指标绝对贡献值		指标贡献比率（％）		维度贡献率（％）		排名	
		2012 年	2014 年	2012 年	2014 年	2012 年	2014 年	2012 年	2014 年
健康	营养状况	0.0996	0.0851	17.40	17.50	26.44	24.52	1	2
	医疗保障	0.0518	0.0341	9.04	7.02			7	8
心理	社会公平感	0.0763	0.1020	13.32	20.96	28.39	30.72	3	1
	对自己生活满意度	0.0863	0.0475	15.07	9.76			2	6
生活条件	清洁饮水	0.1292	0.1065	9.03	8.76	45.23	44.90	8	7
	做饭燃料	0.1605	0.1443	11.21	11.86			6	4
	家庭用电	0.0198	0.0140	1.38	1.16			9	9
	垃圾处理	0.1667	0.1285	11.65	10.56			5	5
	卫生设施	0.1711	0.1527	11.96	12.56			4	3

资料来源：笔者根据 2012 年、2014 年 CFPS 数据计算整理所得。

综合两年的结果我们发现，生活维度对多维贫困的贡献率最大，心理维度次之，健康维度对多维贫困的贡献率最低。分指标来而言，营养状况、社会公平感和卫生设施对多维贫困的贡献率较大，是主要的致贫因子。清洁饮水、家庭用电和医疗保障等致贫因子对多维贫困的贡献率较低。

分年份来而言，社会公平感对多维贫困的贡献率从 13.32% 上升至 20.96%，是首要致贫因子，该结果表明近年来社会不公事件已严重影响到老年人的福利水平，相关部门应致力于消除老年人在户籍、性别、贫富差距等方面受到的不公现象，政府部门也应强化为人民服务的意识，提升治理水平和服务能力，提升人民群众的满意度；营养状况的致贫贡献率从 2012 年的 17.4% 上升到 2014 年的 17.5%，始终是十分重要的致贫因子，营养状况是影响老年人身体状况和预期寿命的基础性因素，在今后的扶贫工作中对老年人的营养状况要给予更多关注，切实提高老年人营养水平；另外，垃圾处理和卫生设施这两个致贫因子在两年中的贡献率都较高。各级政府部门应完善生活基础设施建设，为老年人营造清洁、卫生的生活环境，切实提升老年人生活水平。

3. 老年人多维贫困子群分解分析

在本节中，在 k = 30% 水平上，我们分年份、分居住方式对老年人多维贫困按城乡和地区进行子群分解。

（1）地区分解。按地区分解的结果如表 13 - 7 所示。

表 13 - 7　　　　老年人多维贫困子群分解（分年份、地区与居住方式）

地区	年份	与子女同住			不与子女同住		
		M_0	H	A	M_0	H	A
东部	2012	0.0758	18.41%	0.4120	0.0805	19.47%	0.4137
	2014	0.0597	15.18%	0.3932	0.0677	16.97%	0.3992
	变化率	−21.28%	−17.53%	−4.55%	−15.89%	−12.83%	−3.51%
中部	2012	0.0940	22.34%	0.4208	0.1138	26.57%	0.4283
	2014	0.0770	19.28%	0.3992	0.1043	25.53%	0.4086
	变化率	−18.14%	−13.71%	−5.14%	−8.35%	−3.93%	−4.60%
西部	2012	0.1253	28.72%	0.4362	0.1308	30.96%	0.4225
	2014	0.1018	25.44%	0.4004	0.1284	30.74%	0.4177
	变化率	−18.71%	−11.43%	−8.21%	−1.83%	−0.70%	−1.13%

资料来源：笔者根据 2012 年、2014 年 CFPS 数据计算整理所得。

从地区来看，多维贫困水平存在着地区差异，在两种居住方式下，东部地区的多维贫困指数、发生率、平均剥夺分数均是三地最低，中部次之，西部最高，这与我国经济发展水平东强西弱的基本现状吻合。国家应该致力于通过精准扶贫等手段降低中西部地区老年群体的多维贫困水平，缩小地区间的差距。

从多维贫困的广度和深度来看，东部地区和中部地区多维贫困指数的下降主要得益于多维贫困发生率的下降，以选择与子女一起居住的老年群体为例，两大地区多维贫困发生率分别下降 17.53% 和 13.71%，而西部地区这一数据为 −11.43%。但西部地区第一种居住方式下多维贫困强度下降 8.21%，表明在西部地区，老年人与子女同居有效缓解了绝对贫困现象。

从居住方式来看，无论身处东部、中部还是西部，那些选择与子女一起居住的老年群体多维贫困水平均低于选择不与子女一起居住的老年群体，初步说明，在控制地区这一变量后，居住方式对老年人多维贫困水平存在影响，与子女一起居住对降低老年人的多维贫困水平有积极推动作用。而且，分年份来看，与子女一起居住的老年人群体多维贫困水平下降速度更快，三大地区下降速度分别为 21.28%、18.14% 和 18.71%。而三大地区中选择不与子女一起居住的老年人多维贫困下降速度仅仅为 15.89%、8.35% 和 1.83%。

（2）城乡分解。按地区分解的结果如表 13 - 8 所示。

表 13-8　　　　　　老年人多维贫困子群分解（分年份、城乡和居住方式）

年份及 变化率	城市					
	与子女同住			不与子女同住		
	M_0	H	A	M_0	H	A
2012	0.0490	12.29%	0.3986	0.0624	15.75%	0.3966
2014	0.0418	11.18%	0.3743	0.0436	11.50%	0.3789
变化率	-0.72%	-1.12%	-2.43%	-1.89%	-4.25%	-1.77%

年份及 变化率	农村					
	与子女同住			不与子女同住		
	M_0	H	A	M_0	H	A
2012	0.1299	30.16%	0.4308	0.1329	30.83%	0.4312
2014	0.1044	25.69%	0.4061	0.1307	31.34%	0.4172
变化率	-2.56%	-4.46%	-2.47%	-0.22%	0.51%	-1.40%

资料来源：笔者根据 2012 年、2014 年 CFPS 数据计算整理所得。

综合两年的测算结果可知，在控制城乡和居住方式后，多维贫困水平仍显著降低。从历年的绝对水平来看，无论城市还是农村，选择与子女一起居住的老年人多维贫困水平均低于不与子女一起居住的老年人。同时在两种居住方式下，城市老年人的多维贫困指数、发生率和强度均低于农村，说明我国目前老年人群在生活社会等各个方面仍存在较大的城乡差距。因此，仍需进一步采取措施降低农村地区老年人多维贫困水平。

从两年的变化情况看，城市中选择不与子女一起居住的老年人多维贫困水平下降得更快，这可能是由于存在"选择性偏差"，即有一部分家庭经济条件优越的老年人选择不与子女居住，因为数据表明，相比于多维贫困强度的下降，不与子女居住的老年人群体多维贫困发生率下降更快。但是在农村，不与子女居住使得多维贫困发生率不降反升，多维贫困指数下降速度也低于与子女一起居住的老年人群体，这说明在农村，居住方式依然是影响多维贫困水平的重要因素。

综合上述分析我们发现，随着经济社会的快速发展，无论是从广度上还是从深度上我国老年人的多维贫困水平均显著下降。从 2012~2014 年，老年人多维贫困指数、多维贫困发生率和多维贫困强度分别下降到 0.08、20% 和 0.40 左右。同时，在老年人多维贫困的各个维度和指标中，生活维度对多维贫困贡献率最大，社会公平感、营养状况、卫生设施和垃圾处理等指标是主要的致贫因子，而且社会公平感成为影响老年人多维贫困水平最重要的贡献因素。从地区来看，东部地区多维贫困指数下降最快，这主要得益于多维贫困发生率的大幅下降，而西部地区的多维贫困强度下降最快，绝对贫困现象得到极大缓解。而在不同地区，与子女一起居住的老年人多维贫困水平都比较低，而且与子女一起居住对降低老年人的多维贫困水平均有更加积极的推动作用。从城乡来看，无论是历年的绝对水平还是两年间的变化情况均说明，城市与农村老年人群体在多维贫困水平方面存在显著差异，相比于城市，农村多维贫困水平下降较慢，而且居住方式仍然是制约多维贫困水平下降的重要因素，农村地区的老年人脱贫任务依然任重道远。通过地区和城乡的子群分解，我们发现居住方式是影响老年人多维贫困的重要因素，与子女同住往往会使得老年人的多维贫困水平更低，反之则会更高。

第二节　不同居住方式下中国老年人多维贫困水平的差异分析

一、选择性偏差与匹配方法介绍

（一）选择性偏差与检验

要检验居住方式对老年人多维贫困水平的影响，选择适当的对照组群体十分重要。老年人选择居住方式存在"自选择"问题，即存在部分选择不与子女一起居住的老年人在选择之前就比选择与子女同住的老年人多维贫困水平低。所以，如果直接比较不同居住方式下的老年人的多维贫困水平，所得到的结论无疑是不可信的，原因是我们无法区分是老年人选择不与子女居住后的效应还是选择不与子女居住前的"自选择"效应加剧了多维贫困水平。因此下面首先对是否存在"自选择问题"进行检验，若证明确实存在该问题，我们需要采用有效的方法为不与子女一起居住的老年人找出最具可比性的个体。

我们把选择不与子女一起居住的老年人归类为"实验组"，把选择与子女一起居住的老年人归类为"控制组"。从表13 - 9可知，即使在区分了年份、城乡和地区之后，大部分实验组和控制组老年人群体的平均多维贫困水平仍存在较大差距，而且统计值也高度显著，因此拒绝两组老年人平均多维贫困水平相等的原假设。因此，为实验组老年人找到条件最相似的控制组老年人是十分必要的。

表 13 – 9　　　　　　　　　　实验组与控制组多维贫困水平差异比较

参照群	样本范围	实验组	控制组	t 值
全部样本	全部	0.0931	0.0859	2.76 ***
	农村	0.1319	0.1178	3.46 ***
	城市	0.0528	0.0454	2.55 **
	东部	0.0741	0.0680	1.82 *
	中部	0.1090	0.0857	4.61 ***
	西部	0.1297	0.1140	2.47 ***
2012 年	全部	0.0975	0.0943	0.83
	农村	0.1330	0.1299	0.53
	城市	0.0624	0.0490	3.06 ***
	东部	0.0805	0.0758	0.94
	中部	0.1138	0.0940	2.64 ***
	西部	0.1308	0.1253	0.60
2014 年	全部	0.0887	0.0768	3.37 ***
	农村	0.1307	0.1044	4.74 ***
	城市	0.0436	0.0418	0.46
	东部	0.0680	0.0597	1.84 *
	中部	0.1043	0.0770	4.03 ***
	西部	0.1284	0.1018	3.08 ***

注：***、** 和 * 分别代表在 1%、5% 和 10% 的显著性水平上显著。
资料来源：笔者根据 2012 年、2014 年 CFPS 数据计算整理所得。

（二）克服选择性偏差的方法选择与步骤

对于本章研究的问题而言，那些没有选择与子女居住在一起的老年人主要分为两类，一类是虽然主客观条件与控制组的老年人类似，但由于种种原因未与子女同居；另一类是老年人主客观条件与控制组的老年人有较大差异，未选择与子女同居。如果未进行匹配，第二类老年人就会被选取到模型当中，最后极有可能得出与子女同居不仅未能缓解反而加剧了老年人多维贫困水平的结论。

为了解决上述问题，第一种解决办法是自然实验法，即进行自然实验，将各方面条件相同的老年人分为实验组和控制组，追踪记录他们选择不同居住方式后的多维贫困水平变化情况；第二种解决办法是构造反事实，并由此计算 ATT 效应。由于条件限制，我们采取第二种方法来观察不同居住方式下老年人多维贫困水平的差异。

第二种方法主要分为两大步骤：第一步是按照相应的方法对数据进行匹配，第二步是根据匹配好的数据计算参与者的平均处理效应（ATT）。在第一步的匹配中，对实验组中的任意个体，首先需要找到与其居住方式有关的协变向量 $(e_1, e_2, \cdots, e_x)^T$，再通过相应的匹配方法在控制组中找到与其相似的向量组 $(e_1', e_2', e_3', \cdots, e_x')^T$；在第二步中，根据匹配好的若干组数据，分别计算多维贫困水平的差距并进行加总平均，以此得到参与者平均处理效应（ATT），通过观察 ATT 效应的数值便可估计居住方式对多维贫困的影响，具体步骤如图 13 – 1 所示。

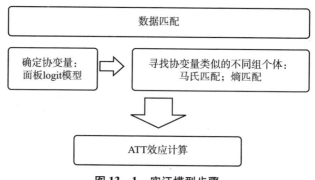

图 13 – 1　实证模型步骤

（三）参与者平均处理效应

对于老年人 i，未来的多维贫困水平 y_i 可能有两种状态，取决于是否与子女居住在一起：

$$y_i \begin{cases} y_{1i}, & 若 D_i = 1 \\ y_{0i}, & 若 D_i = 0 \end{cases}$$

其中，y_{0i} 表示老年人 i 未与子女居住在一起的多维贫困水平；y_{1i} 表示个体 i 与子女居住在一起的多维贫困水平，处理效应为 $(y_{1i} - y_{0i})$，由此便得到老年人选择不同的居住方式对多维贫困水平的影响。

但是对于老年人 i 而言，他只能处于其中一种状态，剩下的另一种状态无法通过观察得到。因此可以采取数据匹配法，为每一位选择与子女同住的老年人匹配一位或多位与其条件类似但却选择不与子女一起居住的人。假设不与子女同住的老年人属于实验组，与子女同住的老年人属于控制组，那么对实验组的每位老年人匹配一位或多位控制组的老年人，计算两者多维贫困强度的差距，即处理效应。最后对每组老年人的处理效应进行平均，即可得到参与者平均处理效应（average treatment effect on the treated，ATT）。

（四）匹配方法原理

对数据进行匹配主要是为了解决样本不平衡的问题，对数据进行匹配的方法多种多样，不同方法的机制原理、适用情况、匹配效果也不尽相同，下面介绍三类主要数据匹配方法的原理、优点和缺陷。

1. 传统匹配

传统匹配方法主要原理是运用 logit 或 probit 模型计算每个个体的倾向得分来进行匹配，倾向性得分比较近的两个个体会被匹配到一起。包括近邻匹配、卡尺匹配等方法。近邻匹配旨在找到倾向得分最接近的 k 个不同组个体，如果 $k = 1$，则为"一对一匹配"；卡尺匹配通过限制倾向得分的绝对距 $|p_i - p_j| \leqslant \varepsilon$ 的方式来寻找匹配对象（p_i 和 p_j 分别为个体 i 和 j 的倾向得分）。[1] 传统匹配方法的优点在于较为便捷，只需比较不同样本的倾向得分大小即可得到匹配结果。但进行倾向得分匹配只是一种手段，追求样本平衡才是最终目的。而传统匹配方法的缺陷在于：研究者往往需要反复设置模型找出最优匹配结果以达到样本平衡；过度依赖样本容量，小样本往往不能满足要求；会出现顾此失彼的情况，提高某些样本的平衡性往往要以牺牲其他变量的平衡性为代价，由此可能导致悖论的出现，即倾向性得分法不仅不能降低反而加剧了样本的不平衡性。

2. 马氏匹配

马氏匹配是通过比较马氏距离来进行匹配的方法，能够有效地计算两个未知样本的相似度。马氏距离由印度数理统计学家马哈拉诺比斯（P. C. Mahalanobis，1936）提出，表示数据的协方差距离。对于一个均值 $\mu = (u_1, u_2, u_3, \cdots, u_p)^T$，协方差矩阵为 $\sum$ 的多向量变量 $x = (x_1, x_2, x_3, \cdots, x_p)^T$，其马氏距离为 $D_M(x) = \sqrt{(x - \mu)^T \sum^{-1} (x - \mu)}$。控制组和实验组的两个个体之间马氏距离越小，两个个体越相似，匹配的效果越显著。通过比较，马氏距离进行匹配的优点在于它考虑到了各种特性之间的联系，并且无量纲，通过该优点能将方差归一化，使特征之间的关系更符合实际情况。在本书所探讨的问题中，与居住方式有关的协变量不仅包括年龄、性别等虚拟变量，还包括人均消费性支出这种连续性变量，因此相比于传统的匹配方法，马氏匹配在考虑到影响居住方式的不同因素的相互联系的同时，统一了不同变量的量纲，使最终的匹配结果更切合实际。

3. 熵匹配

熵匹配是通过对每个个体重新赋予权重来匹配样本的方法。具体的原理为：通过最大熵重权模型（maximum entropy reweighting scheme）赋予权重，使加权后

---

[1] 陈强：《高级计量经济学及 Stata 应用》，高等教育出版社 2014 年版。

的控制组和实验组的 N 阶距相等，一般只需两组数据的期望、方差和偏度相等即可，最后达到样本平衡目的。该方法是由麻省理工学院詹斯·海缪勒和徐轶青（Hainmueller J and Xu Y, 2012）开发[①]，旨在克服传统匹配方法重复设置模型、无法实现整体样本平衡、经常出现倾向得分悖论等缺点，具有很好的推广价值。

因此，本章将使用马氏匹配和熵匹配来对老年人样本进行匹配，并以此为基础计算参与者平均处理效应（ATT）。

（五）匹配方法步骤

在介绍完马氏匹配和熵匹配的原理之后，下面详细介绍两种匹配的具体步骤。

1. 马氏匹配

马氏匹配步骤为：首先对全部样本、城市子样本和农村子样本分别进行面板 logit 回归，找到与老年人个体 i 居住方式有关的协变量（x_{i1}, x_{i2}, x_{i3}, …, x_{ip}），然后将居住方式与这些协变量定义为老年人个体 i 的向量组（L_i, x_{i1}, x_{i2}, x_{i3}, …, x_{ip}）（L_i 代表个体 i 的居住方式，分为与子女同住和不与子女同住两种情况），据此计算每个老年人个体的马氏距离，将马氏距离比较接近的两个老年个体进行马氏匹配，并计算他们多维贫困强度之间的差值，由此得到每组老年个体的处理效应。随后将所有组老年个体的处理效应加总平均，得到参与者平均处理效应（ATT）。

2. 熵匹配

熵匹配的步骤为：首先对全部样本、城市子样本和农村子样本分别进行面板 logit 回归，找到与老年人个体 i 居住方式有关的协变量（x_{i1}, x_{i2}, x_{i3}, …, x_{ip}），然后将居住方式与这些协变量定义为老年人个体 i 的向量组（L_i, x_{i1}, x_{i2}, x_{i3}, …, x_{ip}）（L_i 代表个体 i 的居住方式，分为与子女同住和不与子女同住两种情况）。随后进行熵匹配，得到每个控制组的老年人样本权重值并将未匹配上的样本删除（每个实验组老年人的样本权重均为 1），以使实验组和加权后的对照组的分布相同，随后分别计算实验组和加权之后的对照组的多维贫困平均强度，两者的差就是参与者平均处理效应（ATT）。

二、对老年人居住方式影响因素的 logit 分析

（一）老年人居住方式因素变量定义

在对老年人进行匹配之前，需要找到与居住方式有关的协变量，为此，我们

---

① Hainmueller J, Xu Y. Ebalance: A Stata Package for Entropy Balancing [J]. Journal of Statistical Software, 2013, 54 (7).

首先进行面板 logit 模型回归。从相关文献和资料看，影响老年人居住方式选择的因素分为个人特征、经济状况、健康状况、后代状况、居住地区等五个方面。因此，本文选取了年龄、性别、婚姻状况、人均消费性支出、是否有养老保障、是否有住房困难、是否有儿子、是否有女儿、健康状况和居住区域十个因素作为自变量。对因变量和自变量的界定如表 13 - 10 所示。

表 13 - 10　　　　　　　　　　　　　　　　变量界定

	变量名	变量定义
因变量	居住方式	独居、仅与配偶居住在一起、与高龄父母居住在一起、隔代同住取值为1；仅与子女居住在一起、三代同住（多代同住）取值为0
自变量	年龄	调查年份与出生年份的差
	性别	男性为1；女性为0
	婚姻状况	在婚为1；其他取值为0（同居观测值较少，忽略不计）
	人均消费性支出	居民消费性支出（加总值）除以在家住的直系血缘亲属数量
	是否有养老保障	有以下其中的任意一种赋值为1，否则为0：离退休金、基本养老保险、企业补充养老保险、商业养老保险、农村养老保险、新型农村养老保险、城镇居民养老保险、其他
	是否有住房困难	如果有以下其中的任意一种赋值为1，否则为0：12岁以上的子女与父母同住一室、老少三代同住一室、12岁以上的异性子女同住一室、有的床晚上架起白天拆掉、客厅里也架起了睡觉的床
	是否有儿子	至少有一个儿子且健在定义为1；其他为0
	是否有女儿	至少有一个女儿且健在定义为1；其他为0
	健康状况	健康状况跟一年前相比更差取值为1；更好和没有变化取值为0
	居住区域	东部地区包括辽宁、北京、天津、河北、山东、江苏、上海、浙江、福建、广东、广西、海南；中部地区包括山西、内蒙古、吉林、黑龙江、安徽、江西、河南、湖北、湖南；西部地区包括陕西、甘肃、青海、宁夏、新疆、四川、重庆、云南、贵州、西藏

（二）变量描述性统计

变量的描述性统计如表 13 - 11 所示。

表 13 – 11 变量描述性统计

指标及类别		2012 年		2014 年	
指标	类别	样本量	比例	样本量	比例
居住方式	与子女同住	6594	64.63%	6128	63.01%
	不与子女同住	3608	35.37%	3598	36.99%
性别	男	4733	46.39%	4562	48.16%
	女	4988	48.89%	4819	50.87%
婚姻状态	未婚	450	4.41%	145	1.53%
	在婚	7176	70.34%	7071	74.64%
	同居	21	0.21%	32	0.34%
	离婚	98	0.96%	83	0.88%
	丧偶	2302	22.56%	2132	22.51%
人均消费*	<1.25 美元	305	2.99%	209	2.15%
	>1.25 美元	9897	97.01%	9517	97.85%
年龄	[60, 70]	5466	53.58%	5962	61.30%
	(70, 80]	2541	24.91%	2495	25.65%
	≥81	2195	21.52%	1269	13.05%
居住条件	12 岁以上的子女与父母同住一室	479	4.79%	446	4.74%
	老少三代同住一室	452	4.52%	568	6.04%
	12 岁以上的异性子女同住一室	102	1.02%	119	1.26%
	有的床晚上架起白天拆掉	85	0.85%	64	0.68%
	客厅里也架起了睡觉的床	189	1.89%	254	2.70%
	其他困难情况	304	3.04%	529	5.62%
是否有儿子	有儿子	5646	55.34%	5870	60.35%
	无儿子	4556	44.66%	3856	39.65%
是否有女儿	有女儿	1174	11.51%	1509	15.52%
	无女儿	9028	88.49%	8217	84.48%
健康状况	更好	614	8.53%	706	9.20%
	没有变化	2836	39.38%	3170	41.31%
	更差	3750	52.08%	3797	49.48%

续表

指标及类别		2012 年		2014 年	
指标	类别	样本量	比例	样本量	比例
地区	东部	4708	46.15%	4570	46.99%
	中部	2782	27.27%	2752	28.30%
	西部	2583	25.32%	2404	24.72%
城乡	城市	4408	43.75%	4459	45.85%
	农村	5612	55.70%	5185	53.31%
养老保险	离退休金	1817	25.30%	1075	12.51%
	基本养老保险	223	3.10%	278	3.48%
	企业补充养老保险	143	1.99%	299	1.16%
	商业养老保险	18	0.25%	100	0.43%
	农村养老保险	593	8.26%	37	10.43%
	新型农村养老保险	2209	30.75%	896	37.54%
	城镇居民养老保险	281	3.91%	3226	4.46%
	其他	223	3.10%	383	3.22%

注：＊本书使用世界银行（World Bank）比较项目数据库私人消费购买力平价进行贫困线换算。
资料来源：笔者根据 2012 年、2014 年 CPFS 数据计算整理所得。

从表 13-11 可以看出，从居住方式来看，与子女同住的比例虽从 64.63% 下降至 63.01%，但仍占据居住方式的主流；从性别比例来看，老年人受访群体中女性占比稍高，2014 年女性占比为 50.87%；从婚姻状态来看，老年人的婚姻状态以在婚为主，丧偶所占比例略有下降；从人均消费情况来看，人均消费小于1.25 美元/人/天的绝对贫困样本占比有所下降；从年龄结构来看，处于 [60，70] 的老年人比例上升到 61.30%；从住房情况来看，约 16% 的老年人存在住房困难情况，主要体现在老少三代共处一室的情况；而且调查样本中有儿子的老年人居多，而女儿大多出嫁所以并未纳入调查范围中，导致显示有女儿的老年人比例较低，并不代表实际情况；从健康情况看，老年人健康状况变差的比例下降了2.6 个百分点，整体健康状况有所改观；从地区看，截至 2014 年，接近一半的老年人居住在东部地区，28.30% 的老年人居住在中部，西部比例最低，仅为24.72%，与我国总体人口分布情况一致；从城乡分布看，超过一半的老年人居住在农村，但比例从 55.70% 降至 53.31%，说明城市化进程仍在继续；从养老保险角度看，拥有新型农村养老保险的老年人占比最高，并且从 30.75% 上升到37.54%，略低于样本中农村人口占比。根据人社部 2012 年披露数据显示，我国已基本实现新型农村和城镇居民社会养老保险制度的全覆盖，上述数据与真实情况略有不符，所以这可能是由于样本统计值缺失所致。

（三） 面板 logit 模型回归结果

本节通过使用面板 logit 模型对全部样本、城市子样本和农村子样本分别进行了回归，并且还加入了时间固定效应和地区固定效应，输出结果如表 13 – 12、表 13 – 13 和表 13 – 14 所示。

表 13 – 12　　　　　　　　全部老年人样本面板回归结果

变量	(1)	(2)	(3)
年龄	– 0. 0326 *** (0. 00868)	– 0. 0397 *** (0. 00892)	– 0. 0363 *** (0. 00865)
男性	0. 504 *** (0. 123)	0. 522 *** (0. 126)	0. 510 *** (0. 122)
在婚	1. 473 *** (0. 158)	1. 475 *** (0. 161)	1. 442 *** (0. 156)
人均消费性支出	0. 0366 *** (0. 00479)	0. 0346 *** (0. 00493)	0. 0347 *** (0. 00471)
有养老保障	0. 650 *** (0. 101)	0. 365 *** (0. 109)	0. 337 *** (0. 106)
有住房困难	– 1. 735 *** (0. 161)	– 1. 852 *** (0. 166)	– 1. 791 *** (0. 160)
有儿子	– 8. 878 *** (0. 178)	– 9. 321 *** (0. 180)	– 8. 091 *** (0. 190)
有女儿	– 5. 748 *** (0. 232)	– 6. 124 *** (0. 242)	– 5. 281 *** (0. 223)
健康变差	– 0. 477 *** (0. 102)	– 0. 524 *** (0. 104)	– 0. 533 *** (0. 101)
居住东部地区	1. 073 *** (0. 156)	1. 084 *** (0. 160)	2. 315 *** (0. 696)
居住中部地区	0. 383 ** (0. 169)	0. 380 ** (0. 173)	0. 981 *** (0. 376)

续表

变量	（1）	（2）	（3）
常数项	3.549 *** （0.672）	4.080 *** （0.689）	2.533 *** （0.684）
样本观察值	8777	8777	8777
时间固定效应	否	是	是
地区固定效应	否	否	是
Wald	2858.87	3064.43	2081.82

注：*** 表示1%水平上显著，** 表示5%水平上显著，* 表示10%水平上显著。
资料来源：笔者计算整理所得。

表 13 - 13　　　　　　　　　农村老年人样本面板回归结果

变量	（1）	（2）	（3）
年龄	- 0.0524 *** （0.0115）	- 0.0589 *** （0.0118）	- 0.0576 *** （0.0119）
男性	0.408 *** （0.154）	0.421 *** （0.157）	0.434 *** （0.158）
在婚	1.370 *** （0.199）	1.372 *** （0.202）	1.386 *** （0.204）
人均消费性支出	0.0440 *** （0.00789）	0.0428 *** （0.00801）	0.0446 *** （0.00823）
有养老保障	0.381 *** （0.130）	0.183 （0.137）	0.146 （0.139）
有住房困难	- 1.151 *** （0.188）	- 1.258 *** （0.193）	- 1.284 *** （0.194）
有儿子	- 7.243 *** （0.241）	- 7.497 *** （0.244）	- 7.129 *** （0.252）
有女儿	- 3.279 *** （0.290）	- 3.473 *** （0.299）	- 3.345 *** （0.286）
健康变差	- 0.463 *** （0.126）	- 0.508 *** （0.128）	- 0.551 *** （0.129）
居住东部地区	1.488 *** （0.191）	1.500 *** （0.195）	0.511 （1.072）

续表

变量	（1）	（2）	（3）
居住中部地区	0.719 *** （0.200）	0.722 *** （0.204）	1.221 *** （0.472）
常数项	3.971 *** （0.879）	4.345 *** （0.900）	3.219 *** （0.916）
样本观察值	8777	8777	8775
时间固定效应	否	是	是
地区固定效应	否	否	是
Wald	1000.38	1042.80	926.92

注：*** 表示1%水平上显著，** 表示5%水平上显著，* 表示10%水平上显著。

资料来源：笔者计算整理所得。

表 13-14　　　　　　　　城市老年人样本面板回归结果

变量	（1）	（2）	（3）
年龄	-0.00947 （0.0127）	-0.0140 （0.0128）	-0.0151 （0.0131）
男性	0.578 *** （0.187）	0.587 *** （0.189）	0.616 *** （0.194）
在婚	1.491 *** （0.243）	1.474 *** （0.245）	1.625 *** （0.251）
人均消费性支出	0.0335 *** （0.00623）	0.0305 *** （0.00621）	0.0328 *** （0.00661）
有养老保障	0.947 *** （0.151）	0.599 *** （0.167）	0.619 *** （0.172）
有住房困难	-2.501 *** （0.284）	-2.566 *** （0.288）	-2.653 *** （0.295）
有儿子	-9.427 *** （0.280）	-9.511 *** （0.289）	-9.859 *** （0.284）
有女儿	-7.103 *** （0.319）	-7.218 *** （0.327）	-7.541 *** （0.333）
健康变差	-0.438 *** （0.161）	-0.479 *** （0.163）	-0.461 *** （0.167）

续表

变量	（1）	（2）	（3）
居住东部地区	0.577 ** （0.258）	0.563 ** （0.259）	2.086 ** （0.885）
居住中部地区	-0.0374 （0.287）	-0.0673 （0.288）	0.503 （0.700）
常数项	2.583 ** （1.004）	2.843 *** （1.012）	2.459 ** （1.120）
样本观察值	4679	4679	4679
时间固定效应	否	是	是
地区固定效应	否	否	是
Wald	1231.60	1173.69	1367.74

注：*** 表示1%水平上显著，** 表示5%水平上显著，* 表示10%水平上显著。
资料来源：笔者计算整理所得。

　　上述结果显示，在考虑时间固定效应和地区固定效应之后，全部样本中的自变量依然显著，但在城市和农村子样本中，部分自变量并不显著，出现这种结果是由城乡差异所致。根据自变量系数计算每个自变量的边际变化率，年龄每增加一岁与子女同住的概率增加4%，这主要是因为老年人逐渐丧失生活自理能力，因此与子女一起居住的概率更大；从性别角度看，男性老年人不与子女一起居住的概率是女性老年人的2.66倍，这可能是由于女性老年人更多地承担照顾孙辈的责任而与子女居住在一起导致的；同时，无论男性老年人还是女性老年人，配偶在世且未离婚降低了他们与子女居住的概率，表明中国核心家庭占比上升，三代或多代同住的家庭数量减少，传统家庭结构正在逐渐发生变化；人均消费性支出每增加一美元，不与子女居住的概率上升4%，人均消费性支出代表了家庭的经济条件，人均消费性支出越高，老年人与子女一起居住的概率越低，可见经济因素仍是制约老年人选择居住方式的重要方面；从住房角度来看，如果存在住房困难，老年人更倾向于与子女居住在一起以共享一席栖身之地；同时，相比于女儿，老年人更倾向于与儿子居住在一起，这与"养儿防老"的传统观念相契合；相比于居住在西部地区，东部和中部地区的老年人生活更为便利、观念更为开放，因此东部地区老年人不与子女居住的概率是西部的10倍，中部则为2.6倍。

　　通过对比城市和农村的回归结果我们发现，在城市样本中，年龄因素并不显著，而在农村样本中，年龄每增加一岁，选择与子女居住的概率上升6%，这可能是由于居住在城市的老年人能够获得更加广泛的社会支持、更加先进的医疗及养老条件、子女走访更加便利等因素导致的；相比于农村，城市老年男性不与子女居住的概率更高；同样是在婚的老年人，城市样本选择仅与配偶居住的概率比农村高出 1 倍，这说明城市中传统家庭结构所占比例越来越小；而且，是否有养老保障并不影响农村老年人对于居住方式的选择，这一方面可能是由于农村的传统观念较强，另一方面也可能是由于新型农村养老保险还没有达到足以支持老年人独自生活的程度，养老保险与社会养老支持力度有待进一步加强；同时是否居住在东部地区不影响农村老年人的居住选择，却会显著地影响城市老年人的选择，居住在东部城市的老年人与子女同住的概率更低。

三、不同居住方式下老年人多维贫困 ATT 效应

在找到与居住方式相关的协变量之后，按照上面所介绍的数据匹配方法对处于两种居住方式下的老年人进行匹配，并且根据匹配成功的数据组计算参与者平均处理效应（ATT）。鉴于中国仍存在着显著城乡二元差距，本节将分别对总样本、农村子样本和城市子样本分别计算 ATT 效应。而且除了计算多维贫困的 ATT 效应之外，本节还将计算健康、主观感受、生活三个单维度以及三个维度下共计九个指标的 ATT 效应，以详细考察不同居住方式下老年人在单个维度和单个指标上的多维贫困水平差异。此外，本节只讨论 K = 30% 贫困阈值下的多维贫困水平差异。

（一）ATT 结果汇总

下面分别按照马氏匹配和熵匹配方法汇报居住方式对多维、单维和各个指标贫困的 ATT（见表 13 – 15、表 13 – 16）。

（二）ATT 效应结果分析

综合两种方法可以看出，两种匹配方法除了对城市老年人的心理维度和农村老年人的健康维度有不显著的促进作用外，对单维和多维贫困水平都表现出正向促进作用，且都十分显著，两种匹配方法得出的结果也比较接近，这也反映了两种匹配方法的稳健性。

如无特殊说明，下面使用的 ATT 效应均为两种匹配方法计算的 ATT 效应均值。从全部样本和各子样本来看，两种匹配方法都显示不与子女同住对老年人多维贫困水平的提升有着正向的促进作用，并且高度显著。不与子女同住使全部样本、城市老年人和农村老年人的多维贫困水平分别上升 2% 、2% 和 1% 左右。

表13-15　ATT效应汇总（马氏匹配）

匹配方法	维度	指标	全部样本 ATT	S.E.	T统计量	城市 ATT	S.E.	T统计量	农村 ATT	S.E.	T统计量
马氏匹配	多维	全部	0.0206	0.0043	4.76***	0.0209	0.0051	4.09***	0.0127	0.0064	1.97**
	健康维度	营养状况	0.0101	0.0051	1.98**	0.0186	0.0073	2.55**	0.0003	0.0071	0.04
		医疗保障	0.016	0.0079	2.05**	0.0134	0.01	1.34	0.0095	0.0116	0.82
	主观感受维度	全部	0.0047	0.0062	0.76	0.0243	0.01	2.41**	-0.0094	0.0076	-1.23
		社会公平感	0.0146	0.0056	2.59***	0.0053	0.0083	0.64	0.0184	0.0078	2.35**
		对自己生活满意度	0.0117	0.0085	1.38	0.0104	0.0127	0.82	0.0119	0.0116	1.03
	生活维度	全部	0.017	0.0069	2.48**	0.0006	0.0095	0.07	0.0245	0.0097	2.52**
		清洁饮水	0.0434	0.0066	6.58***	0.0426	0.0084	5.09***	0.0319	0.008	4.01***
		做饭燃料	0.0373	0.0109	3.42***	0.0292	0.0133	2.20**	0.0279	0.0152	1.84*
		家庭用电	0.0789	0.0112	7.07***	0.0620	0.0147	4.21***	0.0682	0.0146	4.68***
		垃圾处理	-0.0002	0.0044	-0.05	0.0112	0.0056	1.99**	-0.0146	0.0065	-2.24***
		卫生设施	0.0424	0.0108	3.92***	0.0421	0.0128	3.29***	0.0293	0.0138	2.12**
		住房	0.0651	0.0101	6.46***	0.0855	0.0153	5.60***	0.0418	0.0112	3.74***

注：*** 表示1%水平上显著，** 表示5%水平上显著，* 表示10%水平上显著。

资料来源：笔者根据CFPS数据计算整理所得。

表 13 - 16　ATT 效应汇总（熵匹配）

匹配方法	维度	指标	全部样本			城市			农村		
			ATT	S.E.	T统计量	ATT	S.E.	T统计量	ATT	S.E.	T统计量
熵匹配	多维		0.0191	0.0037	5.15***	0.0188	0.004	4.72***	0.0117	0.0057	2.07**
	健康维度	全部	0.0106	0.0041	2.56**	0.0212	0.0059	2.82***	0.0007	0.0058	0.12
		营养状况	0.0123	0.0063	1.95**	0.0182	0.0079	2.29**	0.0035	0.0095	0.37
		医疗保障	0.0089	0.005	1.77*	0.0245	0.0083	2.93***	-0.0024	0.0061	-0.4
	主观感受维度	全部	0.0127	0.0044	2.87***	0.0087	0.0064	1.36	0.0133	0.0062	2.15**
		社会公平感	0.0094	0.0065	1.43	0.0099	0.0096	1.02	0.0046	0.009	0.51
		对自己生活满意度	0.0159	0.0054	2.93***	0.0074	0.0075	0.98	0.0221	0.0078	2.85***
	生活维度	全部	0.0435	0.0053	8.16***	0.0352	0.0067	5.26***	0.0318	0.0067	4.72***
		清洁饮水	0.0487	0.0089	5.46***	0.0432	0.0107	4.04***	0.0256	0.0129	1.99**
		做饭燃料	0.0733	0.0092	7.99***	0.0473	0.0119	3.97***	0.0698	0.0125	5.59***
		家庭用电	-0.0049	0.0038	-1.28	-0.0003	0.0047	-0.05	-0.0128	0.0058	-2.22**
		垃圾处理	0.0444	0.0089	5.00***	0.0378	0.0104	3.63***	0.0221	0.0116	1.90*
		卫生设施	0.0651	0.0084	7.80***	0.0754	0.0124	6.08***	0.0417	0.0095	4.41***

注：*** 表示 1% 水平上显著，** 表示 5% 水平上显著，* 表示 10% 水平上显著。
资料来源：笔者根据 CFPS 数据计算整理所得。

　　从单个维度和指标来看，不与子女同住对生活维度贫困水平的提升最为明显，约为4%；主观感受维度次之，约为1.2%；健康维度最低，约为1%。而且城市与农村在单个维度的差异较为明显。不与子女同住使城市老年人的健康维度的贫困水平上升2%左右，而在农村这一效应并不显著。原因可能在于，农村老年人即使不与子女同住，但仍与子女同住一村，保持着"一碗汤"的距离，子女探访和照料保持在较高频率，使农村老年人的健康状况仍然保持在较为合理的水平；同时，医疗保障指标在城市更显著，这可能是由于农村目前已经实现新农保政策的全覆盖，而城市并未达到全覆盖的水平，某些老年人由于儿女不在身边或者不能提供经济支持等原因，不能申请到相应的医疗保险，因此产生的多维贫困水平差异较大。

　　不与子女同住使农村老年人在主观感受维度贫困水平上升1.5%左右，而在城市老年人群体中并不显著，通过进一步考察主观感受维度指标我们发现，城乡老年人主要在生活满意度上有显著区别，农村老年人因不与子女同住使得对生活满意度下降2.3%左右，城市老年人这一效应则不显著。说明不与子女同住影响了农村老年人降低了自己的幸福感，这可能与传统观念有关，一方面，农村老年人不与子女同住承受着更大的社会舆论压力；另一方面，农村老年人更倾向于通过同住的方式获得家庭和谐和子孙满堂的幸福感。

　　不与子女同住使城市和农村老年人的生活维度贫困水平分别上升3.9%和3.2%左右，通过进一步考察生活维度指标我们发现，居住方式对做饭是否使用清洁燃料和是否使用公厕与非冲水厕所产生了较大影响。城市和农村老年人因不与子女居住导致做饭燃料这一指标的贫困水平分别上升5.5%和6.9%，可见农村老年人受到的影响更大。城市和农村老年人因不与子女居住导致是否使用公厕与非冲水厕所这一指标的贫困水平分别上升8%和4%左右，导致农村老年人的贫困水平下降不显著的原因在于农村的卫生基础设施普遍不健全，所以是否与子女居住在这一指标上的贫困水平差距没有城市老年人显著。类似地，不与子女居住使得城市和农村老年人在垃圾处理这一指标上的贫困水平分别上升4%和2.6%。通过对生活维度的分析我们发现，农村的生活基础设施亟待完善，为村民尤其是老年人营造现代化的起居环境十分有必要。而且，部分城市老年人的生活条件可能要比我们想象的要更加恶劣，在之后的精准扶贫和救助政策中应该着重关注这部分老年人的诉求。

　　最后，我们发现不与子女同住使得城市老年人的多维贫困水平上升更加显著，通过上述分析我们发现，在多维贫困子维度中，生活维度对多维贫困水平上升的贡献最为突出，而农村的生活基础设施建设水平普遍较低，因此相比于城市老年人，农村老年人因居住方式产生的贫困水平差异在生活维度上体现得不够明显。这也从侧面说明了完善农村生活基础设施的紧迫性和重要性。

第十四章 中国农民工多维贫困问题研究

本章充分利用国家卫健委发布的全国流动人口动态监测数据，从能力剥夺的视角出发，构建适用于中国农民工群体的多维贫困测度框架，多角度考察中国农民工群体的多维贫困问题。并进一步将农民工群体的多维贫困发生率、多维贫困强度和多维贫困指数按照不同的区域进行分解，以得到农民工在不同区域的多维贫困情况。最后，从微观层面对农民工多维贫困的关键致贫维度和影响因素进行定量分析，深入探究贫困表象下的致贫机理。

第一节 农民工多维贫困测度指标体系的构建及瞄准性检验

一、农民工多维贫困识别与测度参数设定

国内学者对多维贫困问题的研究大都根据各自的研究需要基于 MPI 进行指标体系设计，多维贫困测度的维度与指标尚无统一标准，也较少有能够体现农民工特点的多维贫困识别与测算指标体系。本章对农民工群体贫困维度和指标的选取主要基于 AF 多维贫困测量的理论框架，参考国际上通用的多维贫困指数（MPI）对维度指标、权重设定、剥夺临界值和剥夺水平的界定，基于流动人口动态监测调查在 2016 年的样本数据约束，主要从城乡二元制度造成的权能差异出发，选取因市民化身份导致的农民工能力剥夺最为显著的维度和指标，并设定相应的被剥夺临界值，建立多维贫困识别矩阵，具体包括如下维度和指标。

（一）收入维度

收入维度以年度收入总额指标代表，以"贫困线"作为被剥夺临界值，低于临界值则赋值1，高于临界值则赋值0。在贫困线的选择上，本章从我国农民工

兼有农村和城镇两个区域的人口特征的特点出发，同时选取农村贫困标准和城镇贫困标准作为贫困线，以全面考察农民工群体的收入贫困状况。首先，根据国家统计局公布的 2010 年农村贫困标准（2300 元/人/年）进行不变价年度调整，得到 2016 年的农村贫困标准约为 3000 元/人/年。但是，按照农村贫困标准衡量主要工作生活在城镇区域的农民工群体的收入贫困情况，标准显然偏低。为解决现行农村贫困标准过低的问题，我们通过设定城镇贫困标准对农民工的收入贫困情况开展测度。改革开放以来，我国官方多次调整和确定统一农村贫困标准，但从未确定过全国统一的城市贫困标准。根据现有研究，通常是按照一定的逻辑设定合理的城镇贫困线。根据国务院发布的《城市居民最低生活保障条例》有关内容，城市居民最低生活保障标准是按照维持城市居民基本生活所必需的衣、食、住费用，并适当考虑水电燃煤（燃气）等生活能源支出以及家庭未成年人义务教育等方面的费用情况统筹确定的，能够全面反映满足城市居民日常生活需要的必要费用情况，符合作为城市贫困线设定参考标准的要求。因此，我们选用 2016 年国家民政部公布的全国城市低保平均标准（5935.2 元/人/年）作为参照标准，在此基础上设定新的城镇贫困线对农民工的收入贫困状况进行测度。另外，由于受城乡二元体制的制约，农民进城务工存在个人单独迁徙、部分家庭成员共同迁徙和举家迁徙等多种形式，同时受到样本数据中缺少个人实际供养的家庭人口数量的限制。因此，本章根据国家卫计委于 2015 年发布的《中国家庭发展报告》中显示的中国农村家庭平均规模为 3.56 人以及流动人口户平均规模为 2.59 人，以及《中国流动人口发展报告（2017）》中显示的 2015 年和 2016 年夫妻共同流动（夫妻双方均外出务工）的占比分别为 90% 和 85.5% 的现实情况①，在收入维度贫困线，即被剥夺临界值的设定上，采取假定家庭规模平均为 3～4 人，其中平均每个家户中有 2 名成员能够赚取收入的条件下（即每人平均供养人口为 1.5～2 人），阶梯式提升贫困线至 2016 年农村贫困标准和全国城市低保平均标准的 1.5 倍和 2 倍的方法，来测算不同标准条件下的多维贫困情况，同时尝试进一步提升至 3 倍的农村和城市贫困标准，以考察更高收入标准和供养人口较多情况下的多维贫困情况（见表 14 - 1）。

表 14 - 1　　　　　　　　　　中国家庭规模情况

家庭类型	家庭平均规模	家庭户平均规模	户平均规模
农村	3.56	3.14	2.79
城镇	3.07	2.84	2.63

---

① 详情请参考《中国流动人口发展报告（2017）》。

家庭类型	家庭平均规模	家庭户平均规模	户平均规模
流动人口	—	—	2.59
全国	3.35	3.02	2.72

注：家庭规模包括父母、子女和其他共同生活的全部亲属；家庭户规模包括亲属或依托亲属关系而共同居住的人，彼此之间关系较为密切。户则包括调查时在一起共同居住的全部家庭成员。详情请参考《中国家庭发展报告（2015）》。

资料来源：笔者根据国家卫计委《中国家庭发展报告2015》相关数据整理。

（二）教育维度

教育维度以劳动力文化水平指标代表。劳动力文化水平指个人接受的最高学历教育水平。教育水平作为重要的人力资本，不仅影响当期的贫困状况，而且会影响未来的可行发展能力以及对贫困代际传递的阻断效果，在以往研究中常以是否完成小学教育或九年义务教育作为临界值。本书认为由于中国特殊的城乡二元体制，农民工子女在享受城镇教育资源方面存在非常大的限制。根据国家统计局公布的数据，2013年第二代农民工已经占据农民工总量的近50%，如果没有现行城乡二元体制的束缚，这部分新生代农民工应该能够跟随父母享受城镇地区的教育资源，但是现实情况显然是父辈在城镇的努力未能从教育方面实现向后辈的代际传递。另外，由于教育资源在城乡之间分配严重不均，这导致同一个体在农村完成义务教育和在城镇完成义务教育所达到的教育质量存在显著差异，若仅选用"是否完成小学教育"或"是否完成九年义务教育"作为被剥夺临界值，只能是就时间上是否经过"小学教育阶段"或"义务教育阶段"进行一个判定，无法体现所接受义务教育的质量水平，而且农村进城务工群体面对的是同维度下城镇户籍居民的竞争，仅以"是否完成小学教育"或"是否完成九年义务教育"作为被剥夺临界值，标准显然偏低。现阶段在我国绝大部分地区参加义务教育阶段以上的高中或者中专教育均需通过考试选拔，能够接受高中或者中专教育可以被认为是义务教育质量达到一定水平的体现，而且对于在城镇区域从事非农生产或经营的劳动力，仅有义务教育阶段的知识储备，其学习新的知识技能或者在产业升级中进行职业转换的能力是比较差的（Scott Douglas Rozelle，2017），难以应对城镇区域生存与发展竞争的需要。我们以"是否接受法定义务阶段以上层次的教育"（即接受高中、中专、大专等法定义务阶段以上层次的教育）作为被剥夺临界值，可以真实体现不同群体所接受的义务教育质量，以及未来的可行发展能力。低于临界值，即未接受法定义务阶段以上层次的教育视为被剥夺，赋值1；高于临界值，即接受法定义务阶段以上层次的教育视为未被剥夺，赋值0。

（三）社会保障维度

社会保障维度包括养老保险、医疗保险、失业保险、工伤保险和生育保险5个指标，其中养老保险指标包括城镇职工养老保险、城镇居民社会养老保险、新型农村社会养老保险和离退休养老金等，以"是否至少拥有一项养老保险"为被剥夺临界值，低于临界值，即没有任何养老保险视为被剥夺，赋值1；高于临界值，即至少拥有一项养老保险则视为未被剥夺，赋值0。医疗保险方面，由于当前新型农村合作医疗在资金统筹、缴费比例、报销比例、报销目录等方面存在地区差异，对于外出务工特别是跨省和跨市务工的农民工，若仅具有新农合医疗保险，一旦产生就医需求特别是大病就医需求，异地就医在转移、报销方面存在困难、报销比例低等问题，这对于农村外出务工人员在务工地的生存、就业和发展保障作用微弱，因病致贫和因病返贫的风险较大，因此本书对医疗保险维度下的指标选择为是否拥有城镇医疗保险，具体包括城乡居民合作医疗保险、城镇居民医疗保险、城镇职工医疗保险和公费医疗等内容，以"是否至少拥有一项城镇医疗保险"作为被剥夺临界值，低于临界值，即没有参加任何城镇医疗保险视为被剥夺，赋值1；高于临界值，即至少参加一项城镇医疗保险视为未被剥夺，赋值0。工伤保险指标以"是否拥有工伤保险"为被剥夺临界值，低于临界值，即没有工伤保险视为被剥夺，赋值1；高于临界值，即具有工伤保险视为未被剥夺，赋值0。生育保险指标以"是否拥有生育保险"为被剥夺临界值，低于临界值，即没有生育保险视为被剥夺，赋值1；高于临界值，即具有生育保险视为未被剥夺，赋值0。失业保险指标以"是否拥有失业保险"为被剥夺临界值，低于临界值，即没有失业保险视为被剥夺，赋值1；高于临界值，即具有失业保险视为未被剥夺，赋值0。

（四）住房维度

住房维度包括住房情况和住房公积金两个指标。基本的住房保障是农民工在城镇务工经营和生存发展的首要物质条件，也是劳动力再生产的基本条件，更是实现市民化的必备条件，因此住房情况指标是以"是否购买住房或者具有租住房屋保障"作为被剥夺临界值，低于临界值，即没有购买住房或不具有租住房屋保障视为被剥夺，赋值1；高于临界值，即购买住房或拥有租住房屋保障视为未被剥夺，赋值0。住房公积金是我国在住房方面的一项基本金融保障制度，是住房保障体系的重要组成部分，可以有效缓解居民在购买或者租住房屋方面的经济压力，因此住房公积金指标是以"是否拥有住房公积金"作为被剥夺临界值，低于临界值，即没有住房公积金视为被剥夺，赋值1；高于临界值，即拥有住房公积金视为未被剥夺，赋值0。

（五）就业维度

就业维度包括工作可持续程度、就业性质和周工作时长 3 个指标，其中工作可持续程度是以农民工签订劳动合同的情况进行衡量，具体包括固定期限劳动合同、无固定期限劳动合同（拥有雇主身份的农民工视为签订无固定期限劳动合同）、一次性工作任务、试用期和未签订劳动合同 5 种情形，签订劳动合同的农民工在务工就业的过程中显然能够比未签订劳动合同的农民工得到更多的权益保障，工作的连续性和持续性也相对更好，因此，工作可持续程度指标以"是否签订劳动合同"作为被剥夺临界值，低于临界值，即一次性工作任务、试用期和未签订劳动合同视为被剥夺，赋值 1；高于临界值，即签订固定期限劳动合同和无固定期限劳动合同视为未被剥夺，赋值 0。就业性质指标是以"是否在正规部门就业"作为被剥夺临界值，"非正规部门（lnformal Sector）"的概念最初由美国经济学家 K·哈特（K.Hart，1972）提出，国际劳工组织（ILO）对这一概念进行了引用，并将其规范化为："存在于发展中国家城市地区的那些收入与员工报酬均较低、组织性较差、结构单一、生产规模较小的生产或服务单位"。目前，我国对非正规部门尚无统一标准，注册登记和统计观测等方面的实际情况也与其他国家和地区有所不同，本书基于 2008 版 SNA 的定义，以及国内现有研究成果（胡鞍钢和杨韵新，2001；吴洞生和左颖，2001；黄乾，2003；蒋萍，2005；彭志龙，2011；徐蔼婷和李金昌，2012），将非正规部门定义为投资规模较小、生产技术水平和劳动生产率较低，以私营和个体经营为基础和表征的企业单位。在这一指标下，若低于临界值，即在非正规部门就业，主要为私人企业、个体工商户和无单位等，视为被剥夺，赋值 1；高于临界值，即在正规部门，主要是机关事业单位、国有及国有控股企业、中外合资、外商独资、集体经济等，视为未被剥夺，赋值 0。周工作时长指标是以"每周工作时长是否超过 44 个小时"作为被剥夺临界值，根据《中华人民共和国劳动法》第 36 条以及原劳动部于 1994 年颁发的《关于〈中华人民共和国劳动法〉若干条文的说明》中相关规定，劳动者最长的周工作时长为 44 小时，因此，周工作时长指标若高于临界值，即周工作时长超过 44 个小时，视为被剥夺，赋值 1；低于临界值，即周工作时长少于等于 44 个小时，视为未被剥夺，赋值 0。

（六）健康维度

健康维度包括健康关注、职业病防治、艾滋病防治、结核病防治、慢性病防治、精神疾病防治和优生优育 7 个指标。健康是重要的人力资本之一，良好的健康状况和完善的疾病防控能够降低患病风险，从而减低因病致贫或返贫的概率，并对个人和家庭可行发展能力以及劳动者劳动生产率的提升具有重要作用，其中健康关注指标以"是否在务工地建立居民健康档案"作为剥夺临界值，低于临界值，即未在务工地建立居民健康档案视为被剥夺，赋值1；高于临界值，即在务工地建立了居民健康档案，视为未被剥夺，赋值0。各类疾病防治指标均以"是否接受疾病防治"作为剥夺临界值，低于临界值，即未接受相应疾病的防治，视为被剥夺，赋值1；高于临界值，即接受相应疾病的防治，视为未被剥夺，赋值0。优生优育指标是以"是否接受优生优育教育"作为剥夺临界值，低于临界值，未接受优生优育教育视为被剥夺，赋值1；高于临界值，接受优生优育教育视为未被剥夺，赋值0。

（七）社会融入维度

社会融入维度是衡量样本个体主观心理感受的维度[①]。目前有许多针对居民福利的研究在关注客观贫困指标的同时纳入主观感受指标，有些研究认为主客观指标间存在正向关联（Helliwell，2002；Graham and Felton，2006），也有研究显示主客观指标之间并不存在相关性（Easterlin，1974），但研究的共识是同时纳入主客观指标能够更加清楚地获得对研究目标个体现实状况的全面认识（白描，2015）。本章的社会融入维度包括长期居住意愿和户口迁入意愿两个指标，长期居留意愿指标是以"是否愿意在本地长期居住"作为剥夺临界值，如果愿意在本地长期居住，说明样本个体对在务工地的工作生活和社会交往在心理层面呈现接纳态度，在主观上有融入当地的意愿；反之，如果不愿意在本地长期居住，则说明对在务工地的工作生活和社会交往在心理上存在抵触和排斥，缺乏融入当地的主观意愿。因此，低于临界值，即没有长期居留意愿视为被剥夺，赋值1；高于临界值，即具有长期居留意愿视为未被剥夺，赋值0。户口迁入意愿指标是以"是否愿意将户口迁入本地"作为剥夺临界值，如果愿意将户口迁入本地，说明样本个体对于在务工地的个人发展和生活改善存在较高的期望和较强的信心，愿意舍弃自身在原户籍地的既有利益，谋求全面融入务工地社会的主观意愿较为强烈；反之，如果不愿意将户口迁入本地，说明样本个体对务工地缺乏较为强烈的认同，其在务工地实现的个人发展和生活改善不足以令其舍弃原户籍地的既有利益，全面融入务工地社会的主观意愿不强。因此低于临界值，即没有户口迁入意愿视为被剥夺，赋值1；高于临界值，即具有户口迁入意愿视为未被剥夺，赋值0（见表14-2）。

---

① 白描：《微观视角下的农民福祉现状分析——基于主客观福祉的研究》，载《农业经济问题》2015年第12期，第25~31页。

表 14-2   全国层面农民工多维贫困测度指标体系

测量维度	具体指标	被剥夺临界值
收入	年度收入总额	低于贫困线，赋值 1
教育	劳动力文化水平	未接受九年义务教育以上层次的教育，赋值 1
社会保障	养老保险	没有参加任何养老保险，赋值 1
	医疗保险	没有参加任何城镇医疗保险，赋值 1
	失业保险	没有失业保险，赋值 1
	工伤保险	没有工伤保险，赋值 1
	生育保险	没有生育保险，赋值 1
住房	住房情况	没有购买住房且无租住房屋保障，赋值 1
	住房公积金	没有住房公积金，赋值 1
就业	工作可持续程度	未签订劳动合同，赋值 1
	就业性质	在非正规部门就业，赋值 1
	周工作时长	周工作时长超过 44 小时，赋值 1
健康	健康关注	未在务工地建立居民健康档案，赋值 1
	职业病防治	未接受职业病防治，赋值 1
	艾滋病防治	未接受艾滋病防治，赋值 1
	结核病防治	未接受结核病防治，赋值 1
	慢性病防治	未接受慢性病防治，赋值 1
	精神疾病防治	未接受精神疾病防治，赋值 1
	优生优育	未接受优生优育教育，赋值 1
社会融入	长期居住意愿	没有长期居住意愿，赋值 1
	户口迁入意愿	没有户口迁入意愿，赋值 1

资料来源：笔者自己设计。

在对多维贫困测度指标体系中各个维度和指标的权重选取方面，由于迄今为止的各类研究中，均未对多维贫困测度指标体系中的维度和指标权重取得一致看法（Chowdhury and Squire，2006；Decancq and Lugo，2008），因此，目前绝大多数研究成果均采取等权重方法，这种权重设置可能会影响多维贫困具体构成维度和指标的相对重要性，但对总体贫困状况测度结果没有影响，而且不影响最终测度结果以及分解结果的可比性（郭熙保、周强，2016）。本章在综合借鉴以往研究成果的基础上，在对农民工多维贫困的识别加总过程中对各个维度指标采用等权重的设置方法。

二、农民工多维贫困测度指标体系的瞄准性检验

(一) 单维收入标准下农民工群体的贫困状况

长期以来，收入水平一直都是我国官方辨识贫困的主要标准。本章基于2016年流动人口动态监测数据87793个有效样本数据，对农民工的收入贫困情况进行了测度。首先，根据国家统计局公布的2010年农村贫困标准（2300元/人/年），按照鲜祖德（2016）的方法进行不变价年度调整，得到2016年的农村贫困标准约为3000元/人/年。在此标准上对样本数据进行收入贫困测度，结果显示处于农村贫困标准、2倍农村贫困标准和3倍农村贫困标准以下的样本个体分别为563个、721个和1458个，贫困发生率分别仅有0.64%、0.82%和1.66%，说明农民工通过在城镇的务工经营能够很大程度上摆脱以现行标准衡量的农村贫困。但是，按照农村贫困标准衡量主要工作生活在城镇区域的农民工群体的收入贫困情况，标准显然偏低（见表14-3）。

表14-3　　　　　　　各个收入贫困标准下的农民工收入贫困情况　　　　　　单位：%

贫困临界值	贫困发生率	贫困临界值	贫困发生率
农村收入贫困标准 （3000元）	0.64	全国城镇低保平均标准 （5935.2元）	0.82
2倍农村收入贫困标准 （6000元）	0.82	2倍全国城镇低保平均标准 （11870.4元）	2.17
3倍农村收入贫困标准 （9000元）	1.66	3倍全国城镇低保平均标准 （17805.6元）	6.24

资料来源：笔者根据2016年流动人口动态监测数据整理而得。

为解决现行农村贫困标准过低的问题，我们通过设定城镇贫困标准对农民工的收入贫困情况开展进一步测度。具体来说，首先，以2016年全国城市低保平均标准5935.2元作为城市贫困线进行测度，测度结果显示处于5935.2元贫困线以下的样本量为721个，收入贫困发生率为0.82%，相当于2倍的农村贫困标准下的贫困发生率，相对于3000元的农村贫困标准，贫困发生率并未出现显著增长。本章进一步按照2016年全国城市低保平均水平的2倍标准（11870.4元/人/年）和3倍标准（17805.6元/人/年）对农民工的收入贫困状况进行测算，结果显示处于11870.4元贫困线以下的样本个体增加为1907个，收入贫困发生率为

2.17%。相对于农村贫困标准下的贫困发生率，按照城市贫困标准衡量的贫困发生率出现了一定程度的增长，但是绝对水平并不高，按照 2 倍全国城市低保平均水平 11870.4 元设定的贫困线下收入贫困发生率（2.17%）低于 2016 年国家统计局公布的当年农村贫困发生率（4.5%），按照 3 倍全国城市低保平均水平 17805.6 元设定的贫困线下收入贫困发生率也仅为 6.24%。因此，农民以农民工的身份进城务工，不仅能够摆脱现行标准下的农村贫困，而且能够极大地改善自身收入状况，摆脱按较高标准衡量的城市贫困，成为我国脱贫攻坚快速推进的关键动力。

从农民工的收入分布来看，根据核密度函数的测算情况（见图 14 - 1），可以看出农民工的收入呈左偏峰、右拖尾分布，峰值出现在 3 万～5 万元的范围内，拖尾呈平缓、延长和密度水平较低的特点，这说明农民工的年度收入总额基本处于 10 万元以下的基本收入区间内，以 3 万～5 万元的收入水平为主。整体来看存在能够获取较高收入的农民工群体，但是数量不大，且收入水平的分布较为分散，分布散落于 10 万～20 万元、20 万～30 万元以及 30 万元以上等各个区间内，10 万～15 万元范围内有一个较为明显凸起的峰值，说明在 10 万元以上的相对高收入农民工群体主要分布在 10 万～15 万元范围内。从各个峰值出现的位置来看，均处于 2 倍和 3 倍城市平均低保标准的右侧，再一次验证了农民以农民工的身份进城务工经营，能够实现收入方面的极大改善，甚至能够摆脱按较高标准衡量的城市贫困。

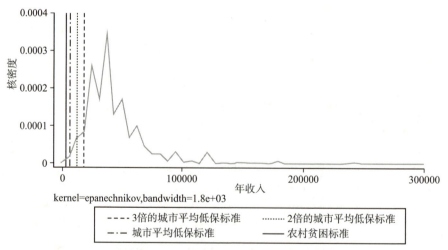

图 14 - 1　农民工收入分布的核密度图

资料来源：笔者根据 2016 年流动人口动态监测数据整理而得。

（二）其他单维标准下农民工的贫困状况

接下来进一步对农民工其他维度和指标下的单维贫困情况进行测度并得到各个维度指标下的贫困发生率（见表 14 - 4）。

表 14 - 4　　　农民工除收入维度外其他维度指标下单维贫困发生率　　　单位：%

考察维度	测量指标	指标贫困发生率	维度贫困发生率
教育	学历水平	65.37	65.37
社会保障	养老保险	57.38	73.70
	医疗保险	77.92	
	失业保险	78.32	
	工伤保险	73.85	
	生育保险	81.02	
住房	住房情况	79.48	84.92
	住房公积金	90.35	
就业	工作可持续程度	56.47	66.44
	就业单位性质	70.12	
	周工作时长	72.73	
健康	健康关注	63.42	62.60
	职业病防治	61.90	
	艾滋病性病防治	50.25	
	优生优育	36.73	
	结核病防治	73.32	
	精神疾病防治	86.02	
	慢性病防治	66.59	
社会融入意愿	长期居住	42.90	55.91
	户口迁入意愿	68.91	

资料来源：笔者根据 2016 年流动人口动态监测数据整理而得。

从农民工在其他各个维度指标下的单维贫困发生率来看（见图 14 - 2），住房维度的贫困发生率最高，达到了 84.92%，说明农民工在城镇的住房问题非常严峻，普遍面临较为窘迫的状况；按照贫困发生率由高到低排序居于第二位的是社会保障维度，贫困发生率达到 70% 以上，说明针对农民工的社会保障依然不够完善，大多数农民工未被纳入城镇的社会保障体系，农民工在应对各类风险冲击方面依然较为脆弱；居于第三和第四位的分别是就业维度和教育维度，贫困发生率极为接近，分别为66.44%和65.37%，这说明农民工就业形式和就业部门依然以非正规就业和非正规部门为主，就业稳定性差，合同签订率低，失业风险较大，在劳动权益保障及就自身利益同企业的谈判博弈中依然处于绝对弱势位置，且农民工整体文化知识与劳动技能水平不高，群体自身发展能力受到极大限制。排名第五位的是健康维度，贫困发生率为62.60%，说明国家一直持续关注和解决的农民工疾病防控免疫工作取得了一定成效，使得健康问题相对于住房、社会保障和教育等其他维度贫困发生率相对较低，但其贫困发生率绝对水平依然较高，这意味着农民工整个群体的健康依然不容乐观，存在较大的健康风险。社会融入意愿维度的发生率最低，说明农民工希望融入城镇社会的主观意愿相对其他维度来说情况较好，但是长期游走于城镇经济社会边缘地带的工作和生活经历明显影响了这一主观意愿，或者说在现行体制下农民工融入当地社会的努力受到较大程度的阻滞，从而消弭着主观融入意愿，社会融入意愿的贫困发生率也达到了55.91%。相对于各个层次收入贫困标准下0.64%~2.17%的收入维度贫困发生率，农民工在社会保障、教育、就业和健康等其他维度下的贫困发生率是非常高的，而单维的收入贫困测度显然无法反映这些情况。

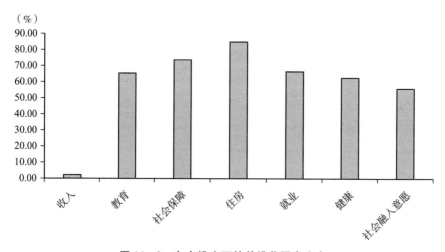

图14-2 各个维度下的单维贫困发生率

资料来源：笔者根据2016年流动人口动态监测数据整理而得。

通过收入维度和其他维度下单维贫困发生率的比较，我们可以得出，农民以农民工的身份进入城镇务工，能够有效实现收入维度的状况改善，很大程度上摆脱现行标准下以及按照更高标准衡量的收入贫困，但收入方面的改善却难以体现在实际生活中，农民工在除收入以外的其他维度下均面临较为严重的贫困状况，受到多个方面可行能力的剥夺。因此，仅以单维的收入标准对农民工这一常年处于城乡夹缝和城市边缘地带的特殊群体进行贫困衡量存在很大局限，难以实现对贫困的精确瞄准和识别。

（三）未纳入收入维度情况下多维贫困与收入贫困的瞄准性比较

首先，按照除收入维度以外的其他维度组成的多维贫困识别矩阵进行测算，得到30%和40%剥夺水平下的覆盖率和漏出率；其次，测算得出各个贫困标准下收入贫困的覆盖率和漏出率。通过对多维贫困和各个贫困标准下收入贫困的覆盖率和漏出率进行联立交叉比较，我们可以看出二者在贫困识别和瞄准方面存在的差异情况。

在30%的剥夺水平上，在按照各个层次的收入贫困标准进行贫困测度时，多维贫困和收入贫困能够同时识别覆盖的样本个体分别为0.63%、0.80%、1.61%、0.80%、2.12%和6.05%，能够识别为收入贫困但未识别为多维贫困的分别为0.02%、0.02%、0.05%、0.02%、0.05%和0.18%，识别为多维贫困但未识别为收入贫困的样本个体分别为90.46%、90.29%、89.48%、90.29%、88.97%和85.04%，既未识别为收入贫困也未识别为多维贫困的样本个体分别为8.89%、8.89%、8.86%、8.89%、8.86%和8.73%。在40%的剥夺水平上，在按照各个层次的收入贫困标准进行贫困测度时，实现多维贫困和收入贫困同时识别覆盖的样本个体分别为0.61%、0.78%、1.58%、0.78%、2.08%和5.95%，识别为收入贫困但未识别为多维贫困的分别为0.03%、0.04%、0.08%、0.04%、0.09%和0.29%，识别为多维贫困但未识别为收入贫困的样本个体分别为85.46%、85.29%、84.49%、85.29%、83.99%和80.12%，既未识别为收入贫困也未识别为多维贫困的样本个体分别为13.90%、13.89%、13.85%、13.89%、13.84%和13.64%。

根据上述数据，首先，以2倍的农村贫困标准和30%剥夺水平多维贫困标准上的识别为例来看，收入贫困和多维贫困的识别重合率仅有9.52%；其次，从2倍的全国城市低保平均标准和30%剥夺水平多维贫困标准下的识别结果来看，收入贫困和多维贫困的识别重合率有所提高，但是也仅有15.92%，而且从各个层次的收入贫困标准和各个剥夺水平上的多维贫困标准下的测度结果来看，这种较低的识别重合率具有较强的稳健性。因此，对于农民工群体而言，单维收入标准下的贫困测度与多维标准下的贫困测度对贫困的识别结果存在显著的不一致（见表14-5）。

表 14 - 5 　　　　　　　　　多维贫困与收入贫困的覆盖率 　　　　　　　单位：%

收入贫困标准	贫困类型	30%剥夺水平多维贫困	30%剥夺水平非多维贫困	40%剥夺水平多维贫困	40%剥夺水平非多维贫困
农村贫困标准	收入贫困	0.63	0.02	0.61	0.03
	非收入贫困	90.46	8.89	85.46	13.90
2 倍农村贫困标准	收入贫困	0.80	0.02	0.78	0.04
	非收入贫困	90.29	8.89	85.29	13.89
3 倍农村贫困标准	收入贫困	1.61	0.05	1.58	0.08
	非收入贫困	89.48	8.86	84.49	13.85
全国城市低保平均标准	收入贫困	0.80	0.02	0.78	0.04
	非收入贫困	90.29	8.89	85.29	13.89
2 倍全国城市低保平均标准	收入贫困	2.12	0.05	2.08	0.09
	非收入贫困	88.97	8.86	83.99	13.84
3 倍全国城市低保平均标准	收入贫困	6.05	0.18	5.95	0.29
	非收入贫困	85.04	8.73	80.12	13.64

资料来源：笔者根据国家卫计委 2016 年流动人口动态监测数据计算而得。

在上述测度结果的基础上，进一步测算收入贫困人群中多维贫困的贫困识别情况。根据测算结果，在按照各个层次的收入贫困标准辨识为收入贫困的人群中，30%剥夺水平上的多维贫困识别率分别为 97.51%、97.47%、97.05%、99.33%和 97.10%，40%剥夺水平上的多维贫困识别率分别为 95.38%、95.42%、95.06%、95.86%和95.38%；在没有辨识为收入贫困的人群中，30%剥夺水平上识别为多维贫困的比率分别为 91.05%、91.04%、90.99%、90.64%和90.69%，40%剥夺水平上识别为多维贫困的比率分别为 86.01%、85.99%、85.92%、85.85%和85.45%。因此，多维贫困不仅能够识别 95%以上的收入贫困人群，而且能够识别 85%以上的非收入贫困人群。

进一步测算多维贫困人群在各个剥夺标准下识别为收入贫困的情况。在 30%剥夺水平下识别为多维贫困的人群中，各个收入贫困标准下的收入贫困识别率分别为 0.69%、0.88%、1.77%、2.33%和2.13%，在 40%剥夺水平上识别为多维贫困的人群中，各个收入贫困标准下的收入贫困识别率分别为 0.71%、0.91%、1.83%、2.42%和6.91%；在 30%剥夺水平上未被识别为多维贫困的人群中，各个收入贫困标准下的收入贫困识别率分别为 0.18%、0.23%、0.55%、0.59%和2.03%，在 40%剥夺水平上未被识别为多维贫困的人群中，各个收入贫困标准下的收入贫困识别率分别为 0.21%、0.27%、0.59%、0.65%和2.07%。

通过比较收入贫困情况下多维贫困的识别情况和多维贫困情况下收入贫困的识别情况，我们可以看出，多维贫困识别能够基本覆盖收入贫困人群，而且还能够识别出非收入贫困人群中的多维贫困群体，但是收入贫困识别却难以做到这一点。但是，多维贫困识别对收入贫困人群的没有实现全面覆盖，30%剥夺水平多维贫困识别在各个收入贫困标准下识别为收入贫困人群中的漏出率分别为2.49%、2.53%、2.95%、0.67%和2.90%；40%剥夺水平多维贫困识别在各个收入贫困标准下识别为收入贫困人群中的漏出率分别为4.62%、4.58%、4.94%、4.14%和4.62%（见表14-6、表14-7）。

表14-6　　　　　多维贫困与收入贫困覆盖率的联立交叉比较（1）　　　　单位：%

收入贫困标准	贫困类型	30%剥夺水平多维贫困能够识别	30%剥夺水平多维贫困不能识别	40%剥夺水平多维贫困能够识别	40%剥夺水平多维贫困不能识别
农村贫困标准	收入贫困	97.51	2.49	95.38	4.62
	非收入贫困	91.05	8.95	86.01	13.99
2倍农村贫困标准	收入贫困	97.47	2.53	95.42	4.58
	非收入贫困	91.04	8.96	85.99	14.01
3倍农村贫困标准	收入贫困	97.05	2.95	95.06	4.94
	非收入贫困	90.99	9.01	85.92	14.08
2倍全国城市低保平均标准	收入贫困	97.59	2.41	95.86	4.14
	非收入贫困	90.64	9.06	85.85	14.15
3倍全国城市低保平均标准	收入贫困	97.10	2.90	95.38	4.62
	非收入贫困	90.69	9.31	85.45	14.55

资料来源：笔者根据国家卫计委2016年流动人口动态监测数据计算而得。

表14-7　　　　　多维贫困与收入贫困覆盖率的联立交叉比较（2）　　　　单位：%

收入贫困标准	贫困类型	30%剥夺水平多维贫困	30%剥夺水平非多维贫困	40%剥夺水平多维贫困	40%剥夺水平非多维贫困
农村贫困标准	收入贫困能够识别	0.69	0.18	0.71	0.21
	收入贫困不能识别	99.31	99.82	99.29	99.79
2倍农村贫困标准	收入贫困能够识别	0.88	0.23	0.91	0.27
	收入贫困不能识别	99.12	99.77	99.09	99.73
3倍农村贫困标准	收入贫困能够识别	1.77	0.55	1.83	0.59
	收入贫困不能识别	98.23	99.45	98.17	99.41

续表

收入贫困标准	贫困类型	30%剥夺水平多维贫困	30%剥夺水平非多维贫困	40%剥夺水平多维贫困	40%剥夺水平非多维贫困
2倍全国城市低保平均标准	收入贫困能够识别	2.33	0.59	2.42	0.65
	收入贫困不能识别	97.67	99.41	97.58	99.35
3倍全国城市低保平均标准	收入贫困能够识别	2.13	2.03	6.91	2.07
	收入贫困不能识别	97.87	97.97	93.09	97.93

资料来源：笔者根据国家卫计委2016年流动人口动态监测数据计算而得。

（四）纳入收入维度情况下多维贫困与收入贫困识别的瞄准性分析

在多维贫困识别矩阵中加入收入维度，在此基础上测度包含收入维度情况下多维贫困识别对收入贫困的覆盖率和漏出率情况。根据测算结果，30%剥夺水平下，纳入收入维度的多维贫困识别矩阵对各个贫困标准下收入贫困人群的覆盖率分别提升了1.78%、1.50%、2.26%和1.74%，漏出率也相应下降了1.78%、1.50%、2.26%和1.74%；40%剥夺水平下，纳入收入维度的多维贫困识别矩阵对各个贫困标准下收入贫困人群的覆盖率分别提升了2.13%、1.63%、2.44%和1.73%。因此，加入收入维度后，多维贫困识别矩阵对收入贫困的覆盖率提升，漏出率下降，其中2倍全国城市低保平均标准下多维贫困对收入贫困的覆盖率最高，为99.33%，漏出率仅为0.67%，多维贫困识别能够基本覆盖了所有的收入贫困个体（见表14-8）。

表14-8　多维贫困（含收入维度）识别对收入贫困人群的覆盖和漏出情况　　单位：%

收入贫困标准	30%剥夺水平多维贫困能够识别	30%剥夺水平多维贫困不能识别	40%剥夺水平多维贫困能够识别	40%剥夺水平多维贫困不能识别
农村贫困标准	99.29	0.71	97.51	2.49
3倍农村贫困标准	98.97	1.03	97.05	2.95
城市低保平均标准	99.31	0.69	97.50	2.50
2倍全国城市低保平均标准	99.33	0.67	97.59	2.41
3倍全国城市低保平均标准	98.85	1.15	97.10	2.90

资料来源：笔者根据国家卫计委2016年流动人口动态监测数据计算而得。

　　本节进一步通过计算多维贫困指数，得到全部指标在多维贫困条件下的贫困发生率。根据多维贫困 AF 测度方法的数理运算逻辑，多维贫困条件下各个指标的贫困发生率不应大于单独考察该指标时的贫困发生率，这是因为单个指标的贫困群体不一定都是多维贫困群体，并且随着剥夺水平的提升，多维贫困条件下单个指标的贫困发生率与单独考察该指标时的贫困发生率之间的差距应该增大，这是因为随着剥夺水平的提升，进入多维贫困的样本个体将会减少，从而使二者之间的差距进一步增大。将 30% 剥夺水平和 40% 剥夺水平多维贫困条件下各个指标的贫困发生率与单维条件下各个指标的贫困发生率进行比较，我们可以发现，各个剥夺水平多维贫困条件下单个指标的贫困发生率均小于单独考察该指标时的贫困发生率，并且随着剥夺水平由 30% 增加到 40%，二者之间的贫困发生率在增大，这说明本章设计的农民工群体的多维贫困识别矩阵符合数理运算逻辑，而且在测算方面是稳健的，贫困测度与识别结果是可信的（见表 14 - 9）。

表 14 - 9　　　　单维贫困与多维贫困条件下相应维度贫困发生率的比较　　　　单位：%

具体指标	单维贫困发生率（11870.4 元贫困标准）	多维贫困条件下单维贫困发生率		单维贫困发生率（6000 元贫困标准）	多维贫困条件下单维贫困发生率	
		30%剥夺水平	40%剥夺水平		30%剥夺水平	40%剥夺水平
年度收入总额	2.17	2.15	2.12	0.82	0.82	0.80
学历水平	65.37	64.14	61.29	65.37	64.13	61.27
养老保险	57.38	57.21	56.61	57.38	57.21	56.59
医疗保险	77.92	76.01	73.83	77.92	76.00	73.81
失业保险	78.32	77.99	76.60	78.32	77.99	76.58
工伤保险	73.85	73.61	72.37	73.85	73.61	72.36
生育保险	81.02	80.04	77.86	81.02	80.04	77.84
住房情况	79.48	78.85	77.13	79.48	78.85	77.12
住房公积金	90.35	86.01	81.21	90.35	85.99	81.18
工作可持续程度	56.47	56.31	55.95	56.47	56.31	55.94
就业单位性质	70.12	65.46	61.73	70.12	65.45	61.71
周工作时长	72.73	68.57	64.92	72.73	68.55	64.89
健康关注	63.42	57.61	54.03	63.42	57.59	54.01
职业病防治	61.90	56.64	53.54	61.90	56.62	53.52
艾滋病性病防治	50.25	45.68	42.93	50.25	45.66	42.92

续表

具体指标	单维贫困发生率（11870.4元贫困标准）	多维贫困条件下单维贫困发生率		单维贫困发生率（6000元贫困标准）	多维贫困条件下单维贫困发生率	
		30%剥夺水平	40%剥夺水平		30%剥夺水平	40%剥夺水平
优生优育	36.73	33.81	31.88	36.73	33.80	31.87
结核病防治	73.32	65.88	61.60	73.32	65.86	61.58
精神疾病防治	86.02	77.23	72.02	86.02	77.21	71.99
慢性病防治	66.59	60.24	56.44	66.59	60.23	56.42
长期居住	42.90	41.29	39.38	42.90	41.29	39.37
户口迁入意愿	68.91	64.49	60.92	68.91	64.48	60.90

资料来源：笔者根据国家卫计委2016年流动人口动态监测数据计算而得。

另外，多维贫困条件下各个指标的贫困发生率与单独考察该指标时的单维贫困发生率差距越小，说明计算多维贫困时将该指标下的单维贫困群体漏出得越少。通过对比可以发现，纳入收入维度后，多维贫困条件下的年度收入总额指标贫困发生率与单独考察收入贫困时的贫困发生率基本一致，最小的差距为0，最大的差距仅有0.05%，其他指标下的差距也基本保持在10%以下，最小的为工作可持续指标，差距为0.16%，仅有结核病防治、精神疾病防治和慢性病防治三个指标的差距超过10%（见图14-3）。

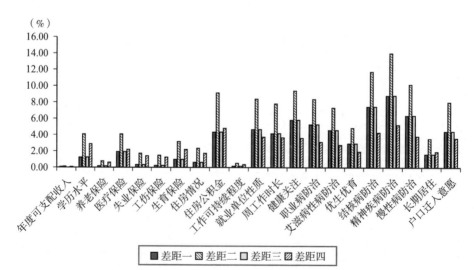

图14-3 多维贫困条件下与单独测度条件下各指标单维贫困发生率差距

资料来源：笔者计算而得。

　　研究结果显示：第一，收入贫困和多维贫困在贫困瞄准性方面存在显著差异。当以不同层次的收入贫困标准来瞄准贫困人口时，识别为收入贫困的群体中同时存在多维贫困和非多维贫困群体，识别为非收入贫困的群体中也同时存在多维贫困和非多维贫困群体；当按照未纳入收入维度的多维贫困标准来瞄准贫困人口时，识别为多维贫困的群体中同时存在收入贫困和非收入贫困群体，识别为非多维贫困的群体中也同时存在收入贫困和非收入贫困群体。这说明收入贫困和多维贫困对农民工贫困状态的识别存在显著差异，当前以收入水平作为贫困的主要衡量标准无法具备多维贫困的识别功能。第二，收入贫困的瞄准性存在局限，难以全面真实地反映贫困的全貌和内涵。通过测度对比单维条件下的收入贫困发生率和其他维度的贫困发生率，可以发现其他维度的贫困发生率远高于收入贫困的发生率，这说明农民以农民工的身份进入城镇务工，能够有效实现收入增加，摆脱收入贫困，但收入维度的改善却难以改变农民工群体在教育、社会保障、住房等方面的状况，农民工在其他各个方面依然面临较为严重的可行能力剥夺，在多个维度指标下面临较为严重的贫困状况。仅以单维的收入标准对农民工群体的贫困状况进行衡量存在很大的局限，难以实现对贫困的精确瞄准和识别。第三，多维贫困识别能够弥补单维收入贫困识别瞄准性不强的短板。通过联立交叉对比收入贫困和多维贫困的覆盖率，我们可以发现，多维贫困识别的覆盖率要远远高于收入贫困识别的覆盖率，多维贫困基本能够识别瞄准所有的收入贫困群体，但是收入贫困却难以做到这一点。这说明绝大多数多维贫困群体基本都是收入贫困群体，但是收入贫困群体却不一定是多维贫困群体，非收入因素对农民工贫困状态的影响更大。因此，在对农民工贫困状态的识别方面，收入贫困难以全面反映贫困的整体状态和不同维度的贫困程度，多维贫困识别可以弥补这一短板。第四，将收入维度纳入多维贫困识别矩阵能够提升多维贫困识别的覆盖率并降低对收入贫困的漏出率。因此，在中国现阶段的扶贫实践中，收入水平是多维贫困的重要组成维度，精准扶贫效率的提升要求我们充分运用多维贫困的识别与测度方法，但在构成维度和指标的选择上，收入维度应当作为必要选项，以充分体现当前的扶贫工作要求，非收入指标的设定也应当从中国不同群体的实际情况出发，构建具有针对性的多维贫困识别体系，尤其是针对农民工这一长期处于城乡夹心地带特殊群体，多维贫困测度指标体系的构建更应体现其基本特点，增强对农民工贫困发生维度识别的瞄准性，有的放矢地解决农民工的现实困境，助推农民通过自身努力实现脱贫和可行能力发展，增强贫困人口脱贫的内生动力，夯实贫困人口稳定脱贫基础，有效提升精准扶贫效率，并为 2020 年我国现行标准下脱贫攻坚全面胜利后，进一步在更高标准上识别贫困和解决贫困问题做好准备。

第二节 中国农民工多维贫困状况的测度与区域分解

一、农民工整体多维贫困状况的测度与分析

在多维贫困测度指标体系构建的基础上,本节对经过筛选后得到的87793个有效样本数据,按照不同的收入贫困线标准进行多维贫困测度,从而得到收入贫困线阶梯式提升条件下的农民工多维贫困情况,以考察不同收入维度临界值水平下的多维贫困情况。现有关于 AF 多维贫困测度的研究成果中,普遍将1/3剥夺水平设定为判断多维贫困状态的界定标准(Alkire and Foster,2007;王小林和Sabina Alkire,2009;冯贺霞、王小林和夏庆杰,2015),因此本节按照这一设定标准,主要围绕1/3的剥夺水平开展讨论,即主要研究30%和40%剥夺水平下的多维贫困情况。首先,本书按照3000元的2016年农村贫困标准对农民工的多维贫困情况进行测度(见表14-10),结果显示在30%的剥夺水平下,农民工多维贫困发生率达到89.21%,多维贫困剥夺强度为63.20%,多维贫困指数为0.5638;在40%的剥夺水平下,农民工多维贫困发生率依然达到82.93%,多维贫困剥夺强度为65.32%,多维贫困指数为0.5417。

表14-10 农民工多维贫困测度结果(3000元贫困线)

剥夺水平	多维贫困样本量	多维贫困发生率(H^0)	多维贫困剥夺强度(A^0)	多维贫困指数(M^0)
10%剥夺水平	86807	98.88%	59.10%	0.5844
20%剥夺水平	83453	95.06%	60.86%	0.5785
30%剥夺水平	78323	89.21%	63.20%	0.5638
40%剥夺水平	72809	82.93%	65.32%	0.5417
50%剥夺水平	64459	73.42%	67.91%	0.4986
60%剥夺水平	49548	56.44%	71.67%	0.4045
70%剥夺水平	27408	31.22%	76.78%	0.2397
80%剥夺水平	6420	7.31%	83.15%	0.0608
90%剥夺水平	119	0.14%	94.17%	0.0013
100%剥夺水平	10	0.01%	100.00%	0.0001

资料来源:笔者根据2016年全国流动人口动态监测调查数据计算而得。

进一步按照 5935.2 元的收入贫困标准（2016 年全国城市低保平均标准）对农民工的多维贫困情况进行测度（见表 14 – 11），结果显示在 30% 的剥夺水平下，农民工的多维贫困发生率略微上升 0.01%，达到 89.22%，贫困剥夺强度略微上升至 63.23%，多维贫困指数略微上升至 0.5641；在 40% 的剥夺水平下，农民工多维贫困发生率与 3000 元收入贫困标准下的多维贫困发生率相比也略微上升至 82.94%，贫困剥夺强度略微上升至 65.34%，多维贫困指数略微上升至 0.5420。

表 14 – 11　　　　　　农民工多维贫困测度结果（5935.2 元贫困线）

剥夺水平	多维贫困样本量	多维贫困发生率（H^0）	多维贫困剥夺强度（A^0）	多维贫困指数（M^0）
10% 剥夺水平	86807	98.88%	59.13%	0.5847
20% 剥夺水平	83454	95.06%	60.89%	0.5788
30% 剥夺水平	78327	89.22%	63.23%	0.5641
40% 剥夺水平	72816	82.94%	65.34%	0.5420
50% 剥夺水平	64470	73.43%	67.94%	0.4989
60% 剥夺水平	49582	56.48%	71.70%	0.4049
70% 剥夺水平	27474	31.29%	76.82%	0.2404
80% 剥夺水平	6492	7.39%	83.22%	0.0615
90% 剥夺水平	149	0.17%	94.32%	0.0016
100% 剥夺水平	14	0.02%	100.00%	0.0002

资料来源：笔者根据 2016 年全国流动人口动态监测调查数据计算而得。

继续阶梯式将收入贫困标准提升至 11870.4 元（2 倍的 2016 年全国城市低保平均标准）和 17805.6 元（3 倍的 2016 年全国城市低保平均标准），以考察更高收入标准和人均供养人口较多情况下的多维贫困情况。测度结果显示，尽管收入贫困标准大幅提升，但是农民工的多维贫困状况较为稳定，并始终维持在较高水平（见表 14 – 12）。

表 14 – 12　　　　　　农民工多维贫困测度结果（11870.4 元贫困线）

剥夺水平	多维贫困样本量	多维贫困发生率（H^0）	多维贫困剥夺强度（A^0）	多维贫困指数（M^0）
10% 剥夺水平	86812	98.88%	59.32%	0.5866
20% 剥夺水平	83466	95.07%	61.08%	0.5807

剥夺水平	多维贫困样本量	多维贫困发生率 （H⁰）	多维贫困剥夺强度 （A⁰）	多维贫困指数 （M⁰）
30% 剥夺水平	78353	89.25%	63.43%	0.5661
40% 剥夺水平	72853	82.98%	65.56%	0.5440
50% 剥夺水平	64563	73.54%	68.15%	0.5012
60% 剥夺水平	49870	56.80%	71.91%	0.4085
70% 剥夺水平	27979	31.87%	77.05%	0.2456
80% 剥夺水平	6995	7.97%	83.66%	0.0667
90% 剥夺水平	363	0.41%	94.32%	0.0039
100% 剥夺水平	36	0.04%	100.00%	0.0004

资料来源：笔者根据 2016 年全国流动人口动态监测调查数据计算而得。

在 11870.4 元（2 倍的 2016 年全国城市低保平均标准）贫困标准下，30% 剥夺水平的多维贫困发生率仅比 5935.2 元收入贫困标准（2016 年全国城市低保平均标准）下的多维贫困发生率略微上升 0.03%，为 89.25%；多维贫困剥夺强度略微上升至 63.43%，多维贫困指数略微上升至 0.5661。在 40% 的剥夺水平下，农民工多维贫困发生率仅比 5935.2 元收入贫困标准（2016 年全国城市低保平均标准）下的多维贫困发生率上升 0.04%，为 82.98%；贫困剥夺强度微上升至 65.56%，多维贫困指数略微上升至 0.5440。

当收入贫困标准继续提升至 17805.6 元（3 倍的 2016 年全国城市低保平均标准）时，30% 剥夺水平的多维贫困发生率依然变化不大，仅比 11870.4 元收入贫困标准（2 倍的 2016 年全国城市低保平均标准）下的多维贫困发生率略微上升 0.1%，为 89.35%，贫困剥夺强度略微上升 0.6%，为 64.03%，多维贫困指数略微上升 0.006，为 0.5721；在 40% 的剥夺水平下，农民工多维贫困发生率仅比 11870.4 元收入贫困标准（2 倍的 2016 年全国城市低保平均标准）下的多维贫困发生率上升 0.18%，为 83.16%，贫困剥夺强度略微上至 66.17%，多维贫困指数略微上升至 0.5503（见表 14-13）。

表 14-13　　　　农民工多维贫困测度结果（17805.6 元贫困线）

剥夺水平	多维贫困样本量	多维贫困发生率 （H⁰）	多维贫困剥夺强度 （A⁰）	多维贫困指数 （M⁰）
10% 剥夺水平	86831	98.90%	59.90%	0.5924
20% 剥夺水平	83520	95.13%	61.66%	0.5866

续表

剥夺水平	多维贫困样本量	多维贫困发生率 （H^0）	多维贫困剥夺强度 （A^0）	多维贫困指数 （M^0）
30% 剥夺水平	78444	89.35%	64.03%	0.5721
40% 剥夺水平	73007	83.16%	66.17%	0.5503
50% 剥夺水平	64902	73.93%	68.77%	0.5084
60% 剥夺水平	50639	57.68%	72.54%	0.4184
70% 剥夺水平	29388	33.47%	77.75%	0.2603
80% 剥夺水平	8535	9.72%	84.76%	0.0824
90% 剥夺水平	1073	1.22%	94.24%	0.0115
100% 剥夺水平	97	0.11%	100.00%	0.0011

资料来源：笔者根据 2016 年全国流动人口动态监测调查数据计算而得。

　　根据上述多维贫困测度结果，我们可以得到，一是在各个收入贫困临界值下，农民工在各个剥夺水平下的多维贫困发生率、多维贫困剥夺强度和多维贫困指数均基本一致，即收入贫困标准的变动没有对多维贫困测度结果产生显著影响；二是农民工在 30% 和 40% 的剥夺水平下均面临十分严重的多维贫困状况，多维贫困的发生率远远高于收入贫困的发生率。因此，多维贫困测度结果进一步说明农民工的贫困不仅是收入贫困，而是多维贫困，开展农民工的贫困研究主要应当从多角度入手。

　　由于在各个收入贫困临界值条件下，农民工的多维贫困测度结果均基本一致，下面主要以较为适中的 2 倍全国城市低保平均标准下的农民工多维贫困测度结果为对象，开展区域分解与比较研究。

二、农民工多维贫困状况的区域分解

　　在对农民工多维贫困情况进行测度的基础上，进一步按照不同的区域进行分解，以得到农民工在不同区域的多维贫困情况，并就区域差异进行对比分析。根据国家统计局对于全国经济发展区域的划分，按照东、中、西和东北四个区域[①]，分别在 30% 和 40% 的剥夺水平下，以 11870.4 元收入标准（2 倍的 2016 年全国城市低保平均标准）下得到的多维贫困发生率、多维贫困强度和多维贫困指数为

---

　　① 东部地区包括北京、上海、天津、江苏、浙江、福建、山东、河北、广东和海南。中部地区包括河南、山西、湖北、湖南、安徽、江西。西部地区包括重庆、四川、内蒙古、广西、西藏、陕西、贵州、云南、青海、宁夏、甘肃和新疆。东北包括黑龙江、吉林、辽宁。

对象进行分解和比较，区域分解结果如表 14 - 14 所示。

表 14 - 14　　　　　　　　农民工多维贫困的区域分解情况

剥夺水平	具体指标	东部地区	中部地区	西部地区	东北地区
30%剥夺水平	多维贫困发生率（H^0）	85. 52%	92. 86%	92. 02%	93. 87%
	多维贫困剥夺强度（A^0）	62. 68%	63. 89%	63. 67%	65. 76%
	多维贫困指数（M^0）	0. 5361	0. 5933	0. 5859	0. 6173
40%剥夺水平	多维贫困发生率（H^0）	77. 33%	88. 18%	87. 29%	90. 18%
	多维贫困剥夺强度（A^0）	65. 59%	65. 41%	65. 21%	67. 01%
	多维贫困指数（M^0）	0. 5072	0. 5768	0. 5693	0. 6043

资料来源：笔者根据2016 年全国流动人口动态监测调查数据计算而得。

　　在30%的剥夺水平下，从多维贫困发生率（H^0）来看，东部地区最低，为85. 52%；东北地区最高，为93. 87%；西部地区和中部地区相差不大，位次居中；西部地区略低于中部地区，分别为92. 02% 和92. 86%。从多维贫困剥夺强度（A^0）来看，东部地区最低，为62. 68%；东北地区最高，为65. 76%；西部地区和中部地区同样相差不大，位次依然居中，分别为63. 67% 和63. 89%。从多维贫困指数（M^0）来看，综合多维贫困发生率（H^0）和多维贫困剥夺强度（A^0）的影响，东部地区最低，为0. 5361；东北地区最高，为0. 6173；西部地区和中部地区依然十分接近，位次居中，西部地区略低于中部地区，分别为0. 5859 和0. 5933。在40%的剥夺水平下，多维贫困发生率（H^0）、多维贫困剥夺强度（A^0）和多维贫困指数（M^0）的区域分布与对比情况与30% 剥夺水平下的情况一致，仅由于剥夺水平的提升，各项指标的绝对值水平略有变化（见图 14 - 4）。

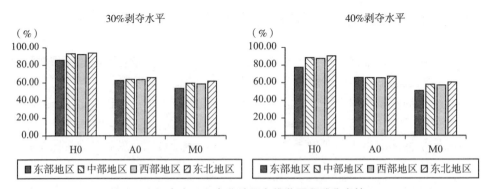

图 14 - 4　东中西和东北地区多维贫困区域分布情况

资料来源：笔者根据2016 年全国流动人口动态监测调查数据计算而得。

综合30%和40%剥夺水平下农民工的多维贫困区域分解与空间分布情况可以看出，农民工的多维贫困在各个区域普遍呈现较为严重的状况，30%和40%剥夺水平下各个区域的多维贫困发生率分别平均高达91.07%和85.75%，这意味着绝大多数的农民工均陷入了多维贫困；多维贫困剥夺强度分别平均高达64%和65.8%，这意味着陷入多维贫困的农民工受到剥夺的维度数目占到总维度数目的60%以上，在绝大多数维度上均遭受着可行能力剥夺，面临着较为恶劣的现实境况。多维贫困剥夺强度在各个区域间相差不大，基本保持在65%上下，多维贫困发生率和多维贫困指数相差较为明显。其中，东部地区情况稍好，多维贫困发生率分别为85.52%和77.33%，多维贫困指数在30%剥夺水平和40%剥夺水平下为均处于0.55以下，分别为0.5361和0.5072，中西部地区和东北地区虽有所差别，但十分相近，整体呈现更为严重的多维贫困状况，30%剥夺水平下的多维贫困发生率均在90%以上，40%剥夺水平下的多维贫困发生率均在85%以上，明显高于各个区域的平均水平，多维贫困指数均在0.55以上，东北地区甚至达到0.6以上。

三、基于区域分解的农民工多维贫困对比分析

根据农民工整体多维贫困的测度以及其多维贫困状况的区域分解结果，虽然东部、中部、西部和东北等各个地区的农民工多维贫困发生率、贫困剥夺强度和多维贫困指数均处于高位，但是分不同区域来看，东部地区状况明显好于其他三个地区，西部地区略好于中部地区，中部地区略好于东北地区，东北地区农民工的多维贫困状况最为严重。下面，本节从不同地区的实际情况出发，对农民工在各个地区的分布情况以及背后的经济社会影响因素进行比较和分析。

（一）东部地区

东部地区由于地处沿海，是我国改革开放以后率先发展起来的地区，是我国的经济重心所在地，2016年该地区GDP总量为410186.44亿元，占全国GDP总量的55.12%，地区拥有作为中国经济增长极的长三角、珠三角和京津冀三大城市群，经济社会的人口承载力较强，能够负担大量的人口流入。东部地区的城镇化发展迅速，2016年区域常住人口城镇化率达到65.94%，超过全国平均水平8.59个百分点，城镇居民人均可支配收入达到39651元，高于全国平均的33616元，更远高于中部地区的28879.3元、西部地区的28609.7元和东北地区的29045.1元，较高的收入水平对农民工形成较大的吸引力。同时，东部地区是外商投资的重点区域和我国劳动密集型产业的集中区域，对劳动力的需求量较大，适于农民工的就业岗位较多，能够满足农民工在非农部门和城镇区域务工经营与

成长发展的需要。较高的经济发展水平和较大的经济规模使地方政府财力较为充沛，加之中央在政策和资金上的大力支持，区域基础设施建设和基本公共服务水平领先全国，集中了全国最为优质的基础设施和公共服务资源，地区双一流大学22 所，占全国双一流大学总量的 52.38%，人均教育经费 2714.72 元，超出全国平均水平 101.79 元，超出中部地区和西部地区 785.41 元和 303.99 元，每千人口医疗卫生人员数量为 6.81 人，高于 6.12 人的全国平均水平，更高于中部地区的 5.62 人和西部地区的 6.07 人，在这种情况下，政府有余力推动惠及农民工群体的基本公共服务均等化改革，相比其他区域能够更多地覆盖处于城镇户籍体系之外的农民工。因此，东部地区庞大的经济体量为农民工提供了充足的就业岗位，城镇区域较高的人均收入水平也吸引了大量的农民工，东部地区成为农民工的主要流入地；另外，东部地区较为完善的基础设施和较高的公共服务水平也为从事务工经营的农民工提供了更为良好的生存与发展条件，因而，东部地区的农民工多维贫困状况相对其他区域而言明显较好。

（二）东北地区

整体来看，东北地区农民工的多维贫困状况最为严重，这一方面是由于东北地区作为"共和国长子"，是典型的老工业基地，由于受市场化改革启动较晚、国企占比大且改革滞后、改革责任与成本承担较多、优势传统产业持续衰退、长期产业结构失调等因素的影响，区域经济发展陷入困境，自 2011 年经历短暂高速增长后重新陷入持续低速增长，2016 年辽宁、吉林、黑龙江的 GDP 增速分别为 -2.5%、6.9% 和 6.1%，排名全国垫底，2017 年东北地区经济增速虽然有所提振，但是仅有黑龙江完成了经济增长目标。在经济增长低迷的情况下，企业经营普遍较为困难，国有企业发展困难，民营经济活力不足，非农部门对农业转移劳动力的就业吸纳能力下降，工资薪酬水平难以提升，更无力改善其他方面的福利待遇，政府财力有限，在基础设施建设、民生条件改善、社会保障支持等方面面临较大瓶颈。另一方面，受经济增长长期持续低迷以及就业创业环境不佳等因素的影响，东北地区人口持续外流，人口占全国人口比重已经从 1978 年的9.01% 下降至 2016 年的 7.89%，同时，由于长期以来国有经济在东北地区占据绝对优势，计划生育与国企职工的工作岗位紧密相关，因而计划生育政策在东北地区得到相对其他区域而言更为彻底的贯彻。2016 年辽宁、吉林和黑龙江的人口出生率分别为 6.6%、5.55%、6.12%，显著低于全国 12.95% 的平均水平，这两种因素的同时叠加加速了东北地区的老龄化进程，辽宁、吉林、黑龙江三省的老年抚养比由 2004 年的 12.24%、9.48%、8.64% 上升至 2016 年的 17.37%、14.19%、15.30%，分别上升 5.3%、4.71%、6.66%，而同期全国老年抚养比由 11.87% 上升至 14.96%，仅上升 3.09%，可见东北地区的老龄化进程显著快于全国水平，人口结构的老龄化使地区养老和医疗支出快速增长，加重了社会保障体系运行的财政负担，社会保险收支平衡问题突出，教育、住房等基本公共服务在人口数量不足的情况下难以实现优化配置，政府难有余力推进针对农民工的社会保障改革和基本公共服务以及社会福利等方面的均等化改革。因此，受经济增长乏力和人口老龄化等多方面因素的影响，东北地区经济社会发展面对多重压力，就业、养老、医疗、教育、住房等方面的基本公共服务难有改善，更无力覆盖处于非农户籍体系之外的农民工，因而导致东北地区的农民工在多个维度下受到较强可行能力剥夺，存在较为严重的多维贫困状况。

（三）中部地区

中部地区和西部地区农民工的多维贫困状况略好于东北地区，其中中部地区和西部地区相比，中部地区又略逊于西部地区。改革开放以来，相比东部率先发展战略、西部大开发战略和东北振兴战略，中部崛起战略推出的时间最晚，在东部率先发展的大背景下，受国家非均衡发展战略以及区位因素的影响，中部地区在市场化发展方面远不及东部地区，国家支持力度方面不如西部地区，因而在几大区域发展进程中受到东西部的双重挤压，经济社会发展水平一直处于相对缓慢的状态，经济地位持续下降，1980 年中部地区的人均 GDP 为全国平均水平的88%，1990 年下降至 83%，2003 年更进一步下降至 75%，出现显著的"中部塌陷"现象（冯子标，2005）[①]，因此，在后续发展方面，中部地区存在先天不足。

中部崛起战略实施以来，中部地区的经济社会实现了快速发展，GDP 总量占比从 2004 年的 3.21 万亿元增长至 2016 年的 16.06 万亿元，三次产业结构由2004 年的 19∶46∶35 变为 2016 年的 10∶45∶44，产业结构初步实现优化升级。城镇化发展较快，中原城市群、武汉都市圈和长株潭城市群等城市群建设初具规模，郑州、武汉、长沙等中心城市建设水平不断加速，区域平均城镇人均可支配收入由 2004 年的 8338 元增长至 2016 年的 28879.3 元，多方面的数据显示中部地区的经济增长逐步走出"中部塌陷"的困境，已经基本追上同为后发区域的西部地区。但是，受历史问题积累和自身区位、禀赋等因素的制约，中部地区的经济社会发展仍然在多个方面存在不足。在经济发展与就业空间方面，中部地区由于在空间距离上比邻东部地区，因而各类要素在东部率先发展与快速崛起的过程中向东部地区流出的程度相对西部更大，同时，由于空间距离因素以及人口密度因素，来自率先发展的东部地区的产品更多占据的是中部地区市场，而不是空间距离更远且人口分布稀疏的西部地区，而且，中部六省多为农业大省和传统产业大省，第一产业和以重工业、军工产业为主的第二产业占比较高，适于农民工的就

---

① 冯子标：《中部塌陷原因及崛起途径探析》，载《管理世界》2005 年第 12 期，第 150～151 页。

业机会相对不足。在城镇化方面，中部地区城市群还处于初步形成阶段，在发展上未形成有效的整体，除湖北武汉外，其他省会城市对周边地区的辐射和带动能力都不强，区域内部"合理分工、相互协作"体系建设滞后，相比长三角、珠三角和京津冀等传统优势区域，积聚效应和市场化水平不高，城镇化质量有待提升，城镇就业岗位、发展空间、基础设施和基本公共服务等方面对农民工的吸引力不强，2016 年城镇化率为 52.77%，低于 57.35% 的全国平均水平，大批中部地区的农民工仍然偏向于流向东部地区。在基本公共服务方面，由于地方政府财力不足、中央支持力度有限、区域人口规模较大等方面的原因，与经济增长方面已逐步走出中部塌陷的情况不同，中部地区的基本公共服务在多个方面依然未走出"中部塌陷"的境况，2016 年，中部六省人口密度约为 357 人/平方千米，不仅远高于 144 人/平方千米的全国平均水平，也远高于西部地区的 54 人/平方千米，但是中部地区人均教育经费仅为 1929.31 元，不仅远低于 2612.93 元的全国平均水平，而且也远低于西部地区的 2410.73 元；人均医院数量为 0.1854 所，不仅低于 0.2107 所的全国平均水平，而且也低于西部地区的 0.2518 所；每千人口医疗卫生人员数量为 5.62 人，不仅低于 6.2 人的全国平均水平，而且也低于西部地区的 6.07 人；在地方财政支出超出地方财政收入差额最大的前四个省份中，中部地区占据了三席，依次分别为河南、湖南和湖北，其他中部地区省份的排名情况依次为：安徽第 11 名，江西 16 名，山西 20 名。地方财力的不足对区域基本公共服务和基础设施建设水平的提升起到十分明显的遏制作用，尤其是在人口承载压力相对较大的情况下，地方政府更难以推进目前以城乡二元户籍制度为基础的各类基本公共服务供给体系与制度改革，无暇更多地顾及农民工在就业、住房、社会保障等方面的待遇改善情况。因此，农民工在中部地区的多维贫困状况虽然略好于东北地区，但是却差于同为后发区域的西部地区，更明显逊于东部地区。

（四）西部地区

西部地区由于历史、区位、禀赋等方面的原因，一直属于经济社会发展的落后地区。为平衡区域发展差距、维护社会稳定和巩固国防，国家自 2000 年开始实施西部大开发战略，在政策和资金方面给予西部地区大力扶持，西部地区的经济社会实现了快速发展。2017 年，西部地区经济均实现了高速增长，多个省份经济增速排名位居全国前列，其中，贵州、云南、重庆、四川、陕西经济增速分别为 10.2%、9.5%、9.3%、8.1%、8.0%，分别高出全国经济增速 3.3 个、2.6 个、2.4 个、1.2 个和 1.1 个百分点，贵州的经济增速更是自 2011 年以来连续 7 年位居全国前三。但是，西部地区省份普遍属于传统的欠发达地区，经济基础依然薄弱，经济规模体量有限，地方财政收入相对偏低，长期以来均依赖于中央财政转移支付的支持，有限的财政收入更多地投入于地区经济发展中，基本公共服务支出十分有限，区域整体经济社会发展和基本公共服务水平依然不高，难以有效覆盖和惠及城镇户籍体系以外的农民工。2016 年西部地区人均教育经费 2410.73 元，低于全国平均的 2612.93 元，也低于东部地区的 2714.72 元；初中、高中、中等职业学校和普通高校的师生比均高于全国平均水平，也高于东部地区水平，意味着单位数量的教师将面对更多数量的学生；每千人口医疗卫生人员数量为 6.07 人，低于全国平均的 6.12 人，也低于东部地区的 6.81 人。同时，由于西部地区地广人稀的特点，城镇化较为滞后，西部大开发战略实施初期西部地区城镇化率仅为 28.70%，远远滞后于东部地区和全国水平，经过十多年的发展，西部地区的城镇化实现了快速发展。2016 年常住人口城镇化率为 50.19%，但依然落后于东部地区 65.94% 和全国 57.35% 的城镇化水平，这导致经济积聚作用不强，就业岗位有限，并且在城镇人口规模不足的情况下，难以有效提升基本公共服务效率，从而使农民工在西部地区的务工经营和日常生活条件很难得到实质性的改善。因此，西部地区的农民工同样面临着就业、住房、医疗、教育等多个方面的可行能力剥夺，但是，得益于中央对于西部地区在资金和政策上的大力扶持，加上西部地区的多数省份人口承载压力较小，并且由于在空间距离上同快速发展的东部地区相隔较远，东部地区在要素吸纳和产品市场占领等方面对西部地区的影响较小，西部地区在经济社会发展、就业岗位创造、基本公共服务提供等方面对农民工的惠及相对中部地区略有优势，因而农民工在西部地区的多维贫困状况要略好于中部地区，但是二者相差不大，均呈现较为严重的状况。

　　显然，如果农民工所在区域的基本公共服务较为完善充足，那么就能够较多分享到基本公共服务，其在就业、住房、教育、医疗等方面可行能力剥夺就会减轻，多维贫困状况相应就会有所改善；反之，如果农民工所在区域基本公共服务较差，作为本身就被排斥于城镇户籍体系之外的农民工，更难以分享到所在区域的基本公共服务，其多维贫困状况相应地就会恶化。因此，农民工的多维贫困状况显然与所在区域的基本公共服务水平密切相关。根据中国社会科学院马克思主义研究院经济与社会建设研究室同华图政信公共管理研究院联合开展的中国城市基本公共服务力评价研究的相关成果①可以看出，2016～2017 年，我国东部地区的基本公共服务水平明显高于中部地区和西部地区，西部地区略高于中部地区，

---

　　① 中国社会科学院马克思主义研究院经济与社会建设研究室与华图政信公共管理研究院中国城市基本公共服务力评价课题组构建了基本公共服务力评价指标体系，针对直辖市、计划单列市和各个省会城市开展大样本问卷调查，发放问卷 26000 份，回收有效问卷 24643 份，调查样本对象既包括本地户籍人口，也包括非本地户籍外来务工人口，利用满意度上升指数、发展指数等评价工具，从公共交通、公共安全、公共住房、基础教育、社保就业、医疗卫生、城市环境、文化体育、公职服务等 10 个方面，47 个二级指标，53 个三级指标，对全国主要城市的基本公共服务情况进行调查和分析研究，得到各个地区的基本公共服务满意度指数，是目前较为权威的关于我国各区域基本公共服务水平的客观评价。

这与本章对各个区域农民工多维贫困状况的测度结果是对应的和一致的，这侧面说明了本章关于农民工多维贫困测度结果的客观性和合理性（见表 14 - 15）。

表 14 - 15   2016 ~ 2017 年东中西部主要城市基本公共服务力评价得分情况

评价指标	2016 年			2017 年		
	东部地区	中部地区	西部地区	东部地区	中部地区	西部地区
公共交通	58.71	55.54	58.75	62.74	59.80	60.24
公共安全	67.00	65.09	65.79	69.09	67.16	67.13
公共住房	56.15	52.86	56.99	58.40	57.00	58.66
基础教育	63.86	60.55	62.27	63.32	60.55	62.01
社保就业	64.26	60.89	63.82	66.11	63.78	63.84
医疗卫生	63.74	61.92	62.75	65.76	63.93	63.58
城市环境	63.83	57.24	64.09	66.32	60.74	63.48
文化体育	63.41	59.71	63.01	65.93	62.62	62.84
公职服务	63.15	59.72	61.45	66.49	62.91	62.93
总体满意度指数	62.21	59.14	61.97	64.53	61.87	62.64

注：《中国城市基本公共服务力评价》在区域划分上将中国划分为东部、中部和西部三大区域，未将东北区域单设，而是将辽宁、吉林、黑龙江三省划入中部地区。

资料来源：中国社会科学院马克思主义研究院经济与社会建设研究室与华图政信公共管理研究院中国城市基本公共服务力评价课题组《2017 年中国城市基本公共服务力评价》。

第三节   中国农民工关键致贫因素与影响因素分析

本节基于微观层面数据对各项致贫维度和指标进行分解，以考察各个维度和指标对农民工最终多维贫困状况的贡献率，并以 logit 计量模型为工具，从微观视角出发研究个人特征、家庭构成、流动方式、务工区域等各类相关因素对农民工多维贫困的影响，以进一步精确识别和分析农民工多维贫困问题的关键影响因素和脱贫短板。

一、农民工多维贫困的维度分解与比较

本节选取 11870.4 元（2 倍的 2016 年全国城市平均低保标准）收入贫困标准下 30% 和 40% 剥夺水平进行维度和指标的分解，得到各个致贫维度和指标的绝对贡献值和贡献率，并分别按照等权重设置的维度贡献率进行排序（见

表14-16、表14-17）。根据30%剥夺水平下的分解情况，首先，从各个指标的绝对贡献和贡献率来看，教育维度下的劳动力文化水平指标最高，其余按照绝对贡献值由高到低排名居于前三位的指标分别为住房维度下的住房公积金和住房情况指标，居于最末位的是年度收入总额指标；其次，从各个维度的贡献率来看，按照贡献率由高到低依次排序，分别为住房、社会保障、教育、就业、健康、社会融入和收入，贡献率分别为20.87%、18.43%、16.27%、16.02%、14.44%、13.43%和0.54%。

表 14-16 　　　　　　　　**30%剥夺水平下各维度和指标的分解情况**

维度	指标	绝对贡献	指标贡献率（%）	维度贡献率（%）	维度排名
收入	年度收入总额	0.0031	0.54	0.54	7
教育	劳动力文化水平	0.0921	16.27	16.27	3
社会保障	养老保险	0.0164	2.89	18.43	2
	医疗保险	0.0218	3.84		
	失业保险	0.0223	3.94		
	工伤保险	0.0210	3.72		
	生育保险	0.0229	4.05		
住房	住房情况	0.0564	9.96	20.87	1
	住房公积金	0.0618	10.91		
就业	工作可持续程度	0.0268	4.73	16.02	4
	就业性质	0.0312	5.52		
	周工作时长	0.0327	5.77		
健康	健康关注	0.0118	2.09	14.44	5
	职业病防治	0.0116	2.05		
	艾滋病等性病防治	0.0094	1.66		
	优生优育	0.0070	1.23		
	结核病防治	0.0136	2.40		
	精神疾病防治	0.0159	2.81		
	慢性病防治	0.0124	2.19		
社会融入	长期居住意愿	0.0296	5.24	13.43	6
	户口迁入意愿	0.0464	8.19		

资料来源：笔者根据2016年全国流动人口动态监测调查数据计算而得。

表 14 - 17　　　　　　　40% 剥夺水平下各维度和指标的分解情况

维度	指标	绝对贡献	指标贡献率（%）	维度贡献率（%）	排名
收入	年度收入总额	0.0030	0.56	0.56	7
教育	劳动力文化水平	0.0885	16.28	16.28	3
社会保障	养老保险	0.0162	2.98	18.83	2
	医疗保险	0.0212	3.90		
	失业保险	0.0219	4.03		
	工伤保险	0.0207	3.81		
	生育保险	0.0223	4.11		
住房	住房情况	0.0553	10.16	20.92	1
	住房公积金	0.0585	10.76		
就业	工作可持续程度	0.0266	4.89	15.99	4
	就业性质	0.0295	5.42		
	周工作时长	0.0309	5.68		
健康	健康关注	0.0111	2.05	14.12	5
	职业病防治	0.0110	2.03		
	艾滋病等性病防治	0.0088	1.63		
	优生优育	0.0066	1.21		
	结核病防治	0.0127	2.34		
	精神疾病防治	0.0149	2.73		
	慢性病防治	0.0116	2.14		
社会融入	长期居住意愿	0.0284	5.22	13.31	6
	户口迁入意愿	0.0440	8.09		

资料来源：笔者根据 2016 年全国流动人口动态监测调查数据计算而得。

　　根据 40% 剥夺水平下的分解情况，首先，从各个指标的绝对贡献和贡献率来看，各个指标的绝对贡献值存在变化，但是按照绝对贡献值大小的排名与 30% 剥夺水平下的情况一致，教育维度下的劳动力文化水平指标绝对贡献值依然最高，其余居于前三位的指标依然是住房公积金和住房情况这两项指标，居于最末位的依然是年度收入总额指标；其次，从各个维度的贡献率来看，按照贡献率由高到低的排序也与 30% 剥夺水平下的情况一致，分别为住房、社会保障、教育、就业、健康、社会融入和收入，贡献率分别为 20.92%、18.83%、16.28%、15.99%、14.12%、13.31% 和 0.56%。

因此，30％剥夺水平和40％剥夺水平下各个维度和指标对农民工多维贫困的贡献情况基本一致，其中住房、社会保障和教育维度的贡献率排名位于前三，单个维度的贡献率均在16％以上，3个维度的贡献率总和超过了50％，说明就全国层面而言，农民工在住房、社会保障和教育这3个维度受到的可行能力剥夺较为严重，对农民工的多维贫困状况影响十分显著，因而改善这几个维度将是推进农民工多维减贫的重点所在；就业、健康和社会融入3个维度的贡献率也均在10％以上，对农民工的多维贫困状况影响也较为显著，因而也应该是今后推进农民工多维减贫的关键着力点；排名位于最末位的收入维度，贡献率在1％以下，因而收入维度对于农民工多维贫困状况的影响较为微弱，反映出农村劳动力通过以农民工的身份从事非农务工经营能够有效地实现对收入贫困状况的摆脱。但是，在其他多个维度下，由于受到刚性的城乡二元经济社会制度的制约，则难以实现有效的减贫脱贫。

二、农民工多维贫困的区域、维度交叉分解与比较

在前面对农民工多维贫困状况进行区域分解和维度分解的基础上，进一步按照区域和维度进行多维贫困状况的交叉分解。在区域划分上，遵循与前面一致的逻辑，继续按照国家统计局关于全国经济发展区域的划分标准，将全国区域划分为东部地区、中部地区、西部地区和东北地区四个大的区域，对30％和40％剥夺水平下的农民工多维贫困状况进行维度和区域交叉分解，得到各个维度和指标对不同区域农民工多维贫困状况的影响情况（见表14－18、表14－19）。

表14－18　　　　30％剥夺水平下各区域农民工多维贫困的指标分解情况

指标	东部地区指标贡献	中部地区指标贡献	西部地区指标贡献	东北地区指标贡献
收入	0.0018	0.0032	0.0050	0.0031
学历水平	0.0864	0.0809	0.0937	0.0979
养老保险	0.0138	0.0182	0.0176	0.0217
医疗保险	0.0190	0.0236	0.0226	0.0243
失业保险	0.0193	0.0243	0.0241	0.0251
工伤保险	0.0176	0.0234	0.0233	0.0247
生育保险	0.0198	0.0246	0.0243	0.0253
住房情况	0.0488	0.0609	0.0606	0.0629
住房公积金	0.0541	0.0624	0.0621	0.0639
工作可持续程度	0.0217	0.0307	0.0305	0.0331

续表

指标	东部地区指标贡献	中部地区指标贡献	西部地区指标贡献	东北地区指标贡献
就业单位性质	0.0281	0.0338	0.0290	0.0302
周工作时长	0.0298	0.0352	0.0301	0.0318
健康关注	0.0120	0.0088	0.0111	0.0109
职业病防治	0.0107	0.0113	0.0110	0.0124
艾滋病等性病防治	0.0094	0.0100	0.0064	0.0122
优生优育	0.0067	0.0064	0.0057	0.0095
结核病防治	0.0133	0.0135	0.0108	0.0145
精神疾病防治	0.0144	0.0157	0.0147	0.0167
慢性病防治	0.0123	0.0118	0.0103	0.0122
长期居住	0.0294	0.0272	0.0287	0.0232
户口迁入意愿	0.0386	0.0510	0.0476	0.0488

资料来源：笔者根据 2016 年全国流动人口动态监测调查数据计算而得。

表 14 - 19　　　　40％剥夺水平下各区域农民工多维贫困指数的指标贡献

指标	东部地区指标贡献	中部地区指标贡献	西部地区指标贡献	东北地区指标贡献
收入	0.0018	0.0032	0.0051	0.0031
学历水平	0.0917	0.0828	0.0960	0.1000
养老保险	0.0139	0.0183	0.0178	0.0219
医疗保险	0.0197	0.0241	0.0231	0.0246
失业保险	0.0195	0.0247	0.0246	0.0254
工伤保险	0.0178	0.0237	0.0237	0.0250
生育保险	0.0204	0.0252	0.0250	0.0258
住房情况	0.0498	0.0618	0.0620	0.0637
住房公积金	0.0583	0.0649	0.0646	0.0653
工作可持续程度	0.0219	0.0309	0.0308	0.0333
就业单位性质	0.0305	0.0350	0.0303	0.0312
周工作时长	0.0322	0.0365	0.0313	0.0325
健康关注	0.0131	0.0091	0.0115	0.0114
职业病防治	0.0116	0.0117	0.0113	0.0128
艾滋病等性病防治	0.0102	0.0104	0.0067	0.0126

指标	东部地区指标贡献	中部地区指标贡献	西部地区指标贡献	东北地区指标贡献
优生优育	0.0073	0.0066	0.0059	0.0098
结核病防治	0.0146	0.0141	0.0113	0.0150
精神疾病防治	0.0158	0.0164	0.0154	0.0173
慢性病防治	0.0134	0.0124	0.0108	0.0127
长期居住	0.0313	0.0281	0.0294	0.0236
户口迁入意愿	0.0414	0.0533	0.0495	0.0503

资料来源：笔者根据 2016 年全国流动人口动态监测调查数据计算而得。

根据 30% 和 40% 剥夺水平下各个区域农民工多维贫困状况的指标分解情况，对于各个区域农民工的多维贫困状况而言，学历水平指标的绝对贡献值在 30% 和 40% 剥夺水平下相对其他指标而言均是最高的，其中东部地区分别为 0.0864 和 0.0917，中部地区分别为 0.0809 和 0.0828，西部地区分别为 0.0937 和 0.0960，东北地区分别为 0.0979 和 0.1，均远超其他指标的贡献值；其次是住房公积金和住房情况这两个指标，其中 30% 剥夺水平下东部地区分别为 0.0541 和 0.0488，中部地区分别为 0.0624 和 0.0609，西部地区分别为 0.0621 和 0.0606，东北地区分别为 0.0639 和 0.0629；40% 剥夺水平下东部地区分别为 0.0583 和 0.0498，中部地区分别为 0.0649 和 0.0618，西部地区分别为 0.0646 和 0.0620，东北地区分别为 0.0653 和 0.0637；排名居于末尾的均是年度收入总额指标。可见，在各个指标按照绝对贡献值大小的分布方面，各个区域与全国层面的指标分解结果是一致的，说明农民工在学历教育、住房方面存在着较大短板以及收入维度的贫困状况不显著这两方面的事实在各个区域均是普遍现象，不存在单个区域的特殊情况（见表 14 –20、表 14 –21）。

表 14 –20　　30% 剥夺水平下各区域农民工多维贫困指数的维度分解及排名情况

维度名称	东部地区		中部地区		西部地区		东北地区	
	维度贡献（%）	贡献排名	维度贡献（%）	贡献排名	维度贡献（%）	贡献排名	维度贡献（%）	贡献排名
收入	0.33	7	0.54	7	0.86	7	0.50	7
教育	17.02	3	13.95	4	16.39	3	16.19	3
社会保障	17.10	2	19.55	2	19.49	2	19.86	2
住房	20.17	1	21.35	1	21.61	1	20.91	1

维度名称	东部地区		中部地区		西部地区		东北地区	
	维度贡献 （%）	贡献排名	维度贡献 （%）	贡献排名	维度贡献 （%）	贡献排名	维度贡献 （%）	贡献排名
就业	16.03	4	17.26	3	15.75	4	15.71	4
健康	15.78	5	13.61	6	12.44	6	14.85	5
社会融入	13.55	6	13.72	5	13.47	5	11.98	6

资料来源：笔者根据 2016 年全国流动人口动态监测调查数据计算而得。

表 14 – 21　　40% 剥夺水平下各区域农民工多维贫困指数的维度贡献及排名情况

维度名称	东部地区		中部地区		西部地区		东北地区	
	维度贡献 （%）	贡献排名	维度贡献 （%）	贡献排名	维度贡献 （%）	贡献排名	维度贡献 （%）	贡献排名
收入	0.35	7	0.55	7	0.88	7	0.51	7
教育	17.04	3	14.03	4	16.46	3	16.20	3
社会保障	17.64	2	19.78	2	19.66	2	20.02	2
住房	20.29	1	21.37	1	21.55	1	20.98	1
就业	15.71	4	17.28	3	15.74	4	15.74	4
健康	15.57	5	13.43	6	12.31	6	14.64	5
社会融入	13.41	6	13.56	5	13.40	5	11.92	6

资料来源：笔者根据 2016 年全国流动人口动态监测调查数据计算而得。

　　30% 和 40% 剥夺水平下各个区域农民工多维贫困状况的维度分解结果显示，各个区域之间既存在共性，也存在差异。一方面，各个区域在 30% 和 40% 剥夺水平下的维度贡献率高低分布情况是一致的，而且在维度的贡献度方面居于前两位的均是住房和社会保障这两个维度，教育维度按照贡献率高低排名除中部地区以外也基本位于前三位，就业维度的位次也普遍较为靠前，说明各个区域农民工多维贫困状况在维度影响方面存在一定的共性，且较为集中；另一方面，各个维度在不同的区域对农民工多维贫困状况的影响存在一定差异，特别是具体到每一个维度依照贡献率高低的排名，差异较为显著。从东部地区来看，按照贡献率从高到低排名依次为住房、社会保障、教育、健康、就业、社会融入和收入；从中部地区来看，按照贡献率从高到低排名依次为住房、社会保障、就业、教育、社会融入、健康和收入；从西部地区来看，按照贡献率从高到低排名依次为住房、社会保障、教育、就业、社会融入、健康和收入；从东北地区来看，按照贡献率从高到低排名依次为住房、社会保障、教育、就业、健康、社会融入和收入。

根据上述数据测度与分析结果，各个区域之间导致农民工多维贫困的各类致贫维度和指标的影响程度既存在共性，也存在差异。这既是由于在我国经济发展过程中各个区域之间发展的不均衡，也是源于各个区域在地理、人口、基础设施和地域文化等方面的各自特点。因此，在识别农民工多维贫困和推动农民工多维减贫方面，应当结合不同区域之间的共性与差异，按照普遍性和特殊性相结合的原则，分区域设计因地制宜的多维贫困减贫政策体系，提升精准脱贫的瞄准效果与实施效率。

三、基于 logit 模型的农民工多维贫困影响因素实证分析

（一）模型选择与设定

本节对农民工多维贫困的致贫因素进行定量分析，其中，将农民工的多维贫困状态作为被解释变量，该变量是离散型的二元选择变量（binary choices），设 y 代表被解释变量—农民工的多维贫困状态，其包含两类事件发生的概率，取值 1 代表陷入多维贫困，取值 0 代表未陷入多维贫困。在这类二元变量分析中曾使用多种分布函数，最常用的是 logistic 分布（Cox，1970），与之对应的为 logit 模型，另一种常用的分布函数是标准正态分布，与之对应的是 probit 模型，logit 和 probit 模型有很多相似之处，在大部分情况下，这两种模型都能给出相同的结论，但是 probit 模型无法针对其系数给出概率比。因此，针对本节的数据处理特点，logit 模型相对 probit 模型更加具有优势，因而我们选择使用 logit 二元选择模型作为本节的计量分析工具。

对于 logistic 函数，在理论上假设一个连续反应变量 y_i^*，代表事件发生的概率，其取值为 $(-\infty, +\infty)$，当该变量的取值超过某临界值 λ 时，事件便会发生。假设 $\lambda = 0$，即：

$$\begin{cases} y_i = 1, & y_i^* > 0 \\ y_i = 0, & y_i^* \leq 0 \end{cases} \quad (14-1)$$

其中，y_i 为实际的被解释变量，$y_i = 1$ 代表样本个体陷入多维贫困，$y_i = 0$ 表示样本个体未陷入多维贫困。如果连续反应变量 y_i^* 与解释变量 x_i^* 之间存在线性关系，即 $y_i^* = \alpha + \beta x_i + \varepsilon_i$，那么：

$$P(y_i = 1 \mid x_i) = P[(\alpha + \beta x_i + \varepsilon_i) > 0] = P[\varepsilon_i \leq (\alpha + \beta x_i)] = \frac{1}{1 + e^{\varepsilon_i}} \quad (14-2)$$

将上式进一步写为：$P(y_i = 1 \mid x_i) = \dfrac{1}{1 + e^{-(\alpha + \beta x_i)}}$ $\quad (14-3)$

将事件发生的条件概率设为 $P(y_i = 1 \mid x_i) = p_i$ 就可以得到 logit 回归模型：

$$p_i = \frac{1}{1 + e^{-(\alpha + \beta x_i)}} = \frac{e^{\alpha + \beta x_i}}{1 + e^{\alpha + \beta x_i}} \quad\quad (14-4)$$

其中，p_i 为第 i 个样本个体陷入多维贫困的概率，是由解释变量 x_i 表示的非线性函数。

进一步定义未陷入多维贫困的条件概率为：

$$1 - p_i = 1 - \frac{e^{\alpha + \beta x_i}}{1 + e^{\alpha + \beta x_i}} = \frac{1}{1 + e^{\alpha + \beta x_i}} \quad\quad (14-5)$$

那么陷入多维贫困与未陷入多维贫困的概率之比为：

$$\frac{p_i}{1 - p_i} = e^{\alpha + \beta x_i} \quad\quad (14-6)$$

式 (14-6) 即为事件发生的概率比 (the odds of experiencing an event)，对其取自然对数得到：

$$\ln\left(\frac{p_i}{1 - p_i}\right) = \alpha + \beta x_i \quad\quad (14-7)$$

经过这一 logit 转换得到 y 的 logit，即 logit (y)，该种形式对于其参数而言是线性的，因而解决了回归模型系数的解释问题，某个解释变量 x_i 发生作用的概率比大于 1 的话，将增加事件的发生概率；反之，则会降低事件的发生概率。

将上述模型进一步扩展至 k 个解释变量的情形：

$$p_i = \frac{e^{\alpha + \sum\limits_{k=1}^{k} \beta x_{ki}}}{1 + e^{\alpha + \sum\limits_{k=1}^{k} \beta x_{ki}}} \quad\quad (14-8)$$

对应的 logit 回归模型变为：

$$\ln\left(\frac{p_i}{1 - p_i}\right) = \alpha + \sum_{k=1}^{k} \beta x_{ki} \quad\quad (14-9)$$

其中，$p_i = P(y_i = 1 \mid x_1, x_2, \cdots, x_{ki})$ 为给定被解释变量时事件发生的概率。根据上述模型设定，根据解释变量的具体样本观测值以及被解释变量在相应条件下的观测值，我们就可以得到各个解释变量对事件发生概率的影响和发生概率比。

(二) 变量选择

与收入贫困的单维测度不同，由于多维贫困本身概念的综合性和复杂性，其本身的构成已经涵盖了农民工的教育、健康、就业等诸多方面，这些因素在前文已经通过分解的方式分析了其对多维贫困的共享，并且显然由于内生性问题无法再纳入回归模型中进行分析，其有效解决办法之一是限制家户解释变量范围，采用非多维贫困指标变量进行计量回归分析 (Alkire et al., 2015)。因此，此处所

甄选的变量不再考虑农民工在收入、教育、社会保障、就业、健康和社会融入等
方面的情况，而重点选取多维贫困测度指标体系范围之外的变量，探讨各类外生
关键因素（主要为人口特征变量和社会经济特征变量）对农民工多维贫困状况的
影响，以进一步全面反映各类相关因素对农民工多维贫困状况的影响机制。结合
国家卫计委 2016 年全国流动人口动态监测数据的特点与数据可得性，本节实证
模型解释变量的选择以人口迁移和多维贫困等相关理论为基础，并考虑农民工的
群体特征与现实境况，共选取了性别、年龄、年龄的平方、婚姻状态、务工区
域、原户籍地、流动范围、流动方式、流动时间、子女数量和流入地家庭规模
11 个变量。各解释变量的赋值方式和具体阐释如表 14 – 22 所示。

表 14 – 22　　　　　　　主要解释变量的赋值方式和内涵

变量名称	赋值方式	变量内涵
性别 （gender）	男性，赋值 1 女性，赋值 2	—
年龄 （age）	—	序数变量，为以年计算的整数
年龄的平方 （age²）	—	
婚姻状态 （marry）	未婚，赋值 1 初婚，赋值 2 再婚，赋值 3 离婚，赋值 4 丧偶，赋值 5 同居，赋值 6	农民工个体的情感和婚姻状况
务工区域 （area）	东部地区，赋值 10 西部地区，赋值 20 中部地区，赋值 30 东北地区，赋值 40	农民工个体务工地所属区域
原户籍地 （hometown）	东部地区，赋值 10 西部地区，赋值 20 中部地区，赋值 30 东北地区，赋值 40	农民工个体原户籍地所属区域
流动范围 （flowarea）	跨境，赋值 0 跨省，赋值 1 省内跨市，赋值 2 市内跨县，赋值 3	农民工个体的迁移范围

续表

变量名称	赋值方式	变量内涵
首次流动方式 （flowstyle）	独自流动，赋值 1 非独自流动，赋值 2	若农民工个体不与其配偶、父母、子女、兄弟姐妹、岳父母或者公婆一起流动，为独自流动，否则为非独自流动
流动时间 （flowtime）	小于 1 年 = 1，1 ~ 2 年 = 2，3 ~ 4 年 = 3，5 ~ 9 年 = 4，10 ~ 14 年 = 5，15 ~ 19 年 = 6，20 ~ 29 年 = 7，30 年及以上 = 8	农民工个体累计在外流动时间
子女数量 （children）	—	农民工个体亲生子女数量
流入地家庭规模 （family）	—	与农民工个体共同迁移至务工地并在流入地长期共同生活的家庭成员数量

资料来源：笔者自己设计。

　　性别（gender）变量，引入该变量主要在于考察在农民工迁徙流动与务工经营过程中，性别因素对于样本个体多维贫困状况的影响。年龄（age）和年龄的平方（age^2），这两个变量的共同引入主要在于考察随着农民工年龄的变化，其对样本个体多维贫困状况的影响及其影响的分布情况。婚姻状态（marry）变量 1 ~ 6 的由小到大排列是考虑到独身状态的情感和家庭负担最轻，因而先将未婚排在第一，然后根据情感和婚姻的正常程度进行依次排序，引入该变量是为了考察情感和婚姻状况对于农民工多维贫困的影响。务工区域（area）变量与前文分析逻辑一致，依然按照东部、中部、西部和东北地区进行分类，并按照前文分析得到的各个区域农民工多维贫困状况严重程度依次排序。该变量的引入，一方面对前面的区域分解分析结论进行计量实证的再验证；另一方面进一步考察区域因素对于农民工多维贫困状况的影响程度。原户籍地（hometown）变量按照东部、中部、西部和东北地区进行分类，其分类的数值表示与务工区域（area）变量一致，引入该变量是为了考察原户籍地所属区域对于处在流动迁徙过程中农民工的多维贫困状况是否存在影响及其影响程度。流动范围（flowarea）变量包括跨境、跨省、省内跨市、市内跨县四种类型，按照迁移范围的由远及近依次由数值表示，引入该变量是为了考察农民工流动范围对其多维贫困状况的影响。首次流动方式（flowstyle）变量包括独自流动和非独自流动两种类型，独自流动是指不与配偶、父母、子女、兄弟姐妹、岳父母或者公婆一起流动，非独自流动则相反。引入该变量是为了考察农民工的迁移方式对其多维贫困状况的影响。流动时间（flowtime）变量为农民工累计的在外流动时间，包括 8 种类型，引入该变量是为了考察农民工的累计在外务工时长对其多维贫困状况的影响。子女数量（children）变量为亲生子女数量，引入该变量是为了考察生育子女数量对农民工多维贫困状况的影响。流入地家庭规模（family）变量为农民工共同迁移流动至务工地并在流入地长期共同生活的家庭成员数量，引入该变量是为了考察在流入地家庭规模大小对农民工多维贫困状况的影响。

　　各个变量的统计性描述如表 14 - 23 所示。

表 14 - 23　　　　　　　　主要解释变量的统计性描述

变量	平均值	标准差	最小值	最大值
性别	1.43	0.49	1	2
年龄	33.83	9.68	15	81
年龄的平方	1238.13	712.87	225	6561
婚姻状态	1.90	0.66	1	6
务工区域	18.43	9.52	10	40
原户籍地	22.73	8.99	10	40
流动范围	1.65	0.74	0	3
流动方式	1.62	0.49	1	2
流动时间	3.56	1.58	1	8
子女数量	1.39	0.74	0	5
流入地家庭规模	2.48	1.18	1	10

资料来源：笔者自己设计。

（三）实证结果分析

　　分别在 30% 和 40% 剥夺水平下开展实证结果的分析，探究相关因素对农民工多维贫困状况的影响机理。计量分析结果显示，模型回归结果显著性较强，解释变量符号基本符合预期且具有稳健性（见表 14 - 24）。

表 14 - 24　　　　农民工多维贫困影响因素的 logit 模型估计结果

解释变量	30% 剥夺水平		40% 剥夺水平	
	回归系数 及标准误	概率比	回归系数 及标准误	概率比
常数项	3.922 *** (10.54)	50.514	1.937 *** (7.18)	6.940

解释变量	30%剥夺水平		40%剥夺水平	
	回归系数及标准误	概率比	回归系数及标准误	概率比
性别 （gender）	-0.041 （-1.57）	0.959	-0.0007 （-0.03）	0.999
年龄 （age）	-0.339*** （-15.60）	0.713	-0.220*** （-14.53）	0.802
年龄的平方 （age^2）	0.006*** （17.31）	1.006	0.004*** （16.73）	1.003
婚姻状态 （marry）	0.326*** （10.59）	1.386	0.300*** （12.37）	1.350
务工区域 （area）	0.044*** （21.78）	1.045	0.042*** （26.25）	1.043
原户籍地 （hometown）	0.014*** （7.98）	1.014	0.013*** （9.10）	1.013
流动范围 （flowarea）	-0.156*** （-8.33）	0.856	-0.148*** （-9.54）	0.862
首次流动方式 （flowstyle）	0.793*** （27.03）	2.210	0.730*** （29.65）	2.075
流动时间 （flowtime）	-0.053*** （-5.51）	0.948	-0.078*** （-9.92）	0.925
子女数量 （children）	0.863*** （36.86）	2.370	0.723*** （37.97）	2.060
流入地家庭规模 （family）	-0.184*** （-12.65）	0.832	-0.163*** （-13.73）	0.849

注：括号内为稳健标准误；* $p<0.05$，** $p<0.01$，*** $p<0.001$。
资料来源：笔者计算得到。

根据上述回归估计结果，对各个因素的影响机制分析如下：

第一，从农民工的性别变量的影响来看，性别属性在30%和40%剥夺水平下均对多维贫困的影响不显著，说明农民工陷入多维贫困的概率不受性别因素的影响。

第二，从农民工的年龄变量的影响来看，综合年龄（age）和年龄的平方（age^2）两个变量，由于年龄的平方（age^2）的估计系数为正，年龄（age）变量的估计系数为负，因此，农民工年龄因素对其多维贫困的影响呈正 U 形分布，通过计算年龄（age）和年龄的平方（age^2）两个变量的平均边际效应，可粗略估计年龄影响正 U 型分布的顶点在 30% 剥夺水平下约为 35 岁，在 40% 剥夺水平下约为 34 岁。这说明在 30% 剥夺水平下，农民工陷入多维贫困概率的最低点出现在 35 岁，在 35 岁之前，随着年龄的提升，其工作经验、财富积累和体能智力等方面均处于显著提升阶段，就业机会也较为丰富，陷入多维贫困的概率逐步下降，在 35 岁时农民工陷入多维贫困的概率降至最低，超过 35 岁之后，随着年龄的上升，农民工的劳动能力特别是从事体力劳动的能力在逐步下降，健康风险和家庭负担也逐步累加，一系列因素使其陷入多维贫困的概率又逐步上升，并随着年龄的增大而越来越高；同理，在 40% 剥夺水平下，由于剥夺水平的提升，农民工陷入多维贫困概率的最低点前移至 34 岁，在 34 岁之前，随着年龄的提升，其陷入多维贫困的概率逐步下降，在 34 岁时农民工陷入多维贫困的概率降至最低，超过 34 岁之后，随着年龄的上升，农民工陷入多维贫困的概率又逐步上升，并随着年龄的增大而越来越高。因此，农民工的老龄化将会极大地影响其多维贫困状况，使其陷入多维贫困的概率增加。

第三，从农民工婚姻状态的影响来看，婚姻状态对农民工的多维贫困状态影响显著，30% 剥夺水平和 40% 剥夺水平下婚姻状况的概率比分别为 1.386 和 1.35，这表明在给定其他变量的情况下，30% 剥夺水平和 40% 剥夺水平下已婚农民工陷入多维贫困的概率高于未婚农民工，而对于已婚的农民工，其婚姻状态越不正常，其陷入多维贫困的概率就会更高。这一方面说明未婚的农民工由于各方面的负担较轻，相对已婚农民工而言陷入多维贫困的概率较低；另一方面更重要的是，稳定和正常的家庭婚姻状态对于农民工避开多维贫困陷阱或者脱离多维贫困状态十分重要，美满的婚姻能够为家庭成员的发展与境况的改善提供稳定的物质和精神支持，婚姻方面的变故和情感状态的不确定性将极大地增加了农民工陷入多维贫困的风险。

第四，从农民工务工区域因素的影响来看，回归估计结果与多维贫困区域分解得出的结论一致，务工区域变量的回归估计结果在 30% 和 40% 剥夺水平下均高度显著，概率比分别为 1.045 和 1.043，这说明随着务工区域按照东西中和东北的次序递进，农民工陷入多维贫困的概率在逐步上升，每按照东、西、中和东北的次序递进一个区域，农民工陷入多维贫困的概率就会增加，再一次验证了在东部地区的农民工陷入多维贫困的概率相对其他地区最低、西部次之、中部再次、东北地区最高这一结论。

第五，从农民工的原户籍地变量的影响来看，在 30% 和 40% 剥夺水平下对农民工的多维贫困状态均影响显著，概率比分别为 1.014 和 1.013，说明农民工的原户籍地每按照东、西、中和东北的次序递进一个区域，农民工陷入多维贫困的人就会相应增加，说明当前中国经济社会发展在区域之间的不均衡对来自不同区域的农民工产生着深刻影响，农民工在区域之间的迁徙流动、务工经营和多维贫困状态差异不仅受到流入区域各方面经济社会因素的影响，而且也受到原户籍地区域差异的影响。但是，通过比较务工区域变量与原户籍变量的回归结果，前者的概率比显然高于后者，说明在对多维贫困状态的区域影响方面，流入地的影响要大于流出地。

第六，从农民工流动范围的影响来看，根据回归估计结果，在 30% 和 40% 剥夺水平下流动范围变量对农民工的多维贫困状况的影响均十分显著，概率比分别为 0.856 和 0.862，这说明农民工流动迁徙的距离越远，其陷入多维贫困的概率越大。这是因为我国的各种社保福利和基本公共服务均是按照城乡以及行政区域进行分割提供。这种分割，特别是行政区域之间的分割，会随着行政区域之间距离和范围的扩大而愈发严重，即不同省份之间的分割要显著大于同一省份内不同市域之间的分割，同一省份内不同市域之间的分割要显著大于同一市域内不同县域之间的分割，因此，农民工的迁徙流动距离原户籍地越远，则越难以得到原户籍地社保福利和基本公共服务体系的覆盖，则陷入多维贫困的概率就越大。但是，从另一方面来看，我们以年收入为被解释变量，以流动范围作为解释变量，同时控制其他相关变量，对年收入和流动范围之间的关系进行计量回归，估计结果显示，流动范围对农民工收入的影响高度显著，系数为 −4341.257，T 统计量为 −26.24，这意味着农民工外出流动迁徙的距离越远，其获得的收入水平越高。这一回归估计结果背后的现实原因在于农民工通过扩大流动范围可以寻找到更多、更合适的就业机会，从而获得更高的收入，但与此相对应的是流动范围的扩大却使农民工群体在当前经济社会城乡二元分割和区域分割的情况下更为脱离原有基本公共服务体系的覆盖，从而更加严重地被排斥在基本公共服务体系之外，在流入地受到更多的可行能力剥夺，进而使其陷入多维贫困的概率增大。因此，在农民工增收与多维减贫之间出现了基于流动范围的矛盾，农民工虽然能够通过迁徙流动促进自身的发展，获得更高的收入水平，但是却受制于现行城乡二元经济社会制度下的非市民身份而极易陷入多维贫困的境地。

第七，从农民工流动方式的影响来看，在 30% 和 40% 剥夺水平下流动方式变量对农民工的多维贫困状况的影响均十分显著，概率比分别为 2.210 和 2.075，非独自流动农民工陷入多维贫困的概率显著高于独自流动农民工，首次流动选择独自流动方式的农民工在各方面的负担较轻，迁移和就业的灵活性更强，从而能够更加有效地降低陷入多维贫困的概率。

第八，从农民工流动时间的影响来看，在 30% 和 40% 剥夺水平下流动时间变量对农民工陷入多维贫困状况的影响均十分显著，概率比分别为 0.948 和 0.925，这意味着随着农民工在外流动时间的变长，其陷入多维贫困的概率在逐步下降，30% 和 40% 剥夺水平下，农民工的流动时间累积每延长至下一个时间段，陷入多维贫困的概率比上一时间段显著要低。这是由于随着农民工在外流动时间的变长，其通过务工经营实现的物质资本以及通过干中学实现的人力资本、社会关系等方面的积累将越来越丰厚，这些都有利于冲破现有城乡二元经济社会体制的束缚，实现多个维度下的境况改善，从而降低了陷入多维贫困的概率。

第九，从农民工子女数量的影响来看，在 30% 和 40% 剥夺水平下子女数量变量对农民工的多维贫困状况的影响均十分显著，概率比分别为 2.370 和 2.060，这意味着随着子女数量的增加，农民工陷入多维贫困的概率迅速上升，在 30% 和 40% 的剥夺水平下，每增加一个子女，农民工陷入多维贫困的概率在翻倍增加。可见，在当前子女养育成本高的现实条件下，抚养子女数量会同时影响住房、就医、入学、收入等多个方面，其对于农民工多维贫困状况的影响是非常大的。

第十，从农民工流入家庭规模的影响来看，流入家庭规模变量对农民工的多维贫困状态影响显著，在给定其他变量的情况下，30% 剥夺水平和 40% 剥夺水平下的概率比分别为 0.832 和 0.849，这意味着随着农民工在流入地家庭规模的扩大，其陷入多维贫困的概率将降低。这是由于较大的流入地家庭规模将在就业信息、饮食起居、子女照料、精神抚慰、技能传授等方面给予农民工更大的支持，从而一定程度上弥补流入地基本公共服务缺失导致的可行能力剥夺，降低了其陷入多维贫困的概率。

第五篇　中国反贫困政策的绩效评估

　　本篇主要是运用多维贫困指标构建起相应的测量与评估体系，对我国当前的反贫困的政策进行绩效评估，从而反映我国扶贫工作迄今取得的成果与依然存在的不足之处。其中，第十五章主要是针对我国农村地区反贫困政策的绩效评估，我们关注的焦点在于可持续发展与绿色减贫。绿色减贫更加注重以人为本的多维扶贫理念，不单单是收入提高，更多体现在多维贫困下教育、健康、生活条件、主观/福利下各个指标的改善，从而有效提高精准扶贫的瞄准性和效率，以保证脱贫人口能够持续脱贫。因此，对于我们的研究而言，衡量减贫效果所选取的指标也应该涵盖贫困的多重维度，包括健康、教育、生活条件和资产耐用品等，并从绿色发展视角对多维减贫绩效进行评估。通过选取相关绿色发展指标，运用多维贫困分析方法进行测量与计算，能够从经济增长、社会发展、环境保护和多维减贫等多个角度将不同贫困地区的减贫情况进行衡量比较，从而更全面地显示农村地区的整体减贫状况，对未来的扶贫工作开展具有指导和借鉴意义，从对农村地区贫困的单一扶贫转向注重贫困地区全面综合发展。

　　城镇地区反贫困政策研究的重点为低保制度，该制度已经在我国实施了较长时间。就现阶段而言，低保制度依然是我国城镇救助体系中最为重要的一环。为此，第十六章我们介绍了低保制度的政策演变过程与发展历史，对其目前的普及与覆盖水平进行了综述。利用样本中不同省份数据进行多维贫困分析，我们比较了低保制度实施所带来的减贫效应，包括贫困发生率是否下降等。我们发现低保制度的多维贫困减贫效果有限，对收入贫困的减贫存在增大贫困人口间收入差距的弊端。该制度本身也存在责任承担不明晰、瞄准对象有限、保障内容单一以及收入核查不规范和动态调整不及时等方面的问题。因而，我国城镇扶贫政策应进行较大程度的调整，不仅应该完善低保制度设计，更要从教育、卫生、社会保障、社会救助等各方面对城镇贫困人群进行救助，全面建立城镇保障制度和社会救助体系。

第十五章 绿色视角下中国农村多维减贫绩效评估

随着人们对贫困问题的认识逐渐深化,绿色发展与减贫日益成为关注的焦点,多维扶贫将成为下一步扶贫工作的重点任务。本章中,我们将绿色多维减贫作为重点研究对象,构建起相应的绿色多维减贫测量框架,并对农村地区的绿色多维减贫指数进行计算与排名,从可持续发展角度评价不同地区的减贫成果。

第一节 中国农村绿色多维减贫的测度框架与总体测度结果

一、绿色发展与消除贫困

2015 年,习近平总书记提出了 2020 年彻底消除绝对贫困的脱贫目标。李克强总理在 2017 年《政府工作报告》中提到,要为群众办实事、解难事,促进社会公平正义,把发展硬道理更多体现在增进人民福祉上。这充分体现了以人民为中心的发展思路。但是,当前我们对贫困的界定和减贫目标的制定,仍然是将现阶段处于一定收入水平以下的人群认定为贫困人口,设定的贫困范围还比较狭窄。换言之,在 2020 年实现农村绝对贫困人口全面脱贫目标之后,贫困领域还存在诸多方面的问题亟待解决,未来国家的扶贫、减贫道路任重而道远。因此,研究和探讨 2020 年后扶贫减贫战略,不仅有利于深刻认识新时期贫困内涵的发展,阐明国家在下一阶段的扶贫重点,巩固建成全面小康社会的成就,还有助于全面实现第二个百年目标①。贫困研究的最终目标是实现人的全面自由发展,这种发展不仅包括贫困人口自身的脱贫和发展,而且还要求自身和子孙后代具备可持续发展能力。

---

① 党的十五大报告中首次提出"两个一百年"奋斗目标,党的十八大报告再次重申了这两个百年奋斗目标,并以"两个一百年"作为实现"中国梦"的基础:一个是在中国共产党成立一百年时全面建成小康社会,一个是在新中国成立一百年时建成富强民主文明和谐的社会主义现代化国家。

2011 年 2 月联合国环境规划署发布了《绿色经济报告书》，其核心是绿色发展与减贫战略（UNEP，2011）。2012 年联合国可持续发展大会的主题之一，就是"可持续发展和消除贫困背景下的绿色经济"。"绿色经济""绿色发展""绿色减贫"概念已逐渐成为政府、学者关注的重点。中共十六届三中全会提出了"五个统筹"，即统筹城乡发展、统筹区域发展、统筹经济社会发展、统筹人与自然和谐发展、统筹国内发展和对外开放①。党的十八届五中全会上②，习近平总书记提出"创新、协调、绿色、开放、共享"五大发展理念，其中，绿色发展理念与其他四大发展理念是相互贯通、相互促进的，集中体现了党关于生态文明建设的新要求，对于推进我国经济社会可持续发展具有重大意义，也是中国实现 2020 年建成全面小康社会宏伟目标的任务要求。生态系统的可持续管理能够通过从森林、矿藏和渔业等自然资产创造源源不断的收入贡献于宏观经济发展，这些收入能够直接惠及贫困人口，改善他们的生计状况并促进生计多元化；也能够由政府投入到减贫增长领域，成为发展筹资的重要来源（世界银行，2006）。2015 年 9 月联合国可持续发展峰会通过了《2030 年可持续发展议程》，该议程是在千年发展目标的基础上，对发展提出了更高目标，核心是消除贫困和不平等实现可持续发展，将可持续发展、社会进步和环境保护有机结合起来，要求在发展中注重经济效率，关注生态平衡和社会公平正义，实现人的全面发展。中国高度重视 2030 年可持续发展议程，并在 2016 年 3 月召开的第十二届全国人民代表大会第四次会议上审议通过了"十三五"规划纲要，将可持续发展与国家中长期发展规划有机结合起来③。换言之，绿色发展与消除贫困是联合国"2030 年可持续发展议程"的重要目标。对各国政府的挑战在于寻求最优的绿色增长策略和举措来消除贫困，尤其是多维贫困，促进环境和经济相互协调，实现自然与社会的和谐发展。

长期的扶贫实践证明，通过发展绿色环保型产业来帮助当地居民摆脱贫困，"坚定走生产发展、生活富裕、生态良好的文明发展道路，加快建设资源节约型、环境友好型社会，注重生态环境保护和经济发展相结合，是中国推进精准扶贫和精准脱贫方针的有效方式"④。能力视角下多维贫困的研究也蕴含着五大发展理念的深刻内涵，要求扶贫理念创新、扶贫方式创新；注重城乡、区域协调发展，重点关注贫困地区、扶贫重点县、连片特困地区等特殊类型地区的多维贫困状况；推进绿色低碳循环发展，改善生态环境，改善贫困人口的居住生活条件；要

---

① 中共十六届三中全会公报（全文），http：//news. ifeng. com/mainland/special/sbjszqh/ziliao/detail_2013_10/30/30805317_0. shtml。

②④ 中共十八届五中全会公报（全文），http：//news. xinhuanet. com/politics/2015 – 10/29/c_1116983078. htm。

③ 第十二届全国人大四次会议关于十三五规划纲要的决议，http：//www. china. com. cn/lianghui/news/2016 – 03/16/content_38042236. htm。

注重对外合作，吸收国外先进的减贫经验，发挥社会扶贫的作用；保障和改善民生，提高贫困人口的受教育水平，扩大医保覆盖面，增加贫困地区卫生人员和配套设备，加快危房改造和易地扶贫搬迁，推动贫困人口全面脱贫，共享改革发展成果。绿色减贫更加注重以人为本的多维扶贫理念，不单单是收入提高，更多体现在多维贫困下教育、健康、生活条件、主观/福利下各个指标的改善，从而有效提高精准扶贫的瞄准性和效率，保证脱贫人口能够持续脱贫。因此，对于多维贫困研究而言，减贫内容也应涵盖贫困的多重维度，包括健康、教育、生活条件和资产耐用品等，并从绿色发展视角对多维减贫效果进行研究，具有重要的理论意义和实践意义。

二、指标选择

国际金融危机发生以后，许多国家更加突出"绿色复苏"的理念，把发展新能源、节能环保、循环经济等绿色经济作为经济刺激计划的重要内容①。随着绿色发展概念的深化，OECD 构建了绿色增长指标，包括四个层面，即环境和资源生产力、自然资产基础、生活环境质量、经济机会和政策响应，侧重于环境绩效和资源效率。同样 OECD 也一直比较关注长期贫困问题，认为贫困影响评价涵盖六个方面，即价格、就业、税收和转移、可获得性、权威、资产。益贫式绿色增长的概念是在综合考虑绿色增长与减贫之间的关联而产生的，即有利于贫困减少的绿色增长。随着绿色减贫概念的提出，中国政府同样也在积极发展绿色经济，绿色减贫指标体系的建立也一直在探索过程中，通过将中国绿色发展指数拓展到扶贫开发领域，《中国绿色减贫指数报告》构建了绿色减贫指标框架，主要包括两个层面：绿色发展和多维减贫，并以中国集中连片特困地区为目标，对中国绿色减贫指数进行了实际测量和比较研究。本章将以《中国绿色减贫指数报告》中提出的绿色减贫指标框架为基础，结合多维贫困发展理念，对中国农村不同类型地区进行绿色多维减贫的测量和分析。

根据《中国绿色减贫指数报告》的绿色减贫总体框架，本节建立的四个一级指标包括经济增长、环境保护、社会发展和多维减贫四个方面，其中经济增长涉及经济发展过程中农业新动能和非农产业发展等，环境保护涉及自然生态环境和农村生产生活环境改善，这两个一级指标构成农村绿色发展的内容；社会发展涉及农村整体社会民生发展水平，多维减贫涉及多维贫困视角下相关指标的扶贫开发效果，这两个一级指标则构成农村多维减贫层面的内容（见表 15 – 1）。

① 中国环保产业年底将达万亿，http://paper.people.com.cn/gjjrb/html/2010 – 06/09/content_539441.htm。

表 15 –1 中国农村地区绿色多维减贫指标体系及权重

指数	一级指标	二级指标	权重	指标类型
绿色多维减贫指数	经济增长（30%）	人均地区生产总值（万元）	5%	正
		第二产业增加值比重	5%	正
		第三产业增加值比重	5%	正
		规模以上企业单位产值	5%	正
		农业机械总动力（万千瓦特）	5%	正
		居民储蓄存款余额占比	5%	正
	环境保护（20%）	人均森林面积（公顷）	5%	正
		污水处理厂数目（座）	5%	正
		垃圾处理站数目（个）	5%	正
		拥有家畜集中饲养区行政村比重	5%	正
	社会发展（18%）	人均社会消费品零售额（万元）	3%	正
		剧场、影剧院数目（个）	3%	正
		各种社会福利收养性单位数目（个）	3%	正
		体育场馆数目（个）	3%	正
		新型农村社会养老保险参保率	3%	正
		新型农村合作医疗参保率	3%	正
	多维减贫（32%）	有幼儿园或学前班的行政村比重	3%	正
		有小学且就学便利的行政村比重	3%	正
		有卫生站（室）的行政村比重	3%	正
		有合法行医证医生/卫生员的行政村比重	3%	正
		居住竹草土坯房的农户比重	3%	逆
		独用厕所的农户比重	3%	正
		使用炊用柴草的农户比重	3%	逆
		通电自然村比重	3%	正
		通有线电视信号自然村比重	3%	正
		通宽带自然村比重	3%	正
		百户汽车拥有量（辆）	3%	正

注：多维减贫二级指标选择主要依据《中国农村扶贫开发纲要（2011—2020）》相关内容，包含生活条件、清洁能源、教育、医疗卫生、公共文化、基础设施、林业和生态等内容。

资料来源：笔者根据《中国绿色减贫指数报告》测量框架整理得到，一级指标名称有变动，二级指标选择有所变动。

本章使用数据来自《中国农村贫困监测报告（2015）》，受数据限制，各一级指标下涵盖的二级指标内容与《中国绿色减贫指数报告》并不一致。经济增长维度包括6个二级指标，分别为人均地区生产总值、第二产业增加值比重、第三产业增加值比重、规模以上企业单位产值、农业机械总动力、居民储蓄存款余额占比，这六个指标均为正指标，即该指标值越大，经济增长质量越高。环境保护指标包括4个二级指标，分别为人均森林面积、污水处理厂数目、垃圾处理站数目、拥有家畜集中饲养区行政村比重，这四个指标均为正指标，即指标值越高，环境保护效果越好。社会发展指标包括6个二级指标，分别为人均社会消费品零售额、剧场/影剧院数目、各种社会福利收养性单位数目、体育场馆数目、新型农村养老保险参保率、新型农村合作医疗参保率，这六个指标均为正指标，即表示指标值越高，农村社会发展水平越好。多维减贫指标包括11个二级指标，分别为有幼儿园或学前班行政村比重、有小学且就学便利行政村比重、有卫生站（室）行政村比重、有合法行医证医生/卫生员行政村比重、居住竹草土坯房农户比重、使用独立厕所农户比重、使用炊用柴草农户比重、通电自然村比重、通有线电视信号自然村比重、通宽带自然村比重、百户汽车拥有量，这些二级指标均与客观多维贫困相关指标有关联，涉及教育、健康、生活条件维度；除了居住竹草土坯房农户比重和使用炊用柴草农户比重这两个二级指标为逆指标外，其余指标均为正指标，即表示指标值越高，农村多维减贫效果越有效。

关于一级指标和二级指标权重设置问题，《中国绿色减贫指数报告》中提到了不同的方案：第一种方案是按照四个一级指标等权重法，即每个一级指标的权重均为25%，但是这样的权重分配造成的结果就是，多维减贫的二级指标权重相对其他三个一级指标下的二级指标权重过低；第二种方案是按照二级指标等权重法，即27个二级指标等权重，相应一级指标权重为各自二级指标权重的加总，这样权重分配造成的结果就是，多维减贫一级指标的权重过高，将近50%；第三种方案是将经济增长和环境保护作为绿色发展层级占半数权重，社会发展和多维减贫作为减贫层级占半数权重，各个层级内部二级指标权重是均等的，这样权重设置的结果就是绿色发展层级各个二级指标权重为5%，减贫层级各个二级指标权重约为3%，从而根据各个二级指标的权重加总，可以得到四个一级指标的权重，《中国绿色减贫指数报告》就是采用第三种方案来进行指标赋权测量的。我们认为《中国绿色减贫指数报告》采用的第三种权重方案，综合考虑了绿色发展和减贫的平等地位，权重设置具有合理性，后续分析也将采用这种权重分配方案。不过需要强调的是，按照多维减贫二级指标3%的权重加总，多维减贫权重应该为33%，但这里考虑到四个一级指标权重加总应该为100%，因此本章认定多维减贫的二级指标权重为近似值，多维减贫的权重总值仍以32%为准。

三、测量方法介绍

《中国绿色减贫指数报告》提供了绿色减贫指数测量方法。在进行指标测量之前，需要对原始指标数据进行同向化处理。在全部 27 个二级指标中，仅居住竹草土坯房农户比重和使用炊用柴草农户比重这两个二级指标为逆指标，其余二级指标均为正指标。对于逆指标的处理，本节采用被 1 减的方法进行正向化处理。同向化处理之后，还要对指标进行标准化处理，消除不同量纲对测度结果的影响，主要以"均值－标准差"法对二级指标进行标准化处理，均值采用农村不同地区评价指标的算术平均数，以此来衡量各个具体指标的偏离程度。标准化处理之后的指标数据为正值，代表高于平均水平；负值代表低于平均水平；指标标准化后绝对值的大小反映了各个具体指标与平均水平的偏离程度，绝对值越大，代表偏离程度越大，具体公式为：

$$Z_{ij} = (X_{ij} - X_i) \tag{15-1}$$

其中，X_{ij} 为地区类型 j 在指标 i 的原始值，X_i 为各个地区类型在指标 i 的平均值，S_i 为各个类型地区在指标 i 的标准差，Z_{ij} 为地区类型 j 在指标 i 标准化后的指标值。根据标准化后的指标值，以及相应的指标权重，采用线性加权综合评价法，可以最终得到绿色减贫指数，具体公式为：

$$X_j = \sum_{i=1}^{m} W_i \times Z_{ij} \tag{15-2}$$

其中，W_i 为指标 i 的权重，X_j 为地区类型 j 的绿色减贫指数。根据这一计算步骤，还可以计算出各个地区类型 j 在相应的四个一级指标的指数值，即各个一级指标下涵盖二级指标的标准化数值与相应权重的加权求和。因此，根据指标使用的"均值－标准化"方法，当某地区绿色减贫指数为 0 时，表示该地区的绿色减贫状况等于各地区绿色减贫的平均水平；当绿色减贫指数大于 0 时，表示该地区的绿色减贫状况高于各地区绿色减贫的平均水平；当绿色减贫指数小于 0 时，表示该地区的绿色减贫状况低于各地区绿色减贫的平均水平。本节将使用上述测量框架和方法，对中国农村不同地区类型的绿色多维减贫绩效进行测度，并对结果进行分析和比较。

四、中国农村绿色多维减贫的总体测度结果

我们以《中国农村贫困监测报告（2015）》中 2013 年特殊类型地区的监测数据为参照，综合分析贫困地区农村、扶贫重点县、连片特困地区在所有二级指标的表现，对比结果如表 15-2 所示。对于正指标而言，二级指标经过"均值－

标准化"后数值低于该指标在各地区的平均水平；对于逆指标而言，二级指标经正向化、"均值－标准化"处理后数值高于该指标在各地区的平均水平，这两种情形表明相应指标表现较差，应该引起重视，并采用相关政策或措施来加以改进（张琦等，2014）。

表 15－2　　　　　　2013 年绿色多维减贫指数次级指标综合对比

一级指标	二级指标	指标类型	贫困地区农村	扶贫重点县	连片特困地区	合计 B
经济增长	人均地区生产总值	正		1	1	2
	第二产业增加值比重	正			1	1
	第三产业增加值比重	正	1	1		2
	规模以上企业单位产值	正			1	1
	农业机械总动力	正		1	1	2
	居民储蓄存款余额占比	正			1	1
环境保护	人均森林面积	正		1		1
	污水处理厂数目	正		1	1	2
	垃圾处理站数目	正		1	1	2
	拥有家畜集中饲养区行政村比重	正	1		1	2
	合计 1		2	6	8	
社会发展	人均社会消费品零售额	正		1	1	2
	剧场、影剧院数目	正		1	1	2
	各种社会福利收养性单位数目	正		1	1	2
	体育场馆数目	正		1	1	2
	新型农村社会养老保险参保率	正	1	1		2
	新型农村合作医疗参保率	正	1	1		2
多维减贫	有幼儿园或学前班的行政村比重	正	1		1	2
	有小学且就学便利的行政村比重	正	1		1	2
	有卫生站（室）的行政村比重	正			1	1
	有合法行医证医生/卫生员的行政村比重	正			1	1
	居住竹草土坯房的农户比重	逆	1			1
	独用厕所的农户比重	正		1	1	2
	使用炊用柴草的农户比重	逆	1		1	2
	通电自然村比重	正	1		1	2

续表

一级指标	二级指标	指标类型	贫困地区农村	扶贫重点县	连片特困地区	合计 B
多维减贫	通有线电视信号自然村比重	正			1	1
	通宽带自然村比重	正	1		1	2
	百户汽车拥有量	正			1	1
	合计 2		8	8	13	
	合计 A		10	14	21	

注：（1）对于正指标而言，数字 1 表示该地区在 2013 年相应的二级指标值低于各地区在该指标平均水平；对于逆指标而言，数字 1 表示该地区在 2013 年相应的二级指标值高于各地区在该指标平均水平；

（2）合计 1 和合计 2 分别统计了三个地区在经济增长和环境保护、社会发展和多维减贫两个层面的指标水平；

（3）合计 A：表示三个地区在 27 个二级指标低于平均值的总体水平；

（4）合计 B：表示各个二级指标在不同地区低于平均值的指标水平。

资料来源：《中国农村贫困监测报告（2015）》，笔者整理得到。

由表 15-2 可知，从四个一级指标来看，三类地区在各个一级指标的表现并不均等。总体上看，我们可以得到这样几点发现。

（一）连片特困地区在多维减贫方面表现最差

从整体来看，在 27 个二级指标中，2013 年连片特困地区在绿色多维减贫整体方面表现最差，在 21 个指标上低于相应指标的平均水平，指标占比达到 78%。分层级来看，在经济增长和环境保护构成的绿色发展方面涉及 10 个二级指标，其中连片特困地区在 80% 的指标表现低于平均水平，在经济增长方面有 5 个指标低于平均水平，在环境保护方面有 3 个指标低于平均水平。在社会发展和多维减贫构成的减贫效果方面涉及 17 个二级指标，其中连片特困地区在 76% 的指标表现低于平均水平，在社会发展方面有四个指标低于平均水平，在多维减贫方面有 9 个指标低于平均水平。相较于经济增长、环境保护和社会发展这 3 个一级指标涵盖的二级指标，连片特困地区在多维减贫方面表现最差。

（二）扶贫重点县在社会发展方面表现最差

扶贫重点县在绿色多维减贫整体方面表现次之，在 14 个指标上低于相应指标的平均水平，指标占比为 52%。分层级来看，在经济增长和环境保护构成的绿色发展方面涉及 10 个二级指标，其中扶贫重点县在 60% 的指标表现低于平均水平，在经济增长和环境保护方面均有 3 个指标低于平均水平。在社会发展和多维减贫构成的减贫效果方面涉及 17 个二级指标，其中扶贫重点县在 47% 的指标表现低于平均水平，在社会发展方面有 6 个指标低于平均水平，在多维减贫方面有两个指标低于平均水平。扶贫重点县在社会发展涵盖的人均社会消费品零售额、剧场/影剧院数目、各种社会福利收养性单位数目、体育场馆数目、新型农村社会养老保险参保率、新型农村合作医疗参保率这6个二级指标表现均低于平均水平。另外，从合计来看，区别于经济增长、环境保护和多维减贫这3个一级指标涵盖的二级指标，社会发展的6个二级指标在两个地区的指标表现均低于平均水平。相较于经济增长、环境保护和多维减贫这3个一级指标涵盖的二级指标，扶贫重点县在社会发展方面表现最差。

（三）贫困地区农村在多维减贫方面表现最差

贫困地区农村在绿色多维减贫整体方面表现相对好于其他两类地区，在10个二级指标上低于相应指标的平均水平，指标占比为37%。分层级来看，在经济增长和环境保护构成的绿色发展方面涉及10个二级指标，其中贫困地区农村整体状况优于其他两类地区，在20%的指标低于平均水平，在经济增长和环境保护方面均仅有1个指标低于平均水平。在社会发展和多维减贫构成的减贫效果方面涉及17个二级指标，其中贫困地区农村和扶贫重点县的指标表现不均等但指标占比一致，均在47%的指标表现低于平均水平，在社会发展方面有两个指标低于平均水平，在多维减贫方面有6个指标低于平均水平，主要表现在初级教育和生活条件方面。相较于经济增长、环境保护和社会发展这3个一级指标涵盖的二级指标，贫困地区农村在多维减贫方面表现最差。

第二节　中国特殊类型地区农村绿色多维减贫一级指标的绩效

根据《中国农村贫困监测报告（2015）》中的监测数据，本节通过指标筛选和数值测量，选择指标均无缺失值的2012年和2013年为考察的年份，测量对象分别为贫困地区农村、扶贫重点县、连片特困地区，将分别计算这两个年份不同农村地区类型的绿色多维减贫指数，并进行对比分析。

一、2012年特殊类型地区绿色多维减贫指数及排名

根据表15-1设立的中国农村绿色多维减贫测度指标体系，以及《中国农村贫困监测报告（2015）》中2012年贫困地区农村、扶贫开发重点县、连片特困地区的相关指标数据，测算了2012年农村地区绿色多维减贫指数和四个一级加权指标值，具体结果如表15-3所示。

表 15 – 3 2012 年特殊类型地区绿色多维减贫指数及排名

指标	绿色多维减贫指数		一级指标							
			经济增长		环境保护		社会发展		多维减贫	
地区类型	指标值	排名	指标值	排名	指标值	排名	指标值	排名	指标值	排名
贫困地区农村	0.4467	1	0.1269	1	0.1592	1	0.0942	1	0.0664	2
扶贫重点县	0.1023	2	0.0751	2	– 0.0748	2	0.0081	2	0.0938	1
连片特困地区	– 0.5490	3	– 0.2020	3	– 0.0844	3	– 0.1024	3	– 0.1602	3

资料来源:《中国农村贫困监测报告 (2015)》, 笔者整理得到。

从表 15 – 3 中可以看出, 2012 年三种类型地区的绿色多维减贫指数排名由前到后依次是贫困地区农村、扶贫重点县、连片特困地区, 其中贫困地区农村和扶贫重点县的绿色多维减贫指数为正, 高于各地区的平均水平; 连片特困地区的绿色多维减贫指数为负, 低于各地区的平均水平。从各地区的一级指标值来看, 贫困地区农村 4 个一级指标值均为正, 高于各地的平均水平; 扶贫重点县除环境保护指标值为负低于各地平均水平外, 经济增长、社会发展和多维减贫这 3 个一级指标值均为正; 连片特困地区在 4 个一级指标表现最差, 均低于各地的平均水平。从绿色多维减贫指数排名和一级指标值排名对比来看, 各地区经济增长、环境保护、社会发展这 3 个一级指标值排名与绿色多维减贫指数排名一致; 在多维减贫方面, 连片特困地区排名依然最后, 但是扶贫重点县的多维减贫效果相对最突出, 排名第一, 优先于贫困地区农村。

二、2013 年特殊类型地区绿色多维减贫指数及排名

2013 年贫困地区农村、扶贫开发重点县、连片特困地区的绿色多维减贫指数和四个一级加权指标值的具体测算结果如表 15 – 4 所示。

表 15 – 4 2013 年特殊类型地区绿色多维减贫指数及排名

指标	绿色多维减贫指数		一级指标							
			经济增长		环境保护		社会发展		多维减贫	
地区类型	指标值	排名	指标值	排名	指标值	排名	指标值	排名	指标值	排名
贫困地区农村	0.4143	1	0.1446	1	0.1007	1	0.1036	1	0.0653	2
扶贫重点县	0.0014	2	0.0516	2	– 0.0712	3	– 0.1069	3	0.1279	1
连片特困地区	– 0.4157	3	– 0.1962	3	– 0.0295	2	0.0033	2	– 0.1933	3

资料来源:《中国农村贫困监测报告 (2015)》, 笔者整理得到。

从表15－4中可以看出，2013年三种类型地区的绿色多维减贫指数排名由前到后依次是贫困地区农村、扶贫重点县、连片特困地区，其中贫困地区农村和扶贫重点县的绿色多维减贫指数为正，高于各地区的平均水平；连片特困地区的绿色多维减贫指数为负，低于各地区的平均水平。从各地区的一级指标值来看，贫困地区农村4个一级指标值均为正，高于各地区的平均水平；扶贫重点县在环境保护和社会发展这两个一级指标值为负低于各地平均水平，经济增长和多维减贫指标值高于各地区平均水平；连片特困地区除社会发展指标值为正高于各地区平均水平外，经济增长、环境保护和多维减贫这3个一级指标表现最差，均低于各地区平均水平。从绿色多维减贫指数排名和一级指标值排名对比来看，各地区的经济增长指标排名与绿色多维减贫指数排名一致；环境保护、社会发展这两个一级指标值排名一致，但异于绿色多维减贫指数排名，其中贫困地区农村在这两个一级指标值依然优先于其他两类地区，连片特困地区在这两个一级指标表现相对优先于扶贫重点县；在多维减贫方面，连片特困地区排名依然最后，但是扶贫重点县表现相对最佳，排名高于贫困地区农村。

三、2012年和2013年特殊类型地区绿色多维减贫指数对比

2012年和2013年的绿色多维减贫相关指数综合对比如图15－1所示。

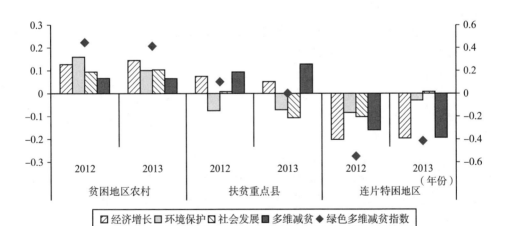

图15－1　2012年和2013年特殊类型地区绿色多维减贫效果比较

注：经济增长、环境保护、社会发展、多维减贫指标值以左侧纵坐标轴为参照，绿色多维减贫指数以右侧纵坐标轴为参照。

资料来源：笔者整理得到。

从图15－1中可以看出，各个类型地区在2012～2013年的绿色多维减贫指数水平和变动幅度不均衡；各个地区内部绿色多维减贫指数水平、4个一级指标值在

2012 年和 2013 年的变化也具有较大差异。总体来说，绿色多维减贫指数的变化是经济增长、环境保护、社会发展和多维减贫这 4 个一级指标共同变化作用的结果。

从绿色多维减贫指数来看，2012 年和 2013 年贫困地区农村、扶贫重点县、连片特困地区的绿色多维减贫指数排名一致，排名由前到后依次是贫困地区农村、扶贫重点县、连片特困地区；具体指数值来看，2012 年和 2013 年贫困地区农村、扶贫重点县、连片特困地区的绿色多维减贫指数值并不一致，贫困地区农村和扶贫重点县的绿色多维减贫指数值在 2013 年虽为正但均出现下降，而连片特困地区的指数值虽然仍为负值，但是 2013 年的指数值较 2012 年有大幅缩小；三个地区在 2012 年和 2013 年的绿色多维减贫指数变化中，以连片特困地区变化幅度最大，贫困地区农村变化幅度最小。

从一级指标排名来看，2012 年和 2013 年各地区的经济增长指标排名与绿色多维减贫指数排名一致，环境保护、社会发展和多维减贫 3 个一级指标排名异于绿色多维减贫指数排名；环境保护和社会发展这两个一级指标在 2012 年和 2013 年的排名并不一致，但在 2012 年和 2013 年指标值仍以贫困地区农村最高，主要差异在于连片特困地区在 2013 年的指标值高于扶贫重点县，因而使得扶贫重点县的这两个一级指标值最低；多维减贫在 2012 年和 2013 年的指标排名一致，扶贫重点县的指标水平高于贫困地区农村，连片特困地区指标值仍处于最低水平。

从各地区绿色多维减贫指数的一级指标变化来看，2013 年贫困地区农村在经济增长和社会发展这两个一级指标值有所提高，环境保护和多维减贫这两个一级指标值出现下降；其中以环境保护指标值下降幅度最大，这直接导致了 2013 年贫困地区绿色多维减贫指数略低于 2012 年水平。2013 年扶贫重点县的环境保护和多维减贫这两个一级指标值有所提高，经济增长和社会发展这两个一级指标值出现下降；其中社会发展指标值下降幅度最大，由 2012 年略高于各地区平均水平直接变为 2013 年大幅低于平均水平，这直接导致了 2013 年扶贫重点县绿色多维减贫指数大幅低于 2012 年水平。2013 年连片特困地区的经济增长、环境保护、社会发展这 3 个指标值有所提高，多维减贫指标值出现下降；虽然经济增长和多维减贫的指标值大幅低于各地区平均水平，但是由于社会发展指标值在 2013 年略高于各地区平均水平，因而使得 2013 年绿色多维减贫指数虽为正值但出现大幅度减小的态势。

第三节　中国特殊类型地区农村绿色
多维减贫二级指标的绩效

上一节分别对不同类型地区 2012～2013 年的中国农村绿色多维减贫指数、4

个一级指标值进行了测量和排序。对绿色多维减贫指数来说，它的变化是经济增长、环境保护、社会发展和多维减贫这 4 个一级指标共同变化作用的结果。由于2012 年 4 个一级指标排名变化不明显，本节将主要使用 2013 年的贫困监测数据，来考察不同类型地区在各个一级指标下二级指标的具体情况。

一、经济增长效果比较

根据表 15 - 1 设立的中国农村绿色多维减贫指标体系，以及绿色多维减贫指数计算公式，2013 年中国不同类型地区经济增长效果测量结果和排名如表 15 - 5 所示。

表 15 - 5　　　　　　　　2013 年特殊类型地区经济增长指数对比

经济增长		二级指标											
		(1)		(2)		(3)		(4)		(5)		(6)	
地区类型	指标值	排名	指标值	排名	指标值	排名	指标值	排名	指标值	排名	指标值	排名	
贫困地区农村	0.1446	1	1.0578	1	0.5366	2	- 0.3780	2	0.4973	2	1.1224	1	0.0555	2
扶贫重点县	0.0516	2	- 0.1279	2	0.6171	1	- 0.7559	3	0.6538	1	- 0.3263	2	0.9711	1
连片特困地区	- 0.1962	3	- 0.9299	3	- 1.1538	3	1.1339	1	- 1.1512	3	- 0.7961	3	- 1.0266	3

注：（1）人均地区生产总值；（2）第二产业增加值比重；（3）第三产业增加值比重；（4）规模以上企业单位产值；（5）农业机械总动力；（6）居民储蓄存款余额占比。表中（1）~（6）这 6 个二级指标值均经过"均值—标准化"处理且未加权。

2013 年三种类型地区的经济增长指标值排名由前到后依次是贫困地区农村、扶贫重点县、连片特困地区，其中贫困地区农村和扶贫重点县的经济增长指标值为正，高于各地区的平均水平；连片特困地区的经济增长指标值为负，低于各地的平均水平。

从各地区经济增长的二级指标值来看，贫困地区农村除第三产业增加值比重低于各地平均水平外，其余 5 个二级指标值均为正，高于各地的平均水平；扶贫重点县在人均地区生产总值、第三产业增加值比重、农业机械总动力这 3 个二级指标值为负低于各地平均水平，第三产业增加值比重、规模以上企业单位产值、居民储蓄存款余额占比这 3 个二级指标值高于各地平均水平；连片特困地区除第三产业增加值比重为正高于各地平均水平外，其余 5 个二级指标值均为负，低于各地平均水平。

从经济增长指标值排名与其 6 个二级指标值排名对比来看，各地区的人均地区生产总值、农业机械总动力这两个二级指标值排名与经济增长指标值排名一致；第二产业增加值比重、规模以上企业单位产值、居民储蓄存款余额占比这 3 个二级指标值排名一致，但异于经济增长指标值的排名，其中扶贫重点县在这 3 个二级指标值依然优先于其他两类地区，贫困地区农村次之，连片特困地区表现相对最差；在第三产业增加值比重方面，连片特困地区在该二级指标排名第一优于其他两类地区，扶贫重点县的表现相对最差，排名低于贫困地区农村。

总体来说，经济增长指标是人均地区生产总值、第二产业增加值比重、第三产业增加值比重、规模以上企业单位产值、农业机械总动力、居民储蓄存款余额占比这 6 个二级指标共同作用的结果。从各个地区经济增长指标涵盖的 6 个二级指标对比来看，人均地区生产总值、农业机械总动力对贫困地区农村的贡献最大，因此，地区生产总值增长和农用机械普及率的提高均有助于贫困地区农村的经济增长；居民储蓄存款余额占比、规模以上企业单位产值对扶贫重点县的贡献最大，因此，居民收入水平和规模以上企业产值的增加均有助于扶贫重点县经济增长水平的提高；第三产业增加值比重对连片特困地区经济增长质量的提高具有独特贡献，一定程度上可以扭转连片特困地区相对较低的经济增长水平。

二、环境保护效果比较

2013 年中国不同类型地区环境保护效果的测度结果和排名如表 15 - 6 所示。

表 15 - 6　　　　　　　　2013 年特殊类型地区环境保护指数对比

环境保护		二级指标							
		(1)		(2)		(3)		(4)	
地区类型	指标值	排名	指标值	排名	指标值	排名	指标值	排名	指标值	排名
贫困地区农村	0.1007	1	0.1816	2	1.1341	1	1.1388	1	-0.4402	2
连片特困地区	-0.0295	2	0.8967	1	-0.3790	2	-0.4041	2	-0.7044	3
扶贫重点县	-0.0712	3	-1.0784	3	-0.7551	3	-0.7347	3	1.1446	1

注：(1) 人均森林面积；(2) 污水处理厂数目；(3) 垃圾处理站数目；(4) 拥有家畜集中饲养区行政村比重。表中 (1)~(4) 这四个二级指标值均经过"均值—标准化"处理且未加权。

2013 年三种类型地区的环境保护指标值排名由前到后依次是贫困地区农村、连片特困地区、扶贫重点县，其中贫困地区农村的环境保护指标值为正，高于各地区的平均水平；连片特困地区和扶贫重点县的环境保护指标值为负，低于各地的平均水平。

从各地区环境保护的二级指标值来看，贫困地区农村除拥有家畜集中饲养区行政村比重低于各地平均水平外，其余 3 个二级指标值均为正，高于各地的平均水平；连片特困地区除人均森林面积为正高于各地平均水平外，其余 3 个二级指标值均为负，低于各地平均水平；扶贫重点县除拥有家畜集中饲养区行政村比重高于各地平均水平外，其余 3 个二级指标值均为负，低于各地的平均水平。

从环境保护指标值排名与其 4 个二级指标值排名对比来看，各地区的污水处理厂数目和垃圾处理站数目这 2 个二级指标值排名与环境保护指标值排名一致；人均森林面积指标值排名、拥有家畜集中饲养区行政村比重指标值排名均异于环境保护指标值排名；在人均森林面积方面，连片特困地区表现优于其他两类地区，贫困地区农村次之，扶贫重点县表现相对最差；在拥有家畜集中饲养区行政村方面，扶贫重点县表现优于其他两类地区，贫困地区农村次之，连片特困地区表现相对最差。

总体来说，环境保护指标值是人均森林面积、污水处理厂数目、垃圾处理站数目、拥有家畜集中饲养区行政村比重这 4 个二级指标共同作用的结果。从各个地区环境保护指标涵盖的 4 个二级指标对比来看，污水处理厂数目、垃圾处理站数目对贫困地区农村的贡献最大，因此，污水处理厂和垃圾处理厂的增加均有助于贫困地区农村环境保护质量的提高；人均森林面积对连片特困地区贡献最大，森林覆盖面积的扩大对于连片地区环境保护具有重要作用；拥有家畜集中饲养区行政村比重对扶贫重点县环境保护质量的贡献最大，家畜集中饲养有利于改善扶贫重点县环境保护质量。

三、社会发展效果比较

2013 年中国不同类型地区社会发展效果的测度结果和排名如表 15 - 7 所示。

表 15 - 7　　　　　　　2013 年特殊类型地区社会发展指数对比

社会发展			二级指标										
		(1)		(2)		(3)		(4)		(5)		(6)	
地区类型	指标值	排名	指标值	排名	指标值	排名	指标值	排名	指标值	排名	指标值	排名	
贫困地区农村	0.1036	1	1.0472	1	1.0905	1	1.1545	1	1.1410	1	-0.3527	2	-0.6261	3
连片特困地区	0.0033	2	-0.9450	3	-0.2163	2	-0.5947	3	-0.4171	2	1.1286	1	1.1533	1
扶贫重点县	-0.1069	3	-0.1022	2	-0.8741	3	-0.5598	2	-0.7240	3	-0.7759	3	-0.5272	2

注：(1) 人均社会消费品零售额；(2) 剧场、影剧院数目；(3) 各种社会福利收养性单位数目；(4) 体育场馆数目；(5) 新型农村社会养老保险参保率；(6) 新型农村合作医疗参保率。表中 (1) ~ (6) 这六个二级指标值均经过"均值—标准化"处理且未加权。

2013 年三种类型地区的社会发展指标值排名由前到后依次是贫困地区农村、连片特困地区、扶贫重点县，其中贫困地区农村和连片特困地区的社会发展指标值为正，高于各地区的平均水平；扶贫重点县的社会发展指标值为负，低于各地的平均水平。

从各地区社会发展的二级指标值来看，贫困地区农村除新型农村社会养老保险参保率、新型农村合作医疗参保率低于各地平均水平外，其余 4 个二级指标值均为正，高于各地的平均水平；连片特困地区在人均社会消费品零售额、剧场/影剧院数目、各种社会福利收养性单位数目、体育场馆数目这 4 个二级指标值为负低于各地平均水平，新型农村社会养老保险参保率、新型农村合作医疗参保率这两个二级指标值高于各地平均水平；扶贫重点县所有 6 个二级指标值均为负，低于各地平均水平。

从社会发展指标值排名与其 6 个二级指标值排名对比来看，各地区的剧场/影剧院数目、体育场馆数目这两个二级指标值排名与社会发展指标值排名一致；人均社会消费品零售额、各种社会福利收养性单位数目这两个二级指标值排名一致，但异于社会发展指标值排名，其中贫困地区农村的这两个二级指标值依然优于其他两类地区，扶贫重点县次之，连片特困地区表现相对最差；在新型农村社会养老保险参保率方面，连片特困地区在该二级指标排名第一优于其他两类地区，贫困地区农村的表现次之，扶贫重点县排名最后；在新型农村合作医疗参保率方面，连片特困地区在该二级指标排名第一优于其他两类地区，扶贫重点县的表现次之，贫困地区农村排名最后。

总体来说，社会发展指标值是人均社会消费品零售额、剧场/影剧院数目、各种社会福利收养性单位数目、体育场馆数目、新型农村社会养老保险参保率、新型农村合作医疗参保率这 6 个二级指标共同作用的结果。从各个地区社会发展指标涵盖的 6 个二级指标对比来看，人均社会消费品零售额、剧场/影剧院数目、各种社会福利收养性单位数目、体育场馆数目对贫困地区农村的贡献最大，因此，社会消费品零售额、剧场/影剧院数目、各种社会福利收养性单位数目、体育场馆数目均有助于贫困地区农村社会发展质量的提高；新型农村社会养老保险参保率、新型农村合作医疗参保率对连片特困地区社会发展质量的提高具有显著影响，农村养老保险和合作医疗覆盖面的扩大对于连片地区社会发展具有重要作用；扶贫重点县在这 6 个二级指标的表现均欠佳，相对于另外两类地区，需要着力全面改善扶贫重点县的社会发展水平。

四、多维减贫效果比较

2013 年中国不同类型地区多维减贫效果的测量结果和排名如表 15 - 8 所示。

表 15 – 8　　　　　　　　　2013 年特殊类型地区多维减贫指数对比

地区类型	二级指标											
	多维减贫		(1)		(2)		(3)		(4)		(5)	
	指标值	排名	指标值	排名	指标值	排名	指标值	排名	指标值	排名	指标值	排名
扶贫重点县	0.1279	1	1.1209	1	- 0.2373	2	0.8729	1	0.8444	1	- 0.8321	1
贫困地区农村	0.0653	2	- 0.3203	2	- 0.8600	3	0.2182	2	0.2598	2	1.1094	3
连片特困地区	- 0.1933	3	- 0.8006	3	1.0973	1	- 1.0911	3	- 1.1043	3	- 0.2774	2

地区类型	二级指标											
	(6)		(7)		(8)		(9)		(10)		(11)	
	指标值	排名	指标值	排名	指标值	排名	指标值	排名	指标值	排名	指标值	排名
扶贫重点县	- 0.0949	2	- 1.0596	1	1.1547	1	0.4687	2	1.1529	1	0.8729	1
贫困地区农村	1.0441	1	0.9272	3	- 0.5774	2	0.6796	1	- 0.5207	3	0.2182	2
连片特困地区	- 0.9492	3	0.1325	2	- 0.5774	2	- 1.1483	3	- 0.6322	3	- 1.0911	3

注：（1）有幼儿园或学前班的行政村比重；（2）有小学且就学便利的行政村比重；（3）有卫生站（室）的行政村比重；（4）有合法行医证医生/卫生员的行政村比重；（5）居住竹草土坯房的农户比重；（6）独用厕所的农户比重；（7）使用炊用柴草的农户比重；（8）通电自然村比重；（9）通有线电视信号自然村比重；（10）通宽带自然村比重；（11）百户汽车拥有量；其中（5）和（7）分别为逆指标，均已经处理为正指标，因此当指标值为负且绝对值越大时，对多维减贫具有促进作用，指标排名也不同于正指标。表中（1）~（11）这十一个二级指标值均经过"均值—标准化"处理且未加权。

　　2013 年三种类型地区的多维减贫指标值排名由前到后依次是扶贫重点县、贫困地区农村、连片特困地区，其中扶贫重点县和贫困地区农村的多维减贫指标值为正，高于各地区的平均水平；连片特困地区的多维减贫指标值为负，低于各地的平均水平。需要注意的是，居住竹草土坯房农户比重和使用炊用柴草农户比重这两个二级指标为逆指标，指标值的解释区别于其他正指标；这两个指标值出现负值时，对多维减贫具有促进作用。

　　从各地区多维减贫的二级指标值来看，扶贫重点县除了有小学且就学便利的行政村比重、居住竹草土坯房的农户比重、独用厕所的农户比重、使用炊用柴草的农户比重这 4 个二级指标值为负低于各地平均水平外，其余 7 个二级指标值均为正，高于各地的平均水平；贫困地区农村有幼儿园或学前班的行政村比重、有小学且就学便利的行政村比重、通电自然村比重、通宽带自然村比重这 4 个二级指标值为负低于各地平均水平，其余 7 个二级指标值高于各地平均水平；连片特困地区除有小学且就学便利的行政村比重、使用炊用柴草的农户比重指标值为正高于各地平均水平外，其余 9 个二级指标值均为负，低于各地平均水平。

　　从多维减贫指标值排名与其 11 个二级指标值排名对比来看，各地区有幼儿园或学前班的行政村比重、有卫生站（室）的行政村比重、有合法行医证医生/

卫生员的行政村比重、通宽带自然村比重、百户汽车拥有量这5个二级指标值排名与多维减贫指标值排名一致；独用厕所的农户比重、通有线电视信号自然村比重这两个二级指标值排名一致，但异于多维减贫指标值排名，其中贫困地区农村在这两个二级指标上依然优先于其他两类地区，扶贫重点县次之，连片特困地区表现相对最差；居住竹草土坯房的农户比重、使用炊用柴草的农户比重这两个二级指标值排名一致，但异于多维减贫指标值排名，其中扶贫重点县在这两个二级指标上依然优先于其他两类地区，连片特困地区次之，贫困地区农村表现相对最差；在有小学且就学便利的行政村比重方面，连片特困地区在该二级指标排名第一优于其他两类地区，扶贫重点县的表现相对最差，排名低于贫困地区农村；在通电自然村比重方面，扶贫重点县在该二级指标排名优于其他两类地区，而贫困地区农村和连片特困地区的指标值相等。

总体来说，多维减贫指标值是有幼儿园或学前班的行政村比重、有小学且就学便利的行政村比重、有卫生站（室）的行政村比重、有合法行医证医生/卫生员的行政村比重、居住竹草土坯房的农户比重、独用厕所的农户比重、使用炊用柴草的农户比重、通电自然村比重、通有线电视信号自然村比重、通宽带自然村比重、百户汽车拥有量这11个二级指标共同作用的结果。从各个地区多维减贫指标涵盖的11个二级指标对比来看，通电自然村比重、通宽带自然村比重对扶贫重点县的贡献最大，那么基础电力设施和公共服务设施的增加对于扶贫重点县的多维减贫效果具有促进作用；独用厕所的农户比重对贫困地区农村的贡献最大，那么提高农村卫生水平有助于贫困地区农村多维减贫质量的提高；有小学且就学便利的行政村比重对连片特困地区的贡献最大，那么普及义务教育、提高义务教育配套设施均对连片特困地区多维减贫质量的提高具有显著影响。

第十六章 中国城镇低保政策减贫效果的评估

在前面的章节中，我们将城镇贫困分为多维贫困和收入贫困，并寻找出致贫原因，总体上讲，已经回答了"城镇贫困是什么"以及"为什么导致城镇贫困的发生"等问题。本章中，我们将对中国城镇低保政策的减贫效果进行评估，找出低保政策存在的问题，提出解决方案。

第一节 中国城镇扶贫政策

一、中国城镇扶贫政策的演变

20 世纪 90 年代以前，中国贫困问题主要集中在农村地区，但我国政府并没有忽视对城镇地区困难群众的救助，城镇扶贫工作主要经历了以下几个阶段：

第一阶段：新中国成立至 20 世纪 90 年代初期，传统社会救济济贫阶段。新中国成立初期，我国处于"高就业和低工资"的计划经济阶段，此时城市救助的对象仅为"三无"人员和少数特殊人员，对于此类扶贫对象，地方政府各自建立地方性社会救济条例，并对困难群众施与临时或定期救济。该救济制度在救济对象、救济标准的制定以及救济程序的操作化方面较为随意，缺少规范性和法律效力。在经历"文革"后，其在操作层面上更具"社会福利"的性质，并且"道义""慈善"特征明显（汪雁，2001）。

第二阶段：20 世纪 90 年代初期至中期，以国家补贴为主的社会扶持阶段。1993 年之前，城镇贫困群体许多来自国有企业的困难职工，随着社会主义市场经济体制改革的深入，许多国有企业难以适应激烈的市场竞争，出现大面积亏损，困难职工与下岗职工成为城市贫困的主体。于是，我国政府大力扶持企业，千方百计筹集资金发给职工基本生活费，但企业亏损总额一直上升，一些依靠贷款、补贴维持生存的企业，并未能有效地改善职工生活状况，甚至出现企业截流、挪用、浪费以及企业负责人自肥的现象，事实证明，通过补贴亏损企业以救助贫困职工并不符合社会保障社会化的改革方向（张浩淼，2008）。

第三阶段：20世纪90年代中后期，以失业保障为主的社会保护制度阶段。1995年以后，随着社会转型和国有企业改革的深化，下岗职工越来越多，对此，我国设立了下岗职工基本生活保障制度，即国有企业要普遍建立再就业中心，不仅向下岗职工发放基本生活费，还承担代缴社会保险费、进行转岗培训、推荐就业等任务。但失业作为市场经济的必然产物，下岗职工生活保障和失业保险的并轨成为必然趋势，于是以失业保险、养老保险和医疗保险为主体的社会保险制度建立起来，并纳入我国社会保障体系范畴。

第四阶段：20世纪90年代末，以"三条保障线"为基础的城镇扶贫标准基本确立。"三条保障线"，即下岗职工基本生活保障、失业保险制度和城镇居民最低生活保障。前两条是预防下岗和失业城市居民陷入贫困的保障线，最低生活保障线是对已经陷入贫困的城镇居民进行救助的保障线。这三条保障线在一定程度上保证了城镇居民特别是贫困家庭的基本生活，起到了缓解贫困的作用。特别是1999年，国务院发布了建立城镇居民最低生活保障制度的通知，标志着我国城镇扶贫标准基本确立。

二、中国城镇最低生活保障制度的演变

目前，城镇最低生活保障制度是我国城市扶贫最重要的政策之一，在保护弱势群体权益和维护社会稳定方面发挥了巨大作用，该制度本身也经历了从初步发展到逐步完善的过程。

（一）初创试点阶段：1993~1997年

1993年6月1日，上海市率先建立"城市居民最低生活保障线制度"，对家庭收入调查、资格认定、标准测算、资金发放等做了初步探索。1994年，在第十次全国民政工作会议上，民政部明确了推行低保制度的工作目标；1995年，上海、厦门、福州、大连等11个城市建立了城市低保制度；1996年，政策实施城市扩大到了116个。据统计，1997年，全国城镇贫困人口532.6万人，其中有89.2万名低保线下的城镇居民获得了救助。这一阶段的工作重点是突破原有社会救助理念，探索建立能覆盖下岗职工、失业人员的新救助体系，其主要问题在于制度设计不完善，操作程序不规范等。

（二）正式确立并全面实施阶段：1997～1999 年

1997 年 9 月，国务院正式下发《关于在全国建立城市最低生活保障制度的通知》，随即规定了城市低保制度保障对象的范围、保障标准、资金来源等政策界限，该通知标志着城市低保制度在中国正式确立。至 1999 年 9 月底，全国 667 个城市、有建制镇的 1638 个县政府所在地的镇，全部建立了城市低保制度，共有 531.6 万名处于最低生活保障线以下的城镇居民得到了救助（李学举，2008）。这一阶段的工作重点在于全面推广并实施该制度，但其面临的主要问题在于覆盖面过于狭窄、资金投入不足、制定标准不科学以及保障水平偏低等（洪大用、刘仲翔，2002）。

（三）扩展阶段：2000～2002 年

截至 2000 年底，国家用于城市最低生活保障的支出达 27.2 亿元，比上年增长 76.6%，共有 402.6 万名城镇居民得到了低保补助。[①] 2001 年，国务院下发《关于进一步加强城市居民最低生活保障的通知》，通知要求"尽快把所有符合条件的城镇贫困人口纳入最低生活保障范围"。截至 2002 年底，共有 2064.7 万城镇居民、819 万低保家庭得到了最低生活保障，基本实现应保尽保的目标。该阶段的主要任务是将符合条件的困难群众全部纳入低保范围，但资金分担问题、管理不规范等问题依然没有得到很好的解决。

（四）规范管理阶段：2002～2008 年

2002 年 10 月，民政部把"完善制度、规范管理"作为低保工作的长期工作重点。从 2003 年起，各地方政府从当地实际出发，制定了一系列城市低保的实施办法和操作规程。2003 年，全国民政厅局长会议提出"分类施保""分类救助"的制度建设，2004 年，民政部正式成立最低生活保障司，专项负责城乡最低生活保障工作，此后最低生活保障司更名为社会救助司，各地方低保工作机构、队伍建设及经费保障得到了不同程度的落实、健全和解决（钟玉英，2011）。该阶段在规范化管理方面取得很大进步，但仍存在人情低保、低保人员的隐性收入难以核算、分类救助不完善等问题。

（五）法律制度化阶段：2008 年至今

2008 年 8 月，国务院公布《中华人民共和国社会救助法（征求意见稿）》，

---

① 《2000 年民政事业发展统计报告》，http://cws.mca.gov.cn/article/tjbg/200801/20080100009395.shtml。

标志着城市低保制度的建设进入法制化阶段。2008 年 10 月，民政部发布了《城市低收入家庭认定办法》；2010 年 8 月，民政部下发了《关于进一步加强城市低保对象认定工作的通知》，并指出"针对近期一些地方暴露出的低保对象认定不准问题，各地要严肃查处"；2011 年，在《关于进一步规范城乡居民最低生活保障标准制定和调整工作的指导意见》中，民政部强调适时调整低保标准，科学确定城乡低保标准制定方法。截至 2018 年底，我国最低保障人数达 4527.7 万人，其中城市低保人数为 1008 万人，城市居民低保平均水平达每月 580 元，相对于 2012 年的 330 元，增幅高达 75%。我国政府加大财政投入支持低保事业的发展，不断提高低保的管理水平，完善各项配套措施，我国城市低保在执行和操作环节的规范性方面得到了明显的改善。

第二节　中国城镇低保政策的保障范围及人口构成

一、城镇低保资金来源及保障范围

（一）城镇低保资金来源与补助水平

低保制度建立初期，其资金支出主要由地方财政负担。从 1999 年开始，中央财政开始补助部分困难省市，补助范围和补助力度逐年增加；2003 年全国城市低保支出资金为 150.5 亿元，中央财政支出 92 亿元；2014 年，全年各级财政共支出城市低保资金共计 721.7 亿元，其中中央财政补助资金达 518.88 亿元，占总支出的 71.9%；到 2017 年，全年各级财政共支出城市低保资金共计 640.5 亿元，其中中央财政补助资金达 23.8 亿元，用于落实优抚对象医疗待遇和解决优抚对象医疗困难问题，惠及全国 380.6 万优抚对象。图 16 - 1 呈现了近年来城镇低保平均标准的变化情况。

城镇低保标准是维持最低生活水平人均每月所需金额，由地方政府制定。在国家的大力支持下，该项补助标准呈现连年递增态势，由 2004 年平均每人每月 152 元上升到 2017 年 540.6 元，平均年增幅为 10% 左右。

为了更翔实地反映我国低保人口状况，本节根据民政部公布的 2017 年全国县以上低保人数统计数据以及国家统计局公布的各省、自治区、直辖市的城市人口算出了城市低保人口的比率（见表 16 - 1）。

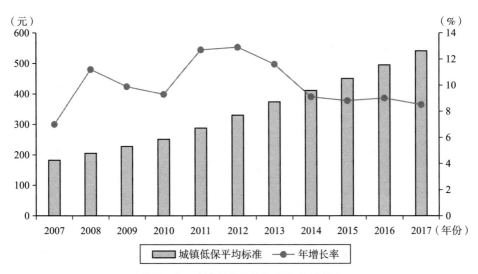

图 16－1　城镇低保平均标准和年增长率

资料来源：《中国民政统计年鉴》历年数据。

表 16－1　　　　　　　　　　　我国低保人口标准及人数

地区	城市低保人数（万人）	平均月低保标准（元）	城市人口数（万）	占城市人口比率（％）
全国	1480.242	540.6	81347	1.82
北京	8.1882	900.0	1878	0.44
天津	12.1684	860.0	1291	0.94
河北	47.5772	544.0	4136	1.15
山西	53.0928	467.5	2123	2.50
内蒙古	49.1401	591.6	1568	3.13
辽宁	62.0121	561.6	2949	2.10
吉林	67.8281	483.4	1539	4.41
黑龙江	111.1158	550.7	2250	4.94
上海	16.8225	970.0	2121	0.79
江苏	24.8442	645.6	5521	0.45
浙江	10.8937	706.2	3847	0.28
安徽	54.4104	531.2	3346	1.63
福建	8.5879	589.8	2534	0.34
江西	89.5682	531.7	2524	3.55
山东	30.8575	513.6	6062	0.51

续表

地区	城市低保人数 （万人）	平均月低保标准 （元）	城市人口数 （万）	占城市人口比率 （%）
河南	82.1176	459.6	4795	1.71
湖北	55.2887	563.6	3500	1.58
湖南	111.8173	444.1	3747	2.98
广东	25.4644	674.8	7802	0.33
广西	22.6134	518.0	2404	0.94
海南	7.5354	484.4	537	1.40
重庆	34.7765	500.0	1971	1.76
四川	134.4965	485.1	4217	3.19
贵州	35.8188	557.0	1648	2.17
云南	89.6829	516.0	2241	4.00
西藏	3.5856	751.5	104	3.44
陕西	42.0888	532.2	2178	1.93
甘肃	69.9949	458.6	1218	5.75
青海	16.3213	450.5	317	5.14
宁夏	14.5716	473.2	395	3.69
新疆	86.9614	409.0	1207	7.20

资料来源：笔者根据《中国民政统计年鉴（2018）》及《中国统计年鉴（2018）》计算整理所得。

表16-1中数据显示，由于各省市财政状况不同，低保标准相差较大，多数城镇的月标准均已达500元以上，月标准低于500元的省自治区有河南、湖南、海南、四川、甘肃、青海、宁夏、新疆；按世界银行最新国际扶贫标准每人每天1.9美元计算，2017年我国城镇平均月低保标准均位于国际扶贫标准以上，398元/月①。

（二）城镇低保人口范围

在传统城市救济阶段，城市救济人口在1994年之前变化并不明显，并且数量较少。改革开放初期，城市救济人员平均为30万~40万人次②；在20世纪90年代初，该数量下降至23万人次左右；1995年以后，由于国企改革深化，下岗职工逐步增加，因此，城市贫困人口迅速增加至109万人，随后，城市低保制度

---

① 按国家统计局公布的2017年年平均汇率水平6.7518元折算所得。
② 1984年数据特征源于精减退职老职工人数合并农村的数据。

开始建立和逐步完善（见图 16 - 2）。

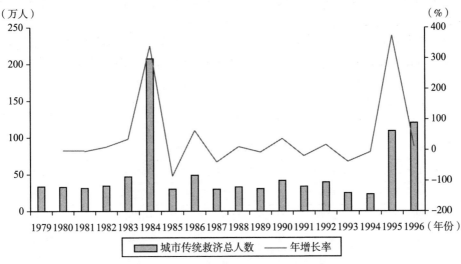

图 16 - 2 城镇救济总人数与年增长率

资料来源：《中国民政统计年鉴（2018）》数据。

自 1997 年低保制度在上海试行以后，城市最低生活保障人数迅速上升。1996~2002 年，低保人数由 84.9 万人次上升至 2064.7 万人次。此后，城镇低保人口稳定在 2300 万人左右，2010 年起有逐年下降趋势，2013 年城市低保人口为 2064.2 万人次，比上一年下降了 3.69%。截至 2017 年底，城镇低保政策覆盖人口数量为 1480.242 万人，占城镇人口总数的 1.82%（见图 16 - 3）。

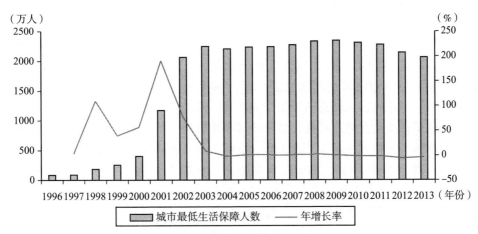

图 16 - 3 城镇最低生活保障人数及年增长率

资料来源：中国民政统计数据。

我国各省份低保人数差别较大，由表 16 – 1 可知，低保人数占城镇人数比例高于 4% 的省份有云南省、吉林省、黑龙江省、甘肃省和新疆维吾尔自治区，新疆的低保率已达 7.2%，低保率低于 1% 的省市有北京、天津、上海、江苏、浙江等。本节根据各省份低保率进行了划分（见表 16 – 2），结果发现，我国低保贫困人口发生率较低的地区大多分布在沿海较为发达的省份，低保贫困发生率较高的省份则大多集中在西部及东北地区，而东北和中部部分地区低保贫困人口发生率大多分布在 2% ~ 4%。

表 16 – 2　　　　　　　　　各地区低保人口发生率

0 ~ 1%	1% ~ 2%	2% ~ 3%	3% ~ 4%	高于 4%
北京	河北	辽宁	内蒙古	云南
天津	海南	贵州	四川	吉林
上海	湖北	山西	西藏	黑龙江
江苏	安徽	湖南	江西	青海
浙江	河南		宁夏	甘肃
福建	重庆			新疆
山东	陕西			
广东				
广西				

资料来源：笔者根据《中国民政统计年鉴（2018）》计算整理所得。

二、城镇低保人员的构成

1979 ~ 1983 年，中国城镇救济人口主要分为两类，城市传统定向救助人员与城市退休、老年职工，其中以传统定向救助人员为主，约占救济人口的 2/3。1984 年后，城市救济人口增加两类，享受 40% 收入补助人口与定量救济人口，与此同时，城市救济人口总数增加（见图 16 – 4）。

城镇最低生活保障制度取代城市救济制度以后，将城镇困难群众进行了重新划分，具体分为在职人员、下岗人员、退休人员、失业人员、"三无"人员与其他人员。截至 2006 年底，城市低保对象中，在职人员 97.6 万人，占总人数的 4.3%；下岗人员 350 万人，占总人数的 18.8%；"三无"人员 93.1 万人，占总人数 4.2%；其他救助人员占总人数 54.7%。由此可见，其他需救助人员的比例在保障人口占多数，为了更加精确瞄准困难群众，政府对保障人群做了进一步细分（见图 16 – 5）。

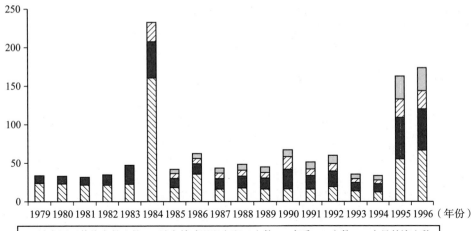

图16-4 城镇传统救济人员构成（1979~1996年）

资料来源：笔者根据历年《中国民政统计年鉴》整理。

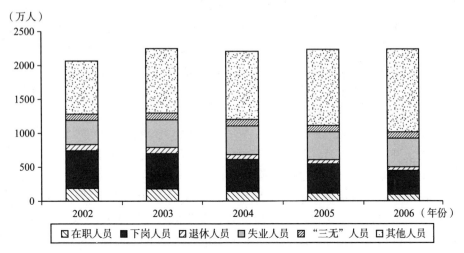

图16-5 城镇低保人员构成（2002~2006年）

资料来源：笔者根据历年《中国民政统计年鉴》整理所得。

2007年以后，低保制度将残疾人、老年人以及未成年人纳入低保分类范畴，低保人群划分为五大类：残疾人、三无人员、老年人、成年人与未成年人。其中成年人细分为在职人员、灵活就业与登记失业人员，未成年人主要指在校生。至此，低保人员划分基本囊括了城镇居民各方面成员，方便分类管理及进行针对性扶助。本文整理了2012年、2014年、2018年城镇低保人员构成情况，结果如表16-3所示。

表 16 – 3   低保人口构成（2015 ~ 2017 年）   单位：人，%

类型		2015 年		2016 年		2017 年	
		人数	比例	人数	比例	人数	比例
全国	总计	1701.0975		1480.2422		1261.027	
无劳动能力	残疾人	165.6916	10	156.4792	11	159.9295	13
	老年人	293.4761	17	257.9514	17	218.952	17
成年人	在职人员	31.0890	2	22.6764	2	18.5588	1
	灵活就业	377.3190	22	304.3739	21	265.0103	21
	登记失业	264.1439	16	252.9273	17	153.539	12
	未登记失业	394.0229	23	370.8758	25	399.5995	32
未成年人	未成年人	341.0466	20	271.4374	18	205.3671	16

资料来源：笔者根据历年《中国民政统计年鉴》整理所得。

　　表 16 – 3 中数据显示，目前，我国城镇低保人员分为三类：第一类，无劳动能力人口。该部分人口属于传统城镇贫困群体，总人数占低保人口 30% 左右，包括残疾人及老年人，其中老年人居多，占 17%。这些人员往往来自经济效益不好的国有企业，当他们步入中老年的时候，他们成为减员增效的"牺牲品"，提前退休或者退休工资过低使他们跌入贫困人口范畴，且随着老龄化进程的推进，该比例呈不断上升趋势。

　　第二类，下岗失业人员、低收入人口。这部分人口包括下岗职工、非自愿失业人员以及部分低收入者。表 16 – 3 显示，失业者合计占城镇低保总人口 40% 左右，其中登记失业有一定程度的下降趋势，灵活就业变动不明显，而未登记失业人口则在不断攀升。由此可见，未登记失业人员是城镇最低生活保障的主要对象。在职人员的群体主要包括个体经营者、在非正式部门就业的低收入居民等，他们的共同特点是文化程度低、无固定工作且收入低下，他们的家庭成员中大都没有参加社会保险，在此情况下，如果家庭成员突发严重疾病往往导致贫困，如果有未满九年义务教育的学生，更加重家庭负担，甚至产生贫困代际传递。

　　第三类，未成年低保人口。该部分人口主要针对失学学生以及在校大学生等未成年人口，家庭贫困导致该部分人口过早地辍学或走入劳动力市场，该比例在逐渐缩小，但整体未成年人贫困已达 20% 左右。

　　还有一类人口数量巨大但是无法计入城镇低保统计范畴，如农村流入城市的进城务工者。此类人群不具有城镇户籍，因此无法纳入城镇低收入保障体系，其收入水平高于农村低保水平，因此也无法享受农村低保政策，然而在城市之中居无定所、风餐露宿，靠当保姆、打零工维持生计，补贴家用，在城市夹缝中求生存，也被称为"城市边缘贫困人口"。即便如此，他们也不愿回到农村，进城务工仍然使他们经济上得到实惠。根据国家统计局发布的《国民经济和社会发展统计公报》显示，2018 年我国全国农民工总量 28836 万人，比上年增长 0.6%，其中外出农民工 17266 万人，增长 0.5%；本地农民工 11570 万人，增长 0.9%。由此可见，随着中国工业化和城镇化进程的加快，将来会有越来越多的农民工进入城市，如果不改变他们的处境，这个人群将成为将来中国最大的城镇贫困人口群体。

三、城镇低保覆盖情况测算

本节根据 CFPS 所提供家户数据信息，计算出了城镇多维贫困与收入贫困人口接受低保补助情况，具体结果如表 16 – 4 所示。

表 16 – 4　　　　　　　　城镇贫困人口低保覆盖范围统计

类型	2010 年	2012 年	2014 年
多维贫困样本量（人）	1280	923	1060
接受低保样本量（人）	175	191	182
比例（%）	13.67	20.69	17.17
收入贫困样本量（人）	1915	1081	1066
接受低保样本量（人）	335	280	192
比例（%）	17.49	25.9	18.01

资料来源：笔者根据 CFPS 数据整理所得。

首先考察多维贫困样本数量，2010 年、2012 年和 2014 年多维贫困人口样本分别为 1280 人、923 人、1060 人。其中，2012 年多维贫困人口数量最少，然而该年度接受低保补助的人数最多，约占低保人数 20.7%，2010 年低保覆盖率最低，仅为 13.67%，2014 年为 17.17%。其次，收入贫困发生率最高的年份为2010 年，接受低保补助的人员数量也最多，但由于贫困人口基数较大，平均低保覆盖率仅为 17.49%。2012 年，收入贫困人口接受低保补助的比例最高为 25.9%，2014 年该比例降为 18.01%。由此可见，2010 ~ 2014 年，低保政策覆盖率并不高，无明显的扩张趋势。综合来看，多维贫困户接受低保补助的比例最低，收入贫困户接受低保补助比例较高，究其原因，一方面是两种类型贫困人口的定义方法不同，而低保制度的瞄准机制就是以收入标准判断的是否属于贫困人口；另一方面，低保政策对于多维贫困人口的扶助程度有限，大部分多维贫困人口尚未纳入城市扶贫体系。

　　下面，我们换一个角度看待我国低保制度的保障范围。表16-5提供了已接受国家低保补助的人口数量，即政策覆盖的低保户。并将低保户中属于多维贫困和收入贫困的人口数量进行统计。

表16-5　　　　　　　　　　　　城镇低保覆盖情况

类型	2010年	2012年	2014年
低保样本量（人）	810	773	1,061
其中属于多维贫困（人）	175	191	182
所占低保样本比例（%）	21.6	24.71	17.15
其中属于收入贫困（人）	335	280	192
所占低保样本比例（%）	41.36	36.22	18.1

资料来源：笔者根据CFPS数据整理所得。

　　CFPS数据显示，2012年我国城市中接受低保补助的人口数量最少，然而其中包含多维贫困人口数量最多，占低保总人数的24.71%；收入贫困人口数量占低保总数的1/3左右。值得注意的是，在2012年的样本数据中，773人接受国家低保补助，但其中仅有231人家庭人均收入低于地区低保线，也就是说低保户中仅有30%左右人口的人均收入真正低于低保标准。2010年低保户中，收入贫困人口比重最高，达40%以上，而2014年该项比例仅为18.1%，并且进一步测算发现，2014年低保户中仅有16%左右的人口家庭人均收入低于地区低保线。总体上看，低保制度仅惠及了1/3的城镇贫困群体，大量多维贫困和收入贫困人口不在低保保障范围内（见图16-6）。

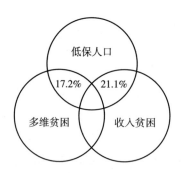

图16-6　我国城镇低保覆盖范围

　　综上所述，我们得出以下结论，低保制度仅在一定程度上缓解了部分城镇贫困人口的生活压力，但并不能从根本上解决我国城镇贫困问题。原因如下：首先，城镇低保制度的保障对象为城镇户籍人口，导致大量农民工难以享受该项补助，而广大农村转移劳动力已构成我国城镇贫困的主体，该部分人口无法享受农村低保制度的保护，成为我国社会保障体系的灰色地带；其次，由于低保制度的审核监督机制并不完善，不排除低保家庭收入指标存在一定程度谎报、瞒报情况；最后，统计信息滞后。CFPS 低保指标设置为该家庭过去 12 个月是否接受国家低保补助，而不同地区低保金额是按月或按季审核和发放，因此，部分由于暂时失业导致陷入低保救助的家庭在重回劳动市场后，家庭生活水平改善迅速，在数据统计中部分家庭收入已脱离低保线，当然也从一个方面反映了我国低保标准仍存在设置过低的问题。在后面章节中，我们会将城镇低保制度的存在问题进行详细分析。

第三节 中国城镇低保制度的减贫效果分析

一、低保制度对多维贫困的减贫效果分析：一种模拟分析方法

城镇低保制度的瞄准对象并非多维贫困人口，因此对于其政策评估存在一定难度，本节借鉴李实、杨穗（2009）的分析思路为，按照"应保尽保、应退尽退、应补尽补"的原则，在其他多维贫困指标不变的情况下，假设城镇低保制度并不存在户籍差异，并且已惠及全部多维贫困家庭，即多维贫困家庭收入指标不存在剥夺现象，考察多维贫困人口的发生率及剥夺深度有何变化，具体结果如表 16-6 所示。

表 16-6   纳入低保后多维贫困变化情况

贫困阈值	H（%）			A（%）			PMI 指数（M_0）		
	低保前	低保后	变化	低保前	低保后	变化	低保前	低保后	变化
k = 10%	21.38	19.38	-2.00	22.02	21.29	-0.73	0.047	0.041	-0.006
k = 20%	8.29	6.58	-1.71	30.47	30.28	-0.20	0.025	0.020	-0.005
k = 30%	3.42	2.71	-0.71	38.67	37.80	-0.87	0.013	0.010	-0.003
k = 40%	1.41	1.13	-0.28	45.47	44.10	-1.37	0.006	0.005	-0.001
k = 50%	0.49	0.24	-0.25	52.00	52.96	0.96	0.003	0.001	-0.002

资料来源：笔者根据 CFPS 数据测算整理所得。

表 16 – 6 的结果显示，在完善的低保制度下，城镇多维贫困问题可以得到缓解。无论选择何种贫困阈值，纳入低保后的城镇多维贫困发生率均比纳入低保前有所下降，但随着贫困线的提高，低保制度的减贫作用逐渐降低。当 K = 10% 时，多维贫困发生率会比纳入低保前下降 2%，当 K = 50% 时，多维贫困发生率仅下降 0.25%，因此对于低阶的多维贫困，低保制度减贫效果更明显。纳入低保后，多维贫困深度少于四阶贫困的情况下有所下降；在达到五阶贫困时，贫困深度比纳入低保前有所增加。纳入低保后多维贫困指数 M_0 有所下降，但下降幅度并不明显。因此，整体上来讲，低保制度可以降低多维贫困水平，但减贫效果因贫困阈值的选择而不同，并且效果有限。

若选择 K = 20% 作为我国多维贫困线，则分区域看，低保制度在西部区的减贫效果最为明显。多维贫困率由纳入低保前的 10.48% 下降至纳入低保后的 7.58%，下降幅度将近 3 个百分点；其次为东北地区和中部，纳入低保前后贫困发生率变化分别为 – 1.87% 和 – 1.73%；东部地区减贫效果较弱，其中原因不难理解，本身东部地区经济水平相对发达，收入贫困的发生率较低，相应的低保人口数量较少，因此收入被剥夺程度较低，仅低保指标达到扶贫标准并不能大幅度削减多维贫困人口数量，而西部地区情况相反，收入贫困发生率高，收入指标被剥夺人数较多，低保制度在多维减贫方面的效果更加明显（见表 16 – 7）。

表 16 – 7　　　　　　　　　不同区域下多维贫困人口低保前后变化情况

区域	H（%）			A（%）			PMI 指数（M_0）		
	低保前	低保后	变化	低保前	低保后	变化	低保前	低保后	变化
东部	8.02	6.94	– 1.08	29.92	30.00	0.08	0.024	0.021	– 0.003
中部	6.60	4.87	– 1.73	32.02	32.26	0.23	0.021	0.016	– 0.005
西部	10.48	7.58	– 2.91	31.06	30.79	– 0.26	0.033	0.023	– 0.009
东北	9.06	7.19	– 1.87	29.46	28.64	– 0.82	0.027	0.021	– 0.006

资料来源：笔者根据 CFPS 数据测算整理所得。

在贫困深度方面，东部与中部地区的多维贫困人群纳入低保后贫困深度不降反增，尤其中部地区贫困深度增加 0.23%。究其原因：第一，分母效应。根据公式（贫困深度公式）多维贫困人口数量下降较多，公式内分母下降大，每个人所承受的相对贫困分值上升，相对贫困深度增加。第二，权重效应。权重作用下，其他维度贡献率相对上升，贫困总分值下降少。如表 16 – 8 所示，享受低保后，除收入指标外，仅儿童失学指标对于贫困的贡献率有所下降，而其他多维贫困指标对贫困的贡献率相对增加。换句话说，东中部地区，低保政策能达到减少贫困人口数量，但并未改变多维贫困人口生活状况，在某种程度上，甚至拉大了居民其他维度差距。

表 16 − 8　　　　　　　　　多维指标贡献率在低保前后的变化情况

指标	低保前（%）	低保后（%）	变化（%）
教育年限	31.41	32.04	0.63
儿童失学	5.00	4.64	− 0.36
劳动力健康	19.91	23.73	3.82
营养水平	14.70	16.48	1.78
居住条件	15.01	18.63	3.62
失业	1.62	1.83	0.21
健康保险	2.47	2.65	0.18
低保	9.85	0.00	− 9.85

资料来源：笔者根据 CFPS 数据测算整理所得。

图 16 − 7 展示了东部省份低保对多维贫困的影响。一方面，天津、河北、江苏的多维贫困发生率在低保制度的作用下下降较为明显，而北京、上海、浙江三大省市中，低保制度的作用非常有限，多维贫困发生率仅下降 0.3% 左右；另一方面，由于天津、河北减贫人口多，分母下降程度较大，在进一步测算中发现，天津、河北多维贫困主要集中在教育和住房维度方面，因此在分母效应和权重效应双重作用下，少数人口承受了更多其他维度的剥夺，其相对贫困深度增加较大。

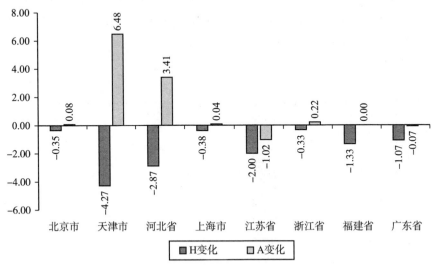

图 16 − 7　东部省份多维贫困率（H）和贫困深度（A）变化情况

资料来源：笔者根据 CFPS 数据测算整理所得。

在中部省份中（见图 16 − 8），安徽省的减贫比例最高，随着分母效应的提高，其相对贫困深度也提高最大；江西省的减贫比例也达 3% 左右，但从被剥夺程度来看，江西省收入被剥夺家庭的比率低于安徽省 3 个百分点，因此，虽也存在分母效应，但效果相对较弱，多维贫困深度增加较少。

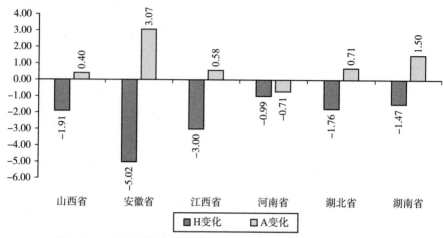

图 16 - 8　中部省份多维贫困率（H）和贫困深度（A）变化情况
资料来源：笔者根据 CFPS 数据测算整理所得。

受数据所限，图 16 - 9 仅展示西部地区四个省份的减贫变化程度。其中，低保制度会对贵州省产生较大减贫效果，预估将降低 10% 以上的多维贫困人口。该结果与贵州的经济发展水平相适应，数据显示，贵州省收入水平被剥夺程度高达 35%，增加收入的扶贫政策对其极为重要。四川省、陕西省与甘肃省的减贫程度预计在 1.7% ~ 2.7%。

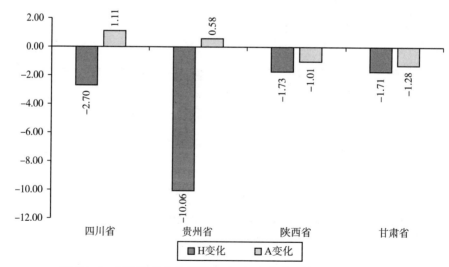

图 16 - 9　西部省份多维贫困率（H）和贫困深度（A）变化情况
资料来源：笔者根据 CFPS 数据测算整理所得。

低保制度在东北地区的减贫效果最为明显（见图16－10）。如果低保制度在东北地区实施完备，那么不仅降低多维贫困人口的数量，而且降低多维贫困人口的相对剥夺深度。其中辽宁省的多维贫困发生率下降最多，黑龙江省其次，吉林省多维贫困深度下降最大。

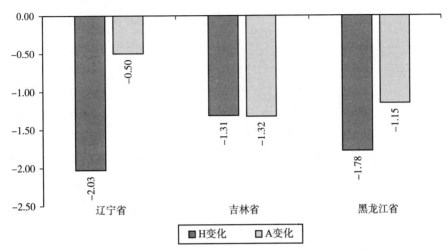

图16－10 东北省份多维贫困率（H）和贫困深度（A）变化情况

资料来源：笔者根据CFPS数据测算整理所得。

二、低保政策的收入扶贫效应分析

上面的模拟分析中，我们发现低保政策对于多维贫困的扶贫效应是有限的，贫困深度越深，扶贫效果越弱，接下来我们将分析低保政策对于城镇收入贫困的缓解作用。

（一）低保样本数据统计

在CFPS数据库中，家庭所获低保金额包含在政府补助项目中，为了最大限度识别出贫困家庭所获得低保状况，我们对数据做了如下处理：首先识别出接受低保补助的家庭，并剔除低保家庭中属于农村户籍人口的样本，此时，家户获得的政府补助仍包含五保户补助、特困补助、抚恤金等项目，由于获得多重补助的家庭仅占样本总量的10%左右，且本节目的在于测算国家城镇扶贫政策的减贫效应，五保户补助等也算保障项目之一，因此我们将国家补助金额高于各省低保平均补助部分扣除（最大限度减轻其他补助金额对测算结果的影响），所得调整后补助金额定义为调整后低保金额，统计样本信息如表16－9所示。

表16-9 CFPS 低保样本数据统计

地区	总样本量（个）	家庭人均总收入（元）	低保样本（个）	低保样本总收入（元）	补助收入（元）	各省低保平均标准（元）	调整后低保金额（元）
北京	251	31778.8	6	20392.4	8683.3	6960.0	5723.3
天津	158	24529.1	4	15193.3	4200.0	7200.0	4200.0
河北	357	16718.3	3	16451.8	5000.0	4542.0	4028.0
山西	363	11982.2	18	4837.5	4568.5	4213.2	3379.8
辽宁	1423	19438.2	46	11591.7	7349.1	4938.0	4516.4
吉林	280	16008.3	41	8743.6	5175.5	3870.0	3080.0
黑龙江	703	15464.9	64	10089.1	6407.6	4652.4	4096.6
上海	1421	32084.0	35	19996.9	7674.7	7680.0	5530.5
江苏	345	22876.3	5	6480.0	2880.0	5821.2	2880.0
安徽	203	18716.0	5	9540.0	4080.0	4566.0	3026.4
福建	70	16533.1	16	9635.6	2446.9	4359.6	1709.3
江西	220	12631.6	15	5674.7	3221.3	4748.4	2795.5
山东	137	17768.4	3	15733.3	2200.0	5012.4	2200.0
河南	1345	15163.0	135	7146.0	2902.3	3710.4	2551.4
湖北	362	16651.6	37	10870.4	4390.6	4501.2	3500.5
湖南	452	22750.4	39	8586.7	3041.8	4273.2	2810.6
广东	1430	18086.6	11	9687.3	5676.4	4564.8	2339.5
广西	109	14604.8	5	12518.7	2040.0	4016.4	2040.0
重庆	140	17148.1	1	13788.3	1650.0	4161.6	1650.0
四川	260	15903.4	19	9067.0	2110.5	3676.8	2110.5
贵州	316	9769.4	25	7864.0	5607.2	4171.2	2362.5
云南	124	15530.0	18	17475.4	5633.3	3886.8	2916.4
陕西	327	17031.1	33	7150.0	7066.7	4496.4	3797.6
甘肃	677	15705.7	124	11401.0	7747.9	3348.0	2985.1

资料来源：笔者根据 CFPS 数据进行整理测算所得。

从表16-9中可以看出，我国各省份间收入差距十分明显。东部省市人均总收入较高，其中，北京、上海等地家庭人均总收入达3万元以上；西部地区人均总收入在15000元左右，而贵州省人均收入仅有9700元。在各省市低保样本中，收入差距依然严重，东部低保家庭收入最高，是中西部最低收入的五倍左右。从省市内部看，各省市低保平均水平较低，大部分省市的低保标准仅为城镇家庭人均收入的 20%～30%，个别省市甚至低于城镇人均收入的 1/5。从各省低保家庭所受到的各类补助金额来看，中西部以及东北地区的补助金额高于东部地区，但经调整后，省市间贫困家庭的所得低保金额差别相对较小。

（二）贫困率变化程度

为了评估城镇低保政策对于收入贫困的减贫效果，我们首先评估其对于相对贫困以及绝对贫困发生率的影响。此处，相对贫困人口的定义为家庭人均收入低于全国平均收入 10% 以下的即为贫困人口。此处要说明的是，低保前的贫困发生率是低保家庭扣除低保收入后重新计算后得到的（见表 16－10）。

表 16－10　　　　各省市收入贫困发生率在纳入低保前后的变化情况　　　　单位：%

地区	相对贫困发生率			绝对贫困发生率		
	低保后	低保前	变化	低保后	低保前	变化
北京	3.53	3.53	0.00	3.53	3.53	0.00
天津	0.61	0.61	0.00	0.61	0.61	0.00
河北	8.62	8.62	0.00	8.62	8.88	－2.94
山西	20.29	19.33	4.94	18.62	21.48	－13.33
辽宁	9.05	8.92	1.52	8.58	9.66	－11.19
吉林	12.13	14.10	－13.95	11.48	15.41	－25.53
黑龙江	11.35	12.86	－11.70	9.99	12.86	－22.34
上海	1.20	1.39	－13.64	1.14	1.39	－18.18
江苏	6.23	6.98	－10.71	5.74	6.98	－17.86
浙江	3.96	2.97	33.33	3.96	3.96	0.00
安徽	13.39	13.39	0.00	12.55	13.39	－6.25
福建	1.33	1.33	0.00	1.33	1.33	0.00
江西	13.30	13.30	0.00	13.30	15.88	－16.22
山东	10.60	10.60	0.00	10.60	10.60	0.00
河南	9.53	10.45	－8.78	8.47	11.51	－26.38
湖北	7.29	8.29	－12.12	7.29	9.55	－23.68
湖南	7.76	7.13	8.82	6.71	7.97	－15.79
广东	7.52	7.08	6.25	6.89	7.20	－4.39

地区	相对贫困发生率			绝对贫困发生率		
	低保后	低保前	变化	低保后	低保前	变化
广西	17.86	13.39	33.33	17.86	17.86	0.00
重庆	4.23	4.23	0.00	4.23	4.23	0.00
四川	6.42	4.05	58.33	4.05	4.05	0.00
贵州	32.40	32.12	0.87	30.17	32.96	-8.47
云南	14.07	7.41	90.00	8.89	8.89	0.00
陕西	11.82	12.68	-6.82	10.37	12.68	-18.18
甘肃	12.65	14.89	-15.04	12.38	15.68	-21.01
总计	9.04	9.06	-0.22	8.33	9.65	-13.68

资料来源：笔者根据 CFPS 数据进行整理测算所得。

从总体上看，绝对贫困发生率与相对贫困发生率均有不同程度的降低。从各省份的样本数据来看，中西部及东北地区的绝对贫困减贫效果显著高于东部地区。全国省市中，绝对贫困率下降最多的为河南省、吉林省，下降幅度达 25%以上；其次为湖北、黑龙江和甘肃省，下降幅度高于 20%；东部省份中，北京、天津、福建等省市无明显下降。

相对贫困发生率的变化出现明显不同的结果，一部分省市由于低保政策导致相对贫困人口减少，如吉林、黑龙江、上海、江苏、湖北、甘肃等地相对贫困发生率的降低都在 10%以上；天津、北京、河北等地并无变化；另有一部分省市相对贫困人口发生率不降反升，四川省、云南省的相对贫困发生率提高 50%以上。

由此可见，城市最低生活保障制度一方面减少了绝对贫困人口数量，而另一方面损害了部分低收入人口的利益，使其陷入相对贫困状态。其原因在于我国各省市间收入差距过大，部分东部省市低保样本的家庭人均收入高于西部省市一般家庭人均收入，再加上低保金额的发放导致全国最低收入组的人员构成发生变化，一些西部家庭被划归为收入最低的 10%群体行列。

（三）贫困距变化程度

我们将采用福斯特、格里尔、索贝克（Foster, Greer and Thorbecke, 1984）提出的 FGT 指数来衡量低保制度对收入贫困人群的贫困距的影响，结果如表 16-11 所示。

表 16-11　　　　　　　各省市收入贫困指数和贫困距平方变化情况

地区	一阶贫困距指数			贫困距平方指数		
	低保后	低保前	变化（%）	低保后	低保前	变化（%）
北京	0.02	0.02	0.00	0.01	0.01	0.00
天津	0.00	0.00	0.00	0.00	0.00	0.00
河北	0.03	0.03	-0.01	0.01	0.01	0.00
山西	0.07	0.09	-21.79	0.04	0.06	-32.09
辽宁	0.04	0.04	-19.63	0.02	0.03	-30.93
吉林	0.04	0.07	-39.76	0.02	0.05	-57.09
黑龙江	0.04	0.08	-46.18	0.02	0.06	-64.12
上海	0.00	0.01	-28.23	0.00	0.00	-45.25
江苏	0.02	0.02	-11.26	0.01	0.01	-4.69
安徽	0.05	0.06	-13.92	0.03	0.04	-23.19
福建	0.01	0.01	0.00	0.00	0.00	0.00
江西	0.04	0.07	-33.97	0.02	0.05	-55.58
山东	0.06	0.06	0.00	0.03	0.03	0.00
河南	0.03	0.06	-43.10	0.02	0.05	-63.58
湖北	0.03	0.05	-37.47	0.02	0.03	-47.15
湖南	0.02	0.05	-55.08	0.01	0.04	-78.29
广东	0.02	0.03	-5.76	0.01	0.01	-5.96
广西	0.04	0.04	0.00	0.01	0.01	0.00
重庆	0.01	0.01	0.00	0.00	0.00	0.00
四川	0.01	0.01	0.00	0.00	0.00	0.00
贵州	0.14	0.17	-16.13	0.08	0.10	-22.20
云南	0.04	0.04	-5.00	0.03	0.03	-13.19
陕西	0.03	0.06	-45.82	0.02	0.05	-70.51
甘肃	0.05	0.08	-32.63	0.03	0.06	-49.53
总计	0.03	0.05	-28.12	0.02	0.03	-44.50

资料来源：笔者根据 CFPS 数据进行整理测算所得。

不难看出，低保制度对于贫困距的影响非常显著。从全国来看，一阶贫困率指数下降了 28.12%，而贫困距平方指数下降了 44.5%。说明城市低保制度不仅使得一部分贫困人口脱离贫困状态，而且显著改善了收入位于贫困线以下困难群众的收入水平。

从各省样本来看，西部地区及东北部地区的贫困距状况变化最大，湖南省一阶贫困距降低55%，黑龙江、陕西及河南一阶贫困距下降45%左右，而中、东部地区该指数下降幅度较小，北京、天津、河北等地几乎没有变化。贫困距平方指数与一阶贫困距变化方向基本一致。

第四节　中国城镇低保制度存在的问题

城市最低生活保障制度就是我国在不断摸索中建立起来的最行之有效的城市扶贫政策，然而随着经济社会的发展，不同贫困群体其基本需要、权利的缺失乃至贫困的性质都发生着变化，低保制度的缺陷也逐步显现。

一、低保制度标准过低，责任承担不明晰

我国低保制度设计主要体现为维持基本生活型的救助理念，虽然根据《城市居民最低生活保障条例》规定，保障内容分为"生存保障项目"（包括衣、食、住、水、电、燃煤、燃气费用）与"发展保障项目"（包括未成年人的义务教育费用）两类，但其标准对于个人发展需求的保障有限。2014年我国平均低保救助标准为每年4831元，而国际扶贫标准为每人每天1.9美元，按照当年的汇率标准，国际扶贫线为每年4260元。可见，我国城市居民最低生活水平标准略高于国际最低生活标准。并且各省市间低保标准差距明显（见表16-12），2010年新疆地区低保标准为1780元，河南省为2292元，仅为上海低保标准的30%和40%，并且低于我国农村贫困2011年最低标准2300元；2014年宁夏地区城市扶贫标准每年3540元，不及北京低保标准的1/2，同时低于国际贫困线。截至2017年我国全国月平均低保水平已上升至540.6元，较之前年份有明显的上涨。

表16-12　　　　　　　　　各省市低保标准变化情况　　　　　　单位：元/人·月

地区	2010年	2012年	2014年	2017年
全国平均	251.39	317.59	402.65	540.6
北京	411.11	520	650	900.0
天津	435	485	602.5	860.0
河北	248.15	321.11	403.7	544.0
山西	215.12	289.02	365.15	467.5

续表

地区	2010 年	2012 年	2014 年	2017 年
内蒙古	284.81	364.39	466.44	591.6
辽宁	278.26	343.46	415.8	561.6
吉林	207.47	271	334.05	483.4
黑龙江	232.28	287.35	396.49	550.7
上海	450	505	640	970.0
江苏	317.68	391.17	488.57	645.6
浙江	338.73	453.4	525.85	706.2
安徽	243.41	311.75	401.93	531.2
福建	214.44	293	389.79	589.8
江西	236.43	334.36	402.18	531.7
山东	270.83	322.58	418.48	513.6
河南	191.08	236.53	310.81	459.6
湖北	228.83	302.77	386.17	563.6
湖南	199.1	257.67	346.76	444.1
广东	250.52	288.23	387.73	674.8
广西	222.73	248.85	336.46	518.0
海南	246.9	312	360	484.4
重庆	230.98	300.77	347.25	500.0
四川	205.13	250.19	315	485.1
贵州	172.45	295.1	369.39	557.0
云南	199.36	246.66	328.88	516.0
西藏	305.75	395.75	463.78	751.5
陕西	197.64	314.68	381.56	532.2
甘肃	183.36	220.46	302.19	458.6
青海	217.12	241.32	330.83	450.5
宁夏	210.09	240.23	295.23	473.2
新疆	148.34	201.7	319.41	409.0

资料来源：笔者根据历年《中国民政统计年鉴》整理所得。

　　一方面，造成我国各省标准差异大的原因是标准的制定没有相关指导规章，比较随意且偏低。例如合肥使用最低生活支出方法、最低工资方法、恩格尔系数方法和相对贫困线四种方法并将其平均来估计贫困线，上海选择最低生活支出方法和恩格尔系数方法，北京使用最低生活支出方法，而多数计算方法的结果与当地最低工资水平差异不大（陈建东、廖常勇、邹高禄，2009）。另一方面，由于救助责任不明确，城市低保救助在中央和各地方政府间的财政分担差距较大。虽然中央负担的资金有保障，但地方政府的财政负担部分往往无法保证。尤其一些经济落后、财政困难的地区，地方财政资金缺乏，对低保制度的财政投入不足，加上低保制度实施费时费力、见效慢，部分官员对其重视不够，导致困难群众难以得到有效的救助。

二、目标瞄准对象有限，保障内容单一

现行城镇低保条例明确规定："持有非农业户口的城市居民，凡共同生活的家庭成员人均收入低于当地城市居民最低生活保障标准的，均有从当地人民政府获得基本生活物质帮助的权利。"此项规定从根本上排斥了城镇常住人口中的大量农村户籍人口，而这部分人大部分仍生活在城市的最底层，是真正需要救助的对象之一。

低保条例中同时规定："对无生活来源、无劳动能力又无法定赡养人、扶养人或者抚养人的城市居民，批准其按照当地城市居民最低生活保障标准全额享受；对尚有一定收入的城市居民，批准其按照家庭人均收入低于当地城市居民最低生活保障的差额享受。"在低保标准过低的情况下，除传统"三无"人员可以享受全额保障外，对于家庭成员存在重病、重残、或因学致贫的特殊家庭的救助是非常有限的。

从总体上看，我国城市低保的家庭成员文化水平偏低，年龄偏大，且家庭中大多存在老弱病残，低保家庭的经济负担沉重，在社会上也处于相对隔离状态。而更重要的是，我国城市低保家庭，所面临的不仅是收入贫困问题，而是在教育、医疗、住房、社会关系等领域都存在着不同程度的权利缺失。收入低下仅是贫困家庭一个维度上的缺失，而贫困人口个人可行性能力方面的缺乏才是导致贫困的根本原因。我国的低保制度仅从一个维度进行"被动补救"，无法达到行之有效的社会救助目的。

三、收入核查方式不规范，动态调整难以保证

由于低保制度的设计不完善，基础数据和信息网络管理滞后等原因，在审核实施过程中，对低保人员的动态管理很难进行。首先，核查方式不规范，导致"不应保而保"的现象时有发生。低保制度的实施过程主要采取低保申请人出示

收入证明、民政部门工作人员入户调查和邻里取证，但这种调查方法简单粗放，无法消除谎报、瞒报现象。CFPS2014 年数据显示，接受低保补贴的家庭其年均家庭收入为 1 万元左右，虽低于城市平均水平，然而却高于占全国20%的低收入家庭的平均水平，也就意味着部分低保家庭存在瞒报真实家庭收入的情况。而要改善这种状况需要投入大量的制度运行成本。

其次，"污名效应"等原因造成"应保未保"。基于家计调查的局限性，民政部门为了保证低保制度运行的公正性，会采取民主评议和张榜公示等程序，的确在清退不符合低保救助条件的群体上起到一定作用，但这种程序对于申请低保的困难群众是不友善的，更有少数工作人员在具体操作行为上素质较低、态度较差，使得低保家庭"受辱"心态加重，再加上低保标准设置过低，部分符合低保救助的家庭放弃申请救助的机会。漏保和低保覆盖面降低的后果是造成福利资源的浪费，并增加制度运行成本。

最后，"福利依赖"或隐性就业造成"应退未退"。"福利依赖"假设社会救助会影响受助者的行为，因此未受救助的穷人反而比福利受助者更善于解决问题和满足自身需要（Saraceno，2002）。西方部分学者认为，社会救助可能会削弱就业动机，并造成"福利依赖"文化（Surender，2010）。我国学者韩克庆（2012）在采用定量与定性研究中认为目前我国城市低保制度尚不存在"福利效应"依赖。即便如此，低保人口中具备劳动能力，但不参加就职登记、拒绝接受就业培训或拒绝参加公益性岗位等现象屡见不鲜。本章根据家庭接受低保补助的年限将低保家庭分为三类，并观察不同类型低保家庭的统计特征（见表16-13）。

表 16-13　　　　　　　　　CFPS 不同参保年份样本统计

项目	一年低保	两年低保	三年低保
样本量（人）	1802	977	641
家庭人均收入	11050.92	9800.374	7551.942
年龄	41	40	40
老年人比例（%）	14.59	13.46	10.35
无劳动能力人员比例（%）	4.89	4.57	3.87
失业年限			
一年	15.53	20.24	23.29
两年	1.68	5.18	11.87
三年	0	0.3	0.91

资料来源：笔者根据 CFPS 数据整理所得。

数据显示，持续低保的家庭其人均收入普遍偏低，并且老年人、残疾人比例并没有占据低保人口的大多数，相反长期低保平均年龄略低于短期低保人群；持续低保的家庭就业状况相对较差，低保三年的家庭中，至少有 1 年中由于失业引起的比例为 23%，两年失业比例为 11.87%，连续 3 年均失业的比例仅有 0.91%。由此可见，现行制度评估下识别出的低保家庭，大部分人口年龄适当、具备劳动能力，然而仍有 10% 以上的人口持续保持失业状态，我们推测该部分人口一方面存在"福利依赖"问题，即部分有劳动能力的低保人群"主动失业"；另一方面，低保人群中也存在"隐性就业"问题，"应退未退"现象由此产生。

我国城镇低保制度从 1993 年正式确立以来，经历了初步试点、不断探索、全面实施、规范管理及法律监督等阶段，在执行和操作环节均取得了极大改善，保障范围也逐步扩大。然而，随着经济与社会发展，城镇贫困人口类型也呈现多元化态势，城镇低保制度的保障范围和保障力度均受到了挑战。本文统计结果显示，2010~2014 年多维贫困人口中接受到城镇低保补助的比例平均为 17%，收入贫困中也仅有 1/5 人口享受到该福利。其中主要原因在于制度的保障对象仅为城镇户籍人口，广大农村转移劳动力缺乏相应的社会保障。那么，假设放宽城镇低保户籍制度要求，依据现行保障标准严格执行，对于我国城镇多维贫困的减贫工作是否会取得较好的效果。本章评估结果显示，城镇低保制度的低阶多维减贫效果显著，但高阶减贫成效甚微。也就是说，对于贫困程度越深的多维贫困人口而言，低保制度仅从收入方面上提高了家庭生活水平，不能从根本上解决此类人口的贫困问题。对于城镇收入贫困人口而言，城镇低保降低了 13% 的绝对贫困发生率，但同时也损害了部分低收入人口的利益，使得原本处于贫困边缘的贫困人口陷入相对贫困当中。当然，城镇低保制度还是一定程度上保障了城市困难群众的生活水平，无论一阶贫困距指数还是二阶贫困距指数都有明显下降。

第六篇 主要结论与政策建议

消除贫困作为当今世界面临的最大挑战之一，是广大发展中国家在经济发展进程中面临的一项长期任务。中国政府历来重视贫困问题，在不同历史发展阶段，采取针对性的扶贫减贫措施，极大地推动了扶贫减贫工作进程，取得了非常显著的成就。特别是党的十八大以来，中国将扶贫减贫工作摆在更加突出的位置，纳入国家顶层战略体系。中共中央总书记、国家主席习近平在多个场合就扶贫工作做出了重要指示，我国的扶贫事业进一步迈上了一个新的台阶。但是在经济新常态下，中国面临的贫困问题依然十分突出，诸多深层次问题逐一显现，主要表现在致贫原因趋于多元化的中国农村贫困问题、贫困类型趋于复杂化的中国城镇贫困问题，以及随着经济社会发展逐渐凸显的儿童、老年人、农民工等特殊群体的贫困问题等。并且，随着中国经济发展和转型，贫困问题不断呈现出新的特征，相对贫困和多维贫困问题逐渐凸显。与此同时，2020年后我国将全面建成小康社会，届时我国的绝对贫困问题将得到彻底解决，研究和探讨2020年后的扶贫减贫战略对于巩固全面建成小康社会的成就，助力第二个一百年目标的实现具有十分重要的战略意义。本篇只设一章，将对前面研究的结论进行归纳和总结，并在此基础上提出相应的政策建议。具体而言，本章将分为五节，分别对中国农村居民、城镇居民、儿童、老年人口、农民工的多维贫困问题的研究结论进行归纳和总结，并针对不同群体的扶贫工作提出具体的对策和建议。

第十七章 本书的主要结论与政策建议

本书前面的实证研究得出了许多有益的研究结论，本章将对前面的研究结论进行归纳总结，并以此为基础提出有针对性的对策建议。

第一节 中国农村多维贫困的主要结论与反贫困政策建议

一、关于中国农村多维贫困的主要结论

第一，从客观多维贫困和主客观多维贫困两方面对中国农村贫困测度的结果表明，在考察期内中国客观多维贫困和主客观多维贫困的相关贫困指数，具体包括多维贫困指数、多维贫困发生率、多维贫困人口平均剥夺强度等均呈下降趋势，这表明农村多维贫困状况逐渐改善，说明国家采取不同方式实施的对农村扶贫工作成效显著；与客观多维贫困测量结果相比，各期的主客观多维贫困相关指数均低于客观多维贫困，侧面说明不考虑贫困缺失维度的情况下，可能导致多维贫困测量结果估计过高。

第二，截面数据的维度分解表明，客观多维贫困和主客观多维贫困指数均以医疗保障的指标贡献率最高，表明农村人口在医疗保障方面显现不足，后续需要相关政策继续关注；均以生活条件维度对客观多维贫困和主客观多维贫困指数的贡献率最大，表明农村当前恶劣的生活环境是影响贫困人口能力提升的重要环节，同时也表明国家提出的贫困安居工程、危房改造工程、易地扶贫搬迁工程具有重大实践意义和迫切要求。

第三，截面数据下多维贫困指数变动情况的夏普里分解表明，在2010~2012年、2012~2014年和2010~2014年度变化对比发现，各个对比年度内的多维贫困指数变化贡献率均以强度效应为主；从具体年份来说，2012~2014年发生率效应高于2010~2012年度水平，2012~2014年强度效应低于2010~2012年度水

平，表明这两个考察年度内多维贫困人口变化效应逐渐增强，多维贫困人口平均强度效应逐渐减弱。

第四，对多维贫困指数 M_0 分析基础上，通过对多维贫困人口不平等进行描述性分析发现，在考察期内，农村多维贫困指数在逐渐降低，农村家庭整体多维贫困人口剥夺程度逐渐降低，各区域的多维贫困剥夺不平等程度也逐渐下降。同时 2010 年、2012 年、2014 年三期面板数据下的农村多维贫困指数、多维贫困发生率、多维贫困人口平均剥夺强度均呈下降趋势；从各指数的下降幅度来看，多维贫困指数和多维贫困发生率的绝对下降幅度均呈缩小态势，而多维贫困人口平均剥夺强度绝对下降幅度呈上升态势。上述迹象表明，我国农村多维贫困不平等状况和多维贫困状况得到明显改善，农村扶贫效果整体上具有包容性特征。

第五，对整体及各区域的多维贫困人口内部不平等水平的测度发现，2010年、2012 年、2014 年间，整体多维贫困人口以及各区域的多维贫困人口内部不平等水平都呈下降趋势，但下降幅度并不一致。另外，单个调查年度内各子群内部多维贫困人口不平等水平并不相同。因此，地区之间的多维贫困水平差异并不能代表地区间多维贫困人口的不平等程度，扶贫政策在降低整体及区域多维贫困水平的同时，不能忽视区域内部的多维贫困人口不平等情况。

第六，面板数据下农村多维贫困动态变化的子群分解结果显示，持续多维贫困子群和退出多维贫困子群均对多维贫困指数的下降起正向作用，进入多维贫困子群对多维贫困指数的下降起负向作用；持续多维贫困子群、退出多维贫困子群对多维贫困指数下降的贡献率为负且呈下降趋势，而进入多维贫困子群对多维贫困指数下降的贡献率为正且也呈下降趋势；此外，退出多维贫困子群的贡献率最高，有效抵消了进入多维贫困子群对多维贫困指数变化的负向影响。

第七，随着贫困临界值的提高，退出多维贫困人口的比例逐渐增加，进入多维贫困人口的比例逐渐减小；2010 年的多维贫困家庭人口在 3 个调查年度内均处于多维贫困状态的比例显著下降，表明中国农村多维贫困状态更多地表现为暂时性贫困；多维贫困动态变化过程中，不论是退出多维贫困后返贫情况，还是进入多维贫困后脱贫情况，农村的多维贫困现象能够得到有效缓解。

第八，边缘多维贫困子群在各个年度区间内的脱贫质量均最高，脱贫后很容易进入极端非多维贫困区间，因此不容易返回多维贫困。多维贫困子群脱贫质量的对比表明，在进行精准扶贫、精准脱贫过程中，除了关注边缘多维贫困人口脱贫以外，还要更关注极端多维贫困子群在脱贫过程中的不平等情况，使得不同类型的多维贫困子群能够共享脱贫成果。

第九，收入贫困与多维贫困的综合分析结果显示，收入贫困发生率远高于多维贫困发生率，表明目前农村收入贫困人口覆盖面要比多维贫困更广；但是非收入贫困人群在某些指标的多维贫困发生率也比较高，表明收入贫困和多维贫困识别具有一定的差异性，非收入贫困人群中存在一定数量的多维贫困人口；二者对贫困人口进行瞄准时，重合率为 73.15%，瞄准误差为 26.85%，表明以收入作为贫困测量手段来瞄准多维贫困人口时，收入贫困家庭中存在一定比例的非多维贫困家庭；而非收入贫困家庭中存在一定比例的多维贫困家庭，这部分多维贫困人口却不能被收入贫困测量所识别。

第十，从整体动态和长期角度、异质性贫困家庭角度的实证分析显示，多维贫困家庭受多种因素影响。在宏观因素方面，多维贫困受村庄所处环境影响显著；在微观因素方面，劳动力人数多、家庭从事个体或私营、拥有额外住房、国有企事业单位性质均能显著降低多维贫困发生概率。

第十一，利用《中国农村贫困监测报告（2015）》中的数据测算结果显示，2013 年连片特困地区在多维减贫方面表现最差，扶贫重点县在社会发展方面表现最差，贫困地区农村在多维减贫方面表现最差。2012 年、2013 年的绿色多维减贫指数排名由前到后均为：贫困地区农村、扶贫重点县、连片特困地区，其中连片特困地区绿色多维减贫指数为负，低于平均水平。各个类型地区在 2012~2013 年的绿色多维减贫指数水平和变动幅度不平等，三类地区绿色多维减贫指数差距缩小，连片特困地区绿色多维减贫效果略有上升；各类型地区内部 4 个一级指标值在 2012 年和 2013 年的变化具有较大差异，经济增长指标排名与绿色多维减贫指数排名一致，环境保护、社会发展和多维减贫 3 个一级指标排名与整体绿色多维减贫指数排名有所变化。

二、进一步完善农村扶贫制度的政策建议

（一）坚持内源性扶贫，实现以"精神扶贫"推进"精准扶贫"

当前精准扶贫背景下，造成贫困的原因既有客观因素，也涉及心理层面的主观因素。扶贫先扶志，扶贫必扶智，脱贫必脱愚，消除心理差距，促进内因变化，是扶贫工作核心所在。要坚持以促进人的全面发展的理念指导扶贫开发，丰富贫困地区文化活动，加强贫困地区社会建设，提升贫困群众教育、文化、健康水平和综合素质，振奋贫困地区和贫困群众精神风貌。[①] 因此，要充分调动贫困地区、贫困群众的主体性，增强困难群众的战胜贫困信心，提高自身"造血"功能，实现可持续发展。

---

① 刘永富：《坚决打赢脱贫攻坚战——深入学习贯彻习近平总书记扶贫开发战略思想》，载《求是》2016 年 10 月 18 日。

（二）建立健全扶贫对象识别机制，提高扶贫工作精准性

应该针对不同家庭的贫困影响因素采取不同的扶贫方式，既要根据贫困人口的个体和分布特征积极投入扶贫资金，还要通过教育扶贫、职业技能培训、健康扶贫等方式来促进人力资本提升，通过异地搬迁扶贫来改善贫困人口的生活居住环境，通过逐步消除户籍制度障碍来促进劳动力流动和就业，从而使贫困人口能够在扶贫资金的保障下，获得更为稳定的脱贫能力，进而提高扶贫开发效率，为全面建成小康社会奠定坚实的群众基础。

（三）探索完善绿色多维减贫指标体系，助力益贫式绿色增长

随着绿色减贫理念的逐渐深入，政府应不断探索完善符合我国基本国情的绿色多维减贫指标体系，将中国绿色发展指数深入拓展到扶贫开发领域。从现有中国农村绿色多维减贫指数的测算结果来看，政府首先应更加关注贫困人口在连片特困地区的分布，改善贫困人口表现薄弱的各个指标，提高连片特困地区人口的脱贫能力和抗风险能力；其次，应更加重视各个地区关于社会民生发展的相关指标，尤其是要注意加强扶贫重点县在社会民生方面的投入力度；同时，贫困地区农村的精准扶贫工作应该多关注学前和小学教育、居住房屋条件、清洁能源、电力基础设施和公共服务方面，尤其是要注意加强贫困地区危房改造工程，以及易地扶贫搬迁工作。

第二节　中国城镇多维贫困的主要结论与反贫困政策建议

一、关于城镇多维贫困的主要结论

第一，分解测算结果表明，中国城镇多维贫困发生率为9%左右，贫困发生深度为30%，2010～2014年，多维贫困程度有所缓解。教育维度对多维贫困的贡献度最高，其中家庭教育年限指标被剥夺情况最严重；健康维度贡献度位列第二，并逐年增加，其中劳动力健康指标受剥夺严重；生活保障维度呈下降趋势，居住指标受剥夺最严重。

第二，区域分解表明，中部地区多维贫困发生率较低，平均被剥夺深度较深，东部地区被剥夺深度最低，但平均发生率高于全国平均水平。因此，多维贫困情况并不因为经济发达程度高而相对较轻，相反，以北京、上海为代表的特大城市，其城镇居民的多维贫困率更高。

第三，对城镇收入贫困人口与多维贫困人口的比较分析显示，在收入贫困群体当中，2014 年，我国城镇绝对贫困人口占全国城镇居民总数的 8.33%，贫困人口绝对数量与多维贫困人口相差不多，但范围不同。在人口构成方面，贫困人口以农村户籍人口为主，农村流动人口成为城镇贫困的主力军。从分布来看，收入贫困人口主要集中在西部地区，而多维贫困人口主要集中在东部地区，具有城镇户籍的多维贫困人口集中在东北地区。总体上看，我国城镇贫困人口数量增加，类型多样，存在交叉贫困现象。

第四，城镇多维贫困人口在抚养子女和赡养老人方面负担较重，家庭资产保有程度最差，住房条件较为恶劣，其实际生活水平低于收入贫困人群；从教育程度、健康程度以及失业比例上看，多维贫困人口均处于最底层；且多维贫困人口更加缺乏安全感，对未来的发展没有信心。这些方面印证了我们最初对多维贫困人口的推断，这部分人大多来自农村地区，且生活在城市的底层，依靠打工收入维持基本生活，存在沉重的家庭负担，由于可行性能力被剥夺，依靠自身力量摆脱困境的希望渺茫。

第五，城镇贫困人口与高收入人群之间的收入差距高达 10 倍以上，贫困人口内部也存在较大差距，多维贫困人口的财产性收入占比较低，随着房地产价格上涨会在很大程度上损害住房条件被剥夺的多维贫困群体。此外，多维贫困的保障性支出较少，家庭抗风险能力较差，因此，从收入分配角度看，多维贫困人口有可能转化为收入贫困人口。

第六，对微观致贫因素的研究显示，个人年龄及家庭中老年人的数量指标会显著提高陷入多维贫困概率，家庭规模的扩大会提高陷入收入贫困的概率；婚姻会显著降低陷入贫困的风险。此外，户籍制度造成城市内部不同户籍身份居民享受城市福利失衡，拉大了贫富差距，也大大提高了非户籍人口在城镇内部陷入贫困的概率。

第七，宏观经济因素分析表明，失业率、人均 GDP 以及通货膨胀率等都在不同程度上影响了中国城镇贫困水平变化，特别是城镇化率增加会显著提高城镇贫困发生率，这在一定程度上为我国下一步城镇化发展方向、发展速度等方面敲响了警钟。近年来，中国特大城市的 GDP 增长率和通货膨胀率都较高，在城乡一体化过程中，难免会过度关心经济增长而忽视民生问题，大量的农民工涌入特大城市，他们通常聚集在"城中村"，遇到重大疾病、重大事件、子女就学等情况，极易陷入贫困状态，因此，发展城镇化的同时避免城镇贫困的全面爆发是现阶段经济健康发展和社会稳定重要课题之一。

第八，教育维度的影响机制包括：首先，众所周知，教育显著提高劳动者生产效率，并提高劳动者收入，但近年来教育的平均回报率有所下降，高等教育文凭不再是甄别人才的唯一标准，发展以培养专业技术人员为主的职业教育更加符合市场需求；其次，教育年限的提高可以降低陷入贫困的概率，特别是对于多维贫困和低保户而言，教育提高能显著增加家庭收入；最后，教育是切断贫困代际传递的重要一环。贫困家庭的父母平均教育水平普遍较低，而父母的教育背景会影响子女未来的教育水平、教育选择以及收入水平，并且贫困的家庭背景对于子女高等学历的选择负向影响巨大，进而影响其未来发展。因此要摆脱贫困陷阱，家庭平均教育水平的提高是客观要求。

二、进一步完善城镇扶贫制度的政策建议

（一）以精准扶贫理念为指导，逐步开展城镇精准帮扶

习总书记的精准扶贫的理念对于城镇扶贫工作的开展都有十分重要的意义。

第一，要以精准扶贫作为城镇扶贫的理论指导。精准扶贫是与粗放扶贫、盲目扶贫相对而言，其定义是扶贫政策和措施要针对真正贫困的家庭及其成员，通过对贫困人口有针对性的帮扶，从根本上消除致贫因素，达到长期可持续脱贫目标，这就为城镇扶贫工作的开展奠定了坚实的理论基础。长期以来，国家重点关注农村贫困，对于城镇扶贫工作并未引起足够的重视，梳理新中国成立以来的城市救助政策，我们发现城镇扶贫仅停留在针对下岗职工、残疾人、五保户等拥有城镇户籍的居民进行最低生活保障，随着城乡一体化、外来人口市民化进程的加速，城镇贫困问题有了质的变化，原本城镇救助体系将不再满足不断扩大的救助范围，以最低生活保障为主的救助手段也过于单一，习近平总书记扶贫理念中的"精准"二字为城镇的扶贫工作提供了新思路。

第二，以精准识别作为城镇扶贫的首要前提。精准识别就是通过特定方式将低于贫困线的家庭和人口识别出来，并精确找出致贫因素，采取针对性强的扶贫措施予以解决。因此，我们应建立城镇多维贫困测量体系，对城镇贫困人口进行精准识别，不仅将收入贫困人口纳入保障范围，还应关注多维贫困人口的生活、教育、收入、医疗等情况，结合我国扶贫办建立的动态管理工具——为贫困家庭建档立卡，可以全面掌握贫困家庭的基本状况，精确到户精准到人，并针对贫困家庭不同方面的贫困状况进行追踪调查，建立及时帮扶救助和随时调整机制。

第三，对城镇贫困人口进行分类精准扶持。精准扶持的意义在于针对不同类型的城镇贫困人口采取不同的救助方法，例如，对于城镇收入贫困人口，仍以最低生活保障制度为主进行救助，在核实其真实家庭收入的基础上，保障此类家庭的正常生活开支，并最大限度提供该家庭劳动力人口就业方面的机会，如有必要可以对其家庭成员进行就业培训；对于城镇多维贫困人口，应考查此类家庭的贫困方面，进行有针对性扶贫，如果属于教育贫困，则重点提高家庭成员平均教育

水平，对其进行再教育培训，并杜绝家中儿童失学现象产生，如果属于住房困难，则在经济适用房申请方面给予优先安排等优惠政策，如果家中存在重病患者、残疾人而造成家庭困难，社区服务人员应进行上门医疗、照料服务，减轻家庭负担；对于非城镇户籍的城市常住人口，应保障其享有相同的保障权利，这项工作的开展需要国家进一步放开户籍政策的限制，在实现流动人口市民化之前，首要工作是将此类人口困难情况统计在内，为将来分类分批进行救助做准备。

第四，对城镇扶贫政策进行精准管理。长期以来，我国扶贫工作的重点在农村地区，国务院扶贫办作为国家扶贫开发工作的主要国家机关，其主要任务也是针对农村贫困人口的扶贫脱贫。城镇最低生活保障作为唯一城镇扶贫标准，其制度建立也存在诸多不足，如政策瞄准对象不够精确，保障对象审核机制不健全，信息动态管理不及时，以及组织机构力量薄弱等，因此，在开展城镇扶贫工作之前，应明确扶贫政策执行机构，对其工作范围进行精确部署，并进行精准管理，以确保扶贫政策落实到位。

（二）城镇扶贫工作应以预防式扶贫为主

随着我国经济发展水平的提高，扶贫工作的模式必须发生转变，未来我国城镇扶贫模式的设计不能单纯依靠以往农村地区的减贫经验，而是应该有的放矢，开展以"预防式扶贫"为主的模式。

首先，预防多维贫困转化为收入贫困。从表面上看，多维贫困仅是贫困的一种类型，是一种新型贫困人口的识别方法，实际上，多维贫困的理念在一定程度上揭示了贫困的根源所在。当一个人教育、健康、生存环境等任意方面受到严重剥夺，意味着此人需要付出大量的时间和金钱去弥补这些缺失，如果缺乏相应的外在支持系统，这些维度上的剥夺将导致人类的不自由进而陷入各类形式的"贫困"，精神贫困、教育贫困、健康贫困等，而收入贫困将是多维贫困人口最终陷入的最直观的一类贫困形式。换句话讲，对于多维贫困人口的忽视其结果将直接导致收入贫困群体的扩大。古人云，授之以鱼不如授之以渔，增加居民收入仅从一个方面提高了贫困人口的生活质量，对城镇贫困人口而言，提高其多维可行性能力才能从根本上杜绝收入贫困的发生，实现共同富裕的长远目标。

其次，从杜绝贫困代际传递入手建立预防性扶贫机制。对于城镇流动人口而言，我们必须提高农村留守儿童营养健康及教育水平，解决打工子女教育歧视问题，加强农民工专业化技能培训等，这些可行性能力的提高能够有效控制贫困的代际传递，符合人力资本可持续发展的客观要求；对于城镇户籍的城镇多维贫困人口，也存在贫困的代际传递问题，特别是随着老龄化进程的加快，独生子女一代人承担更大的家庭负担，如果家庭成员出现大病医疗、失业等情况，贫困很容易传递下去。预防性扶贫体制的建立可以从教育、医疗、养老等多方面出发，建立健全社会保障体制，杜绝城镇贫困的代际传递。

最后，预防过度城镇化带来城镇贫困程度增加，提倡就地城市建设扶贫。"城镇化"的概念一般被理解为农民"背井离乡""不远万里"从西向东迁徙至东南沿海等发达城市，然而这种"城镇化"进程是过度的且不可持续的。目前城镇化率的增加已经造成大型城市负担过重，如北京、上海等城市再增加 1000 万人口则效率尽失，但我国至少还有 5 亿人口亟待进行城镇化转移，缺少住房、生活成本高、工作机会有限，届时大部分打工者终将落入城镇贫困。那么以"县"和"镇"为依托的"就近城镇化"更符合我国城镇化路径的选择，也更利于农村贫困人口的城镇化转移。

（三）逐步完善并解决低保制度问题

第一，低保制度的设计理念需要转型。要从维持基本生存需要转变为保障多维发展能力。首先，基本生存需要是因人而异的，男性与女性、老人与儿童、年轻人与中年人对于维持生存所需食品与营养不尽相同，过于单一和刚性的原则标准不能适应个体发展需要；其次，仅以"维持生存"为前提的保障制度过于狭隘，当今社会的人民需求，即使暂时处于城市底层的人员依然有积极参与社会生活、融入集体的精神需要，那么保障制度的目标就该重新定义为贫困者自我发展能力的提升。新型制度设计理念应该注重人力资本的投资、促使贫困受助者免于遭受疾病的侵害、享受平等创业及自我实现的机会，最终减少社会和国家的压力。

第二，从"被动补救"模式转变为"主动调整"模式。"被动补救"的行动机制是在贫困者陷入生活困难的境地后，政府提供资金及物质上的帮助，而这种社会"应激反应"往往低效率且效果并不明显，真正高效运转的社会应该采取"上游干预"政策，或者树立"预防式扶贫"理念，具体来说就是在经济形势下滑或者失业率增加的预期下，主动调整救助手段和保障范围，在贫困发生前帮助"边缘人口"远离困境，提高其抗风险能力。

第三，低保制度的审核办法需要转变。在家计调查存在局限的时候，各地方政府制定一些"土办法"以保证核查的真实性和公正性，其中包括低保户不准饲养宠物、不准进出高档娱乐场所等措施，不可否认这些规定在家庭收入调查低效率时起到一定的补充作用，然而过多的主观量化行为会导致低保核查失效的反向作用。因此，我们在进行低保资格审核时，可以采用中央政府统一制度设计，并通过法制化来规避不端行为。当低保受助者瞒报、谎报收入以骗取国家福利的行为上升到法律层面，一旦违规将受到严厉惩罚时，在考虑成本收益时，个体通常会理性选择遵守制度章程。另外，在进行收入测算时，可以采取抽样调查的方法，最大限度地保证低保金发放的公平公正性，同时避免了"污名效应"带给困难群众的心理压力。

第四，低保制度规范化、信息化。低保制度的援助标准应根据基本生活发展目标类型化、规范化。规范化包括申请最低生活保障家庭首先以家庭为单位填写申请表，该表格包含其家庭所有成员基本信息，包括家庭收入、子女就学信息、住房状况等，民政部门将根据该信息对贫困家庭进行分类。然后根据既定量化指标对贫困家庭进行评估，具体指标可分为日常生活、教育、医疗、住房、社会参与等维度。在低保政策实施过程中，将直接发放低保金的方式转变为就业、医疗、教育等优惠政策相结合的扶助方式，全方位提高困难群众的生活福利水平。信息化包括建立低保救助的信息化平台，提高制度运行的效率，降低制度运行成本，提高目标定位的瞄准性。如北京东城区已率先启用"社会救助数据库"，居民的救助申请将实行网上批复。城市贫困群体的个人信息将全部采集至该数字信息平台，通过计算机程序的运算，该数据库还将对申请人的困难程度进行排序，优先救助更困难的家庭。信息化建设为城市贫困群体建立数据档案，实现分类管理和分层救助。

第三节　中国儿童多维贫困的主要结论与反贫困政策建议

一、关于中国儿童多维贫困的主要结论

第一，从儿童本身来看，我国儿童多维贫困存在显著的马太效应。非贫困儿童群体中被剥夺指标的数量处在一个低位水平，一旦儿童的状态降落到贫困线以下，剥夺数量增加显著。物质生活水平的提升并没有为儿童带来福利的全面提升，儿童的精神健康的重要性正在逐步提升。充满阳光的地方并不意味着没有阴影，父母的时时陪伴并不意味着对子女的关心和了解会更多。阳光越是强烈的地方阴影越是深邃，城镇儿童多维贫困的发生率虽然较低，但是贫困后脱贫的概率要远小于农村儿童。此外，儿童的贫困状态相对于成人贫困有显著的滞后性，成人的多维福利状态改善2~4年之后，大多数儿童的情况才得到显著改善。

第二，从单维和多维的剥夺来看，单一维度剥夺的变化对儿童来说效用并不是很大，重要的是其贫困的状态。对于多维贫困儿童来说单一维度剥夺变动产生的边际效用远大于非贫困儿童，贫困程度越深情况恶化带来的痛苦越大。单维剥夺贡献率最高的指标从营养摄入、居住环境转变为不健康生活习惯、肥胖和精神状态等，其中精神问题对儿童贫困的贡献率6年中增加了3倍。这意味着儿童成长中问题的侧重点应该从物质生活资料的缺乏转变为对身心全面发展缺乏充分的

关注。在居住环境得到大幅提升的同时，家庭经济条件并没有跟上社区发展的步伐。在实施易地扶贫搬迁的地区这种现象尤为显著，贫困家庭从政策中的受益小于政策设计者的初衷。各省在单维剥夺和多维贫困上表现差异较大，时间上变化明显。贫困的区域集中程度较高，西南和西北地区贫困发生率较高，河南与河北的儿童多维贫困人数排在全国前列。儿童多维贫困同当地经济社会发展情况存在一定相关，但并不完全匹配。此外，城乡二元化是儿童多维贫困的一个重要特征，农村儿童多维贫困程度是相应城镇儿童的 2~3 倍。但是儿童多维贫困的性别差异并不显著。

第三，从家庭的角度来说，首先，家庭中子女的数量是影响贫困最重要的因素，普通家庭多生一个孩子会导致贫困的概率提高 13.7%，深度贫困家庭孩子带来的贫困负担为普通家庭的 33.6%。其次，家庭人均收入对儿童贫困没有显著影响，父母较高的教育水平和稳定的婚姻状况有助于降低儿童致贫的风险。再次，城镇儿童虽然贫困发生率小于农村儿童，但是由于缺乏土地等最基本生产保障，低收入人口虽然脱贫的概率大于农村儿童，但是一旦家庭发生意外更容易致贫，而且脱贫后返贫的可能性更大。另外，"穷人的孩子早当家"，贫困家庭的儿童随着年龄的增加更早地肩负起家庭的重担，年龄越大陷入多维贫困的可能性越大。其他家庭的儿童则因为年龄增加使更多的外部能力内部化，陷入贫困的概率呈下降趋势。最后，母亲在子女抚养过程中承担更重要的角色，家庭越困难时这种现象越明显。父亲的努力工作能有效防止家庭陷入多维贫困，母亲在防止家庭返贫上贡献更大。

第四，从外部影响来看，首先，社区环境对儿童多维贫困的影响机制较为复杂，很多能够帮助成人脱贫的因素在儿童身上并不显著，甚至起到反向效果；其次，政府医疗支出，当地的市场化程度的提高有助于改善儿童多维贫困，但是社区投入和最低工资的增加对儿童深度贫困产生了负面影响，社会保障对儿童的影响并不显著。

第五，从贫困代际遗传和阶层流动性视角来看，教育是切断贫困代际传递的重要一环，因此，多数贫困家庭怀抱着"教育脱贫"的梦想，会更加注重子女的学业。贫困子女自身也会把学习摆放在重要位置，在学业成绩上表现较好。同时，家庭收入增加对贫困家庭有着更好的边际效应，富裕家庭收入增加带来的替代效应要大于收入效应。虽然贫困家庭对教育寄予厚望，但却不得不面对"教育致贫"的现实。一方面，教育消费本身具有很高的弹性，相对于衣食住行来说属于奢侈性消费。虽然收入越低的家庭越倾向于把更多的收入投资到子女的教育上，但是高收入家庭会有更多的教育支出。另一方面，政府对教育的投入也没有得到预期的效果，教育资源的集中化、教育产业的市场化以及缺乏相应指导监管催生了两极化现象，政府对教育的投资反而增加了儿童多维贫困的可能性，每增加 100 亿元的教育财政支出儿童脱贫的概率减少 4.39%。

第六，从政府扶贫角度来看，减贫工作在 6 年间成效显著，但是儿童的贫困深度变化并不明显。这一方面体现了我国扶贫工作的普惠性；另一方面揭示了成人扶贫和儿童扶贫的工作重点并不完全一致，针对儿童扶贫工作的精准性仍有提高空间。此外，以家庭收入为标准衡量儿童贫困的方法在精准性上表现不是很好，只有 1/4 的贫困儿童被收入方法识别出来。脱贫后返贫也是当前需要重视的问题，扶贫攻坚工作是一项长期而艰苦的战役，有 43.6% 的脱贫儿童在之后的时期中又陷入了贫困。最后，解决儿童贫困最基本的方法是对成人扶贫，儿童贫困衰减的速度是成人的 3 倍，成人扶贫的工作对儿童扶贫有着杠杆作用。

二、进一步完善儿童扶贫制度的政策建议

（一）坚持正确扶贫原则，解决贫困根源问题

儿童扶贫工作的开展应当坚持防治结合，以防为主的原则。政府应该有的放矢，开展以"预防式扶贫"为主的扶贫工作，防止家庭收入贫困诱发儿童多维贫困。要加大在成人扶贫方面的工作力度，以成人扶贫带动儿童脱贫。要从断绝贫困代际传递入手建立预防性扶贫机制，提高农村留守儿童营养健康及教育水平，解决打工子女教育不平等问题。

（二）优化卫生资源配置，保障儿童营养健康

从保障儿童营养健康的角度看，政府应增加农村和边远地区妇幼卫生经费投入，促进儿童基本医疗卫生服务的公平性和可及性；应以城乡社区为重点，普及儿童健康基本知识，实施贫困地区学龄前儿童营养健康干预项目，继续推行中小学生营养改善计划；同时，应加强托幼机构和中小学校卫生保健管理，对儿童开展疾病预防、心理健康、生长发育与青春期保健等方面的教育和指导，提高儿童身心健康素养水平。

（三）落实教育优先战略，促进公共教育均等

从儿童教育成长维度来看，要切实保证经济社会发展规划优先安排教育发展，财政资金优先保障教育的投入，公共资源优先满足教育和人力资源开发需要，加快推进义务教育学校标准化建设，完善教师交流制度，缩小办学条件、师资水平、教育质量上的差距。落实各级政府发展学前教育的责任，将学前教育发展纳入城镇建设规划和社会主义新农村建设规划，建立政府主导、社会参与、公办民办并举的办园体制，大力发展公办幼儿园，提供"广覆盖、保基本"的学前

教育公共服务。制定实施流动儿童义务教育后在流入地参加升学考试的办法，加快农村寄宿制学校建设，优先满足留守儿童住宿需求。要完善学校收费管理与监督机制。完善学校收费管理办法，规范学校收费行为和收费资金使用管理。

（四）净化校园周边环境，提高公共服务供给

从儿童环境福利维度来看，应制定并落实维护校园周边治安秩序、确保校园安全的相关措施，在学校周边治安复杂地区设立治安岗进行巡逻，向学校、幼儿园派驻保安员。同时，应把儿童活动设施和场所建设纳入地方经济社会发展规划，加大对农村地区儿童活动设施、场所建设和运行的扶持力度。完善基本公共服务体系，增加财政对儿童福利的投入，逐步实现儿童基本公共服务均等化。

第四节　中国老年人群多维贫困的主要结论与反贫困政策建议

一、关于老年人群多维贫困的主要结论

第一，发现有65%左右的老年人选择与子女居住在一起，但是这一比例呈下降趋势。从时间维度看，老年人多维贫困水平得到了极大改善。通过维度分解我们发现，营养状况、社会公平感、卫生设施和垃圾处理等指标已经成为最主要的致贫因子。

第二，通过子群分解我们发现，不管按照地区分解还是按照城乡分解，与子女一起居住的老年人多维贫困水平均比较低，而且与子女一起居住对降低老年人的多维贫困水平均有更加积极的推动作用。此外，西部地区绝对贫困现象得到了缓解，东部地区多维贫困改善速度最快，农村老年人的多维贫困水平不容乐观。

第三，从多维、单维和各指标计算 ATT 效应的结果证明，居住方式对多维贫困产生了一定程度的影响。不与子女居住使得全部老年人、城市老年人和农村老年人的多维贫困水平分别上升2%、2%和1%。通过分析单维角度贫困水平的 ATT 效应我们发现，相比于城市老年人，大部分农村老年人由于与子女保持在"一碗汤"的距离，从而使得健康维度贫困水平未受到影响；同时，农村老年人受传统观念等因素的影响，使得其在不与子女同住的情况下更容易降低对生活的满意度，进而影响主观感受维度贫困水平，而城市老年人并未受此影响。相比于城市，农村生活基础设施建设水平普遍较低使得居住方式对生活条件产生的影响程度没有城市高。

二、关于老年人群多维贫困的政策建议

根据上述结论，我们提出以下政策建议：

（一）营造养老、孝老、敬老的社会氛围

虽然现代家庭的发展方向是核心家庭所占比例增大，平均家庭规模缩小，同时中国正逐步迈向老龄化社会，老年人占总人口的比例逐渐增大，老年人的养老问题日益严峻。但是在社会养老尚未普及的情况下，家庭养老仍然发挥着不可或缺的作用，子女也是养老服务的主要提供者，本书的探讨也证实了这一点。为此应该在全社会营造养老、孝老和敬老的社会氛围，鼓励子女通过将父母接到家中或者经常探访的方式降低父母陷入多维贫困的概率，切实改善他们的健康状况、主观感受和生活条件，提升他们的幸福感和获得感。

（二）完善养老服务体系建设

由于老年人的居住方式正在发生改变，家庭养老功能弱化，充分发挥社会力量，为老年人提供充分的看护照料服务是老龄化社会一个不可回避的重大问题。对于各级政府部门而言，在当前的家庭结构变迁背景下发挥居家养老的基础性作用，加快居家养老服务建设，让养老服务能够覆盖到每一个老年家庭，让老年人足不出户就可以享受便利的养老服务；让老年人以社区为依托，充分发挥社区的养老功能，完善社区的养老和医疗设施，强化社区的养老服务职能；加大基本养老、基本医疗等保障力度，做到老年人群全覆盖；加快设立专业型养老机构，提升现存养老机构的服务水平，及时接收那些在家庭中不能得到有效养老支持的老年人，让每一位老年人都能够老有所依、老有所养。此外，应该充分发挥各类社会救助团体和志愿者组织的作用，为那些孤寡老人和子女不在身边的老年人给予必要帮助。关爱空巢老人，对于子女不在身边的空巢老人应该给予额外关注。相关政府部门和居委会、村委会应该给予必要物质和精神支持，切实提升他们的生活满意度和对未来生活的信心，让他们摆脱精神困厄和物质贫困的状态。

（三）健全城市和农村生活基础设施建设

大力加强城乡尤其是农村的生活基础设施建设，如燃气管道、自来水管道、厕所改造、垃圾收集设施等，切实提升城乡居民尤其是农村老年人的生活起居条件，让他们享受现代化的生活设施，提升生活便利度和生活水平，建设宜居农村，缩小城乡差距。

（四）发展老年人体育、文化和教育事业

体育、文化和教育事业的发展要向老年人倾斜，开设适宜老年人活动的体育场馆、文化中心、文化活动基地、老年大学等，现有的体育、文化和教育基础设施应该增设符合老年人身心特点的项目和活动，提高老年人的身体素质，丰富老年人的精神文化生活。

第五节　中国农民工群体多维贫困的主要结论与反贫困政策建议

一、关于农民工群体多维贫困的主要结论

第一，农民以农民工的身份进入城镇务工，能够有效实现收入增加，摆脱收入贫困，但收入维度的改善却难以体现在实际生活中，农民工在其他各个方面依然面临较为严重的可行能力剥夺，因此，收入贫困和多维贫困在贫困瞄准性方面存在显著差异，收入贫困的瞄准性存在局限，难以全面真实地反映贫困的全貌和内涵，仅以单维的收入标准对农民工群体的贫困状况进行衡量难以实现对贫困的精确瞄准和识别。

第二，非收入因素对农民工贫困状态的影响更大，因而多维贫困识别能够弥补单维收入贫困识别瞄准性不强的短板。同时，多维贫困识别的覆盖率要远远高于收入贫困识别的覆盖率，多维贫困基本能够识别瞄准所有的收入贫困群体，但是收入贫困却难以覆盖多维贫困群体。

第三，将收入维度纳入多维贫困识别矩阵能够提升多维贫困识别的覆盖率并降低对收入贫困的漏出率。因此，在中国现阶段的扶贫实践中，收入水平是多维贫困的重要组成维度，精准扶贫效率的提升要求我们充分运用多维贫困的识别与测度方法，但在构成维度和指标的选择上，收入维度应当作为必要选项，以充分体现当前的扶贫工作要求，非收入指标的设定也应当从中国不同群体的实际情况出发，构建具有针对性的多维贫困识别体系，尤其是针对农民工这一长期处于城乡夹心地带特殊群体，多维贫困测度指标体系的构建更应体现其的基本特点，增强对农民工贫困发生维度识别的瞄准性，有的放矢地解决农民工的现实困境，助推农民通过自身努力实现脱贫和可行能力发展，有效提升精准扶贫效率，增强贫困人口脱贫的内生动力，夯实贫困人口稳定脱贫基础，并为2020年我国现行标准下脱贫攻坚全面胜利后，进一步在更高标准上识别贫困和解决贫困问题做好

准备。

第四，首先，按照经济发展区域和省份进行了多维贫困指数的区域分解和对比分析，研究结果显示，收入维度贫困临界值的变动对农民工多维贫困发生率、多维贫困剥夺强度和多维贫困指数的影响微弱，农民工在多维贫困指标体系中的各个剥夺水平下均面临十分严重的多维贫困状况，农民工的贫困是多维贫困，而不是收入贫困，开展农民工的贫困研究主要应当从多维角度入手；其次，多维贫困指数的区域分解结果显示，农民工群体面临严重的多维贫困状况并不是某个区域或省份的特殊现象，而是各个区域和省份的普遍现象，各个区域农民工群体的多维贫困发生率、多维贫困剥夺强度和多维贫困指数均处于高位，但是在不同经济区域和省份之间存在一定程度的分化，总体来看，农民工的多维贫困在东部地区的情况显著好于中西部和东北地区，西部地区略好于中部地区，东北地区的状况相比最不容乐观。

第五，对农民工多维贫困指数进行维度分解以及区域维度的交叉分解，结果显示，住房、社会保障和教育这3个维度对农民工的多维贫困状况的影响最为显著，因而将是推进农民工多维减贫的重点所在；就业、健康和社会融入3个维度的贡献率也较高，因而是今后推进农民工多维减贫的重点关注方面；收入维度贡献率对于农民工多维贫困状况的影响较为微弱，说明从推动农民工多维减贫的角度来看，收入维度相对趋于弱化。

第六，从区域和维度的交叉分解结果来看，各个区域与全国层面的指标分解结果基本一致，住房、社会保障、教育、就业、健康和社会融入等维度对农民工多维贫困状况贡献显著以及收入维度的贡献不显著这两方面的事实在各个区域均是普遍现象。同时，进一步对各个区域农民工的维度分解结果进行比较，可以看出各个区域在农民工多维贫困的各个致贫维度和指标的具体影响高低排序方面也存在一定特殊性，如对东部地区农民工的多维贫困状况而言，教育维度比就业维度的贡献更大；而对中部地区而言，就业维度比教育维度的贡献更大，这既是由于在我国经济社会发展过程中各个区域之间发展的不均衡，也源于各个区域在地理、人口、基础设施和地域文化等方面的各自特点。因此，在识别农民工多维贫困和推动农民工多维减贫方面，应当结合不同区域之间的共性与差异，按照普遍性和特殊性相结合的原则，分区域因地制宜地设计多维贫困减贫政策体系，提升精准脱贫的瞄准效果与实施效率。

第七，对农民工群体致贫因素的定量分析显示：

（1）性别因素对农民工的多维贫困状况影响不显著。

（2）年龄因素对农民工多维贫困状况的影响呈U形分布，U形顶点在30%剥夺水平下约为35岁，在40%剥夺水平下约为34岁，即农民工陷入多维贫困概率的最低点出现在34～35岁，在34～35岁之前，随着年龄的提升，农民工陷入多维贫困的概率逐步下降，在超过 34～35 岁之后，随着年龄的上升，农民工陷入多维贫困的概率又逐步上升，并随着年龄的增大而越来越高。

（3）婚姻状态对农民工的多维贫困状态影响显著，未婚农民工陷入多维贫困的概率小于已婚农民工，对于已婚的农民工，其婚姻状态越不正常，其陷入多维贫困的概率越高。

（4）务工区域和原户籍地因素均对农民工的多维贫困状态影响显著，二者的影响呈现相同规律，按照东部地区、西部地区、中部地区和东北地区的次序递进，农民工陷入多维贫困的概率均会随之升高，说明当前中国经济社会发展在区域之间的不均衡对来自不同区域的农民工产生着深刻影响，农民工在区域之间的迁徙流动、务工经营和多维贫困状态差异不仅受到流入区域各方面经济社会因素的影响，而且也受到原户籍地区域差异的影响，但是，通过比较务工区域变量与原户籍变量的回归结果，前者的概率比显然高于后者，说明在对农民工多维贫困状态的区域影响方面，流入地的影响要大于流出地。

（5）流动范围因素对农民工的多维贫困状态影响显著，农民工流动迁徙的距离越远，其陷入多维贫困的概率越大，但与此同时，农民工外出流动迁徙的距离越远，其获得的收入水平越高，因此，在农民工增收与多维减贫之间出现了基于流动范围的矛盾，这说明农民工虽然能够通过迁徙流动促进自身的发展，获得更高的收入水平，但是却受制于现行城乡二元经济社会制度下的非市民身份而实际上极易处于多维贫困的境地。

（6）流动方式因素对农民工的多维贫困状态影响显著，首次流动采取非独自流动方式的农民工由于各方面的负担较重、灵活性较差，其陷入多维贫困的概率显著高于独自流动农民工。

（7）流动时间因素对农民工的多维贫困状态影响显著，随着农民工在外流动时间的变长，其陷入多维贫困的概率在逐步下降，这是由于农民工通过务工经营实现的物质资本以及通过干中学实现的人力资本、社会关系等方面的积累会随着务工时间的增加而越来越丰厚，在务工地取得社会保障、达到住有所居、实现社会融入等方面的可能性也会增加，从而降低其陷入多维贫困的概率。

（8）子女数量因素对农民工的多维贫困状态影响显著，随着子女数量的增加，农民工陷入多维贫困的概率迅速上升，在当前子女养育成本高的现实条件下，其对于农民工多维贫困状况的影响是非常大的。

（9）流入家庭规模因素对农民工的多维贫困状态影响显著，随着农民工在流入地家庭规模的扩大，其陷入多维贫困的概率将降低。这是由于较大的流入地家庭规模将在就业信息、饮食起居、子女照料、精神抚慰、技能传授等方面给予农民工更大的支持，从而一定程度上弥补流入地基本公共服务缺失导致的可行能力剥夺，降低了其陷入多维贫困的概率。

（10）户籍身份因素对农民工的多维贫困状态影响显著，具有非农户口的样本个体陷入多维贫困的概率显著低于具有农业户口的样本，而且这种影响远远强于其他各个解释变量的影响，说明现行城乡二元分割的户籍制度以及附着于其上的各类福利和保障性因素极大地影响着农民工陷入多维贫困的概率。

二、关于农民工多维贫困的政策建议

（一）完善农民工群体特点的多维贫困测度指标与数据监测体系

对于农民工——这一对中国经济社会发展有着重要影响却又游离于农村和城镇扶贫政策体系之外的劳动力群体，应当尽快构建符合我国国情和农民工群体特点的数据监测体系，设定科学合理和动态可控的多维贫困测度指标和被剥夺临界值，并针对农民工边缘性、流动性、不稳定性导致的数据匮乏问题，从国家和政府层面开展具体指标的监测和统计工作，充分利用多维贫困测量工具识别脱贫攻坚短板，最终实现多维贫困识别与传统收入贫困标准和精准扶贫要求的有效衔接，为有效测度农民工群体多维贫困状况、精确识别贫困发生维度和全面提升减贫工作效率奠定基础，并为2020年现行标准下的脱贫攻坚目标实现后在更高标准上解决贫困问题做好准备。

（二）以战略思维推动"还权赋能"的农民工市民化进程

农民工作为推动我国工业化和城镇化的主要劳动力源泉，是整个经济社会发展的基础动能和战略资源，与农民工相关的管理部门应当以战略思维推进农民工市民化进程，将农民工市民化纳入地方政绩考核体系，注重从不同区域的经济社会发展实际和特点出发，构建和实施因地制宜的农民工市民化政策体系，积极推进以人的发展为核心的城镇化，以"城镇化"和"市民化"为发力点对农民工群体"赋权增能"，通过经济社会机构和发展环境的优化重构，改善农民工群体的现实境况，降低城镇生活成本和风险对农民工脱贫努力和务工成果的侵蚀，使农民工拥有公平分享城市建设、经济发展、社会进步成果的权利，使其有机会依靠自身努力实现向上流动，消除各类不平等的排斥性机制，减少对农民工各方面可行能力的剥夺，充分释放农民工群体驱动经济增长的潜能，从促进人的发展方面入手形成农民工多维脱贫的长效机制和政策体系。

（三）稳步推进城镇内部"新二元结构"向一元结构转化过渡

第一，减轻对农民工各维度下可行能力的剥夺，推动农民工多维减贫，需要破除城镇内部的"新二元结构"，逐步构建公平可持续的一元结构。因此，从可行、有效、稳健的角度出发，应采取"增量改革和发展的战略"，首先努力将城镇经济社会发展的"蛋糕"做大，然后在尽量不减少城镇原有户籍居民的既有利益情况下，赋予农民工群体同等的权利，具体实践上可以采取淡化户籍、强化常住的路径，一方面将户籍管理逐步回归人口管理职能；另一方面逐步按照"常住人口"口径进行就业服务、福利分配、社会保障、社会融合等方面的一系列体制机制设计（顾海英、史清华、程英等，2011）。同时，要注意根据不同地区经济社会发展的不平衡特征，坚持普遍性和特殊性相结合的原则，绝不能盲目硬套，要从本地区实际出发，分阶段、有步骤地稳步实现农民工群体同城镇户籍居民在各方面权利与待遇方面的平等，提升公共服务均等化水平，最终实现对农民工各方面可行能力剥夺的消弭和可持续多维减贫。

第二，在就业方面，进一步打破劳动力市场的城乡分割、区域分割、制度分割和政策分割，加快完善统一、开放、竞争、有序的就业市场，加大劳动合同管理和劳动执法监察力度，完善基于农民工群体特点和发展需要的就业服务体系，解决农民工工资拖欠、无理克扣、超长劳动等现实问题，进一步消除针对农民工的行业和工种歧视，突出能力标准，弱化户籍标准，做到"同城同权""同工同酬"，探索构建以常住人口为标准、兼顾短期流动人口的就业率考核评价体系，并将其纳入地方政府的政绩考察范围，激发地方政府关注和服务农民工就业的积极性，全面改善农民工群体就业维度的现实境况。

第三，在住房方面，完善针对农民工群体的住房保障体系，按照"时间＋贡献"的原则，逐步将农民工纳入廉租房、公租房、共有产权房等保障范围内，探索以立法的方式保证农民工在城镇的居住权，进一步优化保障性住房的管理分配工作，优先保障农民工群体等城镇弱势群体的住房权利，探索实施适应农民工特点的住房公积金制度，拓宽公积金的使用方式和支付渠道，从纵向和横向两个角度科学合理划分各级政府在住房保障方面的财权、事权，构建完善的利益分配、激励补偿和统筹协调制度，推进农村土地改革，确保和提高农民财产性收入，推进城镇建设用地制度改革，构建农业转移人口落户数量与城镇建设用地增量规模挂钩机制，充分调动各级政府提升农民工住房保障水平的积极性。

第四，在社会保障方面，构建科学完善的农民工社会保障财政投入机制，加大对农民工社会保障专项资金投入，将农民工纳入人力资源和社会保障法律法规体系保障范围，完善社会保险体系，针对农民工群体收入不稳定、流动性强、工作风险大等特点，结合劳动力市场和用工企业运行实际，健全资金筹措机制，创新社会保险管理方式，完善信息化管理和有序转移机制，优先完善农民工急需的工伤和医疗保险，逐步提高养老、医疗保险统筹层次，尽快实现基本养老保险全国统筹，建立医疗保险跨行政区域的经办网络，从根本上解决农民工各类保险转移难、接续难等问题，并尽快将农民工纳入城镇社会救助网络，在农民工遭遇突发风险时，帮助其维持基本生活，度过困难时期，实现社会保障体系的无缝衔接，在贫困鸿沟前拉起一道有力的保护线。

第五，在教育培训方面，一方面应积极解决农民工随迁子女教育难题，充分加大城镇教育资源供给，逐步实现农民工随迁子女在城镇接受义务阶段和高中阶段教育，给予农民工群体公平的代际发展权利，使其努力惠及下一代的发展。同时，在当前很多城镇教育资源难以短时间容纳全部农民工随迁子女的情况下，应积极推进城乡教育一体化统筹，补齐乡村教育短板，积极促进农民工子女在智力、身体和心理等方面的健康成长，切断贫困代际传递在教育方面的短板。另一方面，要从推动我国经济结构优化升级和高质量发展的角度重视农民工的培训工作，以优质的职业培训弥补城乡教育资源差距导致的农民工人力资本短板，注重从市场需要和农民工务工特点出发，建立完善的职业培训体系，提升农民工群体对新经济、新业态、新技术条件下用工需求的适应能力，提升农民工群体作为我国经济发展劳动力大军的整体质量，并为脱离贫困和个人发展注入长久动力。

（四）构建和完善农民工群体利益表达与冲突协调机制

第一，构建和完善农民工的利益表达机制，充分加强人大、政协、工会等政府机构对农民工群体的关注，有效发挥行业协会、老乡会、慈善机构、公益组织等非政府组织对农民工群体的帮扶，探索建立农民工群体自我管理的 NGO 组织，补齐目前政府机构受现行制度制约导致的与农民工有关的政策短板，充分增强农民工群体在社会公共事务和相关政策制定中的话语权，兼顾法律体系和道德习俗的双重约束，健全城镇基层治理体系，逐步完善农民工群体作为城镇常住居民身份的参政议政权力，增加社区公共资源预算对农民工群体的覆盖，通过提高公共事务参与度和开放社区文化体育等公共资源，农民工群体能充分参与社会公共活动，保障其获取制度规定内的合法权利和收益。

第二，建立利益冲突协调机制。一方面要尽快完善农民工市民化和公共服务均等化成本分担机制，进一步构建中央政府与地方政府、人口迁出地政府和人口迁入地政府之间的财政成本分担机制，建立农民工群体城乡和区域迁移专项基金，推进基本公共服务均等化；另一方面，积极推进区域经济社会协调发展战略，通过加快欠发达地区经济社会发展来缩小区域差距，进而全面改善不同地区农民工群体的多维贫困状况；更为重要的是，要充分发挥政府在制度顶层设计和具体实施中的统筹协调作用，坚持从解决不平衡、不充分发展问题的角度出发，关注农民工等弱势群体，促进整体性制度设计的科学、公正和可持续，充分发挥其作为全局利益代表者的作用。

参 考 文 献

［1］ Aguiar M, Bils M. Has Consumption Inequality Mirrored Income Inequality?
［J］. *American Economic Review*, 2015, 105 (9): 2725 –2756.

［2］ Alkire S, Foster J E, Seth S, et al. Multidimensional Poverty Measurement
and Analysis: Chapter 8 – Robustness Analysis and Statistical Inference ［R］. OPHI
Working Paper, 2015, No 89.

［3］ Alkire S, Apablaza M, Chakravarty S R, et al. Measuring Chronic Multidi-
mensional Poverty: A Counting Approach ［R］. OPHI Working Paper, 2014, No 75.

［4］ Alkire S, Foster J E, Seth S, et al. Multidimensional Poverty Measurement
and Analysis: Chapter 4 – Counting Approaches: Definitions, Origins, and Imple-
mentations ［R］. OPHI Working Paper, 2015, No 85.

［5］ Alkire S, Foster J E. Counting and Multidimensional Poverty Measurement
［J］. *Journal of Public Economics*, 2011a, 95 (7 –8): 476 –487.

［6］ Alkire S, Foster J E. Counting and Multidimensional Poverty Measures ［R］.
OPHI Working Paper, 2007, No 7.

［7］ Alkire S, Foster J E. Understandings and Misunderstandings of Multidimen-
sional Poverty Measurement ［J］. *Journal of Economic Inequality*, 2011b, 9 (2):
289 –314.

［8］ Alkire S, Foster J E, Santos M E. Where did identification go? ［J］. *The
Journal of Economic Inequality*, 2011, 9 (3): 501 –505.

［9］ Alkire S, Foster J E, Seth S, et al. *Multidimensional Poverty Measurement
and Analysis* ［M］. Oxford University Press, 2015.

［10］ Alkire S, Foster J E. Counting and multidimensional poverty measurement
［J］. *Journal of Public Economics*, 2007, 95 (7): 476 –487.

［11］ Alkire S, Roche J M, Seth S. The Global Multidimensional Poverty Index
2013 ［R］. OPHI Policy Briefing 13, 2013.

［12］ Alkire S, Roche J M, Vaz A. Changes over Time in Multidimensional Pov-
erty: Methodology and Results for 34 Countries ［R］. OPHI Working Paper, 2015,
No 76.

[13] Alkire S, Santos M E. Acute Multidimensional Poverty: A New Index for Developing Countries [R]. OPHI Working Paper, 2010, No 38.

[14] Alkire S, Santos M E. A Multidimensional Approach: Poverty Measurement & Beyond [J]. *Social Indicators Research*, 2013, 112 (2): 239 –257.

[15] Alkire S, Seth S. Multidimensional Poverty Reduction in India between 1999 and 2006: Where and How? [R]. OPHI Working Paper, 2013, No 60.

[16] Alkire S, Seth S. Selecting a Targeting Method to Identify BPL Households in India [J]. *Social Indicators Research*, 2013, 112 (2): 417 –446.

[17] Alkire S, Foster J E, Seth S, et al. Multidimensional Poverty Measurement and Analysis: Chapter 3 – Overview of Methods for Multidimensional Poverty Assessment [R]. OPHI Working Paper, 2015, No 84.

[18] Alkire, Foster, Seth, et al. Multidimensional Poverty Measurement and Analysis: Chapter 9 – Distribution and Dynamics [R]. OPHI Working Paper, 2015, No 90.

[19] Apablaza M, Yalonetzky G. Decomposing Multidimensional Poverty Dynamics [R]. Young Lives Working Paper, 2013, No 101.

[20] Araar A, Duclos J Y. Poverty and Inequality: A Micro Framework [J]. *Journal of African Economies*, 2010, 19 (3): 357 –398.

[21] Atkinson A B. Multidimensional Deprivation: Contrasting Social Welfare and Counting Approaches [J]. *Journal of Economic Inequality*, 2003, 1 (1): 51 –65.

[22] Atkinson A B. On the measurement of inequality [J]. *Journal of Economic Theory*, 1970, 2 (3): 244 –263.

[23] Atkinson A B. On the measurement of poverty [J]. *Econometrica*, 1987, 55 (4): 749 –764.

[24] Attanasio O, Battistin E, Ichimura H. What really happened to consumption inequality in the US? [R]. NBER Working Paper, 2004, No 10338.

[25] Attanasio O, Davis S J. Relative Wage Movements and the Distribution of Consumption [J]. *Journal of Political Economy*, 1996, 104 (6): 1227 –1262.

[26] Attanasio O, Hurst E, Pistaferri L. The evolution of income, consumption, and leisure inequality in the US, 1980 – 2010 [R]. NBER Working Paper, 2012. No 17982.

[27] Attanasio O, Weber G. Consumption and saving: models of intertemporal allocation and their implications for public policy [J]. *Journal of Economic literature*, 2010, 48 (3): 693 –751.

[28] Ayres I, Nalebuff B. Life-cycle Investing and Leverage: Buying Stock on

Margin Can Reduce Retirement Risk [R]. NBER Working Paper, 2008, No 14094.

[29] Bader C, Bieri S, Wiesmann U, Heinimann A. A Different Perspective on Poverty in Lao PDR: Multidimensional Poverty in Lao PDR for the Years 2002/2003 and 2007/2008 [J]. *Social Indicators Research*, 2016, 126 (2): 1 – 20.

[30] Bader C, Bieri S, Wiesmann U, et al. Is Economic Growth Increasing Disparities? A Multidimensional Analysis of Poverty in the Lao PDR between 2003 and 2013 [J]. *Journal of Development Studies*, 2016: 1 – 19.

[31] Baker S R. Debt and the Consumption Response to Household Income Shocks [R]. Rochester, NY: Social Science Research Network, 2015.

[32] Bane M J, Ellwood D T. Slipping into and out of Poverty: The Dynamics of Spells [J]. *Journal of Human Resources*, 1986, 21 (1): 1 – 23.

[33] Bank W, Kosovo S O O. Consumption Poverty in the Republic of Kosovo in 2009: Western Balkans Programmatic Poverty Assessment [C]// The World Bank, 2013.

[34] Bank W. *Cities in transition: World Bank urban and local government strategy* [M]. The World Bank, 2000: 1 – 170.

[35] Bao L. Intergenerational support and well-being of older adults in changing family contexts [D]. United States – – Maryland: University of Maryland, College Park, 2016: 211.

[36] Barrow L, Mcgranahan L. The Effects of the Earned Income Credit on the Seasonality of Household Expenditures [J]. *National Tax Journal*, 2000, 53 (4): 1211 – 1243.

[37] Bastos A, Casaca S F, Nunes F, et al. Women and poverty: A gender-sensitive approach [J]. *Journal of Socio-economics*, 2009, 38 (5): 764 – 778.

[38] Basu K, Foster J E. On Measuring Literacy [J]. *The Economic Journal*, 1998, 108 (451): 1733 – 1749.

[39] Batana Y M. Multidimensional Measurement of Poverty Among Women in Sub – Saharan Africa [J]. *Social Indicators Research*, 2013, 112 (2): 337 – 362.

[40] Battiston D, Cruces G, Lopez – Calva L. F. , et al. Income and Beyond: Multidimensional Poverty in Six Latin American Countries [J]. *Social Indicators Research*, 2013 (112): 291 – 314.

[41] Bazzi S, Gaduh A, Rothenberg A D, et al. Skill Transferability, Migration, and Development: Evidence from Population Resettlement in Indonesia [J]. *American Economic Review*, 2016, 106 (9): 2658 – 2698.

[42] Bebbington A. Capitals and Capabilities: A Framework for Analyzing Peas-

ant Viability, Rural Livelihoods and Poverty [J]. *World Development*, 1999, 27 (12): 2021 – 2044.

[43] Bee A, Meyer B D, Sullivan J X. The Validity of Consumption Data: Are the Consumer Expenditure Interview and Diary Surveys Informative? [R]. NBER Working Paper, 2012, No 18308.

[44] Bellamy C. The state of the world's children 2005. Childhood under threat [J]. *Future Survey*, 2005, 60 (100): 71 – 73.

[45] Berchick E R. The evolving importance of early-life health for the reproduction of educational disadvantage across birth cohorts [D]. Princeton University, 2015.

[46] Betti G, Cheli B, Lemmi A, Verma V. The Fuzzy Set Approach to Multidimensional Poverty: the Case of Italy in the 1990s [C]. Paper Presented at the Many Dimensions of Poverty International Conference, UNDP International Poverty Center, 2008.

[47] Birchenall J A. Income distribution, human capital and economic growth in Colombia [J]. *Journal of Development Economics*, 2001, 66 (1): 271 – 287.

[48] Blau D M, Gilleskie D B. The Role of Retiree Health Insurance in the Employment Behavior of Older Men [R]. NBER Working Paper, 2003, No 10100.

[49] Blau D M. The Effect Of Income On Child Development [J]. *The Review of Economics and Statistics*, 1999, 81 (2): 261 – 276.

[50] Blundell R, Pistaferri L, Preston I. Consumption Inequality and Partial Insurance [J]. *American Economic Review*, 2008, 98 (5): 1887 – 1921.

[51] Bohlander A H. Predicting Later Childhood Success in Low-income Families: A Longitudinal Study of Early Parental Caregiving and Child Attentional Regulation [D]. 2016: 126.

[52] Bossert W, Ceriani L, Chakravarty S R, D'Ambrosio C. Inter-temporal Material Deprivation [J]. *General Information*, 2012.

[53] Bossert W, Chakravarty S, D'Ambrosio C. *Poverty and Time* [M]. UNU – WIDER Working Paper, 2010, No 74.

[54] Bosworth B, Smart R. Evaluating Micro – Survey Estimates of Wealth and Saving [J]. *Center for Retirement Research, Working Papers, Center for Retirement Research at Boston College*, 2009.

[55] Bourguignon F, Chakravarty S R. The Measurement of Multidimensional Poverty [J]. *Journal of Economic Inequality*, 2003, 1 (1): 25 – 49.

[56] Boyden J. Children under Fire: Challenging Assumptions about Children's Resilience [J]. *Children, Youth and Environments*, 2003, 13 (1): 1 – 29.

［57］ Bradshaw J, Hoelscher P, Richardson D. An Index of Child Well – Being in the European Union ［J］. *Social Indicators Research*, 2007, 80 (1): 133 – 177.

［58］ Browning M, Crossley T. Shocks, stocks and socks: Consumption smoothing and the replacement of durables ［J］. *McMaster Economics Working Paper*, 2003.

［59］ Browning M, Leth – Petersen S. Imputing Consumption from Income and Wealth Information ［J］. *The Economic Journal*, 2003, 113 (488): F282 – F301.

［60］ Call K T, Davern M E, Klerman J A, et al. Comparing Errors in Medicaid Reporting across Surveys: Evidence to Date ［J］. *Health Services Research*, 2013, 48 (2 Pt 1): 652.

［61］ Capelas Barbosa E. Overall Unfair Inequality in Health Care: An Application to Brazil ［D］. University of York, 2016.

［62］ Card D, Dobkin C, Maestas N. Does Medicare Save Lives? ［R］. NBER Working Paper, 2007, No 13668.

［63］ Carter M R, Barrett C B. The economics of poverty traps and persistent poverty: An asset-based approach ［J］. *The Journal of Development Studies*, 2006, 42 (2): 178 – 199.

［64］ Carter M R, May J. One Kind of Freedom: Poverty Dynamics in Post-apartheid South Africa ［J］. *World Development*, 2001, 29 (12): 1987 – 2006.

［65］ Cerioli A, Zani S. *A Fuzzy Approach to the Measurement of Poverty* ［M］// Income and Wealth Distribution, Inequality and Poverty. Springer Berlin Heidelberg, 1990.

［66］ Chakravarty S R, D'Ambrosio C. The Measurement of Social Exclusion ［J］. *Review of Income and Wealth*, 2006, 52 (3): 377 – 398.

［67］ Chakravarty S R, Deutsch J, Silber J. On the Watts Multidimensional Poverty Index and its Decomposition ［J］. *World Development*, 2008, 36 (6): 1067 – 1077.

［68］ Chakravarty S R. *Ethical Social Index Numbers* ［M］. New York: Springer – Verlag, 1990.

［69］ Chakravarty S R. The Variance as a Subgroup Decomposable Measure of Inequality ［J］. *Social Indicators Research*, 2001, 53 (1): 79 – 95.

［70］ Chandy L, Gertz G. The Changing State of Global Poverty ［J］. *Child Poverty and Inequality New Perspectives*, 2011: 42 – 47.

［71］ Chantreuil F., Trannoy A. Inequality decomposition values ［J］. *Working Papers*, 2020.

［72］ Chantreuil F., Trannoy A. Inequality decomposition values: the trade-off between marginality and efficiency ［J］. *The Journal of Economic Inequality*, 2013, 11

(1): 83 – 98.

[73] Cheli B, Lemmi A. A "Totally" Fuzzy and Relative Approach to the Multidimensional Analysis of Poverty [J]. *Economic Notes*, 1995, 24 (1): 115 – 134.

[74] Chen W. H. , Corak M. Child poverty and changes in child poverty [J]. *Demography*, 2008, 45 (3): 537 – 553.

[75] Chiappero – Martinetti E. A new approach to evaluation of well-being and poverty by fuzzy set theory [J]. *Giornale degli economisti e annali di economia*, 1994: 367 – 388.

[76] Chiappero – Martinetti E. Standard of living evaluation based on Sen's approach: Some methodological suggestions [J]. *Notizie di Politeia*, 1996, 12 (43): 43 – 44.

[77] Chiappero – Martinetti E. A multidimensional assessment of well-being based on Sen's functioning approach [J]. *Rivista internazionale di scienze sociali*, 2000: 207 – 239.

[78] Chiappero – Martinetti E. *Capability approach and fuzzy set theory: description, aggregation and inference issues* [M]//Fuzzy set approach to multidimensional poverty measurement. Springer, Boston, MA, 2006: 93 – 113.

[79] Chiappero – Martinetti E. Complexity and vagueness in the capability approach: strengths or weaknesses [J]. *The Capability Approach*, 2008: 269 – 309.

[80] Chowdhury S, Squire L. Setting weights for aggregate indices: An application to the commitment to development index and human development index [J]. *The Journal of Development Studies*, 2006, 42 (5): 761 – 771.

[81] Cox D R. *The analysis of binary data* [M]. Chapman and Hall, 1983.

[82] Cummins R A. The Domains of Life Satisfaction: An Attempt to Order Chaos [J]. *Social Indicators Research*, 1996, 38 (3): 303 – 328.

[83] Currie J. Inequality at Birth: Some Causes and Consequences [J]. *American Economic Review*, 2011, 101 (3): 1 – 22.

[84] Cutler D M, Katz L F. Rising Inequality? Changes in the Distribution of Income and Consumption in the 1980s [R]. National Bureau of Economic Research, 1992.

[85] Hugh D. The Measurement of the Inequality of Incomes [J]. *The Economic Journal*, 1920 (119): 119.

[86] De Silva I, Sumarto S. Does Economic Growth Really Benefit the Poor? Income Distribution Dynamics and Pro-poor Growth in Indonesia [J]. *Bulletin of Indonesian Economic Studies*, 2014, 50 (2): 227 – 242.

［87］De Silva I, Sumarto S. Dynamics of Growth, Poverty and Human Capital: Evidence from Indonesian Sub – National Data ［J］. *Mpra Paper*, 2014, 40.

［88］Deaton A. Measuring and Understanding Behavior, Welfare, and Poverty ［J］. *American Economic Review*, 2016, 106 (6): 1221 – 1243.

［89］Deaton A. Policy implications of the gradient of health and wealth ［J］. *Health Affairs*, 2002, 21 (2): 13 – 30.

［90］Deaton A, Muellbauer J. *Economics and consumer behavior* ［M］. Cambridge University Press, 1980.

［91］Decancq K, Fleurbeay M, et al. Multidimensional poverty measurement with individual preferences ［J］. *Princeton University William S. Dietrich//Economic Theory Center Research Paper*, 2014.

［92］Decancq K, Lugo M A. Setting Weights in Multidimensional Indices of Well – Being ［R］. OPHI Working Paper, 2008.

［93］Dercon S, Christiaensen L. Consumption risk, technology adoption and poverty traps: Evidence from Ethiopia ［J］. *Journal of Development Economics*, 2011, 96 (2): 159 – 173.

［94］Deutsch J, Silber J. Measuring Multidimensional Poverty: An Empirical Comparison of Various Approaches ［J］. *Review of Income and Wealth*, 2005, 51 (1): 145 – 174.

［95］DFID. *Sustainable Livelihoods Guidance Sheets* ［M］. London: Department for International Development, 2000.

［96］Dollar D, Kraay A. Growth is Good for the Poor ［J］. *Journal of Economic Growth*, 2002, 7 (3): 195 – 225.

［97］Duncan G J, Morris P A, Rodrigues C. Does Money Really Matter? Estimating Impacts of Family Income on Young Children's Achievement with Data from Random – Assignment Experiments ［J］. *Developmental Psychology*, 2011, 47 (5): 1263 – 1279.

［98］Duncan G J, Yeung W J, Brooks – Gunn J, et al. How Much Does Childhood Poverty Affect the Life Chances of Children? ［J］. *American Sociological Review*, 1998, 63 (3): 406 – 423.

［99］Dynarski S, Gruber J, Moffitt R A, et al. Can families smooth variable earnings? ［J］. *Brookings papers on economic activity*, 1997, 1997 (1): 229 – 303.

［100］Easterlin R A. *Does economic growth improve the human lot? Some empirical evidence* ［M］//Nations and households in economic growth. Academic Press, 1974: 89 – 125.

[101] Evans M C, Abdurazakov E A. The Measurement Properties of Multidimensional Poverty Indices for Children: Lessons and Ways Forward [R]. OPHI Working Paper, 2018, No 115.

[102] Finkelstein A, Hendren N, Luttmer E F P. The Value of Medicaid: Interpreting Results from the Oregon Health Insurance Experiment [R]. National Bureau of Economic Research, 2015.

[103] Fisher G M. The development and history of the poverty thresholds [J]. Social Security Bulletin, 1992, 55 (4): 3.

[104] Fitzpatrick A. Shopping While Female: Who Pays Higher Prices and Why? [J]. American Economic Review, 2017, 107 (5): 146 – 149.

[105] Foster J E, Handy C. External capabilities [R]. OPHI Working Paper, 2008, No 8.

[106] Foster J E, Shorrocks A F. Poverty orderings and welfare dominance [J]. Social Choice and Welfare, 1988, 5 (2): 179 – 198.

[107] Foster J E, Greer J, Thorbecke E. A Class of Decomposable Poverty Measures [J]. Econometrica, 1984, 52 (3): 761 – 766.

[108] Foster J E. A Class of Chronic Poverty Measures [M]. Poverty Dynamics: Interdisciplinary Perspectives, Oxford: Oxford University Press, 2009.

[109] Frankenberger T D, Maxwell M. Operational Household Livelihood Security: A Holistic Approach for Addressing Poverty and Vulnerability [R]. CARE, 2000.

[110] Gaiha R, Deolalikar A B. Persistent, Expected and Innate Poverty: Estimates for Semi-arid Rural South India [J]. Cambridge Journal of Economics, 1993, 17 (4): 409 – 421.

[111] Galbraith, John K. The affluent society [M]. Boston, MA: Houghton Mifflin, 1958.

[112] Galor O, Tsiddon D. The Distribution of Human Capital and Economic Growth [J]. Journal of Economic Growth, 1997, 2 (1): 93 – 124.

[113] Galor O, Zeira J. Income Distribution and Macroeconomics [J]. Review of Economic Studies, 1993, 60 (1): 35 – 52.

[114] Gibson J, Huang J, Rozelle S. Why is income inequality so low in China compared to other countries?: The effect of household survey methods [J]. Economics Letters, 2001, 71 (3): 329 – 333.

[115] Goldberg J S. The Long Reach of Families: Family Structure History, Parental Support, and the Reproduction of Inequality in Young Adulthood [D]. United States—Wisconsin: The University of Wisconsin – Madison, 2015: 165.

［116］ Goldstein H. Non-linear Multilevel Models, with an Application to Discrete Response Data ［J］. *Biometrika*, 1991, 78 (1): 45 –51.

［117］ González L. The Effect of a Universal Child Benefit on Conceptions, Abortions, and Early Maternal Labor Supply ［J］. *American Economic Journal: Economic Policy*, 2013, 5 (3): 160 –188.

［118］ Gordon D, Nandy S, Pantazis C, et al.. Child poverty in the developing world ［J］. *Trends in Parasitology*, 2003, 17 (5): 215 –215.

［119］ Gottschalk P, Moffitt R, Katz L F, et al. The Growth of Earnings Instability in the U. S. Labor Market ［J］. *Brookings Papers on Economic Activity*, 1994, 1994 (2): 217 –272.

［120］ Graham C, Felton A. Does Inequality Matter to Individual Welfare? An Exploration Based on Happiness Surveys from Latin America ［J］. *The Journal of Economic Inequality*, 2006, 4 (1): 107 –122.

［121］ Grossman G M, Krueger A B. Environmental Impacts of a North American Free Trade Agreement ［J］. *Social Science Electronic Publishing*, 1992, 8 (2): 223 –250.

［122］ Gruber J, Saez E. The Elasticity of Taxable Income: Evidence and Implications ［R］. NBER Working Paper, 2000, No 7512.

［123］ Hagenaars A. A Class of Poverty Indices ［J］. *International Economic Review*, 1987, 28 (3): 583 –607.

［124］ Hamermesh D S. Replication in Labor Economics: Evidence from Data, and What It Suggests ［J］. *American Economic Review*, 2017, 107 (5): 37 –40.

［125］ Harris J R, Todaro M P. Migration, Unemployment and Development: A Two – Sector Analysis ［J］. *American Economic Review*, 1970, 60 (1): 126 –142.

［126］ Hausman J A, Newey W K, Powell J L. Nonlinear errors in variables Estimation of some Engel curves ［J］. *Journal of Econometrics*, 1995, 65 (1): 205 –233.

［127］ Haveman R, Blank R, Moffitt R, et al. The War on Poverty: Measurement, Trends, and Policy: The War on Poverty ［J］. *Journal of Policy Analysis and Management*, 2015, 34.

［128］ Heathcote J, Perri F, Violante G L. Unequal We Stand: An Empirical Analysis of Economic Inequality in the United States, 1967 –2006 ［R］. NBER Working Paper, 2009, No 15483.

［129］ Helliwell J F. How's Life? Combining Individual and National Variables to Explain Subjective Well – Being ［R］. NBER Working Paper, 2002, No 9065.

［130］ Hicks N L, Streeten P. Indicators of development: The search for a basic needs yardstick [J]. *World Development*, 1979, 7 (6): 567 – 580.

[131] Hulme D, Shepherd A. Conceptualizing Chronic Poverty [J]. *World Development*, 2003, 31 (3), 403 – 423.

[132] Jappelli T, Pistaferri L. Does Consumption Inequality Track Income Inequality in Italy? [J]. *Review of Economic Dynamics*, 2010, 13 (1): 133 – 153.

[133] Jenkins S P, Lambert P J. Ranking poverty gap distributions: Further TIPs for poverty analysis [J]. *Research on Economic Inequality*, 1998, 8: 31 – 38.

[134] Kakwani N, Silber (Eds.) J. *Quantitative Approaches to Multidimensional Poverty Measurement* [M]. Palgrave Macmillan UK, 2008.

[135] Kim Y, Kee Y, Lee S J. An Analysis of the Relative Importance of Components in Measuring Community Wellbeing: Perspectives of Citizens, Public Officials, and Experts [J]. *Social Indicators Research*, 2015, 121 (2): 345 – 369.

[136] Kim H. Beyond Monetary Poverty Analysis: The Dynamics of Multidimensional Child Poverty in Developing Countries [J]. *Social Indicators Research*, 2019, 141 (3): 1107 – 1136.

[137] Kolm S C. Multidimensional Egalitarianisms [J]. *Quarterly Journal of Economics*, 1977, 91 (1): 1 – 13.

[138] Krueger D, Perri F. Does Income Inequality Lead to Consumption Inequality? Evidence and Theory [R]. National Bureau of Economic Research, 2002.

[139] Kuchibhotla D. Three essays on health economics [D]. 2015: 179.

[140] Kuznets S. Economic Growth and Income Inequality [J]. *American Economic Review*, 2002, 45 (45): 1 – 28.

[141] Laderchi C R, Saith R, Stewart F. Does it Matter that we do not agree on the Definition of Poverty? A Comparison of Four Approaches [J]. *Oxford Development Studies*, 2003, 31 (3): 243 – 274.

[142] Lafortune J, Lee S. All for One? Family Size and Children's Educational Distribution under Credit Constraints [J]. *American Economic Review*, 2014, 104 (5): 365 – 369.

[143] Land K C, Lamb V L, Mustillo S K. Child and Youth Well – Being in the United States, 1975 – 1998: Some Findings from a New Index [J]. *Social Indicators Research*, 2001, 56 (3): 241 – 320.

[144] Leu C H, Chen K M, Chen H H. A multidimensional approach to child poverty in Taiwan [J]. *Children & Youth Services Review*, 2016, 66: 35 – 44.

[145] Lewis O. Five Families: *Mexican Case Studies in the Culture of Poverty* [M]. New York: Basic Books, 1959.

［146］ Li H, Loyalka P, Rozelle S, et al. Human capital and China's future growth ［J］. *Journal of Economic Perspectives*, 2017, 31 (1): 25 - 48.

［147］ Longford N. *Random Coefficient Models* ［M］. Oxford: Clarendon Press, 1993.

［148］ Macurdy T E. The Use of Time Series Processes to Model the Error Structure of Earnings in a Longitudinal Data Analysis ［J］. *Journal of Econometrics*, 1982, 18 (1): 83 - 114.

［149］ Maldonado L C. Doing Better for Single - Parent Families Poverty and Policy across 45 Countries ［D］. 2017: 133.

［150］ Marr C. Exploring income inequality in the United States through Redistribution Preferences, Intergenerational Mobility, and Political Polarization ［D］. United States - Massachusetts: Clark University, 2014: 203.

［151］ Mazumder B, Miller S. The Effects of the Massachusetts Health Reform on Household Financial Distress ［R］. Rochester, NY: Social Science Research Network, 2015.

［152］ Mccarty A T. Parent Social Networks, Mental Health, and Educational Disadvantage of Children in Poverty ［D］. 2014: 144.

［153］ Meyer B D, Mok W K C, Sullivan J X. Household Surveys in Crisis ［J］. *Journal of Economic Perspectives*, 2015, 29 (4): 199 - 226.

［154］ Meyer B D, Sullivan J X. Consumption and Income Inequality in the U. S. Since the 1960s ［R］. National Bureau of Economic Research, 2017.

［155］ Michael, Grossman. On the Concept of Health Capital and the Demand for Health ［J］. *Journal of Political Economy*, 1972, 80 (2): 223 - 255.

［156］ Milanovic B. Global Inequality of Opportunity: How Much of Our Income Is Determined by Where We Live? ［J］. *The Review of Economics and Statistics*, 2014, 97 (2): 452 - 460.

［157］ Milligan K, Stabile M. Do Child Tax Benefits Affect the Wellbeing of Children? Evidence from Canadian Child Benefit Expansions ［R］. NBER Working Paper, 2008, No 14624.

［158］ Mitra S, Posarac A, Vick B. Disability and Poverty in Developing Countries: A Multidimensional Study ［J］. *World Development*, 2013, 41 (1): 1 - 18.

［159］ Mitra S. Towards a Multidimensional Measure of Governance ［J］. *Social Indicators Research*, 2013, 112 (2): 477 - 496.

［160］ Modigliani F, Brumberg R: Utility Analysis and the Consumption Function: An Interpretation of Cross Section Data, Post Keynesian Economics: Ruthers

University Press New Brunswick New Jersey, 1954.

[161] Moller S, Huber E, Stephens J D, et al. Determinants of Relative Poverty in Advanced Capitalist Democracies [J]. *American Sociological Review*, 2003, 68 (1): 22 – 51.

[162] Narayan D, Petesch P. *Moving Out of Poverty: Cross-disciplinary Perspectives on Mobility* [M]. World Bank Publications, 2007: 394.

[163] Narayan D. *Voices of the Poor: Crying out for Change* [M]. New York: Oxford University Press, 2000.

[164] Noble M, Wright G, Cluver L. Developing a Child-Focused and Multidimensional Model of Child Poverty for South Africa [J]. *Journal of Children & Poverty*, 2006, 12 (1): 39 – 53.

[165] Oshio T, Sano S, Kobayashi M. Child Poverty as a Determinant of Life Outcomes: Evidence from Nationwide Surveys in Japan [J]. *Social Indicators Research*, 2010, 99 (1): 81 – 99.

[166] Park J H. Immigration and its Effects on Education, Income and Families [D]. United States – – California: University of California, Davis, 2016: 134.

[167] Penglase J, Link to External Site T L W O I a N W. Essays on Family Economics in Developing Countries [D]. 2018: 149.

[168] Qizilbash M. *Philosophical Accounts of Vagueness, Fuzzy Poverty Measures and Multidimensionality* [M]// Fuzzy Set Approach to Multidimensional Poverty Measurement. Springer US, 2006.

[169] Ragin C C. Fuzzy – Set Social Science [J]. *Contemporary Sociology*, 2000, 30 (4): 291 – 292.

[170] Ranis G, Stewart F, Samman E. Human Development: Beyond the Human Development Index [J]. *Journal of Human Development and Capabilities*, 2006, 7 (3): 323 – 358.

[171] Ravallion M, Chen S. Weakly relative poverty (Inglés) [J]. *Review of Economics and Statistics*, 2011, 93 (4): 1251 – 1261.

[172] Roche J M. Monitoring Progress in Child Poverty Reduction: Methodological Insights and Illustration to the Case Study of Bangladesh [J]. *Social Indicators Research*, 2013, 112 (2): 363 – 390.

[173] Roelen K, Gassmann F, Neubourg C D. False Positives or Hidden Dimensions: What can Monetary and Multidimensional Measurement Tell Us about Child Poverty in Vietnam? [J]. *International Journal of Social Welfare*, 2012, 21 (4): 393 – 407.

［174］Rowntree B S. *Poverty*：*A Study of Town Life*［M］. Macmillan, 1902.

［175］Runciman, Walter Garrison, and Baron Runciman. *Relative Deprivation and Social Justice*：*A Study of Attitudes to Social Inequality in Twentieth-century England*［M］. Berkeley：University of California Press, 1966.

［176］Samman E. Psychological and Subjective Well-being：A Proposal for Internationally Comparable Indicators［J］. *Oxford Development Studies*, 2007, 35（4）：459 – 486.

［177］Santos M E, Ura K. Multidimensional Poverty in Bhutan：Estimates and Policy Implications［R］. OPHI Working Paper, 2008, No 14.

［178］Santos M E. Income and beyond：Multidimensional Poverty in Six Latin American countries［C］// ECINEQ, Society for the Study of Economic Inequality, 2009.

［179］Saraceno, C. *Social Assistance Dynamics in Europe*：*National and local poverty regimes*［M］. Policy Press, 2002.

［180］Scoones I. Sustainable Rural livelihood：A Framework for Analysis［R］. IDS Working Paper, 1998, No 72.

［181］Sen A. *Commodities and Capabilities*［M］// Commodities and capabilities. Oxford University Press, 1999.

［182］Sen A. Development as Capability Expansion［J］. *Journal of Development Planning*, 1989, 19：41 – 58.

［183］Sen A. *Development as Freedom*［M］. New York：Oxford University Press, 1999.

［184］Sen A. Human Rights and Capabilities［J］. *Journal of Human Development & Capabilities*, 2006, 6（2）：151 – 166.

［185］Sen A. *Inequality Re-examined*［M］. Cambridge：Harvard University Press, 1992.

［186］Sen A. *Poverty and Famines*：*An Essay on Entitlement and Deprivation*［M］. New York：Oxford University Press, 1981.

［187］Sen A. Poverty：An Ordinal Approach to Measurement［J］. *Econometrica*, 1976, 44（44）：219 – 231.

［188］Sen A. The Concept of Development［R］. The Handbook of Development Economics, 1988, 1（1）：9 – 26.

［189］Sen A. Well-being, Agency and Freedom：the Dewey Lectures 1984［J］. *The Journal of Philosophy*, 1985, 82（4）：169 – 221.

［190］Seth S, Alkire S. Measuring and Decomposing Inequality among the Multidimensionally Poor Using Ordinal Data: A Counting Approach [R]. OPHI Working Paper, 2014, No 68.

[191] Shorrocks A F. Decomposition Procedures for Distributional Analysis: A Unified Framework Based on the Shapley Value [J]. *Journal of Economic Inequality*, 1999: 1 – 28.

[192] Slesnick D T. Consumption, Needs and Inequality [J]. *International Economic Review*, 1994: 677 – 703.

[193] Smithson, M, Verkuilen J. *Fuzzy set theory: Applications in the Social Sciences* [M]. Sage, 2006.

[194] Somasse G B. Essays on the Relationships between Education Policies, Achievement, Labor Market Outcomes, and Inequality [D]. United States – – Massachusetts: Clark University, 2015: 179.

[195] Strobel, P. From Poverty to Exclusion: a Wage-earning Society or a Society of Human Rights? [J]. *International Social Science Journal*, 1996, 48 (148): 173 – 189.

[196] Storesletten K, Telmer C I, Yaron A. Consumption and Risk Sharing over the Life Cycle [J]. *Journal of Monetary Economics*, 2004, 51 (3): 609 – 633.

[197] Surender R, Noble M, Wright G, et al. Social Assistance and Dependency in South Africa: An Analysis of Attitudes to Paid Work and Social Grants [J]. *Journal of Social Policy*, 2010, 39 (2): 203 – 221.

[198] Teachman J, Crowder K. Multilevel Models in Family Research: Some Conceptual and Methodological Issues [J]. *Journal of Marriage and Family*, 2002, 64 (2): 280 – 294.

[199] Tegoum P N, Hevi K D. *Child Poverty and Household Poverty in Cameroon: A Multidimensional Approach* [M]. Poverty and Well – Being in East Africa. Springer International Publishing, 216.

[200] Thernstrom S. *Poverty, Planning and Politics in the New Boston: The Origins of ABCD* [M]. New York: Basic Books, 1969.

[201] Townsend P. Deprivation [J]. *Journal of Social Policy*, 1987, 16 (02): 125.

[202] Townsend P. Measures and Explanations of Poverty in High Income and Low Income Countries: The Problems of Operationalizing the Concept of Development, Class and Poverty [J]. *The Concept of Poverty*, 1970: 1 – 45.

[203] Townsend P. Poverty in the United Kingdom: a Survey of Household Resources and Standards of Living [J]. *American Journal of Sociology*, 1982, 90 (Vol-

ume 88, Number 2): 954.

[204] Townsend P. The International Analysis of Poverty [J]. *The British Journal of Sociology*, 1995, 46 (1): 163 – 165.

[205] Trani J F, Biggeri M, Mauro V. The Multidimensionality of Child Poverty: Evidence from Afghanistan [J]. *Social Indicators Research*, 2013, 112 (2): 391 – 416.

[206] Tsui K Y. Multidimensional Poverty Indices [J]. *Social Choice and Welfare*, 2002, 19 (1): 69 – 93.

[207] Tuason M. Culture of Poverty: Lessons from Two Case Studies of Poverty in the Philippines; One Became Rich, the Other One Stayed Poor [J]. *Online Readings in Psychology and Culture*, 2002, 8 (1).

[208] UNDP. Human Development Report [R]. New York: Oxford University Press, 1990.

[209] UNDP. Human Development Report: Human Development & Poverty Alleviation [R]. New York: Oxford University Press, 1997.

[210] UNDP. Human Development Report: The Real Wealth of Nations: Pathways to Human Development [R]. New York: Oxford University Press, 2010.

[211] Unger J. Urban Families in the Eighties: An Analysis of Chinese Surveys [J]. *Chinese Families in the Post – Mao era*, 1993: 25 – 49.

[212] Vaaltein S, Schiller U. Addressing Multi-dimensional Child Poverty: The Experiences of Caregivers in the Eastern Cape, South Africa [J]. *Children & Youth Services Review*, 2017, 76: 227 – 236.

[213] Vermeulen P. Estimating the Top Tail of the Wealth Distribution [J]. *American Economic Review*, 2016, 106 (5): 646 – 650.

[214] Wan G, Zhang Y. Chronic and Transient Poverty in Rural China [J]. *Economics Letters*, 2013, 119 (3): 284 – 286.

[215] Weizsäcker G. Do We Follow Others When We Should? A Simple Test of Rational Expectations [J]. *American Economic Review*, 2010, 100 (5): 2340 – 2360.

[216] World Bank. World Development Report 2000/2001: Attacking Poverty [R]. Washington DC: World Bank, 2000, 29 (100): 1435 – 1441.

[217] Xiaolin Wang, Hexia Feng, Qingjie Xia, Alkire S. On the Relationship between Income Poverty and Multidimensional Poverty in China [R]. OPHI Working Paper, 2016, No 89.

[218] Yu J. Multidimensional Poverty in China: Findings Based on CHNS [J].

Social Indicators Research，2013，112（2）：315 – 336.

[219] Zajczyk F. *The Social Morphology of the New Urban Poor in a Wealthy Italian City*：*The Case of Milan* ［M］// Urban Poverty and the Underclass：A Reader. 2008：299 – 324.

[220] 阿玛蒂亚·森著，王燕燕译：《论社会排斥》，载《经济社会体制比较》2005 年第 3 期。

[221] 阿玛蒂亚·森著，李风华译：《理性与自由》，中国人民大学出版社 2012 年版。

[222] 阿玛蒂亚·森著，王宇、王文玉译：《贫困与饥荒：论权利与剥夺》，商务印书馆 2009 年版。

[223] 阿玛蒂亚·森著，于真、任赜译：《以自由看待发展》，中国人民大学出版社 2002 年版。

[224] 白描：《微观视角下的农民福祉现状分析——基于主客观福祉的研究》，载《农业经济问题》2015 年第 12 期。

[225] 白雪梅：《教育与收入不平等：中国的经验研究》，载《管理世界》2004 年第 6 期。

[226] 鲍秀兰：《0 ~ 3 岁儿童教育的重要性》，载《中华实用儿科临床杂志》2003 年第 4 期。

[227] 曹洪民：《关于贫困的标准》，载《中国贫困地区》1997 年第 5 期。

[228] 曹洪民：《贫困地区区域开发中的政策界限》，载《中国农村经济》1997 年第 1 期。

[229] 曾嵘、付楚慧、罗家有等：《先天性心脏病患儿母亲孕早期心理状况及影响因素》，载《中国临床心理学杂志》2009 年第 4 期。

[230] 陈传波：《农户风险与脆弱性——一个分析框架及贫困地区经验》，载《农业经济问题》2005 年第 8 期。

[231] 陈辉、张全红：《Alkire – Foster 模型测度城市多维贫困的研究——以广东省中山市为例》，载《五邑大学学报（自然科学版)》2013 年第 2 期。

[232] 陈辉、张全红：《基于多维贫困测度的贫困精准识别及精准扶贫对策——以粤北山区为例》，载《广东财经大学学报》2016 年第 3 期。

[233] 陈立中：《中国转型时期城镇贫困测度研究》，华中科技大学，2007 年。

[234] 陈立中：《转型时期我国多维度贫困测算及其分解》，载《经济评论》2008 年第 5 期。

[235] 陈云凡：《中国未成年人贫困影响因素分析》，载《中国人口科学》2009 年第 4 期。

[236] 陈宗胜：《公有经济中减低贫困的理论与实践》，载《南开经济研究》

1993 年第 6 期。

[237] 陈宗胜、李清彬：《再分配倾向决定框架模型及经验验证》，载《经济社会体制比较》2011 年第 4 期。

[238] 陈宗胜、沈扬扬、周云波：《中国农村贫困状况的绝对与相对变动——兼论相对贫困线的设定》，载《管理世界》2013 年第 1 期。

[239] 邓婷鹤、毕洁颖、聂凤英：《中国农村老年人多维贫困的测量与识别研究——基于收入贫困与多维贫困视角》，载《统计与信息论坛》2019 年第 9 期。

[240] 丁建军：《多维贫困的理论基础、测度方法及实践进展》，载《西部论坛》2014 年第 1 期。

[241] 杜凤莲、孙婧芳：《贫困影响因素与贫困敏感性的实证分析——基于1991—2009 年的面板数据》，载《经济科学》2011 年第 3 期。

[242] 方黎明、顾昕：《突破自愿性的困局：新型农村合作医疗中参合的激励机制与可持续性发展》，载《中国农村观察》2006 年第 4 期。

[243] 方黎明、张秀兰：《中国农村扶贫的政策效应分析——基于能力贫困理论的考察》，载《财经研究》2007 年第 12 期。

[244] 方迎风、张芬：《多维贫困视角下的区域性扶贫政策选择》，武汉大学出版社 2015 年版。

[245] 方迎风：《中国贫困的多维测度》，载《当代经济科学》2012 年第4 期。

[246] 冯贺霞、高睿、韦轲：《贫困地区儿童多维贫困分析——以内蒙古、新疆、甘肃、广西、四川五省区为例》，载《山西农业大学学报（社会科学版）》2017 年第 6 期。

[247] 冯贺霞、王小林、夏庆杰：《收入贫困与多维贫困关系分析》，载《劳动经济研究》2015 年第 6 期。

[248] 冯怡琳：《中国城镇多维贫困状况与影响因素研究》，载《调研世界》2019 年第 4 期。

[249] 冯子标：《中部塌陷原因及崛起途径探析》，载《管理世界》2005 年第 12 期。

[250] 高明、唐丽霞：《多维贫困的精准识别——基于修正的 FGT 多维贫困测量方法》，载《经济评论》2018 年第 2 期。

[251] 高帅、毕洁颖：《农村人口动态多维贫困：状态持续与转变》，载《中国人口·资源与环境》2016 年第 2 期。

[252] 高帅：《贫困识别、演进与精准扶贫演进》，经济科学出版社 2016 年版。

[253] 高帅：《社会地位、收入与多维贫困的动态演变——基于能力剥夺视

角的分析》，载《上海财经大学学报》2015年第3期。

[254] 高翔：《农村老年女性多维贫困：现实与因应》，载《农业经济与管理》2019年第2期。

[255] 高翔、王三秀：《劳动力外流、养老保险与农村老年多维贫困》，载《现代经济探讨》2018年第5期。

[256] 高翔、王三秀、杨华磊：《养老保险对农村老年贫困缓解效应的性别差异》，载《金融经济学研究》2018年第2期。

[257] 高雅静、赵春霞、张敬旭、王晓莉：《父母外出务工对0～3岁留守儿童早期发展的影响》，载《中国生育健康杂志》2018年第4期。

[258] 高艳云、马瑜：《多维框架下中国家庭贫困的动态识别》，载《统计研究》2013年第12期。

[259] 高艳云：《中国城乡多维贫困的测度及比较》，载《统计研究》2012年第11期。

[260] 高燕：《中国农村的贫困问题研究——基于阿玛蒂亚·森的能力视角》，载《劳动保障研究》2013年第1期。

[261] 葛岩、吴海霞、陈利斯：《儿童长期多维贫困、动态性与致贫因素》，载《财贸经济》2018年第7期。

[262] 巩前文、张俊飚：《农业自然灾害与农村贫困之间的关系——基于安徽省面板数据的实证分析》，载《中国人口·资源与环境》2007年第4期。

[263] 顾海英、史清华、程英等：《现阶段"新二元结构"问题缓解的制度与政策——基于上海外来农民工的调研》，载《管理世界》2011年第11期。

[264] 郭建宇、吴国宝：《基于不同指标及权重选择的多维贫困测量——以山西省贫困县为例》，载《中国农村经济》2012年第2期。

[265] 郭建宇：《农户多维贫困程度与特征分析——基于山西农村贫困监测数据》，载《农村经济》2012年第3期。

[266] 郭熙保、周强：《长期多维贫困、不平等与致贫因素》，载《经济研究》2016年第6期。

[267] 郭毅、陈凌：《广西残疾女性多维贫困的状况、原因和对策分析——基于中残联调查数据的分析》，载《改革与战略》2017年第10期。

[268] 韩克庆、郭瑜：《"福利依赖"是否存在？——中国城市低保制度的一个实证研究》，载《社会学研究》2012年第2期。

[269] 韩振燕、夏林：《老年多维贫困测量：概念与视角的转换——基于A－F法及CLASS数据的实证分析》，载《河海大学学报（哲学社会科学版)》2019年第2期。

[270] 何青、袁燕：《儿童时期健康与营养状况的跨期收入效应》，载《经

济评论》2014 年第 2 期。

[271] 何宗樾、宋旭光：《中国农民工多维贫困及其户籍影响》，载《财经问题研究》2018 年第 5 期。

[272] 洪大用、刘仲翔：《我国城市居民最低生活保障制度的实践与反思》，载《社会科学研究》2002 年第 2 期。

[273] 洪兴建：《贫困指数理论研究述评》，载《经济评论》2005 年第 5 期。

[274] 侯斌：《精准扶贫背景下家庭支持、社会支持对城乡贫困老年人口脱贫的影响》，载《四川理工学院学报（社会科学版）》2019 年第 2 期。

[275] 侯为民：《城镇化进程中农民工的多维贫困问题分析》，载《河北经贸大学学报》2015 年第 3 期。

[276] 侯为民、李林鹏：《新常态下我国城镇化的发展动力与路径选择》，载《经济纵横》2015 年第 4 期。

[277] 侯亚景、周云波：《收入贫困和多维贫困视角下中国农村家庭致贫机理研究》，载《当代经济科学》2017 年第 2 期。

[278] 胡鞍钢、杨韵新：《就业模式转变：从正规化到非正规化——我国城镇非正规就业状况分析》，载《管理世界》2001 年第 2 期。

[279] 胡文睿：《社会养老保险对老年人多维贫困的影响——性别及城乡双重视角》，载《保险职业学院学报》2019 年第 6 期。

[280] 华迎放：《城市贫困群体的就业保障》，载《经济研究参考》2004 年第 11 期。

[281] 黄宏琳、黄育坤、林淑斌：《儿童先天性心脏病相关环境因素探析》，载《中西医结合心血管病电子杂志》2016 年第 29 期。

[282] 黄乾：《农村劳动力非正规部门就业的经济学分析》，载《中国农村经济》2003 年第 5 期。

[283] 黄森慰、姜畅、郑逸芳：《妇女多维贫困测量、分解与精准扶贫——基于福建省"巾帼扶贫"五年攻坚计划调研数据》，载《中国农业大学学报》2019 年第 4 期。

[284] 姜向群、郑研辉：《中国老年人居住方式的转变及其影响机制分析》，载《广西民族大学学报（哲学社会科学版)》2014 年第 1 期。

[285] 蒋贵凰、宋迎昌：《中国城市贫困状况分析及反贫困对策》，载《现代城市研究》2011 年第 10 期。

[286] 蒋萍：《也谈非正规就业》，载《统计研究》2005 年第 6 期。

[287] 康晓光：《中国贫困与反贫困理论》，广西人民出版社 1995 年版。

[288] 李昊、张昭：《流动人口多维贫困的测量与分解研究》，载《经济问题探索》2019 年第 5 期。

［289］李佳路：《农户多维度贫困测量——以 S 省 30 个国家扶贫开发工作重点县为例》，载《财贸经济》2010 年第 10 期。

［290］李瑞林、李正升：《中国转轨过程中的城市贫困问题研究》，载《经济经纬》2006 年第 1 期。

［291］李瑞林：《中国城市贫困问题研究综述》，载《学术探索》2005 年第 6 期。

［292］李实、杨穗：《中国城市低保政策对收入分配和贫困的影响作用》，载《中国人口科学》2009 年第 5 期。

［293］李实、John Knight：《中国城市中的三种贫困类型》，载《经济研究》2002 年第 10 期。

［294］李实、古斯塔夫森：《八十年代末中国贫困规模和程度的估计》，载《中国社会科学》1996 年第 6 期。

［295］李实、罗楚亮：《我国居民收入差距的短期变动与长期趋势》，载《经济社会体制比较》2012 年第 4 期。

［296］李实、罗楚亮：《中国收入差距的实证分析》，社会科学文献出版社 2014 年版。

［297］李实、杨穗：《中国城市低保政策对收入分配和贫困的影响作用》，载《中国人口科学》2009 年第 5 期。

［298］李小云、董强、饶小龙等：《农户脆弱性分析方法及其本土化应用》，载《中国农村经济》2007 年第 4 期。

［299］李小云、叶敬忠、张雪梅等：《中国农村贫困状况报告》，载《中国农业大学学报（社会科学版）》2004 年第 1 期。

［300］李小云、左停、靳乐山：《环境与贫困：中国实践与国际经验》，社会科学文献出版社 2005 年版。

［301］李晓明、杨文健：《儿童多维贫困测度与致贫机理分析——基于 CFPS 数据库》，载《西北人口》2018 年第 1 期。

［302］李学举：《民政 30 年》，中国社会出版社 2008 年版。

［303］李燕芳、刘丽君、刘丽莎：《父、母学历与教养行为对学前儿童发展的影响》，载《中国特殊教育》2015 年第 4 期。

［304］李蕴微、王丹华：《母乳喂养儿铁缺乏的影响因素及预防策略》，载《中国儿童保健杂志》2018 年第 6 期。

［305］梁运佳：《从心理发展视角审视 0～3 岁儿童早期教育》，载《南昌教育学院学报》2011 年第 10 期。

［306］廖娟：《残疾与贫困：基于收入贫困与多维贫困测量的研究》，载《人口与发展》2015 年第 1 期。

［307］刘冬梅：《中国政府开发式扶贫资金投放效果的实证研究》，载《管理世界》2001 年第 6 期。

［308］刘二鹏、张奇林：《失能老人子女照料的变动趋势与照料效果分析》，载《经济学动态》2018 年第 6 期。

［309］刘二鹏、张奇林：《代际关系、社会经济地位与老年人机构养老意愿——基于中国老年社会追踪调查（2012）的实证分析》，载《人口与发展》2018 年第 3 期。

［310］刘继同：《中国特色儿童福利概念框架与儿童福利制度框架建构》，载《人文杂志》2012 年第 5 期。

［311］刘坚主编：《新阶段扶贫开发的成就和挑战》，中国财政经济出版社 2006 年版。

［312］刘精明、杨江华：《关注贫困儿童的教育公平问题》，载《华中师范大学学报（人文社会科学版）》2007 年第 2 期。

［313］刘林：《重视中国 0～3 岁儿童发展与早期教育》，载《中国儿童保健杂志》2001 年第 1 期。

［314］刘艳华、常晓玲、李志刚：《精准扶贫视阈下河北省贫困地区妇女多维贫困研究》，载《河北工程大学学报（社会科学版）》2019 年第 3 期。

［315］刘漪、杜亚松、赵志民等：《孤独症患儿家长心理健康状况调查》，载《中国临床心理学杂志》2006 年第 6 期。

［316］刘一伟、汪润泉：《收入差距，社会资本与居民贫困》，载《数量经济技术经济研究》2017 年第 9 期。

［317］刘一伟、汪润泉：《"加剧"还是"缓解"：社会保障转移支付与老年贫困——基于城乡差异视角的分析》，载《山西财经大学学报》2017 年第 2 期。

［318］刘一伟：《社会保障支出对居民多维贫困的影响及其机制分析》，载《中央财经大学学报》2017 年第 7 期。

［319］刘一伟：《社会保险缓解了农村老人的多维贫困吗？——兼论"贫困恶性循环"效应》，载《科学决策》2017 年第 2 期。

［320］柳建平、刘咪咪：《甘肃省贫困地区女性多维贫困测度及影响因素分析——基于 14 个贫困村的调查资料》，载《西北人口》2018 年第 2 期。

［321］卢海阳：《社会保险对进城农民工家庭消费的影响》，载《人口与经济》2014 年第 4 期。

［322］罗楚亮：《经济增长、收入差距与农村贫困》，载《经济研究》2012 年第 2 期。

［323］陆铭、陈钊、万广华：《因患寡，而患不均——中国的收入差距、投资、教育和增长的相互影响》，载《经济研究》2005 年第 12 期。

［324］罗玉辉、侯亚景：《中国农村多维贫困动态子群分解、分布与脱贫质量评价——基于 CFPS 面板数据的研究》，载《贵州社会科学》2019 年第 1 期。

［325］马丁·瑞沃林著，赵俊超译：《贫困的比较》，北京大学出版社 2005 年版。

［326］马瑜、李政宵、马敏：《中国老年多维贫困的测度和致贫因素——基于社区和家庭的分层研究》，载《经济问题》2016 年第 10 期。

［327］曼昆：《经济学原理》（第五版），北京大学出版社 2009 年版。

［328］宁光洁：《教育扩张能改善收入分配差距吗？——来自 CHNS2006 年数据的证据》，载《世界经济文汇》2009 年第 1 期。

［329］牛文元：《中国新型城市化报告（2012）》，科学出版社 2012 年版。

［330］彭晓博、王天宇：《社会医疗保险缓解了未成年人健康不平等吗》，载《中国工业经济》2017 年第 12 期。

［331］彭志龙：《关于我国宏观收入分配的概念界定与核算》，载《中国信息报》2011 年 8 月 19 日（001）。

［332］皮埃尔·斯特罗贝尔：《从贫困到社会排斥：工资社会抑人权社会？》，载《国际社会科学杂志：中文版》1997 年第 2 期。

［333］平萍：《实施精准扶贫的目标、动力和路径》，载《未来与发展》2017 年第 1 期。

［334］秦睿、乔东平：《儿童贫困问题研究综述》，载《中国青年政治学院学报》2012 年第 4 期。

［335］萨比娜·阿尔基尔等，刘民权、韩华为译：《贫困的缺失维度》，科学出版社 2010 年版。

［336］沈扬扬、Sabina Alkire、詹鹏：《中国多维贫困的测度与分解》，载《南开经济研究》2018 年第 5 期。

［337］盛志华、江燕：《父母文化程度与儿童教育环境的研究》，载《中国妇幼保健》2004 年第 24 期。

［338］石智雷、邹蔚然：《库区农户的多维贫困及致贫机理分析》，载《农业经济问题》2013 年第 6 期。

［339］苏华山、马梦婷、吕文慧：《中国居民多维贫困的现状与代际传递研究》，载《统计与决策》2020 年第 3 期。

［340］孙金明、张国禄：《精准扶贫背景下中国失能老人多维贫困研究——基于 2014 年中国老年健康影响因素跟踪调查》，载《调研世界》2018 年第 12 期。

［341］孙鹃娟：《中国老年人的居住方式现状与变动特点——基于"六普"和"五普"数据的分析》，载《人口研究》2013 年第 6 期。

［342］孙艳艳：《0~3 岁儿童早期发展家庭政策与公共服务探索》，载《社

会科学》2015 年第 10 期。

[343] 孙咏梅:《中国农民工精神贫困识别及精准扶贫策略——基于建筑业的调查》,载《社会科学辑刊》2016 年第 2 期。

[344] 孙咏梅:《我国农民工福利贫困测度及精准扶贫策略研究》,载《当代经济研究》2016 年第 5 期。

[345] 谭崇台:《论快速增长与"丰裕中贫困"》,载《经济学动态》2002 年第 11 期。

[346] 唐天源:《我国老年人居住安排状况分析——基于 2012 年中国家庭追踪调查数据》,载《南方人口》2016 年第 4 期。

[347] 万广华、刘飞、章元:《资产视角下的贫困脆弱性分解:基于中国农户面板数据的经验分析》,载《中国农村经济》2014 年第 4 期。

[348] 汪三贵、李文、李芸:《我国扶贫资金投向及效果分析》,载《农业技术经济》2004 年第 5 期。

[349] 汪三贵、张伟宾、杨浩等:《城乡一体化中反贫困问题研究》,中国农业出版社 2016 年版。

[350] 汪三贵:《在发展中战胜贫困——对中国 30 年大规模减贫经验的总结与评价》,载《管理世界》2008 年第 11 期。

[351] 汪雁、慈勤英:《中国传统社会救济与城市贫困人口社会救助理念建设》,载《人口学刊》2001 年第 5 期。

[352] 王爱君、肖晓荣:《家庭贫困与增长:基于代际传递的视角》,载《中南财经政法大学学报》2009 年第 4 期。

[353] 王春超、叶琴:《中国农民工多维贫困的演进——基于收入与教育维度的考察》,载《经济研究》2014 年第 12 期。

[354] 王春超、周先波:《社会资本能影响农民工收入吗?——基于有序响应收入模型的估计和检验》,载《管理世界》2013 年第 9 期。

[355] 王俊:《联合国儿童基金会:早期儿童发展合作项目成效显著》,载《世界教育信息》2015 年第 23 期。

[356] 王美艳:《农民工的贫困状况与影响因素——兼与城市居民比较》,载《宏观经济研究》2014 年第 9 期。

[357] 王苹、王红、吴雅慧、叶晓茜、黄尚志、石冰、梁赓义、曹卫华、吴涛、Terri H. BEATY:《中国人群叶酸/同型半胱氨酸代谢基因多态性与非综合征型唇腭裂关联研究》,载《北京大学学报(医学版)》2013 年第 3 期。

[358] 王萍萍、徐鑫、郝彦宏:《中国农村贫困标准问题研究》,载《调研世界》2015 年第 8 期。

[359] 王生云:《中国农村长期贫困程度、特征与影响因素》,载《经济问

题》2011 年第 11 期。

［360］王素霞、王小林：《中国多维贫困测量》，载《中国农业大学学报（社会科学版）》2013 年第 2 期。

［361］王小林、Sabina Alkire：《中国多维贫困测量：估计和政策含义》，载《中国农村经济》2009 年第 12 期。

［362］王小林、高睿：《农村妇女脱贫：目标、挑战与政策选择》，载《妇女研究论丛》2016 年第 6 期。

［363］王小林：《建立贫困退出机制确保贫困人口稳定脱贫》，载《中国财政》2016 年第 12 期。

［364］王小林：《贫困标准及全球贫困状况》，载《经济研究参考》2012 年第 55 期。

［365］王小林：《贫困测量理论与方法》，社会科学文献出版社 2012 年版。

［366］王小林：《消除一切形式的贫困：内涵和政策取向》，载《地方财政研究》2016 年第 8 期。

［367］王宇、陶涛：《"非收入"多维贫困的识别与影响因素探析——基于 CLASS 数据对农村老年妇女样本的考察》，载《云南民族大学学报（哲学社会科学版）》2019 年第 6 期。

［368］王跃生：《不同地区老年人居住家庭类型研究——以 2010 年人口普查数据为基础》，载《学术研究》2014 年第 7 期。

［369］王跃生：《城市老年父母生命历程后期居住方式分析》，载《人口与经济》2018 年第 4 期。

［370］魏乾伟、王晓莉、郝波等：《山西和贵州贫困地区儿童多维贫困测量及现状分析》，载《中国公共卫生》2018 年第 2 期。

［371］魏新亭、崔丽莉、马小娟、别荔、哈迎春、石凯：《解脲支原体感染与不良妊娠结局关系的临床分析》，载《宁夏医学杂志》2005 年第 8 期。

［372］魏众：《中国转型时期的贫困变动分析》，载《经济研究》1998 年第 11 期。

［373］吴海涛、丁士军、李韵：《农村税费改革的效果及影响机制——基于农户面板数据的研究》，载《世界经济文汇》2013 年第 1 期。

［374］吴涧生、左颖：《关于中国开展非正规部门核算的几个问题》，载《统计研究》2001 年第 5 期。

［375］吴敏、段成荣、朱晓：《高龄农民工的心理健康及其社会支持机制》，载《人口学刊》2016 年第 4 期。

［376］习近平：《携手消除贫困促进共同发展——在 2015 减贫与发展高层论坛的主旨演讲》，载《老区建设》2015 年第 19 期。

［377］鲜祖德、王萍萍、吴伟：《中国农村贫困标准与贫困监测》，载《统计研究》2016 年第 9 期。

［278］解垩：《公共转移支付与老年人的多维贫困》，载《中国工业经济》2015 年第 11 期。

［279］解垩：《农村家庭的资产与贫困陷阱》，载《中国人口科学》2014 年第 6 期。

［380］谢宇、邱泽奇、吕萍：《中国家庭动态跟踪调查抽样设计》，载《中国家庭动态跟踪调查技术报告系列：CFPS－1》，2012 年。

［381］徐蔼婷、李金昌：《非正规部门角色定位与发展机理：基于机构部门的考察》，载《统计研究》2012 年第 6 期。

［382］徐丽萍、夏庆杰、贺胜年：《中国老年人多维度精准扶贫测算研究——基于 2010 年和 2016 年中国家庭追踪调查数据》，载《劳动经济研究》2019 年第 5 期。

［383］徐舒：《技术进步、教育收益与收入不平等》，载《经济研究》2010 年第 9 期。

［384］杨晨晨、刘云艳：《可行能力理论视域下早期儿童教育扶贫实践路径建构》，载《内蒙古社会科学（汉文版）》2017 年第 6 期。

［385］杨冬民、党兴华：《中国城市贫困问题研究综述与分析》，载《经济学动态》2010 年第 7 期。

［386］杨帆、庄天慧：《精准扶贫的理论框架与实践逻辑解析——基于社会发展模型》，载《四川师范大学学报（社会科学版）》2017 年第 2 期。

［387］杨帆、庄天慧：《我国农民工贫困问题研究综述》，载《西南民族大学学报（人文社科版）》2017 年第 11 期。

［388］杨帆、陈凌珠、庄天慧等：《可持续生计视阈下县域多维贫困测度与时空演化研究——以四川藏区行政区划县为例》，载《软科学》2017 年第 10 期。

［389］杨晶：《多维视角下农村贫困的测度与分析》，载《华东经济管理》2014 年第 9 期。

［390］杨娟、赖德胜、邱牧远：《如何通过教育缓解收入不平等?》，载《经济研究》2015 年第 9 期。

［391］杨俊、黄潇、李晓羽：《教育不平等与收入分配差距：中国的实证分析》，载《管理世界》2008 年第 1 期。

［392］杨龙、汪三贵：《贫困地区农户脆弱性及其影响因素分析》，载《中国人口·资源与环境》2015 年第 10 期。

［393］姚嘉、张海峰、姚先国：《父母照料缺失对留守儿童教育发展影响的实证分析》，载《教育发展研究》2016 年第 8 期。

［394］叶初升、赵锐、孙永平：《动态贫困研究的前沿动态》，载《经济学动态》2013 年第 4 期。

［395］叶普万：《贫困经济学研究：一个文献综述》，载《世界经济》2005 年第 9 期。

［396］尹飞霄：《人力资本与农村贫困研究：理论与实证》，江西财经大学，2013 年。

［397］尹飞霄、罗良清：《中国教育贫困测度及模拟分析：1982—2010》，载《西北人口》2013 年第 1 期。

［398］岳昌君、刘燕萍：《教育对不同群体收入的影响》，载《北京大学教育评论》2006 年第 2 期。

［399］张浩淼：《我国城市贫困救助政策调整的动因探析》，载《理论探索》2008 年第 3 期。

［400］张建华、陈立中：《总量贫困测度研究述评》，载《经济学季刊》2006 年第 3 期。

［401］张克云：《中西部农村贫困地区的儿童福利现状及需求分析》，载《中国农业大学学报（社会科学版）》2012 年第 4 期。

［402］张雷、雷雳、郭伯良：《多层线性模型应用》，教育科学出版社 2002 年版。

［403］张立冬、李岳云、潘辉：《收入流动性与贫困的动态发展：基于中国农村的经验分析》，载《农业经济问题》2009 年第 6 期。

［404］张立冬：《中国农村贫困代际传递实证研究》，载《中国人口·资源与环境》2013 年第 6 期。

［405］张强：《女性低保受助者多维贫困的测量与致因》，载《山东女子学院学报》2020 年第 3 期。

［406］张庆红、阿迪力·努尔：《少数民族连片特困地区农户多维贫困分析——以新疆南疆三地州为例》，载《农业现代化研究》2016 年第 2 期。

［407］张全红、周强：《转型时期中国贫困的动态多维度测量》，载《中南财经政法大学学报》2014 年第 1 期。

［408］张全红、周强：《多维贫困测量及述评》，载《经济与管理》2014 年第 1 期。

［409］张全红：《中国多维贫困的动态变化：1991—2011》，载《财经研究》2015 年第 4 期。

［410］张全红：《中国农村扶贫资金投入与贫困减少的经验分析》，载《经济评论》2010 年第 2 期。

［411］张全红、李博、周强：《中国多维贫困的动态测算、结构分解与精准

扶贫》，载《财经研究》2017 年第 4 期。

［412］张爽、陆铭、章元：《社会资本的作用随市场化进程减弱还是加强？——来自中国农村贫困的实证研究》，载《经济学（季刊）》2007 年第 2 期。

［413］张问敏、李实：《中国城镇贫困问题的经验研究》，载《经济研究》1992 年第 10 期。

［414］张晓颖、冯贺霞、王小林：《流动妇女多维贫困分析——基于北京市451 名家政服务从业人员的调查》，载《经济评论》2016 年第 3 期。

［415］张莹、万广华：《我国城市贫困地区差异之研究》，载《管理世界》2006 年第 10 期。

［416］张赟：《多维视角下的贫困群体的实证分析——以贫困儿童和流动妇女为样本》，载《经济问题》2018 年第 6 期。

［417］张志国、聂荣：《中国农村家庭多维贫困动态研究》，载《农村经济与科技》2016 年第 1 期。

［418］张志国：《中国农村家庭贫困动态性及其影响因素研究》，辽宁大学，2015 年。

［419］章元、万广华、史清华：《暂时性贫困与慢性贫困的度量、分解和决定因素分析》，载《经济研究》2013 年第 4 期。

［420］章元、万广华、史清华：《中国农村的暂时性贫困是否真的更严重》，载《世界经济》2012 年第 1 期。

［421］赵延东、胡乔宪：《社会网络对健康行为的影响：以西部地区新生儿母乳喂养为例》，载《社会》2013 年第 5 期。

［422］郑信军、岑国桢：《家庭处境不利儿童的社会性发展研究述评》，载《心理科学》2006 年第 3 期。

［423］钟玉英：《当代中国城市低保制度的演进及反思》，载《当代中国史研究》2011 年第 6 期。

［424］周民良：《反贫困与中国的可持续性发展》，载《中国软科学》1999 年第 10 期。

［425］周禹彤：《教育扶贫的价值贡献》，对外经济贸易大学，2017 年。

［426］祝建华：《缓解城市低保家庭贫困代际传递的政策研究》，浙江大学出版社 2015 年版。

［427］朱庆芳：《城镇贫困群体的特点及原因》，载《中国党政干部论坛》2002 年第 4 期。

［428］朱庆芳：《从指标体系看构建和谐社会亟待解决的几个问题》，载《理论与现代化》2005 年第 6 期。

［429］朱晓、段成荣：《"生存－发展－风险"视角下离土又离乡农民工贫

困状况研究》，载《人口研究》2016 年第 3 期。

[430] 邹高禄、陈建东、廖常勇：《对城镇最低生活保障制度主要问题的思考》，载《经济社会体制比较》2009 年第 4 期。

[431] 邹薇、方迎风：《关于中国贫困的动态多维度研究》，载《中国人口科学》2011 年第 6 期。

[432] 邹薇、方迎风：《健康冲击、"能力"投资与贫困脆弱性：基于中国数据的实证分析》，载《社会科学研究》2013 年第 4 期。